燼火不息
文革民間思想研究筆記

上卷

爝火不息

文革民間思想研究筆記

上卷

錢理群

OXFORD
UNIVERSITY PRESS

OXFORD
UNIVERSITY PRESS

Oxford University Press is a department of the University of Oxford.
It furthers the University's objective of excellence in research, scholarship,
and education by publishing worldwide. Oxford is a registered trade mark of
Oxford University Press in the UK and in certain other countries

Published in Hong Kong by
Oxford University Press (China) Limited
39/F One Kowloon, 1 Wang Yuen Street, Kowloon Bay, Hong Kong

© Oxford University Press (China) Limited

The moral rights of the author have been asserted

First edition published in 2017

ISBN: 978-0-19-082051-0

3 5 7 9 10 8 6 4 2

爝火不息：文革民間思想研究筆記
（上下兩卷）

錢理群

目　錄

輯一

1957–1966年政治、社會思潮

1957–1966：《中國青年》十年

　　這又是一個拖延了十二年之久的寫作計劃：早在2003年我開始寫《拒絕遺忘：「1957年學」研究筆記》時，就擬定了這個題目：《〈中國青年〉十年》，目的是「以一份雜誌為個案，討論反右以後的主流意識形態，及其對這十年的青少年的影響，文革中的紅衛兵的成長背景」，以作為預定的全書第三部分「反右以後：1957年–1960年間右派命運與中國社會思潮」的重要內容，而「這一部分的研究，在某種意義上，也可以視為文化大革命的發生學研究」。[1] 簡單地説，我要在這個題目下，討論「紅衛兵是怎樣養成的」的問題：早期紅衛兵的主要核心是文革發生時的高中生，他們大都出生於1948年前後，1957–1960年正當他們9歲到18歲的成長期。他們對反右運動應該略有記憶，但主要是在反右運動以後的政治、思想、教育環境下成長起來的。而這一時期正是黨和國家對青少年的思想、政治引導空前重視和強化的時期：這也可以説是黨對反右運動的歷史經驗教訓的一個總結，首先提出的就是要「和資產階級爭奪青少年」，以後隨着國內外階級鬥爭，包括黨內鬥爭的日趨緊張，又提出了「培養接班人」的問題：這都把青少年的教育、引導提到黨的意識形態鬥爭的重要位置。而這些當年的小學生、中學生、大學生也就是在這樣的引導下，形成了自己基本的世界觀，人生觀，基本觀念，思維方式，情感，心理，以

---

[1]　錢理群：《我的「1957年學」研究》（2003年10月），《拒絕遺忘：「1957年學」研究筆記》，第494頁，香港牛津大學出版社，2007年。

及行為方式。這在他們成為紅衛兵時，就自然表現出來；紅衛兵許多今人看來不可思議的觀念、行為，都可以從他們的這一成長背景裏，得到部分的解釋。應該說，青少年時期所受到的教育，所形成的這一切，是影響了紅衛兵這一代人的終生的；瞭解這樣的成長背景，也會有助於對他們以後的政治選擇與觀念、行為的理解。

選擇1957–1966年的《中國青年》研究，作為把握這十年中國主流意識形態的切入口，在方法論上，顯然是受我多年一直關注雜誌研究的啟示；這同時也與我的青年記憶直接相關：這十年也正是我從18歲到28歲的十年，而且無論在校讀書(1957–1960)，還是到貴州教書(1960–1966)，我都是《中國青年》的忠實讀者，這次重翻舊刊，還能引起許多回憶。這就說到了《中國青年》的特點與特殊價值：作為共青團中央的機關刊物，我們這些當年的共青團員，都把它看作是「組織的聲音」，它最及時地傳達了黨的意志，最有力地宣傳了黨的思想，而且比較切合青年人的思想實際，親切，易於接受，因而在我們這些關心政治、追求進步的青年中享有極高的聲譽。認真閱讀《中國青年》的文章，討論其所提出的問題，後來就成為我們的一個習慣，日常政治生活的一個有機組成部分。其對我們思想的影響也就不言而喻，可以說，我們這代大學生和紅衛兵這代中學生都是讀《中國青年》長大的。

在這個意義上，研究《中國青年》十年，也就是研究我自己和紅衛兵這代人精神成長史的不可迴避的重要一頁。對我自己，是一次思想的歷史清理，其感情與心理的反應都相當複雜；而對我所關注的「紅衛兵怎樣養成」的歷史研究，則是一個極有吸引力的課題，它將我的「1957年學研究」與「文革研究」有機聯繫起來，形成一個完整結構。或許正因為事關重

大，我的研究才一再延宕，其實早在2004年左右，我已經寫了一大本筆記，抄錄了許多材料，但依然不能動筆，並在2007年《拒絕遺忘：「1957年學」研究筆記》出版時，在《後記》裏宣佈將此文的寫作暫時擱置，「留待以後彌補」。[2] 現在是償還文債與心債，但心情依然沉重。而我採取的寫作策略是：壓抑主觀情感，盡可能還原歷史場景；因此，多抄錄原始材料，而減少分析。而且完全按時間順序，一一道來。

一、第一年：1957

毛澤東曾説1957年的春天，是「不尋常的春天」，其實，整個1957年都是「不尋常」的。

大體上可以分為三個階段。即整風前(1月–4月)，整風運動(5月–6月)，反右運動(6月–12月)。反映在《中國青年》上，可以把全年24期分為三個階段。

1. 1–4月：整風前(第1–9期)

《中國青年》1957年第1 期(1月1日出版)，即發表社論：《把社會主義的旗幟更高地舉起》，回顧剛剛過去的1956年：這是一個「不平凡的年頭」，「社會主義革命在我國取得了決定性的勝利」，「我國的建設事業有了飛躍的發展」；同時指出，美帝國主義在1956年「加緊了對社會主義國家的顛覆活動，公然在匈牙利策動了法西斯騷亂，並在資本主義國家掀起了大規模的反蘇反共反社會主義高潮」。因此提醒「在勝利的環境中長大」的中國青年，雖然「當我們懂事的時候，革命的

2　　錢理群：《後記》(2007 年 6 月)，《拒絕遺忘：「1957 年學」研究筆記》，
　　　第 496 頁。

大風大浪已經過去了」，但現在卻要「第一次面對盤根錯節的世界局勢」，要做好「迎接革命的逆流」的準備。因此，在展望1957年時，就提出了「打退帝國主義反動的逆流」，「更高地舉起社會主義旗幟」的任務，並預言1957年也將是一個「在歷史上不平凡的年頭」。

時刻記住並高度戒備帝國主義對社會主義中國的包圍與顛覆，這大概是當時及以後對青年的教育的一個重點與前提，從而形成的「帝國主義亡我之心不死」的觀念，以及對「敵人」的警惕，敵對思維，時刻處在備戰狀態的心理，影響是至深至遠的。

但在國內問題上，社論強調的卻是「社會主義建設」：「我們將要完成和超額完成第一個五年計劃，並開始第二個五年計劃」。這是因為1957年上半年中共中央與團中央對國內形勢與任務的分析與判斷是：「國內階級矛盾已經基本解決」，[3]「在取得了社會主義革命的決定性勝利以後，擺在我國人民面前的新的歷史任務，就是進行社會主義建設」。[4] 這是第一次提出，中國的發展將由以「革命」為中心，轉向以「建設」為中心。但看來，在黨內與團內，對這樣的轉變，顯然思想準備不足，而且存在着意見的分歧。

因此，在第二期《中國青年》上，就有文章對「有一小部分知識青年開始滋長一種不健康的情緒」而憂心忡忡，提出要「發揚工人階級的堅韌精神，克服小資產階級的激進情緒」，認為聽任小資產階級偏激情緒引導青年，就不可能使這一代人成為「社會主義的稱職的接班人」，甚至會「把前一輩辛勤締

3　紀魯：《整風運動的幾個問題》，《中國青年》1957 年第 2 期。

4　胡耀邦：《團結全國青年建設社會主義新中國——中國新民主主義青年團向第三次全國代表大會的報告》，《中國青年》1957 年第 11 期。

造的家業在我們手中蕩盡丟光」。[5] 到第5期發表的文章裏，就更明確地提出：「當前國內的主要矛盾雖然已經不是無產階級與資產階級的矛盾，但是在思想戰線上，目前的主要矛盾仍然是無產階級思想與資產階級思想、小資產階級思想的矛盾」。文章還特別指出，「今天在高等學校學生中，百分之八十以上的人還是非無產階級家庭出身，他們存在着資產階級和小資產階級思想」，「一遇到重大的複雜的政治事件，不大容易明辨是非」。因此鄭重提出：要對青年「加強無產階級思想教育」。[6] 這樣，針對「小資產階級偏激情緒，加強對青年的正面教育與引導」，就成為1957年1–4月《中國青年》的主導傾向，應該説，這是反映了當時中國黨內與團內的大多數幹部的思想情緒的。

那麼，令他們憂心忡忡的青年中的「不健康的情緒」又是什麼呢？主要有三個方面。

其一，「關於社會主義制度問題」。據説「有些學生看到了我們社會主義國家發生了一些缺點與錯誤以後，就懷疑社會主義制度是否有優越性」。[7] 也有的青年因為反對黨和國家的官僚主義而懷疑「社會主義制度是產生官僚主義的基礎」。[8] 於是，就有了《社會主義制度為什麼是最優越的制度》的正面闡釋；而我們今天重讀，最感興趣的，就是那個時代對社會主義的理解。文章談了兩個要點：一是「社會主義制度主要指的是：生產資料公有制，以及與生產資料公有制相適應的政治制

5　鍾青：《發揚工人階級的堅韌精神，克服小資產階級的激進情緒》，《中國青年》1957年第2期；馬鐵丁：《官僚主義和小資產階級的偏激》，《中國青年》1957年第2期。

6　蕭雪：《加強無產階級思想教育》，《中國青年》1957年第5期。

7　同上。

8　馬鐵丁：《官僚主義與小資產階級的偏激》，《中國青年》1957年第2期。

度——無產階級專政」；二是「在社會主義制度下，過去被壓在社會底層的、為數最多的勞動人民，在政治上、經濟上和精神上得到了徹底的解放」，「他們由奴隸而變成了國家的主人，由受少數剝削者的擺佈而自己掌握了自己的命運」。[9] 而另一篇文章則強調社會主義制度的最大優越性，在於「人民真正行使了管理國家的權利」，社會主義民主的本質就在「由人民決定國家的體制，掌握政權和管理國家」。[10]——應該說，這樣的「社會主義觀」在當時的青少年中是相當深入人心的；當然，也同時會產生懷疑：例如對「無產階級專政」的懷疑，於是就有了第二個問題——

其二，「關於民主問題」。據說「對這個問題認識不清的人比較多，基本問題是劃清資產階級民主與社會主義民主的界限」。討論的中心有三個問題：一是如何看待「社會主義民主與專政」？強調「對敵人必須專政，對人民必須民主。對敵人的仁慈，就是對同志的殘酷」。二是如何看待「社會主義民主與集中」，強調「二者不可或缺」，即所謂「集中指導下的民主，在民主基礎上的集中」，「集中就是領導」。——以上關於民主與專政、民主與集中關係的認識，構成了中國式的「社會主義民主觀」的基本內容，延續幾十年，至今仍佔主導地位。最有意思的還有關於「如何運用民主權利，採取什麼民主形式」的討論，強調的是：「主要是看哪種方式最合符人民利益。對人民不利的一些民主方式，我們不要採取」。[11] 因此，當有青年提出：「可不可以採取罷工、罷課、遊行、示威的方式？」就有了如此嚴厲的回答：「遊行示威罷工罷課等方法

9　鍾清：《社會主義制度為什麼是最優越的制度》，《中國青年》1957 年第 1 期。

10　王偉、路金棟：《有關民主的幾個問題》，《中國青年》1957 年第 1 期。

11　蕭雪：《加強無產階級思想教育》，《中國青年》1957 年第 5 期。

　　　　　　　　　　燼火不息：文革民間思想研究筆記

常常用來對付敵對階級」，用來對付領導，就「破壞了民主集中制」，「實際上是不要黨，不要領導」，「乃是小資產階級無政府主義思想的表現」，「是要小資產階級來領導」，「是小資產階級的狂熱症和偏激情緒的最好的販賣場所」，「它將對整個國家和社會生活產生非常有害的深遠影響」，「後患無窮」。當有人問到如何看待憲法規定的遊行示威的合法權益，回答是：「我們雖然有了這種自由，並不是說可以不看清情況盲目使用」。[12]——這裏的邏輯固然相當混亂，卻是道出了一個事實：在社會主義中國，憲法規定的罷工罷課遊行示威的自由，基本是嚴禁、嚴控的，至少是不主張認真實行的；理由也始終是一個：它不利於黨的領導。這就是當年討論的第三個問題——

其三，關於「黨的領導」。論者一點也不想掩飾自己的不安與「憎惡」：有人「把領導和官僚主義混為一談，似乎領導人就是官僚，領導就是官僚」，「我要迫不及待地說，這種絕頂荒唐的議論，已經從根本上超出了反對官僚主義的界限，而是反對(黨的)領導了。不要(黨的)領導，在客觀上就是不要革命」。論者特別提醒說，「在一小部分知識分子出身的革命家身上」，「好像頭上生着『反骨』，專門愛找各種機會跟他們的領導人作對，在他們心目中，把『抗上』當做『美德』」。在論者看來，這正是知識分子劣根性的表現：「個人主義和不能接受紀律和組織」，「當然也不能接受領導」。[13]——這裏，將知識分子的個人主義作為反對黨的領導的根源，是特別引人注目的；到反右運動以後，「反對個人主義」就成了主要的思想改造命題，下文會有進一步的展開。

12　江名：《正確地使用民主方法》，《中國青年》1957 年第 3 期。

13　馬鐵丁：《官僚主義與小資產階級的偏激》，《中國青年》1957 年第 2 期。

1957年上半年提出的這三大問題：社會主義，民主，黨的領導，以後就事實上成為中國政治、思想、文化、教育領域的基本論爭焦點，是幾乎每一個時代的青年人和知識分子都必須面對的：這本身就很值得注意。

　　而我在研究這最初九期的《中國青年》時，最感興趣的，是從第3期開始，延續到第9期的「這樣是不是傻瓜」的討論。——這正是《中國青年》的特點：從讀者來信中發現具有普遍性或重要意義的思想話題，在刊物上展開討論。而這回引發討論的，是一位署名「徐進」的25歲的青年，在致編輯部的信中談到，1950年建國初期，他響應黨的號召，放棄了自己大學的學業，參加了革命工作，至今還是一個普通的國家機關幹部。而他當年的大學同學和自己的弟弟妹妹都成了「建設中的專門人才」，因此「受到了國家的器重」，不但享受高級知識分子的特殊待遇，黨的大門也向他們敞開。而自己，不但工資低，連解決入黨問題也困難重重。「現實生活告訴我：有了本領就有一切」，因此後悔自己當年不該放棄在大學深造使自己成為「有學識的人」的機會。「把寶貴青春獻給革命」，結果一事無成。因此覺得自己「過去簡直是一個大傻瓜」，那些當上了專家的同學才是「聰明人」。[14]——徐進的信發表後，立即在讀者群和社會上引起強烈反響，可謂「一石激起千層浪」。僅到四月初，不到兩個月的時間，編輯部就收到來稿來信九千多件。[15] 在討論中有人提出：「徐進思想是我們目前社會現狀的必然產物」，[16] 這是不無道理的：其實就是前文提到的1957年初提出的由「革命」中心向「建設」中心的轉變，在人們思

14　徐進給編輯部的信，《中國青年》1957 年第 3 期。

15　《這樣是不是傻瓜》編者按，《中國青年》1957 年第 8 期。

16　袁家坪：《不能僅僅去教育徐進》，《中國青年》1957 年第 5 期。

　　　　　　　　熠火不息：文革民間思想研究筆記

想中引起的反應。這一轉變，本來在1956年初召開的知識分子問題會議，宣佈知識分子是「勞動人民的一部分」，同時提出「向科學進軍」的口號，就已見端倪。徐進信中談到的他的已經成為高級知識分子的同學受到器重，「有了本領(技術)就有一切」的社會氛圍，都是在這樣的社會大背景下產生的。在這樣的一個「後革命」的時代，對徐進這樣的當年參加革命的青年，就自然會產生對「革命」的價值與意義的疑問；更重要的是，在「建設」時期，「革命精神」即為了理想無條件犧牲自己的「傻子」精神，還有沒有意義？後來的許多討論都是圍繞這兩個問題展開的。在這背後，還隱含着更為根本的問題：在實行「按勞分配」的時代，人的工作驅動力是什麼：是個人待遇、地位，還依然是精神、理想的追求？一篇題為《應該怎樣看待物質待遇問題》的文章，就是這樣提出問題的：一方面承認，「在社會主義制度下，按勞分配既然是消費資料分配的重要原則」，追求物質利益應該是無可非議的；但社會主義倫理原則又不能「斤斤計較物質待遇」，這是一個兩難。論者據此提出了一個很有意思的命題：「我們的勞動是有兩重性的——既是社會職業，又是革命工作」。作為普通公民，可以追求與社會職業相應的物質待遇；而作為革命者，所追求的是「為社會盡力作出貢獻，而不是追求最高的物質待遇」。徐進的問題，就在於他「從向共產主義革命者前進的道路上退了下來，退到普通公民的水平」，結論是：「一個共產主義革命者應該做個傻子」。[17]

　　值得注意的，是捲入這場討論的，不僅是處於人生選擇的十字路口的青年，更有許多年長的革命者。這也是有深刻的時代原因的：由「革命」轉向「建設」，同時就意味着，中國共

17　丁石：《應該怎樣看待物質待遇問題》，《中國青年》1957年第7期。

產黨將由「革命黨」轉向「執政黨」。應該說，在1957年人們還不可能明確地意識到並提出這樣的轉變，但敏感者還是感覺到了已經出現的變化。一位延安老戰士就談到，隨着黨的地位的變化，黨內出現的精神危機：「『隨時準備犧牲自己的一切』這樣的話，很少有人再提起了」，許多革命者「對物質享受和權力職位的興趣在急遽上升，而為人民辦事的興趣卻在一天天下降」，甚至把自己的革命歷史「當成資本家手中充滿銅臭的『投資』」。這就有可能產生新的社會不平等：「像舊社會裏那種有權有勢者的兒子一出校門，就任要職，廣大人民的兒子失學失業的現象」，如果出現在新社會，對於這位老革命是不可想像的。[18] 在作家魏巍為這次討論寫的總結文章《春天漫筆》（此文當時在青年中有很大影響，我至今還記得）裏，就把問題提得更為尖銳：「是不是參加過革命的人，就一定應該享受比一般人特別優厚的待遇？」對於這位革命根據地的老戰士答案也是明確的：「我們的黨是代表工人階級和全體人民群眾長遠利益的偉大的革命政黨，絕不是代表少數革命者利益的同鄉會之類的小團體」（用今天的話說，就是「既得利益集團」）「假如便宜都讓『先進分子』去佔，虧讓『落後分子』來吃，那還算是什麼革命者呢？那豈不是要學國民黨麼？假若要這麼做，我們馬上就會脫離群眾，成為社會上一批擁有特權的貴族，那就會毀滅黨，毀滅革命，給中國人民造成最大的不幸」。結論是：中國共產黨是靠着「偉大的自我犧牲的精神」，「感動了自己的上帝——中國人民，取得了他們深深的愛戴和信任」的，我們絕不能放棄這樣的革命精神，「用自己的手去毀壞自己流血奮鬥所締造的事業」。[19]

18　林韋：《對於人，最可貴的是什麼？》，《中國青年》1957年第8期。

19　魏巍：《春天漫筆——也算給共青團員的賀禮》，《中國青年》1957年第9期。

　　　　　　　　熾火不息：文革民間思想研究筆記

這些話，在事後來看，既是及時的預警，又似乎早了一點，因為幾個月後的反右運動又把中國發展的道路拉回到「革命」，而且是「不斷革命」的時代。但所真正發揚的，又不是魏巍們所崇尚的革命犧牲、吃虧精神，而恰恰是他們擔憂的為新的既得利益謀求新的權力。這樣的革命精神的喪失，就是一個不可避免的歷史過程。直到今天真正到了「後革命」時代，人的生活、工作的動力又成了問題。因此，面對近六十年前的這場討論，是不能不感慨繫之的。——不過，這都是後話了。

我們還是回到歷史現場——

2. 5–6月：整風運動時期（第10–12期）

《中國青年》5月16日出版的第10期發表了黨的元老林伯渠口述的《和青年朋友談談整風運動》一文，談到中共中央在4月27日發出了關於整風運動的指示。文章的調子很低，反復強調的是整風運動的目的，是要用「和風細雨」的方式解決黨內「有關人的思想作風和工作作風問題」。[20] 這其實是對毛澤東發動整風運動的一種誤讀。據毛澤東自己說，他在1956年提出的百花齊放、百家爭鳴的方針，長期共存、互相監督的方針，遭到黨內上、中、下各層幹部的一致抵制，他甚至說，黨內90%的人都不贊成他的講話（指1957年2月27日毛澤東在最高國務會議第十一次（擴大）會議上的講話，後來整理成《關於正確處理兩類不同性質的矛盾》於1957年6月19日發表，已作了重大修改）：「我這個報告毫無物質基礎，與大多數同志的想法抵觸嘛」。[21] 因此，毛澤東要發動整風運動，就是要發動知識分

20　《和青年們談談整風運動》，林伯渠口述，本刊記者筆記。《中國青年》
　　1957 年第 10 期。

21　毛澤東 1957 年 4 月 4 日至 6 日在杭州聽取關於思想動態的彙報時的插

子、民主黨派，用大鳴大放的方法，反對黨的「三害」（官僚主義，宗派主義和教條主義），藉以對從上到下的各級黨組織的黨內反對派施加壓力，矛頭是指向黨內的官僚集團的。[22] 這一意圖大概是很難為林伯渠這樣的老人理解的吧。

或許也正因為如此，黨的各級組織對毛澤東發動的這場整風運動的態度，至少是消極的。這也表現在《中國青年》的組稿編排上。整風運動從1957年5月1日正式開始，據說僅從5月2日到5月12日，短短十天之內，全國各地召開了二萬八千多次各類會議，向黨中央、各級黨組織提出了三十七萬二千多條意見。[23] 在《中國青年》第10期出版後的第三天，即5月19日開始，北大學生自發開闢「民主牆」，掀起了轟轟烈烈的校園民主運動，並迅速波及全國，《中國青年》第11期於6月1日出版時，正達到高潮。而所有這一切，在同時期出版的三期《中國青年》上都沒有任何反映。這或許是當時黨中央宣傳部門的統一部署。和社會上的鳴放的熱鬧相反，整個刊物顯得冷冷清清：只開闢了一個「青年怎樣對待百花齊放」的專欄，其他正面引導的文章，也只有《人民內部矛盾是當前的主要矛盾》、《為什麼放映「五四」以來的影片》（第10期），《再論和風細雨》（徐懋庸）、《「放」和「教」（訪馮雪峰同志）》（第11期），《黨團員應當積極參加整風運動》（王任重）（第12期）等寥寥幾篇，和前一時期理直氣壯地主動引導大不相同，顯然面對青年學生和知識分子、民主黨派的大鳴大放，有些手足無

話。轉引自逄先知、金沖及主編：《毛澤東傳》（上），第659頁，中央文獻出版社，2003年。

22　參看錢理群：《反右運動前後（上）》，《毛澤東時代和後毛澤東時代：歷史的另一種書寫》（上），第103–104頁，台灣聯經出版事業股份有限公司，2012年。

23　羅冰：《反右運動檔案解密》（2006年1月），香港《爭鳴》2006年第1期。

　　　　　　　　　　熾火不息：文革民間思想研究筆記

措。但在大勢所趨之下，也還是開了一個口，在「青年怎樣對待百花齊放」專欄裏，發表了一些過去難以見報的文章。比如第10期發表的《歡呼「百花齊放」》一文，就談到了提出雙百方針之前，青年思想受禁錮的情況：「那時候，我們鑒定一個作品的好壞，是有着這樣的一個公式的：解放後的＝好，解放前的＝壞的；蘇聯的，兄弟國家的＝好，資本主義國家的＝壞；以正面人物為主體的作品＝好，以批判性人物為主體的＝壞。在閱讀作品時，我們抱着從作品中學習什麼的態度；所謂學習什麼，就是從正面典型身上學習優秀的品質。比如，讀《卓婭和舒拉的故事》、《把一切獻給黨》，我們便把卓婭、吳運鐸對待生活、工作、學習的故事，緊記在心，遇到類似的情況，便模仿着去做」；「那時候，我們自己似乎不必多動腦筋，一切別人都安排好了。《中國青年》上刊著『向青年推薦一批文藝書目』，學校團組織便把這些讀物找了來，讓大家讀着。報刊上於是又接着發表某篇作品評介文章，指出應從中第一學習什麼，第二，學習什麼，第三——。我們信服地照樣學舌一番。至於報刊上沒推薦的或者沒有評介的書，就不十分敢去碰它，怕不知不覺中受到它的壞影響。看電影，看戲劇，亦復如此」。[24] 這樣的陳述自然有事後調侃的成份，但至少也是反映了那個時代的青年精神面貌的某個側面的：那真是一切聽從黨的宣傳的單純而天真的一代。第11期還發表了兩位北京大學的學生《我們也來放一炮》的文章，一開頭就說到當下的鳴放，並認為「還沒有真正充分地放，也沒有真正地鳴起來。看來，還只能算是開場的鑼鼓」。文章主要是向《中國青年》放炮：一說「文章的內容配合當時的政治任務多了些，從群眾的實際情況出發，對症下藥的少」，二說「作者在文章中說知心話

24　王燮龍：《歡呼「百花齊放」》，《中國青年》1957 年第 10 期。

少，體貼話少，扣帽子多」，三說「組織討論也都是抓住一個錯誤思想為典型，從來搞中選取一批與編者意圖一樣的，群起而圍攻之。於是乎，這個帽子，那個主義滿天飛」。[25] 這一期發表的北大物理系學生胡伯威的文章《教條主義對大學生的影響》，或許更應該注意。據現在看到的材料，胡伯威是最早發出獨立批判聲音的北大學生，他在1956年10月27日就致信《人民日報》，明確提出「民主」、「自由」、「人權和人的尊嚴」的要求，強調必須「把人民群眾真正放到主人翁的地位，「才能」消滅騎在人民頭上的官僚主義和腐朽傾向」。[26] 而現在他又提出了青年一代「迫切需要思想上的解放」，從教條主義束縛下掙脫出來，同樣抓住了要害：這代人「知識貧乏」，「和外界生活隔絕」，「片面地歡迎『老實人』」，「討論和爭論風氣不夠」，是有可能成為「不能獨立思考的教條主義者」的[27]：這樣的自我危機意識自然十分可貴。

《中國青年》10–12期，其實是有一個中心內容的，即宣傳5月召開的青年團第三次全國代表大會精神。在這次大會上，新民主主義青年團改名為共產主義青年團，自然是有重大意義的。但它在一個歷史轉捩點上召開，提供的資訊就相當複雜：時任團中央總書記胡耀邦的主報告裏仍然強調以「社會主義建設」為中心，大講「勞動，學習，團結」三大主題；[28] 黨中央

25　史俊傑、康式昭：《我們也放一炮》，《中國青年》1957 年第 11 期。

26　胡伯威：《致〈人民日報〉編輯部》（1956 年 10 月 27 日），此文刊載在 1956 年 11 月 10 日《人民日報》內刊《內部參考》。轉引自沈志華：《思考與選擇：從知識分子會議到反右派運動（1956–1957）》，第 446–447 頁，香港中文大學當代中國文化研究中心，2008 年。

27　北京大學物理系學生胡伯威：《教條主義對大學生的影響》，《中國青年》1957 年第 11 期。

28　胡耀邦：《團結全國青年建設社會主義的新中國》，《中國青年》1957 年第 11 期。

宣傳部長陸定一大會致辭裏，卻強調「資產階級思想和小資產階級思想，還長期地嚴重地存在」，提醒與會者：在鳴放中，「有一部分意見是反社會主義的，反工人階級領導的，是我們不能同意的」，因此，要注意「思想上的變動，分化和鬥爭」，以致「動盪」。[29] 而毛澤東在接見會議代表時，更意味深長地說了一句：「一切離開社會主義的言論都是錯誤的」，這就幾乎已經是在暗示中國共產黨將要反擊了。但當時還處於鳴放高潮中，誰也沒有在意。只有一位敏感的年輕人注意到了，他就是姚文元，他當即寫文章表示支持，並因此被毛澤東所欣賞，從此走上飛黃騰達之路——不過這也是後話了。

3. 6–12月：反右運動時期（第13–24期）

1957年6月8日《人民日報》發表《這是為什麼》的社論，發出了「反擊右派」的號令。但6月16日出版的《中國青年》12期還來不及作出反應，到第13期（7月1日出版）就以《積極投入反右派鬥爭，為社會主義貢獻力量》一文表態，全力以赴地投入戰鬥了，和前一時期的猶豫不決相反，此時的《中國青年》立場堅定，旗幟鮮明，主動進攻，積極引導，顯示了極強的戰鬥力。

我們關注的，是《中國青年》裏所反映的黨在反右運動以後建立與強化的新意識形態。其中大概有三個要點。

1. 堅持與鞏固黨的絕對領導：

正像第18期發表的一篇文章的標題所示：「黨的領導問題是反右派的大辯論中的中心問題」。需要解決的是兩大問題。

29　陸定一：《要做共產主義者，要做頂天立地的人》，《中國青年》1957年第12期。

一是黨的領導的合理性、合道德性。首先肯定「無產階級是現代社會中唯一徹底的革命階級」，「只有無產階級才能夠領導社會主義革命和建設；資產階級不僅不能領導，而且是社會主義革命所要消滅的階級；小資產階級也不能領導，它是社會主義革命中所要改造的階級」。由此引申出的結論是：站在無產階級立場上，「就是擁護歷史前進的利益，也就是擁護客觀真理」。[30] 但無產階級的意志又是通過黨來體現的，因為「黨是無產階級的先鋒隊」，「是無產階級組織的最高形式」。這樣，黨也就代表了「歷史前進的利益」，代表了「客觀真理」。接受黨的領導，維護黨的利益，就是維護無產階級利益，維護歷史前進方向，維護真理。

——經過這樣一番邏輯的轉換，黨的領導就是天經地義。應該說，這樣的邏輯，對當時及以後的中國青年是有極大誘惑力的。

二是如何理解黨的領導？反右以後也確立了三大原則：

其一，黨必須獨掌權力。「無產階級不能和其他階級分享政權的領導」，黨可以「團結使用一切願意同勞動人民一起建設社會主義的專家和知識分子，但是政權的領導必須獨掌。這一點不能有任何含糊」。

其二，黨必須獨攬（領導）一切。「黨的領導首先是政治領導，這不能和單純技術方面的領導混淆起來」；「黨通過方針政策，通過計劃、組織和思想工作，是能夠領導一切工作的」，「我們黨能夠勝利地領導階級鬥爭，也能夠領導經濟建

30　楊耳：《談立場問題》，《中國青年》1957 年第 12 期。

設」,[31]「領導科學、文化和教育工作」。[32]

其三，黨的領導必須落實到基層。「所謂黨的領導，不是空洞的，承認黨的領導也不是抽象的。只有通過具體的黨的組織作為核心，才能領導群眾和組織群眾保證社會主義國家的政策、方針和路線的具體貫徹」,[33]「最基層的如支部，甚至小組，它的負責人，其職務和權力是由選舉他的黨員群眾和上級黨組織授予的。因此，反對黨的(基層)組織的負責人，也就是反對黨組織」。[34]

圍繞如何樹立黨的絕對領導的觀念，針對青年中的種種疑問，《中國青年》組織了一批文章，討論一系列的問題——

關於「反抗精神、叛逆性格」。據說「『反抗』等於正義和偉大的舊觀念，在無產階級專政的條件下是完全不適用了」，因為「在新的歷史條件下，『壓迫』和『反抗』換了位置，壓迫者是廣大人民群眾，反抗者是一小撮死不悔改的反動分子；反抗再也不是莊嚴、正義和偉大，而是真正的醜惡、反動和渺小，因為他們反抗的是人民群眾的天下，是社會發展的客觀規律」。[35]「馬克思主義認為，在階級社會裏，任何『良心』、『公理』或『正義』，都是有階級性的。譬如說，反對以強凌弱，以大壓小，反對壓迫，這該算是堅持『正義』了吧？但是，離開階級立場而談反對『以強凌弱』『以大壓

31　以上討論見紀魯：《黨的領導問題是反右派的大辯論中的一個中心問題》，《中國青年》1957 年第 18 期。

32　安子文：《共產黨能夠領導科學、文化和教育工作》，《中國青年》1957 年第 13 期。

33　吳傳啟：《社會主義道路和黨的領導》，《中國青年》1957 年第 14 期。

34　疾風：《反對黨的某一個組織就不是反黨嗎》，《中國青年》1957 年第 20 期。

35　何明：《反抗精神、叛逆性格及其他》，《中國青年》1957 年第 13 期。

小』也就會做出最壞的蠢事」，「反對人民對反革命的『壓迫』」。「在舊社會反對統治者的『硬骨頭』，常常都是可敬佩的好人。可是，在人民做主的今天，提倡超階級的『硬骨頭』，如果不是別有用心，至少也是思想混亂吧」。[36]

關於「反現狀」和「懷疑」。據說「不是任何反現狀的人都算英雄，任何反現狀的行動都該受讚揚。這要看你反對的是什麼現狀，反革命的現狀還是革命的現狀，壞的現狀還是好的現狀」。「『懷疑』本身並不是真理。真正追求真理的人，可以經常懷疑一些什麼，但也應該懷疑自己的懷疑。不然，他的懷疑與否定就只能是偏見或成見」。[37]

關於「獨立思考」。據說「獨立思考是以承認和尊重客觀事實為出發點」，而「要尊重事實必須要先正確認識現實」，而「要達到『正確』二字，便引出一個『立場』(問題)來」，「立場不僅不是獨立思考的框子，反倒是獨立思考的前提」，而「無產階級的立場乃是最正確的立場」。因此，只有站在無產階級立場上，才有真正的獨立思考。[38]「獨立思考只是一種方法，一種工具，全靠人們的運用，如何駕馭它。只有運用到正確的地方和場合，才能談得上一個好字」。[39]

關於「思想活躍」。據說「思想活躍只是一個假象，它本身沒有好壞，決定它的好壞的是人的政治立場。如果立場站對了，則思想愈活躍愈好；如果立場站錯了，則思想愈活躍愈糟，愈能出壞主意，愈反動」。[40]

36　楊耳：《談立場問題》，《中國青年》1957 年第 14 期。

37　林韋：《夏日漫筆》，《中國青年》1957 年第 14 期。

38　馬如龍：《獨立思考的前提》，《中國青年》1957 年第 15 期。

39　禹興：《界限在哪裏？》，《中國青年》1957 年第 15 期。

40　同上。

燭火不息：文革民間思想研究筆記

以上這些論説，表面看來，自有一種似是而非的邏輯，最後都歸結於「立場決定一切」：站在擁護黨、擁護社會主義的無產階級立場，就有了「政治正確性」；背離了這一立場，就一切皆錯。這樣的理論的現實意義，就是向知識分子和青年發出警示：一切對現狀的不滿，懷疑，獨立思考，反抗精神，叛逆性格，追求良心、公理與正義，「在無產階級專政條件下」的新中國、新社會，都是反動的，其實質就是「反黨，反社會主義，反革命」，必然遭到右派的命運。唯一的出路，就是放棄一切獨立思考，懷疑、叛逆精神和活躍思想，心甘情願、服服帖帖做黨的「馴服工具」。

　　於是，就有了「到底應該重用什麼樣的人」的討論。回答也是斬釘截鐵的：「只要階級存在，就有階級鬥爭，就要區別敵、我、友，在組織群眾、培養幹部、使用幹部等等問題上，就要注意人們的政治情況，就要講政治條件」，「我們所説的政治條件，不僅是要從政治上分清敵我，而且也要從思想上分清無產階級思想和非無產階級思想，這就是我們平常所説的一個人的政治思想覺悟的問題」。因此，我們用人「首先要選擇那些政治立場堅定，思想進步，品質純正的人」。「一般地説來，共產黨員、共青團員，是經過了比較嚴格的政治審查的，他們的政治條件是比較好的，組織性、紀律性是較強的，因此，在專業分配、選拔留學生、下廠實習、畢業分配，以至一些其他特殊重要的群眾性活動中，凡是因為工作上需要注意政治條件的，黨員、團員因為合乎這種條件自然而然地被選拔去了，這也是理所當然的」。「在政治上無區別地看待一切人，實際上就是取消人事組織工作中的政治條件，取消了幹部政策中的『德』的標準。這就抹煞了生活中所存在的政治上的差別」。[41]——這裏強

41　曾惇：《談政治條件》，《中國青年》1957 年 14 期。

調反對「在政治上無區別地看待一切人」，是為現實生活中按照人的政治態度來區分人群，劃分左派、中間派和右派提供理論依據的。事實上的新的等級結構就這樣形成了。

《中國青年》第15期發表的《關於彙報》一文也頗引人注目。據說因為右派把黨員、團員和積極分子的彙報説成是警察、特務的「告密」，因此，「在保衛黨、保衛社會主義的同時，還有保衛黨、團組織的彙報制度，保護向黨、團組織彙報的人的任務」。文章強調的是，「在我們國家的日常社會生活當中，彙報已經是一件很普通很平常的事情，人們也大都習慣這種活動形式」。[42] 那麼，在1957年反右運動以後，這樣的將群眾，特別是所謂「可疑分子」的一舉一動向黨組織彙報，以至在右派中派遣「臥底」，這都成了中國政治生活裏的常態。以後更有了理論上的新概括：這叫做「把無產階級專政(或維穩)落實到基層」的「群眾專政(維穩)」，目的就在維護黨的絕對領導所需要的社會穩定。

2. 堅持意識形態的階級鬥爭，興無產階級思想，減資產階級思想

《中國青年》第14期發表的重點文章楊耳的《談立場問題》，一開始就引述根據反右以後的新形勢修改了的毛澤東的《關於正確處理人民內部矛盾》一文裏的新論述：「現在社會主義改造在所有制方面已經基本完成，革命時期的大規模的急風暴雨式的群眾階級鬥爭已經基本結束。可是，被推翻的地主買辦階級殘餘還是存在，資產階級還是存在，小資產階級剛剛在改造，階級鬥爭並沒有結束，無產階級和資產階級之間的階級鬥爭，各派政治力量之間的階級鬥爭，無產階級和資產階級之間在意識形態方面的階級鬥爭還是長期的，曲折的，有時甚

42　道琦：《關於彙報》，《中國青年》1957 年 15 期。

　　　　　　　　　燼火不息：文革民間思想研究筆記

至是很激烈的」。據研究，毛澤東在2月27日講話裏的基本判斷是階級鬥爭已經「基本結束」，因此才會有1957年上半年包括胡耀邦在團代會主報告裏都一再強調的，中國社會將實現由「革命」向「建設」的轉變。但現在，6月公開發表的毛澤東的報告，對形勢的估計，判斷，就變成了：「基本結束」的只是「大規模的，急風暴雨式的，群眾階級鬥爭」的外在形式，實質性的「階級鬥爭並沒有結束」，政治、思想、文化、意識形態領域的無產階級和資產階級之間的階級鬥爭，「還是長時期的，曲折的，甚至是很激烈的」。[43] 這就意味着，所謂「由革命向建設」的轉變，只是1956–1957年上半年曾經有過的設想；現在，經過反右運動，毛澤東又將其重新拉回「革命」的軌道，而且是「不斷革命」。其重心始終是政治、思想、文化領域裏的社會主義革命。從1957年的反右，1959年反右傾機會主義，直到發動文化大革命，一路革命過來。這也就決定了《中國青年》這樣的黨領導的宣傳工具，其所要灌輸的主流意識形態，其對青年的引導，始終是以階級鬥爭為中心的。在這個意義上可以說，反右運動以後的中國大學生、中學生與小學生，都是在階級鬥爭的氛圍、教育、薰陶下成長起來的，這對他們思想、思維、心理、情感與行為的影響，是滲透骨髓的。

而政治、思想、文化、意識形態領域的階級鬥爭，就集中在「興無產階級思想，滅資產階級思想」的絕對要求上，簡稱「興無滅資」。《中國青年》第15期上發表了時為清華大學團委書記的阮銘的《錢偉長和黨爭奪青年的伎倆》，文章旗幟鮮明地提出：「興無產階級思想，滅資產階級思想；還是興資產

---

43 關於毛澤東的《關於正確處理人民內部矛盾的問題》，六月的發表稿與二月的原始稿的修改、變動，可參看錢理群：《反右運動後毛澤東在理論上的修改》，《毛澤東時代和後毛澤東時代：歷史的另一種書寫》（上），第147–150頁。

階級思想，滅無產階級思想？這是青年思想工作問題上二條道路的尖銳鬥爭。是無產階級和資產階級互相爭奪青年一代的你死我活的鬥爭」。[44] 在21期的《關於知識青年的思想政治教育中的幾個問題》裏，就更加明確地提出：「『興無滅資』是共青團思想工作的根本路線，是共青團工作的總題目」。[45]

那麼，在這樣的意識形態的引導中，要「滅」的是什麼樣的「資產階級思想」，要「興」的又是怎樣的「無產階級思想」呢？主要也有三個方面。

一曰滅「資產階級人道主義思想」。據說「抽象的人性是沒有的，在階級社會裏，階級性就是人性」；而「互相敵對的階級沒有相通的人性；人情、同情心、人道主義，都是有一定的階級性的」，「共產黨的黨性，就是最崇高的人性」，「保衛社會主義道路和共產黨領導」就是「最具有人情，同情心和人道主義的」。這樣，政治立場的正確就同時獲得了道德的崇高性。強調的重點是：「無產階級的任務就是要『扼殺』資產階級的階級特性的一切表現」，要「同資產階級的情欲絕緣」。而最需要「扼殺」的就是「在家庭關係和朋友關係」上的「有利於階級敵人的情感」，[46] 必須「在父子、兄弟、姐妹、夫妻、朋友之間提倡劃分敵我界限」，「提倡『大義滅親』」。[47] 這樣，文革中朋友、夫妻相互檢舉，出身「反動階級」家庭的子女紛紛和父母劃清界限，就一點也不奇怪了。

二曰滅「資產階級個人主義思想」。據說「個人主義是（資

44　阮銘：《錢偉長和黨爭奪青年的伎倆》，《中國青年》1957 年第 15 期。

45　顧若：《關於知識青年的思想政治教育中的幾個問題》，《中國青年》1957年第 21 期。

46　傅容：《論人性》，《中國青年》1957 年第 16 期。

47　傅容：《論人道主義》，《中國青年》1957 年第 17 期。

產階級的）腐朽思想。只有集體主義才是我們進行各種工作的最豐富的思想動力」。[48]「在社會主義制度下，必須首先謀社會公共利益的發展，才能使個人利益得到保證」；「在社會主義計劃經濟條件下，我們國家所管理的事情之多，之廣，是歷史上任何時期的國家遠不能相比的。我們的國家切實管理着全體人民的衣食住行」以及「對青年的教育」，國家包攬了個人的一切，也就要求個人絕對服從於國家和集體。[49] 也就是說，在社會主義條件下，離開國家和集體的發展，要求個人的發展，追求「個人的榮譽、地位、良心、尊嚴，就是自私自利的個人主義的表現，就是把個人利益看得高於一切」，是違反時代潮流的反動。[50] 由此而確立的絕對倫理原則是：「在任何情況下都把人民群眾的公共利益放在第一位，無條件地、全心全意地為人民的利益而工作，以個人利益服從公共利益。可以為公共利益而犧牲個人利益，直至犧牲自己的生命，這是最崇高的共產主義精神」。[51]

三曰滅「資產階級自由主義思想」。據說「無產階級除了依靠組織的力量，把千百萬勞動人民組織起來之外，是不可能打破資本主義的鎖鏈，擺脫被壓迫奴役的地位的。資產階級深深瞭解這一點，所以便大力傳播個人主義自由主義的毒素，腐蝕無產階級思想，渙散無產階級的戰鬥隊伍」。[52] 這就迫使無產階級及其政黨必須將維護組織紀律，保證思想與行動的統一，作為推進社會主義革命和建設的第一要務；每一個共產黨員、革

48　同注 45。

49　胡繩：《關於資產階級個人主義和自由主義》，《中國青年》1957 年第 19 期。

50　傅容：《論人道主義》，《中國青年》1957 年第 17 期。

51　胡繩：《關於資產階級個人主義和自由主義》，《中國青年》1957 年第 19 期。

52　同上。

命者，「對於黨的紀律有絕對遵守的義務，即便在生死關頭，在必須犧牲自己的生命來履行黨的任務的時候，他也必須絕對遵守黨的紀律，就是說必須自覺自願地交出自己的生命。共產黨員對於革命事業必須抱有無限的忠誠，而不能有任何附加條件」。[53]

可以看出，1957年反右運動以後的「興無滅資」，就是要興無所不在的「階級鬥爭」觀念，滅追求人情、人性的「人道主義」；興無條件犧牲個人的「集體主義」，滅追求個人利益、權利、個性發展的「個人主義」；興絕對服從領導的「組織紀律性」，滅追求獨立思考、思想自由的「自由主義」。最後就歸結為建立「黨的利益、意志、要求高於一切」的觀念，無條件地「聽黨的話」，「做忠誠於黨的老實人」，做黨的「馴服工具」。[54]

3. 堅持知識青年上山下鄉勞動鍛煉改造的道路

重視對青年的勞動教育，崇尚勞動，特別是體力勞動和體力勞動者，構成了貫穿1957年的《中國青年》的一條宣傳線索。但在反右運動前後，又有不同的重點，這本身就很有意思。

在5月發表的胡耀邦在團代表大會的主報告裏，是從推動「社會主義建設」的角度提出問題的：「擺在我們這一代青年面前的一項極其光榮又極其艱巨的基本任務，就是積極參加社會主義勞動，用認真的勞動達到建成社會主義的目的」。因此，他強調要「教育青年熱愛勞動」，是有三個要點的：一是「首先要鼓勵我國從事生產勞動的青年安心於體力勞動，熱愛體力勞動」；二是要「輸送大部分的畢了業的學生到工業和農業生產戰線上去從事體力勞動，以便使他們成為我國體力勞動

53　傅容：《論人性》，《中國青年》1957年第16期。
54　姚遠方：《永遠做個忠誠於黨的老實人》，《中國青年》1957年第19期。

者中間有文化、有知識的新的一代」;三是要求「沒有從事體力勞動的團的幹部都能有計劃地經過一段體力勞動的鍛煉,真正和工人農民生活在一起,學習生產,熟悉生產」。[55] 其着眼點顯然在強調體力勞動和體力勞動者在社會主義建設中的地位與作用。在發表前文提到的魏巍的《春天漫筆》的第9期裏,還有一篇趙樹理寫的《「出路」雜談》,表達了一位與農民有密切聯繫的老革命者的擔憂:在存在城市與農村的差別的情況下,許多農村青年「只顧到城裏找『出路』,只願當幹部,不願回農村」,「假如每一個人一上中學就不準備再參加體力勞動,教育普及了生產不就停頓了嗎?」[56] 這就涉及到一個在現代化建設發展中體力勞動和體力勞動者的命運問題了。

到了反右以後再度強調體力勞動與體力勞動者,卻是從「知識青年的改造」角度提出問題的。一篇題為《青年知識分子必須進行思想改造》的文章,就提出了參加體力勞動,參加實際鬥爭鍛煉,「與工農結合」,是知識青年思想改造的必由之路。這一命題的提出,又是以誇大知識分子的弱點,抬高工農的地位與作用為前提和論證基礎的:「許多所謂知識分子,其實是比較地最沒有知識和能力的,他們沒有生產鬥爭的知識,甚至連五穀都分不清楚,他們也不具備階級鬥爭的知識,甚至不知道依靠什麼社會力量進行革命和建設」,而「智慧是從群眾那裏來的,世界上決定問題的是勞動人民」,因此,「青年知識分子只有與工農結合,向工農學習,為工農服務,才能發揮自己的作用」,「青年知識分子要使自己為工農所歡

55 　胡耀邦:《團結全國青年建設社會主義的新中國》,《中國青年》1957年第11期。

56 　趙樹理:《「出路」雜談》,《中國青年》1957年第9期。

迎，就得把自己的思想感情來一個變化，來一番改造」，[57] 而知識青年鍛鍊改造的根本道路，就是參加體力勞動，到基層工作，接受工人農民的監督，從根本上改變「端了工人農民的碗，還不願意服工人農民的管」的狀態。而重點又是「參加農業生產的體力勞動」，「下鄉上山是知識青年今後參加生產勞動的主要方向」。[58]——以後深刻影響了中國年輕一代的「知識青年上山下鄉運動」實際上在反右運動以後已經開始了。

《中國青年》1957年最後一期(24期)又發表了一篇趙樹理的文章，題目叫《「才」和「用」》，是針對有些知識青年認為自己參加工農業勞動是「大材小用」或「才非所用」而寫的。趙樹理的回應十分乾脆：「只有勞動才能創造價值，不論一般知識分子，不論專門人才，都是由勞動人民花錢培養的——現在的青年知識分子，更是由國家直接從勞動人民手裏拿過錢來培養成的。人民花錢培養人材，為的是叫給自己辦事，因此在沒有託付你辦事之前，就須先考查一下你是否和他們一條心。當他們對你的心沒有把握的時候，不敢只憑你的『才』就把事情交給你辦，何況連你有多大的才也還不知道呢。想要考查你的心，最簡便而可靠的辦法就是請你到他們隊伍中過一些日子，看你和他們是否一家人，或者現在還不像他們的自家人而過一個時候是否可以成為一家人。我所理解的『知識分子要經過勞動鍛鍊』的基本道路就這樣簡單，不過我認為這種道理是無可反駁的」。[59]

57　安子文：《青年知識分子必須進行思想改造》，《中國青年》1957年第 17 期。

58　鄧力群：《知識青年為什麼要參加勞動生產進行勞動鍛鍊》，《中國青年》1957 年第 24 期。

59　趙樹理：《「才」和「用」》，《中國青年》1957 年第 24 期。

燭火不息：文革民間思想研究筆記

二、第二、三年：1958–1959

　　《中國青年》1958年第1期封面是1957年11月毛主席在蘇聯莫斯科大學的學生宿舍裏與中國留學生談話的照片，照片上毛澤東笑容滿面，彷彿就在說：「你們是早晨八、九點鐘的太陽」，「世界是你們的，也是我們的，歸根結底是你們的」；而聽話的學生則目光炯炯，沉浸在難言的幸福之中。這一刻，對毛澤東本人和中國的年輕一代都是重要的，甚至具有了某種象徵的意味。正是在1957年，毛澤東通過反右運動將黨內外，從上到下，所有反對勢力都掃蕩以盡，極大強化了黨和他個人的領導權；而在莫斯科召開的全世界共產黨會議上，毛澤東更儼然成為國際共產主義運動的核心。這樣，毛澤東就在1958年迎來了他一生最輝煌的時刻：終於可以完全按照個人意志來推行他的理想，集中力量辦大事了。1958年就辦了三件大事：提出「總路線」，發動「大躍進」，創立「人民公社」，即後來所說的「三面紅旗」。毛澤東同時深知，他的理想要得以實現與繼承，青年是一支不可忽視的力量。對青年的教育與引導，就成為毛澤東及黨中央治國方略裏的重要環節。而中國的年輕一代經過反右運動的洗禮，更是認定跟着黨和毛澤東才有出路。這樣，到1958–1959年間，黨和毛澤東對青年的影響力也就達到了一個新的高度。

　　從《中國青年》的宣傳看，在1958–1959年間，黨和毛澤東對青年的引導，而對這一代青年產生深遠影響的，主要表現在四個方面。

1. 又紅又專，培養工人階級知識分子隊伍

　　1958年2月1日出版的《中國青年》第3期，發表了《又

紅又專，全面不能偏》一文，一開頭就這樣寫道：「最近一段時期，許多高等學校和一些科學技術部門，展開了『紅』與『專』問題的大辯論。這個辯論，着重地批判了『先專後紅』、『只專不紅』的各種錯誤思想，提出了『又紅又專』的響亮口號」，「這是當前思想戰線的社會主義革命的一個勝利，它解決了許多知識青年走社會主義道路還是走資本主義道路的問題，也奠定了這些青年為人民服務的革命人生觀的初步基礎」。[60]

　　我至今也還清楚地記得，這場辯論對我及我的同學的震撼。當時，我正就讀於北京大學中文系新聞專業，剛剛經歷了反右運動，思想上多少有些迷茫：舊的成名成家(這大概是反右前所有北大學子共同的夢)的道路看來走不通了，那麼，路該走向何方？這時候，學校黨組織傳達了毛主席的指示：要走「又紅又專」的路！這又是「一石激起千層浪」，引發了許多思考與辯論，我們在下文再作討論。這裏要說明的是，我們事後才知道，毛澤東是在1958年1月所寫的《工作方法六十條(草案)》裏提出「又紅又專」的思想的：「紅與專，政治與業務的關係，是兩個對立物的統一。一定要批判不問政治的傾向。一方面要反對空頭政治家，另一方面要反對迷失方向的實際家。政治和經濟的統一，政治和技術的統一，這是毫無疑義的。年年如此，永遠如此，這就是又紅又專」。[61]

　　那麼，毛澤東在1958年初，提出這樣的要求，其背景是什麼？有何深意？仔細讀《中國青年》的相關文章，就可以發現，當年的宣傳、闡釋有兩個重點。

60　方勤：《又紅又專，全面不偏》，《中國青年》1958年第3期。

61　毛澤東：《工作方法六十條(草案)》(1958年1月)，《毛澤東文集》第7卷，第357頁，人民出版社，1999年。

　　　　　　　　烱火不息：文革民間思想研究筆記

第5期發表的上海市委宣傳部長石西民的文章《談紅與專對青年的教育問題》，開宗明義引述鄧小平《關於整風運動的報告》説：「黨的三中全會，提出了培養工人階級知識分子的任務，提出了：為了建成社會主義社會，工人階級必須有自己的技術幹部的隊伍，必須有自己的教授、教員、科學家、新聞記者、文學家、藝術家和馬克思主義的理論家的隊伍」。鄧小平其實是傳達毛澤東的意見：毛澤東早在1957年7月所寫的《一九五七年的夏季形勢》裏，就提出了「要培養工人階級自己的知識分子」的任務。[62] 這應該是毛澤東從反右運動中吸取的經驗教訓：在他看來，資產階級知識分子之所以敢於挑戰黨的領導權，就是因為黨(無產階級)沒有自己的知識分子隊伍。因此，黨在改造資產階級知識分子，強迫其為自己服務之外，還必須培養一支屬於自己的工人階級的知識分子隊伍，並使其成為知識分子的骨幹與核心，以此為依靠力量，既有利於對資產階級知識分子的改造，更使得社會主義建設有了基本保證。這樣，改造資產階級知識分子，培養工人階級知識分子，就成為在反右運動以後，毛澤東為黨制定的知識分子政策的兩個側面，而且是以後者為主的。

　　這就意味着，「又紅又專」命題的提出，首先是為了培養工人階級知識分子提供一個目標。這就是前引《中國青年》上石西民文章所説：「工人階級知識分子的標誌應該是『又紅又專』。『紅』是指的政治，就是説工人階級知識分子應該是忠於工人階級事業的兒女。他們以工人階級的利益為自己的主要利益，以工人階級的世界觀——辯證唯物主義來武裝自己的頭腦，酷愛勞動，全心全意為實現社會主義與共產主義的事業而

62　毛澤東：《一九五七年的夏季形勢》(1957年7月7日)，《毛澤東選集》第5卷，第462頁，人民出版社，1977年。

奮鬥。『專』是指的業務，工人階級的知識分子，應該是精通本行的專家」。[63] 這裏顯然有兩個側面：一是「紅」，要堅持工人階級立場，防止被資產階級腐蝕拉攏，自覺為本階級的利益服務；另一是「專」，這是要自己掌握知識、精通業務，這才能向資產階級爭奪專業的領導權。其重點顯然是在「專」，不能「只紅不專」，「空頭政治家」是反而不利於黨和無產階級實行政治領導權的。

「又紅又專」同時也給資產階級知識分子和深受資產階級知識分子影響的青年人，提出了一個改造的目標。重點要解決的是「專」的政治方向問題。因此，論者反復強調的是，「一切具有專長和業務技術的人，歸根結蒂總要為一定的階級一定的政治目標服務。有專長和業務技能的人，離開了社會主義這個政治目標就會變成缺乏靈魂的人，就會迷失前進的方向，甚至成為資產階級思想的俘虜」。[64] 重點顯然在「紅」，不能「只專不紅」，「迷失方向的實際家」是更危險的。前述在大學和科研機關開展「紅與專」的辯論，就是要解決政治方向問題，而政治方向的核心，就在接受黨的領導，無條件地將自己的知識為黨領導的社會主義建設事業服務。關鍵又在於要克服以知識為「資本」追求名利的個人主義思想，於是就有了「個人主義，在社會主義社會，是萬惡之源」的「一針見血之論」。[65]

這樣，如何看待「個人主義」，就成為前述大學（包括我所在的北京大學）裏的紅專辯論的一個焦點問題。《中國青年》第9、10、11期還專門就「個人主義為什麼總是克服不了」問題組

63　石西民：《談紅與專和對青年的教育問題》，《中國青年》1958 年第 5 期。

64　同上

65　夏衍：《名利這一關》，《中國青年》1958 年第 7 期。

織過討論。最有意思的是一篇《剖析『小個人主義論』》的文章。所謂「小個人主義」，就是「把個人的私慾控制在一定的限度之內，稍有越軌的跡象時，就趕快自我『整風』，往回壓一下。既不會像『大個人主義者』那樣，發展成反黨反社會主義的右派分子，又不是像紅透了的共產黨員那樣，把自己的一切都貢獻給共產主義事業。這樣雖然不可能對社會主義有巨大的貢獻，也不會有什麼危害」。應該說這樣的既「不太右，也不太左」的「中間派」的選擇，在當時的中國青年中有相當代表性和普遍性。[66] 它真實地反映了黨提出「又紅又專」的口號以後，知識分子選擇的困惑。如《中國青年》一篇文章所說，在反右以後，大多數知識分子，也包括一些青年知識分子都意識到「共產黨反不得，右派當不得，資本主義道路走不得」。[67] 因此，當黨和毛澤東向他們提出「紅」的目標，要求服從黨的領導，克服個人主義，他們都不會反對，甚至是可以接受的。當然，真正讓他們動心的，還是「專」的要求的提出，他們似乎從中看到了某種發展的餘地。他們深知這樣的「專」是以「紅」為前提，並受其制約的，因此，只能控制在黨允許的範圍內；但要他們在專業範圍內也放棄個人的興趣，欲求，利益與自由，無保留地貢獻給黨，又有些勉為其難。於是，就希望走一條不左不右的折中之路。在黨的絕對控制和集體主義思潮壓倒一切的情況下，保留一點個人的「小天地」。記得我當時在紅專辯論裏，提出「個人主義像是臭豆腐，聞着臭，吃着香」，就表達了對個人獨立、自由發展的某種依戀。這當然遭到了嚴厲的批判，但也是口服心不服，依然口頭上不反對

66　李濱：《剖視「小個人主義論」》，《中國青年》1958 年第 9 期。

67　許滌新：《正確認識我國過渡時期的階級鬥爭》，《中國青年》1959 年第 19 期。

「紅」，行動上堅持「專」，也因此不斷受到「迷失方向」、「堅持『白專道路』」的敲打，陷入了進退失據的尷尬中。

對黨和毛澤東而言，培養工人階級知識分子不只是一種思想上的引導，還要有制度上的保證。於是，就在反右以後，及時提出了堅持黨的階級路線，改革招生制度的問題。《中國青年》1958年第9期，一篇題為《為什麼要強調高等學校向工農開門》的文章，第一次提到了高等學校學生的階級成份、家庭出身的問題，認為「在我國四十四萬餘大學生中，三分之二左右的學生還是出身於剝削階級家庭或小資產階級家庭」，這不僅和國家「全體公民中80%以上是工人農民」的實際狀況不相適應，而且更和我們「工人階級為領導，工農聯盟為基礎」的社會主義國家性質相背離。文章強調，「地主、資產階級或上層小資產階級家庭出身的知識青年，他們在學習上原來就佔據各種優越的地位」，而工農成份或工農家庭出身的學生在這方面顯然處於劣勢。如果考試時和入學後不予照顧，不但很難跨入學校大門，即使進入了也難以堅持。因此「強調高等學校向工農開門」，正是為了實現真正的教育公平。文章還強調，在反右鬥爭中看得很清楚，對黨的社會主義事業主義忠心耿耿的，是工農群眾和他們的子女，因此，我們要培養工人階級知識分子自然必須從他們中間選拔，這是大學必須向工農及其子女開門的一個更根本的原因。[68]

到1958年7月1日高校招生之際出版的《中國青年》第13期發表的《談談今年高等學校招生工作中的幾個問題》一文裏，就更加明確地提出了「保證新生政治品質，貫徹階級路線，提高工農成份」的問題。據說這也是總結了反右運動的教訓：「在高等學校學生中出現了為數不少的右派分子，使國家培養

68　張健：《為什麼要強調高等學校向工農開門？》，《中國青年》1958年第9期。

建設人才的品質受到了影響，出了許多廢品，浪費很大」。
這就需要戰線前移，把好高等院校入學錄取這一關。具體措
施有二，一是嚴格政治審查，「規定對於政治條件不合格的考
生不予錄取」。問題是如何把握「政治條件」？也有兩條，一
是「考生平時的政治思想品質」，二是「家庭出身」。前者沒
有具體標準，實際上就是把決定權交給了給學生作政治鑒定的
中學黨組織。這樣，就無端地剝奪了或因有獨立思想，或因其
他原因為基層黨領導所不滿的學生接受高等教育的權利。「家
庭出身」則是一個硬指標，從1958年開始，中學生中無產階級
專政重點對象(如所謂「關、管、殺」分子)的家庭的子女，就
一律被剝奪上大學的權利，而所謂剝削階級出身的子女的入學
也受到很大限制。貫徹階級路線的第二個方面，是對工人、農
民、工農幹部採取特殊的優待政策，或「保送免試」，或「在
一般考生以前優先錄取」。據說，採取上述兩大措施以後，
「今年高等學校新生的政治品質將會大大提高，工農成份學生
的比重將會大大增長」。[69] 本來，對由於歷史的原因，在接受
教育方面仍處於劣勢地位的工農、革命幹部及其子女，給予政
策上的一定傾斜和照顧，這是具有合理性的。問題是，把所謂
「政治條件」作為大學錄取的第一標準，落實下來，又是以
「家庭出身」為主要條件(理由是「人們的思想感情跟人們的
家庭出身有千絲萬縷的聯繫。1957年向黨和社會主義事業猖狂
進攻的資產階級右派大多數都出身於剝削階級家庭，就是證
明」。[70] 這就接近於文革初期盛行一時的「血統論」了)，這樣

69　孫思：《談談今年高等學校招生工作中的幾個問題》，《中國青年》1958 年
　　第 13 期。

70　盧達君：《關於學校教育工作中貫徹階級路線的幾個問題》，《中國青年》
　　1959 年第 14 期。

不僅因為剝奪或限制了出身不好的學生的受教育權，造成了新的教育不平等，而且人為地製造了不同家庭出身的在校學生之間的隔膜與對立，並因此影響了他們對「紅與專」的選擇：一般說來，家庭出身不好的學生都偏向在「專」上下工夫，以求出路，當然，也有出身不好而特別靠攏黨組織，以求保護的；而工農和幹部子女，有做到「又紅又專」的，但相當部分都偏於「只紅不專」。這些，都直接導致了文革初期大中學生的分裂，影響是深刻的。

《中國青年》1958年第12期發表的關鋒的文章《和青年談談不斷革命的思想》，則向我們提示了，1958年毛澤東和黨中央提出「又紅又專」的要求的另一個重要背景。文章指出，毛澤東領導中國革命與建設的一個重要特色，就是他善於「把前一個革命階段和後一個革命階段有機地聯繫起來，不停頓地推進革命，這就是不斷革命」。而1958年的中國，正面臨着這樣的革命轉變：毛澤東和黨中央提出「在繼續完成經濟戰線、政治戰線和思想戰線上的社會主義革命的同時，逐步實現技術革命和文化革命」。[71]

這就是毛澤東和黨中央在1958年所提出的「總路線」與「大躍進」的基本思路。其背後，是有兩個目標作為支撐的。一是「在最短時間內，盡快地把我國建設成為一個具有現代工業，現代農業和現代科學文化的偉大的社會主義國家」，「高速度地實現工業化」，[72] 以趕超資本主義發達國家，「不要多長時間，我國農業的單位面積產量，可以超過世界上一切資本主義國家；不要很長時間，我國主要工業品的產量，就可以超

71　關鋒：《和青年談談不斷革命的思想》，《中國青年》1958年第12期。

72　陳大倫：《在總路線照耀下，高速度地實現工業化》，《中國青年》1958年第11期。

　　　　　　　　　烔火不息：文革民間思想研究筆記

過英國；不要很長時間，我國大學生的在校人數，就可以超過美國」。[73] 這裏所反映的正是落後的東方大國急於趕超西方大國，自立於世界之林的強烈的民族願望與情緒。這其實是構成了當時及以後幾代人的「中國夢」的基礎的。同時提出的，是「征服自然，使自然為人民服務」的目標。[74] 這大概也是毛澤東的雄心壯志：他在青年時代就宣稱「與人奮鬥，其樂無窮；與天奮鬥，其樂無窮」；他在社會主義政治、思想革命中盡享「與人奮鬥」之樂以後，就想在技術革命中「向地球開戰」，再享「與天奮鬥」之樂。而這樣的「工業化就是征服自然」的思路，並不專屬於中國。毛澤東，世界上一切工業化國家也都走的這一條「以破壞大自然作為工業化代價」的路，只是毛澤東的中國更加肆無忌憚而已。但很快就遭到了大自然的報復：1958年的大躍進就直接導致了自然資源的大浪費，生態平衡的大破壞。但這些並沒有在《中國青年》上得到任何反映，說明人們並沒有從中吸取教訓，依然堅持要「做大自然的主人」，走「向自然開戰」式的工業化道路。[75] 中國人大概要到21世紀受夠了懲罰，才對這條征服自然之路有所反思。這也是後話了。

在1958年所面臨的，是如何進行技術革命，實現「趕超」與「征服」兩大目標？毛澤東的「又紅又專」，就是對這一問題的獨特回應。按照一般的思路，技術革命應該是一個純粹「專」的問題，經濟、技術問題，蘇聯當年走的工業化道路，就是強調「技術決定一切，經濟決定一切」。但毛澤東卻同時提出「紅」的要求，提出「思想工作和政治工作，是完

73　王任重：《鼓足幹勁》，《中國青年》1958 年第 11 期。

74　陳大倫：《在總路線照耀下，高速度地實現工業化》，《中國青年》1958 年第 11 期。

75　劉西堯：《青年應該怎樣迎接技術革命》，《中國青年》1958 年第 12 期。

成經濟工作和技術工作的保證，它們是為經濟基礎服務的，思想和政治是統帥，是靈魂」，[76]這和他在此之前提出的「政治工作是一切經濟工作的生命線」，[77]意思是一致的。他又提醒說：「只要我們的思想工作和政治工作稍微一放鬆，經濟工作和技術工作就一定會走到邪路上去」。[78]這或許是反映了毛澤東的矛盾：他深知，要通過技術革命在經濟上趕超西方國家，技術、經濟是基礎；又擔心過分強調技術、經濟，就會脫離社會主義軌道，走向資本主義的歧途。因此必須通過對「紅」的強調，掌握政治方向；而「紅」的最基本的要求，就是黨的領導。也就是說，他試圖在黨的領導下，實現「政治和經濟的統一，政治和技術的統一」，走一條黨領導下的工業化、現代化的發展道路。前引關鋒談「不斷革命」的文章，最後歸結到「黨的領導起着決定的作用」，就是這個道理。[79]這樣的思路也同樣影響了好幾代人，也是今天的「中國特色的社會主義道路」的基本內涵。

2. 破除迷信，解放思想與「高貴者最愚蠢，卑賤者最聰明」

一打開《中國青年》1958年第13期，就赫然看見一個通欄標題：「插紅旗，拔白旗，破除迷信，解放思想，奪取資產階級最後陣地！」

這裏其實是集中了毛澤東的「大躍進」的思想的。根據在

76　毛澤東：《〈工作方法六十條〉（草案）》（1958年1月），《毛澤東文集》第7卷，第351頁。

77　毛澤東：《〈中國農村的社會主義高潮〉的按語》（1955年），《毛澤東選集》第5卷，第243頁。

78　毛澤東：《〈工作方法六十條〉(草案)》，《毛澤東文集》第7卷，第351頁。

79　關鋒：《和青年談談不斷革命的思想》，《中國青年》1958年第12期。

這一專欄下的幾篇文章，以及《中國青年》前後幾期的闡述，大概有四個方面的內容。

1. 調動人（勞動者）的積極性，發動群眾運動，是發展生產，實現大躍進的根本途徑

　　專欄下發表的第一篇文章《世上無難事，只怕有心人》，就明確指出，「人是生產力中最活躍的部分，最有生命力和革命性的一部分」，「人的積極性、創造性得到高度發揮，生產力就會大大發展」，「所謂單純技術觀點，單純業務觀點，只專不紅，都是只見物，不見人，就是不要政治，不要人」。[80] 這是一個獨特的思路：不能就生產談生產，而要着眼於生產中的人，調動人（主要是生產第一線的勞動者）的積極性，這就需要依靠政治、思想工作，依靠群眾運動。毛澤東的大躍進，就是一個通過群眾性的政治、思想、社會運動，實現精神的解放，來促進生產力發展的實驗。這是毛澤東「又紅又專」思想的另一個方面：所謂「紅」，除了黨的領導，還有群眾路線，即勞動人民在黨的領導下，發揮群眾的智慧。[81]

2. 破除迷信，解放思想

　　問題是：如何調動人的積極性？回答是：「破除迷信，把『心』解放出來」。這就需要破除對洋人的迷信，古人的迷信，對名人的迷信，對書本的迷信，對規章制度的迷信等等。[82] 首先是破除對洋人的迷信。在《中國青年》11期發表的《破除迷信》，就說了一句有意思的話：所謂「外國」都是

80　張平化：《世上無難事，只怕有心人》，《中國青年》1958 年第 13 期。

81　一丁：《什麼人最聰明》，《中國青年》1958 年第 13 期。

82　張平化：《世上無難事，只怕有心人》，《中國青年》1958 年第 13 期。

相對而言，「在中國人民的眼裏，英國、美國都是外國，而在英國人、美國人眼裏，中國同樣是外國」，「外國有先進的東西，中國也有先進的東西；中國有落後的東西，外國也有落後的東西」，「沒有理由把外國的一切都當成是好的，而中國的一切都是壞的」。[83] 這話的原創者是毛澤東，這也是五十年代宣傳的特點：不直接援引領袖的話，而是變成自己的話來說。毛澤東原話是這樣說的：「我問過在我身邊的人：中國人算不算洋人？他們說，不算，外國人才算洋人。我說，不對，中國人也叫洋人。因為我們看外國人是洋人。外國人看中國人不也是洋人嗎？」類似的問題還有：「我們住在哪裏？天上，還是地上？」「我們算不算神仙？」回答是：「如果別的星球上有人，他們一看我們，不就是在天上嗎？」「他們不是把我們看成神仙嗎？」毛澤東說：「這說明在這些看法上，是有迷信思想」。[84] 毛澤東還說：「中國被帝國主義壓迫了一百多年，帝國主義宣傳那一套，要服從洋人，服從外國一百多年了，嚇怕了，什麼都怕。封建主義宣傳那一套，要服從孔夫子，總覺得自己不行」。[85] 可見，毛澤東在1958年提出破除迷信，解放思想，是着眼於提高民族自信心，以及當代人的自信心，以為實現前述「趕超西方國家」的民族目標，發動大躍進在思想上開路。《破除迷信》一文最後特意引述了劉少奇在八大二次會議上的報告裏的一段話：「我們現在正經歷着我國歷史上偉大的飛躍發展的時代。我們的黨，我們的國家，現在需要大批敢想敢說敢做的人，敢於破除迷信、革新創造的人，敢於堅持真

83　白葉：《破除迷信》，《中國青年》1958 年第 12 期。

84　李銳筆記記錄的毛澤東在八大二次會議上的講話（1958 年 5 月 7 日），收李銳：《「大躍進」親歷記》（上卷），第 324 頁，遠東出版社，1996 年。

85　毛澤東在八大二次會議上的講話，收李銳：《「大躍進」親歷記》（上），第 323–324 頁。

　　　　　　　　　燼火不息：文革民間思想研究筆記

理、為真理衝鋒陷陣，樹立先進和革命旗幟的人」。[86]——應該說，這樣的引導，對當時我們這些青年的鼓舞和影響是相當大的。儘管在引導者這裏，破除迷信是為了更好地發揮黨的領導作用；但在我們的接受裏，至少與同時接受的「做黨的馴服工具」的教育，構成了一種張力，為以後的思想發展、解放，留下了一個空間。

3. 卑賤者最聰明，高貴者最愚蠢；插紅旗，拔白旗

　　1958年的破除迷信，還有一個重點，就是破除對資產階級知識分子的迷信，提高勞動者的階級自信心，即所謂「大滅資產階級的威風，大長勞動人民的志氣」。在《中國青年》上，就有了這樣的宣講：「歷史上許多偉大的發明家是基本上沒有受過教育，勞動人民出身，在發明前被社會上看不起，受打擊摧殘的」，[87] 進而又提出「卑賤者最聰明，高貴者最愚蠢」的命題。[88] 這同樣是在傳達毛澤東的聲音：他於1958年5月在遼寧一個小型機械廠製造出拖拉機的報告上作出批示，從這個工廠普通工人的創造，引出一個重要論斷：「科學、技術發明大都出於被壓迫階級，即是說出於那些社會地位較低，學問較少，條件較差，在開始時總是被人看不起，甚至受打擊、受折磨、受刑戮的那些人」，並且指出，「如果能夠有系統地證明這一點，那就將鼓舞很多小知識分子，很多工人和農民，很多新老幹部打掉自卑感，砍去妄自菲薄，破除迷信，振奮敢想、敢說、敢做的大無畏創造精神，對於我國七年趕上英國，再加八

86　白葉：《破除迷信》，《中國青年》1958 年第 12 期。

87　劉西堯：《青年應該怎樣迎接技術革命》，《中國青年》1958 年第 12 期。

88　王光偉：《在社會主義總路線的照耀下奮力前進》，《中國青年》1958 年第 11 期。

年或者十年趕上美國的任務，必然會有重大幫助」，「卑賤者最聰明，高貴者最愚蠢」的命題就是因此而提出的。[89]——應該說，毛澤東的這番話，在當時的農民、工人、小知識分子、青年學生，即所謂「小人物」中，確實起到了解放思想的作用。許多人都感覺到毛主席在給他們撐腰，因而充滿希望、雄心勃勃地投入大躍進的行列，湧現出了許多來自底層的發明創造。這些，在《中國青年》上多有報導，如《破除迷信》一文裏提到的「湖南常德專區，讀過初小的曹文輯創造了八用加工機等八件新式農具；哈爾濱龍江電工廠木工張榮創造木工車間機械化成功；上海潤華染料廠青年技術員奚翔雲在工人蔣伯祺、錢伍捌合作支持下，試製成功了第一種活性染料；清華大學水利系學生吳國欽等三人大膽設計了堆石滾水壩」等，[90] 應該都是事實，這都實實在在地加強了大躍進的群眾基礎。

問題在於，這樣的「大長卑賤者的志氣」是與「大滅高貴者的威風」聯結在一起的，這就把「底層民眾」與「上層精英」，「工人、農民」與「知識分子」，「青年人」與「老年人」，「小人物」與「大人物」之間的差異與矛盾，人為地推向對立的兩極，並被賦予一種階級鬥爭的意義，變成一個「你死我活，一個吃掉一個」的關係，鼓動前者全盤否定、打倒後者，並取而代之。毛澤東就公開號召：「對於資產階級教授們的學問，應以狗屁視之，等於烏有，鄙視，藐視，蔑視」，[91]並親自部署在大學開展「插紅旗，拔白旗」的運動，以達到前引《中國青年》第13期通欄標題中所說「奪取資產階級最後

89　毛澤東：《卑賤者最聰明，高貴者最愚蠢》（1958 年 5 月 18 日、20 日），《建國以來毛澤東文稿》第 7 冊，第 236 頁。

90　白葉：《破除迷信》，《中國青年》1958 年第 12 期。

91　毛澤東：《在成都會議上的講話提綱（1958 年 3 月），《建國以來毛澤東文稿》第 7 冊，第 117、118 頁。

　　　　　　　　　　　　燼火不息：文革民間思想研究筆記

陣地」的目的。這一期阮銘的文章就專門介紹了清華大學開展「插紅旗，拔白旗」運動的經驗，據說「迷信『理論』（脫離實際的理論），迷信『專家』（資產階級專家），輕視實踐，輕視工農」是「當前和資產階級思想鬥爭的核心問題」，必須「粉碎對資產階級的偶像崇拜」，因此要採取「大辯論，大批判」的群眾階級鬥爭的方式，「徹底揭露某些資產階級專家的本來面目」，鬥爭的結果，「群眾不再追隨他們了，他們的境況，將日益『冷冷清清，淒淒慘慘』了」。[92] 據統計，僅北大一校受到批判，被拔白旗的文理科教師就有60多人，中文、歷史、經濟、法律、數學、物理等系中，有40%多的教授、副教授都遭到了批判。[93] 這後果自然是嚴重的：不僅給大學知識分子以繼反右以後的第二次打擊，對青年學生更是一個誤導，在某種程度上，正是文革初期在教師中批鬥「黑幫」，抓「牛鬼蛇神」的一次預演。

4. 把人的主觀能動性發揮到最高度

實際上，當毛澤東提出「卑賤者最聰明，高貴者最愚蠢」這一命題，把文化程度不高的工農、青年和掌握了科學文化的知識分子對立起來，「拔白旗」運動更是公開排斥專家，這就隱含了排斥科學和理性的危險。而當發動大躍進，鼓吹「向地球開戰」時，就免不了把人的主觀能動性強調到極端，更加遠離科學與理性，陷入了狂熱。當時最流行的口號登在7月23日的《人民日報》上，叫做「只要我們需要，要生產多少就可以

---

92 阮銘：《插紅旗，拔白旗，立好學生的共產主義標準》，《中國青年》1958年第 13 期。

93 轉引自林蘊暉：《烏托邦運動：從大躍進到大饑荒（1958–1961）》，第 229頁，香港中文大學當代中國文化研究中心，2008 年。

生產出多少糧食出來」，[94] 後來《人民日報》在發表一篇來信時，竟然用了「人有多大膽，地有多大產」的大標題。[95]《中國青年》的宣傳雖然沒有如此極端，但在7月16日出版的第14期上也發表了中共河南省委第一書記吳芝圃的《駁懷疑論》，大談河南經濟的發展「一年等於幾千年」，揚言「不論土質如何，地理形勢如何，只需要加以人為的努力，就可以大大增產」。[96] 同一期發表的關鋒的《談談人的主觀能動性》，也是為當時公佈的逐月瘋漲的小麥生產的高額紀錄(關鋒文章提到的是「畝產三千多斤，四千多斤，五千四百六十七斤(湖北谷城縣廟灘鄉新氣象五社)」大唱讚歌：「我們祖先作夢也想不到的事，可是在社會主義條件下，人們發揮了主觀能動性，就辦到了」。並由此得出結論：「我國的社會主義制度就是人們發揮主觀能動性的客觀條件」，有了社會主義制度的「神奇力量」，「『沒辦法』這個字眼，要從徹底解放思想的人民的辭典裏，永遠消滅了」。作者揚言，在我們國家裏，已經開始了「從必然王國進於自由王國的飛躍」，這就意味着，我們已經「從盲目受客觀規律支配到充分自覺的利用客觀規律來改造世界」，也就是說，「人類主觀能動性的發揮，已經到了新的歷史階段了」。[97] 這就把社會主義制度神奇化，人的主觀能動作用神奇化，真的可以隨心所欲了：這正是典型「只要想得到就能做得到」的主觀意志決定論。

但這樣的狂熱的豪言很快就被事實所粉碎。謊報糧食高產

94　《今年夏季大豐收說明了什麼》(社論)，《人民日報》1958 年 7 月 23 日。

95　劉西瑞：《人有多大膽，地有多大產》，《人民日報》1958 年 8 月 27 日專欄「壽張來信」。

96　吳芝圃：《駁懷疑論》，《中國青年》1958 年第 14 期。

97　關鋒：《談談主觀能動性》，《中國青年》1958 年第 14 期。

燭火不息：文革民間思想研究筆記

立即遭到報復：所引來的高徵購，必然要剝奪農民口糧而導致大饑荒：到1958年底，大饑荒已經出現，到1959年、1960年更有大蔓延。自吹「一年超過幾千年」的河南成了重點。在沉重的教訓面前，人們開始反思。到12月16日出版的《中國青年》第24期就發表了《反對「唯條件論」，但要從實際出發》、《破除迷信和尊重科學》、《文學語言和政治口號》這樣的文章，指出：「事在人為，絕不是可以不看客觀條件，不顧客觀規律的要求而隨意妄為」；[98]「破除迷信」不能忘了「尊重科學」，「世界上並沒有同科學真理相違背的社會主義」；[99]「『人有多大膽，地有多大產』，『只有想不到的事，沒有做不到的事』，只是一種具有浪漫主義色彩的文學語言」，「不能根據這些文學語言來制定政策，也不能把它當作政治口號來動員群眾」。[100]

但世道多變，到1959年7、8月廬山會議突然大反「右傾機會主義」（我們在下文有詳盡討論），這些清醒的反思成了大批判的靶子。《中國青年》上又發表文章，大談「右傾機會主義分子強調或誇大客觀世界對人們活動的限制，卻看不到或者低估人們的主觀能動性對改造客觀世界的偉大作用」，並且提出更激進的口號：「把人的主觀能動性發揮到最高度」。[101]

在當時的政治形勢下，「最高度」就是沒有限度。於是又陷入了更大的狂熱。這歷史的反復，表明唯主觀意志論，在中國根深蒂固的影響，這是很值得注意的。

98　吳傳啟：《反對「唯條件論」，但要從實際出發》，《中國青年》1958 年第 24 期。

99　畢承文：《破除迷信和尊重科學》，《中國青年》1958 年第 24 期。

100　編者：《文學語言與政治口號》，《中國青年》1958 年第 24 期。

101　鄭治：《把人的主觀能動性發揮到最高度》，《中國青年》1959 年第 21 期。

3.「積極準備過好共產主義關」

1958年的中國，確實處於急劇變化之中。年初發動的大躍進還在方興未艾中，到下半年，毛澤東就開始了他的空想社會主義實驗，全力推動人民公社運動。按中共中央《關於人民公社問題的決議》的說法，實行「工、農、商、學、兵結合的政社合一的人民公社」制度，就找到了一條「城鄉差別、工農差別、腦力勞動和體力勞動差別逐步縮小以至消滅的道路，以及國家對內職能逐步縮小以至消滅的道路」，「現在，也可預計，在將來的共產主義社會，人民公社將仍然是社會結構的基層單位」。[102] 於是，就有了「共產主義是天堂，人民公社是橋樑」的響亮口號。

而對當時的中國共產黨人、年輕人來說，這不僅是一個鼓舞人心的口號，更有可能變成活生生的現實。《中國青年》1958年第21期，發表的中共天津市委書記處書記王亢之的《積極準備過共產主義關》的文章，就高屋建瓴地宣佈：「我們的黨叫做共產黨，我們的團叫做共產主義青年團。實現共產主義，是我們革命的最終目標，是人類社會的最高理想。現在，由於我們社會主義建設速度的大大加快，這個目標已經不是虛無縹緲，可望不可及的東西，而正是在一天天地開始成為人們可以看到，可以觸及的現實。共產主義在我國的實現，已經不是什麼遙遠將來的事情。向共產主義過渡的問題，已經提到我國人民現實生活鬥爭的日程上來了」。[103]

這樣的斷言，在今人看來，也許是不可思議的；但處在歷史中的我們這一代人卻是深信不疑，而且需要認真對待的。於是，就有了「積極準備過好共產主義關」的命題的提出，並成

102　中共中央《關於人民公社問題的決議》，載 1958 年 12 月 19 日《人民日報》。

103　王亢之：《積極準備過好共產主義關》，《中國青年》1958 年第 21 期。

　　　　　　　　　　熠火不息：文革民間思想研究筆記

為一個時期的時代主導話題，《中國青年》21期、22期還專門組織了「怎樣準備過好共產主義關」的討論。按這一時期《中國青年》發表相關文章，可以看出，在當時人看來，這樣的準備，大概有三個方面。

1. 人人成為普通勞動者

這裏說的「勞動」，首先指的是體力勞動。這是因為「體力勞動是直接創造物質財富的勞動，是人類社會存在、發展的基礎，更是實現共產主義社會所要求的『產品極大地豐富了』這個重要條件的基礎，是任何人類的生活的基礎」。[104] 論者特別強調，「不論社會發展到如何高級，不論機械化、電氣化，自動化發展到何種程度，體力勞動總是處於決定一切的地位」，「人總是要用手的，不能都用腦來代替，不能設想將來的人是只有一個大腦而沒有手的怪物」。因此，強調每一個人(特別是專事腦力勞動的知識分子)都要成為「普通體力勞動者」，這首先是着眼於人的全面、健康發展，這是「前進」而不是「後退」，是「走向高級」，而不是「走向低級」。[105]

當然，在1958年提出做「普通勞動者」，主要着眼點，還是要「消滅體力勞動與腦力勞動的差別」。在論者看來，這樣的差別在社會主義階段是不得不保留的，但又要逐步縮小，以便為向共產主義過渡創造條件。那麼，所說的「普通勞動者」，就包含着「體力勞動與腦力勞動結合」即所謂「手腦並用」的意義。於是，就提出了「實現工農知識化，知識分子工

---

104 王元之：《積極準備過好共產主義關》，《中國青年》1958年第21期。

105 宋樹人：《把普通勞動者這面紅旗舉得更高》，《中國青年》1958年第22期。

農化，使每一個人成為既能從事腦力勞動，又能從事體力勞動的全新的人」的目標。[106] 論者提醒人們注意：「實現共產主義，消滅腦力勞動和體力勞動的差別，就是要消滅知識分子」。因為當專事體力勞動的工農已經「知識化」，「知識」就不再成為知識分子的「專利」和「特權」；原來專事腦力勞動的「知識分子」也都「工農化」，知識分子這個「特殊階層」也就不復存在了。而我們今天實行的「教育和生產勞動相結合」的教育方針，「培養青年成為有社會主義覺悟，有文化的勞動者」就是實現這一目標的有力保證。[107]

「人人成為普通勞動者」，還有一個重要方面，就是「幹部參加體力勞動鍛煉」。[108] 中共中央在1958年2月曾發佈過《關於下放幹部進行勞動鍛煉的指示》，毛澤東在5月召開的八大二次會議上更一再提醒黨的幹部，包括高級幹部、中央委員，都要「以一個普通勞動者的姿態出現在人們面前」，[109] 以便在「人與人在生產關係中的相互關係」中，「建立起一種平等關係」。[110] 毛澤東顯然企圖通過幹部參加勞動，成為普通勞動者的方式防止黨的幹部的蛻變，防止黨脫離群眾。以後，他在這方面，還有許多動作，我們以後再作討論。

---

106 同注 104。

107 宋樹熱：《把普通勞動者這面紅旗舉得更高》，《中國青年》1958 年第 22 期。

108 王亢之：《積極準備過好共產主義關》，《中國青年》1958 年第 21 期。

109 毛澤東：《在中共八大二次會議上的講話提綱》（1958 年 5 月），《建國以來毛澤東文稿》，第 7 冊，第 198 頁。

110 逢先知、金沖及：《毛澤東傳》（上），第 787–788 頁，北京文獻出版社，2003 年。

　　　　　　　　　　　　熾火不息：文革民間思想研究筆記

2. 破除資產階級法權思想

這也是1958年下半年的熱門話題。首先提出者，還是毛澤東。他關注的是「分配」問題。按照馬克思主義的説法，社會主義社會實行「按勞分配」的原則，而不是共產主義的「按需分配」，這還是一種「資產階級法權」。在《中國青年》的一篇文章裏，對此有過一個簡要的説明：「按勞分配」的原則之所以被視為「資產階級法權」，是因為儘管「就等量勞動取得等量報酬來説，是平等的」，但「就不同的勞動分工，不同的生產條件，不同的才能智慧，不同的生活負擔等等而一律根據勞動的價值給予等量的報酬來説，則是不平等的」。[111] 毛澤東就抓住這「不平等」大作文章，提出在社會主義階段就要「破除資產階級法權」。首先是破除「資產階級法權思想」即「按酬付勞」的思想，然後實行限制商品生產與流通，限制商品經濟，限制貨幣和薪金制的理想。他説，當年在延安的時候，我們的軍隊，有什麼工資？我們施行供給制，滿足每一個人的基本要求就可以了，「沒有薪水，沒有八小時工作制，上下一致，官兵一致，軍民打成一片，成千成萬的人調動起來，共產主義精神很好」，「為什麼要搞工資制？這是向資產階級讓步」。他因此提出，要恢復供給制，或者施行低工資制與供給制的結合，以縮小人們生活水平的差距，恢復人與人之間，特別是上、下級之間的平等關係。[112]

毛澤東一言既出，全國上下，立刻掀起一股大批「資產階級法權思想」，大力推廣供給制之風。《中國青年》也緊緊跟上，連發文章，大造輿論。首先是與青年聯繫起來，指出「有

---

111 奚原：《論供給制的分配辦法》，《中國青年》1958年第21期。

112 毛澤東在中共中央政治局擴大會議上的講話（1958年8月21日），轉引自李鋭：《「大躍進」親歷記》（下），第103，105–106頁。

些青年在勞動中斤斤計較報酬，甚至抱着『給多少錢。幹多少活』的態度，它們的根源除去個人主義外，還由於資產階級法權思想的影響」，因此，必須予以徹底破除，鼓勵青年樹立「我為人人，人人為我」的共產主義精神，毫不計較個人報酬，無私奉獻的共產主義勞動態度。[113]

在列舉供給制的優越性，諸如是所謂「共產主義分配關係的萌芽」、「減少商品供銷環節」，「更根本上堵死資本主義自發勢力的道路」之類[114]以後，論者更用1957年以來習慣了的階級鬥爭思維宣佈：「這是場資產階級思想和無產階級思想的鬥爭」，「供給制是個體試金石，它考驗着我們每一個人在邁進共產主義的第一關時，採取什麼態度，能否跨過這一關」。[115]這就變成強制服從了。

更為嚴重的是，這樣的強迫推行的供給制在實際生活裏發生的影響與作用。一篇文章就透露：「一些公社實行半供給制後，許多生活用品由公社統一發給或採取轉帳辦法，到供銷部門購買，社員的工資收入也存在社內」。這樣「基本生活資料由公社統一管理和供給」，就實際上取消了商品流通，貨幣流通。[116]再加上一些公社還出現了急於向全民所有制過渡，廢除商業，實行產品調撥的傾向，並產生了巨大混亂。這反過來引起毛澤東的警覺。這位「破除資產階級法權」的始作俑者，又反過來扮演批判者的角色了。其實，《中國青年》這篇文章所說的「一些公社」實行的「半供給制」是有所依據的，它推行的是中央《關於人民公社若干問題的意見》（第一次修改稿）裏

113　王亢之：《積極準備過好共產主義關》，《中國青年》1958 年第 21 期。

114　奚原：《論供給制的分配辦法》，《中國青年》1958 年第 21 期。

115　鄭思：《供給制是個試金石》，《中國青年》1958 年第 21 期。

116　奚原：《論供給制的分配辦法》，《中國青年》1958 年第 21 期。

爛火不息：文革民間思想研究筆記

的設想。[117] 毛澤東就抓住這個設想，大加批判，指出：取消商品交換，廢除商品經濟，「就是剝奪農民」，大談「必須肯定社會主義的商品生產和商品交換還有積極作用」，「商品生產不能與資本主義混為一談」。對資產階級法權也有了新的態度：「資產階級法權只能破除一部分，例如三風五風，等級過分懸殊，老爺態度，貓鼠關係，一定要破除，而且破得越徹底越好。另一部分，例如工資等級，上下級關係，國家一定的強制，還不能廢除。資產階級法權有一部分在社會主義時代是有用的，必須保護，使之為社會主義服務」。[118] 如前所述，毛澤東是在1958年8月提出「破除資產階級法權」問題的，於是就有了《中國青年》19期(10月1日出版)、21期(11月1日出版)的連續宣傳；到11月毛澤東改變了態度，《中國青年》就再也不談「破除資產階級法權思想」了。這一話題也就在中國銷聲匿跡了。再度提起，是在文革後期，那麼又是根基頗深了。

3. 革舊的生活方式、生活習慣的命

這是我們一再引述的《積極準備過好共產主義關》一文所指出的，向共產主義過渡，「這是人類歷史上最深刻之徹底的革命」，它也「要求人們的生活方式、生活習慣按共產主義集體化的原則加以改造，不僅從生產上，而且從生活上把人們進一步組織起來」，「人民公社便是適應這種形勢而產生的」，其所實行的「組織軍事化，行動戰鬥化和生活集體化」，都是

117　參看薄一波：《若干重大決策與事件的回顧》(下)，第753頁，中共中央黨校出版社，1993年。

118　毛澤東：《關於社會主義商品生產問題》(1958年11月9日，10日)，《毛澤東文集》第7卷，第438，439頁。毛澤東：《在武昌會議上講話》(1958年11月23日)，《毛澤東文集》第7卷，第449頁。

「舉世無雙的壯舉」。[119] 這裏說的「三化」，是體現了毛澤東的「建立沒有富農地主剝削，也脫離了小生產狀態的社會主義的民主集中制的農業產業軍」的理想的[120]，同時也寄託着他對軍事共產主義生活始終如一的留戀與嚮往，前述對供給制的一往情深，也是這樣的情緒的一種表現。這對毛澤東時代的青少年的影響也是深遠的。

《中國青年》文章特意提到「家庭生活，隨着逐步向共產主義的過渡，當然會發生深刻的變化」，並且談到隨着社會生活的高度集體化，「家庭將不再作為一個社會的消費單位存在」，隨着「私有制的影響徹底消除」，家庭成員之間的關係，夫妻之間的關係，都會更加真摯、純潔，這些討論都很引人注意，也是1958年的熱門話題。[121]《中國青年》1958年第23期就專門發表了哲學家馮定的文章《論家長制與家庭》，強調「家長制要消滅」，「家庭不會消滅」，而且會「產生新的家庭關係」，「真正的『天倫之樂』，將逐漸滋長和完美」。[122] 此文針對「共產主義就是要消滅家庭」的極「左」思想，顯然有「降溫」的意思。

這也是反映了1958年年底開始，延續到1959年上半年的思想動向，即對1958年的狂熱有所反省，開始「糾偏」。前文提到的對主觀能動性問題的重新討論，就是一個典型的例子。直到1959年7月1日出版的《中國青年》1959年第13期，還發表《堅持真理，修正錯誤》的文章，強調「敢想、敢說、敢幹必

---

119 王亢之：《積極準備過好共產主義關》，《中國青年》1958 年第 21 期。

120 毛澤東：《對〈關於人民公社若干問題的決議〉稿的批語和修改》（1958 年 11 月，12 月），《建國以來毛澤東文稿》第 7 冊，第 430 頁。

121 王亢之：《積極準備過好共產主義關》，《中國青年》1958 年第 21 期。

122 馮定：《論家長制和家庭》，《中國青年》1958 年第 23 期。

須同求實精神和科學態度結合起來」，否則就會變成「亂想、亂說、亂幹」；強調要特別聽取「相反的意見」，因為「有時真理在少數人手裏」。[123] 但到了8月16日出版的《中國青年》，宣傳的傾向、基調就有了突然變化——

4. 批判黨內右傾機會主義分子：革命對象的微妙轉變

這一期打頭的文章，一開始就提到《人民日報》8月6日的社論《克服右傾情緒，厲行增產節約》，並鄭重指出：「這個社論具有十分重要的意義，共青團中央已通知各級團委直到基層團組織的幹部認真學習這篇社論，以提高覺悟，認清形勢，克服一部分幹部中存在的右傾情緒」。[124] 這就指明了「形勢」已轉向對「右傾」的批判。原因就在剛剛結束的廬山會議由原本準備討論「繼續反左」的問題轉向了對「右傾機會主義」的批判。《人民日報》8月6日社論僅僅是吹風，《中國青年》的表態也限於「反右傾」。到9月1日出版的第17期社論就提到「當前的主要危險是在某些幹部中滋長着右傾機會主義的思想」，[125] 以後又進一步明確：反擊右傾機會主義者的挑戰，「這是社會主義革命在政治思想戰線上的又一次偉大的勝利，也是黨的總路線的偉大勝利」；[126]「右傾機會主義分子的反對總路線、大躍進、人民公社的運動，是階級鬥爭在無產階級革命隊伍內部的反映」，資產階級「一定會在無產階級革命隊伍

123 王從吾：《敢於堅持真理，修正錯誤》，《中國青年》1959 年第 13 期。

124 鄭治：《認清形勢，提高覺悟——認真學習〈人民日報〉6 月 8 日的社論》，《中國青年》1959 年第 16 期。

125 《高舉總路線的旗幟，為在今年完成第二個五年計劃主要指標而奮鬥》（社論），《中國青年》1959 年第 17 期。

126 文同：《更高地舉起總路線的光榮旗幟，奮勇前進》，《中國青年》1959 年第 19 期。

內部找到他們的代表人物。而右傾機會主義分子正是資產階級在無產階級革命隊伍裏的這種代表人物」。「有些右傾機會主義分子本質上就是在民主革命中參加革命的一部分資產階級革命家的代表」，「他們雖然入了黨，但是對社會主義革命實際上沒有精神準備」，[127] 他們「不是徹底的馬克思主義者，只是馬克思主義的同路人」。[128]——完全可以看出，《中國青年》在竭力理解毛澤東對階級鬥爭形勢的新判斷，努力跟上黨中央關於反右傾機會主義的鬥爭部署；同時，我們也可以感覺到，這樣的理解與跟上，是相當吃力的：這兩個方面都是反映了當時黨內、團內相當多的幹部的思想與處境的。我們也是在經歷了以後的鬥爭，特別是文革，才逐漸明白，儘管堅持「興無產階級，滅資產階級」的階級鬥爭是毛澤東的基本、一貫的指導思想，但其鬥爭的重點對象，卻有變化。大體說來，在1957到1959年盧山會議之前，他的主要矛頭所向，是社會上的右派，即資產階級和他所說的資產階級知識分子；在1959年下半年以後，就轉向了黨內右派，即所謂「右傾機會主義分子」，他們被看作是資產階級「在黨內的代理人」，他們還掌握了權力，與已經被剝奪了生產資料的資產階級和基本上被剝奪了政治上的話語權的知識分子相比，是有更大的危險性的。也就是說，1959年反右傾機會主義的鬥爭，已經預伏了1966年的文化大革命。但在歷史的當時，人們很難看到這一點。即以《中國青年》1959年第22期發表的《應該怎樣對待政治思想戰線上的不斷的革命鬥爭》一文而言，儘管也敘述了從1957年反右到1959

---

127 許滌新：《正確認識我國過渡時期的階級鬥爭》，《中國青年》1959年第19期。

128 曾習三：《在反對右傾機會主義的鬥爭中談談不斷改造思想的問題》，《中國青年》1959年第22期。

燭火不息：文革民間思想研究筆記

年反右傾機會主義的歷史，但強調的是二者的連續性，仍然把社會上的右派與黨內右派（右傾機會主義者）並置，事實上還是對前者更為警惕。[129] 這樣，在文革初期，圍繞「革命打擊重點」發生意見分歧，就不是偶然的。

盧山會議傳遞的另一個重要資訊：「一定要相信我們偉大的黨，相信我們偉大領袖毛主席，緊緊按着黨和毛主席指出的方向前進，什麼時候都不要有絲毫的懷疑，在任何風浪中都不要有絲毫動搖」。[130] 這絕不是一般意義上的強調對黨和黨的領袖的信任，而有着特別的含意。這就是《中國青年》第19期的社論《高舉毛澤東的旗幟，就能所向披靡》裏所説，「毛主席是我們英勇的無產階級的傑出代表，是我們偉大民族優秀傳統的傑出代表，是當代的傑出的馬克思主義者，是真理的化身」。我們要樹立對黨和毛澤東的堅定信念，這「決不是什麼迷信，而是服膺真理。如果把對真理的絕對信任叫作迷信，那麼這種迷信並沒有什麼壞處」。[131] 第20期又接着發表湖北省委第一書記王任重的文章，大談毛澤東「始終是最大多數工人、農民的代表，代表着最大多數勞動者的要求和意志」，歌頌毛澤東「就是宣傳真理」。[132] 這裏的關鍵，自然是宣傳要像「服膺真理」那樣服膺毛澤東。應該説，1958年以來，《中國青年》一直在宣傳毛澤東，[133] 但如此將毛澤東真理化，還是一個

129　鄭治：《應該怎樣對待政治和思想戰線上不斷的革命鬥爭》，《中國青年》1959 年第 22 期。

130　中共新疆自治區黨委候補書記林渤民：《這是一次最深刻社會主義革命》，《中國青年》1959 年第 23 期。

131　《高舉毛澤東的旗幟，就能所向披靡》（社論），《中國青年》1959 年第 19 期。

132　王任重：《我們要唱東方紅，我們歌頌毛澤東》，《中國青年》1959 年第 20 期。

133　如《認真學習毛澤東同志的著作》（吳江）（《中國青年》1958 年第 11 期），

突破。不管如何辯解，這顯然是在宣傳「個人崇拜」。而這恰恰是盧山會議的真精神：劉少奇就在會上公開揚言：「我是積極地搞『個人崇拜』的」。[134] 由此而開了頭的個人崇拜的合法化、公開化，對此後中國政治的影響自然是嚴重的。

三、第四、五、六年：1960–1962

如果說前三年是一個「革命年代」：從1957年的反右運動，到1958年的大躍進、人民公社運動，到1959年反對右傾機會主義，是一個「不斷革命」的過程；那麼，下面我們要討論的1960–1962年的中國，則是「革命後」的低谷時期，用民間通用的說法，就是「困難時期」。所謂「困難時期」有兩件大事，一是連續三年的大饑荒大死亡：如前文所說，大饑荒在1958年底即已在局部地區出現，1959年就發展到全國範圍，1960年達到頂點，一直持續到1961年，到1962年才開始好轉。面對由經濟困難引發的整體性緊張狀態，毛澤東接受了劉少奇、周恩來、陳雲的意見，提出了「調整、整頓、充實、提高」的方針，向老百姓(特別是農民)，向知識分子作出讓步，以重新凝聚人心；同時提出「國民經濟以農業為基礎，全黨全民大辦農業，大辦糧食」的方針，大幅調整農業政策，以盡快恢復與發展農業生產。有意思的是，作為黨的意識形態部門，黨中央直接領導下的團中央的的喉舌的《中國青年》，對這兩件大事，卻採取了「有所宣傳，有所遮蔽」的方針。這樣，我們對這三年非常時期的《中國青年》的研究，就不僅要關注其

《怎樣學習毛澤東著作》(李踐為)(《中國青年》1958年第17期)，《共青團關於學習毛澤東著作的決議》(《中國青年》1958年第18期)等。

134　見李銳：《盧山會議實錄》，第360頁。

「講了什麼」，「怎麼講的」，而首先要注意其「有意迴避了什麼」。

首先迴避的自然是「大饑荒」。翻遍1960年《中國青年》，竟不見一字談及，只是在10期、12期、13期先後發表文章談「勞逸結合」。本來「勞逸結合」是口糧嚴重不足情況下，為了維持起碼的體力而採取的非常措施；記得當時我這樣的教師的口糧一個月只有23斤，上課都非常吃力。晚上經常餓得睡不着覺，一切課外活動不得不全部停止，這就叫「勞逸結合」。但在《中國青年》的文章裏，卻依然高調宣傳「勞逸結合是為了保證持續大躍進」，「養精蓄銳，厲兵秣馬，整頓旗鼓，為新的戰鬥取得勝利作好準備」。[135] 直到1961年，才在第1期社論(1月1日出版)《緊緊跟着黨，奪取新勝利》裏，以讚頌的口氣，談到「在兩年來特大自然災害襲擊下，人民公社發揮了巨大的威力」，而重心依然在強調1960年是「連續大躍進的第三年」，並且以「新的一年在我們面前展現着無限光明和希望」結束。[136] 第2期又專門發表文章，正面談及「1960年，我們祖國是在1959年發生嚴重自然災害以後，又來了一個更加嚴重的自然災害的情況下度過的」，並具體談到1959年全國有六億多畝受災，1960年多達九億多畝，佔全國耕地的一半以上，但又説「在黨的領導下，經過億萬的公社組織起來的人民的艱苦鬥爭，其中受災特別嚴重的只有三億畝到四億畝，大大地減少了災害的程度」。[137]——且不論這裏是否誇大了自然災情(有學者否認災情的存在，恐怕也不符合事實，但究竟有多重，是可

---

135 《勞逸結合是為了保證持續大躍進》(評論)，《中國青年》1960 年第 12 期。

136 《緊緊跟着黨，奪取新勝利》(社論)，《中國青年》1961 年第 1 期。

137 何畏:《三年的持續躍進，是黨的三面紅旗的偉大勝利》，《中國青年》1961 年第 3 期。

以討論的。劉少奇1961年到湖南家鄉調查,結論是:「天災確實存在,但並不都像想像的那麼嚴重」,[138] 這或許比較接近事實),但作者和編輯部顯然有意遮蔽了兩個事實:一是絕口不談大饑荒導致的農民的大批死亡,二是絕口不談黨的領導的失誤與責任;反而大談「要不是有共產黨,要不是有人民公社,這樣的災荒不知道要死多少人」,甚至還拿1931年的大災荒來作比較,說那次死了370萬人,這一次卻沒有死一人,災民都作了全面、妥善安置。結論是:「我們要為我國我黨三年來的偉大成就,為毛澤東思想的偉大勝利三呼萬歲,高唱入雲」。[139] 這就真的是「立場決定事實」了。但這樣的着意遮蔽,卻是《中國青年》這樣的黨刊黨報的既定方針,而且自有其「理論」,如分清「主流與支流,一個指頭和九個指頭」,「氣可鼓,不可泄」,要「着重正面引導」之類,這在1957年反右運動以後,已經成為所謂「無產階級的新聞黨性原則」了。

從是否有利於黨的利益出發,即使是黨的領導幹部的意見,《中國青年》有的公開宣傳,有的就限於內部傳達,而不見諸報刊。1961年7月5日出版的13、14合期發表了6月31日劉少奇《在慶祝中國共產黨成立四十周年大會上的講話》,其中談到「在我們工作中,也有不少缺點,再加上連續兩年的大災荒,就造成了一些暫時的困難」,儘管同時又強調「我們總是在發揚成績,克服各種困難和缺點過程中,把自己鍛煉得更加堅強,更加正確的」,但畢竟還是公開承認了黨本身的「缺點」。[140] 但後來劉少奇回到自己家鄉調查,縣委書記告訴他,

138 轉引自錢庠理:《歷史的變局:從挽救危機到反修防修(1962–1965)》,第 32 頁,香港中文大學當代中國文化研究中心,2008 年。

139 同注 137。

140 劉少奇:《在慶祝中國共產黨成立四十四周年大會上的講話》,《中國青年》1961 年第 13、14 期。

熵火不息:文革民間思想研究筆記

全縣因水腫餓死五萬多農民，外逃謀生三萬多人；一位七十多歲的老人對他說，大饑荒是「三分天災，七分人禍」。[141] 在1962年1月召開的七千人大會上劉少奇就公開談到了「三分天災，七分人禍」的問題。在這次會議上，毛澤東也談到了黨的「錯誤」，並且公開承擔了責任：「凡是中央犯的錯誤，直接的歸我負責，間接的也有份」。他還尖銳地批判了各地黨委第一書記的「霸王」作風，並且說了一番重話，諸如「不許人講話，老虎屁股摸不得，凡是採取這種態度的人，十個就有十個要失敗。人家總是要講的，你老虎屁股真的摸不得嗎？偏要摸！」[142] 而毛澤東、劉少奇這些講話，都只傳達到黨的一定級別的幹部，對普通黨員，更不要說普通老百姓，都是保密的，報紙刊物上更不會公開宣傳。這也是「內外有別」吧。直到文化大革命初期才打破這內外之別，到處傳抄毛澤東的講話，老虎屁股「偏要摸」之類的名言就成了紅衛兵與造反派的座右銘。

前文談到對知識分子的讓步，最突出的表現自然是1962年春，陳毅在廣州會議上，貫徹周恩來的意圖，公開為知識分子「脫帽加冕」，脫下「資產階級知識分子」的帽子，加上「勞動人民知識分子」的稱號。可以說在當時知識分子中颳過一陣春風，引起了爆炸性的反響，也在黨內高層引發爭論。《中國青年》也對此毫無反應。但在1961年17期卻發表了陳毅8月10日《在北京市高等院校應屆畢業學生的講話》，這其實也是針對在知識分子問題上的極左思潮的講話。他講了三個問題。一是「關於紅專問題」。他指出，建設「現代工業，現代農業，現代科學文化，就是表現社會主義政治的，這就是最大

141　見劉源：《劉少奇與新中國》，第149頁，香港大風出版社，2006年。

142　毛澤東：《在擴大的中央工作會議上的講話》（1962年1月30日），《毛澤東文集》第8卷，第296頁。人民出版社，1999年。

的政治」，「學好專業是一個學生的政治任務，培養出大量專家，就是學校的政治任務」。因此，「目前我們應該強調專業學習。專業學校用很多時間去搞政治，搞勞動，把專業學習放鬆了是不對的」，「把那些埋頭搞業務，少參加一些政治活動的人，當作白色專家來進行批判，這是不對的」。第二是「關於思想改造和思想批判」的問題：「用簡單生硬的方法來處理青年的思想問題是不對的」，「企圖用強制的辦法，群眾的壓力來解決思想問題是不行的」，「即使有些人有嚴重的思想問題。思想頑固一點，也不要急於在兩、三個星期內解決問題」。其三是「關於剝削階級家庭出身的青年」的問題：「不應該片面強調他們的家庭出身的問題」，「對各種家庭出身的子弟我們都要同對待工農子弟一樣，當成我們自己的子弟來教育，不應該在工農青年和剝削階級家庭出身的青年之間劃上一條不可逾越的界限」。[143] 這顯然是對1957年以來，在教育與宣傳中佔據主流地位的極「左」思想的一個糾正，其中許多觀點都是《中國青年》大肆鼓吹過的。對我這樣的喜歡鑽研業務，又是剝削階級家庭出身的青年，就是一次精神的解放。或許因為有違雜誌一貫的宣傳調子，《中國青年》在發表了陳毅講話以後，僅發了一兩篇文章略作呼應，[144] 就不再宣傳了。這樣，陳毅的講話就成了一段小插曲。

對黨的調整方針，《中國青年》唯一熱心宣傳的，是關於「國民經濟以農業為基礎，全黨全民大辦農業，大辦糧食」的調整農業政策的方針，先後發表了《學習毛主席關於以農業為

143 陳毅：《對北京市高等院校應屆畢業生的講話》，《中國青年》1961年第17期。

144 見《語重心長談學習——聶榮臻同志對青年的勉勵》，艾煌：《再談紅與專》，載《中國青年》1961年第18期。

基礎的思想》（1960年第7期），《大力貫徹國民經濟以農業為基礎的方針》（1960年第14期），《參加農業建設有遠大的錦繡前程》（1960年第15期），《青年人，勇敢地投身到農業第一線去》（1960年第17期），《把青春獻給光榮的農業戰線》（1960年第18期），《聽黨的話建設新農村》（1960年第18期），《加強農業生產是消滅三個差別中的一個決定性關鍵》（1960年第21期），《參加農業生產是時代對青年的要求》（1960年第22期），《發展我國國民經濟的正確方針》（1962年第22期)等。宣傳重心有二，一是「以農業為基礎」是「毛主席對馬克思主義創造性的發展」，是黨中央關於「整個國民經濟的全局性的戰略部署」，[145] 二是號召青年「勇敢地投身到農業生產的第一線去」。[146]——這樣的號召，不僅是《中國青年》一貫提倡「知識青年下鄉運動」的一個延續，還有這一時期的特殊背景，即為了實現經濟的大調整，壓縮城市人口，動員1958年大躍進中大批進入工廠的農村青年重新返回農村，把城市多餘人口也下放到農村，共計有1048萬，這是一次空前的人口從城市向農村的大轉移。[147]《中國青年》的宣傳，則賦予其一種理想主義的色彩，本身就頗耐尋味。

事實上，1960–1962年三年困難時期，《中國青年》所代表的中國意識形態宣傳，都具有這樣的「正面引導」的性質：着意遮蔽現實黑暗，突出為理想而奮鬥的精神，以凝聚人心，創造光明的未來。而且應該說，這樣的引導是相當有效的，對這

---

145 王光偉：《大力執行發展國民經濟以農業為基礎的方針》，《中國青年》1960 年第 14 期。

146 陳郁：《青年人，勇敢地投身到農業生產的第一線去》，《中國青年》1960 年第 17 期。

147 見錢庠理：《歷史的變局：從挽救危機到反修防修》（1962–1965），第 175，176 頁。

一代青年的影響更是深遠。具體而言，這三年的宣傳，是圍繞四個重點進行的——

1. 以「黨的領導，階級鬥爭和集體主義」為導向

從前文的分析中即可看出，這三大導向，是一以貫之的，可以說，這是《中國青年》的關鍵字，主題詞。在1960–1962年的困難時期，就強調得格外斬釘截鐵，不容置疑，也格外急切。

關於黨的領導，是這樣說的——

「我國青年都應該努力使自己成為和黨完全一心一意的革命家」，「就是一心一意跟着黨，不是三心二意，也不是半心半意。就是要完全和黨同心同德，把自己的一切毫無保留地獻給黨和共產主義事業」。[148]

「黨和國家的各級領導是代表着廣大群眾來行使集中的領導權力。黨和國家各項政策、決議，也是經過群眾反復醞釀，根據群眾的需要制定的，它代表着廣大群眾的利益。因此，我們黨和國家的每一個成員，都必須無例外地，無條件地服從黨和國家的統一領導，認真貫徹執行黨和國家的政策決議，不這樣就沒有黨和國家的統一，沒有全黨和全國人民的思想一致和行動一致，我們的事業就不可能得到成功」。「一個人有無高度的組織性紀律性，就看他是否在任何時候、任何情況下，都是自覺地把自己置於黨組織領導之下，無條件地服從領導，堅決貫徹執行黨的政策和決議」，「我們的民主和自由，是以黨的路線、方針、政策為準則的，而不是離開黨的方針政策各行其事」。[149]

---

148 楊秀：《應該培養這樣的共產主義精神——「一心」、「二不」、「三牌」、「四見」》，《中國青年》1960 年第 5 期。

149 丹彤、張公民：《自由自覺與紀律》，《中國青年》1960 年第 5 期。

「我國青年，是黨和毛主席直接培育下的一支朝氣蓬勃的突擊力量。廣大青年從他們的親身體驗中，深刻地認識到：『跟着黨走，就是勝利』，『千條萬條，黨的領導是第一條』。他們把『堅決聽黨的話，永遠跟着黨走』，『黨號召什麼，我們就堅決地響應什麼』，『黨指向哪裏，我們就奔向哪裏』，作為自己行動的指南，作為自己在生產、工作和學習中取得成就的根本保證。但要能夠在行動上更加自覺地跟上黨的要求，而且跟得好，跟得緊，跟得及時，也還需要不斷地提高自己的覺悟，增強黨的觀念」，以做到「在任何時候，任何地方，做任何工作，都堅定地服從黨的領導」。而且「中國共產黨一個有機的整體，黨中央是它的首腦，各級黨的組織(包括黨的基層組織)，是它的肢體。信任黨，就要信任黨的整體，既要信任黨的中央，又要信任黨的各級組織。既要認真學習黨中央的決議和指示，又要認真學習各級黨組織的決議和指示」。[150]

　　這裏的一切，都是十分明確的；越是在困難時期，越需要「全黨和全國人民思想一致和行動一致」，維護黨和國家的「統一」，服從黨的絕對領導；青年應該是黨直接指揮下的「突擊隊」，任何時候，任何情況下，都絕對忠誠於黨，「黨指向哪裏，就奔向哪裏」。

　　關於階級鬥爭教育。

　　《中國青年》1960年第5期發表了一篇題為《加強對青年進行形勢教育》的評論，明確提出：「對青年進行形勢教育，是我們團的政治思想教育一個很重要的工作。形勢是什麼呢？主要就是指國內國際的階級鬥爭。形勢教育也就是一種重要的階級鬥爭的教育」。[151]

150　王永春：《跟着黨走，就是勝利》，《中國青年》1960 年第 13 期。

151　《加強對青年進行形勢的教育》，《中國青年》1960 年第 5 期。

強調階級鬥爭教育，從根本上說，就是要緊跟黨和毛澤東對困難時期國內外的形勢的基本估計。這就是1960年第3期發表的《學習毛澤東同志關於社會主義建設時期的階級鬥爭學說的體會》裏所說的毛澤東的論斷：「社會主義建設時期的階級鬥爭，無產階級與資產階級之間的鬥爭，充滿了整個社會主義建設時期。這個鬥爭要一直繼續到階級徹底消滅為止。」毛澤東特別強調的是，「無產階級和資產階級的鬥爭，並不僅僅是在經濟方面的鬥爭，鬥爭還同時在政治和思想方面進行着」。[152] 由此而得出的結論是：「階級鬥爭，是當前國際國內一切社會現象中最普遍最本質的東西」。[153]

　　仔細閱讀，就可以發現，以上三篇集中談階級鬥爭和階級鬥爭教育的文章都發表在1960年上半年，是延續了1959年下半年廬山會議以後對右傾機會主義的批判的大思路的。但在此以後的宣傳裏，儘管還是堅持階級鬥爭教育，但其重心顯然在國際範圍內的階級鬥爭，強調「必須用階級分析的觀點來觀察國際問題」，投入國際反帝反修的鬥爭。[154] 對此，我們在下文會有詳盡討論。相形之下，國內的階級鬥爭就較少論及。這顯然和這一時期國內的重點在進行「調整」有關，如前所說，不僅是經濟的調整，也包括在階級關係上的調整，以緩和經濟與政治上的緊張形勢。這當然也反映了這一時期實際主持工作的劉少奇、周恩來等人的意念與所推行的政策，也是毛澤東所能接受的。但到了1962年下半年，就發生了變化。毛澤東認為，「經過

152　蕭遠烈：《學習毛澤東同志關於社會主義建設時期階級鬥爭學說的體會》，《中國青年》1960年第 3 期。

153　胡耀邦：《為祖國持續躍進英勇奮鬥是青年共產主義覺悟的最高表現》，《中國青年》1960 年第 8 期。

154　孟念容：《必須用階級分析的觀點來觀察國際問題》，《中國青年》1960 年第 11 期。

　　　　　　　　　　　　燜火不息：文革民間思想研究筆記

兩年的調整，『退』已經差不多了，到了『谷底』了。1962年應該是向上爬行的形勢」。[155] 於是，就在1962年7、8月召開的八屆十中全會上發出了「千萬不要忘記階級鬥爭」，階級鬥爭要「年年講，月月講」的號召，重新開啟了階級鬥爭的戰車。

《中國青年》及時在1962年第19期（10月1日出版）發表了《中國共產黨第八屆中央委員會第十次全體會議的公報》，重申「在無產階級革命和無產階級專政的整個歷史時期，在由資本主義過渡到共產主義的整個歷史時期（這個時期需要幾十年，甚至更多的時間）存在着無產階級和資產階級之間的階級鬥爭，存在着社會主義和資本主義這兩條道路的鬥爭。被推翻的反動統治階級不甘心於死亡，他們總是企圖復辟。同時，社會上還存在着資產階級的影響和舊社會的習慣勢力，存在着一小部分小生產者自發的資本主義傾向。因此，在人民中，還有一些沒有受到社會主義改造的人，他們人數不多，只佔人口的百分之幾。但一有機會，就企圖離開社會主義道路，走資本主義道路。在這些情況下，階級鬥爭是不可避免的。這是馬克思列寧主義早就闡明了的一條歷史規律，我們千萬不要忘記」。

接着，第20、21期就發表專論《怎樣認識社會主義時期的階級和階級鬥爭》，闡釋《公報》的思想。要點有二。首先是分析當下階級鬥爭形勢：「1959年以來，我國連續幾年遭到了嚴重的自然災害，在工業和農業的工作中，也產生過一些缺點和錯誤，在國民經濟中出現了暫時的困難。國內殘餘的反動勢力，沒有改造好的地主分子、富農分子，資產階級右派分子幸災樂禍，妄想利用國內的經濟困難，攻擊社會主義制度，攻擊總路線，大躍進，人民公社三面紅旗」。——這裏，就明確地

155　1961年12月20日毛澤東和鄧小平的談話，轉引自錢庠理：《歷史的變局：從挽救危機到反修防修》，第56頁。

將現實生活裏的「困難」與階級鬥爭聯繫了起來。儘管談到了「自然災害」，也承認工作中的「缺點和錯誤」，但顯然將造成困難的主要因素歸罪於「國內殘餘的反對勢力」，即所説的「地主、富農、右派」，以後又加上個「反革命分子」、「壞分子」，即所謂「地、富、反、壞、右」。此外，還有「作為過渡時期與工人階級進行較量的主角的民族資產階級」和「它的知識分子」，以及「為數眾多的小生產者，主要是農民」的自發勢力，他們都是「產生階級鬥爭的社會基礎」。這顯然是在轉移注意力，是另一種「遮眼法」。其實就是毛澤東在反右運動以後總結出來的「設置對立面」即「製造階級鬥爭」，「使幹部和群眾經常保持飽滿的革命熱情」，[156] 藉以作為戰勝困難的動力。

第二個宣傳重點，是強調「國內階級鬥爭與國際範圍的階級鬥爭是互相聯繫和相互影響的」，即帝國主義亡我之心不死，現代修正主義也「配合帝國主義者敵視中國人民」。同時強調的是階級鬥爭在黨內的反映，「帝國主義的壓力和國內資產階級的影響，是革命隊伍以及黨內產生修正主義的社會根源」。[157] 這也是八屆十中全會的基本精神，實際上已經設置了一個全面開展階級鬥爭的規劃，四年之後的文化大革命已經孕育其中，只是大多數人(包括黨的高級幹部，以至領導集團)都並沒有深思其玄機，也顯然缺乏思想準備。下一步就是如何按照這樣的全面階級鬥爭的規劃。來訓練隊伍了。——不過，這已是我們在下一階段討論的題目了。

關於倡導集體主義的獻身精神，批判個人主義的問題。

---

156 毛澤東：《工作方法六十條（草案）》，《毛澤東文集》第 7 卷，第 25 頁。

157 管大同：《怎樣認識社會主義時期的階級和階級鬥爭》，《中國青年》1962 年第 20、21 期。

《中國青年》1961年8期–15期組織了關於「怎樣做個建設時期的革命者」的討論。一位上海讀者張震來信提出：「在過去革命戰爭歲月，大敵當前，全黨全民的任務是拿起槍桿子打敵人，一切服從於戰爭。在這種情況下，有些個人利益，如個人的志願興趣愛好家庭等等，都沒有條件給予照顧。因此，在革命戰爭時期，這些個人利益應無條件來滿足集體利益」；「但是今天情況不同了，革命勝利了，我們已經有條件來滿足個人利益」，「仍不顧客觀情況大講無條件服從」，「那又怎麼能夠充分調動人們的積極性呢？又怎麼和按勞分配、多勞多得的原則協調呢？」來信還特地聲明，自己並不反對「一個革命者的利益要無條件地服從革命利益」，「對於具備這種精神的人還應該大加表揚。我只是說因為條件不同了，沒有必要把這些作為對和平建設時期革命者的普遍要求」。[158] 此信發表後引起了激烈的爭論。編輯部作了這樣的概括：「不少來稿，就時代變了，革命精神是否也要改變的問題，提出了各種不同的意見。一種意見認為，今天時代不同了，革命勝利的果實，每一個革命者都理應享受，我們的國家也有條件照顧革命者的利益，事實上我們也是一面為革命工作，同時又受到照顧。所以今天再把無條件地獻身革命的原則作為革命者的行動口號既不現實，也不合情理。另一種不同意見認為，正因為時代不同了，對革命者也就提出了新的要求，革命者更需要發揚無條件獻身革命的精神，對今天革命者的要求不是應該降低，而是應該更高。在思想改造方面，一種意見認為，時代變了，人們有理由、組織上也允許提出種種個人要求了，所以在思想改造方面不應要求太苛刻了。而有些同志則提出另一種不同看法，認為正因為時代變了，人們容易以此為藉口來為個人主義辯護，

158　張震：《致編者的信》，《中國青年》1961年第8期。

因而在思想改造方面也就要求每一個革命者更加自覺」。[159] 編者未及概括的另一個反應也很有意思：「我認為做好自己的工作就是幹好了革命。業餘時間除了必要的政治學習外，應該看電影、戲劇，上俱樂部練歌、演劇，過豐富多彩的業餘生活，而不必時時都以要把自己的一切(甚至生命)獻給共產主義事業，作為每天工作的行動口號」。[160]——以上讀者的不同意見，都相當真實地反映了那個時代青年的思想，今天我們反觀這一切，自然饒有興味。

我們關心的是，《中國青年》的態度與引導。在討論中，編輯部特派記者走訪革命前輩徐特立，以《做紅色的接班人，做堅定的革命者》為題，發表在第11期的刊物上，專門談到他們那一代革命者的信念：「一個革命者，一個共產黨員應該是大公無私，為革命，為集體，不為個人；革命處境越是艱難，越是需要每個成員更加英勇地堅持鬥爭」。他特地引述了劉少奇《論共產黨員的修養》裏的一段話：「一個共產黨員，能夠使他個人的利益不論在任何情況下都能絕對地無條件地服從黨的利益，是考驗這個黨員是否忠於黨，忠於革命與共產主義事業的標準」，「應該使自己的思想中，只有黨與黨的利益，而沒有個人的打算。要使自己個人的利益完全和黨的利益一致，以至熔化。在黨的利益與個人利益發生矛盾時，可以毫不躊躇，毫不勉強地服從黨的利益」。談到「如何樹立集體主義思想，正確對待集體利益與個人利益」，徐特立講了三點：「第一，集體利益是永恆的，多方面的，大面積的；沒有集體利益

---

159 《怎樣做個建設時期的革命者》問題討論《編者按》，《中國青年》1961 年第 10 期。

160 杭州漢陽：《無條件獻身革命的原則不能作為建設時期的行動口號》，《中國青年》1961 年第 10 期。

就談不到個人利益。集體利益中也包含了個人利益」；「第二，做任何工作，都需要付出代價才有成果」，「革命的道路不可能是平坦無阻，一帆風順的，有困難，有險阻。只有樹立了集體主義思想，一切為革命，為集體，才可能做到公而忘私，國而忘家，先天下之憂而憂，後天下之樂而樂；才可能在患難時挺身而出，知難而進；才可能有富貴不能淫，貧賤不能移，威武不能屈的氣節」；「第三，一切具有大公無私、集體主義思想的人，都是最愉快和進步最快的人」。[161]——徐特立的講話，有兩點很可以注意：其一是強調黨的利益「熔化」了個人利益，「集體利益中也包含了個人利益」，也就是黨的利益與集體利益之外，沒有個人利益。其二是強調「在患難時挺身而出」，「公而忘私，國而忘家」，這自然是有現實針對性的，即是要在眼下困難時期，無條件犧牲個人和家庭的利益，一切服從黨和國家(集體)的利益。這樣的引導，和前述強調黨的領導和階級鬥爭一樣，都是為了給面對大饑荒的青年提供克服困難的精神資源與動力。

　　作為一個革命政黨，最重要的精神資源，自然是自身的革命傳統。於是，就有了第二個方面的教育——

2. 「忘記過去，就意味着背叛」：繼承革命傳統，堅持革命精神與理想

　　1960年10月，在全國範圍放映了一部題為《以革命的名義》的電影，這是根據蘇聯話劇《列寧與第二代》拍攝的中國電影，講述十月革命初期蘇聯青年在列寧和黨的精心培育下，發揚革命精神，戰勝困難，迅速成長的故事。《中國青年》第21期(11月1日出版)及時組織了「以革命的名義想想過去」的

161　本刊記者：《做紅色的接班人，做堅定的革命者——徐老對青年的勉勵》，《中國青年》1961年第11期。

筆談。編者在《按語》裏指出：影片「莊嚴地提出了一個極為重要的問題，共產主義的接班人的問題。列寧號召我們革命後代不要忘記過去，要繼承發揚革命先輩的光榮傳統。他指出：『忘記過去，那就意味着背叛』」。[162] 由此而展開了關於「繼承革命傳統，做革命接班人」的教育。這一教育影響了幾代人，「忘記過去，那就意味着背叛」，成了我們的座右銘，至今還留有記憶。

翻看這三年的《中國青年》，可以發現，其對於革命傳統教育可謂不遺餘力。除了有計劃地發表了一系列革命前輩的採訪[163] 外，還推出了一批講述革命傳統故事的革命回憶錄與文學作品，如《黃浦江畔的風暴——記上海學生運動的勇敢戰士穆漢祥》（報告文學，作者徐景賢，1960年第1期、2期、3期、5期、7期、9期連載），《通過缺水地區——長征的故事》（革命回憶錄，女紅軍戰士馬憶湘講述，為長篇回憶錄《朝陽花》中之一章，載1960年第11期），《千里躍進，逐鹿中原》（革命回憶錄，作者唐平鑄，載1960年第21期），《九個炊事員》（革命回憶錄，作者謝方祠，載1961年第3期），《地下醫院》（革命回憶錄，作者楊國藩，載1961年第3期），《王若飛同志在獄中》（革命回憶錄，作者楊植霖，1961年第5、6期，第7期連載），《第一次大革命的回憶》（革命回憶錄，作者吳玉章，載1961

---

162 《以革命的名義想想過去》筆談編者按，《中國青年》1960年第21期。

163 麥仰忠、王岡凌：《革命長輩談立志——董老、吳老訪問記》，《中國青年》1960年第1期；本刊記者：《鄧大姐談怎樣對疾病鬥爭——鄧穎超同志訪問記》，載《中國青年》1960年第12期；本刊記者：《聽徐老談艱苦奮鬥》，載1960年第23期；曹青陽：《繼承發揚延安作風——記徐老和北京工業學院學生的一次談話》，載1961年第3期；本刊記者：《做紅色的接班人，做堅定的革命者——徐老對青年的勉勵》，載1961年第11期；《紀念「七一」四十周年朱德同志對青年談學習》，載《中國青年》1961年13、14合期。

年第8期，第9期），《四年整風前後》（革命回憶錄，作者劉凱，載1961年第11期），《紅色娘子軍》（革命回憶錄，娘子軍連連長馮增敏講述，載1961年13–14合期），《在渣滓洞集中營裏（〈紅岩〉選載）》（長篇小說，作者羅廣斌、楊益言，載1961年第21期，第23、24合期），《一雙牛皮鞋》（革命回憶錄，徐光明口述，載1961年第22期），《為了將革命進行到底——憶滇南追殲戰》（革命回憶錄，作者永春，載1963年第11期），《星星之火——長篇傳記小說〈劉志丹〉選載》（作者李建彤，載1962年第15、16合期），《若飛同志出獄前後》（革命回憶錄，作者薄一波，在1962年第15、16合期）等。其中《王若飛在獄中》、《紅色娘子軍》（後來編成電影，芭蕾舞劇，影響就更大）、《紅岩》等都在當時的青少年中廣泛流傳，成為我們青春記憶中的難忘的一部分。而《劉志丹》片斷發表後不久，就在八屆十中全會上被毛澤東點名批判，也給這幾代人留下深刻印象。

《中國青年》還組織了一批闡釋革命傳統的文章。我們注意到，作者隊伍由兩部分人組成。許多省市的第一把手都親自撰文，如廣東省委第一書記陶鑄，湖北省委第一書記王任重，河南省委第一書記吳芝圃，山西省委第一書記陶魯笳等，他們的名字也就為我們這些年輕人所熟知。此外，還有一批學者、作家也是刊物的作者，如前文引述中涉及的關鋒、吳傳啟、阮銘，以及上文提到的徐景賢等，還有一位「鄭治」，估計是個寫作組的筆名。他們中許多人後來都成了文革初期十分活躍的筆桿子，這本身都很有意思。這裏特別要說的是，陶鑄在1960年17期發表的《理想·情操·精神生活》一文，當時產生了很大影響，我至今還記憶猶新。文章旗幟鮮明地提出：「無論是在物質生活充裕的時候，或是在物質生活困難的時候，精神生活對我們都是十分需要的」，這自然是有明確的針對性的：

「要完全實現我們的偉大理想，還不可避免地遇到各種各樣的困難，包括物質缺乏的困難。在這樣的情況下，怎麼辦呢？放棄我們的理想、追求個人的物質生活的滿足，還是堅持我們的理想，充實我們的精神生活？我覺得正是在這樣的條件下，革命的精神生活，對我們說來，更是極為重要的。因為有了它，我們就可以清楚地認識到目前的困難是前進中的困難，是因為我們要把自己的國家建設速度加快一點(因為只有這樣，我們才可以盡快地擺脫貧困，才可以再不受帝國主義欺侮)而出現的困難」；「因為有了它，我們每個人便能夠懂得我們目前所從事的工作的重大意義，因而對目前所遇到的某些物質上的困難就無所怨尤，懂得不能只從個人利益出發，只從目前利益出發，更不能成為物質的奴隸。」「所以我常想，一個人只有物質生活，沒有精神生活是不行的；相反地，如果有了充實的革命精神生活，就算物質生活差些，就算困難大些，也能忍受和克服」。[164] 這顯然是要為面對物質困難的中國青年指明精神出路；今人對此可能有不同看法，但在當時對我們這些年輕人還是有相當說服力的。

　　正因為有如此明確的精神指向，對革命傳統的闡釋和發揚，自然就集中在兩個方面：一是「立志」，二是發揚「艱苦奮鬥」精神。

　　發表於1961年第4期的《做一個有志氣的革命者》一文，說得很清楚：「近來各地青年在黨的領導下，正開展一個革命傳統教育的群眾性運動」，目的就是要「發揚青年的革命志氣」，「加強青年們為崇高的革命理想而奮鬥的決心和信

164　陶鑄：《理想・情操・精神生活──對華南師範學院與暨南大學學生的講話》，《中國青年》1960 年第 11 期。

　　　　　　　　　　　　燼火不息：文革民間思想研究筆記

心」。[165] 陶鑄在《理想‧情操‧精神生活》裏，又有了進一步的闡述。他認為，「立志」、「理想」的問題，「實質是一個世界觀問題：一個人活在世界上，應該具備什麼樣的奮鬥目標呢？什麼樣的社會才是最理想的社會呢？」「抱有資產階級世界觀的人，所謂資本主義式的『西方文明』就是他們的最高理想。他們認為資本主義的人壓迫人、人奴役人的制度是完全合理的，是『上帝』的意旨，是不能也不應該改變的」，「小資產階級他們也有另一種『理想王國』。有些青年認為『溫暖的小家庭』（而不是幸福的社會主義的大家庭），像一潭死水一樣滯止不前的『安靜』（而不是波瀾壯闊的鬥爭），是他們的理想生活」。而無產階級則將「實現共產主義」作為「最崇高最偉大的理想」，「這不僅是因為共產主義，也只有共產主義才能夠使人類做到從私有制的束縛下徹底解放出來，才能使人類過着最快樂、最美滿、最幸福的生活，才能夠實現古人常說的『使老有所歸，壯有所用，幼有所長，鰥寡孤獨廢疾者皆有所養』的『大同世界』，而且因為這個理想是完全能夠實現的」。[166] 這些話自然不是無的放矢：這不僅是因為在陶鑄這樣的老共產黨人看來，這樣的共產主義理想是他們自己參加革命的動因，是中國革命取得勝利的根本保證，因而也是中國革命傳統的核心；更是因為，1958年以來，黨所發動的大躍進，就是一次實現「大同世界」的試驗，人民公社也是號稱通向「共產主義天堂」的「橋樑」。現在，面臨大饑荒的危機，在某種程度上也會成為共產主義理想的危機。在這樣的形勢下，在青年中進行共產主義理想教育，堅定共產主義的志向與信仰，就

---

165 于遂安：《做一個有志氣的革命者》，《中國青年》1961 年第 4 期。

166 陶鑄：《理想‧情操‧精神生活——對華南師範學院與暨南大學學生的講話》，《中國青年》1960 年第 16 期。

具有了急切性：這是一種根本性的「固本安基」之舉。「革命前輩談立大志」時，語重心長地說：「青年要做一個有志氣的可靠的接班人，把建設社會主義和共產主義的任務擔負起來，不遺餘力地為它奮鬥。這就是我們對青年一代的期望」，[167] 說的就是這個意思。

在具體現實層面上，提出「立志」，還有「提倡一種發憤圖強的精神」的意思。[168] 這也是這一時期立志宣傳的一個重點，劇作家曹禺還專門寫了《膽劍篇》，以越王勾踐臥薪嚐膽的精神激勵身處困難中的國人，《中國青年》也發表吳晗的評論文章，強調「只要舉國一致，上下一心，努力發展生產，發憤圖強，就可以建設富強的國家」。[169] 與發憤圖強相關的還有艱苦奮鬥、自力更生的精神。1961年第3期發表的《繼承發揚延安作風》裏，徐特立老人特意向青年講述了他當年主持的延安自然科學院艱苦創業的情景：「上課吃飯都在露天，磚頭、樹幹就是凳子；雙膝當課桌；鍋煙糊在土壁上就當黑板；平土時留下一個台階就當講台」，「生活條件雖然困難，但那種生活既苦又甜」，「全體師生員工一道，不顧一切困難，用自力更生、勤儉節約的精神把學校辦起來了。沒有教科書，就發動教師自己編寫；沒有儀器設備自己造」。對於徐特立這樣的老一代的革命者來說，艱苦奮鬥就是他們當年克敵制勝的法寶，今天社會主義建設遇到困難，就更應該發揚。於是就有了這樣的談話：「你們生長在新中國，知道的只是幸福，而不知道艱苦，因此對困難可能缺乏充分的思想準備。像去年那樣大的自然災害，你們許多人恐怕就沒有想到」，「青年人一定要有一

---

167 《革命長輩談立大志——董老、吳老訪問記》，《中國青年》1960年第1期。

168 于遂安：《做一個有志氣的革命者》，《中國青年》1961年第4期。

169 吳晗：《略談〈膽劍篇〉》，《中國青年》1961年第16期。

　　　　　　　　　燭火不息：文革民間思想研究筆記

股鋭氣，更要在革命鬥爭中，在克服困難中把自己鍛煉得更堅強」。[170]《中國青年》還組織了專題討論：「為什麼還要提倡艱苦奮鬥」（1960年第18期，20–23期），提出的問題是：「今天我國社會主義建設已取得很大成就，為什麼還要提倡艱苦奮鬥？提倡艱苦奮鬥是否會引起人們對社會主義制度優越性的懷疑，影響人們為爭取更美好的未來而奮鬥的積極性？青年時代到底是多吃點苦好還是舒適一點好？如果老是艱苦奮鬥下去，人生的樂趣何在？」[171] 回應的意見是：「艱苦奮鬥是革命者的本色」，「要革命就必須艱苦奮鬥」，[172]「生活越好越要有窮棒子精神」，「青年時期需要刻苦鍛煉」，「不能用資產階級世界觀看問題」，等等。[173]

3. 反對帝國主義，批判修正主義，支持世界革命

在1960–1962這三年，《中國青年》大大加強了關於國際問題的關注與宣傳，「反對帝國主義，批判修正主義，支持世界革命」成了一個重要的貫穿性主題。

1960年的《中國青年》第1期就發表《警惕美國玩弄假和平的陰謀》一文，分析美國外交新動向：一方面作出願意進行東西方談判的姿態，邀請蘇聯舉行最高級會議；另一方面，又攻擊中國更具有「侵略性和威脅性」，是「最危險的侵略者」，

---

170 曹青陽：《繼承發揚延安作風——記徐老和北京工業學院學生的一次談話》，《中國青年》1961年第3期。

171 《為什麼還要提倡艱苦奮鬥》編者按語，《中國青年》1960年第18期。

172 龐瑞卿：《艱苦奮鬥是革命者的本色》，陳光：《要革命就必須艱苦奮鬥》，《中國青年》1960年第20期。

173 瑞之：《生活越好越要有窮棒子精神》，廖鏗：《青年時期需要刻苦鍛煉》，施啟良、劉歌德：《不能用資產階級世界觀看問題》，《中國青年》1960年第21期。

同時又「進一步聚結日本岸信介政府，修改『日美安全條約』。實現『日美軍事同盟』」。[174] 接着在第3期上又發表了周揚的《目前形勢和共產主義教育問題》的報告，更加明確地指出，美帝國主義正在試圖「顛覆、腐蝕、滲透、分化社會主義陣營，甚至把希望寄託於社會主義國家發生所謂『和平演變』上」，「帝國主義者和亞洲國家的反動勢力利用歷史上遺留下來的邊界問題和華僑問題，掀起了一個反華浪潮」。報告更旗幟鮮明地提出：「反對以鐵托集團為代表的現代修正主義，是一場嚴重和複雜的鬥爭。我們一定要把這場鬥爭進行到底」。周揚報告特地談到在「戰爭與和平問題」上與現代修正主義的分歧：「我們社會主義國家一向主張不同社會制度的國家和平共處」，「但是，我們不能把和平共處瞭解為沒有鬥爭。兩種制度和平競賽，最終必然是社會主義戰勝資本主義」，「離開各種人民群眾的革命鬥爭，離開各種反帝國主義、反殖民主義的運動，孤立地空談和平，祈求和平，那是很危險的」。[175] 同期發表的《關於和平與戰爭問題答讀者問》裏就表達了「支持一切被壓迫民族和人民反對帝國主義的正義戰爭。全世界一切反對帝國主義的民族和人民都是我們的好朋友」的立場。[176]

《中國青年》發表的這些報告與文章，顯然是在傳達毛澤東和黨中央對於當下形勢的分析與戰略決策，即中國正面臨空前嚴重的威脅與挑戰，必須在反對美帝國主義、反對「現代修正主義」、反對「亞洲國家的反動勢力」三面作戰，後來就簡

---

174 孫英：《警惕美國玩弄假和平的陰謀》，《中國青年》1960 年第 1 期。

175 周揚：《目前形勢和共產主義教育問題——在中華全國學生第十七屆代表大會上的報告》，《中國青年》1960 年第 4 期。

176 宋度：《關於和平與戰爭問題答讀者問》，《中國青年》1960 年第 4 期。

　　　　　　　　　爛火不息：文革民間思想研究筆記

稱為「反對帝、修、反」。作出這樣的決策，又有國際與國內兩方面的深刻背景。

先說國際方面。當時確實存在一個「反華浪潮」。周揚報告裏說到的「和平演變」，是美國國務卿杜勒斯在1958年正式提出的，引起了毛澤東的高度重視，[177] 在1959年、1962年又多次提及。到60年代美國執政的肯尼迪、約翰遜兩屆政府都認定，在社會主義國家集團中，中國是「最好戰」的，「從長期來看，中國是最重要的敵人」。1962、1963年美國兩屆政府都有過聯合蘇聯以及蔣介石，以遏制中國核子試驗的計劃。[178] 而周揚報告裏說的「亞洲國家反動勢力」的「反華」，也是有所確指，一是與印度尼赫魯政府因邊界糾紛引發的衝突，到1962年就發生了中印邊界戰爭；二是因華僑問題與印尼蘇哈托政府的衝突。

更引起高度警惕的，是和蘇聯赫魯曉夫政府的矛盾。首先是1958年赫魯曉夫建議中蘇聯合組成潛艇艦隊，又提出要在中國南方建立長波電台，允許蘇聯使用，引起了毛澤東的強烈反應，中蘇關係開始惡化。1959年6月，蘇聯單方面決定停止供應中國原子彈樣品和生產原子彈的技術指導，並開始對中國進行封鎖。前引1960年初周揚報告對「現代修正主義」的批判，其實矛頭是指向蘇聯的。所批判的「戰爭與和平」問題的所謂「修正主義言論」都是針對赫魯曉夫試圖改善與美國的緊張關係，用和平方式解決國際爭端的努力的。在《關於和平與戰爭問題答讀者問》裏，特意提到「有人說，因為有了核武器，戰

---

177 毛澤東：《為印發杜勒斯演說重擬的標題，提要和批語》（1958 年 11 月），《建國以來毛澤東文稿》第 7 冊，第 606 頁。

178 陶文釗主編：《中美關係史（1949–1972）》，第 395 頁，上海人民出版社，1999 年。

爭已經不能再作為解決國際爭端的手段，這樣就可以把戰爭從人類生活中永遠排除出去」，這個「有人」就是暗指赫魯曉夫。但當時中蘇關係尚未破裂，因此，就以「南斯拉夫鐵托集團」作為「現代修正主義的代表」，充當批判靶子。周揚報告裏，還有意提到「要不斷加強以蘇聯為首的社會主義陣營的大團結」。其實，毛澤東與中共中央早已決心與蘇聯決裂，只待選擇時機。於是，就有了1960年4月在列寧誕生紀念日發表的三篇文章：《紅旗》雜誌編輯部的《列寧主義萬歲》，《人民日報》編輯部的《沿着偉大列寧的道路前進》，以及時為中宣部部長的陸定一在列寧誕辰九十周年紀念大會的報告《在列寧的旗幟下團結起來》，這是拉開中蘇冷戰的序幕。《中國青年》立即在1960年第9期(5月1日出版)發表題為《保衛列寧主義，反對現代修正主義的強大武器——認真學習和宣傳紀念列寧誕生九十周年的三篇文章》的社論，以作回應。社論強調：「這三篇文章是馬克思列寧主義的重要文獻，是保衛馬克思列寧主義反對現代修正主義的銳利武器」，「劃清了馬克思列寧主義在對待帝國主義、無產階級革命與無產階級專政以及戰爭與和平等重要問題上與現代修正主義的界限」。儘管社論還是只點「南斯拉夫鐵托集團」的名，但「蘇聯修正主義」已經呼之欲出了。值得注意的是，社論最後的落腳點，是強調「以毛澤東同志為首的中國共產黨，繼承和大大發揚了列寧的偉大革命精神，保衛了馬克思列寧主義，發展了馬克思列寧主義，從而對當代的國際共產主義運動作出了巨大貢獻」，顯然是將毛澤東與中國共產黨塑造成「馬克思列寧主義的當代繼承人」和「國際共產主義運動的領袖」，這就更是向赫魯曉夫為首的蘇聯共產黨公開叫板了。

兩個多月以後，即1960年7月16日，蘇聯單方面宣佈將在華

　　　　　　　爛火不息：文革民間思想研究筆記

的俄籍專家（約1390人）全部撤回，原本要派900名專家來華也取消了，並在同時，宣佈停止執行443項專家的合約和合同補充書，廢除了257個科學技術合作項目。[179] 這對正面臨嚴重困難的中國經濟，自然是雪上加霜。毛澤東和黨中央當即作出回應，將蘇聯的撤離決定通報全黨，表明兩點意見，一是「革命的重心已移向亞非拉，革命的指導中心已移到中國，我黨應把國際共產主義運動的領導責任擔當起來」；一是要「將義憤化為力量，奮發圖強，自力更生，勤儉建國」。[180]

其實在此之前，《中國青年》已經發表了《毛主席在接見亞洲、非洲和拉丁美洲的外賓時的重要講話》，表示「中國六億五千萬人民對古巴以及整個亞洲、非洲、拉丁美洲人民目前所進行的民族民主運動的堅決支持」，「我們的共同敵人是美帝國主義，我們大家都是站在一條戰線上，大家需要互相團結互相支持」。[181] 以後還發表了《毛主席在接見日本文學家代表團時的重要談話》，強調「美帝國主義是中日兩國人民以及全世界愛好和平、主持正義的人民的共同敵人」，[182] 始終高舉「反對美帝國主義」的旗幟。在與蘇聯決裂以後，又更自覺地承擔起「國際共產主義運動的國際責任」，連續發表《革命者英勇不屈的戰鬥精神萬歲——介紹古巴人民領袖菲德爾·卡斯特羅的自我辯護詞〈歷史將宣判我無罪〉》（1962年第11期，作者魏陽），《古巴，拉丁美洲人民鬥爭的旗幟》（1962年第

179　轉引自崔奇：《我所經歷的中蘇大論戰》，人民日報出版社，2009年。

180　毛澤東：《轉發黑龍江省委傳達北戴河會議精神報告的批語》（1960年9月1日），《建國以來毛澤東文稿》第9卷，第281–282頁。

181　《毛主席在接受亞洲、非洲和拉丁美洲的外賓時的重要談話》，《中國青年》1960年第10期。

182　《毛主席在接見日本文學家代表團時的重要講話》，《中國青年》1960年第13期。

18期，作者孔邁），《美國必敗，古巴必勝》筆談（1962年第22期），《越南人民的英勇鬥爭和偉大勝利》（1960年第17期，作者徐中）《不屈的越南南方》（1962年第17期，作者林軍），《非洲人民反帝鬥爭的新勝利》（1960年第16期，作者周修慶），介紹與聲援古巴、越南南方革命和非洲革命。還發表了《朝鮮人民的偉大勝利和光輝成就》（1960年第16期，作者鍾和），《跨上千里馬前進的朝鮮人民》（1962年第13期）《高舉馬克思列寧主義旗幟勝利前進的阿爾巴尼亞》（1962年第23期，作者葉蠖生）等文介紹中國認可的社會主義兄弟國家的成就。同時，也不忘對帝、修、反的批判，發表了《略談美國肯尼迪政府的外交戰略》（1962年第14期，作者福英），《談談中印邊境的局勢問題》（1962年第15、16期，作者葉秀），《鐵托集團是怎樣把南斯拉夫引向資本主義道路的》（1962年第19期，作者葉蠖生），《斥鐵托集團「世界一體化」的謬論》（1962年第20、21期合刊，作者魏陽），等等，中國儼然成為世界革命的後援和中心。這樣的「世界革命」的觀念與眼光，對年輕一代的影響，也是深遠的：文革中紅衛兵的世界革命情結就孕育其中。

更重要的是，要真正成為世界革命的後援與中心，關鍵還是毛澤東在接見亞洲、非洲、拉丁美洲外賓時所說，「把自己的國家建設好」，真正改變中國「『一窮二白』的面貌」。這就說到了中國在此時高舉反對帝、修、反旗幟的國內背景。這一點，前文所引《中國青年》關於紀念列寧誕生九十周年三篇文章的社論裏，就說得很清楚：「我們學習這三篇文章，就可以認識到我們黨和領袖的偉大和英明，要增加對中國的社會主義建設和國際共產主義運動勝利發展的信心和勇氣。」[183] 這就

---

183 《保衛列寧主義，反對現代修正主義的強大武器——認真學習和宣傳紀念列寧誕生九十周年的三篇文章》，《中國青年》1960年第9期。

點出了要害：中國面臨的經濟危機，是有可能導致「對中國的社會主義建設和國際共產主義運動發展」的信念危機與精神危機的。如前文所分析，六十年代在國際上確實存在反華浪潮，作出適當的反應是必要的；但毛澤東和中國共產黨顯然將其着意誇大，借機展開大規模的宣傳攻勢，以強化中國「被包圍」的孤獨感，以「國際反華勢力」轉移人們對國內問題的不滿，反過來以此增強國內的凝聚力。而且這是非常有效的。這裏不妨談談當時年僅21歲的普通教師的我，在聽到蘇聯撤走專家和有關國際反華浪潮的消息時的反應：「我有一種被欺騙、被出賣、被全世界拋棄、包圍的感覺，彷彿整個國家、民族都走到了絕境」，由此而激發出了極其強烈的民族自救的情緒和力量。[184] 而且這樣的反應是具有代表性的。毛澤東正是敏銳地把握和利用了這樣的民族情緒，及時高舉兩個旗幟，一是「自力更生，艱苦奮鬥，維護民族獨立與尊嚴」的旗幟，一是「反對帝、修、反，使中國成為世界革命的中心」的旗幟。歷史再一次把毛澤東推上「民族獨立意志的代表，民族利益與尊嚴的維護者」的地位，並且迅速得到了老百姓，也包括知識分子，年輕一代的支持。

這是可以用我寫於1962年1月1日的一段日記作證的。我在日記裏這樣寫道：「現代修正主義者還適應帝國主義的需要，在政治、經濟、軍事上對我們施加壓力，企圖封鎖我們，孤立我們，他們更指望幾年來嚴重的自然災害所給我們帶來的暫時困難，會使我們向他們屈服，向他們乞求。但是他們是大大地失算了，今天的中國已經遠遠不是新中國剛剛成立的時候了。那時候毛主席就說過：『多少一點困難算什麼。封鎖吧，封鎖

184　錢理群：《毛澤東時代和後毛澤東時代：歷史的另一種書寫》（上），第335頁，台灣聯經出版事業股份有限公司，2012年。

十年八年，中國的一切問題都解決了』。現在十年八年已經過去了，中國不知道闖過了多少關，已經奠定了強大的工業化基礎了。現在的形勢更加是：『不是他們殺過來，而是我們殺過去了，他們快要完蛋了』。現代修正主義者在帝國主義唆使下瘋狂一時，也只是迴光返照而已。『我們中國人是有骨氣的』，中國人民一定在毛澤東同志的領導之下，發揚革命的浩然正氣，發憤圖強，立革命大志，樹雄心，衝破一切困難一切敵人的包圍、封鎖，達到自己的目的」。[185]——這篇日記是可以看作我這樣的年輕人接受了包括《中國青年》在內的輿論宣傳的影響，而寫出的學習心得的。

值得注意的是，我的日記最後歸結為「毛澤東同志的領導」，這絕不是套話，而是反映了當時的真實思想。前引《保衛列寧主義，反對現代修正主義的強大武器》社論，也是把反修鬥爭最後歸結為「一定要高舉毛澤東思想紅旗，向毛澤東同志所指引的方向英勇前進」。這也是輿論宣傳的重心所在——

4. 學習毛主席著作，高舉毛澤東思想紅旗

我們在前文的討論中談到，在1959年召開的廬山會議上，已經確立了「服膺毛澤東，就是服膺真理」的思想。因此，《中國青年》1960年第1期，就以《樹雄心，立大志，做一個毛澤東時代的好青年》（作者：河南省委第一書記吳芝圃）相號召，同時連續發表文章與社論：《學習毛澤東著作的重大意義》（第1期，作者管大同），《學習毛澤東著作應有的態度和方法》（第2期社論），《開展學習毛澤東著作的運動》（第3期，作者胡克實），《學習毛澤東同志關於社會主義建設時期階級鬥爭

---

185 錢理群：《魯迅與毛澤東》（1962年1月1日），收《走進當代的魯迅》，
第363－364頁，北京大學出版社，1999年。

學說的體會》(第3期,作者蕭遠烈),《用毛澤東思想武裝我們頭腦》筆談(第4期,第5期,第6期,第8期,第9期,第10期,第13期):此為學習毛主席著作的第一個高潮。

《中國青年》第19期(1960年10月1日出版)發表社論《認真學習〈毛澤東選集〉第四卷》,宣佈「《毛澤東選集》第四卷,在我國人民熱烈慶祝建國十一周年的時候出版了。《毛澤東選集》第四卷的出版,是我國人民和青年政治生活中的重大事件,也是我國馬克思列寧主義事業中的重大事件。它對於提高廣大幹部的理論水平,進一步鼓舞全國人民和青年的革命鬥志,從而加強我國社會主義革命和社會主義建設事業,加強反對帝國主義和反對修正主義的鬥爭,都具有極為重大的意義」。社論將《毛澤東選集》第四卷的出版,視為六十年代「政治生活中的重大事件」,是有充分理由的。如前文所介紹,正是在1960年7月16日蘇聯單方面宣佈撤出對中國的經濟支持;8月毛澤東和黨中央作出「將義憤化為力量,當發憤圖強,自力更生,勤儉建國」的對策;在這樣的情勢下,《毛澤東選集》第四卷於10月出版,顯然是為要衝出重圍,實現民族自救的中國共產黨人、中國人民和年輕一代提供精神支撐。社論因此強調「《毛澤東選集》第四卷給予我們最重要的啟示,就是要敢於革命,敢於奪取勝利的最堅定、最徹底的無產階級的革命精神。我們在學習的時候,要緊緊抓住這個中心思想,用它來武裝我們自己,來指導我們的工作」。[186]

圍繞「敢於革命,敢於勝利」這個中心,相關文章還強調了以下幾個方面:一,「中國人民有着豐富的反對帝國主義的鬥爭經驗。不抱幻想,不怕恐嚇,同帝國主義堅決鬥爭到底,

---

186 《認真學習〈毛澤東選集〉第四卷 (社論)》,《中國青年》1960 年第 19 期。

是一條最基本的經驗」；[187] 二，「戰略上藐視敵人，戰術上重視敵人，這是我們黨制定政策時的一個重要出發點」，「如果我們在全體上過高估計敵人力量，因而不敢推翻他們，不敢勝利，我們就要犯右傾機會主義的錯誤。如果我們在每一個局部上，在每一個具體問題上，不採取謹慎態度，不講究鬥爭藝術，不集中全力作戰，不注意爭取一切應當爭取的同盟者，我們就要犯『左』傾機會主義的錯誤」；[188] 三，「和反對派進行鬥爭，一定要採取自力更生這個基本方針，把鬥爭放在自己力量的基點上」，「從自力更生的基點出發，毛澤東同志深刻地瞭解到人民的力量和人民的覺悟程度對於這一殊死鬥爭的決定意義，因此，他鄭重地向中國工人階級和它的政黨——共產黨提出了充分發動人民群眾的任務」；[189] 四，「毛澤東同志有一句哲學的名言：人民的事業總是有困難的，有希望的，有辦法的」，「我們寧肯把困難想得更多一些。我們要承認困難，分析困難，和困難作鬥爭。世界上沒有直路，要準備走曲折的路，不要貪便宜。不能設想，那一天早上，一切反動派會統統自己跪在地上」。[190] 人們也一再引述毛澤東在建國初期面對帝國主義對新中國的封鎖，所說的那一段名言：「多少一點困難怕什麼。封鎖吧，封鎖十年八年，中國的一切問題都解決了。中國人死都要不怕，還怕困難麼？」[191]

---

187 逄先知：《中國革命勝利的偉大記錄——介紹〈毛澤東選集〉第四卷》，《中國青年》1960 年第 19 期。

188 同上。

189 管大同：《〈抗日戰爭勝利後的時局和我們的方針〉是鼓舞人民革命鬥志的重要文獻》，《中國青年》1960 年第 20 期。

190 陳克寒：《戰勝困難，奪取勝利——初讀〈毛澤東選集〉第四卷》，《中國青年》1960 年第 21 期。

191 王錫璋：《在困難中看到勝利，在勝利時看到困難——學習〈毛澤東選集〉第四卷的體會》，《中國青年》1961 年第 3 期。鄭治：《革命者永遠信心百

這也是我1962年1月1日那篇日記裏重點引述的。這樣的不為任何困難所嚇倒的民族精神，是正在面對蘇聯封鎖的中國人民和青年所需要的。或許正因為如此，我這樣的青年在六十年代讀毛澤東的著作，就有一種親切感：過去我也讀過《毛澤東選集》的前三卷，但真正讀進去，恐怕還是這一次讀《毛澤東選集》第四卷。由此開始，讀毛主席的書，就成為了一種習慣，這影響自然是十分深遠的。這是可以顯示六十年代的意識形態引導對青年一代的支配力量的。在我看來，1960–1962年的三年大饑荒，沒有造成嚴重的精神危機與社會動盪，除了體制的嚴密控制，黨的政策的及時調整這些基本原因外，我們這裏討論的意識形態的正面引導，包括毛澤東思想的學習，是起了很大作用的。

四、第七、八、九、十年：1963–1966

前文談到，在1962年八屆十中全會上，毛澤東已經下定決心，要通過不斷發動階級鬥爭來防止他認為的黨和國家變質的危險；但毛澤東同時也清醒地認識到，中國經濟還沒有全面恢復，思想輿論準備也還沒有做好，要開展全面階級鬥爭還需要等待時機。他因此同意了劉少奇、周恩來的建議：要繼續調整經濟，發展生產，「階級鬥爭跟它平行」。[192] 於是，就有了1963–1966年上半年的「過渡時期」。國民經濟如預期那樣很快恢復：1964年中國經濟總產量已經達到1957年的水平，1963–

倍，鬥志昂揚》，《中國青年》1961年第2期。

192　毛澤東：《在八屆十中全會上的講話》（1962年9月24日），轉引自約翰·布萊恩·斯塔爾：《毛澤東的政治哲學》，第91頁，人民大學出版社，2006年。

1965年間，輕重工業產值每年分別增長27%和17%。[193] 與此同時，毛澤東發動了「四清運動」和「思想、文化、教育、學術批判運動」，以尋找通往文革之路；更旗幟鮮明地提出「培養革命接班人」的問題，在引導青年「革命化」上下足了功夫：實際上是在為發動文革作思想與組織準備。在這方面，《中國青年》起了很大作用。

1. 培養革命接班人，保證紅色江山永不變色，把毛澤東思想一代代傳下去

研究這三年多的《中國青年》，就可以發現，「培養革命接班人」是一個貫穿性的主題。1963年第1期就發表了革命元老吳玉章的文章《做革命接班人》，引人注目地提出：「青年是革命的接班人，又是敵人的爭奪的主要對象」。1964年第1期又發表吳玉章的《新年話家常》，重申「今天國際國內還存在着嚴重的階級鬥爭，階級敵人和我們爭奪青年的鬥爭還在激烈地進行着。國內階級敵人的復辟陰謀，和美帝國主義搞的『和平演變』的陰謀，都是把主要希望寄託在我們後代人身上」。談話的重心在分析青年「本身的弱點」：他們「缺乏階級鬥爭的經驗，辨別方向的能力也比較差」，比較容易「受到資產階級潛移默化的影響，上當受騙」；「再加上今天的青年是在和平環境裏長大的，容易滋長害怕艱苦和貪圖安逸的情緒，因而缺乏強烈的革命要求，這也在客觀上給階級敵人以可乘之機」。——這裏的分析有兩點頗可注意：一是把青年問題置於和國內外敵人展開全面階級鬥爭的總形勢、總目標下，將其視為一場「爭奪青年」的大戰；二是表現了對和平年代青年革命

193　參看費正清主編：《劍橋中華人民共和國史》，第 428，429 頁，上海人民出版社，1990 年。

　　　　　　　　　　　　　爛火不息：文革民間思想研究筆記

性減弱的擔憂。因此，增強青年「革命性」，保證其成為革命接班人，就成了當務之急。

1965年第1期《高舉毛澤東思想紅旗，沿着革命化大道前進》的社論，又進一步指出，「為我國青年革命化而鬥爭，這是保證我們黨和國家的命運能夠永遠掌握在無產階級革命家手中，保證我們後代子孫永遠沿着馬克思列寧主義正確道路前進的根本大計的」。——這又點明了「黨和國家的命運」能否「永遠掌握在無產階級革命家手中」的要害。這正是1964年6月毛澤東發表的《培養無產階級的革命接班人》裏所要強調的，這是「保證我們黨和國家不改變顏色」，即永遠保持黨和國家的革命性，使老一代創立的「紅色江山」世世代代保持下去的關鍵。[194]

1966年第10期也即《中國青年》文革前最後一期裏，發表了共青團九屆三中全會《關於在全國青年中更好地開展學習毛主席著作運動的決議》裏，又把培養接班人的問題再提升一步，指出：「把毛澤東思想學到手，把毛澤東思想一代一代傳下去，正是我國青年永遠革命，永不變質的根本保證」。——這是最後的點題：「把毛澤東思想一代一代傳下去」，確立毛澤東在黨和國家永遠的政治權威、道德權威、思想權威的地位：這正是毛澤東發動文化大革命的目的所在。也就是說，經過幾番論說，「文革主題」終於呼之而出了。

2. 影響深遠的「學習雷鋒運動」

《中國青年》1963年5-6期(3月1日出版)是《學習雷鋒專輯》，刊登了《共青團中央關於在全國青少年中廣泛開展學習

---

194 毛澤東：《培養無產階級的革命接班人》(1964年6月18日)，《建國以來毛澤東文稿》第11冊，第85-88頁。

雷鋒的教育活動的通知》，同期發表了羅瑞卿的《學習雷鋒》的文章，強調雷鋒「最值得我們學習，也是雷鋒之所以成為一個偉大的戰士的最根本最突出的一條，就是他反反復復地讀毛主席的書，老老實實地聽毛主席的話，時時刻刻按毛主席指示辦事，一心一意地做毛主席好戰士」。接着第7期就發表了毛澤東「向雷鋒同志學習」的題詞。當時的五個政治局常委也分別題詞：「學習雷鋒同志平凡而偉大的共產主義精神」（劉少奇）「向雷鋒同志學習憎愛分明的階級立場，言行一致的革命精神，公而忘私的共產主義風格，奮不顧身的無產階級鬥志」（周恩來）「學習雷鋒，做毛主席的好戰士」（朱德）「學習雷鋒同志的榜樣，做毛主席的好戰士」（林彪）「誰願意當一個共產主義者，就應該向雷鋒同志的品德和風格學習」（鄧小平）。

由此在全黨、全軍、全民，特別是在青少年中開展了持續三年的學習雷鋒的群眾運動，這是文革前最重要的政治思想教育運動，為文革作了充分的思想準備。《中國青年》曾專門發表社論，闡述這一運動的意義：「『向雷鋒同志學習』這一號召的偉大意義，就在於毛主席又一次為我國青年指出了在社會主義革命和社會主義建設時期成長的具體道路。這條道路就是雷鋒同志所走的革命化的道路。我們青年要成為我國偉大革命事業的接班人，就要像雷鋒一樣，堅定不移地沿着革命化道路闊步前進」。[195] 這樣，毛澤東和黨在給中國青年確立了「做革命接班人」的目標、方向以後，又指明了「像雷鋒那樣實現革命化」的「具體道路」。方向明確，道路可循，就可以一路前行了。

那麼，什麼是雷鋒的革命化道路呢？

第一條，就是周恩來所說的「憎愛分明的階級立場」。

---

[195] 《社會主義時代青年成長的道路——全國開展『向雷鋒同志學習』活動一周年》（社論），《中國青年》1964 年第 5 期。

1965年第5期本刊編輯部寫的《像雷鋒那樣把辯證法學到手》的文章裏，特意談到「雷鋒是怎樣認識世界的」：他總是「把社會上的人們，把社會中的問題，首先按階級把它一分為二」，「分成對立的階級陣營」：「一邊是地主、資本家，一邊是工人、貧下中農；一邊是階級敵人，一邊是人民。就世界範圍來說，一邊是窮凶極惡的以美國為首的帝國主義反動派，一邊是佔人口百分之九十五以上的全世界人民。這些相互對立的兩個陣營之間，有着你死我活的鬥爭，決不能調和」，據說「這就是階級分析法，就是革命辯證法」，「這是雷鋒同志看問題的一個最基本的觀點。正因為這樣，雷鋒對敵人『像嚴冬一樣殘酷無情』，對人民『像春天般溫暖』」。——這是一種典型的「二元對立」的思維：不是人民，就是敵人；不是革命，就是反革命；非對即錯，非紅即黑。相互對立的二元之間，不是「你死」就是「我活」，只能「一個消滅一個」，決不能調和，更不容妥協，必須立場鮮明與堅定。而且立場決定感情，「憎愛分明」：認定你是「敵人」，就要「像嚴冬一樣殘酷無情」；一旦視為人民，就「像春天般溫暖」對待之。這其實就是後來的「文革思維」：許多人都不能理解，運動初期的紅衛兵為什麼如此「殘酷無情」地對待老師、校長，甚至將其活活打死？原因就在於此時的老師、校長，已經被宣佈為「敵人」，而且是「隱藏很深的長期蒙蔽自己的最危險的敵人」；對敵人，就要像雷鋒那樣，「像嚴冬一樣殘酷無情」，「奪過鞭子揍敵人」是完全「正義」的「革命」行動。

問題是：由誰來決定「誰是人民，誰是敵人」？《中國青年》的編輯部文章專門引述了《雷鋒日記》裏的一段話：「聽首長說，因近兩年來我國遭受自然災害，給我們造成了暫時的困難。可是目前階級敵人有所抬頭，想乘機破壞我們的社會主

義建設。我聽了心裏直發火，恨之入骨。我家裏很窮，父母哥弟都有死在民族敵人和階級敵人的手裏，這血海深仇我永遠銘刻在心。解放後，偉大的共產黨拯救了我，黨像慈父一般地哺育和教育了我，從解放那天起，黨和毛主席便成了我心中的太陽，對階級敵人更加憎恨，由於不斷受到黨的教育，懂得了階級鬥爭。像我這樣的窮苦人，不鬥爭就沒有出路」。——可以看出，在黨的意識形態教育下，雷鋒對黨和毛澤東的感情，已經由最初的樸素的階級感情，演變成自覺的黨的意識，也就是黨的思想已經內化到了他的內心，決定、支配了他的思想感情和一舉一動：代表了黨的部隊首長告訴他，有「階級敵人」，他立即「心裏直發火，恨之入骨」。真的如他自己所說，「我是長着一個心眼，我一心向着黨」：黨認定的敵人，就是我的敵人；黨指向哪裏，我就打向哪裏。這就是論者所說的「雷鋒精神」的核心——「做黨的馴服工具」與「毛澤東的戰士」的真實含意。這是完全自覺的，而且是滿懷激情的「工具」和「戰士」。

雷鋒精神的第三個方面，是周恩來所說的「公而忘私的共產主義風格，奮不顧身的無產階級的階級鬥志」。這也是《中國青年》編輯部文章着意引述的《雷鋒日記》裏的名言：「把有限的生命投入無限的為人民服務中去，總是集體利益放在第一位，個人利益無條件地服從集體利益」，「永遠做一個革命機器裏的螺絲釘」。——這其實正是黨對青年一貫的引導與要求，我們在前文中已多有討論。雷鋒的特點，一是他的自覺，「無限」與「無條件」，二是他的「言行一致」（周恩來語）。這在當時也產生了很大影響，「學習雷鋒做為人民服務的好事」成為一時之風尚。

可以看出，雷鋒是從反右到文革十年黨的意識形態引導、教育的集大成式的成果。其最大特點，就是把黨的思想、觀

念、意志深入到自我的內心，變成內在要求，實現了黨對個人的思想、信念、情感，以至日常生活的滲透與控制，達到徹底的「黨化」。由於在雷鋒的心目中，黨和毛澤東是一體化的；因此，在他那裏，黨化也即毛澤東思想「入心」。這是和文革「用毛澤東思想改造人的靈魂」的要求是高度吻合的。

3. 強調階級路線，重新組織階級隊伍

《中國青年》1963年16期發表了一篇題為《繼承革命傳統，擔起時代重任——略說革命幹部子女思想鍛煉的問題》的文章(作者楊秀)，提到「這一個時期一個學習階級鬥爭歷史，續革命家譜的風氣，正在廣大青年中興起」。這是因為「出身於革命幹部家庭的青年更是覺得學習父母艱苦奮鬥的精神，繼承和發揚革命傳統很重要」，而「革命前輩多麼殷切地希望子女能夠遵循黨的教導，做堅強的革命後代」。——這是第一次提出「續革命家譜」的問題，強調革命幹部子弟在「革命接班人」中的特殊地位與作用。或者說，所謂「革命接班人」可以有廣義與狹義的理解：廣義上說，所有年輕一代，不論其出身如何，都應該和可以成為革命接班人；狹義地說，則是專指革命幹部子女即革命家庭第二代接其革命第一代的父母的班。《中國青年》這篇文章，顯然是要強調後者：「革命幹部子弟他們與舊社會的聯繫較少，與黨的關係密切，對黨容易有感情，有更多的機會受到革命思想的薰陶」，由他們來接班，是理所當然與最為可靠的。這就第一次明確提出了「革命接班人」的家庭出身問題，這是直接開啟了文革中的「血統論」的。而革命第二代(即今天所說「紅二代」)接班問題，此後就成為中國政治的核心問題。

緊接着第18期，又刊登了同一作者的第二篇文章《正確對

待家庭親屬的思想影響，和剝削階級家庭劃清界限》，提出「出身於剝削階級家庭的青年，成年累月和自己父母親屬生活在一起，耳濡目染，潛移默化，自然容易不知不覺地沾染資產階級思想灰塵。何況資產階級總是要按照自己的階級意志來塑造下一代的」。結論是：「對於父母家庭親子之愛，一定要作階級分析。我們切不要被天倫之情所蒙蔽，而忘記了階級觀點」。於是，就有了「需要什麼樣的『人情味』」的討論，據說「我們革命者最高之情，即革命之情。我們的家庭之情，父母兒女之情，都以革命之情為前提，並且服從革命之情。就是說，我們所有的『情』，都是與改造世界、建設新社會這一革命利益相結合，並且是可以為這一革命利益獻身的」。[196]

由此引發出的是兩個問題。一是出身於剝削階級家庭的青年必須「背叛」自己的家庭。1964年6期的一篇文章甚至提出具體要求：「一是個人認識和承認自己的家庭有剝削，有罪惡，應該被鬥爭；二是承認和認識家庭對自己有各方面的影響，積極改造自己；三必須同家庭劃清界限，敢於揭發自己父母的不法言行，並協助政府對自己家庭中的地主、富農分子進行教育、監督和改造；四是努力學習用無產階級觀點來衡量、分析父母的言行。對於錯誤的東西切不可盲目聽從」。《中國青年》還連續樹立了幾個「大義滅親」的典型，其中一位說：「真正愛我、關心我的是黨和毛主席，而母親對我，表面看來是疼愛之至，實際卻是在害我」。[197] 即使如此，剝削階級家庭

---

196 賈霽：《需要有什麼樣的「人情味」》，《中國青年》1963 年第 23 期。

197 《決不能被母親的愛蒙住眼睛》，《中國青年》1964 年第 24 期，作者山東定陶一中孫XX；《戴孝想起的》，《中國青年》1965 年第 1 期，編者特意加上按語，號召青年「決不要受封建的所謂『孝道』的束縛」；《扔掉出身包袱，走革命的道路》，《中國青年》1966 年第 4 期，作者黑龍江某縣某公社王XX。

出身的子女仍不能作為依靠對象。《中國青年》1965年第10期的一篇文章就説得很清楚：「看不到剝削階級對他們有較深的影響這一面，把他們看作是和工農出身的一樣，就會忽視對他們的嚴重教育和改造工作。對極少數堅持反動立場的青年也會放鬆警惕」。[198] 也就是説，黨對出身於剝削階級家庭(地主，富農，資產階級)的青年和出身於工農、革命幹部家庭的青年的態度與政策，是嚴格區分的：後者是依靠對象，被視為真正的接班人；對前者實行的是「爭取，教育，改造的方針」，對其中「堅持反動立場」即不接受改造的青年是始終保持高度警惕的。因此，所謂「任何人對自己的家庭出身不能選擇，但是任何人的前途與命運是可以掌握在自己手裏」，是有前提的，即必須接受黨的改造，工人、貧下中農的教育，絕對無條件地服從黨的領導，也即徹底投降與歸順於黨。[199] 後來所説的，在文革中流行的「有成份論，不唯成份論」，其基礎、前提是「有成份論」，家庭出身決定政治地位、待遇與前途；而「不唯成份論」不過是一個「勸降」條件。

這就是在1963–1966年間，越來越明確與強調的「階級路線」。這在《中國青年》1964年14期為共青團九大的召開而寫的社論裏，有明確的表述：「必須認真貫徹執行黨的階級路線。首先要依靠工人、貧農、下中農的青年，依靠團員和進步青年團結中農青年和全體勞動青年，和各族一切愛國青年。我們要注意做好團結、教育剝削階級家庭出身的青年的工作。團組織要關心他們，爭取他們，團結他們，教育改造他們，幫助

---

198 高澤虹：《把絕大多數青年團結起來》，《中國青年》1965 年第 10 期。

199 《在社會主義教育運動中接受革命的鍛煉》(社論)，《中國青年》1964 年第 17 期。

他們走革命的道路」。[200] 這裏的關鍵自然在分清「依靠」對象與「爭取，團結，教育改造」對象。其實這也涉及後來文革的組織路線，引發了許多爭論(包括前文提及的文革初期的「血統論」)，但最終還是回到「工人階級和貧下中農的領導」的階級路線上來：不過，這已經是後話了。

4. 在思想文化教育學術領域的大批判運動

為了給文化大革命作思想輿論準備，從1963年開始，毛澤東在思想、文化、教育和學術各領域發動了大批判運動。其批判對象，除了一直作為打擊對象的「舊社會來的黨外知識分子」外，還把黨內知識分子，特別是那些在思想、文化、學術、教育領域處於領導或領軍地位的黨內知識分子，也列入「資產階級知識分子」的範圍，而且認為他們具有更大危險性。因此，他把黨內外具有影響力的知識分子都稱為「資產階級反動學術權威」，和他所説的「走資本主義道路的當權派」一起視作兩大打擊對象，也即他準備發動的文化大革命的兩個革命對象。在這個意義上，1963–1966年上半年思想、文化、教育、學術領域的大批判，是文革的一次「預演」。

《中國青年》自然也要參與這場大批判運動，但它似乎並不十分積極，在運動的重點文藝大批判裏，只發表了一篇《青年應當怎樣看待〈三家巷〉、〈苦鬥〉這兩本小説》。[201] 但卻主動發動了對馮定《共產主義人生觀》一書的批判。這自然是有充分理由的：馮定的《共產主義人生觀》談的是青年的修養問題，自然屬於共青團管轄範圍之內；而馮定的老革命、

---

200 《社會主義時期共青團的歷史任務》(社論)，《中國青年》1964 年第 14 期。

201 《青年應當怎樣看待〈三家巷〉、〈苦鬥〉這兩本書》，《中國青年》1964 年第 17 期，作者曾繁茂。

燼火不息：文革民間思想研究筆記

領導幹部的身份，以及他的著名的哲學家的地位，如前文所述，他曾在《中國青年》上發表過討論共產主義社會的家庭問題的文章，在青年中也有一定影響，這都決定了他正是毛澤東所要重點批判的黨內大知識分子，《中國青年》正好在他身上大做文章。先是在1964年20期上發表一篇一位普通青年張啟勛批判《共產主義人生觀》的文章，同時專發題為《有力的鞭策和鼓舞》的社論，大談張啟勛批評馮定一事「給了我們什麼啟示」：據說它表明「我們青年，特別是工人、貧農、下中農出身的青年和共青團員，以及革命的知識青年，在社會主義革命中，是一支活躍的力量，勇敢的力量」，他們「學習了毛澤東思想就馬上投入戰鬥」。他們認定「凡是符合毛澤東思想的就是正確的，我們都要相信它，支持它和贊同它；凡是不符合毛澤東思想的，就是錯誤的，不管是什麼人說的，幹的，即使是某些所謂權威名家說的，幹的，我們也不能相信它，而要起來揭露它，批判它，反對它」。[202] 事實上，張啟勛也是從這樣的以毛澤東思想是非為是非的價值立場出發，批評馮定的；主要批了兩點：一是馮定的「和平發展論」：「今天最迫切的是在大家要盡一切力量來爭取地球上不同社會制度的國家的和平競賽」，謀求「和平發展」——在毛澤東思想看來，自然是典型的「修正主義」。二是反對「領袖神化」：「誇大個人作用的最大危害，就是在於使廣大群眾不知不覺忘記了自己的力量，阻止了群眾的覺悟，抑制了群眾的積極性創造性，因而也容易使領袖或少數的重要政治人物犯錯誤，引致嚴重的不良後果；以至於養成風氣，使青年都缺乏獨立思考的精神，而說話、做事只會隨風轉舵的人，反而得鑽空子」——這幾乎就是矛頭直

202 《有力的鞭策和鼓舞——張啟勛同志對馮定同志的〈共產主義人生觀〉提出批評一事給了我們什麼啟示》，《中國青年》1964年第20期。

指毛澤東，更是大逆不道了。[203]

　　接着第21期又發表一篇《打着共產主義的幌子，販賣資產階級私貨》的更為嚴厲的批判文章，針對的是馮定的「正常的生活的幸福」論：「如果幸福說的是指正常的生活，也是只有和平，沒有戰爭，吃得好，穿得美，住的寬敞乾淨，夫妻父母兒女親愛和睦：這無疑是對的，也是我們大家祈求的」。批判者怒斥其「赤裸裸地宣揚資產階級個人主義」，同時戴上「資產階級同我們爭奪年青一代的思想上的急先鋒」的帽子，並宣判《共產主義人生觀》是「為資產階級復辟鳴鑼開道的一本書」。[204] 這就開創了一種無線上綱、任意戴帽子，隨意作政治判決的大批判模式，這是直接導向文革大批判的。

　　接着是「工農兵發言」：《中國青年》1965年第2期特意組織當時全國著名的學習毛主席著作積極分子李素文，解放軍學習毛主席著作標兵吳興春等發表文章，表示「自我犧牲精神永遠需要」（李素文）「為了革命利益，犧牲個人利益，是完全想得通，行得通的」，並且批評「他（馮定）所說的『人』，不是我們無產階級的『人』，而是資產階級的『人』」（吳興春）。1965年第3期、4期又連續發表檄文批評馮定「享樂主義的資產階級幸福觀」，強調毛澤東所說「與天奮鬥，其樂無窮；與地奮鬥，其樂無窮；與人奮鬥，其樂無窮」是對無產階級幸福觀的高度概括與「精闢表述」。[205] 後來毛澤東的這一幸福觀在文革中風行一時，大概不是偶然的。以後，又由批判個人主義，進而提出「要不斷地與私心作鬥爭」，「一點一滴地挖掉自己

203　張啟勛：《評馮定〈共產主義人生觀〉》，《中國青年》1964年第20期。

204　于廷：《打着共產主義的幌子，販賣資產階級的私貨——評馮定同志〈共產主義人生觀〉》。《中國青年》1964年第21期。

205　高澤虹：《無產階級幸福觀就是為革命而鬥爭》，《中國青年》1965年第4期。

　　　　　　　　　　　　　燭火不息：文革民間思想研究筆記

的私心」，「只有根除私心，才能樹立起一心為革命的世界觀」。[206] 文革中提出「狠鬥私心一閃念」，就是延續了這樣的思路。

教育始終是《中國青年》最為關心的領域。1964年第16期發表了一篇題為《誰説工農子女腦子笨》的文章，嚴厲指出：「資產階級學者、專家把知識和科學當做自己的專利品，並且用『知識分子聰明，工農愚蠢』思想來欺騙和毒害勞動人民，妄想使他們不敢過問科學文化上的事」，「所謂『工農子弟腦子笨』的論調，實際上是一種資產階級思想的壓力，它的實質無非是工農群眾沒有掌握文化科學的資格，文化科學應當由資產階級來壟斷。一切有志氣的工農子女，都應該發階級之憤，圖祖國之強，勇敢地起來打退這種壓力，打破這種精神上的枷鎖」。[207] 18期又發表文章進一步指出：「資產階級很懂得，學校是他們和黨爭奪青年的一個重要陣地。他們很懂得，在社會主義的新中國，要想通過直接佔有生產資料來恢復資產階級專政的道路是肯定行不通的。但是文化科學技術知識還在他們手裏，他們千方百計通過各種渠道在學校裏傳播資產階級思想，妄圖通過佔領知識和科學技術陣地來俘虜青年學生，做他們的繼承人」。據説這就使無產階級在學校教育中處於十分困難的境地：「又要向他們(資產階級知識分子)學知識，又要進行興無滅資的鬥爭」，不但要「堅決拒絕」資產階級思想的影響，而且「要用無產階級世界觀去影響他們」。[208]——這裏一再申説，實際上提出了一個文化科學與教育陣地已經為資產階級所

---

206 《〈為人民服務〉一文的講稿》，作者空軍某部指導員吳玉琪，《中國青年》1966 年第 8 期。

207 段成鵬：《誰説工農子弟腦子笨》，《中國青年》1964 年第 16 期。

208 施嘯竹：《青年學生面前的兩個熔爐》，《中國青年》1964 年第 19 期。

「佔領」與「壟斷」的問題，這就與新中國教育的社會主義性質直接發生了矛盾：這自然是一個十分嚴重的判斷；但卻是反映了毛澤東的思想和意圖的，是符合毛澤東1964年2月《關於教育革命的談話》的精神的，兩年以後的1966年5月毛澤東就進一步斷定「資產階級知識分子統治我們學校」[209]。這已經是文革前夕，事實上成為毛澤東發動文化大革命的主要理由。而這裏的明確號召：工農子弟「勇敢地」打破「精神枷鎖」，奪回科技文化教育陣地，到文革就成了真正的現實。

5. 發揚革命鋭氣，敢想敢幹，敢於衝破羅網

《中國青年》1964年第1 期發表了一篇社論，題目是「青年們，發揚革命鋭氣，爭取更大的勝利」，一時頗引人注目。社論一開頭就引述毛澤東的話：「青年是整個社會力量中的一部分最積極最有生氣的力量。他們最肯學習，最少保守思想，在社會主義時代尤其是這樣」。如前文所説，1963–1966年毛澤東正在尋找「通往文革之路」，在這樣背景下，重新強調「青年」在「社會主義時代」的作用，自然是意味深長的；研究者在回顧這段歷史時，注意到這一時期，毛澤東在讀文史古籍時有一段批語：「青年人比老年人強，貧人，賤人，被人們看不起的人，地位低的人，大部分發明創造，佔百分之七十以上，都是他們幹的，百分之三十的中老年而有幹勁的，也有發明創造。這種三七開的比例，為什麼如此，值得大家深深地想一想。結論就是因為他們貧賤低微，生力旺盛，迷信較少，顧慮少，天不怕，地不怕，敢想敢説敢幹。如果黨再對他們加以鼓勵，不怕失敗，不潑冷水，承認世界主要是他們的，那就會

209 毛澤東：《對總後勤部關於進一步搞好部隊農副業生產報告的批語》（1966年5月7日），《建國以來毛澤東文稿》第12冊，第54頁。

有許多的發明創造」。[210] 毛澤東在六十年代中期幾乎是重提
1958年大躍進時所提出的「卑賤者最聰明，高貴者最愚蠢」的
命題，顯然是要從青年，從「地位低」的人這裏尋找新的革命
的動力。《中國青年》在此時強調青年的作用，也是在貫徹毛
澤東的意圖，代表「黨」對青年「加以鼓勵」。而且重心是在
鼓勵青年「發揚革命銳氣」：「在有了正確的方向之後，就一
往無前，義無反顧地幹下去。在幹的過程中應該有獨創精神，
敢於衝破陳舊的羅網，開闢新的天地」，「我們青年有革命銳
氣，就能抓住真理，所向披靡」，「明知山有虎，偏向虎山
行，不把任何困難放在話下」，「如果不敢想，不敢幹，謹小
慎微，萎縮不前，是不可能成就大事的」。[211] 有意思的是，
在宣揚「雷鋒精神」時，在強調「作黨的馴服工具」的同時，
還大力讚揚他的「不怕」精神：「不怕天，不怕地，不怕風，
不怕雨，不怕刀，不怕槍，不怕威脅，不怕利誘」，「不怕譏
諷，不怕犧牲，奮不顧身，敢於打大仗，打硬仗，打惡仗，
敢於不斷取得勝利」。[212] 在思想文化教育學術批判運動裏，
更是竭力提倡要「敢於鬥爭，敢於爭論，敢於提出自己的意
見」，敢於反對「那些歪曲客觀的事物規律的，阻礙社會歷史
發展的，對人民群眾起着欺騙蒙蔽作用的假理論、假權威」，
「對這樣的權威，不管多大名氣，我們都要敢於藐視他們，決
不讓他們一套假道理、歪道理來束縛我們的頭腦和阻擋我們前

210　毛澤東：《讀〈初唐四傑集〉批語》，中共中央文獻研究室編：《毛澤東讀
　　　文史古籍批語集》，第 11–13 頁，中央文獻出版社，1993 年。

211　《青年們，發揚革命銳氣，爭取更大勝利》（社論），《中國青年》1964 年
　　　第 1 期。

212　《社會主義時代青年成長的道路——全國青年開展「向雷鋒同志學習」活
　　　動一周年》（社論），《中國青年》1964 年第 5 期。

進」。[213] 這其實就是鼓勵青年起來造資產階級權威的反，這更是體現了這一時期毛澤東的戰略意圖：他在1964年6月和自己正在大學就讀的侄女王海蓉的談話裏，就意味深長地說：「學校就應該允許學生造反。回去帶頭造反」。[214]「鼓勵造反」這是很能體現毛澤東思想中反體制的這一面的：他不同於一般的統治者，在掌握了政權以後，以維護既定體制為使命；他總是懷有絕對純粹，絕對完美的烏托邦理想，而不滿於現狀，有一種局部破壞體制的造反衝動。前引《中國青年》的論述，如號召「衝破陳舊的羅網」，「明知山有虎，偏向虎山行」都體現了毛澤東的造反精神，文革就是毛澤東所呼喚、引導的造反運動。有意思的是，《中國青年》的社論在鼓勵青年敢於批判資產階級權威時，舉出的榜樣，就是「首先提出李秀成是叛徒」的「年青機關幹部戚本禹」和「向周谷城的『時代精神匯合論』挑戰」的「年輕的文學評論者姚文元」，[215] 而戚、姚後來都成了文革領導小組的成員，這大概也不是偶然的。

但毛澤東從根本上又是維護體制的：他鼓勵造反，卻絕對不允許造自己的反。更準確地說，毛澤東鼓勵造反，要打倒他認定的黨內外的資產階級權威，正是為了建立和鞏固自己的絕對權威統治。因此，在《中國青年》1966年第10期(5月16日出版)也即文革前的最後一期上刊登的《共青團九屆三中全會公報》上的如下號召，就是一點也不奇怪的：「全團對毛澤東思想要無限信仰，無限崇拜，這就是信仰真理，崇拜革

---

213 《有力的鞭策和鼓舞——張啟勣同志對馮定〈共產主義人生觀〉提出批評一事給了我們什麼啟示》(社論)，《中國青年》1964年20期。

214 毛澤東：《和王海蓉同志的談話》(1964年6月24日)。見文革中流傳的《毛澤東思想萬歲(1961–1968)》，內部印製。

215 《有力的鞭策和鼓舞——張啟勣同志對馮定〈共產主義人生觀〉提出批評一事給了我們什麼啟示》(社論)，《中國青年》1964年第20期。

爛火不息：文革民間思想研究筆記

命」。——我們一再説過，這正是毛澤東發動文化大革命的根本目的所在。其實，《中國青年》代表的主流意識形態，從1963年到1966年作了這麼多文章，這才是最後的點睛之筆，同時也開啟了至今仍引起爭論，又無法迴避的「文革時代」。

6月6日–7月23日，歷時一個半月，陸續寫於搬家的一片忙亂之中，
最後完稿於新遷入的泰康養老院。

中國特色的「五七體制」

——讀《五八劫》[1]

　　1958年1月26日–2月16日，在四川省委直接佈置與領導下，省城成都首先在應屆高中畢業生中開展了「社會主義思想教育運動」，以後又推廣到全省各專州、各縣。據中共四川省委宣傳部批轉中共成都市委宣傳部《關於中等學校繼續深入開展整風運動的意見》，運動主要採取「大鳴、大放、大字報、大爭辯」的方式，「對於放出來的反動言論或反社會主義分子，要在學生中當作典型思想認真地加以批判，並列為操行評語內容，作為這個學生升學、就業審查的內容」。[2] 運動的結果，劃為四類(「立場反動，有一系列反黨反社會主義言論」)和三類(「立場動搖，認識模糊」[3])的中學生一律以「操行不及格」為由，嚴禁錄取高校。四類則定為「反對社會主義分子及壞分子」(又稱「反黨反社會主義反革命分子，壞分子」)，明確為「敵我矛盾」，[4]「根據中央關於高等學校右派分子處理的指示

1　《五八劫：一九五八年四川省中學生社會主義教育運動紀實》，王建軍等編，民間刊本。

2　中共四川省委宣傳部批轉中共成都市委宣傳部《關於中等學校繼續深入開展整風運動的意見》(1957 年 11 月 27 日)，《五八劫》，267 頁。

3　《中國共產黨重慶市普通中學委員會關於對高、初中畢業生進行排隊的通知》(1958 年 6 月 13 日)，《五八劫》，374 頁。

4　《成都市高中畢業生寒假社會主義教育運動總結報告之二》(初稿，時間不詳)，《五八劫》，345 頁。

精神」進行處理，[5] 有的遣返農村，勞動教養，有的則和三類學生及所謂「家庭與社會關係複雜」的學生一起分到基層生產單位「鍛煉改造」，「不給予幹部和工人稱號，一律叫試用人員」，並明確「限制使用」：「絕對不能分作黨團、人事、保衛、計劃、財務和重要業務工作」，「不能提拔選送入學，個別培養」，「政治上應時時對他們提高警惕」[6]。這樣的「限制使用」的「變相勞改」的高中畢業生有3200人，[7] 而當年四川全省高中畢業生不到一萬人。也就是說，1958屆四川高中畢業生中至少有三分之一以上，因為「社會主義教育運動」中的被誘發出的言論，不但被剝奪了上大學的權利，而且成為「政治賤民」，受到了「準專政」。而一些縣市還將運動擴大到初中，被劃為「反社會主義分子」的學生中，年齡最小的只有13歲。[8]

如黃一龍先生在《跋〈五八劫〉》裏所說：「這是一場有組織有領導的對未成年人的政治迫害，它直接間接導致若干幼小生命的終結，更奪走了成千上萬孩子至少二十年寶貴的生命，其性質正如對搖籃中的嬰兒實行集體謀殺」。因此，黃一龍先生將五十年前發生在四川的這一歷史悲劇，稱為「搖籃慘案」：「處心積慮，撒餌下套，一個政府對自己治下的小孩子下毒手，把他們扼殺在搖籃裏」。

悲劇更在於，「沒有抵抗，沒有哭泣，整個社會默默地看着自己的兒女被『自己的』政府在搖籃裏謀殺」。「這是中華

---

5 《成都市高中畢業生寒假社會主義教育運動總結報告之一》(1958 年 3 月 1 日)，《五八劫》，338 頁。

6 《四川省林業廳關於 1958 年未被高等學校錄取的應屆高中畢業生 125 人工作分配通知》(1958 年 9 月 17 日)，《五八劫》，378 頁。

7 《省委組織部召開的研究 58 高中畢業生分配問題的一次會議記錄》(1958 年 9 月 5 日)，《五八劫》，376 頁。

8 《編者按》，《五八劫》，381 頁。

民族歷史上最可悲最可恥的一次投降」，「此情此境，只有千百個赤裸的母親懷抱自己的嬰兒默默走進納粹的毒氣室，可與相比」。

我們再不能沉默，我們必須和這些受難者一起，來「追問『搖籃慘案』」[9]，追問：這一切，是怎麼發生的？這一切，意味着什麼？

關於「社會主義教育運動」，「反社會主義分子」

從表面上看，這是「社會主義教育運動」，而非「反右運動」。在正式文件裏，也明確規定：「不搞反右鬥爭」，[10] 所以運動中被劃成四類的中學生也不叫「右派」，而稱「反社會主義分子」或「反動學生」。

但仔細考察，卻並不這麼簡單。

首先提出要進行「社會主義教育」的是毛澤東。他在1957年7月反右運動剛開始時，就發佈指示：「民主黨派，教育界，新聞界，科技界，文藝界，衛生界，工商界，工人階級，農民階級各階層，手工業工人和其他城鄉勞動者，都應當進行整風和社會主義教育，分期分批逐步推行」。他特別強調：「我贊成迅即由中央發一個指示，向全體農村人口進行一次大規模的社會主義教育，批判黨內的右傾機會主義思想，批判某些幹部的本位主義思想，批判富裕中農的資本主義思想和個人主義思想，打擊地富的反革命行為。其中的主要鋒芒是向着動搖的富裕中農，對他們的資本主義思想進行一次說理鬥爭」。值得注意

9　黃一龍：《追問「搖籃慘案」——跋〈五八劫〉》，《五八劫》，240–241 頁。

10　中共成都市委宣傳部：《關於寒假期間集中高中畢業生進行社會主義教育運動的意見》（1958 年 1 月 28 日），《五八劫》，265 頁。

的是，毛澤東特意指出：「農村中也要先讓農民『鳴放』，即提意見，發議論。然後擇其善而從之，其不善者則批判之」。[11]

毛澤東提出要在農民以及工人中進行社會主義教育，是建立在他的下述分析和判斷基礎上的：「現在，全國究竟有多少人不贊成社會主義？我和許多地方同志摸了一個底。在全國總人口中間，大概有百分之十的人，是不贊成或反對社會主義的。這裏包括地主階級，富農，一部分富裕中農，一部分民族資產階級，一部分資產階級知識分子，一部分城市上層小資產階級，甚至個別的工人，貧下中農。六億人口中的百分之十是多少呢？是六千萬人。這個數目不小，不要把它看小了」。他又強調：「在不贊成或者反對社會主義的人裏邊，最頑固的分子，包括極右派，反革命，還有不搞破壞但很頑固的，可能要帶着頑固頭腦到棺材裏去的，這樣的人有多少呢？大概只有百分之二左右。全國人口百分之二是多少呢？就是一千二百萬。一千二百萬人，如果集合起來，手裏有了槍，那是個很大的軍隊。但是，為什麼天下又不會大亂呢？因為他們是分散在這個合作社，那個合作社；這個農村，那個農村；這個工廠，那個工廠；這個學校，那個學校；這個共產黨支部，那個共產黨支部；這個共青團支部，那個共青團支部；是分散在各處，不能集合，所以天下不會大亂」。毛澤東最後仍不忘強調：「堅持反社會主義的死硬派，只有百分之二。當然，要注意，剛才鄧小平同志講了，它還是一個很大的力量」。[12]

毛澤東這一段話，對我們理解1957年毛澤東的部署，關係

---

11 毛澤東：《一九五七年的夏季形勢》（1957年7月），《毛澤東選集》5卷，457頁，458頁，人民出版社，1977年。

12 毛澤東：《堅定地相信群眾大多數》（1957年10月13日），《毛澤東選集》5卷，482–483頁。

燼火不息：文革民間思想研究筆記

重大。它內含了三層意思。一是毛澤東心中始終不忘兩個數字：「不贊成或反對社會主義的」六千萬人與「頑固反社會主義」的一千二百萬人，「不贊成社會主義」的，是他要爭取的，而「反社會主義」的，則是他要打擊、鎮壓的，底數是「一千二百萬」。其二，這樣的「不贊成」或「反對」者不僅上層有，民族資產階級、知識分子中有，而且底層社會，工人、農民中也有。其三，在毛澤東看來，同時存在於上層和底層的「不贊成社會主義」和「反社會主義」的力量，都是巨大的隱患，必須在它們尚處於「分散」狀態時，就地(工廠，農村，學校)解決。這就是他所說的，「現在我們主動的整風，將可能的『匈牙利事件』主動引出來，使之分割在各個機關各個學校去演習，去處理，分割為許多『小匈牙利』，而且黨政基本不潰亂，只潰亂一小部分〈這部分潰亂正好，擠出了膿包〉，利益極大」。[13]

這就是說，1957年下半年，毛澤東當決心來解決他所說的「中國發生匈牙利事件的危險性」時，是有兩個部署的，一是發動「反右運動」，主要解決上層社會(民主黨派，知識分子，民族資產階級)的「反黨反社會主義反革命分子」的問題，一是通過「社會主義教育運動」，主要解決基層社會(工人，手工業者，農民，城鄉勞動者)的問題，爭取其中的大多數「不贊成社會主義」者，打擊其中的「反社會主義分子」。[14]——儘管

13　毛澤東：《組織力量反擊右派分子的猖狂進攻》，《毛澤東選集》5 卷，432–433 頁。

14　按照毛澤東的指示，1957 年 7 月 28 日《人民日報》發表社論，號召在農村開展「社會主義大辯論」；8 月 8 日中共中央發佈指示，要在農村開展大規模「社會主義教育運動」；8 月 10 日《人民日報》又發表題為《在農村中大鳴大放大爭》的社論；9 月 4 日中國人民解放軍向全軍發佈了關於在連隊進行社會主義教育的指示；9 月 12 日，中共中央發佈了在全國工業企業中開展糾正工作作風和進行社會主義教育運動的指示；11 月 1 日，中

由於在具體執行中發生了混亂，又規定不在工人、農民中「戴『反社會主義分子』帽子」，[15] 但指導思想未變，這樣的限制規定實際上未得到認真執行。鄧小平1957年9月23日在中國共產黨第八屆中央委員會第三次擴大的全體會議上代表黨中央所作的《關於整風運動的報告》裏，就明確提出：要「把鬥爭方向引導到——孤立和分化資產階級右派和一切反社會主義的分子」。[16] 這裏所說的，正是上層與社會基層的不同打擊對象，更準確地說，是不同的命名。

我們從這樣的大背景來看四川在高中畢業生中發動的這場「社會主義教育運動」，儘管自有其我們在下文會詳加討論的「創造性」，但總體是符合毛澤東的上述意圖和部署的。不僅早在1957年8月27日，教育部和共青團中央就發出過在普通中學和師範學校中對學生進行社會主義思想教育的指示，多少有些依據；而且當時的四川省委、成都市委就是將高中畢業生的「社教」與在此之前已經在工人、農民中開展的「社教」同視為「三方面的社教」。據具體主持這次高中畢業生的社教運動的，時為成都市委宣傳部副部長蕭菊人回憶，當時的成都市委書記廖井丹就明確指示：「在知識分子中是搞反右派，工人、

共中央宣傳部發佈在各高校和各級黨校開設社會主義教育課程的安排計畫。據時為人民大學副校長和黨委書記的胡錫奎的說明，大學裏的「社會主義教育課是反右派鬥爭的繼續和深入，也是全民大辯論的組成部分」。

15　中共中央對遼寧省委請示的批復（1958 年 9 月 18 日）：「在工人中出身成份好，歷史清白，但有突出的反黨、反社會主義言行的人，對這種人只作批判，但不要戴反社會主義分子的帽子。這種人只能是個別的。他們為什麼會產生突出反黨反社會主義的言行，一定有其主客觀原因，應該細心地找出這些原因……改造這種人。對於農村中反黨、反社會主義突出分子，仍按他們本人的情形加以確立為好……但是不要在農村中去專劃一項『反社會主義分子』，因為這樣很容易形成亂戴帽子，特別是對一部分富裕中農容易搞得過頭----」。《五八劫》，199–200 頁。

16　《五八劫》，201 頁。

　　　　　　　　　　熾火不息：文革民間思想研究筆記

農民和高中畢業生中的『反社會主義分子』，通過社會主義教育來搞」。[17]

在1957-1958年的「社會主義教育運動」中，許多工人、農民、中學生等基層人員被打成「反社會主義分子」這一事實，是可以以中共中央的文件為證的──

「反右派鬥爭時，在勞動群眾中，有一些反黨反社會主義言行的人，被戴上了『反社會主義分子』的帽子──有關單位應宣佈取消，並且認真進行團結教育工作」（中共中央文件，中發(61)690號，1961年10月28日）。[18]

「全省在1957、1958年農村、城鎮街道和其他基層單位的整風和社會主義教育運動中，經過群眾批判鬥爭，戴了反社會主義帽子的約有XX萬人左右。──對工人、農民、獨立勞動者、城市貧民、小商販、鄉以下基層幹部、武裝民警、學生和國營企業單位營業員、售票員中的反社會主義分子，當參照中央1962年『關於加速進行黨員幹部甄別工作通知』的精神，由有關單位和基層組織召開會議宣佈取消，並認真作好團結教育工作──對國家供給的區以上機關幹部、小學教師、醫生和企業單位職工中本人成份資產階級分子或其他剝削階級分子的反社會主義分子，以及勞動教養的反社會主義分子，均應參考摘右派分子的『三個條件』按摘帽處理」（中共四川省委文件總字(62)183號：《關於反社會主義分子問題的請示報告》）。[19]

「58年以來個別地區在歷次政治運動中，給少數職工戴了一些政治帽子，如反社會主義分子，同四類分子一起集訓──」

17　《揭發材料》（蕭菊人）（1968 年 1 月 13 日），《五八劫》，402 頁。

18　《五八劫》，200 頁。

19　《五八劫》，387–388 頁。

（中共四川省委文件：川發(65)224號，1965年10月21日）。[20]

　　這裏，最引人注目之處，是1958年在基層劃「反社會主義分子」的範圍，竟是如此的寬，遭遇「五八劫」者，豈只是我們這裏討論的應屆高中畢業生！而更讓今人吃驚的，是所透露出的數字：單是四川一省，「反社會主義分子」就達「XX萬人」，即使按低線算，也應是二十萬人左右，那麼，全國最少也在二百萬。這些年大家一直在討論，1957年罹難者究竟有多少。有學者認為，1957–1958年間，大約劃了「一百一十萬各類右派，六十萬反社會主義分子，十萬『右派言論』引致的各色『分子』」，共計「一百八十萬」。[21] 根據《五八劫》提供的新材料，「反社會主義分子」當不只六十萬，總數大概還要增加。但也沒有達到毛澤東宣佈的「一千二百萬」的底線。

為什麼向「高中畢業生」開刀？

　　在應屆高中畢業生中大抓「反社會主義分子」，這應該算是以李井泉為首的四川省委的一個「創造」。——其實也不儘然，如果放在1957年反右運動的背景下看，也是事出有因的。

　　黃一龍先生的分析，一語道破「天機」：「事情的詭譎之處，還在這個(搖籃)慘案的主動一方，其作案的動機依然是恐懼：害怕孩子，害怕孩子長大，害怕自己的『專政』經不住長大了的孩子搖晃」。結論是：「原來在專制體制下，連專制者自己也沒有『免於恐懼的自由』啊！」[22]

20　《五八劫》，200頁。

21　丁抒：《反右運動中派發了一百八十萬頂帽子》，《五十年後重評『反右』：中國當代知識分子的命運》，203頁，田園書屋，2007年。

22　黃一龍：《追問「搖籃慘案」——跋〈五八劫〉》，《五八劫》，241頁。

　　　　　　　　爝火不息：文革民間思想研究筆記

這裏只想作一點申説與發揮。

人們都注意到，在1957年9–10月召開的中共八屆三中全會，是一次總結反右派運動的會議；就在這次會議上，對黨的八大關於無產階級和資產階級的矛盾已經基本解決的論斷，作出了根本修正，提出：「無產階級和資產階級的矛盾是我國社會的主要矛盾」，由此開始了一個「階級鬥爭為中心」的時代。這構成了我們在這裏討論的「五八劫」，以及此後一系列劫難的一個最重要的基本背景。對這一轉變的原因，時為中共中央政治局委員的薄一波有一個解釋：這是因為「毛主席和我們黨」感到中國也存在發生匈牙利事件的「現實的危險」，有一種「危機感」。[23] 這是抓住了要害的。這統治的危機感，其實也就是黃一龍先生所説的恐懼感。就我們所討論的範圍而言，在1957年，毛澤東的危機感(恐懼感)主要有二。

一是領導權的危機。這是毛澤東所明言的：「共產黨——在多數人(中間派)中的領導權不鞏固；有些文教單位還根本沒有建立黨的領導」。[24] 所謂「右派言論」中，最讓毛澤東感到刺激的，大概就是羅隆基所説的「現在是馬列主義的小知識分子領導小資產階級的大知識分子，外行領導內行」這句話，[25] 它提醒毛澤東，共產黨在文化知識上並不佔有優勢，因而在文化教育界的領導權並不鞏固。[26] 這正是毛澤東在反右運動以後

23　薄一波：《若干重大決策與事件的回顧》，修訂本，下卷，654 頁，中共黨校出版社，1993 年。

24　毛澤東：《一九五七年的夏季形勢》(1957 年 7 月)，《毛澤東選集》5 卷，461 頁。

25　參看朱正：《反右派鬥爭始末(上)》，124–126 頁，明報出版社有限公司，2004 年。

26　四川省委宣傳部長杜心源 1957 年 11 月 16 日在《省委地九次宣傳工作會議的報告》中，就以成都九中為典型，談到「六十五個教師中，直系親屬被殺、關、管、鬥的就有二十一人，佔百分之三十三點三；業務水業務

所要着力解決的。作為應急措施，就是「從機關中抽調一批可任中學教師的優秀黨員到學校任教，以便使這個陣地很快地得到加強」；[27]《五八劫》一書一再提到的那位從市商業局機關調來擔任政治教研組組長和班主任的黨員副科長，四處揚言：「是共產黨派我來的，反對我就是反對黨」，[28] 他倒是道出了問題的實質。從長遠來看，就是要培養一批「自己的知識分子」隊伍。這也是毛澤東在《一九五七年的夏季形勢》裏所反復強調的：「工人階級必須有自己的技術幹部隊伍，必須有自己的教授、教員、科學家、新聞記者、文學家、藝術家和馬克思主義理論家的隊伍」，「在這個工人階級知識分子宏大新部隊沒有造成以前，工人階級的革命事業是不會充分鞏固的」。[29] 耐人尋味的是，儘管採取了這樣一些應急與長遠的措施，毛澤東仍然擺脱不了喪失領導權的危機感，以至到了1964年，竟然作出了「我們這個國家有三分之一的權力不掌握在我們手裏」的嚴重判斷，[30] 這就已經不限於「某些文教單位」，而是全國範圍的領導權危機了。因此，也就不是反右或社會主義教育運動所

水平在中上以上的二十三人中，中右和右派分子就佔十二人，佔百分之五十二點一，左派只有三人，佔百分之十三」，「這説明目前教師隊伍政治情況依然複雜」，「真正夠稱為無產階級隊伍的教師，在中等學校是少數」，而「沒有強大的無產階級的教師隊伍，黨在學校的領導權，是不鞏固的」。這樣的估計，應該是在次宣傳工作會議上，最後作出要在中學畢業生中開展「社會主義教育運動」的重要依據。《五八劫》，256 頁。

27　1957 年 11 月 16 日四川省委宣傳部長杜心源《在省委第九次宣傳工作會議上的報告》，《五八劫》，257 頁，報告稱，這是根據「中央關於知識分子工作三項組織措施的指示」的精神作出的決定。

28　樊宣金：《石室惡夢》，《五八劫》，170 頁。

29　毛澤東：《一九五七年的夏季形勢》（1957 年 7 月），《毛澤東選集》5 卷，462 頁，463 頁。

30　毛澤東：1964 年 6 月 8 日在中央工作會議上的報告，轉引自郭德宏、林小波：《四清運動實錄》，浙江人民出版社，2005 年。

　　　　　　　　　　　　　燼火不息：文革民間思想研究筆記

能解決，只能用文化大革命這樣的「全面奪權」和「全面專政」的極端手段了。——自然，這都是後話。但其內在的領導權危機感或恐懼感卻是從1957–1958年一路發展過來的。

其二是「接班人」危機。中共成都市委宣傳部在《關於寒假期間集中高中畢業生進行社會主義教育運動的意見》裏，一開始就明確規定，「專題鳴放和辯論的中心問題是：應把自己培養成什麼樣的接班人？」[31] 如此強調「接班人」問題，是反映了由所謂「右派進攻」所引發的隱憂的。黃一龍先生對此有一個精到的分析：「原來當年引誘民主人士知識分子上鉤入甕的『反右派運動』，中間出現過一段曲折，不在導演腳本之內。那就是一些大學生忽然從半路殺出來，也要『幫助黨整風』。他們以偉大的『五四』兒女自命，堅決捍衛公民的憲法權利，堅決『向一切法西斯蒂開火，叫一切不民主的制度死亡』(這是執政黨在全國執政以前教給青年傳唱的一首歌曲的名句)——差一點打亂了領袖的戰略部署，拆穿了領袖收拾預定敵人的『陽謀』。於是反右立即『擴大』，橫掃全國大專學校的優秀學生。橫掃之後總結教訓，知道有獨立思想的大學生對於專政十分可怕」。[32] 用當時一篇批判文章的話來說，就是年輕一代究竟是「革命前輩的接班人」，還是「替資產階級殉葬的金童玉女」？[33] 其實是更擔心成為「掘墓人」，這是執政者的一個心頭大患。

毛澤東1957年1月《在省、市自治區黨委書記會議上的講話》裏，談到石家莊一所學校因就業問題鬧事時，就特意指出：「我們高等學校的學生，據北京市的調查，大多數是地

31　《五八劫》，265頁。

32　黃一龍：《追問「搖籃慘案」——跋〈五八劫〉》，《五八劫》，241頁。

33　阮銘：《錢偉長和黨爭奪青年的伎倆》，《中國青年》1957年15期。

主、富農，資產階級以及富裕中農的子弟，工人階級、貧下中農出身的還不到百分之二十」，「地主，富農，資產階級，民主黨派——他們老於世故，許多人現在隱藏着。他們的子弟，這些學生娃娃們，沒有經驗，把什麼『要殺幾千幾萬人』、什麼『社會主義沒有優越性』這些東西都端出來了」。[34]——這裏，毛澤東突出了家庭出身問題，而且認定地主、富農、中產階級是他們子弟的後台，這就開啟了下文我們將要討論的以家庭出身為依據的「階級分析」，以及動輒追查「學生娃娃」背後的「有鬍子的人」的傳統。

毛澤東這一時期還特別注意到中學生的動向。他在1957年2月27日最高國務會議第十一次(擴大)會議的講話裏，就有這樣的一段話：「去年——有十七個學校七千人罷課。全國有五百萬中學生，中學校長與黨委書記要好好研究如何辦好學校，五百萬個學生鬧起事來，也不好辦啊。」[35]

就在1957年反右運動前後，發生了兩件中學生、中專生「鬧事」，而且直接影響到我們這裏討論的高中畢業生的社教運動。這就是1957年3月的成都第二師範學潮和6月12日的湖北漢陽一中事件。這兩個事件當時都被稱為「小匈牙利事件」，並且上了報，震動了高層和社會。最後都出動了軍警，進行了殘酷鎮壓。八十年代都進行了平反，證明前者是官方有意識組織各單位的「左派」，「自稱代表工人、農民、市民與學生辯論」而引發，後者完全是無中生有的冤案，是按照反右鬥爭的邏輯，想像、製造出來的：本來是「一中部分學生為升學率問題而自發地罷課鬧事」，卻先驗地認定是「敵我矛盾性質」的「反革命事件」，然後再去尋找「證據」：先依照「以出身

34　《毛澤東選集》5卷，333頁。

35　轉引自朱正：《反右鬥爭始末》(上)，41頁。

　　　　　　　　　　　　熾火不息：文革民間思想研究筆記

決定立場」的「階級分析」法，認定富農出身的副校長為學生後台，並由此而炮製一個以其為首的「長鬍子」的成年人組成的所謂「幕後操縱學生」的「反革命集團」；再千方百計地追查上層右派的「總後台」，最後生拉硬扯，弄成了一個由湖北民盟主任委員馬哲民「策劃的『小匈牙利事件』」。[36] 這可以說是1957年以後當局處理學生以及社會鬧事事件的一個「範例」，其邏輯、想像與手法都一再重複，這是很值得注意的。在四川，成都二師事件就成為當局發動社教運動，向中學生開刀的一個「理由」。省委宣傳部長杜心源在其報告中就直截了當地說：「少數(中)學生也可能成為右派分子向黨進攻的工具，成都二師鬧事就是右派骨幹分子彭霖榮煽動的」，[37] 有人認為，成都二師事件是「1958年中學生社教運動的彩排，也是執政當局迫害未成年人的試刀」[38]，這是有道理的。

事實正是這樣，深懷領導權、接班人危機感的執政者，實際上對中學生是不放心的。杜心源部長在他的報告裏，就有過這樣的分析和估計：「中學生中，有殺親之仇和直系親屬被關、管、鬥的，高中一般佔百分之十五至二十，初中佔百分之五十。在中等學校曾不斷發現極端反動的學生，他們反對黨，反對社會主義，散佈反動言論，張貼反動標語，組織反動集團，煽動學生鬧事；有的心懷刻骨仇恨，表面勤學苦練，蓄意報仇。但是某些幹部和教師卻認為『青年單純』、『子女無罪』，對他們姑息，甚至將其中有的人看作『好學生』、『優等生』」。這幾乎是一個「敵情分析」：先從家庭出身上，認

36　參看吳江：《春寒——二師事件追憶》，《五八劫》，177–186 頁；朱正：《反右運動始末（上）》，303–313 頁。

37　杜心源：1957 年 11 月 16 日《在省委第九次宣傳工作會議上的報告》，《五八劫》，252 頁。

38　王建軍：《試刀》，《五八劫》，194 頁。

定「被關、管、鬥」分子的子女、親屬和父母同罪；然後斷定中學生中有一批「散佈反動言論」(其實不過是有自己的獨立見解)的「反動學生」；又將家庭出身不好，而「勤學苦練」的學生，判斷為「心懷不滿」，「蓄意報仇」，當然是潛伏的，也是更危險的「反動學生」；最後將學校幹部和老師公認的「好學生」、「優等生」，也視為可疑分子，甚至越「優秀」越可疑。這樣，就已經把執政者心目中的「不可靠」的中學生，視為「假想敵」了。其邏輯結論，必然如杜心源部長所說，「對於這些人，是首先在勞動中去改造呢，還是用文化武裝了他們回轉過來反對我們呢？」據說這正是從反右運動中「應該記取的教訓」：「大學生的許多右派分子，就是由於中學審查不嚴混進的」。[39]

這就是黃一龍先生所說：「橫掃之後，總結教訓，知道有獨立思想的大學生對於專政十分可怕。而不准可能思想獨立的少年進入大學，就邏輯地成為當局的一大要務」。[40] 借用一句戰爭俗語(當局也確實是當作一場戰爭來部署、對待的)，這叫「戰線前移」，把反右鬥爭提前到中學，用運動的發動者李井泉的話來說，就是「中學就把它卡住了」，[41] 將危險、隱患消滅於萌芽狀態，不惜將治下無辜的孩子視為敵人而扼殺於搖籃之中。這就是向高中畢業生開刀的原由所在。

要建立什麼樣的「五七」新體制，新秩序？

但也不能將1958年四川中學畢業生中的「社會主義教育運

---

39 杜心源：1957 年 11 月 16 日《在省委第九次宣傳工作會議上的報告》，《五八劫》，259 頁。

40 黃一龍：《追問「搖籃慘案」——跋〈五八劫〉》，《五八劫》，241 頁。

41 四川省委宣傳部副部長張守愚：《關於一九五八年借社會主義教育為名整高三學生問題》，《五八劫》，392 頁。

　　　　　　　　　燼火不息：文革民間思想研究筆記

動」簡單地看作是「反右運動」在中學的延續和擴大，它畢竟
發生在反右運動以後，是總結、運用、發展了反右運動的經
驗，從而建立了一種新體制，新秩序，我們把它叫作「五七」
新體制，新秩序。其要點，大致有以下幾個方面。

1. 重新排隊，重組階級隊伍

　　毛澤東在反右一開始，就發佈指示：「請你們注意將自己
單位的人數，在運動中，按左中右標準，排一下隊，使自己
心中有數」。[42] 在此前後，他都一再強調：「除了沙漠，凡有
人群的地方，都有左中右，一萬年以後還會是這樣」，[43]「社
會上總有左中右」[44]。這次1958年的四川中學畢業生的社教運
動，在一開始就在《意見書》裏明確提出：要根據學生的「一
貫表現，按進步、中間、落後、反動四類進行政治排隊，排隊
的標準是：堅持擁護黨，擁護社會主義，能分清大是大非，並
積極與反黨言行作鬥爭的劃為進步分子；基本上擁護黨、擁護
社會主義，但對於大是大非缺乏辨別能力，在個別問題上主要
是與個人利益相聯繫的問題上同情和支持右派言論者劃為中間
分子；對黨不滿，對社會主義懷疑，在重大政策問題上持有相
反觀點和立場者劃為落後分子；堅決反對黨的領導，反對社會
主義的劃為反動分子。政治排隊應在鳴放過程中不斷進行審查
訂正，排隊名單應由各校黨支部審查」。[45] 以後又將「進步，

42　毛澤東：《中央關於加緊進行整風的指示》(1957 年 6 月 5 日)，《建國以
　　來毛澤東文稿》6 冊，492 頁，中央文獻出版社，1992 年。

43　毛澤東：《事情正在起變化》(1957 年 5 月 15 日)，《毛澤東選集》5 卷，
　　428 頁。

44　毛澤東：《做革命的促進派》(1957 年 10 月 9 日)，《毛澤東選集》5 卷，
　　476 頁。

45　成都市委宣傳部：《關於寒假期間集中高中畢業生進行社會主義教育運動

中間，落後與反動」，簡稱為「一、二、三、四類」，一類即「左派」，二類為「中派」，三、四類為「右派」，三類相當於反右運動中的「中右」，屬「內部控制」，四類則明確宣佈為「敵我矛盾」。[46]

應該說，所謂「政治排隊」，在某種程度上，是一次重新劃分敵我，重新劃分階級。毛澤東早在1926年所寫的《中國社會各階級分析》裏，就提出：「誰是我們的敵人？誰是我們的朋友？這個問題是革命的首要問題」。[47] 三十年後，他在1957年又再次提出區分「敵我矛盾與人民內部矛盾」的理論，以此作為發動反右運動，以及以後一系列的階級鬥爭的理論依據。[48] 其要害正是在國家進入「非革命時期」以後，依然要在公民中劃分敵、我、友，劃分階級。而劃分的標準，既非馬克思主義所強調的經濟地位，更不以憲法為依據，首先是思想觀點和政治立場、態度，其次是家庭出身——在《成都市高中畢業生寒假社會主義教育運動總結報告之二》裏，就特意點明：「這次運動中反黨反社會主義的四類92人，其中出身剝削階級的62人，佔67.4%；直系親屬殺關管鬥的55人，佔60%，鳴放中大部分嚴重錯誤和極端反動的言論，大都出自這類學生的口中，無疑這是階級本能的反映」，[49] 其依據就是前文所說的毛澤東所倡導的「階級分析法」。

再進一步考察，就可以發現，所謂「思想觀點，政治立場、態度」，其核心是是否擁護黨，也即是否聽黨的話；而在

的意見》（1958年1月23日），《五八劫》，266頁。

46　《成都市高中畢業生寒假社會主義教育運動總結報告之二》，《五八劫》，345頁。

47　《毛澤東選集》（一卷本），3頁，人民出版社，1964年。

48　參看《關於正確處理人民內部矛盾問題》，《毛澤東選集》5卷，363–402頁。

49　見《五八劫》344頁。

　　　　　　　　燼火不息：文革民間思想研究筆記

反右運動以後又確立了這樣的新思維：「所謂黨的領導，不是空洞的，而是具體的；承認黨的領導，也不是抽象的，而是具體的」，必須落實為「以具體的黨組織作為核心」，[50] 因此，「反對黨的組織的負責人，也就是反對黨組織；反對共產黨，就是反對人民」。[51] 這次中學生社教運動辯論的中心題目之一也是「不服從基層黨的領導，能不能叫服從黨的領導？」[52] 這樣，所謂「思想觀點，政治立場與態度」，最後就落實為是否聽從基層黨組織領導人的話，聽話就是「左派」，不聽話就是「右派」，也即按對黨支部、支部書記的忠誠程度，來劃分「左中右」(也即我、友、敵)。政治排隊的審查權本來也在黨支部手裏。僅僅是口頭忠誠也不行，還要有行動，這就是前述《意見書》裏所說的，要能「積極與反黨言行做鬥爭」才能劃為「左派」。也就是鼓勵「左派」充當毛澤東在《湖南農民運動考察報告》裏所說的「用繩子捆綁了劣紳(按：即今天的「右派」)，給他們戴上高帽子，牽着遊鄉」，「發號施令，指揮一切」的「痞子」，也即「革命先鋒」。[53]

對所謂「家庭出身」，如果作深入考察，也可以發現，它是服從於「政治立場與態度」的，即使出身於工農，如果不聽黨的話，特別是基層黨組織的話，照樣被劃為四類。運動《總結報告》中，還特意談到了出身工農的「反黨反社會主義」的「四類學生」，說他們是「由於個人主義嚴重發展而走上反

50　吳傳啟：《社會主義道路和黨的領導》，《中國青年》1957 年 13 期。

51　疾風：《反對黨的某一個組織就不是反黨嗎？》，《中國青年》1957 年 18 期。

52　《高中畢業生寒假學習情況簡報》(第 16 號) (1958 年 2 月)，《五八劫》，315 頁。

53　毛澤東：《湖南農民運動考察報告》，《毛澤東選集》(一卷本)，18 頁，人民出版社，1964 年。

中國特色的「五七體制」

動道路」的，舉出的一個典型是貧農出身的吳某，他的主要罪狀，就是與團組織、學校「對立」，「私自組織壁報《奔放》，攻擊學校行政負責同志，而且屢教不改」。[54] 四川省成都一中的一位參與運動排隊的老師回憶說，班上的高幹子女全劃為一類。[55] 這是一個重要資訊：講家庭出身，真正受到信任與重用的還是革命幹部子女，特別是其中的高級幹部子女，這是執政者眼裏真正可靠的接班人，以至後來有「自己的子女接班，至少不會挖我們的祖墳」的說法。儘管這是後話，但1957年確實是一個開端。

在劃分左、中、右的基礎上，毛澤東提出要採取「團結左派，爭取中間派，孤立右派」的策略，重新組織階級隊伍。[56] 在某種程度上，1958年四川中學畢業生的社教運動，就是「重新組織階級隊伍」的嘗試。《運動總結報告》就把基本經驗歸結為貫徹了「依靠進步(一類)，團結中間(二類)，爭取落後(三類)，孤立批判反動(四類)」的階級路線；談到運動的最大收穫，就是「四類分子的面目徹底暴露，學生的陣營就分明了」，左派得到了鍛煉，中間派開始「懂得了階級立場的重要」，各類學生都「更加信任黨，熱愛黨，深深感到黨的英明、偉大」，最後歸結為絕對服從黨的絕對領導：這大概也是運動發動者的用意所在吧。[57]

54 《成都市高中畢業生寒假社會主義教育運動總結報告之二》，《五八劫》，344–345 頁。

55 原省成一中政治教師賀仲華的揭發材料(1967 年 12 月 3 日)，《五八劫》，118 頁。

56 毛澤東：《一九五七年夏季的形勢》(1957 年 7 月)，《毛澤東選集》5 卷，464 頁。

57 《成都市高中畢業生寒假社會主義教育運動總結報告之一》，《五八劫》，333，329，332 頁。

爛火不息：文革民間思想研究筆記

2. 建立「大權獨攬」的黨的一元化領導體制

如前所說，毛澤東發動反右運動的一個重要理由是「有些文教單位還沒有建立黨的領導」；因此，建立黨的絕對領導權，就成為在反右運動以後最迫切的任務。據杜心源部長在四川省委第九次宣傳工作會議上的報告透露，在反右運動中，中共中央曾發佈指示，要求各「省委、市委、地委、縣委和城市區委書記都要親自研究一個中等學校和一兩所重點小學，農村區委書記要親自研究一個小學，取得經驗，以利於值得全盤工作」。應該說，1958年的中學畢業生社教運動就是以李井泉為首的四川省委的一次試點，加強黨對中學教育的領導的一個舉措。如杜心源所強調：「黨委不管學校，就等於把學校交給資產階級去領導」。[58]

問題是，要建立怎樣的黨的領導？毛澤東於1958年1月南寧會議上，總結了反右運動的經驗，提出了「大權獨攬，小權分散，黨委決定，各方去辦；辦也有決，不離原則；工作檢查，黨委有責」的黨的領導的原則，並且解釋說：「集中，只能集中於黨委、政治局、書記處、常委，只能有一個核心」。[59] 這裏說的「大權獨攬」，有兩個含義，一是黨對國家事務、社會生活的一切方面，一切領域的無所不至的絕對領導與控制；二是各級黨委，特別是第一書記對黨內外事務的絕對領導與控制。而所謂「絕對領導」，就是不受任何限制與制約的權力的高度集中，即所謂「只能有一個核心」：全國，以黨為核心；具體體現為以各級、各部門黨委第一書記為核心；最後集中到

58　杜心源：1957 年 11 月 16 日《在省委第九次宣傳工作會議上的報告》，《五八劫》，262 頁。

59　毛澤東：在南寧會議上的講話記錄（1958 年 1 月 11 日），轉引自逢先知、金沖及主編《毛澤東傳》（1949–1976），768 頁，中央文獻出版社，2003年。

以黨中央主席即毛澤東個人為核心。這就是1957年反右運動以後確立與完善的「大權獨攬」的「黨的一元化領導」體制。

　　進一步考察，可以發現，這樣的集權體制，是落實到社會最基層的，每一個人都被組織在一個固定的單位裏（連農民也被納入生產隊），除了黨的調動，是不能自由流動的，形成了所謂「單位體制」，由單位組織代表黨和國家對其成員實現從生活，到思想、行動的全面控制。在單位內部，又形成上下有序的等級結構，處在最高等級的是黨支部書記，如前文所說，他享有不受限制和制約的，可以任意決定本單位所有的人的命運的絕對權力；在書記之下，有支部委員和黨員；非黨員群眾則又有「左」、「中」、「右」之分。處在每一個等級上的人，對上必須絕對服從，而對下一等級則有在支部指揮下進行迫害的權力。由於「左、中、右」的劃分是由黨支部，特別是支部書記決定的，而且根據毛澤東的兩類矛盾理論，「人民」可以隨時「變為敵人」，[60]「左派」、「中間派」都隨時可以轉化為「右派」，完全取決於書記的意志。因此，左派（以及某種程度上的中間派，以至右派）都會和支部書記之間形成某種人身依附關係。另一方面，這樣的集權體制又實行等級授權制，支部書記的權力是上級黨組織授予的，因此，每一級的黨組織和書記對上級黨組織與領導人也同樣存在着不同程度的依附關係。這樣，就形成了一個逐層控制，對上服從對下施暴的等級社會結構。正是在這樣的等級社會結構裏，形成了一個既得利益集團，在他們的眼裏，「大權獨攬」，一切服從的體制自然是十分美好的，許多人至今也還神往於那個年代，原因即在於此。

　　人們在回憶四川省委組織的1958年中學生社教運動時，都要談到時為四川省委第一書記的李井泉個人的決定性作用，稱

60　毛澤東：《做革命促進派》，《毛澤東選集》5卷，478頁。

　　　　　　　　　　　　爛火不息：文革民間思想研究筆記

當時的四川是「李氏獨立王國」，正是這樣的體制的產物和突出表現。一位參與直接迫害中學生的領導幹部在總結歷史教訓時，說到自己當時「只有對『上級負責』的觀念」，「(省委第一書記)李井泉一聲令下，(成都市委宣傳部副部長)蕭某某指揮棒一轉」，自己根本不考慮「這樣搞會給青年同學帶來什麼嚴重後果」，就忠實執行了，「盲目地追隨頂頭上司，按頂頭上司擬定的框框來判斷是非，按頂頭上司定下的調子來決定敵我」。[61] 這都是體制使然，教訓是深刻的。

3. 建立以「興無滅資」為中心的新意識形態

1958年3月，毛澤東有一個重要批示：「有資產階級的自由，就沒有無產階級的自由；有無產階級的自由，就沒有資產階級的自由。一個滅掉另一個，只能如此，不能妥協」，因此要「興無滅資，無產階級的自由興起來了，資產階級的自由就被滅掉了」。[62] 應該說，「興無滅資」正是1957年反右運動以後，最為流行的口號。杜心源在他的報告裏，就明確指出：「加強學校的政治思想工作，是學校改革中的一項極其重要的任務。思想政治工作的任務是『興無滅資』，滅資產階級思想，興無產階級思想」。[63] 應該說，1958年的中學生社教運動，自始至終都貫穿了這樣的「興無滅資」的精神。

問題是，要「滅」的是什麼樣的「資產階級思想」，要「興」的是怎樣的「無產階級思想」？

在1958年的中學生社教運動中，有一份內部材料：《省成

61　章文倫認罪書 (1967 年 4 月 3 日)，《五八劫》，398 頁。

62　毛澤東：《對上海化工學院一張大字報的批語》(1958 年 3 月 22 日)，《建國以來毛澤東文稿》第 7 冊，148 頁，中央文獻出版社，1992 年。

63　杜心源：1957 年 11 月 16 日《在省委第九次宣傳工作會議上的報告》，《五八劫》，252 頁。

四中58級學生在雙反運動中暴露個人主義思想的典型材料彙集》。所謂「雙反」就是在「反浪費，反保守」的口號下，號召年青學生「向黨交心」，實際就是交代自己不符合黨的「無產階級思想」要求的「資產階級思想」。那麼，交代出來並因此受到批判的，又是些什麼思想呢？不妨列舉幾條：1.「把精神寄託在十八世紀、十九世紀的法國和俄國的反映腐朽的資產階級生活方式的小說上。我愛讀法國作家雨果，巴爾扎克，左拉，莫泊桑，俄國作家普希金，萊蒙托夫，以及中國作家聞一多、郁達夫的作品」；2.「我醉心於考大學，熱中於解難題」，「我出身貧農，是個遺腹子，我母親一手撐持兩畝薄田，每日兩頓攙雜糧的飯。她把希望寄託在孩子們身上，常說『你將來要找錢呵！』常叫我們為她『爭氣』」；3.「必須幹出轟轟烈烈的事業，才不枉做人一場。我想成名，對科學有強烈的愛好，從小立下宏大志願，終身職業就是研究理論物理」；4.「我要用超乎一切尋常人的眼光來看待世界，發表許多新奇的見解」，「我嚮往着童話的境界」，「我還要掌握宇宙，把宇宙看過究竟，滿足個人的求知慾」；5.「我生活的目的是為了作家的地位，巨額的稿費和版稅，漂亮的小洋房和小汽車，漂亮的理想的愛人」，「我最愛唱的歌是『五月的風』、『送君』、『初戀』、『望穿秋水』、『花好月圓』、『地上人間』──」；6.「我背着組織和女同學戀愛」，「只要有女同學和我在一起，我就感到幸福和說不出的愉快」；7.我「追求自由」，「我如學文，一定學魯迅，正視這慘澹的人生，淋漓的鮮血」，我要「寫出社會的不公平」，「攻這些只會背政治條文，帶着階級偏見的有色眼鏡來衡量別人的文人，打那些被愚弄得昏頭昏腦的讀者，使他們清醒過來」；8.「我開始對黨不滿，尤其對一些與我個人相關的政策，如選派留學

　　　　　　燼火不息：文革民間思想研究筆記

生，投考高等學校要考察政治條件的問題，以及新教育方針抵觸不滿」，「黨提出對知識分子思想改造政策時，我的不滿加深了——知識分子就是如此，還要什麼改造」。材料的整理者將以上思想概括為「個人主義的學習目的」、「消極、頹廢的人生觀」、「追求資產階級生活方式」與「政治思想反動」四類，並且還作了這樣的統計，據說有以上四類「資產階級思想」的學生分別佔學生總數的64.2%，9.5%，5.3%和6.2%。[64]

今天來看，這樣的材料彌足珍貴，因為它留下了歷史的真實記錄：在反右運動以後的中國那樣一個歷史時代，在主流觀念中，認為應該批判、拋棄，以至消滅的「資產階級思想」，竟然包含了如此廣泛的範圍：不僅有西方和俄國的充滿人文主義精神的文學名著，民主、自由、平等、人道等觀念，而且也包括了年輕人所特有的個人理想，探討未知世界的好奇心，求知慾，以及對物質的慾望，青春期對男女之情的朦朧嚮往，甚至還包括了農民的後代希望通過讀書改變家庭命運的願望，而那些獨立思考，對社會有批判意識，對現行黨的政策持不同意見，對現實存有不滿的少年，就更視為心腹之患，必滅之而後快了。

於是我們也就明白，在「滅」了這些「思想」以後，所要「興」的「無產階級思想」，就必然是排除了民主、自由、平等、人道的所謂「階級和階級鬥爭」的觀念，排除了一切個人慾望、利益、權利，絕對服從，無條件犧牲個人的所謂「集體主義」的觀念，放棄了一切好奇心，懷疑精神和創造力的高度統一與僵化的思維，放棄一切獨立思考，批判意識，不同意見，自覺充當「馴服工具」的所謂「黨的意志高於一切」的意識。——「一切服從於黨」，這正是與前述「大權獨攬」的黨的一元化領導體制相適應的新意識形態的核心。《成都市高中

64　見《五八劫》，351，352，356，354–355，358，360，363，365，366頁。

畢業生寒假社會主義教育運動總結報告之一》特地引述了兩個學生的反應：一位三類學生說：「我才真正體會到『離開黨一步，就是靠近右派一步』這句話的意思。今後要永遠堅信黨，聽黨的話」。另一位四類學生經過批判以後，則寫信給同學說：「請從我身上吸取教訓吧！生活裏，黨是我們的靈魂，離開了她，我們將變成一具活屍！」[65] 用這樣的反應來總結運動的成效，大概是再合適不過的。所謂「興無滅資」，目的即在於此。

4. 建立新鬥爭策略：「設置對立面」，製造階級鬥爭

但毛澤東並不滿足於這樣的勝利。他更有深謀遠慮。就在反右、整風運動取得基本勝利的1957年10月，他就提出，以後還要不斷搞這樣的運動：「假使我們後年也不搞，幾年不搞，那些老右派，新右派，現在出來的右派，又要蠢蠢欲動；還有些中右分子，中間派，甚至有些左派會要變。世界上有那麼怪的人，只要你鬆鬆勁，鬆那麼相當的時間，右傾情緒就要起來，不好的議論，右派言論都要來的」。[66] 問題是如何始終繃緊這根階級鬥爭的弦？毛澤東將其在反右運動中已經運用到嫻熟地步的「陽謀」經驗，再作發展，提出了一個「設置對立面」的策略，[67] 即是說，沒有對立面，可以設置，矛盾不尖銳，可以激化，潛伏的矛盾也可以誘發出來，用一切手段製造階級鬥爭，既可以將不安全因素消滅於萌芽中，又可以保持社會的緊張氣氛，逼使全黨全民始終處於「革命狀態」。

應該說，李井泉對毛澤東的意圖，是心領神會的。他後

65　《五八劫》，332 頁。

66　毛澤東：《做革命的促進派》（1957 年 1`0 月 9 日），《毛澤東選集》5 卷，476–477 頁。

67　毛澤東：《在南寧會議上的講話提綱》（1958 年 1 月 16 日），《建國以來毛澤東文稿》第 7 冊，17 頁，中央文獻出版社，1992 年。

來和上海的柯慶施等一起得到毛澤東的高度信任與重用並非偶然。毛澤東說過「要定期放火」，並且問：「以後怎麼搞呀？」[68] 李井泉於1958年發動中學生社教運動，就是放了一把火，可以說是他對毛澤東策略的創造性的發揮。問題是居然對未成年人設置陷阱，就特別令人髮指。但對毛澤東、李井泉這樣的政治策略家來說，只要「政治正確」，一切手段都可以採用；而且他們既已經認定這些十七、八歲的娃娃是最危險的「敵人」，就更加不擇手段了。

5. 建立新的制度：政審、檔案等

最後，我們還要提及已經一再引用的四川省委宣傳部長杜心源的那個著名報告。正是在這個報告中，提出了「對學生的政治審查，應定為制度」，「初中以上學生應建立檔案制度」。[69]

四川省委組織部、宣傳部的指示和《教育廳、民政廳、公安廳、高教局、人事局關於對報考高等學校考生進行政治審查工作的聯合通知》，有三點頗值得注意。其一，所謂政審，目的是「為了保證(高等學校)新生的政治品質，預防地、富、反、壞、右等分子、混入高等學校」。這裏所說的「等分子」，就包括了家庭出身不好、社會關係複雜的中學生。這顯然是一種政治歧視，以家庭出身、思想觀念與政治的原因而剝奪了年輕人接受高等教育的權利。1957年高教部《關於高考學生政審要求的一些具體意見》甚至規定：「對於剝削階級家庭出身的考生要注意從嚴掌握，政治和現實表現一般的可以不予

68　毛澤東：《打退資產階級右派的進攻》(1957 年 7 月 9 日)，《毛澤東選集》
　　5 卷，442 頁。

69　《五八劫》，259 頁。

錄取」。[70] 其二，在中學生中劃分右派與壞分子，並且由公安部門直接介入高校招生，掌握主導權，如本書編者所說，「大概算作我國在世界上的又一創舉」，[71] 更是表現了當局的「專政」思維：不僅把一部分中學生視為專政對象，而且在他們看來，教育也是實行專政，專政部門的介入就是必然。其三，政審的內容，包括了「本人成份、出身、經歷，主要社會關係及其親屬的政治面貌和他們在歷次社會改革運動中的情況，是否有台、港、澳關係」，這是典型的唯成份論和株連術。同時還包括「本人在社會主義教育運動中，對鳴放辯論時的政治態度和在城鄉大辯論中的表現，學校政治排隊情況」，以及「本人操行評分及對待體力勞動的態度」。[72] 所謂「社會主義教育運動」到這裏可謂「圖窮匕首見」：運動不過是對無知純真的中學生設下的政治陷阱。這樣的政治審查一旦成為制度，就成了對青年學生進行政治控制與迫害的殺手鐧，扼殺了多少年輕有為的青年！

而且這樣的政治審查材料還要進入個人檔案。這就將政治控制與迫害延伸到受害者的一生，許多人就因為檔案裏有政治不良記錄而被控制使用，成了終身政治賤民。本書中許多有關回憶，實在慘不忍睹。這都是血寫的歷史，是必須正視的。

「五八年的高中生」

但一切體制都是有效也有限的。因為人的精神是壓不服，摧不垮的。

70　《「建議不予錄取」》，《五八劫》，513 頁。

71　《五八劫》，370 頁。

72　以上所引《指示》與《聯合通知》見《五八劫》，374 頁，371–373 頁。

燭火不息：文革民間思想研究筆記

於是有了「五八年的高中生」這樣的「名片」和共同命名。如其中一位成員所說，多年來，他們「相知於心，始終都在相互尋覓」。現在，他們以這本《五八劫》顯示自己抹殺不了的存在。

他們當年受難，是因為自己的獨立思考。而以後也從來沒有屈服過。

1962年，他們給周總理寫信，卻被作為反革命事件追查，有的被提審五、六次之多，有的因此而入獄。[73]

1967年至1968年，他們成立「五八高三造反聯絡站」，查閱並複製了大量有關五八社教的文件和當事人寫的證言。在以後的「清理階級隊伍」的運動中，又遭到殘酷迫害。但他們仍冒着極大的風險，將這些材料保存下來，留下了歷史的鐵證。[74]

從2005年開始，經過三年的努力，他們又編輯、自行出版了《五八劫：一九五八年四川省中學生社會主義教育運動記實》一書：「用五十年的血和淚，記下這行將被遺忘的歷史」。

他們有理由這樣無愧地回顧自己的一生——

「有一句話，我必須講出來，就是四十八年來，我從來就沒有向他們認過一次錯，也沒有向他們寫過一份檢查。我始終

73　陳啟為：《給周恩來總理寫信的前前後後》，《五八劫》，142–146 頁。

74　王建軍：《五八高三造反聯絡站記事》，《五八劫》，189–190 頁。如何看待文化大革命中的「造反」和對李井泉這樣的當權者的批判，以及積極參與這樣的造反和批判的「造反派」，這是一個至今尚未解決的問題。這需要做具體分析，絕不能因為總體指導思想、路線上的錯誤，而不加分析地一律否定，更不能用「反右思維與邏輯」，視之為「階級報復」。像「五八高三造反聯絡站」的造反活動，或許有那個時代的某些問題，但其正當性與正義性是應該充分肯定的。至於造反派問題，我完全同意何方先生的看法：「把文革中的壞人壞事盡量往造反派的籮筐裏裝，把造反派妖魔化，這都早已成為普遍現象」，「被弄得面目全非的造反派，是一個需要重新研究，還它本來面目的問題」。（《從延安一路走來的反思——何方自述》，466 頁，473 頁，明報出版社，2007 年出版。）

認為我是受害者，我對得起作為一個中國人的起碼良心」。[75]

「回顧幾十年風風雨雨，我深切地感到我們這些入另冊的同學，雖然未成年就遭受不公正的政治待遇，但都能堅忍不拔地直面人生。他們在困難面前毫不退縮，挺着腰桿做人；在名利面前，淡泊人生，潔身自愛；在工作面前，兢兢業業，能挑重擔，揮灑自如。雖然沒有豐功偉績，卻為社會默默地奉獻了一生」。[76]

歷史將記着這一切。

2008年6月21日–28日陸續寫成

75　王建軍：《我是死過一次的人——胡星林訪問記》，《五八劫》，112頁。

76　張安傑：《小涼山懷舊》，《五八劫》，132–133頁。

《星火》：大饑荒年代的中國「普羅米修士」
——譚蟬雪《求索：蘭州大學「右派反革命集團」紀實》序[1]

這是一本血寫的書。這是一本拷問我們靈魂的書。這是一本期待已久的書。

我們早就從已經成為民族聖女的林昭的敘述裏，知道她有一群來自大西北荒原的戰友：他們共同編印了《星火》雜誌，在「萬家墨面沒蒿萊」的黑暗中發出反抗的希望之光，卻因此而罹難。我們永遠懷想他們，更渴望知道：這是怎樣的一群人？他們當年究竟發出了什麼聲音，讓執政者如此恐懼，非除之而後安？他們給我們後人留下了怎樣一份精神遺產？

本書的編著者譚蟬雪，是其中的倖存者，她也因為人們這樣的期待而感到責任的重大，經過近三十年的苦苦追尋，終於在有良知的朋友的幫助下，找到了《星火》的原稿，並且和同為難友的向承鑒先生分別寫下了自己泣血的回憶。被淹沒了整整四十九年的歷史的真相終於得以呈現，我們得到了這本拿在手裏都會顫抖的好沉重的書，我們將如何面對呢？

一、在理性支配下走向地獄

讓我們首先進入歷史。

我的耳旁響起了林昭的聲音——

「我應該在那裏，

1　《求索：蘭州大學「右派反革命集團案」紀實》，譚蟬雪編著，香港天馬出版有限公司，2010 年。

我應該和自己的朋友在一起！」

不僅是和已經先行的朋友在一起，更要尋找新的戰友。林昭說：「『天涯何處無芳草』！時代思潮如是一種超越空間的存在，更不如說作為一個『階級』的這些人本身之間便有深刻的共性」。

林昭引人注目地提出了「時代思潮」與「階級共性」的概念，也就是說，身在江南蘇州水鄉，並且是北京大學1957年《廣場》傳統繼承人的林昭，和大西北腹地蘭州大學的以張春元為首的右派學生，是因為共同的時代思潮，或者說是面對共同的時代問題而聚集，因為相同的階級共性而形成「平等的聯合」的。我們的討論，就從這裏展開。

說起「階級共性」，自然要想到他們共同的身份：1957年的「右派」。其實，包括林昭在內，他們都是稀裏糊塗地被戴上「右派」帽子的，他們只是憑着出於本能的正義感，發表了當權者不願意聽到的意見，他們並不知道自己的「階級利益」所在，更沒有自己的自覺的「階級立場」。他們的真正「階級意識」的形成和建立，是在成為右派以後。也就是說，是反右運動把他們造就成了具有階級自覺的反抗者。馬克思曾經說過，資本主義為自己培育了掘墓人；我們也可以說，專制體制發動的反右運動也為自己培育了掘墓人：這大概就是我們這一代人最喜歡說的「歷史辯證法」吧。

本書的編著者說得很對：「到了農村，才知道真相，才明白了是非」。這就是說，張春元、譚蟬雪、向承鑒們是在中國的社會最底層的農村形成自己的階級意識的，這是意義重大的。而且他們之到農村，不同於五四之後的民間運動者(也包括今天的志願者)以改造農村為己任去農村，因此難免居高臨下的姿態，他們是以戴罪之身來到農村接受強制改造，實際地位比

農民還要低。因此，也就直接承受農民的一切苦難，面對更加赤裸裸的農村真實，更有機會接近和體察農民的內心感受，在某種程度上，農民面對的問題與命運已經內化為他們自己的問題和命運。同時，他們又是受過高等教育的知識青年，因此，也有可能更加理性地來思考農民問題和農村問題。

更加重要的是，他們是在中國農村最嚴峻的時刻來到那裏的。因此，他們親歷了大躍進的狂熱，浮誇，直接體驗了大破壞造成的大饑荒，目睹了成片成片的農民的死亡和「人相食」的人間慘劇。譚蟬雪只要回想起她的房東老大爺直挺挺躺在床上活活餓死的情景，就彷彿聽見大娘淒厲的哭喊聲，心都會流血。她說：「在血淋淋的事實面前，我能無動於衷嗎？我能視而不見掉轉頭去捧着書嗎？」

這就說到了更為本質的問題：這些1957年的熱血青年，血還是熱的。這很不容易，極其難能可貴。因為超乎人們承受能力的現實苦難，早就把許多人從肉體到精神都壓垮了。如譚蟬雪所說，即使是當年的右派，也或是努力改造，天真地等待重返校園，或是苟且活命，無可奈何地混日子，或是看穿世事，流落天涯，更有墮落而成為告密者，借出賣難友而自救，真正堅持理想，繼續探索真理，為國為民之心不變的，已是鳳毛麟角。萬幸也不幸的是，林昭和她的戰友張春元、譚蟬雪、向承鑒們，正是這樣的一群不合時宜者。在今天許多人看來，這都是不可思議的：他們蒙冤受難，自身難保，卻偏要懷着「國家與民族的命運不能葬送在我們這一代手裏」的歷史責任感，主動承擔解救民族災難的重任。譚蟬雪說：「我感到責無旁貸，任何一個有責任感的人，任何一個流着熱血的人，都不能在這樣一個現實面前無動於衷，憂國憂民是現實擺在我們面前的課題。有人向我提出這樣的問題：這樣做是為了什麼？答案是：

為了祖國的命運！為了拯救千千萬萬瀕臨死亡的老百姓！」這是怎樣的精神境界！向承鑒說得好：「心是顫動的，沒死；血是熱的，沒冰；靈魂是聖潔的，不髒」，就只能有這樣的選擇。「『不在沉默中爆發，就在沉默中死亡』，我選擇爆發」，「我義無反顧地走上普羅米修士取火之路。如果說五七年我是百分之百毫無知覺地落入陷阱；那麼，如今我是在百分之百理性的支配下走向地獄，無怨無悔」，「我不下地獄，誰下地獄；這世道又與地獄有何區別？為了自由和尊嚴，為了顫慄流血的心得以平靜，我選擇了死亡，十分清楚它的嚴重性和後果」。

歷史將記下這一筆：在「中華民族有史以來最危急的時刻」（向承鑒語），正是這些已經被打入地獄裏的右派，林昭、張春元、譚蟬雪、向承鑒們挺身而起，維護了理想、真理，維護了人的自由和尊嚴。如果沒有他們，這段歷史就只剩下了卑劣的屈辱和沉默，我們將無法向祖先和後代交代。在這個意義上，林昭和她的《星火》戰友們是拯救了我們民族的靈魂的，他們才是魯迅所說的中國的「筋骨和脊樑」。但也正如魯迅所說：「他們在前仆後繼的戰鬥，不過一面總在被摧毀，被抹殺，消滅於黑暗中，不能為大家所知道」（《中國人失掉了自信心了嗎》）：這又是我們民族的最大悲哀。

二、我們是農民的兒子

更加可貴的是，他們對自己歷史使命的清醒體認和充分自覺：「我們是老百姓的代言人，要把他們的疾苦，他們所受的壓迫，他們處於水深火熱狀態揭露出來，暴露在光天化日之下。僅僅這樣還不夠，作為一個覺醒的知識分子，還要從理論

燭火不息：文革民間思想研究筆記

上去挖掘這一切禍害的根源，去探討解救祖國命運的途徑和方法」。他們正是懷着這樣的目標，聚集在《星火》裏的。這就意味着，這批1957年的受難者在1958–1960年的中國農村的煉獄中，經過了「困惑─悲憤─求索」的思想歷程(向承鑒語)，終於成長為有着鮮明的階級立場，明確的戰鬥目標的自覺的反抗者。這是一個林昭說的因「階級共同性」而集合的群體。

那麼，在六十年代的中國，他們將代表什麼階級的利益和要求，他們的「階級共同性」何在呢？我們可以看他們的自我命名。

首先是：「我們是農民的兒子」。他們最為關注，要不斷追問的，是農民的命運，這是他們對現行體制批判的中心，出發點和歸宿。《星火》不僅有直接反映農民心聲的《一個農民的口述記錄：(三月的)農村一日》(向承鑒記錄)，留下了極其珍貴的歷史現場實錄，而且有張春元撰寫的重頭文章《糧食問題》、《農民、農奴和奴隸》、《論人民公社》。他們計劃將《論人民公社》一文通過各種渠道傳給中共從底層到高層的幹部，作為他們所要發動的拯救中國的運動的關鍵步驟。在這些文章裏，他們一針見血地指出：「在我國當前的政治生活和經濟生活中，矛盾最突出也是最驚人的是農業問題──其實質是農民問題。這不僅因為農民佔我國人口的絕大多數，更重要的是農業在一個相當長的時期內，將是我國國民經濟的基礎。農民──即新興的農業無產階級，將是我國政治、軍事、經濟、社會的主導力量和決定因素」，因此，如何對待農民，是一個是否「背叛人民」，「背叛社會主義事業」的基本標誌。「勞動人民，首先是農民的一般生活水平是提高了還是降低了，收入是增加了還是減少了，這是我們評論人民公社好壞的重要標準和尺度」。

於是，就有了這樣一個基本觀察與判斷：「當前農村的巨大變化之一，就是農民的貧困與破產，農村中出現了新興的階層——農村無產者」。

他們要追問的，正是導致農村驚人的貧困，農民無產化的原因。

在他們看來，首先是對農民的經濟剝奪。「在農業集體化的口號下，殘酷地，變相地把農民的生產資料，如土地、耕畜、農具、種子等間接地進行控制，對農民的生產所得，如糧食、油料、棉花等千方百計地進行掠奪。尤其是人民公社化以後，大大地加速了廣大農民向農村無產者過渡的進程」，農民「喪失了對一切生產資料的使用權，變為生產資料的附屬品和會說話的工具」，也徹底「喪失了對生活資料的享有權，生產的產品完全不歸自己支配，不能保留與分得生活所需的起碼數量」。

其次，是對農民政治和人身自由的剝奪：「用分化、利誘、脅迫、強制等手段，把農民用軍事組織形式編制起來，加強統治，扼殺和堵塞了農民在遷居、就業、外出謀生的起碼要求和道路，在人身自主與自由方面沒有絲毫權利」，「所說的一切公民權利，如選舉、集會、結社、遊行示威、言論自由等等，對於農民來說，完全是騙局」，政治、人身自由的剝奪，就「給農民戴上了無形的枷鎖」，把農民「牢固地束縛在土地上」。

其三，是對農民精神的控制：一方面，「玩弄著亙古未有的愚民政策，把自己扮演成農民利益的唯一、真正的代表者」，一方面，又在農村進行所謂「反右傾」運動，「打擊對農民疾苦略表同情的人」，他們「主要是農村基層幹部，來自農民家庭或本人就是農民，和農民有千絲萬縷的聯繫」，實行

爐火不息：文革民間思想研究筆記

政治思想上的「高壓政策」，就使農民完全發不出自己的聲音，只能任憑宰割。

他們還要追問，對農民經濟、政治、思想的全面剝奪、控制背後的經濟、政治原因。因而首先對國家的工業化發展路線提出質疑：「大搞與國計民生不相適應的工業建設，因而在積累資金、市場銷售、產品收購、工農業發展速度和相互關係等問題上，採取了一系列侵犯農民利益的措施」，其實質就是用對農民進行「超經濟、超政治的剝削和統治手段」，來實現國家工業化。被質疑的，還有當時所推行的對外援助、外貿政策：「用『援助』、『救濟』、不等價交換等名目，表示自己的『大方』和『慷慨』」，「企圖擴大自己的政治和經濟影響，妝出一副紙老虎相」，實際形成了對農民的更大壓榨，而完全違背了「社會主義國家的生產首先是滿足本國人民的需要」的基本原則。

更要質疑的，是國家體制和農民的關係；更要追問的是，農民在國家體制中的實際的，而不是口頭的地位。回答是嚴峻的：在人民公社體制下，農民實際處於「國家奴隸」即「農奴」的地位。

造成農民的絕對貧困的原因，還有「違反客觀規律的大躍進，給農業生產帶來的慘重的損失」：「興修不切實際、不獲實利、勞民傷財的水利工程；浪費勞力，朝改夕變的農業技術改革；費人費錢的地方工業；農村勞動力的大量徵用，農村勞力的緊張，田畝荒蕪」，等等，都把農業生產和農民逼到破產的絕境。

這就必然涉及一個不可迴避的問題：中國革命本來「實質就是農民戰爭」，並且是在農民的犧牲、支持下取得勝利的，黨內「百分之八十的人出身於農民家庭」，黨的力量就在於和

農民的「休戚相關、血肉相連的聯繫」；現在卻用超經濟、超政治的剝奪手段「對待自己過去的哺育者」，這無異於一種自噬和自殺。這是一個必須正視的現實：由於把不被接受的人民公社和大躍進強加在農民頭上，黨和廣大群眾，特別是農民「處於嚴重的對立」狀態，這是一切「真正維護黨的利益，忠於社會主義事業的人，都不能無動於衷，都不能袖手旁觀」的。

這就必須要說到被《星火》同仁稱為「真正的共產黨人」，1958年曾是他們所在的武山縣縣委常委、書記處書記兼城關公社第一書記的杜映華，他後來因為支持並參與《星火》活動而被捕，最後和張春元一起被槍決。他出身於農民家庭，1949年以前，就學於隴西師範，秘密加入共產黨，領導過學生運動，革命勝利以後，擔任過土改工作隊隊長，漳縣縣委副書記。向承鑒在回憶錄裏，這樣談到他眼裏的杜映華：「杜映華和我一樣，至死不忘自己是農民的兒子。身為『書記』，始終一身農民打扮，穿着不整不潔，一雙老布鞋，渾身農民的『俗氣樣』，顯出普通和平凡」。在大躍進的全黨全民、從上到下的狂熱中，他始終保持低調，堅持「腳踏實地，量力而行，切切實實辦點有益事」，他堅守的原則是「心裏想着人民，想着農業和農民，做事就不會出格」。但他卻因此而罹難：在廬山會議以後的「反右傾」運動中被打成右傾機會主義分子。這反而激起了他對黨和國家命運的憂慮和思考，因而和同樣憂國憂民的「右派」一拍即合。他在和向承鑒的一次徹夜長談中，這樣傾訴內心的困擾和痛苦：「革命勝利了，我們給農民帶來了什麼？是饑餓！是死亡！歷來封建統治者對反抗它的人，都施以無情的鎮壓。蔣介石不知道屠殺了多少共產黨人，但社會上還有不同的聲音，例如魯迅的聲音，中國共產黨的聲音。現在一切不同的聲音都沒有了，變成一個鬼話、假話世界！明明在

天天餓死人，還要逼人天天喊形勢大好。古今中外，絕無僅有。我不知道世道為何變成這樣，變得如此快？」應該說，有類似杜映華這樣的困惑的共產黨的幹部，當時並不在少數，而且各級都有；但他們大多以「維護黨的大局」為理由而「說服」了自己，保持了沉默。其實他們所要維護的「大局」，不過是黨的執政地位，而執政地位的背後，就是既得利益。這就是說，當農民的利益，人民的利益和黨及自己的既得利益發生衝突的時候，幾乎所有的共產黨的幹部都選擇了後者，儘管許多人內心依然充滿矛盾。杜映華令人尊敬之處，就在於他完全突破了一黨專政的邏輯，而堅守了自己的作為「農民的兒子」的基本立場，堅持了為勞動人民謀求幸福和解放的原初理想。向承鑒說他是「一個胸中始終裝着人民痛苦的人」，這確實是一個衡量是不是真正的革命者的基本尺規，他也因此「永遠是個高尚的人，值得人民紀念的人」。

三、要「民主社會主義」，不要「國家社會主義」

這些二十世紀五十年代的大學生右派，他們所接受的教育，決定了他們都是馬克思主義和社會主義的信奉者。因此，當他們面對嚴酷的現實，思想上出現了「無休止的問號」時，首先是到馬克思主義經典作家那裏去尋找思想資源。據向承鑒回憶，他就曾經猛讀馬克思主義著作，大有收穫。給予巨大啟發的，還有林昭傳給他們的《南斯拉夫共產主義者同盟綱領(草案)》。也就是說，他們試圖從國際範圍的社會主義改革運動中獲取精神支持。這樣，《星火》群體的思考，當然首先是面對國內問題的，但從一開始就有一個國際視野。

因此，我們注意到，在具有綱領性的《目前形勢及我們的

任務》(向承鑒)裏，對國際形勢所作出的兩點分析。一是強調帝國主義「企圖恢復和擴大它們的霸權」，殖民地人民爭取獨立、自由的鬥爭正在發展，「局部或由局部而導致大規模戰爭的危險性依然存在」，但也「越來越可能克服新戰爭的威脅」；另一方面則強調社會主義陣營的分裂，和某些社會主義國家的變質(在他們看來，中國是一個典型)而導致的社會主義危機，由此提出的建立對「資本主義過渡到社會主義」的問題具有解釋力和批判力的理論的迫切性。這樣的分析，實際上就確立了《星火》群體在二十世紀六十年代的國際國內形勢下的兩大基本立場：一方面，堅持社會主義立場，警惕和反對帝國主義的霸權，支持殖民地人民鬥爭；一方面，面對社會主義的分裂與危機，堅持「真正的社會主義」(這是1957年北大校園民主運動提出的口號)，批判變質的社會主義。

於是，就有了如下《自白》(向承鑒)：「我們的目的是要建立一個使工農勞苦大眾幸福、人人平等、自由的社會，目前我們的口號是：和平，民主社會主義，反對修正主義和教條主義，最終目標是要實現共產主義」。

同時提出的任務是：「填補馬列主義學說在闡明資本主義向社會主義過渡時期的理論空白，發展科學的馬列主義學說，以指導我們的行動」(《目前形勢及我們的任務》)。

作為這樣的理論建設的第一步，也是出於現實鬥爭的需要，他們在《放棄幻想，準備戰鬥》(顧雁)、《目前形勢及我們的任務》(向承鑒)、《論「政治掛帥」》(何之明)、《思維與存在同一性》(何之明)、《告全國人民書》(向承鑒)等文章裏，把重點放在了對中國現行體制的分析和批判。

於是，就作出了一個重要的基本判斷：中國現行社會主義體制實質上是一種「由政治寡頭壟斷的國家社會主義」。

燭火不息：文革民間思想研究筆記

在他們看來，這樣的「國家社會主義」具有以下特徵：

首先是「國家集權」，「其實就是黨的絕對領導」，在「黨政不分」的黨國體制下，實行黨控制下的國家對政治、經濟、文化、社會、生活……一切方面的全面權力的高度壟斷。

其次，在權力壟斷的基礎上，形成「新興的官僚統治階層」。論者認為，這樣的官僚階層，「在(19)57年之前就已萌芽，但在57年後，它的特徵才清楚和完美起來」：「在政治上、精神上和經濟上都享有特權」。

其三，少數人享有特權的另一面，就是其他階層人民，特別是工農基本群眾基本權利的被剝奪，基本利益的被侵犯，處於被欺壓、掠奪和奴役的地位。「工人精神和體力終年處於極度緊張的狀態，過高的勞動定額，使他們失去了應得的勞動報酬」。而在人民公社體制下，農民實際上已經成了「國家奴隸」或「農奴」。

其四，這樣的權力高度壟斷，必然形成「政治寡頭」的統治，提倡「偶像迷信」，壓制黨內外的民主。

其五，寡頭政治一面必然導致「思想壟斷」，「思想的強化統治」，一方面則必然導致「反動的主觀唯心主義」，「胡作非為的能動性」，其結果就是任意執行「違反客觀規律、脫離物質基礎、脫離現實的反動政策，人為地製造階級鬥爭和緊張局勢」，造成了「工農業生產力的全面的毀滅性破壞」，給國家與民族帶來極大災難。

面對「國家社會主義」體制造成的政治、經濟、思想的全面危機，《星火》所表現出的歷史和社會責任感，高瞻遠矚的眼光，政治和思想的堅定性，理論的批判力量和行動的勇氣，確實構成了那個時代的一道「天火」，照亮了現實的黑暗，也為未來播下了火種。

因此，歷史也應該記下這些日子：1960年元月，《星火》第一期油印出版，16開本，僅印了三十多份。1960年9月，《星火》全體人員和支持者、相關者全部被捕，共43人，後判刑25人，已經準備好的《星火》第二期也因此未見天日。1968年，林昭遇害。1970年，張春元、杜映華同時殉難。

四、盜火者普羅米修士和永生的海鷗

對這樣的「結局」，林昭和她的戰友，是預料之中的。如向承鑒所說：「在寫這些文字之前，我已做好了為真理獻身的準備」。因此，他們早就為後代留下了遺言，為歷史繪製了自我形象。這就是林昭在《星火》上發表的兩首長詩：《普羅米修士受難的一日》（第一期）和《海鷗——不自由毋寧死》（第二期）。前一首已經在為林昭所喚起的朋友中廣泛流傳，後一首是第一次公佈於世，相信會引起更大的關注。

在《普羅米修士受難的一日》裏，引人注目地寫到了寓意深長的對話和呼喚。

在普羅米修士面前，諸神的統治者宙斯竟感到「刺促不安」：「他到底保有什麼力量？竟足以威脅神族的生存。」於是，普羅米修士和宙斯之間就有了這樣的對話——

「你可以把我磨碎，要是你高興。但是救不了你們的惡運」。

「你的頭腦是不是花崗石？」「不，是真理保持了它的堅貞。』

「這麼說你要與我為敵到底？」「被你認作敵人我感到光榮！」

普羅米修士遇難了，宙斯竟「不感到復仇的歡欣——一種

　　　　　　　　　　爛火不息：文革民間思想研究筆記

陰冷的、絕望的恐懼，深深盤踞在他的心胸⋯⋯」

而普羅米修士在臨難那一刻，卻在對「人」呼喚——

「今晚，有多少人在燈下奮筆，記載人民的苦難和覺醒，

多少人正對燈拔劍起舞，火光映紅了多少顆急跳的心。

人啊！我喜歡呼喚你，響亮的高貴的名字，大地的子孫，

作為一個兄弟，我深情地呼喚：人啊，我多麼愛你們！

你們是渺小的，但是又偉大；你們是樸拙的，但是又聰明；

你們是善良的，但是當生活已經不能忍受，你們將奮起鬥

爭！

人啊，眾神將要毀滅，而你們大地的主人，卻將驕傲地永

生！」

《海鷗——不自由毋寧死》寫的是一個悲壯的故事：一位

「殉難者」，「最最勇敢的戰士」，「在一場力量懸殊的戰鬥

中」，失敗後投身大海，「從容自若地迎接了死亡」——

「那是什麼——囚人們且莫悲傷，看啊！就在年青人沉沒

的地方

一隻雪白的海鷗飛出了波浪，展開寬闊的翅膀衝風飛翔。

這是他，我們不屈的鬥士，他衝進死亡去戰勝了死亡，

殘留的鎖鏈已沉埋在海底，如今啊，他自由得像風一

樣」。

這令所有宙斯恐懼的，在臨難時呼喚「人」的永生的普羅

米修士，這「衝進死亡去戰勝了死亡」的「鬥士」，這「自由得像風一樣」的海鷗，都融入了林昭、張春元、杜映華的生命，同時也閃現着所有《星火》受難者、倖存者的身影。

他們就站在這裏，逼問着我們每一個人的良知──

你的心是顫動的，還是死的？你的血是熱的，還是冰的？你的靈魂是聖潔的，還是髒的？

2009年12月21日−28日

錢理群談《星火》

（2010 年胡傑訪問，芬芬整理）

胡：錢老師您好！譚禪雪老師終於找尋到了《星火》雜誌的全
　　文。請你談談《星火》好嗎？

錢：看了《星火》文章後我是非常受震撼的。我覺得他們這批
　　所謂右派，實際上本身有一個精神成長的過程。他們到農村
　　勞改，其身份比農民還要低。他們親身經歷了大躍進，人民
　　公社，大饑荒，在最底層經歷了這一切。這樣的跟農民同命
　　運的經歷，對他們自身思想的衝擊也是不小的。過去在城裏
　　當右派時也可能説過一些同情農民的話，但還是城裏人看農
　　村，沒有擺脱知識分子啟蒙的眼光。但現在他們自己到了農
　　村，並且有了比農民還要慘的命運。但他們又畢竟不是農
　　民，還是受過現代教育的知識分子。這樣，他們對農民、農
　　村的看法就會有新的眼光，新的態度。應該有好幾個層面。
　　一是農民、農村的問題是他們自己感同身受的，可以説已經
　　內化為他們自己的問題，他們站在農民的立場上，和農民一
　　起面對這一切：　大躍進變成了大饑荒。其二，作為一個責
　　任感的知識分子，他不只是要面對，還要思考、追問：大躍
　　進怎麼會變成大饑荒？什麼原因？誰的責任？也就是説，在
　　自己身處絕境的時候，他們還保留着對國家民族命運的關
　　心。這是極其難得的。其三，他們並沒有止於憤怒，追問，
　　一直到現在我們很多人都是停留在義憤的階段，他們卻還要
　　上升一步：作理論的思考與提升，進行理性的批判，這是知
　　識分子的本職：要為社會提供具有解釋力與批判力的理論。

但在現實生活裏，知識分子做到關心與直面現實，就很不錯了；像《星火》群體這樣，具有理論創造的高度自覺，就非常罕見。這還不夠，還有第四層：不僅進行理論思考，還有行動，而且是明知反抗後果的行動。已經是右派了，還要冒犯禁令辦《星火》這樣的地下刊物，進行革命宣傳。這就是自覺、主動地「找死」。他們中的一位成員向承鑒有句話說得非常清楚：他們是理性地走向死亡，理性地走向地獄。這就非常了不得了。就這四條：一和農民一起承受苦難，二關心國家民族命運，獨立思考與追問，三盡到知識分子的歷史責任，進行理論提升與創造，最後又落實為義無反顧的反抗行動：這就把《星火》這一特殊群體推到了一個前所未有的歷史高度，真讓人高山仰止。

我更想說說《星火》的理論貢獻。他們提出了幾個重要的概念。首先是「國家社會主義」概念，這可能是共和國思想史上第一次明確指明毛澤東的中國實行的「社會主義」是「國家社會主義」。這樣的中國式的「國家社會主義」又有兩個特點。一是「政治寡頭」的統治，一方面是黨的絕對壟斷，而黨的壟斷又落實到毛澤東的個人壟斷，是黨的專政與個人獨裁的統一，所以叫政治寡頭。另一個特點就是「思想壟斷」，這是最具中國特色的。中國黨的思想控制，是遠遠超過斯大林的，不但要控制思想，還要改造思想，這是全世界獨一無二的。一個是政治寡頭，一個是思想壟斷，這就抓住了中國式的國家社會主義極權政治的基本特徵。

然後進一步討論，在這樣的極權統治之下，中國工人和農民的地位和命運。他們明確提出：在中國國家社會主義裏，工人與農民實際處於國家的奴隸的地位，特別是農民，實際是「農奴」。社會主義國家裏的「農奴」：這是一個非

常重要的概念。共產黨總是宣稱中國社會主義國家是以工農聯盟為基礎的，工人農民是國家的「主人」；但這卻是一個天大的謊言：中國工人、農民，特別是農民的實際地位，就是國家唯一的「主人」──黨統治下的「農奴」。這是一個非常深刻的揭示，而且有現實意義。因為直到今天還有人在美化這段歷史，說毛澤東統治下的中國是一個平等的社會，工人農民當家做主的時代。這是對歷史真相的遮蔽。「星火」的朋友提出「農奴」的概念，跟他們自己的經歷是直接相關的：「農奴」是包括他們自身在內的，這裏充滿了血的生命體驗和記憶。這也是最能顯示所謂「國家社會主義」的本質的：這是國家統治的法西斯化，跟希特勒體制是類似的。

胡：張春元對人民公社的分析是很超前的。

錢：他對人民公社制度的揭示，有三個層面：一是對農民生產資料的剝奪；二是政治上的控制，即所謂「政社一體化」，還有「政經合一」，「政教合一」，其實就是把農民全面控制起來，從經濟、政治、教育，一直到家庭生活；其三，還有「精神控制」，這就是徹底的全面的控制，專政：人民公社的本質、核心就是這個問題。

　　張春元在理論上還有一個比較重要的貢獻，就是對中國工業化道路的反思，對所謂現代化道路的反思。他一針見血地指出：中國的工業化是以剝奪農民為前提，為代價的。和他同時代的顧準就看得更為尖銳：不是一般意義上的剝奪農民，而是直接製造大饑荒，剝奪農民的生命，來換取所謂工業化的發展。這和原始資本主義積累的羊吃人是同一性質，是社會主義原始積累的「羊吃人」。張春元、顧準是在大饑荒的歷史當時，就揭示了這樣的吃人本質，是非常超前，也

是需要有非凡的膽識的。

《星火》不僅是對中國的社會主義，對中國的工業化道路，提出批判性的反思，而且正面提出了「民主社會主義」的概念。民主社會主義的概念1957年顧準就已經提出來了，但他只是在日記裏面，隻言片語提到，並沒有展開，也沒有公開。1957年北大學生運動中公開提出的是「社會主義民主」，哲學系學生龍英華提出：「我們不僅要社會主義工業化，還要社會主義民主化」，當然意義很重大，但也沒有進一步提出「民主社會主義」。應該說，真正把「民主社會主義」旗幟高舉起來，作為基本的政治主張公開提出來，還是從《星火》開始的。從顧準，到《星火》，再到文革結束後的西單民主牆，最後是前幾年謝韜他們大張旗鼓地宣揚，這是構成了一個民主社會主義思潮發展的內在線索的。《星火》是一個重要環節。

胡：這是一個重要的思想貢獻。

錢：這是非常了不起的。還有「新興的官僚統治集團」概念的提出。在1957年校園裏提出了中國是否存在「特權階層」的問題，當時還是出於一種感覺、一種敏感。到了六十年代《星火》這裏，就是一個自覺的理論概括，並且是有現實生活裏的大量事實作為支撐的。這也同樣是超前的。到1965年毛澤東才提出了「官僚主義者階級」的概念。但到發動文化大革命時，毛澤東又放棄了這個概念，而用「走資本主義道路當權派」的概念。官僚主義者階級是個階級概念，而走資本主義道路當權派就是黨內鬥爭的概念。這正是說明，毛澤東並不想真正解決中國的官僚主義者階級的問題，他更關心的是黨內權力鬥爭。但文革當中，還是有很多民間思想者在繼續思考、討論特權階層問題，到文革後期，一位雲南的

叫陳爾晉的民間思想家就根據現實的新發展，提出了「權力資本」的概念，就接近於今天大家所認識到的「權貴資本階級」的概念了。所以圍繞對「特權階層」的認識，也是有一個歷史發展的內在線索的，《星火》也同樣是一個承上啟下的重要環節。這是它在民間思想史上的特殊地位與貢獻。

胡：請你再談談杜映華，他真正是共產黨內良知的代表。

錢：對，別具一種重大意義的是杜映華。我用農民的兒子來概括他，他參加革命的目的確確實實是為了農民謀利益。但是，在中國共產黨從革命黨變執政黨以後，到底還有多少人堅守這個理想，還有多少人是農民的兒子，這都成了問題。杜映華的可貴之處就是在於他始終堅守自己原初的理想，堅守為農民謀利益的基本立場。這樣的堅守，在六十年代是有特殊意義的。這就涉及到盧山會議的背景。1959年饑荒才開始，盧山會議實際上是給中國共產黨提供了一次糾錯的機會。但卻失去了。原因就在於，在1957年反右運動以後，建立了「五七體制」，核心就是第一書記專政。盧山會議的問題，就出在第一書記專政，明明彭德懷的意見，是代表了全黨大多數幹部和黨員的看法的，但毛澤東一個人反對，大家都不說話了。參加盧山會議的李銳就很痛苦，他問，為什麼會議上所有的人都知道錯的是毛澤東，甚至毛澤東自己也明白，真理在彭德懷這邊，但最後大家都服從了毛澤東？據說這是為了「顧全大局」。什麼大局？無非就是害怕黨的分裂，影響到黨的執政地位。這裏就有一個問題：既然自稱代表農民，當農民的利益和黨的執政地位之間發生矛盾衝突的時候，你服從什麼？結果所有的各級幹部都選擇了維護黨的執政利益，也就是維護黨的，也是自己的既得利益。

胡：這可能是一個要害。

錢：李銳在他寫的廬山會議紀實裏，就談到當時陶鑄對黃克誠說的一句話：我們只能守住貞節，「從一而終」。這就意味着，中國共產黨的幹部、黨員和黨的領袖的關係，變成了君臣、夫妾的關係，靠封建貞節來維繫所謂黨的統一。在這個意義上，可以説，廬山會議是一個標誌，標誌着中國共產黨已經從一個信仰集團變成了一個利益集團。把杜映華的選擇放到這樣的背景下，就顯示出非凡的意義。當大多數黨的幹部，包括黨的高級幹部，都為了維護黨的執政地位，背棄了自己的理想、信念，背棄了農民的利益時，他選擇了堅守信仰，為維護人民的利益、農民的利益，即使犧牲也在所不惜。這是令人感佩的：這才是真正的共產黨人。因此，杜映華在廬山會議後，被自己的黨打成「右傾機會主義分子」，這是他的光榮，黨的恥辱。對於他這樣的從青年起就獻身於革命，獻身於黨的老幹部，這一步是非常難以跨出去的。只有一個解釋：他真正是農民的兒子，對他來説，維護農民的利益是第一位的。當年參加革命就是為農民謀利益；現在發現黨背離了農民利益，就要站出來反對，即使因此被橫加「反黨」的罪名，也在所不惜。杜映華的意義和價值就在這裏。真正的黨員，反而作為反黨、反革命分子被處決，這是黨的「自噬」，自己把自己的好兒子吃掉了。這是黨的悲劇。

杜映華最後和《星火》走在一起，也不是偶然的。縣委書記這一級到了這一步，至少我現在沒看到。這不僅因為他們都是農民的兒子，還因為他們有相同的反思。杜映華就問：為什麼在國民黨統治下，還有魯迅可以出來說實話，到我們黨這裏就沒有任何自由言論的空間，不可能出現魯迅？他的批判精神已經跟《星火》非常接近了：他們都對這個體制產生根本性的懷疑，已經進行了批判。一個黨的縣委書記

爛火不息：文革民間思想研究筆記

能夠有這樣的認識，真是太不容易了。

胡：《星火》和杜映華的思考，都有一個大饑荒的背景，可以說，他們的反抗，都是大饑荒逼出來的。大饑荒為什麼會發展得這麼嚴重？

錢：這是需要專門研究的：大躍進怎樣變為大饑荒？我作了一個初步分析：首先，提出高目標：奮戰幾年趕英超美，這是能夠得到老百姓支持的；高目標提出以後，就追求高速度，提出高指標；高指標達不到就造假，每個省都虛報糧食高產量；在統購統銷政策下，就必然導致高徵購；沒有這麼多糧食怎麼辦？只有剝奪農民的口糧。也就是所謂「大躍進」最落實下來就是剝奪農民的口糧，讓農民活活餓死。用減少農村人口的辦法，把農民口糧變成商品糧。用來幹什麼？一是發展工業化，特別是國防工業，中國國防工業就是在大饑荒年代獲得大發展的；二是供應城市，三是出口，越是大饑荒越要支援國外。對這些問題，《星火》都有尖銳的批判。

中國傳統一切可以度荒的辦法都全部給堵住。本來可以家庭自救，但人民公社體制下，實行食堂化，根本不允許家庭自救，挖的野菜都要交給食堂。還有一個辦法，就是到外地逃荒，也不允許，各地設崗，不准流動，據說是為了維護社會穩定。農民只有一條路：坐在家裏等死。正是這樣的殘酷的現實，逼得《星火》、杜映華們走上的反思、反抗之路。

胡：你作為思想史的研究者，怎樣評價《星火》？

錢：我們在前面已經說過，《星火》群體是理性地走向地獄，理性地獻身。把這放在民族精神史上看，就有不一般的意義。六十年代的中國，所面臨的不僅是饑荒問題，更是精神饑荒和精神危機。我一邊讀一邊想，在1959到1960年這一時期，我在想什麼？我們在幹什麼？我們已經完全被物質的

饑餓，精神的控制壓垮了，什麼都不想，想了也不敢說，更不用說反抗了。大多數中國人，知識分子已經停止了思考，失去了行動的慾望和能力：整個民族精神上已經死了，已經墮落了。就在這樣的全民的「無聲」狀態中，《星火》站出來了，發出聲音了，儘管很快就被扼殺了，但至少證明了：中國良知尚存，還有敢想、敢說、敢罵、敢打的人！這本身就是一種力量與希望。所以我說，《星火》是拯救了我們民族靈魂的。以前我們說過，中國知識分子幸虧有了顧準；現在，更可以說，我們幸虧有了《星火》。如果沒有顧準，沒有《星火》，五六十年代的中國這段歷史，我們就無法向後人交代了。

郁達夫說過：一個民族沒有偉大的思想家、文學家是可悲的，有了偉大的思想家文學家而卻不認識他，那是更可悲的。我們現在的問題是，這樣的民族靈魂，卻遭到了謀殺，而且至今還在封殺，強迫遺忘。這是更大的民族悲劇。

我在為《星火》文選寫的序言裏用了一個標題：《心是顫動的，血是熱的，靈魂是聖潔的》，是大有深意的，就是要逼我們每一個人在這些先烈面前，進行自我良知的拷問：你的心還在跳動嗎？你的血還是熱的嗎？你的靈魂還是乾淨的嗎？我不知道當下的中國，還有多少人能夠正面地回答這些問題：在這個信仰喪失，道德淪喪，物質主義、虛無主義、實利主義猖獗的時代，很多人的心都不動了，血已經冷了，靈魂也不乾淨了。

胡：我特別吃驚的是，居然是蘭州大學這批右派在一個偏僻的山溝裏，他們在理論上的探索確是非常深刻的。他們是在沒有思想資源的情況下去思索的。他們唯一的資源也許就是南斯拉夫共同綱領了。

錢：還有一個向承鑒說的，馬克思原著。向承鑒是除了張春元以外他們中的理論代表，他讀了許多馬克思著作。這批人總體上還是屬於社會主義者。這是那一代人的特點，他們走的不是自由主義那條路，是相信馬克思信仰社會主義的一代人。他們的思想總體上是屬於共和國民間社會主義思潮。也就是說，在1949年以後，中國大陸不僅有毛澤東代表的官方社會主義，還有民間社會主義思潮。1957年校園五一九民主運動裏，林希翎提出的，就是要「真正的社會主義」。林昭是五一九運動自覺繼承人。她和《星火》走到一起，也不是偶然的。

胡：林昭和張春元的相識，也使得北大五一九和蘭大的思考相遇了。

錢：他們是在相互尋找。林昭說，他們有共同的「階級意識」，是有道理的。他們都是「農民的兒子」，都堅持現代知識分子的自由思想，獨立人格，都在尋找「真正的社會主義」。林昭把《星火》的思考和1957年的五一九校園民主運動的思考溝通了，提到了一個新的高度；而林昭參與的五一九民主運動的思考，在《星火》這裏，也獲得了新的深度。具有標誌性的，就是林昭在《星火》上發表的那兩首詩。

胡：林昭這兩首詩也使得中國那個時代的詩歌史有了尊嚴。

錢：對。因為那個時期的詩歌漠視、迴避苦難，充斥着風花雪月，一片頌歌。林昭的詩幾乎是唯一保留下來的那個困難時期的另一種聲音，表現着另一種精神：時代精神和詩歌精神。我同意你的提法，她也拯救了那個時期詩歌的靈魂。在詩歌史上是絕對有意義和價值的。

　　林昭的兩首詩《普羅米修士》和《海鷗》發表在《星火》上，就使得《星火》的思考與精神，獲得了一種文學上

的象徵意義：也可以說，它將《星火》群體的思考，和普羅米修士代表的人類文明發展這條線聯接起來了。他們就是中國的普羅米修士，中國60年代的普羅米修士，都是為追求真理而犧牲的盜火者。張春元和他的戰友因此列入世界羅米修斯系列之中，這也是我們民族的光榮。

《星火》這個名字取得非常好。那個時候中國確確實實是一片黑暗。幾乎讓人看不到希望，是他們盜來火，是他們傳播了火種。林昭詩裏寫到了普羅米修士和世界統治者宙斯之間的對話，普羅米修士始終是強者，而掌握了生殺大權的宙斯反而是虛弱的。這是意味深長的：真正強大的是真理的追求者，而體制及其代表者看上去強大，其實是虛弱的。普羅米修士們的精神強大，力量就來自人，對人的呼喚與信任，人一定戰勝神，這是一個基本的信念，這就把人道主義精神推到極致。當年《星火》對體制的反抗，在他們的感覺裏，也是一場人、神大戰，而最終的勝利者一定是人。在《海鷗》裏，林昭歌頌的是「不自由毋寧死」的精神，投身於大海中的人，最後的形象是一隻海鷗在自由的飛翔，這是自由精神的極度張揚：人死了，靈魂是自由的。這也是一個自我的象徵：《星火》群體，死去的林昭、張春元和杜映華，他們在自由飛翔；倖存者譚蟬雪、向承鑒等也在自由的飛翔。在我們讀者和後人的感覺裏，他們都化成了普羅米修士和海鷗，在向我們召喚。

囚禁中的右派的精神幻覺
—— 重讀《林昭十四萬言書》，初讀《靈耦絮語》[1]

　　我是在2007年4月接觸到林昭的《十四萬言書》（即《致〈人民日報〉編輯部的信》)的，受到了極大的震動，當即寫了《「殉道者」林昭》一文。在閱讀與寫作中，都遇到了如何看待與分析林昭關於「毛澤東——林昭——柯慶施」三者關係的精神幻覺問題。其實，這也是我在研究文革民間思想史時一再遇到的問題：與林昭同為蘇州烈女的陸文秀也同樣有過與毛澤東結為夫妻的幻覺。我當時就意識到這是一個必須面對的中國極權體制下的精神現象，並且有着十分豐厚的歷史與精神內涵。但届於自己缺乏足夠的知識儲備，無法處理，就只得將其擱置，留待後人或自己以後再作研究。但這一放就是七年。2014年4月，我再次讀到經過整理的《十四萬言書》，以及新整理出來的《靈耦絮語》、《血書家信——致母親》、《心靈的戰歌——我呼籲人類》、《戰場日記——留給公眾和後世的記錄》等文本時，就真有點坐不住了：我們再也不能擱置、迴避了！正如艾曉明在她的《提籃橋裏的狂人日記》裏所說，「不能按照我們的想像中的林昭形象去理解林昭，而應該尊重遺稿

1　《林昭十四萬言書》(1965 年 7 月 14 日–1965 年 12 月 5 日)，《靈耦絮語》第一部 (1965 年 5 月 30 日–1965 年 12 月 31 日)，第二部 (1966 年 1 月 1 日–1966 年 3 月 8 日)，林昭著，筆者所見均為刻印本。「副論」討論的文本：《血書家信——致母親》(1966 年 11 月 29 日–1968 年 1 月 14 日)，《戰場日記——留給公眾和後世的記錄》(1967 年 2 月 9 日–1967 年 2 月 2 日)，《心靈的戰歌——我呼籲人類》(1967 年 11 月 23 日–1967 年 11 月 39 日))，也均見刻印本。

本身，不能把其中難以理解、核實的內容排除出去，更不能漠視林昭冥婚想像的大量文字，脫離這一語境來提純林昭」，這就「不僅篩除了歷史的複雜性，而且也對歷史上的反抗者的獨立人格缺乏尊重」，「如果漠視其獨立特行的心理結構，那也會把反抗者同質化」。而讓我尤感不安的是，林昭在她的血書裏，一再說明，她的寫作是「為後人他年研究林昭提供某些旁證」的（《十四萬言書》）；她在《靈耦絮語》裏更是明確表示，她用鮮血「記敘下來的我們冥婚的經過」是要將「這一頁歷史」，「久遠地傳諸後世」的。她以「留給公眾和後世的記錄」命名自己的血書，顯然是對我們這些後來者懷有深切的託付與巨大的期待。但我們呢？直到近五十年後的今天，還在迴避——這是怎樣的罪惡的沉默！因此，儘管我依然不具備相應的知識與能力，也要寫下我的感受與理解，作出自己對林昭在天之靈的回應。

一、從陷入妄想到冥婚

這是不可迴避的事實：林昭確實患有精神妄想症。在《十四萬言書》裏，就不難看出其中的蛛絲馬跡。《十四萬言書》開始寫於1965年7月14日，我們在其第十頁第一次讀到「你們中央委員會主席兼任着第一看守所長」的說法，將現實的第一看守所所長與作為中國共產黨中央委員會主席的毛澤東合為一體，這顯然是一個幻覺。據艾曉明的研究，這一幻覺是在一年多前1964年11月5日的一次林昭與看守所的激烈衝突以後就產生的。但我們在《十四萬言》書的最初追述裏，看到的卻更多的是對被稱為「獨夫」的毛澤東及其所建立的「極權制度」（「獨夫」與「極權制度」都是林昭提出的新概念）的理性

爝火不息：文革民間思想研究筆記

批判，如「不談人權，不談公義，不談道德，甚至於不談『盜德』」的專制本質；「放任、縱容你們的獨裁黨魁」，「連對封建君臣之間進諫納諫的那麼一點『民主』程序都不可能有」；「首先以秘密特務系統監視、控制從而統治全黨。然後更進一步『以黨治國』，而將這特務化了的黨來監視、控制從而統治全國」，等等。我們還同時讀到了林昭對看守所要對她進行「精神病院鑒定」的反感和警惕，她相當清醒地談到，「政治鬥爭」中「真與假」的「互相轉化」：「你真，別人就假；你假，別人就真」，並明確表示認可這樣的分析：「十數年來在極權統治那窒息性高壓手段之下，中國大陸敢於面揭其短、面斥其非者未知有幾！故在統治者眼中看出來這個潛不畏死與虎謀皮的青年人恐怕也確乎是有『精神病』的！」而她自己卻斷定「精神病院那怎麼也不是我安身之處」，而寧願選擇「煉獄啊！你是戰鬥者的家！」但她卻又時時生活在夢魘的恐怖中，她如此敘述「一個怪夢」：「一個變戲法的魔術家跳上跳下，不斷向我揮舞着魔棍，並指着一個木框子叫道：『進去，進去！變成我一張牌！——我正缺一張黑桃皇后！』」，「但我叫得比他更響：『我是一個人，知道吧？不是誰手裏的一張牌！黑桃皇后！你讓我當金花菜老K，我也不幹！』」。我們可以強烈地感受到林昭在夢魘裏掙扎的痛苦，而且幾乎是無時無刻的。

在細讀文本中，我們注意到，林昭在明確拒絕精神病院後，又立即陷入了她最難忍受的精神刺激的回憶中：她第一次來到第一看守所接受第一次審訊時（那應該是1963年8月8日），看守所長就流露了「對於這名為反抗者的女囚之想入非非的邪念」，「那些不乾不淨不三不四的意在戲弄的鬼話老也沒有斷過」。這應該是事實的陳述。但林昭很快就轉入了強烈的情緒反應：「我請問審訊者憑什麼欺負人？政治活動與我的性

別有何關係？」她並且堅持「要記下我的原話，否則拒絕在筆錄上簽字！」。這樣的極權體制下的性別政治正是林昭萬難容忍的，她激憤地寫道：「失志之計不遂，乃謀反使我失節——合二為一，殊途同歸！」這裏，從「邪念」到「失節」，是一個飛躍，就由道德問題變成政治問題，更接近問題的本質，也更深地刺激、傷害了林昭：這「叫天意弄人，這個大義所在一往無前的青年反抗者偏偏是一個女子！在林昭自己則更已不止一次地在如焚如織的悲憤之中痛切自傷道：已不幸青衫熱血誤此身，更不幸天教生為女兒身。嗚呼！嗚呼！徒喚奈何！」由此形成了林昭難以擺脫、糾纏於心的心理情結，在她的過人的敏感，想像力與理解力裏，這都不再是看守長個人一時之「邪念」，而是「獨夫」的「既無原則更無理性的悖妄至於極點的行事邏輯」：「女子從政必須利用性別，而與共產黨打政治交道必須賣身」。這樣，早已出現的「看守長」與「獨夫」毛澤東「合為一體」的幻覺，就再一次強化，變成了一種既幻且真的政治邏輯：「要嗎林昭允作他的外室而使我們的案件獲得曖昧可疑的『政治解決』；要嗎同着林昭對他的非禮之求的拒絕而對我們的案件用法律名義的行政處理」。——「毛澤東」強制允作「外室」顯然是幻覺；但「看守長」要求「政治賣身」以作交易，卻是真實的中國政治現實。

正是這樣的政治高壓與精神屈辱的交織引發了激烈的衝突。這就是文中所描述的審判中的談話：「我制不服你這個黃毛丫頭，我倒不相信！」「我聽你的，還是你聽我的？」「倒要爬到我的頭上去了！」「你把誰也不放在眼睛裏！」「難道我怕你！」「你小看我們不曾見過世面！」

對這樣的談話，我們作為後來人，可以作四個方面的分析。首先，它應該是一個實錄：上海第一看守所的所長，完全

燼火不息：文革民間思想研究筆記

可能説出這樣的話。但它在林昭的感覺與反應裏，卻成了與「獨夫」毛澤東的當面「對陣」，這就產生了幻覺。其三，從另一個角度看，林昭這樣的幻覺，卻有着更大的真實性：這位看守長的字裏行間充斥的正是毛澤東的極權制度的統治邏輯，與我們前面提到的林昭的理性批判是有着內在聯繫的。而林昭由此對她幻覺中的「獨夫」當面進行的三大指責：一是「無原則無理性」，二是「以己之心度人之腹」，三是「作事不忖量後果」，也都是擊中要害的。從這個意義上説，林昭將看守長與毛澤東合為一體是有內在的合理性與深刻性的：整個中國不就是一所大監獄，毛澤東不就是看守長？要求所有的被統治者都為之賣身失節，不正是這個極權統治的本質？這樣，用後來者、旁觀者的眼光看，林昭的這些文本並不是簡單的病象記錄，而是別有一種隱喻性的。其四，我們又要強調，林昭自己卻並不將其視為文學創作，她筆下所敍述的一切，並不是有意的文學隱喻，而是真實的幻覺記錄。這樣的客觀的隱喻性與主觀的實錄性，就構成了林昭的《十四萬言書》和《靈耦絮語》等文本的特異之處。正如艾曉明所説，這些文本裏，「客觀分析與主觀推論，連貫的政治批判與斷裂的現實體驗，（還有妄想中的幻覺——錢注），是交融在一起的。要將其『瘋話』與『不瘋的話』作明顯區別，難免不被顛覆」。

在《十四萬言書》的敍述裏，在看守長與「獨夫」合一的幻覺之外，又出現了「毛澤東—林昭—柯慶施」三者關係的新幻覺。用林昭自己的話來說，就是「林昭個人與大獨裁者之間那節外生枝的案中之案，柯氏慘遭謀害這一流血事件」。其實，在《十四萬言書》一開頭，林昭就談到了她給「已故的上海市長寫案件陳述」一事，她的語氣還是相當客觀與平靜的：「姓柯的原來是你們的上海市長」。後來又談到「上海市

長的冤死」，儘管也指責其「曠古罕有駭人聽聞」，「荒謬絕倫」，但也是偏於理性的批判，將其視為「黨內殺人不眨眼的太上皇」的血腥統治的犧牲品。——這本身也有某種猜測的成份，即柯慶施是因謀殺而死。在談及自己所寫的《自述書——致柯市長》時，仍然是客觀地說明，只因為柯慶施「是上海市長」，「地區行政長官是沒有階級性的」；其次也是因為「不只一次聽得民間」的「稱頌」，是共產黨「頭面人物」中能夠為自己這樣的「青年反抗者所服膺的一位」。但很快林昭就將這場「在樓梯上打架」的「黨內鬥爭」和自己聯繫起來：「我怎麼會想得到人們竟有如此深沉險惡陰狠毒辣的心腸要去打殺第三者，而且是毫不相干毫無過錯的第三者呢？」「應該受到責備的」，「是這個向市長血書自陳的囚人！」——這又是一個思維的跳躍：先是猜測柯慶施之死與自己的「血書自陳」有關，然後又把這猜測看成事實，並引發強烈的情感反應：「我每每於內部感受到一種劇烈而窒悶的疼痛，時而痛得心腑都像被什麼絞扭而擠壓着直是難於呼吸！」「這個年青人生活了這麼二三十年手上還不曾沾染過別人的一滴血呢！錯鑄九鐵，伯仁由我！永痛莫贖，飲恨千古，死猶未已，生更何堪！」——這就陷入了「自罪妄想」。這樣的幻覺，如夢魘般壓在林昭的心上，鬱結成擺脫不了的傷痛記憶。

在《十四萬言書》就有了這樣一段追憶：1965年4月9日，這天下午6時30分柯慶施「因患重病，治療無效而逝世」。而這天午後，林昭就有「鬼來了」的感覺，感到周圍「籠罩着相當濃重的神秘氣氛而似乎具有某種程度上的超現實意味了」，當她照例寫抗議字條時「就分明宛然聽得父親的一聲長歎」。林昭接着敘述道——

「差不多從天色臨暮時起(可能也就在六時前後),我漸漸感到說不出地煩躁!我但情紊意亂神思不寧,甚且百脈憤張(應為「賁張」——錢注)心血洶湧。人似乎一個勁地只是想哭,只是想哭,有兩回幾乎都已經忍不住了眼淚。可是到底又為了什麼呢?自己也說不上來。因為正寫到《告人類》中一段說理性比較強的文字,很需要保持冷靜、清醒而平穩的思考狀態以便使推論遵着邏輯程序進行,所以硬是把胸中那滿懷莫名的煩亂之情壓了又壓。——這麼直到——估計可能已在暮夜十時左右,總算把那一長段寫到了一個停頓之處。我疲倦地放下手裏拿當作『筆』的小竹片兒,而就在這剎那,忽然之間,那種使人百脈憤張(賁張)的奇異的煩亂一下竟化成了一個相當強烈的刺戟!就像一道電光閃過醞釀着大雷雨的沉悶的天空,一種說不清楚的異樣的感應也閃過了年青人只是籠罩着一團決死的孤憤的沉鬱的心田!沒有思考,沒有判斷;沒有分析,沒有綜合。總之,沒有任何一點理性的推論過程,可是桎梏之下的青年反抗者『哇』地一下失聲大哭起來」。

我們應該注意:這裏的事後追述,既有記實的成份——監獄裏的無時不在的壓抑、刺激造成的精神的緊張,亢奮;但更多的是林昭的「超現實」的想像,幻覺,以及神秘的心理感應;但林昭本人卻要竭力地強調,她是理性的,清醒的,即使是非理性的感情爆發也是真實的。這樣的亦幻亦真的文字,就給我們今天讀者以一種奇異而微妙的感覺。

林昭繼續追述1965年4月10日她從廣播裏得知柯慶施去世消息的反應——

「一切直到那時之前尚還不知其所以然更莫明其所自來的微妙的感應忽然都變得可以明白了！像一個雷震從頭上劈下，像一柄利刀猛擊着心窩，我一下就哭得氣都轉不過來而幾乎暈倒。從1962年在第二看守所測知父親辭世以來，這個年青人還沒有像這樣地哭過！——在她短短二三十年的生命史上還從不曾經受到過這樣巨大而更深重的精神創傷呢！上帝啊！為什麼死的偏偏不是我啊！在血淚交下憤不欲生的悲慟之中我連撕帶咬地弄破了手指，而水泥罩牆上便出現了這麼幾行血跡淋漓筆劃凌亂的文字——當作一種指控，一種陳證或一種宣言」——

「誰死了，誰？誰死了？

蒼天哪，我造下的孽嗎？

我害死人了，以命還命！我也要死的！

　　　　　　　　　　　林昭志於一九六五年四月十日

在痛哭中我但覺萬物都非而天地變色！天哪，我是什麼人？我在什麼地方？我碰到的這是一回什麼事情？我眼前晃動着一片血！血！血！才流下來的慘紅的血！」

　　這裏，突然出現了「血」，漫天的慘紅的「血」的「晃動」！——這是在林昭獄中生命裏不斷出現的最恐怖的，也是最基本的記憶與幻覺，由此而凝結出我們這裏所討論的「血書」，既是真實的用血寫成的書，更是包含着深刻的血的歷史內容。

　　由「血」而引發的是林昭的追問：「這是我的血嗎?!或者，是我造成的嗎?!這是什麼意思?!要達到什麼目的?!又起着什麼作用?!從這一片血裏我一下看清了最最猙獰可怖的羅刹鬼臉之上的每一根毛髮！看清了迄今為止總是被小心掩蓋起來乃

　　　　　　　　　燼火不息：文革民間思想研究筆記

至竭力美化着的極權政治那黝黑黝黑的骨髓！這就是『毛澤東思想』——就是『毛澤東思想』之最為『深刻』的核心，卻也是其最深刻的本質。天哪！林昭，你是多麼幸運哪！不是誰都有機會如此清晰得毫不含混地看穿了——認識到魔鬼的骨髓之色的。只可惜你付出的代價太重大，太悲慘了。天哪！我的腳下是大地嗎?!我的頭上是蒼天嗎?!血淚浸潤的大地上還有沒有一顆青色的小草?!黑氛瀰漫的天空裏還有沒有一線公義的陽光?!」——在這昏天黑地的呼天搶地的呼喚裏，又夾雜着林昭對「毛澤東思想」與「極權政治」本質的追問：林昭被逼得瘋狂，又是最清醒的。

而最後的「血」的追問，又指向了自己——

血！血！血！我平生沒有在自己手上染過一滴別人的血，但現在我已經被濺上一身洗不清的血了！——他死了，他生生被我這個不知輕重的禍根孽障害死了！可我到底是怎麼害死他的啦？這，這，到底又是怎麼一回事情啦?!

追問引起的是一系列的「永恆的創傷」記憶，而最後的結論是：「第一看守所所長兼中央委員會主席獨夫毛澤東，由於對青年反抗者林昭的非禮之求的邪念和個人意氣用事，在剛愎護短和惡意嫉妒的驅使下謀殺了上海市市長柯慶施氏」。——這就把林昭的兩個幻覺：看守所所長毛澤東的的非禮之求與柯慶施之死直接源於自己的上書，合二為一，成了一個「毛澤東—林昭—柯慶施」三者關聯的更為恐懼的夢魘。林昭的精神因此瀕於崩潰——

「想馬克白斯所見的血字一樣在一定時刻裏向兇手顯現

的！兇手，兇手，殺人犯！兇手，

可恥的兇手！

「也許從那一刻起，一種異樣的光芒永遠地留在了我眼睛
裏！——人們不止一次地說我：『你的眼睛裏有一種光，
挺奇怪的，有時看起來很怕人！』

我經歷了一切地獄之中的最最血腥的地獄！我經歷了比死
亡本身更千百倍地慘痛的死亡！」

被逼到了絕境，林昭就決定：「必需有一個不容誤解的最
最決絕的表示，那麼我必須有所動作」。遂製作了一方血手
帕，上書：「死者複生，此帕得合！」據林昭後來追述，「就
從四月十日那一天，就從他驚耗入耳的那個早晨起，一種強烈
的悲憤的愛情進入林昭的心靈。為反抗者的叛逆的女囚愛上了
先生們之已故的上海市長了！這首先是被獨夫弄假成真的！因
為他正只是在這個意義上才去謀殺了柯氏的！從這個意義上
說，柯氏是為林昭而死了！世間還有比這更真實，更永恆，更
不可動搖至於地老天荒亙古長恨的愛情嗎？儘管林昭在陳述於
柯氏這件事上同樣是初心似水示證蒼天，但事情既弄到了這種
地步，我不愛他也得愛他甚至都非得愛他不可了！對於死者的
愛情也就是對於獨夫的抗議！愛情強烈到什麼程度，抗議就堅
定到什麼程度！」於是，就有了最後的動作：在「看守所用來
囚禁我的那間沾滿了我鮮血的小室裏，這位反抗者的女囚遵着
祖國古老的習俗，以姬人之名為他立了牌位而成冥婚！」

這冥婚之想，自然把林昭的自罪妄想推到了極端，也是她
的贖罪之舉；但在臆想中，也有其自身的邏輯。

而林昭自己也賦予其多重的意義：「這是處於我的地位上
盡我所能來負起對於柯氏之道義上的責任之一端，憑着這樣一

　　　　　　　燼火不息：文革民間思想研究筆記

種為天理人情所容、為民族風習所許的神聖而清潔的結合，我們的靈魂在現世以至永生中都再也不會分離！」——我們分明感到，林昭最終選擇了冥婚，是她對自己的命運的最後反抗，可以說是她所感受到的上帝的仁愛，民間的習俗，傳統與現代反抗的奇異結合，是她身陷前文所說的「一切地獄之中的最最血腥的地獄」，面臨「比死亡本身更千百倍慘痛的死亡」的絕境，讓靈魂走出，在靈界裏戰勝一切，實現、完成一切的自贖自救之路。

這是最大的瘋狂，也是最大的清醒。

二、「石破天驚的終局」

於是，就有了《靈耦絮語》。從現在整理出來的《靈耦絮語》第二十六節裏談及「戰鬥部署」：要先寫出《冥婚記》，到第二一二節「欣喜地」宣佈「大功告成」，可以說《靈耦絮語》的寫作與《冥婚記》的寫作是混為一體的；儘管據艾曉明的考證，《靈耦絮語》和《冥婚記》可能是兩部著作，但我們還是可以把《靈耦絮語》看作是一部《冥婚記》。

關於《靈耦絮語》寫作的目的與動機，林昭自己有過明確的說明，就是要「致力揭開靈魂與生命的奧秘」，要超越時空和靈肉、生冥兩界，「發現」與「敞開」一個二十世紀的「靈界」，林昭以為，這是「應該由我來完成」的歷史使命。我們在細讀《十四萬言書》時，就注意到，林昭在尖銳批判外在的現實的物質世界時，最為關注的，還是人的內在的精神世界，人的靈魂。她一再表示，自己「不很理解人們那險惡到了異乎尋常的內心世界」；她說在「扭成一團的苦戰之中對共產黨人們的內心世界精神狀態等種種一切有了頗為深切的瞭解」；而

她與「獨夫」的「冤家狹路」的對抗更是「典型的內在性格衝突」；她不斷進行「自我審判」，而深感別人是無法對瞭解與說明自己「個人的內心世界」的；而她是深信人「深閉固藏的內心世界裏明明白白地確知有神，有靈，有妖，有怪，有魂，有鬼，有地，有天」，她認為這是「東方人的神秘的本能」，她自己對「一般人未必確知更其未必確信的超現實的事物竟已瞭解到了相當地深徹」，等等。林昭這樣的對內心精神世界的持續關注，是出於她的一個感性直覺(林昭說，她的「行動大都源於直覺——感性，而不源於理性」)：她所身處的「極權政治」(我們說過，這是林昭創造的一個概念)的最大危害是對人的內心世界的控制，對人的靈魂的摧殘與毒害。

這樣，林昭的《靈耦絮語》，就註定是一部探尋極權政治下的人的內在的精神問題，靈魂問題的著作；而她的「冥婚」的精神錯亂恰恰是有利於進入這樣的精神探尋的情境的。

這也就決定了整部《靈耦絮語》的結構。——這當然不是有意的結構，而是如實地反映了林昭妄想中的精神世界的狀態。

從外在形式上看，《靈耦絮語》顯然有一個戲劇性的結構。——這也是出於林昭對極權政治的一個感性直覺：在《十四萬言書》裏就不斷提到中國極權政治就是一出由獨夫導演的醜惡的表演，而林昭是要拒絕「扮演一個馴服的囚犯之角色」；在《靈耦絮語》裏也談到了在「政治性」的戲劇裏，「具有豐富的潛台詞」。《靈耦絮語》通篇就是由「她」(林昭)與「他」(柯慶施的幽靈)的對話(絮語)組成，用《十四萬言書》的說法，就是「靈魂的密語」。

但在他們的對話裏，卻始終有「惡靈」(即《十四萬言書》裏的「獨夫」毛澤東)的陰影在影響，支配她與他的「自語，獨語，相語」。甚至還出現了這樣的噩夢——

　　　　　　　爛火不息：文革民間思想研究筆記

隔夜中宵她曾被詭異的境界所擾亂：一個惡靈在突兀之中襲取她，狂縱地——但又有些慌張——詭笑並甚至撫摸她的肢體：那邪念是十分明顯的！她掙扎，但一時竟掙扎不動；在這危機一發的瞬間，她只是一意專注地在心中劃十字而呼救求援於最親愛的天父、終於，在用力的一下裏她掙脫了；她從迷惘中醒覺而身外一切寂然：邪詭的惡靈已經退去。雖然，她可是再也睡不着而且不敢入睡了：回想着夜來的經過，禁不住又驚又氣又怒又惱！凌晨，在感應中她默喚自己所愛重的靈位——

她：柯公，柯公，我的柯公夫子！方才你上那兒去了？是攬他去了麼？你為什麼不能保護我?!惡鬼竟觸摸了我的身體！這真是我平生難灑的奇恥大辱！你幹什麼去了？真恨死人！你知道麼？

這樣的隨時被施暴的恐懼和被肉體與精神強暴以後的不潔感，恥辱感，籠罩着整部《靈耦絮語》的敘述，其實也是籠罩着在極權統治下的每一個人，足以喚起許多痛苦的記憶……

於是，就需要保護神。《靈耦絮語》裏，就出現了「父親」：林昭是將父親的靈位與柯慶施的靈位並置的。在「她」與「他」的對話裏，常有父親的插話：在某種程度上，父親也是戲劇裏的一個角色，而且因為父親，還出現了「靈交的賓客」這樣的過場人物。這是一個十分明智的父親，他看得很清楚：「這戰場主要還是你們的舞台，猶如這文稿主要還是你們的情話，故老頭子的出場只好偶一為之，不可喧賓奪主」。但父親的作用卻必不可少：不僅他們的冥婚需要父親的認定，即所謂「雖得天許，仍出父命」；他們之間的矛盾(下文有詳細分析)有待父親的調解；更因為林昭的精神是直接來自父親的：

「我是自幼把你當成男人，當成長子來教養的」。正因為有如此深厚的精神聯繫，也會因為林昭的冥婚產生新的矛盾與痛苦。對此，林昭的父親也有清醒的認識，儘管林昭一再表示：「無論兒身歸何處，那裏總的爹爹的家」，父親仍堅持認為：「夫婦為人倫之始，無論男女，一經婚嫁，於親子倫常上總歸隔了一層。你現在還是以渾厚的童稚之心在處世待事，加之冥婚情形又與俗婚為異，故於此尚不甚感覺。為長人者卻不免有為長者的考慮，這是人情通則」。柯氏則回應說：「我們三人患難骨肉，生死相依」。這裏的相互理解與依存，是十分感人的。

林昭的精神結構裏更離不開母親，母親也是無所不在的。因此，她特別在意母親對自己的冥婚的態度。當母親將一藍一白兩雙塑膠筷子遞給她，她「欣然破顏」，將其解釋為母親的認可：白的為父親，藍的為「他」，她對柯君說：「這兩雙筷子就是證明：母親推愛女之心而接納你便成為我們家庭之中的一員！」這樣，因為政治，曾經破裂的家庭(林昭當年響應黨的號召，與父母劃清界限，這是她和有類似經歷的人，悔恨終生的痛苦記憶；而父親在1960年就被槍殺，這個家庭早就不完整了)，現在，在冥婚的靈界裏，終得團聚，成渾然一體。而我們讀者則明白：這其實是林昭的一個幻覺，更是令人感傷、感慨不已。

但林昭還有天父的保佑。她在惡夢裏遭到惡靈的蹂躪時，首先呼救求援的就是「親愛的天父」。因此，在林昭的精神結構與《靈耦絮語》的文本結構裏，始終籠罩着天父的光輝，既與惡靈的陰影對抗，又在更高層面上照耀着林昭幻覺中的靈界，同樣無所不在。她不斷高頌讚美詩：「萬古磐石為我開，容我藏身在主懷！願因主流血和水，洗我一身諸罪孽，使我免於主怒責，使我污穢成清潔！」她不斷從天父那裏得到鼓

勵:「人有善願，天必從之」；得到指引：「自覺地步步脫出
那個人道的理性圈子而轉入天道的感性裏去」，「住在愛裏，
就是住在上帝裏面，上帝也住在他裏面」，而要拒絕「住在憂
愁裏面」，「住在世俗裏面」，「住在憎恨裏面」，「那就是
住在魔鬼裏面了！」她祈求「蒼天報應」，更企願「天父保全
生命」，使自己得以「靈智重開」！林昭自稱「基督親兵」，
「主的殉道者」，說她是「為主而戰」，也在天主的懷抱裏，
得到生命的重生。林昭這樣的精神叛逆者，苦心追求者，在宗
教那裏找到精神的皈依，是自然的。

　　這樣，林昭就給自己構建了一個多層面的精神結構：其內
核是「她和他」的靈魂耦合與「惡靈」的陰影籠罩，形成奇異
的對抗結構，第一外層面是「父母之靈」的守護，最高層面是
「天父」的保佑與照耀。由此形成了一個有人，有靈，有魔，
有神的靈界，同時這也是《靈耦絮語》的文本結構。

　　還要補充的是，林昭的寫作始終有一個潛在的讀者。她在
書寫《靈耦絮語》時，又在寫《告人類》，其實這兩種寫作是
有內在聯繫的：她心目中有一個「人類」的存在，不僅是現實
中的全人類，更是未來的全人類，她稱之為「自由人類」。她
自問反抗的「力量來自何處」，回答是：「在天上，是天父上
主聖靈的引領和保守；在地上，是自由人類高貴的同情和支
持」，她是寄希望於「人性的良心」，期待「人類良知的最高
法庭」作出最終的歷史判決。因此，她最後的遺願是：「假如
我的肉體生命已經中止，那麼我要求聯合國向有關方面詳細、
嚴密而確實地審查並公佈林昭的全部案件並包括我本人在生之
際所寫下的一切！」（以上均見林昭《心靈的戰歌——我呼籲人
類》）。因此，如前文所引，她是將自己的寫作定位為「留給公
眾和後世的記錄」（見《戰場日記》），在《靈耦絮語》裏，更

有明確的説明：要「用鮮血記敘下來的我們的冥婚的經過」，將「這一頁歷史同其久遠地傳諸後世」。這就意味着，林昭的精神世界是相當廣闊的，她的精神結構是開放的，她所發現與創造的靈界是與現世與後世的自由人類緊密相連的。

在作了以上宏觀的考察以後。我們要進入《靈耦絮語》的具體文本。儘管林昭的寫作，是一種「意識流」的自由書寫，隨着她內心的感應與幻覺，而隨意流動；但仔細閱讀，還是可以發現一些內在的主題。我以為，主要有兩個方面。

首先是「救贖」的主題。

瀰漫於《靈耦絮語》裏的，是一種無所不在的有罪感。這是讓我(也許包括我們所有讀者)極度震撼的一個場景——

（她出神着漸漸陷入於一種恍惚的迷離而且愈陷愈深！他默然傍着她，好一會才又——）

他：你累了麼？

她：（從迷離中歸回，但一下沒有把握住自己，過了一會，方始費力地捉住了他的話）我——累的：我——累了！

（沉默再度出現，看她又將漸漸陷入迷離，他開始攏住她）

他：林昭！（低語）林昭！（搖她）你醒醒！

她：（用力抬起頭來）嗯，我——（半自語地）聽到了：我在叫我！我的血在叫我！——我的血——（又漸漸被迷離擒住）

他：（再搖她）林昭！林昭！（難過地）你不能這樣！——

她：（凝視着他，但目光也不由自主地變得空洞而目然了，一陣，才艱難地又吐出一句）你知道，生活在罪人的自我感覺裏，好沉重的啊！——

「生活在罪人的自我感覺裏，好沉重的啊！」這一聲長

　　　　　　熠火不息：文革民間思想研究筆記

歎，是觸目驚心的；「我在叫我！我的血在叫我！」這呼叫同樣驚天動地。

　　於是就要追問：林昭如此沉重的有罪感來自哪裏？最直接的原因，自然是她的「有罪妄想」：她覺得柯慶施是因她而死，自己負有不可推卸的罪責，這是她無法擺脫的心靈的創傷：「我能夠原諒自己嗎？」不能夠啊，永遠、永遠不能原諒！

　　而且還有更深層面的自我反省。林昭在《十四萬言書》裏，就説到「在嚴肅的自省與沉重的自責中每把青少年時代思想左傾追隨共產黨看作個人的一項錯誤」。儘管林昭同時強調自己「不過是走着同時代人一般所走的道路」，「當初這個年青人開始追隨共產黨的時候，共產黨三個字還只意味着迫害、逮捕、監禁、槍殺」。「故這丹心一點就是青年的激情而非政客的理性」；但一想到「極權政治」如何「陰險地利用着我們的天真、幼稚、正直，利用着我們善良單純的心地與熱烈激昂的氣質，予以煽惑，加以驅使」，就無法擺脱刻骨銘心的上當受騙的屈辱感和同樣難以擺脱的內疚與自責。這也是一種沉重的心靈負擔。

　　在這背後，還有一個自己與極權政治的關係問題。在《十四萬言書》裏，林昭就談到「政治特徵上的兩重性」：「作為一名奉着十字架作戰的自由戰士林昭與共產黨之間可謂找不到一句共同語言！唯一共同之點只不過是我們的國籍」，「我們都是中國人！而也只因為從這樣一種客觀事實出發，在林昭個人來説，除了某些時候當作合法鬥爭的策略之外，確實也不能不從祖國的根本利益來深思而詳慮許多問題」。在《靈耦絮語》裏，林昭也一再提到自己和「萬惡的魔鬼政黨確已沒有一句共同語言；所剩下的唯一的共同之點僅僅是：國家觀念！總想彼此都同為中國人！從祖國的根本利益着眼，我不

得不考慮如何來收拾這一攤爛污！」「中國應該是中國人的中國！」在另一次談話裏，林昭又談到「我與惡鬼倒也真是天造地設的棋逢對手」，但「顧大局與報私仇其間存在着一定程度的矛盾。我倒不惜拼他，更不怕拼他，然而今天的大局似乎首先並不要求我再和他去一對一」。這正是林昭這樣的真正的反抗戰士的矛盾所在：她對極權政治可謂深惡痛絕，義不容辭地要作拼死決戰；但從國家與民族發展的大局出發，又不能不考慮合法鬥爭，甚至促成悔過，爭取和解的可能。這又涉及一個更深層面的問題，我們在下文還有進一步的討論。我們由此看到的，是林昭這樣的反抗戰士與體制既「不在」其中，因而與之決絕；又「在」其中，難以擺脫千絲萬縷的聯繫。這其間的糾纏，也許是更難為人們所理解的，同樣會形成精神的重負。

林昭更不迴避長期身在體制之內，甚至是其領導成員的「他」（柯慶施）的罪惡。在《十四萬言書》裏，她就對「權力中樞」裏的人們說道：「我哭你們之擺脫不了罪惡而乃被它那可怕的重量拖着愈來愈深地沉入滅亡之泥沼的血污的靈魂！」在《靈耦絮語》裏，「她」當面對「他」說：「你應該善自深省：作為這魔鬼政黨裏的一員，且已居於那樣的高位，你身上不可能不負着相當的罪孽！」「殘忍的魔鬼殺害你，但是仁愛的天父成全你！——天父鑒察發自衷心的悔過之忱，天父憐念你而賜你清潔的永生！」於是，又有了這樣的對話——

她：……使我深感痛苦的倒是：我為你而流的血竟然還不足以贖取你的靈魂！……那麼待我再流！……
他：……我確實還不曾能完全脫出他的勢力圈：這不但和你似地是一個具體陣地上相對強弱的問題，更還因為我

　　　　　　　　　　燼火不息：文革民間思想研究筆記

們這些人和你不同：他於我們還是具有着相當的支配能力的！無論生前死後！——如你所説的：我們從入黨之日便確是已經向他出賣了自己的靈魂！

她：（堅決地）不管怎麼，我得要贖回，索回——搶回你！是的，我的柯公夫子，我一定要得到你！——一個完整的你！無論我得為之償付多少代價！

這樣，林昭寫作《靈耦絮語》，她的反抗，就具有了三重意義：對抗極權政治，救贖「他」，也救贖自己。

但這樣的救贖，也並不容易。林昭與柯慶施的冥婚，在心理上並非沒有矛盾。林昭的父親曾一語道破其中的兩大委屈。一是政治上的「名節」：「女兒家名節二字重於性命」，林昭在「關乎到根本的政治原則是大德不踰間的」，「所以她自謂至死不會嫁一個保有共產黨籍者。老實講，若不是客觀上造成了如此一個局面，憐君無辜含冤，加以女孩子所謂你的血已經免除了你的黨籍，則彭國彥也斷然不許一個共產黨人妻我愛女的呢」。二是「以姬人自居」的委屈：「到底你已經是有家有室、兒女成行的人了」，「她之毅然允婚初心無非為着同仇敵愾兼之伯仁由我，既委身而締姻矣，長日想到關情之處不免仍會感慨自傷。這種委屈心情，想君既為通人，自亦不難理解，甚至不難深解」。

在一次交談裏，林昭還提出了自己作為一個女人內心深處的欲求：「我希望能有自己的、由我血肉所生的孩子！」這又觸及到兩個敏感神經：一是不能不面對的人、鬼之別：「他」對「她」説：「我只是一個鬼，是一個有形無質甚至連形態也還常常不是十分確定的幽靈呀！……」。「她」回應説：「怎麼我還做不了鬼呀！……」。這冥婚之苦決定了「他」和

「她」不可能有自己的孩子，這又提出了一個更為尷尬的問題：林昭還要不要有世俗婚姻？「他」提出了「無用的丈夫唯一的一點自私：我不願你的孩子有一個世俗的父親，猶如不願你更有一個世俗的配偶！允許我嗎？」「她」沉思，毅然說：「我允許你！——我將永為君之未亡人而不配婚姻世俗之偶！」林昭這樣的為冥婚夫「守義終身」，自然讓人感到他們之間愛情的力量，但也會頓生感傷之情，感到命運對林昭的殘酷。

　　而且，當他們真正結合為夫妻，「他」就露出了猙獰的暴力的一面。這恐怕是我們讀者很難想像的——

　　（黃昏，她借就着門前微弱的光線，記述隔天的「絮語」。記着記着驀地在一個微涼的感應之下，抬頭驚顧，乃見他已在身側默然注視着她；臉色還是那麼陰沉，眼睛裏閃出幾乎可以說是殘忍的厲光。她無語而垂下了眼睛。）

　　他：（也不說話，只向她面前伸出一隻手指指鋪位。）

　　她：（幽怨地望着他，但他避開了她的目光。只是不耐煩地又指了指鋪位。她無可如何地苦笑一聲）我真的怕你了！

　　他：（冷然）那也由你。我早知道你要有怕的這一天。

　　她：（如被一擊）你這句話說出來自己想過麼？

　　他：（夷然）想也說了，不想也說了！

　　她：（平靜地）那你叫我怎麼理解？

　　他：（頓了一頓，偏開臉避過她的眼睛）隨你怎麼理解！成婚之初，在那個鬼窩裏我早就告訴了你：玩政治的沒有好人的！承你信服的柯某也不是什麼好人！我這話不是說得很明白？（不等她開口又緊接着——）好了，不必多說，多說也沒意思！躺下，我要你！

　　她：（短促地笑了一聲）倒也乾脆！看來這已經變成林昭的

一項義務了！（咬了咬牙，把手邊紙張雜物之類的攦開，和身往鋪上一倒，聽其所為）

他：（語氣緩和了些，似乎隱含了一點笑意）要這麼說也可以。不管怎麼，嫁我總是你自己願意的罷？那麼，既為人婦，當知女子從人者也！即謂之義務，亦無不可！

她：（欲言又止，慪氣地鼓了嘴巴也悶悶不語）。

在另一次談話裏，「他」對「她」還頗為自得地說了這樣一番話：「說真格的，掌握了你的性格以後要控制你並不難。——比如你的剛強、好勝、高傲、多情、崇信義、重然諾，等等。利用你這些特性來縛你，比任何外力更加縛得牢！而且縛得你再也跑不掉！——賊子（按：指「惡靈」毛澤東）不曾懂得這一點，而這就是柯某比他棋高一着的地方！」——我們在前文曾經討論到，林昭對毛澤東極權體制下的身份政治，男性霸權下的對女性的侵犯、控制、利用是極其敏感與憤恨的；現在，她又在自己所追求的冥婚裏，發現了新的男性霸權，在愛情名義下的同樣肆無忌憚的侵犯、控制和利用，這是更為嚴重而殘酷的：前者她毫不猶豫地奮起反抗了，而後者，她卻採取了隱忍的態度，稱之為「我命中的魔星」，這其中的緣由、意味更是說不清楚的。

還需要提起注意的是，以上這些描述，都是林昭的幻覺，並沒有真實發生；但惟其如此，卻是更顯示了林昭的潛意識裏，對在種種名目（政治的，愛情的，等等）下的男性暴力的警覺與恐懼。

「她」和「他」的更大分歧與矛盾，還在如何對待「復仇」問題上。這是「他」向「她」提出的一個尖銳的問題：「假如他（按：指毛澤東和他所代表的體制）謹遵台命，滾下來

了，你是不是可以放下進一步要求為我復仇的權利，是不是可以不再去要他的腦袋子呢？」「她」最初試圖迴避：「這個——你趕着問我這個為什麼？事情是一步一步來的，今天也不曾到說這句話的時候」。但「他」卻步步緊逼：「從客觀事理之必然上來看，要說，從我們對問題的考慮決策上來看，也要說。林昭，我要你說！」「她」「默然半響以後才靜靜啟言」：「那麼你知道，除了是一個政治學徒，我還是一個基督徒！」「若從大局着眼，我的政治利益並不在於非要去要他的腦袋；而懺悔免罪則是一切宗教的通義」。

其實，林昭反對用「要腦袋」即「以暴易暴」的方式，去對暴君實行報復，不僅是出於宗教的「懺悔免罪」的通義，也不完全出於我們在前文已有討論的國家和解的大局，還有更深的意義。在《十四萬言書》裏，林昭就談到了自己的爭取「完整而不可分割的整體自由」的理想，其最基本的原則，就是「只要生活中還有人被奴役」不自由，我們就沒有真正的自由，不僅「被奴役者不自由，那奴役他人者也不自由」。林昭由此得出一個重要結論：「身受着暴政奴役切膚之痛再也不願作奴隸了的我們」，就不能「無視如此悲痛的教訓」，絕不能「把自己鬥爭的目的貶低到只是企望去作另一形式的奴隸主」。她說：「奴役，這是可以有時甚至還必需以暴力去摧毀的，但自由的性質決定了它不能夠以暴力去建立，甚至都不能夠以權力去建立」。林昭在身受暴力之苦時，卻能夠如此清醒地（即使在精神迷亂時也堅持這樣的清醒）反對以暴易暴，主張在救贖被奴役者的同時，也給奴役者以寬恕與救贖，這是極其難能可貴而超前的。

但這樣的寬恕與救贖，是要有一個前提的，即極權統治者（惡靈）必須「正視自己的罪惡」，「要發痛悔，並付代價」，

　　　　　　　　爛火不息：文革民間思想研究筆記

「寬恕不是無條件的」。而在林昭的時代，以及以後的時代，都沒有出現暴政者自身的懺悔。於是林昭又發出這樣的疑問：「仁愛的天心，到底是否還容這幫惡煞邪凶獲得拯救？」

儘管在現實實現中存有疑問，但林昭仍在《靈耦絮語》裏，完整地提出了她的「救贖」主題，她的靈界理念與信念：在極權政治體制下，一切人皆有罪，一切人都應該得到救贖！

而救贖的核心，又是「找回自己」，找回人自身。

於是，又有了「自由」的主題。林昭說，她要用「自由愛情」來反抗極權政治，戰勝死亡。這又是一個大迷亂中的大清醒。

這是《靈耦絮語》裏的一個場景——

「她：(悲憤長歎)……天哪天哪，我被凌辱到了什麼地步啊?!除了保有着自己這一顆為人的心與這一副作人的骨頭，我那裏還是一個人?!我那裏還是一個人?!我那裏還是一個人啊?!(痛淚雨下，泣不成聲)

他：(憮然相慰)……親愛的，你且從天父的允許中獲得安慰，以及鼓舞的力量罷！……休息一會，親愛的，平靜一些……(輕柔地致吻於她濕潤的淚眼以及腮頰)

她：(啜泣過一陣以後，是也比較平靜了些，偎在他懷裏即如楚楚依人的小鳥)……爵士歌曲中也有些是格調不十分低的，你且聽這一曲……『愛人呀，天上疏星零落，有你在身邊，我便不覺得寂寞！……我在泥中默念着你的名字，忘了這煩擾的日子！……』可惜記不全了！……

他：(溫存而愛憮着)那好嗎，我就常伴在你身邊！……(微歎)可惜你的靈魂總不免於寂寞！……

她：(一語刺到心坎裏，引起一陣辛酸的自憐，不覺兩行清淚早又簌簌地滾下面腮)……他：(柔情地諦視)怎麼啦又？

她：(拭了拭眼睛，舉目望着他)『若得素心人，樂於共朝夕！』可惜你已經不在人間了！

他：(微微一笑，貌若曠達而實在亦頗蒼涼)幽明雖殊，靈體不隔。……也還以死了為是，不死的話，我們的靈魂又安能相互理解得如是深切而結合得如是緊密？故謂柯某死得其所！……

她：(嗔)不許胡說！……」

這裏連呼三聲「我那裏還是一個人?!」，是道盡了林昭以及所有極權體制下的被統治者的真實處境的，根本問題在於人的失落，人的本性的失落，人的感情、生活的豐富性的失落。由此而喚醒了林昭內心的渴望：如「楚楚依人的小鳥」般回到愛的窩巢，接受心上人溫存、輕柔的愛撫，盡享普通人的小家庭日常生活的寧靜，溫馨與祥和。但這樣的微小的願望卻要通過冥婚這樣的特殊方式才能實現，這就不能不引起陣陣「辛酸的自憐」。

因此，《靈耦絮語》裏最感人而又令人心酸的場景，是林昭愛情的幻覺──

「靜臥着與他的靈魂在無聲中相依」，「我的神經，我的本能，我的每一個細胞都感覺着你」……

「她在凝思之中，他又飄然徑入，微微俯身伸出雙手捧住她的臉而細細地、深情地吻着：額角、眉頭、鬢角、面頰、眼睛、嘴唇……」，「內向的情感猶如燃燒在火山內部的熔岩，沸騰起來真能達到白熱的程度」：這「是我自己的情感！」

「『我不卿卿，誰不卿卿？』『閨房之樂，甚於畫

　　　　　　　　爝火不息：文革民間思想研究筆記

眉！』」，「既有本事隔着幽明在魔頭的天牢中公然成婚而為夫妻，就有興致在黃連樹下盡情地享閨房之樂」，「樂觀主義不是他們一家獨有的」。

「再剛強還是個女兒家」，「萬沒有想到旁邊有一雙鍾情的眼睛正在欣賞你的一舉一動一姿一態」，「真的越過越年青了！」

「他：(以手撫弄她披拂的長髮)你的頭髮很好，真堪稱為青絲，又長、又黑、又柔、又韌、又光潤又有彈性……
她：(帶笑)是麼？……以前，一些友伴也愛稱讚我的頭髮……還有我的眼睛……
他：你的眼睛是也很可愛，但是不僅可愛而已，它們除明麗而外還凜冽而有威！令人有一種可親而不可辱的感覺！……
她：(含笑睨他一眼)……好罷，女為悅己者容。你既喜歡，以後我就經常保持這樣：反正天氣也快涼快起來了。」

「重霾似晦，她緊張地工作了一天而他則整整陪伴了她一天：有時躺在那裏玩弄她的髮絲，有時則倚在她背後看她振筆疾書。她任着他，時而也投給他一個柔和的微笑的諦視……他們的靈魂就這樣親切而密勿(按：原文如此)地呼吸在、沐浴在清澈、溫柔、甜蜜而綿長的愛情裏……」

「她：(微笑)你連大名也並不叫我呀！你總只叫那些隨口而出的諢名：什麼小孩子、小傢伙、小東西、小鬼頭、小野貓、小冤家直到小壞蛋！(鼓起嘴臀他一眼)

囚禁中的右派的精神幻覺

他：(笑)記性倒不壞，可怎麼偏偏漏掉了小新娘子？(輕輕愛撫着她，她則像一頭溫順的小貓任他愛撫)唉，我的小新娘子！我的小小新娘子！……」

「她：(撒嬌)不許『哼』我！
他：(忍笑)那，你要怎麼你？
她：(躲起臉來只露出一隻眼睛向他調皮地眨着)吻我！
他：(終於笑了)這麼着呀！……那麼把嘴唇給我！(她笑着，閉上眼睛而向她仰起臉，他乃深深地吻着她)怪貓子，真會撒嬌！
她：(鼓起嘴)唔！
他：(笑)説她撒嬌她越撒嬌！(愛撫着)好了吧，我的貓子，等這一階段過了咱們痛痛快快甜過夠！」

「我來了！我的小孩子，我保護你！……你那自由的靈魂對我説。
你的小孩子又悲痛又感激，她連忙躲在你那血的保護之下！……(嬌柔地撲在他的胸懷間)就這樣！夫子，你流的血保護我抵禦了魔鬼！……抵禦了那魔鬼邪惡的逼迫！
你的血彰明瞭我的貞潔而保護了我的自由！……這就是我們的自由書的愛情篇！」

「我從來還沒有這樣自由過！這才是真正的得大解脱！我憑着自己的血從魔法底下解脱了……解救了自己的靈魂！
「我活在昊天特恩賞賜的永生裏，我活在我之靈耦深摯的愛情裏！」
「我要你！……在那超越了時間與空間的永恆裏，我們的

燼火不息：文革民間思想研究筆記

自由愛情總能得到它最完美的勝利！」

可以看出，林昭終於擺脫了一切外在的理性束縛，回到了她最為崇尚的感性世界——她說過：「我一向認為，惟感性最真實而最本質」，「一從感情，便入人性；更見良知，而通天道」！她還說：「這『感情』兩字與你們那魔鬼政黨的本旨才真是水火不相容的！任你加多少個『階級』字樣去裝飾與掩蓋它的人性色彩也罷」。那麼，她更要擺脫的是極權政治與意識形態的束縛了。

而且她要回到的，是人最本真的，甚至是最原始的感性世界。她如此享受「小孩子、小鬼頭、小野貓、小冤家、小壞蛋、小新娘子……」的稱呼，還有蝙蝠子，等等。一是要回到人的童真狀態：「常保童心，即是赤子」，「敢哭敢笑，真哭真笑」。二是不僅生、冥一體，靈、肉一體，而且人、獸一體，回到生命的原始狀態。

她要回到人的生活與感情的豐富性，所謂「人之感情我皆有，人之弱點我皆有」。我們看到的，更多的是她的「軟弱」即所謂「婦人之仁」，她的馴從，嫻靜，凝然的平靜，她的溫柔，撒嬌……。這是人們通常注目的桀驁不馴、鋒芒畢露的林昭的另一個側面，或許是更為內在的一面。

她要回到本屬於人的自由空間，不僅是政治生活的自由空間，更是私人生活的自由空間。而這兩方面都是毛澤東的極權政治最要控制的。人們通常注意前者，而忽略後者。其實，在單位所有制和公社制度下，私人空間已經被擠壓到幾乎為零的地步。林昭的這些今天看來似乎十分平常的閨房書寫，在那個禁錮一切(人的私生活，人的個人情感，情欲，等等)的時代，實在是驚世駭俗的。

囚禁中的右派的精神幻覺

林昭把自己稱為「自由戰士」，絕非偶然。她要爭取的，首先是放鬆地、盡情地享受本屬於人的的一切自由權利，包括「自由愛情」的權利，更追求自由地表達自己的權利。

但這樣的自由，在林昭所生活的中國五、六十年代，以及以後的年代，只能通過冥婚這樣的特異形式，在林昭所創造的幻覺中的「靈界」裏得到實現。以至於我們今天的讀者，只能通過林昭的「瘋話」（幻覺文本），看到幾乎是那個時代唯一的「自由書寫」。

這是歷史的悲劇，更是歷史的嘲諷。

我們還要補充的是，林昭回到的自由的私人空間，不僅並非與世隔絕，時時被極權政治的陰影籠罩，本身就具有抵抗的意義；它更是一個與古今中外的文化世界緊密相連的豐厚的文化空間。通過林昭的自由聯想，曾有多少地傑人靈前來造訪：從秦良玉、花木蘭、班婕好、紅娘，晴雯，到趙五娘、祝英台、孟姜女、杜麗娘……，幾乎所有的中國美女都聚集在林昭這裏；召之即來的還有屈原，李陵這樣的歷史人物和于連、丹柯、約翰·克里斯朵夫等外國文學作品裏的人物。在林昭的小屋裏，更經常飄出自由美妙的歌聲：或高歌民間小調：「哥是天上一條龍，妹是地上花一叢」；或微吟古代樂府：「宿昔不梳頭，絲髮披兩肩；婉伸郎膝上，何處不可憐！」——正是這樣的傳說、文學裏的歷史記憶，民間記憶，構成了林昭超越時、空的寬廣的精神世界，這也是一種自由。

這世界還有繽紛的色彩。林昭以「青花罩衫」作冥婚的喜紗，將「綠格襯衫」改制成隨身的提袋；又精心設計婚禮上「華豔吉服」的色彩：「藍色為你，白色為父親，黑色為我們死者與倖存的生者之受難與犧牲！而紅色——不是為他們的！不！不是！那是為我的！——為我自己，為紀念我所流

爛火不息：文革民間思想研究筆記

的血！……我想過了：血的文稿和詩來日都該用紅色付印！為紀念我所流的血！……」。在冥婚半載之期，林昭又以剪刀完成了「梁祝」貼紙：「七色的彩虹現在天藍色的襯紙上，一對金色的蝴蝶在深藍的十字花上面比翼飛翔」。她熱衷於手工製作：「在一張洗淨抹平的牙膏管鉛皮上細細地使根釘子刻一對米老鼠——一隻抱着提琴，一隻提起裙邊作起舞姿勢」，林昭說，這是他們的愛情紀念品中「尤為美好的一件」，「主題就是美好的，故事以及形象也是美好的」。在《靈耦絮語》快要結束時，還在記敘製作貼紙的鴛鴦的情景：「五彩繽紛的鴛鴦嬉游於粉蓮碧水間。一隻稍前而一隻稍後，在前的那隻依依地回顧着隨後的那只隻……」，就題名為「比翼同命」。

而且還有林昭自己對色彩的獨特理解與闡釋：「我發現色彩可以組成份分明的語言，因為他們各自具有強烈的個性，（微笑）這就叫鬥爭！當一個戰士已經能夠自覺地去獻身時，一切東西一切形式在他手裏都可以成為無比鋒銳而別具一格的武器！」而我覺得林昭在黑獄裏創造的絢麗色彩，不僅顯示了她生命的美好，強韌的力量，足以抗拒黑暗；而且更體現了一種「完滿的自由」的生命狀態。——而林昭正是用「完滿的自由」這一概念來概括她一生的追求。她說：「這是天父允許下的」；儘管目前「還未脫難」，但終究要達到這一境界。我們也果然在她創造的冥婚的靈界裏，看到了這樣的「完滿的自由」境界。

這就是林昭所選擇的「石破天驚的終局」：將個人生命結束在這場奇異的冥婚裏，在這裏找回活生生的人的自己，獲得終生追求的「完滿的自由」，以這樣的「自由愛情」對抗極權政治的統治，戰勝死亡。

三、附論：文革中的林昭

林昭的《十四萬言書》寫於1965年7月14日至1965年12月5日；《靈耦絮語》第一部寫於1965年5月10日（我們現在看到的文本始於1965年5月31日）至1965年年12月31日，第二部寫於1966年1月1日至1966年3月8日。——以上兩個我們已有詳盡討論的文本，都寫於文化大革命前夕。

我們現在看到的還有三個文本：《血書家信——致母親》，寫於1966年11月29日至1968年1月14日；《戰場日記——留給公眾和後世的記錄》，寫於1967年2月9日至1967年2月23日；《心靈的戰歌——我呼籲人類》，寫於1967年11月23日至11月30日，謄改於1967年12月14日。——這都寫於文化大革命期間，自有其特殊的意義，但並非本文研究重點，只能作一個簡要的討論。

在《十四萬言書》與《靈耦絮語》裏，林昭一直在緊張地關注黨內的高層鬥爭；特別是柯慶施的死，更使她看清高層鬥爭的殘酷，並且將其和自己聯繫起來。於是，就有了「他」與「她」關於即將到來的政治風暴的討論。——其實是林昭的自我對話。「他」斷定：「現在的問題的全部關鍵就只在於他（按，指毛澤東）不死心，還要賭」，「還不是賊子（按，指毛澤東）大權獨攬，唯恐別人與他爭權奪利」。「她」則說：「我現在於未來事尚難預斷，到底他最後將何去何從？將選擇什麼道路呢？」「這惡鬼可怎麼下場哪？他下地獄是他活該，只是累害苦了舉國眾生！」在另一次談話裏，「她」就更進一步指責毛澤東「抄了宋太祖杯酒釋兵權的老文章」，「連數十年患難與共的知名的老搭檔都幹起來了！好無情意也」；並且預言「這個民賊也真成了獨夫！天怒人怨，眾叛親離！名副其實的

孤家寡人！」——這樣的「討論」發生在舉國上下，黨內黨外，軍內軍外的「毛澤東崇拜」達於頂峰之時，顯然是超前的。

因此，文化大革命真的到來，林昭從一開始就持堅決的批判態度。她對「為什麼要進行『文化大革命』？」的回答是：高談「文」「化」，「曲解『和平演變』」，都是「測字遊戲」，真正意圖在奪取權力，毛澤東號召的「革命造反」就是「竊政」。對上海奪權，成立公社，她更作出激烈反應，認為這「簡直是對於林昭政治感情的直接挑戰」，因為在她的心目中，「上海者，柯公之上海也」，「現任市長曹荻秋又是柯公的多年胞澤！小賊如此妄為，將置柯公於何地？！死的罷了，你是與活着的林昭較勁兒呢」，「現今他們是無孔不入無縫不鑽地利用着一切機會向林昭作示意，故亦利用上了」。這自然又是一個幻覺：文革是對着她和「他」來的，「我的戰鬥也進入了最後階段」，她要作「最後決戰」。（見《戰場日記——留給公眾和後世的記錄》）

可以看出，在文革的強刺激下，林昭的被迫害妄想症更進一步發展了。她曾寫過一篇《糖紙上的文章》，認為獄外送來的糖紙都是「陶記中央(按：「陶」大概是指時在中央主持文革工作的陶鑄)給與自由戰士林昭的政治性哲文」，因此她要用「拆字法」來猜測其中的暗示，如「山東特產高粱飴五顆，青島糖果冷食廠制。這是意指我的親密戰友張元勳，張因是山東人且係青島籍也」；「白雪蛋白糖。蛋白者，也許暗示着要『談』了才得『白』罷？」等等。在給母親的信裏，林昭也談到她經常「把看來細小的事情當成一種靈異的見證」。這確實是一個瘋狂的時代：外在的瘋狂的暴力與內心的精神的亢奮、狂亂糾結一團。林昭的反抗愈加激烈，她自稱為「歲朝之戰」，可以說朝朝暮暮、日日月月年年，衝突一刻不停：她抗

議，絕食，寫血書，對着牢房外的大街，厲聲呼叫⋯⋯，幾乎所有的人都覺得她瘋了，真的瘋了。

但林昭依然有清醒的一面，她還在緊張地思考、追問，並寫下一切。在《戰場日記——留給公眾和後世的記錄》的《前言》裏，她自我命名為：「自由戰士」、「基督親兵」和「主的殉道者」，並發出誓言：「我將懷抱着這一份(公義必勝)信念堅持生活，或者懷抱着這一份信念捨生取義！我把我這些誠實的記錄留給公眾以及後世，而把我個人堅貞的戰鬥獻給祖國以及自由！」在《一個兵士在陣地上》一文裏，她表示「我有着高度清醒而更完全自覺的反抗意識」，「作為一個獨立的自由人我本來應得享有自己的一份與生俱來的受自上帝的完整的人權」，這是一個「完整的概念」：「只要還有一個人被奴役，就不能說人類是自由的！」

更加難能可貴的是，林昭還在不斷地進行自我反省和調整。據1967年11月23日《血書聲明》透露，林昭曾經有過一個判斷：上層中有一種力量，「似乎是在考慮準備背棄所謂之毛澤東思想而歸降世界人類自由陣線」，因而大概是在1967年7月以後的一段時間裏，林昭曾「以不具明確主名但可充分理解的書面語言向某些中共極權上層分子表示了自己對待某些政治性問題的態度」。——應該說明的是，林昭的這些書信在當時的情況下，是不可能上達中央的，只是被當做「瘋話」而留存監獄檔案，但林昭自己卻是看作是一次嚴肅的政治行為的。於是就有了同樣嚴肅的反省，可以說是丟掉了一切幻想：要求中國極權體制的統治者「悔罪改惡」以求「蒙赦」，「那真是十足的空話，只能表現着林昭個人在政治上的天真和幼稚」；在中國現行體制下，「根本談不到由我來考慮任何政治問題」；「只憑着一些單純的原則信念就冒然向頑鈍不化的敵人表示政

　　　　　　　　　燼火不息：文革民間思想研究筆記

治態度」，這本身就是「輕率無度」；「林昭一向認為，國內政治問題應當通過和平途徑以協商方式解決」，現在看來，這也是一廂情願。於是，就有了最後的選擇：「斷然劃清敵我政治界限」，拒絕與官方作任何對話，而直接向聯合國上訴，直接公諸社會人群，同時，堅守心靈的陣地：「監獄當作陣地還總是外在的，真正內在的陣地那是反抗者戰鬥不屈的心靈！」而且有了「扼守在陣地上的年輕士兵」對「她所信任所摯愛的自由世界的廣大人群」的「揚聲呼喚」——

　　「一切正直善良的懷有正義良知的人們，請諦聽我之心靈的戰歌！」（以上見《心靈的戰歌——我呼籲人類》）

　　也正是在文革的嚴峻環境下，林昭更加表現出對家庭，父母，特別是對母親的依戀，就有了《血書家信——致母親》。她輕聲呼喚：「媽媽，我要你，你來，你快來吧」。她傾心相訴：「你不知道我的戰鬥多難」，「親愛的媽媽，這幾天我都很累。……有時甚至使我有一些悲涼的自憐之感：唉！我怎麼衰弱到了這樣的程度呢？」「心情每每異樣的蒼涼，昨晚念着爹爹大哭了一場，現在寫着兩句不禁又痛淚盈眶。媽媽！……」她在信中說：「近來我想得很多，而且常常想到你們，想到我和家庭的關係。媽媽，我深累你們！別的我再也沒法往下說了……」。但她依然忍不住在母親面前表現女兒的嬌態：「我很想吃，有時甚至很饞！唉，媽媽！……」。《血書家信——致母親》最後收錄的一封信裏，我們見到了這樣的請求：「我要吃呀，媽媽！給我燉一鍋牛肉，煨一鍋羊肉，煮一隻鹹豬頭，再熬一二瓶豬油，燒一副蹄子，烤一隻雞或鴨子……。魚也別少了我的，你給我多蒸上些鹹帶魚、鮮鯧魚，

鱖魚要整條的，鯽魚串湯，青魚白蒸，不要煎煮。再弄點鯗魚下飯、……齋齋我！……」——這饞嘴丫頭對母親的過分要求裏，有着說不出的動人、感人之處。

我想起了瞿秋白《多餘的話》裏，最後一句話是——「中國的豆腐也是很好吃的東西」。

2014年4月13日–4月23日讀，4月24日–5月3日寫

輯二

紅衛兵運動和知青運動

歷史當事人口述中的北京中學生紅衛兵運動

讀《回憶與反思：紅衛兵時代風雲人物口述歷史之一，之二》[1]

　　這是一部口述歷史，「編者的話」裏特地聲明：「口述歷史本身就意味着它不是完全意義上的史學研究，更不等同於『信史』，即使通過研究者的加工整理，也只能是受訪者認識水平上的個人觀察。相對於歷史全貌和真實，每一個歷史人物的口述，難免有『瞎子摸象』般的片面和『身在此山中』的局限」。但另一方面，採編者強調，他們「在訪談過程中，倡導不溢美、不掩惡、實事求是地陳述所聞、所歷、所見」，盡可能地接近(而不能完全再現)歷史的實際狀況、真實情境。同時，不同的人，從不同經驗、感受與體驗去觀察、記錄同一個歷史對象，就有可能在或一程度上展現歷史的複雜性、豐富性與具體性：這大概就是歷史當事人口述歷史的特殊價值所在。這也是我對本書的興趣所在。

　　如本書的副題所示，口述者多為「紅衛兵時代風雲人物」，這也是本書的一個特點。所謂「風雲人物」指的是「紅衛兵時代」最有影響的領袖與骨幹，如本書的《導言》所說，是「各種思想流派的代表人物」，更能夠展現「這一代人大體的經歷和思想狀況」。[2] 因此，本書的作者大都是赫赫有名的，這裏有：清華附中1967屆高中畢業生、清華附中紅衛兵的主要

1　《回憶與反思——口述歷史之一》，《回憶與反思——口述歷史之二》，「北京傳奇」策劃，米鶴都主編，香港中國書局有限公司，2011年。

2　《導言：夢開始的地方》，《回憶與反思：紅衛兵時代風雲人物——口述歷史之一》，第19頁。

發起人、「聯動」主要參與者卜大華，北京四中1966屆高中畢業生、紅衛兵西城糾察隊主要負責人秦曉，北京市八中1966屆高中畢業生、紅衛兵西城糾察隊主要發起人陳小魯；有北京市二十五中1966屆高中畢業生、北京中學生紅代會核心組組長、北京市革委會常委、「四四派」紅衛兵的領袖李冬民，北京市二中1966屆高中畢業生、北京中學紅代會負責人之一，「四四派」的核心人物之一劉龍江；還有北京市第二十八中1966屆高中畢業生、「八一八」紅衛兵發起人、「四三派」領軍人物王宇，北京農大附中1966屆高中畢業生伊林（劉握中）、滌西（張立才），最早向林彪的「頂峰論」發出質疑的兩位北京中學生。[3]可以說，中學生紅衛兵的三大派別的主要代表都在這裏了。

這些「風雲人物」的另一個特點是，雖然在開始時的參與帶有很大的自發性，但在運動發展過程中，他們大多數都與中共中央上層有着密切的聯繫。這樣，他們的活動，就最能顯示北京的中學生紅衛兵運動與中共高層鬥爭的關係：這其實正是北京市中學生紅衛兵運動的最大特點與其特殊複雜性，也是其價值所在：要研究文革的上下互動，上層鬥爭與所謂「群眾造反運動」的複雜關係，這是一個極好的樣本。當然，這也形成了一種遮蔽，即普通學生的捲入運動，特別是外地，社會基層的大中學生、群眾參與，都進入不了我們的視野，這是需要另作專門研究的。

在進入具體的討論之前，還需要對我們的討論對象：「北京市中學生紅衛兵運動」的性質、派別作一個簡要的說明。本書的主編米鶴都（他本人也是北師大一附中1968屆初中畢業生）有一個概括：「紅衛兵運動是作為文革序幕的，一場以當時的

3　本書還有一位重要作者：清華大學井岡山發起人、大學紅衛兵五大領袖之一的蒯大富，因他是大學生，不在本文討論範圍內。

　　　　　　　　　燭火不息：文革民間思想研究筆記

中學生為主體的、自發的、具有相對獨立性的青年社會運動，也是一場被毛澤東因勢利導、打破共產黨各種成規而成為現實的青年運動」，[4] 這是大體可以成立的。北京中學紅衛兵主要包括兩個群體，一是由高級幹部子弟組成的老紅衛兵(簡稱為「老兵」)；二是在老兵被邊緣化以後，在批判「資產階級反動路線」中興起的「造反派」紅衛兵。而在造反派紅衛兵以後又分化為「四四派」與「四三派」。按「四四派」的核心人物劉龍江的説法，「四四派」是「中間派」(當時被視為造反派中的保守派)「裏面既有幹部子弟，也有一小部分出身不好的，但是大部分是工農子弟」，政治態度比較溫和，和派駐學校的軍宣隊持合作的態度；而「四三派」，其中「很多人出身不好」，不僅與老兵有深刻的矛盾，也反對支持「四四派」的軍訓部隊，是更為激進的一派。[5] 這樣，北京中學紅衛兵就分成了三大派別。而這三大派紅衛兵的起起落落，就構成了北京中學生紅衛兵運動的歷史。

在作了以上的交代以後，我們可以進入具體的討論。主要分兩個部分。

一、歷史過程的回憶

1964年很重要，那是一個轉折

本書有一位特殊作者葉維麗，她是北師大女附中1966屆的初中畢業生，雖然也是「大院裏的孩子」，出身在一個共產黨的中層知識分子幹部家庭，也參加過紅衛兵，但卻不是「風雲

4　米鶴都：《我看「第三代人」》，《回憶與反思：紅衛兵時代風雲人物——口述歷史之一》，第 395 頁。下面只注之一之二。

5　劉龍江：《我篤信中庸之道》，《之二》，第 130 頁。

人物」，而且很快就退出文革主航道，成為逍遙派。但卻「一生在思考」，是一位革命歷史(也包括文革歷史)的研究者。她的觀察與思考，就特別有意思。她在回憶文革時，談到自己在1962年讀小學時，大家談理想，都是想當科學家、工程師、作家，期待成為國家「建設人才」。本書另一位作者，老紅衛兵的領軍人物秦曉在他的回憶裏，也說：他和他們這些高幹子弟雖然都以天生的接班人自居，但「接班人的概念就是要建設祖國。中國的工業、技術很落後，我們父輩是職業革命家，現在，國家是我們的了，我們就要去做建設的事情」，「當時我們主觀上，沒有想當職業革命家的念頭」。[6] 但是，幾年以後，他們都成了文化革命的開路先鋒，成了社會的「破壞」的力量。葉維麗由此提出一個問題：「我們從建設性走向破壞性，這個過程是怎樣發生的？」她為此專門找到當年的同學，對那段歷史作了梳理，結論是：「1964年左右那一段對我們很重要，可以說太重要了，那是一個轉折」。據說，一切都是從中學開展「革命化運動」開始的。於是，學生生活就發生了微妙而重要的變化。記憶中有幾個難忘的情境與細節。

「我最強烈的印象，是十三四歲的小孩，就開始思想改造了」。「原來下午課後，有各種各樣的體育活動，小組活動。後來經常是下課後開會，班上開會，年級開會，全校開會，暴露思想，找典型，比誰暴露得好，就在學校禮堂裏說，並在校內廣播出來。我還記得一位名人的孩子，她可能是高三的，她在廣播裏批評她的媽媽。這對我非常震驚，我想她怎麼可以這樣說她媽媽呢？到了文革後，就成了見怪不怪的事了」。

「我覺得還有一個轉折標誌，就是這時候開始批判成名成家的思想。我們班有一個同學說，她原來的理想是當演員，演

6　秦曉：《走出烏托邦》，《之一》，第 100 頁。

出結束後，很多人給她獻花，這是她的一個夢想吧，現在知道這是骯髒的，是資產階級的成名成家。從1962年鼓勵你成名成家，到批判成名成家，讓你當馴服工具，做一個螺絲釘，黨把你放到哪裏，你就在哪裏發光發熱，你自己不能留一點自己的想法。這是一個非常大的轉變，不知不覺中完成了」。

「還有一個變化，就是我們這些女孩子，不知不覺地脫掉了花衣裳，穿上了男女不分的灰布褂、藍布褂了，當時我們都沒有意識到我們被剝奪了什麼，也沒感覺到不讓穿花衣服了是一種損失。這個過程實際上是給紅衛兵運動做了鋪墊」。

「那時候我們開始在北京郊區下鄉勞動。當時農村正『四清』，我記得動員大會上校領導講，階級鬥爭很複雜，到農村不要上去就喊大叔大媽、大哥的，因為我們不瞭解他們的情況。這又是和我們從小的教育不一樣的。這時候又是階級分了。見了人你可以不打招呼，可以沒有禮貌，可以見死不救，這是非常重要的通向文革的一個鋪墊。那幾年，不斷批判有問題的電影，如《北國風光》、《早春二月》、《舞台姐妹》，這些有人情味的片子，說這是小資產階級的。以前覺得這些人情味很好，經過這一輪集中批判，得到的灌輸是人情味是不好的。」

「另一方面，就是階級鬥爭這根弦開始繃起來了。階級鬥爭原來就有，但這些都不在我們生活中。現在上政治課時，就提出了一個問題：假如你看見一個人掉到水裏溺水了，你救不救？你不知道他的家庭出身你救不救？你要救上來是地主呢？你就不是救了壞人嗎？你這個好人為了救壞人你可能把命搭進去。這個問題非常能代表那個時代。在此之前，救人是天經地義的，就是在學雷鋒時期，上公共汽車見一孕婦讓座，不會先問一問『你是什麼家庭出身？』現在救人做好事時，階級問題出現了，就讓孩子們困惑得不得了」。

「當時，家庭出身也成了一個重要的分界了。我對這種以家庭出身劃分同學的方法，有一種潛在的逆反心理。記得班上專門給幹部子弟開了一次會，『幹部子弟』當時已經成了一個名詞了。我心裏的感覺真是無法言表。我的同桌她家庭出身特別不好，我們是形影不離的好朋友，出出進進都在一起，我開會了，她留在這兒，我感覺這樣不對勁，但又知道參加這個會是一種榮耀，心情是很複雜的。當時台上講話的校領導，大意是說，你們這些人是革命的接班人，重點培養對象，對中國革命有着特殊的責任吧，下面坐着我們這些『幹部子弟』，後來文革打人，打這些校領導的人，我估計就是當時坐在台下的這些人」。[7]

這確實都是些不知不覺發生的，毫不顯眼的微妙變化，但又如作者所說，確實「為紅衛兵運動做了鋪墊」：年輕的一代，當他完全放棄了個人的追求、理想，利益、權利，以及個人的獨立思想與意志，成了黨的馴服工具，用黨(和領袖)的思想來改造自己，黨(和領袖)指向哪裏就打向哪裏；當他把一切人與人的關係，包括家庭親情關係，都看作階級關係，而且完全拋棄人情、人性、以致性別的差異，以階級仇恨代替人間之愛和人(特別是女性)天性的對美的嚮往；當整個學校與社會以家庭出身決定人的地位、權利，黨的幹部及其子弟成為享有特權的特殊階層：這就與文革所發生的紅衛兵向黨指定的「敵人」(不僅是傳統的階級敵人即地、富、反、壞、右，還有文革的對象「走資本主義道路的當權派」與「資產階級反動學術權威」即學校的領導和老師)行使無法無天的暴力的「紅色恐怖」不遠了，這一代人由建設者變成破壞者，這些「一直受着良好

7　　以上引文見葉維麗：《一生在思考》，《之二》，第 149–153 頁。

　　　　　　　　　爛火不息：文革民間思想研究筆記

教育的青年扮演『褐衫黨』的角色」，[8]就是不可避免的歷史命運了。

　　在中國紅衛兵運動的標誌性人物，清華附中1967屆高中畢業生卜大華的記憶裏，1964年下半年是他參加政治活動的開始：「我是1964年入團的。那時候，學校開始對幹部子弟有一些特殊的政策。一是成立了射擊隊、報務隊、60炮隊等一系列的民兵性質的隊伍，進行了軍事訓練。二是搞了些特殊的學習。有時候禮拜六下午自習課的時候，學校把幹部子弟集中在一起學習。1965年向我們傳達過毛主席對毛遠新的談話。這好像是高一的下學期。還傳達過毛主席和王海蓉的談話，我覺得教育的意義還挺大的，是一種思想的解放。毛主席談了一些學習，談了一些人生，説不要讀死書，上課不願聽可以打瞌睡。聽了這些東西有一種振聾發聵的感覺」。[9]可以説，後來卜大華和他們那些幹部子弟成立第一個紅衛兵組織，就是這樣的思想解放的結果。

　　卜大華的回憶，讓我們注意到1964年左右北京中學生的前述思想變化與毛澤東的關係：卜大華談到的與毛遠新、王海蓉的談話，都是毛澤東在1964年所作的影響這一代青年命運，關係整個政治全局的戰略部署。更具體地説，在1964年，毛澤東這樣的戰略部署前後有四次。

　　1964年2月23日，毛澤東在《關於教育革命的講話》，向青少年發出了教育革命的號令。[10]

　　1964年6月16日，毛澤東發佈了關於「培養無產階級革命

8　米鶴都：《我看「第三代人」》，《之一》，第 398 頁。

9　卜大華：《我所知道的紅衛兵》，《之一》，第 29 頁。

10　毛澤東：《關於教育革命的談話》（1964 年 2 月 13 日），《建國以來毛澤東文稿》第 11 冊，第 22–23 頁。中央文獻出版社，1998 年。

接班人」的講話，明確提出成為接班人條件的核心，是要能夠「保證我們黨和國家不改變顏色」。[11]

1964年6月24日，毛澤東在和王海蓉的談話裏，提出「學校就應該允許學生造反」，還鼓勵作為高幹子弟的王海蓉「回去帶頭造反」。[12]

1964年7月5日，毛澤東在和毛遠新談話裏，明確提出「階級鬥爭是你們的一門主課」。[13]

兩相對照，就可以發現，葉維麗記憶裏的1964年他們學校的「革命化運動」，貫徹的就是毛澤東「以階級鬥爭為主課」的精神；而葉維麗、卜大華回憶裏的對幹部子弟的特殊關照、刻意培養，就是在落實毛澤東的「培養革命接班人」的指示。這就證明了：儘管北京中學生紅衛兵運動在開始階段具有相當的自發性，但從一開始就處在毛澤東的引導之下。

毛澤東在1964年春節關於教育革命的講話，是向全體師生公開傳達的，因此，反應更強烈，影響也更大。毛澤東在講話裏，對當時的教育制度進行了尖銳的批判：「舊教育制度摧殘人才，摧殘青年，我很不贊成」，「現在課程多，害死人，使中學生、大學生天天處於緊張狀態，課程可以砍掉一半」，「現在的考試，用對付敵人的辦法，搞突然襲擊，出一些怪題、偏題，整學生」，「現在一是課多，二是書多，壓得太重」，「（書）讀多了，又不能消化，也可能走向反面，成為教條主義者、修正主義者」。這些話應該說都是擊中要害的，

---

11 毛澤東：《培養無產階級的革命接班人》（1964年6月16日），《建國以來毛澤東文稿》第11冊，第85–88頁。

12 毛澤東：《和王海蓉同志的談話》（1964年6月24日），見文革中流傳的《毛澤東思想萬歲（1961–1968）》，內部出版，第134頁。

13 毛澤東：《教育制度要改革》（《和毛遠新談話紀要》摘要）（1964年7月5日），《建國以來毛澤東文稿》第11冊，第96頁。

　　　　　　　燭火不息：文革民間思想研究筆記

並且極能引起青年學生的共鳴。時為北京二中高三學生，後來成為「四四派」骨幹的劉龍江就有這樣的回憶：「那會兒，老師對學生的要求非常嚴。老師有壓力，因為學校是以升學率、考試的分數高低來衡量老師的工作。這在操作層面上矛盾很突出。實際上，升學還是以分數為硬標準，而這個標準當時卻滯後於社會上已作為唯一標準的『突出政治』了」。「那時候，我們的功課已經感到非常吃力了。老師講、講、講，然後說，最後一節課講完了，期末考試還有三天時間，你們準備吧，化學課如此，俄語也如此，還有政治、幾何、代數、物理等等，一共八門功課都如此，把我弄得應接不暇，那時候我們根本就沒有禮拜日，八個老師都要求學生用禮拜日複習自己教的功課。在這種要求的壓力下，學生們就是分數的奴隸」。因此，可以想見，當毛澤東宣佈「有些課程不一定要考」，「考試可以交頭接耳」，「人家做了，我抄一遍也好」，「學生成天看書，並不好，可以參加一些生產勞動和必要的社會活動」，中學生聽了一定會有如釋重負，獲得解放的感覺。當時，劉龍江就和他的好友，後來也成為中學紅衛兵的領袖的李冬民商量：毛主席主張「開卷考試」，我們也要向學校提出這樣的要求；但學校不給答覆，高二期末考試時，學生就罷考了。這可以說是在文革前在一所普通中學發生的「造反」吧。劉龍江由此得出一個結論：「文化大革命的爆發，無論說它怎麼病態，怎麼荒唐，但它還有社會基礎的。僅憑毛主席的『一聲號令』，沒有社會基礎，不會掀起狂濤巨浪。這種社會基礎，在學校裏，就是政治第一和分數第一的矛盾，就是繁重枯燥的學習負擔與青少年天性的衝突」。[14] 應該說，這一分析是有道理的。

而毛澤東本人，在1964年連續向青年學生發出召喚，是有

14　劉龍江：《我篤信中庸之道》，《之二》，第96–97頁。

他更深層次的考慮的。毛澤東在1962年八屆十中全會上發出
「千萬不要忘記階級鬥爭」的號召，並點明要反對「中國的修
正主義」；到1963年就在農村發動了「四清運動」，開始是
「清帳務，清庫存，清工分，清財務」，後來就發展為「清政
治，清經濟，清思想，清組織」，成了基層的全面階級鬥爭；
接着，在1963–1965年間，毛澤東又在文化、文學藝術、衛生、
教育、學術等上層建築領域發動批判運動。如此大規模的、全
面的階級鬥爭，特別是毛澤東提出要把四清運動的重點放在整
「走資本主義道路的當權派」，就引發了黨內的不同意見的爭
論。最後在1964年12月20日中央常委擴大會議上有了「兩個主
席的攤牌」：毛澤東強調「中心是整黨」，集中精力打擊黨內
官僚集團；劉少奇擔心會因此根本動搖黨的組織和統治基礎，
主張「有什麼問題解決什麼問題」，既要整黨內走資派，也要
打擊舊階級敵人、新生資產階級。毛澤東認為這是轉移目標，
是打擊「一大片」，保護「一小撮」。[15] 大概就是在1964年底
前後發生的這場論爭之後，毛澤東才下定決心要將劉少奇作為
黨內官僚集團的總後台，即將開始的文化大革命的主要打擊目
標。而我們這裏討論的毛澤東1964年向青年的連續召喚則表
明，在最終攤牌之前，毛澤東與劉少奇的矛盾已經在孕育中，
他在考慮作出新的選擇。首先是新的革命方式：不再依靠在他
看來已經為劉少奇所控制的各級黨組織，而是直接訴諸群眾，
發展群眾政治，實行他個人的獨裁與群眾專政的結合。同時，
毛澤東也在尋找新的革命火種。

　　我對此曾有過這樣的分析：「1957年當毛澤東試圖打擊黨
內官僚的時候，他尋找的火種是民主黨派和知識分子。但到了

15　參看逢先知、金沖及：《毛澤東傳》（下），第1369頁，中央文獻出版社，
　　2003年。

　　　　　　　　　燭火不息：文革民間思想研究筆記

1966年，民主黨派和知識分子早已被毛澤東打整得毫無火氣，不可能成為火種。何況這些知識分子本身就是文化大革命的對象。這一次再也不能由知識分子來點火了。按理似乎應該從工人、農民那裏尋求火種(按，毛澤東在文革中後期還是利用了工人、貧下中農來控制局勢)。但毛澤東既是理想主義的革命家，同時又是非常實際的實幹家，他清醒地知道，再怎麼發動革命，也不能影響生產建設，畢竟吃飯是最重要的。因此毛澤東需要工人、農民堅守生產單位，如果工人、農民亂起來，沒人種地做工，天下就真的要大亂了，這當然不行。於是，毛澤東把目光轉向了青年學生。他們的無知與激情正可以利用來作革命火種」。[16]

而毛澤東鼓勵青年起來造反，也不完全是出於政治家的謀略，還和他的一個信念有關。早在1958年大躍進時，毛澤東就提出過「高貴者最愚蠢，卑賤者最聰明」的命題。在60年代初的困難時期，毛澤東又在一篇古籍的批註裏，提出：「青年人比老年人強，貧人、賤人、被人看不起的人、地位低的人，大部分發明創造，佔百分之七十以上，都是他們幹的」，「就是因為他們貧賤低微，生力旺盛，迷信較少，顧慮少，天不怕，地不怕，敢想敢說敢幹。如果黨對他們加以鼓勵，不怕失敗，不潑冷水，承認世界主要是他們的，那就會有很多的發明創造」。[17]現在看來，毛澤東1964年的前述系列講話，就是他在準備發動文化大革命，在黨內陷於孤立時，對「生力旺盛，迷信較少，顧慮少，天不怕，地不怕，敢想敢說敢幹」的「青年

16　錢理群：《毛澤東時代和後毛澤東時代：歷史的另一種書寫》(下冊)，第017–018頁，台灣聯經出版有限公司，2012年。

17　毛澤東：《讀〈初唐四傑集〉批語》，《毛澤東讀文史古籍批語集》，第11–13頁，中央文獻出版社，1993年。

人」、「貧人、賤人、被人看不起的人、地位低的人」的一次
自覺發動，但不是鼓勵他們去發明創造，而是去「造」老年
人、有權有勢的人、地位高的人，那些黨內當權派、學術權威
的「反」，以達到自己的目的。這就是毛澤東在對自己的後代
毛遠新、王海蓉談話裏，鼓勵他們帶頭「造反」的深意所在。

有意思的是，首先回應毛澤東的，是中學生中的高幹子
弟。這是因為中國共產黨的高級幹部，大多數都因常年打仗，
結婚比較晚，到了1964、1965年，他們的子女基本上還都是中
學生，而且他們又集中在少數重點中學，容易形成力量優勢，
而且中學生更是顧慮少，天不怕，地不怕，更符合毛澤東的要
求。可以說，就是這樣一個多少有些偶然的原因，就把中學生
中的高幹子弟推到了歷史舞台的最前沿。從另一面說，這也是
毛澤東面對他的政敵(這回是劉少奇為首的所謂「資產階級司令
部」)所出的險棋怪招：在對方完全想不到的地方，出其不意地
發動進攻。

二、1965年：北京四中、六中、八中的「四清運動」，批判「白專學生」

到了1965年，就有部分中學高幹子弟開始「鬧學潮」了。

時為北京四中高二學生的秦曉回憶說，當時是北京四中、
六中、八中的高幹子弟相互串聯，直接給中央寫信，要求在學
校開展「四清運動」。「挑頭的主要是高三的高幹子弟。他們
認為學校裏有階級鬥爭。有的老師出身不好，重點栽培出身不
好的學生，而革命子弟被排斥，再就是鼓勵走白專道路。他們
由此認為，學校應該搞四清，搞階級鬥爭」。[18]

---

18 秦曉：《走出烏托邦》，《之一》，第 98，99 頁。

燭火不息：文革民間思想研究筆記

這裏有一個關鍵性的邏輯轉換。如前文所說，中國十七年的教育的智育第一、分數掛帥的傾向(這在困難時期教育調整中有了進一步的發展)，不但壓抑了青少年的天性，與六十年代越來越濃厚的政治掛帥的時代趨勢不相適應，而且在中學生不同群體之間也產生了一定的矛盾。前文引述的劉龍江的回憶裏就談到，他的同學裏，「知識分子家庭和一些出身不好的學生，他們和家長都明白只有學習好才有出路」，因此他們是比較適應這樣的教育的，並從中受益；而「幹部家庭出身的學生，很多的父母每天忙得不見人影，沒有時間督促孩子學習，何況很多幹部自己就是一個大老粗。再加上這些學生還有個優越感，不大會考慮將來的出路問題。這也影響到他們的學習成績」，在強調學習成績的氛圍中，就多少感到了一些壓力。[19] 這樣的對學校教育的不同感受，本身就是相對的，高幹子弟的幾個領袖人物像秦曉、孔丹都是金質獎章和銀質獎章的獲得者，他們就沒有任何壓抑感；而且即使有矛盾，用毛澤東的理論來說，都屬於人民內部矛盾，是可以協調的。但現在，在強調階級鬥爭的時代，就轉換成了一個階級路線的問題，即所謂「重點栽培出身不好的學生，而革命幹部子弟被排斥」，而且將這歸結為「有的老師出身不好」而有意為之，這就暗含着一個「階級報復」的罪名。再加上「鼓勵走白專道路」，這就更成了教育的方向問題。這就由「人民內部矛盾」轉化為「你死我活的敵我矛盾」，為後來在校園發生毒打學校領導和老師，以致出身不好的學生的暴行，埋下了禍根。

　　但這樣的階級鬥爭邏輯並不具有說服力。秦曉就談到他「一開始不大接受這種觀點，主觀上並不認為教育制度有什麼大問題。我們都是致力於學知識，學好了去建設祖國。覺得老

19　劉龍江：《我篤信中庸之道》，《之二》，第 97 頁。

師挺勝任的。另外覺得出身不好的子弟怎麼說也跟地富反壞右不一樣」，他顯然不認同這是階級鬥爭的問題。高三同學舉出一個例子來說服他：一位「老革命的後代」，大概是因為他不太上進，學校沒有發展他入團，現在看來，就是有意「排斥」；還有的學生開玩笑摸他頭，嘲笑他，「這反映出階級情緒，是恨這些幹部子弟」。這本來就是似是而非的事情，但一涉及「階級情緒」，大概就觸動了秦曉這樣的本來比較理智的高幹子弟，他後來也參與鬧事了。

學潮的事越鬧越大，參與的高幹子弟越來越多，北京市只得派工作組進駐學校。但據秦曉說，當時的北京市委書記彭真「認為可能是中央有人在借此整他，所以表現得很強硬」，工作組並不買這些高幹子弟的賬。派到秦曉班級的工作組長是中宣部副部長林默涵的夫人，還專門和他談話：「聽說你剛開始不太主張在學校裏搞階級鬥爭？這是對的嘛」，特地表揚秦曉「政策把握得好」。校工作組負責人，時為北京市領導的萬里，還在中南海給這幫高幹子弟訓話，「他嘲諷、調侃，話說得很嚴厲，底氣也很足」：「你們老說紅二分比白五分好，我看還是白五分好」。秦曉回憶說，萬里「訓得我們沒脾氣，都靜悄悄地聽」。後來，鬧學潮的領頭學生都挨整了。秦曉記得，邱會作的兒子邱承光作為主要學生領袖之一，就不斷寫檢討，怎麼也過不了關。[20] 可以看出，以彭真為首的北京市委根本反對在學校(尤其是中學)搞階級鬥爭，更不用說以青年學生為階級鬥爭的先鋒；他們同時對當時盛行的「政治第一，只紅不專」的傾向保持了高度警惕，而且他們的態度十分強硬：這都表明，後來毛澤東發動文革要從他所說的「針插不進，水潑不進的獨立王國」北京市委開刀，絕非偶然。在某種程度上

20　以上回憶見秦曉：《走出烏托邦》，《之一》，第98–100頁。

　　　　　　　　　　　　燼火不息：文革民間思想研究筆記

可以說這是文革黨內鬥爭的一個預演，中學生的高幹子弟因為他們的特殊地位無意間捲入其間，這也預示着他們以後的命運。——當然，這都是事後的醒悟，處於具體歷史情境中的當事人是渾然不覺的。

值得關注的，還有四清運動前和運動中對「白專學生」的批判。這方面的材料不多，現在看到的是兩位四中學生的回憶。一位是1963年夏入學的周孝正，他在高一第二學期到農場勞動時，曾向給他們作政治報告的解放軍某部政委提出了「一直在思考的諸多問題」，這些問題多少含有對主流觀念「懷疑的成份」，就被視為大逆不道，公開點名批判。有一天教室的牆壁上突然貼滿了「火燒周孝正」的小字報，有的還「上綱上線」，充滿火藥味。周孝正看了自然不服，乾脆把自己想過的問題，整理成「二十一條」，公之於眾。其中有：「無名英雄比有名英雄更偉大：這種說法到底對不對？馬克思說：『無產階級只有解放全人類，才能最後解放自己』。全世界三十億人口，是不是意味着有三十億分之一的個人主義？還有，毛澤東講的『毫不利己，專門利人』是否有矛盾？『人人為我，我為人人』的口號對不對？『學習董加耕（按：當時樹立的知識青年下鄉的典型）『腳踩污泥，心懷祖國』和古人的『達則兼濟天下，窮則獨善其身』，是否有矛盾？」一個普通的中學生，居然對時代主流話語，特別是馬克思、毛澤東的話提出質疑，這自然引發了爆炸性的反應。但周孝正「相信當時流行的一句話：『真理往往掌握在少數人手裏』」，決定論辯到底。但他萬萬沒有想到，一天政治課上到一半，「突然闖進來比我們高一級的高三學生，幾乎所有的學生都站起來，後來擁進教室的乾脆站在桌椅上。所有發言都針對着我，發言越來越激烈，越來越不講理。由討論、辯論轉向批鬥」，「我故意背誦了一段

毛澤東引用的恩格斯的話。話音剛落，有個同學馬上喝道：『這是哪個反動權威說的？』我從容掏出《毛主席語錄》，指出引文的出處。以攻為守，總算換來了片刻的安靜」，但難以平息的是「深深的內心的傷痛」，「最讓我困惑不解的是，平時關係融洽的同學，怎麼一下子全都變了臉……」。[21]——這樣的批鬥，大概也是文革的預演吧。

另一位四中高一學生牟志京，則在「四清運動」中遭遇了「鋪天蓋地的批判文章」和「面對面的批判會」。都是在家庭出身上作文章，卻充滿了「對事實的扭曲」；再就是「取材於我的日記」，肆意「扭曲與褻瀆」：這也都是以後文革大批判慣用的手法。「一個自尊心很強的十幾歲的孩子，如何熬過那些令人難堪的場面，我真的記不清了，只記得承受力幾乎到了極限，產生過自殺的念頭」……。[22]

1964、1965年間中學校園內對所謂「白專學生」的批判，所提供的資訊也許是更應該注意的。儘管中國的教育對學生的意識形態灌輸與思想控制一直很嚴，但卻不能根本消除青少年天性中的懷疑精神，特別是四中、八中這樣的根底深厚的重點中學，懷疑精神更是自有傳統的：懷疑本是一切科學創造的原動力。而且毛澤東從他自身的反叛情結出發，也在一定程度上鼓勵青少年要「敢想敢說敢做」，具體到他在這一時期的前述系列講話，無論是對現行教育制度的批判，還是「回去帶頭造反」的呼喚，都同樣會喚起青少年內在的懷疑精神與獨立思考。儘管毛澤東的「造反」必須服從於他的需要，懷疑也是有

21　周孝正：《「社教運動」與我》，《暴風雨的記憶：1965–1970 年的北京四中》，第 88，90，91 頁，牛津大學出版社，2011 年。

22　牟志京：《似水流年》，《暴風雨的記憶：1965–1970 年的北京四中》，第 2–3 頁。

限度、有控制的，但其客觀邏輯卻會最終導致對他自己的懷疑，黨和毛澤東又會將這些學生視為異端而進行批判，以致鎮壓。我們這裏講到的周孝正之被批判，就是因為他對毛澤東的「毫不利己，專門利人」的倫理觀提出了「有沒有矛盾」的疑問。作為一個中學生，他的疑問當然不可能有任何政治含意，他只是本能地認為，一切人，一切既定觀念，都是可以懷疑的。但卻不能為毛澤東時代所容。因此，周孝正們這樣的「白專學生」的出現，以及他們的被批判，都提供了一個重要資訊：到了文革前夕，一種懷疑精神正在一部分青少年中默默孕育，而一旦表現出來，就必然要遭到批判和鎮壓：這兩個方面，都會深刻地影響到以後文革的發展。

可以作為我們這一論斷的證明的，是1963–1965年間，在中國部分大學校園裏對「反動學生」的批判。可以說，對「白專中學生」和「反動大學生」的批判，是同步的：這當然絕非巧合。事情的起因是1963年中共中央發表了《關於國際共產主義運動總路線的建議》，在電台上廣播以後，地質學院一位應屆畢業生寫信提出不同意見，此事驚動了中央。周恩來在接見畢業生時，說「有的大學生反對我們黨的『反修』政策，你有什麼道理可以站出來講嗎？」這個魯莽的山東學生突然從座位上站起來辯論，旁邊早有四個莽漢把他摁了下去。高教部和北京市委聯合上報中央，毛主席作了批示，說這類學生是大學中的極右分子，是階級鬥爭在學校中的表現，而且「所在多有」，應該清理。[23] 根據毛澤東指示精神，形成了一個《中共中央、國務院關於高等學校應屆畢業生中政治反動的學生處理的通知》，指出極少數政治上反動的學生「其對我猖狂進攻的程度

23　王學泰：《鮮為人知的「反動學生」案》，《多夢樓隨筆》，第 386–389 頁，
　　學苑出版社，1999 年。

已經相當甚至超過反右鬥爭中的極右分子」，應「通過揭露與批判，對他們進行嚴肅、認真的處理」。據說劃分「反動學生」的標準是攻擊三面紅旗(即對大躍進、總路線、人民公社有所議論)，反對反修鬥爭，同情右派分子。在1963年至1965年間，全國高校定案處理的「反動學生」有五六百人。[24] 他們大都是前文所說的具有懷疑精神與獨立思考力的年輕人，他們對現行體制與政策的批判、質疑，上聯1957年的右派，下啟文革中的造反派中的自覺者，是一個重要的過渡環節。[25] 中學生中的「白專分子」的獨立思考雖然沒有這樣的政治自覺，但總體仍屬於懷疑主義思潮。

三、1966年5–8月：紅衛兵的誕生

而且這樣的懷疑主義思潮還在發展。前文談到清華大學附中高三學生卜大華和他的同學中的高幹子弟在1965年聽到毛澤東和毛遠新、王海蓉關於「階級鬥爭是主課」、「回去要帶頭造反」的講話，有一種「思想解放」的感覺。到1965年年底就提出了他們自己的理解與發揮。10月28日他們中的筆桿子駱小海在班級壁報欄裏貼出一張小字報，題為《造反精神萬歲》，其中寫道——

「造反，造舊事物的反，是歷史的偉大動力。——拿我們學生來說，甚麼教育制度，學習方法，紀律規章，天地六合，都有舊的東西，對待他們，只有一種精神：造反！

24　轉引自教育部黨組《關於複查高等學校劃為反動學生問題的請示報告》（1979 年 10 月 27 日）。

25　有關「反動學生」的討論可參看錢理群：《拒絕遺忘：「1957 年學」研究筆記》，第 420–424 頁。

「鑒於目前教學紀律對學習束縛之深，大有造反之必要。這邊革命分子一喊『造反嘍！』那邊保皇分子慌忙打出和平旗幟，大喊『遵守正常秩序』——罵造反的異端分子：『你們瘋了！』」[26]

這可以說是中學生，中國的年輕一代，對毛澤東的「造反」召喚所作出的第一個自覺的回應。

他們強烈地感受到「舊事物」——已有既成的教育制度、學習方法，紀律規章對自己的束縛，要求新的突破，衝破「正常秩序」，尋求徹底的解放。——後來，駱小海在他的回憶裏，談到他當時理解的「造反」，「就是不要做精神奴隸，就是不要被傳統的東西束縛」。[27]

他們完全自覺地意識到，自己的「異端」性，並準備接受「保皇分子」的一切辱罵與攻擊。

他們宣稱自己是「革命分子」，「造反者」，要以自己的造反成為新的「歷史的偉大動力」。

未來的紅衛兵已經孕育其中。

而且這是正在謀劃發動文化大革命的毛澤東所需要的。但當時毛澤東和這些即將登上歷史舞台的青年造反者之間，還沒有任何溝通。卜大華、駱小海們還得孤軍作戰。他們首先面對的就是學校領導的不理解與壓制。而且是從一件小事開始的：當時正在進行班級團支部的改選，他們提出了自己的不同於校方佈置的選舉方案，就引來了學校領導的不滿。卜大華回憶，他們「也沒覺得我們這些人有什麼特別不好，只是我們的一些做法和他們原來的想法不一致」。[28] 但在那個一切由黨說了算

26　見卜大華：《我所知道的紅衛兵》一文注釋一，《之一》，第 87 頁。

27　卜大華：《我所知道的紅衛兵》，《之一》，第 31 頁。

28　卜大華：《我所知道的紅衛兵》，《之一》，第 30–31 頁。

的時代，和黨支部「想法不一致」就是天大的政治問題，這又是已經朦朧覺醒的年輕人絕對不能接受的。

衝突終於不可避免。第一次爆發是在1966年5月10日，正是中共中央發佈《關於開展無產階級文化大革命的通知》（簡稱《五一六通知》），標誌文化大革命正式開始的前夕。這一天清華附中的校長作關於文化大革命的報告，卜大華們有意見，要求和校領導交換看法，又找到清華大學黨委反映學校問題，這都觸怒了校方。在和他們談話時，嚴厲指出，學校怎麼說，你們怎麼做就行了。你們班總是有這樣那樣的意見。你們不要老提意見嘛。1957年就是這樣，有的學生今天提意見，明天提意見，最後就成了右派。警告之後，又在對全校廣播講話中，點了卜大華班的名，說他們對學校工作指指點點，這很危險。[29]顯然，此時的學校黨支部還是按照共產黨歷次運動的成規，按照1957年反右運動的觀念、思維來處理問題，企圖將有不同意見的學生強壓下去。但此時的卜大華們在毛澤東的暗示、引導下，已經形成了前述懷疑主義的造反思維，決心不再遵守「正常秩序」，要打破舊的束縛，自然不會屈從於校領導的高壓，矛盾因此迅速激化。黨支部又拿出慣用的整人手段，將卜大華、駱小海等人列入黑名單，把他們的學籍卡片拿到校長那裏，準備整材料。學生們早已從社會上越來越濃厚的文革氣氛裏感覺到形勢即將發生變化，也毫不客氣地開始搜集校方在運動中一些做法的材料[30]：雙方都已劍拔弩張，真的擺出階級鬥爭的架勢，一觸即發了。——其實，正如卜大華後來在回憶中所指出的，「如果附中的領導一開始不是用壓服的態度，可能

29　卜大華：《我所知道的紅衛兵》，《之一》，第31頁。

30　卜大華：《我所知道的紅衛兵》，《之一》，第32頁。

　　　　　　　　　　　燭火不息：文革民間思想研究筆記

情況就會大不相同」。[31] 問題是雙方都是在按毛澤東此時大力倡導的階級鬥爭思維行事，結果就把不同意見的爭論變成你死我活的搏鬥，最後是兩敗俱傷：支配這一切的，正是毛澤東在1957年反右運動以後總結出來的「設置對立面」，人為激化矛盾，製造階級鬥爭的治國方略。[32]

而這時，早已對校方不滿的其他班的學生也站出來支持卜大華們；自然，也有更多的學生緊跟學校黨支部，批判、圍剿他們。5月20日高三的王銘、張曉賓等高幹子弟(後來他們都成了紅衛兵的領袖)給黨中央、毛主席寫了彙報材料，指責清華大學附中黨支部「不以毛澤東思想掛帥，驕傲自滿，固步自封，長期拒絕接受學生的嚴肅批評，堅持錯誤的資產階級辦學方向」，表示「我們目前同清華大學附中黨支部的鬥爭，就是社會主義文化大革命深入發展的結果。這是一場尖銳的階級鬥爭」。最後宣誓「我們下定決心，一屆屆一代代和清華附中黨支部的錯誤方向鬥下去，直到把清華附中徹底搞紅為止，直到把無產階級教育方針在清華附中牢牢確立為止，直到偉大的毛澤東思想在清華附中真正地驕傲地飄揚為止」。[33]

這就把中學裏的校領導與學生的矛盾納入文化大革命的政治鬥爭的軌道裏了。

校方則充分利用自己手中的權力，繼續對反叛者實行限制與高壓。卜大華回憶說，「那時候，我們經常是晚自習完了才去(學校附近的)圓明園聊天」，以躲開監控，「學校就加強校衛隊，晚上九點學生一律回宿舍，到時候就鎖門。我們談完回

31　卜大華：《我所知道的紅衛兵》，《之一》，第 31 頁。

32　毛澤東：《在南寧會議上的講話提綱》(1958 年 1 月 16 日)，《建國以來毛澤東文稿》第 7 冊，第 17 頁。可參看錢理群：《毛澤東時代和後毛澤東時代：歷史的另一種書寫》(上)，第 169–170 頁。

33　卜大華：《我所知道的紅衛兵》注釋 2，《之一》，第 87 頁。

來，學校大門緊閉，敲門也不開，我們只能從旁邊的垃圾道鑽進去。結果發現有人把很重的暖氣片放在垃圾道的上邊，弄不好就會掉下來砸着人」。

這樣，就把持不同意見的學生(後來在回憶中駱小海就自稱「不同政見者」[34])逼上了梁山。卜大華說：「我們越來越明顯地被當作另類處理，乾脆不妨就自當那個另類。我們認為要採取一些共同行動了」。於是，就有了1966年5月29日的圓明園聚會，大概有十多位高二、高三同學參加，除了後來成為作家的陶正，差不多都是幹部子弟。會議決定統一協調行動，統一署名「紅衛兵」。[35] 5月29日就成了紅衛兵的誕生日。卜大華在回憶中有這樣的說明：「後來有人問我，那時候是不是上面有人給你們一些具體的指示或暗示之類的東西。這個絕對沒有」，「紅衛兵組織一開始就不是一個嚴謹的組織，只是為了搞一些統一行動而採用的名稱。而且對到底要搞多長時間，最後會是甚麼樣的結果，也完全沒有概念」。這大概是符合事實的。[36]

直到1966年6月1日根據毛澤東的指示，中央人民廣播電台廣播了北京大學聶元梓等七人的大字報，寫大字報成為合法，紅衛兵才貼出自己的第一張大字報，算是公開亮相：題目是《誓死保衛無產階級專政，誓死保衛毛澤東思想》，自稱「無產階級革命的後代」，並宣佈兩大政治立場與主張：一是「無

---

34 駱小海：《〈宋柏林日記〉序》。轉引自卜大華：《我所知道的紅衛兵》注釋4，《之一》，第88頁。

35 關於「紅衛兵」的命名，當事人回憶中都提到是借用時為高642班的學生張承志在班級教室裏貼的小字報的署名。張承志後來在日文版的《紅衛兵時代》裏也說，他當時的署名就是「紅衛兵」，他還在小字報的末尾，畫了一個騎馬的戰士的圖像。但駱小海在《宋柏林日記》序言裏，則回憶說，張承志最初署名是「紅衛士」，在圓明園會議上將其改為「紅衛兵」。見卜大華：《我所知道的紅衛兵》注釋3、4，《之二》，第32，88頁。

36 卜大華：《我所知道的紅衛兵》，《之一》，第32–33頁。

限熱愛、無限信仰、無限崇拜毛澤東思想，對一切反毛澤東思想的言行，懷着刻骨的仇恨。在大革命中我們一定要樹立毛澤東思想的絕對權威，一腳踢開一切反毛澤東思想的所謂『權威』。凡是毛主席指示的，我們就堅決照辦，堅決執行，就是上刀山，下火海也在所不辭！凡是違背毛澤東思想的，不管他是什麼人，不管他打着什麼旗號，不管他有多麼高的地位，統統都要砸得稀爛！」二是強調「文化大革命，是兩個階級、兩種世界觀的決戰。我們一定要突出無產階級政治，大搞世界觀、人生觀的改造，不准資產階級在任何領域中負隅頑抗！」最後，歸結為「誓死跟着黨中央，誓死跟着毛主席，誓死保衛無產階級專政！」[37]——這些紅衛兵可能並不瞭解當時黨內外、國內外鬥爭的全局，但他們卻幾乎是本能地抓住了要害：無論是在文革初複雜而激烈的黨內鬥爭中，還是在反對資產階級方面，他們都堅定地站在毛澤東這一邊，無愧為「毛澤東的紅衛兵」。

　　但在當時，他們仍然遭到了圍攻，主要因為他們反對「黑幫」，就被認為是把矛頭指向黨支部，自然也就有人指責他們「太狂」，表示「堅決擁護黨支部的領導」云云。倒是校外的一些同學前來聲援，[38] 北大附中、人大附中、地院附中、礦院附中、二十五中等校也紛紛成立了紅衛兵。[39] 當時集中了更多的高幹子弟的北京四中的學生卻拒絕成立紅衛兵。這固然是出於年輕人的自傲：如他們中的一位骨幹說，「首先對『紅衛兵』三個字就瞧不上——太嫩，太小兒科；再就是那一身行頭，也就是後來著名的紅衛兵式軍裝，不就是人家沒有你們

37　引自卜大華：《我所知道的紅衛兵》注釋 5，《之一》，第 88 頁。

38　卜大華：《我所知道的紅衛兵》，《之一》，第 33、34 頁。

39　《北京紅衛兵運動大事記及名詞注釋》，《之一》，第 418 頁。

有，還擺什麼？所以我們四中就是不成立紅衛兵，還照舊打着共青團的旗幟」，[40]更是因為它們「從一開始就表現出組織意識」，[40]並不像清華附中紅衛兵那樣急於突破既定的「正常秩序」。後來他們發起組織紅衛兵糾察隊，就是這個道理。我們在下文會有詳細討論。

到了六月初，形勢就直轉急下：6月3日，主持工作的劉少奇、鄧小平決定向大中學校派駐工作組。6月8日工作組一到清華附中就宣佈「支持紅衛兵」。卜大華認為，「這可能是根據之前紅衛兵幾次向中央反映情況作出的決定」。[41]但很快，工作組就和紅衛兵發生了矛盾。有意思的是，工作組的意見，竟然和之前的校領導完全一樣：「你們清華附中的紅衛兵這些人，很能幹，但有缺點。缺點就是不聽話」。於是，就有了「紅衛兵有些人不聽工作組的，另搞一套」的指責。[42]而這樣的指責的背後，又確實存在着更為深刻的分歧：工作組認為，黨的領導必須通過工作組來體現，紅衛兵則提出必須樹立毛澤東思想的絕對權威，被工作組認為是「不要工作組的領導，搞紅衛兵專政」。[43]

而對運動應該怎麼搞，紅衛兵和工作組也有分歧。6月23日《中國青年》發表經過鄧小平審閱過的社論《左派學生的光

40　劉宣輝：《昨夜星辰昨夜風》，《暴風雨的回憶》，第 47 頁。

41　清華附中紅衛兵在成立第三天(5 月 31 日)，其六名核心人員就聯名給中共中央和毛澤東寫信，歷數學校黨支部 61 條錯誤，其中要害有「拒絕把毛主席著作當做一切工作的最高指示」、「不抓階級教育」、「有貫徹階級路線的右傾傾向」、「業務學習壓倒政治」、「領導班子成份不夠可靠，教師隊伍是封建主義、資本主義、修正主義的隊伍」等。轉引自印紅標：《失蹤者的足跡：文化大革命期間的青年思潮》，第 7 頁。

42　卜大華：《我所知道的紅衛兵》，《之一》，第 34，37，39 頁。

43　卜偉華：《「砸爛舊世界」：文化大革命的動亂與浩劫》，第 170 頁，香港中文大學當代中國文化研究中心，2008 年。

榮責任》，強調「團結大多數」，這也是工作組所堅持的；紅衛兵則認為社論只講團結不講鬥爭，是毛澤東所批判的折中主義，第二天就貼出針鋒相對的大字報《左派學生的光榮責任的是徹底革命》。為了更進一步闡明自己的觀點，卜大華在準備中無意中翻到6月9日《人民日報》一篇短評，文中引述了毛澤東1939年在延安紀念斯大林誕辰六十周年講話裏，說到「馬克思主義的道理千條萬緒，歸根結底就是一句話：造反有理」，這就更有了底氣。於是連續發表《論革命的造反精神萬歲》（1966年6月24日）、《再論革命造反精神萬歲》（1966年7月4日）、《三論革命造反精神萬歲》（1966年7月27日）三篇文章，[44] 這是可以視為紅衛兵的宣言書的。

　　宣言書的要點有三，都頗可注意。一是強調「革命就是造反，毛澤東思想的靈魂就是造反」，要「敢想、敢說、敢闖、敢革命」，「革命者就是孫猴子，要掄大棒、顯神通、施法力，把舊世界打個天翻地覆，打個人仰馬翻，打個落花流水，打得亂亂的，越亂越好」，「要搞一場無產階級的大鬧天宮，殺出一個無產階級的新世界」。[45]——這些話，都是毛澤東在1966年最想講的話，他就是要把整個天下搞亂，越亂越好。這也是此時毛澤東和劉少奇、鄧小平的分歧所在：劉、鄧顯然是想將方興未艾的文革納入「正常秩序」。因此，可以說，紅衛兵是在文革關鍵時刻支持了毛澤東。毛澤東早有詩云：「今日歡呼孫大聖，只緣妖霧又重來」，紅衛兵就是毛澤東所期待的當代「孫大聖」。毛澤東要給予支持，是必然的。而這樣的

44　卜大華：《我所知道的紅衛兵》，《之一》，第 36 頁。

45　清華附中紅衛兵：《無產階級的革命造反精神萬歲》，《再論無產階級的革命造反精神萬歲》，《三論無產階級的革命造反精神萬歲》，《紅旗》1966年第 11 期（1966 年 8 月 21 日出版）。題目中的「無產階級的」為編輯部所加。以下關於「三論」的引文也見於此。

「造反」宣言，在當時的歷史情境下，其內含的懷疑、批判精神，都是對既定體制與秩序的一個巨大衝擊，對長期束縛於做黨的馴服工具桎梏中的知識分子和青年學生，無疑起到了思想解放的作用。這也是紅衛兵的「三論」發表以後，在全國範圍引起強烈反響的原因所在。

其二，強調「造反」，就是「一場大搏鬥，大廝殺，什麼『人情』呀，什麼『全面』呀，都滾到一邊去！」公開揚言：「我們就是要粗暴」，就是要「把你們打翻在地，踏上一隻腳！」這都是在鼓吹暴力，排除一切人情，溫情，這就極容易導致對人性內在的惡與嗜殺性的大誘發，後來校園和社會上發生的毒打校長、老師、同學和所謂「牛鬼蛇神」血腥事件就是這種「暴力造反」論必然導致的惡果。

紅衛兵們相信，只有經過這樣的大破壞，大殺戮，才能「殺出一個新世界」。而他們理解的「新世界」，又是一個矛盾的終結點，一個與所謂「舊思想，舊文化，舊風俗，舊習慣」徹底決裂的，無限純潔的，沒有任何污染的理想社會。這就是紅衛兵的造反雙重性，是理想主義與專制、屠戮的奇特結合。更準確地說，是在理想主義旗號下的專制和屠戮。紅衛兵也就成了天使與惡魔的混合體。

其三，強調造反的目的就是要掌權，而且要壟斷造反權利。於是就有了「只許左派造反，不許右派造反」的口號，公開宣稱：「你們膽敢造反，我們就立即鎮壓！這就是我們的邏輯，反正國家機器在我們手裏」。對專政的強調和造反的鼓噪，形成強烈對比，構成了所謂「紅衛兵思潮」的兩個側面，既包含內在矛盾，又有內在統一的一面。如何把握這兩個側面，是我們認識老紅衛兵的關鍵。

這裏有幾層很值得注意的意思。首先，這些老紅衛兵是以

　　　　　　　　　燼火不息：文革民間思想研究筆記

天生的「左派」，也即天生的「造反者」和「掌權者」自居的。北大附中紅衛兵(紅旗戰鬥小組)有一篇《自來紅站起來了》，就直言不諱：「大權一定要我們來掌，這是毛主席給我們的最大權利」，理由也很簡單：「老子拿下了政權，兒子就要接過來，這叫一代一代往下傳」。[46] 這樣，血統論就成為紅衛兵合法性的理論基礎。「四四派」的骨幹劉龍江說，老紅衛兵就是「以造反的形式要求在中學落實階級路線」，[47] 這一分析是有道理的。中學紅衛兵在社會上出現以後，首先引發的是「出身」問題的提出，血統論的論爭，這是很能説明問題的。有意思的是，在讓自己的後代接班這一點上，毛澤東與劉少奇、鄧小平之間倒是一致的：就在1966年7月，鄧小平有一個明確的指示：「要使工農革幹子弟逐步掌握學校的領導權，這要成為一個趨勢」，[48] 這大概也是他預設的文化大革命的目標之一。而事實上，那一時期劉少奇，鄧小平，以及許多高幹的子女，就掌握了所在學校的領導權。

引人注目的，還有其中的專政思維。「國家機器在我們手裏」，表明老紅衛兵是高度自覺地以牢牢地將國家機器掌握在自己手裏，作為存在根基，力量源泉，以及根本歷史使命的。因此，他們雖然高喊「革命造反」，但在維護一黨專政的現行體制、既定秩序上，又具有更為本質的保守性。在這一點上，他們與所反抗的學校領導、工作組，以及背後的劉少奇、鄧小平，又都有着更大的一致性，他們在黨內鬥爭中最終轉向劉、鄧，是自有邏輯的。「只許左派造反，不許右派造反」，「右

---

46 北大附中《紅旗》戰鬥小組：《自來紅們站起來了》，收宋永毅、孫大進編：《文化大革命和它的異端思潮》，第 83–84 頁，香港田園書屋，1997 年。

47 劉龍江：《我篤信中庸之道》，《回之二》，第 129 頁。

48 轉引自陳曉農編撰：《陳伯達最後口述回憶》，第 293 頁，陽光環球出版香港有限公司，2005 年。

派膽敢造反，我們就立即鎮壓！」這就更表明老紅衛兵是要壟斷造反權利，而且把一切異己者視為「右派」而絕不相容，這就陷入了「只許州官放火，不許百姓點燈」的專政邏輯與自相矛盾之中。

儘管清華附中紅衛兵的「二論」裏存在這樣深層次的問題，並最終影響他們的選擇與走向，但在1966年7月，他們的主要作用還在於對既定秩序的衝擊。因此，「二論」一出，「工作組的臉色非常難看，認為是針對他們，或者是針對《中國青年報》的」，而在工作組看來，這就是針對《中國青年報》背後的鄧小平，這自然是不能容忍的。這樣，清華附中紅衛兵與工作組的矛盾就更加升級了。工作組背着卜大華們在內部的《文革簡訊》裏提出，對紅衛兵這樣的組織，將來要採取融化、融合的方式。以後又提出，要抓「紅衛兵中的壞人」，而且具體指向附中紅衛兵的主要負責人王銘，因為他的父親曾是羅瑞卿的秘書，想以此為突破口來整紅衛兵。在7月18日召開的一次對話會上，雙方都劍拔弩張，幾近攤牌。[49]

這樣，清華附中紅衛兵在與校領導衝突之後，又面對與團中央派來的工作組的更為嚴重的對立。從表面上看，工作組不滿紅衛兵和校領導一樣，都是因為他們的思維、行動破了共產黨的成規，他們的主要問題就是不聽黨組織的話，另搞一套。但工作組的反對、壓制紅衛兵，還有更深的背景：他們都是按照團中央領導及背後的劉少奇、鄧小平的指示行事的，是與這一時期劉、鄧領導文革的方式及指導思想直接相關的。前文提到的葉維麗在她的研究與回憶裏，就特別提出，人們在研究這一段文革歷史時，對「劉鄧壓迫性談得不夠」，這或許是因為劉、鄧後來成了文革受害者，人們就有意無意忽略了他們

49　卜大華：《我所知道的紅衛兵》，《之一》，第36，37，38–39頁。

　　　　　　　　　　　燼火不息：文革民間思想研究筆記

在初期領導文革運動時的問題與責任。[50] 這是違反「面對一切事實」的歷史研究的基本原則的。這裏有一個並非不重要的歷史細節：在前述進駐清華附中工作組與紅衛兵的對話會上，工作組組長不斷走出會場，給時為團中央書記的胡克實打電話請示；後來在批判工作組時，也批鬥了胡克實。紅衛兵問：處理我們學校的問題，都是誰的意見。胡克實回答說，不是我個人的意見，都是中央的意見。每天晚上我們都向中央彙報。明白這一點以後，卜大華就覺得，「工作組這一篇就翻過去了」。[51] 據我們看到的材料，早在運動一開始，劉少奇就在中南局《關於文化大革命的情況和意見的報告》批示裏提出：「大學生中，也要把右派分子(即反黨反社會主義分子)揪出來」，「一般控制在百分之一左右」，「高中應屆畢業生，是打擊個別最壞的，經過市委批准，可以批判鬥爭和戴帽子。高中二年級以下和初中學生中，一律不進行反右鬥爭，不劃右派分子，如發現有現行反革命或壞分子，可依法處理」。[52] 在7月初，劉少奇還發出指示：「中學文化革命的主要任務是審查教師隊伍」，「中學教師要集中交代問題」。[53] 劉少奇顯然要把文化大革命變成新的反右運動，以中學老師與大學生、部分中學生為對象。後來，中學校長、老師首先成為衝擊對象，執行的就是劉少奇的這一指示，而按文革的專政邏輯，「審查」最終發展為「施暴」是必然的。對於紅衛兵，劉少奇更有明確指示：「學生搞

50　葉維麗：《一生在思考》，《之二》，第 160 頁。

51　卜大華：《我所知道的紅衛兵》，《之一》，第 48 頁。

52　摘自《劉少奇在文化大革命中反革命修正主義言論》，轉引自宋永毅：《劉少奇對文化大革命的獨特貢獻：你所不知道的故事》，《文化大革命：歷史真相和集體記憶》（上冊），第 279 頁，田園書屋，2007 年。

53　劉少奇：1966 年 7 月初的批示。轉引自劉國凱主編：《封殺不了的歷史》，第 311 頁，田園書屋，1996 年。

的自發組織還是要用黨、團組織來代替。黨外，團外，都不能搞秘密組織、秘密活動。搞秘密組織，後果不好」，[54]「紅衛兵是秘密組織，也是非法的」。[55] 前文提到的清華附中工作組提出要對紅衛兵採取「融合、融化」的方針，就是在落實劉少奇這一指示。劉少奇、鄧小平都通過自己的子女，例如在師大一附中讀書的劉平平，就讀於師大女附中的鄧榕，直接指導工作組的工作。當時師大一附中有學生貼大字報批判工作組，劉少奇當即指示：「寫大字報的人，就是打着紅旗反紅旗，寫大字報的人非常可疑」，「不可能沒有後台」，「他們實際上想奪權」，「這些假左派是真右派」，因此，要在中學開展「一場反擊假左派的鬥爭」。[56] 很顯然，清華附中工作組要在和工作組有矛盾的附中紅衛兵中「抓壞人」，根據的就是劉少奇要在反工作組的中學生中抓「假左派真右派」的精神。就這樣，清華附中紅衛兵與工作組的矛盾與鬥爭就和黨內高層鬥爭糾纏在一起了。

局勢再一次急轉直下──

7月18日，也就是清華附中紅衛兵和工作組對話會發生衝突的當天，一直在外地看劉少奇、鄧小平「表演」的毛澤東回到北京。次日，發表了一段著名的講話：「派工作組是錯誤的。

---

54 《劉少奇、鄧小平在討論「北京市中學生文化革命的初步規劃」時的黑指示》（1966年7月13日），載《黨內最大的走資本主義道路的當權派劉少奇在青年工作中的黑話（供批判用）》第二集，第26頁。內部刊印。轉引自印紅標：《失蹤者的足跡：文化大革命期間的青年思潮》，第20頁，香港中文大學出版社，2009年。

55 《文化革命時期劉少奇對師大一附中運動的部分指示》，轉引自印紅標：《失蹤者的足跡：文化大革命期間的青年思潮》，第20頁。

56 《師大一附中工作組要事紀實──勾德元（工作組組長）工作日記（1966年6月8日–8月15日）》，《家國情懷》（勾德元著），第138，143，144，147，143頁。自印書。

　　　　　　　　　熾火不息：文革民間思想研究筆記

回到北京後，感到很難過，冷冷清清。甚至有些學校鎮壓學生運動。誰去鎮壓學生運動？只有北洋軍閥，凡是鎮壓學生運動的人都沒有好下場！運動犯了方向、路線錯誤。趕緊扭轉，把一切框框打個稀巴爛。」

7月25日，毛澤東在接見中央領導人和中央文革小組成員時說：工作組「起壞作用，阻礙運動」。

7月28日，中共北京市委根據毛澤東的意見，發出《關於撤銷各大專院校工作組的決定》，這一決定「也適合於中等學校」。

同日，海淀區召開中學生代表大會，江青等到會支持學生反對工作組，當場宣佈罷了海淀區中學工作隊隊長的官。[57]

清華附中紅衛兵的代表駱小海也參加了會議，將他們《革命造反精神萬歲》和《再論》的大字報稿交給了江青，請她轉給毛主席。[58]——在某種意義上，這是一次相互的尋找：受到工作組高壓的清華附中紅衛兵，與正拉開陣勢，準備與所謂「劉鄧資產階級司令部」作一決戰的毛澤東，都需要支持。一直處於自發狀態，並不具有合法性的紅衛兵運動由此而與黨和國家最高權力發生了直接聯繫。

毛澤東迅速因勢利導——

7月29日，在中共中央北京市委召開的全市大專院校和中等學校文化大革命積極分子大會上，劉少奇正談到「老革命遇到新問題」，毛澤東突然出現了。當時也在現場的八中學生領袖的陳小魯(陳毅之子)因為離主席台特別近，看得很清楚。他在回憶中寫道：「毛主席突然從後台走出來了。他走過劉少奇身邊時，劉轉身想和他打招呼，毛主席根本沒理他，可以說看都沒有看劉一眼，就過去了。我當時就覺得，不大對頭

57　《北京紅衛兵運動大事記及名詞注釋》，《之一》，第 420 頁。

58　卜大華：《我所知道的紅衛兵》，《之一》，第 29 頁。

啊！」[59]——毛澤東顯然要用這種方式將他與劉少奇的矛盾公開在群眾（包括紅衛兵和青年學生）面前。

7月31日，毛澤東給清華附中紅衛兵寫信，8月1日修改後，印發給同日召開的中共八屆十一中全會，作為會議文件。信中這樣寫道——

「你們在6月24日和7月4日的兩張大字報，說明對一切剝削壓迫工人、農民、革命知識分子和革命黨派的地主階級、資產階級、帝國主義、修正主義和他們的走狗，表示憤怒與申討，說明對反動派造反有理，我向你們表示熱烈的支持。同時我對北京大學附屬中學紅旗戰鬥小組[60]說明對反動派造反有理的大字報和由彭小蒙同志於7月25日在北京大學全體師生員工大會上，代表她們紅旗小組所作很好的革命演說，表示熱烈的支持」，「不論在北京，在全國，在文化大革命運動中，凡是同你們採取同樣革命態度的人們。我們一律給予熱烈支持。還有，我們支持你們，我們又要求你們注意爭取團結一切可以團結的人們。對於犯有嚴重錯誤的人們，在指出他們的錯誤以後，也要給以工作和改正錯誤的重新做人的出路。馬克思說，無產階級不但要解放自己，而且要解放全人類。如果不能解放全人類，無產階級自己就不能最後地得到解放。這個道理也請同志們予以注意」。[61]

將清華附中紅衛兵寫的「三論」與毛澤東的概括以及他的指導意見相對照，就不難發現，毛澤東顯然試圖將紅衛兵的思

59　陳小魯：《己所不欲勿施於人》，《之二》，第23頁。

60　北大附中紅旗小組是和清華附中紅衛兵相類似的因不滿於校方的壓制而自發成立的學生組織，成立於1966年6月2日。他們也和工作組發生矛盾，就有了其頭頭彭小蒙7月25日反對工作組的演說。

61　毛澤東給清華大學附屬中學紅衛兵的信，收《建國以來毛澤東文稿》第12冊，第87–88頁。

　　　　　　　　　　　　　　　爐火不息：文革民間思想研究筆記

想與行動納入到他的戰略意圖與黨的政策軌道上：這既是支持，更是引導。

卜大華回憶說，他和他的夥伴對毛澤東的信的第一反應是：「感到很震撼」：「毛主席一連說了三個『熱烈支持』，後面又說『我們支持你們，我們又要求你們，團結一切可以團結的人們，無產階級只有解放全人類，才能最後解放自己』。這是我們以前沒有聽到過的。那時候就有一個想法：一定要把這個學校搞得大家都滿意」。同時，他們又相互關照：「清華附中紅衛兵的出現，本來和上面無任何聯繫，完全是自發的，今後做甚麼還是應該按自己的想法去做。我們不能依靠這個，就是不能每天打一個電話，問上邊我們該怎麼做」。[62] 這樣的獨立自主的原則的提出與堅持，就決定了以後事態的發展，形成了這批老紅衛兵與中央文革小組，以致毛澤東本人更為複雜的關係。

四、8月5日：文革第一個犧牲者——卞仲耘之死

按照葉維麗的說法，1966年7月下旬到8月上旬是文革的再發動[63]。毛澤東從後台走到前台：8月1日，發表給清華附中紅衛兵的信，對他們及全國類似的群眾造反公開表示支持；8月5日，就貼出《炮打司令部——我的一張大字報》，公開批判以劉少奇為首的「司令部」「站在反動的資產階級立場，實行無產階級專政，將無產階級轟轟烈烈的文化大革命運動打下去，顛倒是非，混淆黑白，圍剿革命派，壓制不同意見，實行白色

歷史當事人口述中的北京中學生紅衛兵運動　　　　　　·223·

恐怖」。[64] 這就意味着，毛澤東開始與紅衛兵的互動，也即拋開中層黨官僚和知識分子，實行領袖獨裁和群眾專政的直接結合。一時間，整個中國，從機關到學校，從中央到地方，都癱瘓了。連原來領導文革的機構也癱瘓了，所有的幹部都感到「不知怎麼領導，無法領導」。

在工作組撤離學校以後，紅衛兵一方面為「真正進入我們自己管理自己的時期」而「興奮」，另一方面，也為「許多學校發生打人的情況，特別是打老師、打學校領導，有的地方還打工作組」而「有點不知所措」。[65]

就在這樣的背景下，出現了女師大附中校長卞仲耘被女學生活活打死的慘劇。當時就讀於女師大附中初三班的葉維麗注意到，卞校長被打死的8月5日，正是毛澤東貼出《炮打司令部》的大字報的同一日，也就是說，她是在上層鬥爭公開化的背景下，被學生打死的。黨內矛盾的激化與群眾暴力的升級，同時發生，當然不是偶然的。在這個意義上，可以說卞仲耘校長是毛澤東剛剛建立的領袖獨裁與群眾專政結合的文革「新秩序」的第一個犧牲者和象徵。

而且葉維麗還有下述具體的回憶——

「當時就有同學告訴我，是高一的誰誰誰打的。我當時聽到打人者是誰誰後心裏不奇怪。因為工作組期間，曾組織學生參觀老師的資產階級生活方式，我們班曾經跟在她們班後面。我們走進一個老師家，老師的孩子非常小，可能就是一歲左右。老師不在家，保姆抱着。這兩個高一的學生居然啐那個孩子(即對他吐口水)。我看到了，極為反感。此時我對這兩個人

64　毛澤東：《炮打司令部——我的一張大字報》，《建國以來毛澤東文稿》第12冊，第90頁。

65　卜大華：《我所知道的紅衛兵》，《之一》，第45頁，地步43頁。

　　　　　　　　　　燼火不息：文革民間思想研究筆記

就有了印象。其中,一個人是大胖臉,另外一個也有印象。8月5日那天聽同學們說打人的就是這兩個人,我相信她們幹得出來。當然,那天高一的發起以後,後來圍了一些其他同學,也可能有人上手了。這些人,我相信是以幹部子弟為主,甚至全是幹部子弟。而且我也相信,一旦成立紅衛兵的話,這些人可能全都是紅衛兵。但8月5日那一天,她們不是以紅衛兵的名義」。[66]

葉維麗還回憶說,文革前,卞仲耘主管黨的工作,普通學生對她並不瞭解。是在工作組主持的批鬥會上,一位學校英語教師的家屬上台根據自己的猜疑控訴卞仲耘「生活作風有問題」,另一位管過人事的老師揭發卞校長是劉仁(已被揪出的北京市委領導)介紹入黨的「假黨員」:這兩條莫須有的罪名,卻像兩顆重磅炸彈,激起學生的公憤,以致不能控制。[67]事情就像我曾經分析過的那樣,這些年輕的中學生早就被訓練成了二元對立的思維與情感:不是人民,就是敵人;不是你死,就是我活;認定你是敵人,就要「像嚴冬一樣殘酷無情」。[68]現在黨(工作組)宣佈卞仲耘是「敵人」,而且是如此不堪(既有生活問題,還是假黨員),卻又隱藏很深,長期蒙蔽自己:這都激起極大的革命義憤,「奪過鞭子揍敵人」,就是完全正義的革命行動。再加上群眾暴力事件中的「法不責眾」心理,以及女性易於走極端的特性,等等因素,就造成了最後誰也沒有想到的悲劇。

而葉維麗最感痛心的,還是當局事後的反應和處理。她後來從當時的革委會主任那裏瞭解到,當晚,這位主任和副主任宋彬彬(宋任窮之女)向北京市委第二書記吳德彙報。吳德沉吟

66　葉維麗:《一生在思考》,《之二》,第163,164頁。

67　葉維麗:《一生在思考》後的「編者注」,《之二》,第194–195頁。

68　參看錢理群:《1957–1966:〈中國青年〉十年研究》。

許久，才面無表情地說，這個事情發生了，死了就死了。這個事情注意，不能要外傳。其實此時吳德正被同日發表的毛澤東的大字報顯示的高層鬥爭的複雜與尖銳而弄得六神無主，相形之下，一位校長之死，也就似乎無關緊要了。但第二天，革委會主任在全校廣播裏，按吳德定下的調子，輕描淡寫地說一句「死了就死了」，作為普通學生的葉維麗聽來，就感到極度震驚：既為校長死之意外與殘酷，也為當局的冷漠與無情。她回憶說，「我們班同學坐在椅子上，沒有一個人動」：「我們都被嚇壞了」。[69] 而且事情真的也就不了了之：吳德以後寫文革回憶錄，對此未著一字；卞仲耘的丈夫追查兇手及應對事件承擔責任的人幾十年，至今無結果，大概是事關高幹子弟，涉水太深的緣故吧。

問題是，這樣的校園暴力是一個普遍的文革現象。早在文革一開始的6月18日，在北大校園裏就發生過對幹部(「黑幫分子」)和教授(「反動學術權威」)戴帽子，強迫下跪，用繩子勒脖子，往臉上塗黑的現象。劉少奇曾下文件「制止亂鬥」；現在成了其鎮壓群眾的罪證。因此，在卞仲耘被打死的那一天，中共中央正式發文「撤銷」劉少奇的制止亂鬥的文件。從此，群眾性暴力，就成為合法的「革命行動」。[70]

時為清華附中初中二年級的學生的章立凡，因為父親章乃器是大右派，儘管他和幾個同班同學在紅衛兵之前就貼過校領導的大字報，因而在學生中頗有影響，但紅衛兵掌權以後，很快就把他排斥在外，他也因此有機會冷眼旁觀運動的發展。於是，就有了這樣的觀察與記憶——

69　葉維麗：《一生在思考》，《之二》，第 168 頁，167 頁。

70　王友琴：《文革受難者——關於迫害、監禁與殺戮的尋訪實錄》，第 12–13 頁，香港開放雜誌社出版，2004 年。

　　　　　　爐火不息：文革民間思想研究筆記

本校萬邦儒、韓佳鼇兩位校長，在8月24日晚遭到毒打。
8月26日晚，物理老師劉澍華在鬥爭會上被毒打以後，從
鍋爐房的高煙囪向內跳下，他的兩條腿插入體腔，屍體縮
短了許多。同時高年級的「反動學生」如鄭光召（鄭義）、
鄭國行、徐經熊等，皆在被打之列。鄭光召身強體壯，是
本校高年級學習、體育尖子學生，只因寫大字報保過校領
導，被剝去上衣，光着膀子用皮帶狠抽。他不服罪名，將
一枚毛主席像章穿過皮肉，別在胸前，結果被打得腎臟出
血。[71]

　　而當時紅衛兵主持的兩次批判會上都是大打出手，更是震
動整個社會。

　　8月13日，經北京市委同意，北京中學生紅衛兵在工人體
育場召開十萬人大會，鬥爭在8月2日用刀刺傷四十七中紅衛兵
的五名「小流氓」。此事件被定性為對紅衛兵的階級報復。卜
大華當時在主席台上，他回憶說：「剛把小流氓押進來，突然
從觀眾席上跳下來一個學生，拿着個皮帶，從挺遠的地方跑過
去，全場的人都看着，他在眾目睽睽之下，啪啪啪地打了起
來，大家看着看着，忽然都鼓起掌來。這使其他人受到鼓舞，
呼拉拉從觀眾席上跳下一大堆人。」這場公開的打人雖然被卜
大華等人制止，卻開了一個惡劣的先例。[72]

　　8月19日，北京四中、八中、六中等校中學生組織批判市教
育局黨委書記、局長和各校黨支部書記的鬥爭會。參加會議的
四中高三學生劉東回憶說：「批鬥大會在充滿火藥味的氣氛中
變得有些失控，每個發言都具有煽動性，發言者聲淚俱下，聽

71　章立凡：《不幸的年代》，《之二》，第259頁。

72　卜大華：《我所知道的紅衛兵》，《之一》，第47頁。

眾群情激憤。不斷有紅衛兵衝上舞台，掄起軍用皮帶，向『黑幫』們劈頭蓋臉抽去，台上無人敢制止，台下齊聲叫好。打人的先例一開，場面就再難以控制。由於大會組織者和支持者聽之任之，甚至鼓勵慫容，致使暴力行為逐步升級。有的紅衛兵用照相機拍下『黑幫』的痛苦的姿態，甚至示意台上紅衛兵用腳踩在他們身上，手握紅衛兵戰旗，擺出勝利者的姿態。他們紛紛攝影紀念，把這叫做『把一切牛鬼蛇神打入十八層地獄，再踏上千萬隻腳，叫他們永世不得翻身！』」[73] 清華附中紅衛兵的「三論」大談「踏上一隻腳」，還是誇張的修辭，現在變成了血淋淋的現實。當時在會議主席台上的陳小魯的回憶裏，他曾試圖制止，但也無濟於事。[74]

重要的是，由此形成了一個文革批鬥模式：逢批必打，每打必見血，必「踏上一隻腳，叫他們永世不得翻身！」而且迅速推廣到全國各地，中華大地，一片殺伐之聲。在許多人的記憶裏，「紅衛兵」從此成了「紅色暴力和恐怖」的象徵。

五、8月6日：《紅衛兵緊急呼籲書》

這樣的結果，是出乎紅衛兵的創始人意料之外的，是他們不願意看到的。其實，早在此之前，卞仲耘校長被打死，校園內出現打校領導與學生的現象，就引起了不安。他們認為，工作組撤離以後，出現「權力真空，每個人都可以去支使別人，為所欲為，這個事情很嚴重」，自己有責任出來制止隨意打人現象。於是，就在8月5日全市部分紅衛兵集會上散發了一份《紅衛兵緊急呼籲書》，在列舉「一小撮混蛋和一夥不聽毛主

73　劉東：《親歷者的見證》，《暴風雨的記憶》，第 151 頁。
74　陳小魯：《己所不欲勿施於人》，《之二》，第 26 頁。

爛火不息：文革民間思想研究筆記

席的話的糊塗蟲披着紅衛兵、紅旗等革命左派組織的外衣」打擊不同意見的革命群眾，到處打人、搗毀機關學校等惡行以後，嚴正宣告——

「黨中央和毛主席撤走了工作組，交給了我們自己鬧革命、自己領導自己的偉大光榮的歷史使命，十分信任我們，對我們寄託了無限希望。但是你們濫用黨和毛主席對我們的信任，肆意玩弄這個歷史使命，破壞黨的政策，破壞文化大革命，把偉大嚴肅的政治鬥爭引入庸俗下流的歧途。我們一百個不答應，一千個不答應，一萬個不答應！

「你們也喊『造反』，但是無產階級造反和流氓造反毫無共同之處。我們再一次嚴正申明：我們只許左派造反，不許右派翻天，右派流氓膽敢亂說亂動，立即鎮壓！

「真正的革命左派最聽毛主席的話，最堅決地造修正主義的反。我們造反，毫無私心雜念，絕無爭權奪利，從不脫離毛澤東思想，從不脫離黨的政策，是革命的高水平的造反。而你們除了不分好壞地亂打一頓，就是耍流氓，實在低級。這叫甚麼左派？你們是假左派，偽紅衛兵，偽紅旗！

「我們向全市真正革命的紅衛兵、紅旗及其他左派組織呼籲：

(一)各校真正的左派聯合起來，行動起來，立即採取緊急措施，嚴格制止亂打人，耍流氓，破壞國家財產等壞行為。提高警惕，監視、管制反革命分子，不許他們亂說亂動！

(二)毫不留情地勒令那些故意破壞黨的政策的混蛋們滾出紅衛兵、紅旗及其它真正的左派組織；假左派組織一律解散！」[75]

75　《紅衛兵緊急呼籲書》，見卜大華《我所知道的紅衛兵》注釋7，《之一》，第88-89頁。

有人把當時的紅衛兵分為「理智派」與「瘋狂派」，而「紅衛兵的高層，卻有過非常理智的核心」。[76]——有意思的是，今天願意「回憶與反思」這段歷史的，大都是紅衛兵高層的理智派，如我們一再談及的卜大華、陳小魯、秦曉等都是；自己承認是瘋狂派而又有反思的，就只有作出這樣的劃分的當年四中高一學生劉輝宣。而這裏引述的《紅衛兵緊急呼籲書》顯然是這些理智派的紅衛兵高層在紅衛兵運動出現混亂時的一份宣言書。應該說，在1966年8月的「紅色恐怖」裏，這是一種清醒的聲音，所起到的作用是積極的，也是不願運動失控的當時的文革領導層所需要的，出席會議的康生、江青當即就給予了肯定。[77]而這些紅衛兵的創始者在《呼籲書》裏重申自己「毫無私心雜念，絕無爭權奪利」的「造反」的純粹性，也是真誠的。但如果細加分析，就可以發現其中的一些微妙變化。《呼籲書》重申「只許左派造反，不許右派翻天」，就與三論《革命造反精神萬歲》的重心有所轉移：如果說，「三論」的重點在強調「左派造反」，那麼，《呼籲書》的重點就在「不許右派翻天」。這顯然和這些紅衛兵創始人的地位及其要承擔的歷史使命的變化有關：他們已經從急於突破「舊秩序」的「造反者」變成了要維護所謂革命「新秩序」的「掌權者」。如果說「三論」主要顯示了這些自認為受舊教育制度壓抑的高幹子弟的革命性的一面，那麼，現在的《呼籲書》就突出了他們要維護黨專政的根本制度的本質上的保守性的方面。這就在一定程度上接近了劉少奇的立場與態度。他們在《呼籲書》提出的「假左派真右派」的概念，與前述劉少奇在中學生中抓「假左派」儘管對象不同，但精神實質卻有內在一致，這當然

76　劉輝宣：《昨夜星辰昨夜風》，《暴風雨的回憶》，第45，48頁。
77　卜大華：《我所知道的紅衛兵》，《之一》，第44頁。

　　　　　　　　　爝火不息：文革民間思想研究筆記

不是偶然的。後來，這些紅衛兵創始人在黨內鬥爭中由堅定站在毛澤東一邊，逐漸趨向於劉少奇，這是自有邏輯的。《呼籲書》是一個重要環節，儘管此時他們仍然是支持毛澤東的文革的。

六、8月6日：關於「對聯」的辯論

前文談到，清華附中紅衛兵的《緊急呼籲書》是在北京部分紅衛兵的一次集會上散發的；這是由四、六、八中和北大附中召開的「老子英雄兒好漢，老子反動兒混蛋」的對聯辯論會。這兩者之間其實還是存在某種內在聯繫的。

所謂「對聯」，是在7月29日，由北航附中紅衛兵在校內貼出的，上下聯之外，還有個橫批：「基本如此」，又被叫作「鬼見愁」。[78] 隨着毛澤東支持紅衛兵的信的發表及紅衛兵運動的發展，這幅對聯也在北京以至全國迅速傳開。其內含的「血統論」實際上成為高幹子弟為主體的紅衛兵合法性的理論依據。因此引發激烈爭論，成為初期紅衛兵運動的一個重要內容。其實家庭出身問題從一開始就已經將中學生分裂為所謂「紅五類」與「非紅五類」，後者又分「黑五類」與「非黑五類」。對聯的出現，就激化了這樣的分裂，並發展成對所謂「家庭出身不好」的學生的迫害。王友琴在她的《文革受難者——關於迫害、監禁與殺戮的尋訪實錄》裏就記載了這樣一幕：「卞仲耘校長被打死的前一天，1966年8月4日，師大女附中的紅衛兵在一些班裏鬥爭了所謂『家庭出身不好』的學生。在初二(四)班的教室牆上貼了『打倒狗崽子』的大標語。這個班有45名學生。十名『家庭出身好』的學生坐在椅子上，十名

78　見《北京紅衛兵運動大事記及名詞解釋》，《之一》，第 421 頁。

『家庭出身不好』的學生站在教室前面，一根長繩繞過她們的脖子把她們栓在一起。其餘『家庭出身不好不壞』的學生都坐在地上。十名被繩子拴着的學生被強迫逐個交代反動思想以及她們父母的『罪行』。結束的時候，還必須連說三遍『我是狗崽子，我是混蛋，我該死』」。[79]「老子英雄兒好漢，老子反動兒混蛋」的鼓噪，在現實生活裏竟演變成這樣的以家庭出身劃分階級陣營，以對人的侮辱為樂的「階級鬥爭」，恐怕是今人所難以理解的，卻是當年的常態。

關於「對聯」的論爭，我另外寫有《文革初期的「對聯」之爭：「用糙話概括的潛規則」》的專論，這裏不再多說。

可注意的是，《回憶與反思：紅衛兵時代風雲人物——口述歷史之一，之二》的作者，都談到自己當年是反對「對聯」的：資本家出身的章立凡，造反派紅衛兵的李冬民、劉龍江自不消說，老兵的領袖卜大華、秦曉、陳小魯都說他們也不贊成「對聯」。卜大華認為，「如果僅僅作為一種情緒的發洩也就罷了，如果你還有要提高到理論上，每天都在強調，我認為只能起壞作用」。[80] 陳小魯則說，「我不同意這樣的口號，也沒參加紅衛兵。很多同學也都不滿意，記得有一次學校開大會，高三的一個同學，他父親是解放軍的將軍。他上台講話時，下面有人喊：『報出身』！他故意說：『反革命！』說完，就把麥克風扔掉了，表示對這種極端化的抗議，當時全場人都呆了。」[81] 其實劉輝宣(他是「對聯」的狂熱宣傳者，那首《紅衛兵戰歌》就是他作曲的)自己就講得很清楚：「(我們)從一開

79　王友琴：《文革受難者——關於迫害、監禁與殺戮的尋訪實錄》，第 13 頁。

80　卜大華：《我所知道的紅衛兵》，《之一》，第 62 頁。

81　陳小魯：《己所不欲勿施於人》，《之二》，第 25 頁。

燭火不息：文革民間思想研究筆記

始就知道那是錯的」，「不過是用糙話概括潛規則」。[82]「對聯」在學理上站不住腳，這是頭腦稍微清醒點的人都看得很清楚的。它之所以產生影響，首先是「糙話」即其粗俗的表達方式。——章立凡回憶說，「紅衛兵執掌學校大權後，同學們的身心內外，開始發生『革命性』變化——以粗野為時尚。首先流行『國罵』。據說有的女同學為表現『革命』，曾聚集在一起大練『三字經』，直練到隨時脫口而出的水平。還有一個風俗是赤腳，因為『泥腿子』代表『革命』。曾見本校某些『校花』，裸着白嫩的小腳丫，在煤渣鋪成的道路上行走，真是那個年代的獨特的風景」。[83] 可以說，對聯及《紅衛兵戰歌》都是借國罵之力而廣為傳播的。當然，它的實質與引發爭議之處，還在其內含的「潛規則」。在激烈的辯論中，8月12日，高幹子弟、北京工業大學學生譚力夫貼出一篇題為《從對聯談起》的大字報，8月20日又在一次辯論會上發表長篇演說，對對聯的立論的偏頗有所彌補，對其內含的潛規則作了理論的闡述。這樣，譚力夫講話就立即成為「血統論思潮」的代表作而迅速傳遍全國，譚力夫也成為影響一時的「風雲人物」。本來譚立夫是大學生，不屬本文討論範圍，但他與中學生紅衛兵運動的核心的血統論問題，有如此緊密的關係，因此，我們也略作以下討論。

那麼，譚力夫宣揚的潛規則又是什麼呢？他在8月20日演說裏，説得很明確，就是「黨的階級路線」，在他看來，「高舉毛澤東思想偉大紅旗的具體化，第一條就是堅決執行黨的階級路線」。[84] 而所謂「黨的階級路線」，譚力夫也有個清晰概

82　劉輝宣：《昨夜星辰昨夜風》，《暴風雨的回憶》，第44，45頁。

83　章立凡：《不幸的年代》，《之二》，第254頁。

84　譚力夫在8月20日辯論會上的發言。收宋永毅、孫大進：《文化大革命

括：「我們的理解就是堅決依靠革命左派去牢固地團結一切可以團結的力量。而工人、貧下中農、革命幹部、革命烈士，革命知識分子子弟和一切革命師生，就是左派的主力軍」。他還有一個補充說明：「我們的過去的實踐證明了出身好的絕大多數是革命的左派，而大多數出身不好的是願意革命的而且是可以革命的，但是，他們真正背叛了家庭的，確實不多」。[85]——對這一「階級路線觀」我們可以作幾個方面的討論。

首先是強調要區分左派、中間派與右派，分別為依靠對象、團結對象與打擊對象。譚力夫說得很坦率：「有人大講什麼『平等』『博愛』。在階級社會裏，哪有什麼『平等』、『博愛』？」[86] 這就根本拒絕了「公民在法律面前人人平等」的概念，而是在人群(例如學生群體)中劃分左、中、右，並據此而決定其不同的政治、社會、經濟、文化地位，建立起主導與依附的不平等的關係。這就是「要區別對待。家裏人就是家裏人，家外人就是家外人，不能混為一談」。[87]

那麼，劃分左、中、右的標準是什麼呢？譚力夫點名批判了彭真的「重在表現」，即以政治表現為劃分標準，認為這是「修正主義」的。[88] 他主張要以家庭出身來劃分，即所謂「出身好的絕大多數都是左派」。因此，他理解與堅持的「階級路線」就是要以「紅五類」為「左派主力軍」，「非紅五類」出身至多也是「團結」對象。

和它的異端思潮》，第 105 頁，香港田園書屋，1997 年。

85　譚力夫：《從對聯談起》，宋永毅、孫大進：《文化大革命和它的異端思潮》，第 90 頁。

86　譚力夫在八二〇辯論會上的發言，《文化大革命和它的異端思潮》，第 101 頁。

87　譚力夫在辯論會上的發言，《文化大革命和它的異端思潮》，第 98 頁。

88　見譚力夫在辯論會上的發言與《從對聯談起》，《文化大革命和它的異端思潮》，第 97，88 頁。

為什麼出身紅五類，也即「家裏人」就基本上是左派呢？譚力夫在演講與大字報裏沒有展開說；但他後來在回憶裏承認他當時「有『自來紅』思想」。[89]而在與其《從對聯談起》同時期發表的北大附中《紅旗》戰鬥小組的《自來紅們站起來了》一文裏就說得很清楚：「要問老子是哪一個，大名就叫『自來紅』。我們從小長在紅旗下，成長在紅色部隊家庭環境中。我們的老子跟着黨，跟着毛主席從槍林彈雨中闖出來的，他們對毛主席最熱愛，並且從小就這樣教導我們，所以我們從小就對黨和毛主席有最深厚的感情，最最熱愛毛主席！老子的革命精神時時刻刻滲入我們的體內，我們從裏到外都紅透了。『自來紅』正說明了老革命者的傳統怎樣傳給了革命的後代，我們是純純粹粹的無產階級血統！」「老子英雄兒好漢，革命精神代代傳。我們不但自來紅，而且要現在紅，將來紅，永遠紅，紅到底，鬧他個全球紅都有紅遍！」這就意味着，「革命重擔落在我們肩上，大權一定要我們掌，這是毛主席給我們的之大權力」。——最後歸結為「大權一定要我們掌」，這也就點到了要害：代代相傳的，不僅是革命傳統，更是革命掌握的權力，「老子拿下了政權，兒子就要接過來」。[90]這樣才能保證紅色江山「現在紅，將來紅，永遠紅，紅到底」。

其三，譚力夫說，他先講「有成份論」，這是唯物主義；又講「團結一切可以團結的力量」，這就是辯證法。這大概也是其區別於「對聯」鼓吹者之處。問題是這是「怎麼一種團結法？」譚力夫的回答很乾脆：「鬥爭中求團結。先把你鬥了，七鬥八鬥，鬥得你們背叛了家庭，改造了思想，我們就團結

89　談斌（力夫）：《往事莫驚猜》，《之一》，第 301 頁。

90　北大附中《紅旗》戰鬥小組：《自來紅們站起來了》，《文化大革命和它的異端思潮》，第 83，84 頁。

了」。這就是所謂「要革命的過來，不革命的滾蛋！」這種不投降就滾蛋，甚至「就叫你完蛋」的邏輯，顯然是一種專政的邏輯、思維，並直接轉化為行動。他乾脆宣告：「因為我們看不慣你們那一套，就是要奪話筒」，剝奪不同意見者的發言權，並直言不諱：我就是「既得利益者」，「反正權力在手，我就敢！」[91] 因此，在譚力夫這裏，所謂「團結」就是憑藉手中權力，強迫異己者（「非紅五類」）改造，歸順，不服從就實行「無產階級專政」。這也就是老紅衛兵所宣揚的「不許右派翻天」。因此，老紅衛兵的某些領袖可以不滿意「對聯」的表白的過於直露、粗俗，不夠「策略」，但在堅持高幹子弟天然的左派和接班人地位和對異己（右派）的鎮壓權這兩大基本點上，又是和「對聯」高度一致的。譚力夫因此成為他們的代言人，並非偶然。

值得注意的，還有譚力夫演講的文風及背後的精神風貌。一是極度的自信，彷彿掌握了權力，也就掌握了真理，表面是以氣勢取勝，咄咄逼人，其實是以勢壓人，驕橫無理；還時時插入「國罵」，擺出一副「我就這樣了，你能怎麼樣」的流氓姿態：「跟你們吹個牛吧。關於階級路線問題，你們來一百個人，完全一個也能對付！（掌聲）老實告訴你，我們根子硬。我們的根子在哪？（群眾：毛主席！）你看，這還怕什麼？（大笑，熱烈鼓掌）」，「無產階級，兩個肩膀支着一個腦袋，沒有罈罈罐罐，怕什麼？無產階級的戰鬥風格就是刺刀見紅。無產階級的天下坐定了！」「這十七年對你們也太寬宏大量了。你那個家還不完？早就他媽的該完了！」「看着共產黨的幹部犯錯

91　譚力夫在辯論會上的發言，《文化大革命和它的異端思潮》，第 101，99，105，96 頁。

誤，你高興什麼？他媽的！」[92] 這樣，譚力夫的演講，也就自然成為最能展示那個時代相當部分的高幹子弟的心態與思想風格的一個文本，有相當的研究價值。

譚力夫演講的另一個要點，是為工作組辯護。作為工作組支持的北工大系文革小組長，他強調「工作組撐我們的腰」，「黨的陽光，毛澤東思想的陽光從此照進了工大」。[93] 這一點大概是反工作組的老紅衛兵所不能認同的，更不為文革當局所容，但也是各地方領導歡迎的原因所在。中央文革小組的王力就指出，「他代表了一種思潮。他的講話與《十六條》是根本對立的，這裏一個《十六條》，那裏一篇講話，到處翻印，到處廣播，到處散發，還到處執行」。[94] 後來譚力夫被文革小組下令逮捕，也是為此。他的講話的核心內容，對「階級路線」的闡釋與維護，其實是得到高層一致認可的。譚力夫在回憶文章裏透露，最早稱讚他的發言的是康生。[95] 康生在8月6日關於對聯辯論會上就公開表示：「你們到處奔走，到處呼籲，到處串聯，就是為了這條階級路線——毛澤東階級路線而鬥爭。我對你們很欽佩」。[96]

中共中央在《關於大專院校當前無產階級文化大革命的規定（草案）》裏也明確規定：「紅衛兵應該以勞動人民家庭（包括工農兵和革命幹部以及其他勞動者）出身的革命學生為主

92　譚力夫在辯論會上的發言，《文化大革命和它的異端思潮》，第 99，102，97 頁。

93　同上，第 97 頁。

94　王力接見被蘇聯勒令回國的留學生時的講話（1966 年 11 月 18 日），收《中國文化大革命文庫》。

95　譚斌：《往事莫驚猜》，《之一》，第 295 頁。

96　江青、王任重、康生對北京中學生的講話（1966 年 8 月 6 日），收《中國文化大革命文庫》。

體」。[97]紅衛兵在初期成為文化大革命的急先鋒不是偶然的。

七、8月18日：紅衛兵走向社會：「破四舊」與「紅色恐怖」

8月18日，毛澤東出席在天安門廣場召開的百萬人「慶祝無產階級文化大革命大會」，接見了中學生紅衛兵的領袖駱小海（清華附中紅衛兵）、彭小蒙（北大附中紅旗戰鬥小組）等，戴上了紅衛兵袖套，這就公開了毛澤東與黨中央對紅衛兵運動的支持。《人民日報》還專門發表《工農兵要堅決支持革命學生》的社論，提出「誰要反對革命學生的革命行動，就直接違背了毛主席的教導，違背了黨中央的決定」。

這樣，8月18日毛澤東接見紅衛兵，就成為紅衛兵運動的一個重要的標誌性事件。其值得注意處有三。首先當然是紅衛兵運動從此走向全國。在此之前，紅衛兵和類似組織只限於北京少數中學，許多人，特別是各級黨組織都持觀望態度。現在，就都轉變為積極支持與推動，很短時間內各種名目的紅衛兵組織就遍佈全國各地，深入城鄉社會基層。另一個重要發展，就是大學生紅衛兵運動的興起。他們大都是工作組期間大學校園裏的少數派，現在就借助毛澤東支持中學生紅衛兵運動之力，紛紛成立紅衛兵組織，他們的成員成份與主張都不同於以高幹子弟為主的中學紅衛兵，因此稱為「造反派紅衛兵」。以後被稱為北京大學生幾大組織的地質學院東方紅，北京航空學院《紅旗》，北京師範大學毛澤東思想紅衛兵井岡山戰鬥隊，以及清華大學井岡山紅衛兵等，都在8、9兩個月紛紛成立。[98]以

---

97 轉引自卜偉華：《「砸爛舊世界」：文化大革命的動亂與浩劫》，第 213 頁。

98 參看卜偉華：《「砸爛舊世界」：文化大革命的動亂與浩劫》，第 3 章第 5 節《造反派紅衛兵》，第 220–223 頁。

　　　　　　　　　　　燼火不息：文革民間思想研究筆記

後大學生紅衛兵的影響與作用，就逐漸超過了中學生紅衛兵。其三，8月18日後，紅衛兵運動從校內走向社會，成為北京與全國文化大革命的重要推動力量。

走向社會的紅衛兵的第一個行動就是「破四舊」。「破四舊」應該是毛澤東發動文化大革命的目標之一。早在文革前夕的1965年，毛澤東在接見法國國務部長時，就說過：「應當消失的是中國過去的思想、文化和風俗，應當出現的是那些現在還不存在的思想，文化和風俗」。[99] 毛澤東在文化大革命中所要推行的是一條和一切傳統徹底決裂的文化路線。這也體現在文革中最為流行的「徹底批判封、資、修」這一口號上，中國傳統文化，西方文化，以及蘇聯社會主義文化、中國自己的左翼文化，都在掃蕩之列。因此，在被視為文化大革命的綱領的《十六條》就明確提出了要批判「剝削階級的舊思想、舊文化、舊風俗、舊習慣」，用「無產階級自己的新思想、新文化、新風俗、新習慣，來改變整個社會的精神面貌」的任務。首先將這樣的號召變成行動的，是自稱「毛主席指向哪裏就打向哪裏」的中學生紅衛兵，這應該是順理成章的。但《十六條》甚至毛澤東本人對「什麼是舊，什麼是新」並沒有科學、明確的界定，年輕的中學生就按他們的理解來行事了。於是，就有了北京二中紅衛兵在8月17日(毛澤東接見紅衛兵前一天)在全市街頭貼出《最後通牒──向舊世界宣戰》的傳單，宣告──

> 「我們是舊世界的批判者，我們要批判和砸爛一切舊思想、舊文化、舊風俗、舊習慣。所有為資產階級服務的理

99 轉引自莫里斯·邁斯納：《文化革命的概念》，蕭延中編：《從奠基者到「紅太陽」──外國人學者評價毛澤東》，第391頁，中國工人出版社，1997年。

髮館、裁縫鋪、照相館、舊書攤……統統都不例外。我們就是要造舊世界的反。……『飛機頭』、『螺旋寶塔式』等稀奇古怪的髮型，『牛仔褲』和各式各樣的港式衣裙以及黃色照片、書刊，正在受到嚴重的譴責。我們不要小看這些問題，資產階級復辟的大門，正是從這些方面打開。前北京市委對這些事情聽而不聞，視而不見，甚至禁止改革。他們走的是修正主義和資本主義的路，我們和他們是兩條路上的人。他們不管，我們要管，還要管到底。我們一定要堵住一切鑽向資本主義的孔道，砸爛一切培育修正主義的溫床，絕不留情！」[100]

今天重讀，就會感到這是一個相當奇特的文本：一方面，充滿了那個時代最流行的政治性的大話，表達了要作「舊世界的批判者」，要反對「修正主義和資本主義」的政治訴求與雄心壯志；但落實下來，卻是禁止「稀奇古怪的髮型」、「港式衣裙」、「黃色照片、書刊」這樣的為年輕人看不慣的日常生活小事。這樣，最嚴肅的政治問題就變成了一場鬧劇：一群中學生跑到大街上，過路行人中，凡有梳飛機頭，穿尖頭鞋的，立即強制把頭髮剪了，把鞋扔了，讓你赤着腳走路。這其實是孩子的惡作劇，但也造成了恐怖氣氛，誰也不敢上街。

這裏還有一份北京二十六中學(當時改名為「毛澤東主義學校」)編發的《破舊立新一百例》，其中宣稱：「凡是不為廣大工農兵服務的日用品(香水，雪花膏)，立即停止出售」(第28條)；「不許資產階級混蛋隨便逛東溜西，逛公園」，「不許他們想入非非」(第45條)。[101]——我對此曾有過這樣的分析：

100 載1966年8月26日《人民日報》，將題目改為《向舊世界宣戰》。

101 轉引自金觀濤、劉青峰：《毛澤東思想和儒學》，第129頁，台北風雲出

「這樣一個讓今人會覺得很荒謬的宣言，其所隱含的絕對的平均主義，排除日常生活的、禁止『東遊西逛』的禁慾主義的『革命化生活』想像，以及不允許『想入非非』的單一化、模式化的思想管控，倒是道出了文革所要推行的『破舊立新』的某些實質性意圖」。[102]

「破四舊」還有一個內容，就是改街道名字。比如東交民巷，當年是外國大使館集中地，就叫「反帝路」；蘇聯大使館門前的路則叫「反修路」；最著名的長安街，就叫「東方紅大街」等等。以為名字一改，就可以實現「革命化」了。這都可以叫做「革命幼稚病」。

造成災難的，是焚燒圖書，搗毀廟宇。早年的毛澤東就提出過要「將唐宋以後之文集詩集，焚之一爐」的主張，[103] 現在正是在他的權力推動下，經由紅衛兵之手，在北京和全國範圍內，造成了民族文物和文化的一次大劫難。北京1958年第一次文物普查中保存下來的6843處文物古蹟中，竟有4922處被毀掉。被毀的文物還有西山八大處明代佛像222尊，鐘鼓樓、恭王府80間古建築，建於八百多年前的天寧寺塔，等等。據不完全統計，北京僅從造紙廠就搶救出圖書資料就達320多噸；從各個查抄物質的集中點挑揀出的字畫也有18.5萬件，古舊圖書235.7萬冊。[104]

這樣的「破四舊」，自然會引發普遍的不滿。最感尷尬的，是相對比較理智的紅衛兵的創始者和領袖。卜大華在他的

版有限公司，2006 年。

102　錢理群：《毛澤東時代和後毛澤東時代：歷史的另一種書寫》（下冊），第28 頁。

103　毛澤東：《張昆弟記毛澤東兩次談話》（1917 年 9 月），《毛澤東早期文稿》，第 639 頁，湖南出版社，1990 年。

104　引自卜偉華：《「砸爛舊世界」：文化大革命的動亂與浩劫》，第 234–235 頁。

回憶裏就說，他對北京二中的「破四舊」的宣言書，就「很不感冒」，因為什麼是「四舊」「界限不好掌握」，更「不希望中學生到社會上去，很容易被人家利用，很容易出現政策偏差」。但又似乎無力阻止。陳小魯在回憶裏也談到，他對「破四舊」中「紅衛兵到處發《通令》，看到什麼不順眼，就發通令『破』掉」，也不以為然。但「我們也不能無所事事啊」，就想起民主黨派來了。他們還專門組織學習毛主席的《關於正確處理人民內部矛盾的問題》，看到毛主席說，共產黨和民主黨派「長期共存」，是有前提條件的，就是民主黨派必須「接受改造」。現在它不接受改造，就可以讓它解散。於是，「覺得這件事可以幹，就發了通令，要求民主黨派兩天，也就是二十四小時內解散」。「發完通令，就把這件事忘了」。結果時間還沒有到，民主黨派機關的群眾組織就主動來電話，讓紅衛兵去接受大印。後來才知道，當時民主黨派非常緊張，周恩來知道後，就給他們出主意：先「繳槍投降」，紅衛兵就不會再找麻煩，民主黨派也就保護下來了。陳小魯回憶說，他還受到了李富春的批評：「以後做事，要多動腦筋，不要輕舉妄動！」[105] 這也算是紅衛兵「破四舊」的一段小插曲吧。

這樣的「破四舊」以後就發展為任意抄家，大規模的遣送城市的「地富反壞右」回農村，以及四處抓人，打人，私設監獄，製造「紅色恐怖」。

這是章立凡終身難忘的血腥記憶——

「我每日在街上毫無目的地亂走，不時有滿載抄家物質的卡車呼嘯而過。……我見到不少老年『黑五類』，被剃

---

105 陳小魯：《己所不欲勿施於人》，《回憶與反思：紅衛兵風雲人物——口述歷史之二》，第 31–32 頁。

　　　　　　　　　　　燼火不息：文革民間思想研究筆記

了陰陽頭，由紅衛兵押着遣返回鄉。……我在西單的大街上，見到兩名女紅衛兵，用繩子套在一名五十多歲的婦女頭上，用皮帶抽打着，像狗一樣牽着走，那婦女身着的白短衫上，好幾處用墨筆寫着『反革命』。我不知道這名婦女能否活下來……」。

「母親所住的胡同裏，那位和善慈祥的傅毅茹老太太，已故夫君是位舊時的小官僚，於是列入抄家名單，從褥墊下搜出短刀一把（我懷疑是有人栽贓），頓時罪在不赦，慘死在紅衛兵的皮帶下。另一位周康玉女士也是獨居小院，據說是天津名門周家的後裔，平日十分低調，但既屬於『大資本家』眷屬，自然在劫難逃，打成半死以後，掙扎着上了吊……」。[106]

陳小魯也有這樣的記憶——

「我也參加過一次抄家活動。聽人說，在八中附近的一個人家發現了反動的東西。我就跟着一個同學跑過去。一看，確實有一些國民黨時代的委任狀之類的東西。當時都說，對階級敵人要『滿腔仇恨』，但是我看到那家破破爛爛的，人又被打成那個樣子，對他就是恨不起來，倒是覺得他挺可憐的，將來生活怎麼辦呀。那天，我感覺很不好，從那以後，我再也不參加抄家了。」[107]

四中老兵的骨幹劉輝宣自稱「在四中，我可能是打人最凶的一個」，但他又強調，「作為四中學生，我也壞不到哪兒

---

106 章立凡：《不幸的時代》，《之二》，第 259，260 頁。
107 陳小魯：《己所不欲勿施於人》，《之二》，第 27 頁。

去」。他對自己打人的經歷，有這樣的回憶——

「有一次，我們押送一批『牛鬼蛇神』去批鬥。其中有個
老叛徒，好像是因彭真作保才沒被槍斃，也是作為彭真的
罪證被拉去批鬥的。這些人一上車，我們就開打。那個叛
徒夠老的，跪在卡車上，屁股翹得老高……我離他最近，
氣不打一處來，拳打腳踢，把他們打得夠嗆，進會場時一
個個東倒西歪，群眾中有人高喊：不許武鬥！要說我們也
確實不像話，押解犯人應維持秩序才對，自己倒先打起人
來，觸犯眾怒。

「離開會場後，因受到群眾的指責，那幾個紅衛兵心裏窩
着邪火。那是下半夜，街上空無一人。卡車在紅燈前停
下，有個過路人湊過來往車上看，還問這問那，被這幫紅
衛兵叫上了車，一頓臭揍。那人被打蒙了，索性揚起臉，
讓他們打，直到滿臉是血還那麼挺着。那幾個傢伙毫無惻
隱之心，直到打累了，才把他踢下車，又把自行車砸在他
身上。那是一個普通的過路人，很天真也很善良，我直到
現在還能記起他的眼神——困惑，絕望，聽天由命。

「這幾個紅衛兵都是外校的高幹子弟，心腸之冷，下手之
狠，操控他人生命於股掌之間。這完全是禽獸行徑。而我
也深感羞愧。……我和其他在場的人什麼都沒說，什麼也
沒做。我甚至生出一絲恐懼，怕他們掉過來把我們也暴打
一頓。這件事一直讓我很窩火。後來我和某些軍隊高幹子
弟之間也發生過激烈衝突，打得天昏地暗。」[108]

這濫打無辜者的冷酷，自責與恐懼，都觸目驚心。

108　劉輝宣：《昨夜星辰昨夜風》，《暴風雨的回憶》，第 60–61 頁。

　　　　　　　　　　　熾火不息：文革民間思想研究筆記

據統計，北京市在1966年8、9月，被抄家的有11.4萬戶，被紅衛兵驅逐回原籍的有85198人，被活活打死1772人。[109] 這數字更令人恐懼。

問題是，這樣的「紅色恐怖」全都是在毛澤東、中央文革號召、引導、鼓勵、支持下發生的。

早在7月28日，江青就在海淀區中學生代表大會上傳達了毛澤東的指示：「好人打壞人活該，壞人打好人，好人光榮。好人打好人是誤會，不打不相識。今後不要再打人了」。[110]

8月18日，毛澤東在天安門接見女師大附中紅衛兵代表宋斌斌時，又發出明確號令：要武，不要文質彬彬！

在「破四舊」高潮中，毛澤東在聽取北京市委書記吳德彙報時說：「北京市幾個朝代的遺老沒人動過，這次『破四舊』動了，這樣也好」。[111]

8月20日，毛澤東在林彪轉送的反映有關「破四舊」情況的簡報上批示：「是大好事，徹底暴露牛鬼蛇神」，「這樣可以打出一條路來，對群眾有利」。[112]

8月23日，毛澤東在中央工作會議講話中說：「北京太文明了，發呼籲書(按，所說「呼籲書」應指前文討論的清華附中紅衛兵的《緊急呼籲書》，此時毛澤東對老兵已有不滿了)，不要干涉」。[113]

---

109 卜偉華：《「砸爛舊世界」：文化大革命的動亂與浩劫》，第 243，246 頁。北京紅衛兵抄家戶數，還有一說，是 3 萬 3695 戶，見《北京紅衛兵運動大事記及名詞注釋》，《之一》，第 424 頁。

110 江青對北京市海淀區中學生的講話 (1966 年 7 月 28 日)，收《中國文化大革命文庫》。

111 吳德：《十年風雨紀事——我在北京工作的一些經歷》，第 27 頁，當代中國出版社，2004 年。

112 逢先知等：《毛澤東傳》(下冊)，第 1438 頁，中央文獻出版社，2003 年。

113 轉引自卜偉華：《「砸爛舊世界」：文化大革命的動亂與浩劫》，第 249 頁。

9月15日，在毛澤東第三次接見紅衛兵的天安門廣場大會上，林彪在講話裏對紅衛兵的暴力大加讚揚：「你們的革命行動，震動了整個社會，震動了舊世界遺留下來殘渣餘孽。你們在大破『四舊』、大立『四新』的戰鬥中取得了光輝的戰果。那些走資本主義道路的當權派，那些資產階級的反動『權威』，那些吸血鬼，寄生蟲，都被你們搞得狼狽不堪。你們做得對，做得好」。[114] 而林彪的講話是經過毛澤東審閱同意的，傳達的是毛澤東的旨意。

　　正是為了貫徹毛澤東和文革中央的精神，當時的公安部長謝富治在北京市公安局擴大會議上，作了如下部署：「過去規定的東西，不管國家的，還是公安機關的，不要受約束」，「群眾打死人，我們不贊成。但群眾對壞人恨之入骨，我們勸阻不住，就不要勉強」，「民警要站在紅衛兵一邊，跟他們取得聯繫，和他們建立感情，把五類分子的情況介紹給他們」。[115] 謝富治還在北京等省市公安局長座談會上說：「打死人的紅衛兵是否蹲監？我看，打死了就打死了，我們根本不管」，「不能按常規辦事，不能按刑事案件去辦，如果你把打死人的人拘留起來，捕起來，你們就要犯錯誤」。[116] 事實上，紅衛兵所有的暴力行為，無論是抄家，還是遣送五類分子，以致抓人打人，都是在公安派出所和居委會唆使、引導下進行的。

　　因此，有學者說，文革所發生的暴力與屠殺，都是「國家機器所為」，「『暴民政治』只不過是國家機器行為的一個結

---

114 林彪在接見全國各地來京革命師生大會上的講話（1966 年 9 月 15 日），見《中國文化大革命文庫》。

115 轉引自卜偉華：《「砸爛舊世界」：文化大革命的動亂與浩劫》，第 246 頁。

116 同上，第 241 頁。

果和延伸」，[117] 這是擊中要害的。我們這裏討論的1966年8月
「紅色恐怖」就是國家暴力專政與群眾暴力專政的結合，上有
毛澤東和中央文革的號令、鼓勵和支持，下有公安部門的唆使
與指引，紅衛兵只是被利用的工具。現在許多人把紅色恐怖完
全歸罪於紅衛兵，就是對毛澤東和國家體制責任的一個有意無
意的遮蔽與開脫。當然，紅衛兵也自有責任與教訓。問題是他
們中的大多數是懷着神聖的革命激情和幻覺，以及革命恐懼感
去參與抄家、打人的，這樣的被革命喚起的人性中的嗜殺性，
是更加令人悚然而思的。而這又是毛澤東和中國共產黨長期的
有組織、有領導的階級鬥爭觀念灌輸的結果，這本身也是國家
教育的責任。

八、8月25日–12月5日：從「西糾」到「聯動」

毛澤東對紅衛兵的「破四舊」及隨後的「革命行動」持堅
決的支持態度，是有一個對文革形勢與發展的基本估計的，即
他在8月23日中央工作會議上所說，「我看北京亂得不厲害」。
他顯然要繼續利用紅衛兵之力，把天下鬧得越亂越好。但也就
在這一基本點上，和老紅衛兵的領袖發生了微妙而重要的分
歧。陳小魯回憶說，「從我的想法來講，就是當時紅衛兵有點
出格了，打人呀，抄家呀」，他甚至認為，「現在太亂了，
中央找不到頭緒，也着急」，當務之急就是要「整頓社會秩
序」。而且「紅衛兵要自己教育自己」，「組織起來」結束混
亂。[118] 秦曉也說得很清楚，紅衛兵走向社會，「文化大革命也

117　宋永毅：《中共的國家機器行為》，宋永毅主編：《文革大屠殺》，第
　　　16–17頁，香港開放雜誌社，2002年。
118　陳小魯：《己所不欲勿施於人》，《之二》，第33，29頁。

開始從一場政治革命轉變為社會革命。我們當時一方面受到很大鼓舞，同時也對由此造成的社會混亂感到擔憂」。[119]卜大華也早就提出希望對紅衛兵的行動有所「規範」。[120]這樣，就出現了一個很有意味的現象：北京紅衛兵走向社會破四舊，本來似乎應該是中學生紅衛兵運動的一個發展，但影響最大的清華附中、北京四中和北京八中的紅衛兵由於其領袖的不同看法，卻都對破四舊及以後的抄家、驅遣等「革命行動」持保留、消極態度。但他們自然也不甘於邊緣化，於是就想在規範紅衛兵行動上發揮引導作用，用他們自己的說法，就是「紅衛兵自己教育自己，管理自己」。

就在這樣的政治、思想背景下，四中、八中、六中的紅衛兵就首先組織起來，於8月25日成立了「首都紅衛兵西城糾察隊」。他們的設計是：「每個學校紅衛兵組織，抽出十幾個優秀的人，做糾察隊隊員，管理好自己的學校，再組成一個聯合的指揮部，來統一調度」。[121]據說取名「糾察隊」，是「借鑒當年周總理領導上海工人起義時成立的工人糾察隊」，[122]目的是「建立規則，控制局勢」。「西糾」成立後，就連發幾個《通令》，制止武鬥，制止亂抄家。清華附中紅衛兵因為不在西城，沒有參加「西糾」，但也在8月24日起草了一份《十點估計》，提出「要用文鬥，不用武鬥」，隨便打人，是「軍閥、法西斯作風」；強調「紅衛兵的主要任務，是把本校、本單位的文化大革命搞好」，「不要到社會上去」；指出「形式上破

119　秦曉：《走出烏托邦》，《之二》，第 105 頁。

120　卜大華：《我所知道的紅衛兵》，《之一》，第 52 頁。

121　陳小魯：《己所不欲勿施於人》，《之二》，第 29 頁。

122　秦曉：《走出烏托邦》，《之一》，第 105 頁。

四舊是容易的從思想上、靈魂上破四舊才是難的」。[123] 這樣的引導，確實對穩定局勢起到了一定作用：紅衛兵的幾個核心組織又恢復了對運動的影響。但卻在完全不自覺的情況下，逐漸與希望「繼續亂」的毛澤東拉開了距離。

陳小魯在回憶中鄭重聲明：「成立『西糾』，我沒有後台」。[124] 秦曉也說：「『西糾』從來沒有參加過中央上層的政治活動」。這應該都是事實。但秦曉的一個回憶卻給我們提供了重要資訊：「8月31日毛主席接見紅衛兵的時候，葉帥（葉劍英）在天安門城樓對孔丹說：你們紅衛兵不能這麼打人，把劉詩昆（葉劍英的女婿）的胳膊都打斷了，人家是彈鋼琴的嘛，你們怎麼這麼過分？孔丹跟他說，我們成立糾察隊了。葉帥說，好啊，我支持你們。這事據說是許明（孔丹的媽媽，時任總理辦公室副主任，國務院副秘書長）報告給總理了。總理說，這事不能找葉帥，這應該是我做的事。於是，西糾的住房、司機、廚師和相關的費用，都是由國務院給配的」。[125]

秦曉的回憶讓我們注意到了周恩來的處境和作用。在文革中周恩來總是努力跟着毛澤東走，對紅衛兵破四舊和「革命行動」自然是支持的；但作為國家事務的總管，他又必須面對和處理紅衛兵造反造成的混亂局面。陳小魯感覺到的「現在太亂了，中央也着急」，應該是理解了周恩來的處境之難。而且在其內在理念上，周恩來也是不願亂而要維持秩序的。因此，當這些老紅衛兵自動成立「西糾」，以重建秩序，對周恩來可以說是正中下懷。他當機立斷主動給予支持，是自然的，而且也是確實有效的。陳小魯回憶中談到的一個細節，也足以顯示在

123　卜大華：《我所知道的紅衛兵》，《之一》，第 55–56 頁。

124　陳小魯：《己所不欲勿施於人》，《之二》，第 28 頁。

125　秦曉：《走出烏托邦》，《之一》，第 107 頁。

當時的混亂局面中，紅衞兵糾察隊的特殊作用：西糾剛成立西單商場就上門求助，説紅衞兵判定「米老鼠」奶糖是「四舊」不准賣，但封存起來又怕糖化了國家財產受損失。西糾就發一個「佈告」，説為保護國家財產允許把現有存貨賣掉，問題就解決了。後來陳小魯又帶一批西糾紅衞兵到北京火車站，代替乘警維持秩序，憑着紅衞兵的「威信」，還真起了作用。[126] 這樣，西糾就與周恩來代表的國家秩序建立了一種合作關係。劉輝宣在回憶這段歷史時説，「西糾的頭頭腦腦們，眼睛盯着總理，耳朵聽着總理，猜測琢磨分析。力圖跟上總理的思路。對四面楚歌的總理，手邊有這麼一股可左右形勢的力量又多麼可貴！」[127] 這樣説也許有些誇張，但西糾與周恩來之間的默契，恐怕也是事實。

這樣的關係自然引起了中央文革的警惕與不滿，西糾也就不自覺地捲入了中央上層鬥爭。以後西糾被宣佈為「反動組織」，這應該是最主要的原因，而藉口卻是西糾紅衞兵中的某些人也參與了打人（這可能是事實），還有作為西糾發起人的六中紅衞兵搞了一個勞改所[128]（陳小魯認為此事與西糾無關）。周恩來在一次大會講話裏，公開聲明：「西糾的東西我一直沒有看過」，否認與西糾的關係，這是自我保護，也是對西糾的保護。秦曉在回憶中説，「當時，我們都覺得從政治上考慮，要

126　陳小魯：《己所不欲勿施於人》，《之二》，第 28，30–31 頁。

127　劉輝宣：《昨夜星辰昨夜風》，《暴風雨的回憶》，第 49 頁。

128　四中的造反派紅衞兵王祖鍔在他的回憶裏談到，六中西糾的勞改所「圍牆上拉了電網，裝有探照燈；除了監房，還有專用審訊室，備有皮鞭、皮帶、棍棒等刑具。關押的主要校領導、教師及『反動學生』」。見王祖鍔：《為追求平等而鬥爭》，《暴風雨的記憶》，第 191 頁。據説六中紅衞兵還在勞改所的牆壁上塗寫了「紅色恐怖萬歲」幾個字。見印紅標：《失蹤者的足跡——文化大革命期間的青年思潮》，第 25 頁。

　　　　　　　　燭火不息：文革民間思想研究筆記

保護總理。(對總理的一口否認)就沒再説甚麼」。[129] 周恩來後來又專門打招呼，要西糾自動解散；陳小魯也審時度勢，提出「倒旗」(停止辦公)的主張。[130] 後因內部有人反對，西糾還是勉強維持到被取締。

或許我們更應該注意的是，在西糾活躍了一陣，由主客觀條件所決定，又逐漸消沉下來以後，這些紅衛兵的創建人和中學生老兵的頭頭，都陷入了深刻的困惑與迷茫之中。卜大華在他的回憶裏，詳細談到了他(及他的夥伴)的思想變化歷程。他説，「在整個文化大革命中，我當了三個半月的左派。就是6月份半個月，7、8、9三個月、9月我開始出去串連，10月回到北京。10月份開始批判資產階級反動路線。從那時起，我完全失去了目標，開始轉向了。10月間，我們一半是左派，一半是右派。對外，我們在維護整個文革的形象，又碰上資產階級反動路線這樣新的問題。在這之前，我們覺得我們和文化革命非常合拍，有時候是心心相印。但是從這以後呢，我們覺得越來越不合拍了。我們不知道怎麼做，手足無措」。

卜大華在日記裏，這樣寫道：「我感覺越來越迷茫，越來越看不清方向」。[131]

卜大華的這番坦言提供了不少重要的資訊。關鍵是10月6日，剛剛成立的「首都大專院校紅衛兵革命造反總司令部」(「三司」)召開了十萬人參加的「向資產階級反動路線猛烈開火誓師大會」。資產階級反動路線主要指劉少奇、鄧小平在文革初期派工作組，壓制群眾「造反」的做法。此後，全國掀起了「批判資產階級反動路線」、「踢開黨委鬧革命」的浪潮。

129　秦曉:《走出烏托邦》,《之一》,第 109 頁。

130　陳小魯:《己所不欲勿施於人》,《之二》,第 33 頁。

131　卜大華:《我所知道的紅衛兵》,《之一》,第 67，68 頁。

這顯然是毛澤東的新的戰略部署，甚至可以說，是文化大革命的新的發動。我們也終於明白，毛澤東之所以認為紅衛兵破四舊還「亂得不夠」，一方面是社會還沒有亂夠；而「搞亂社會」更是要為「搞亂黨的既定秩序」開闢道路。現在他就要再一次發動群眾，去搞亂各級黨組織，全面奪權，以根本瓦解他所認為的劉少奇、鄧小平「資產階級司令部」的統治基礎，以重新建立起以他個人的絕對權威與絕對權力為核心的新的統治秩序：毛澤東終於亮出了他發動文化大革命的底牌。

而他這一亮底，就使得一直緊跟他的老紅衛兵陷入了極度困惑之中，並開始對自己對文化大革命的理解與追求進行重新思考。卜大華說，他對「這個運動再往下搞什麼？依靠什麼人來搞？已經開始產生懷疑了」。

具體的說，他（和他的同伴）的懷疑與追問有三：首先是「文化大革命到底要幹什麼？」卜大華這才意識到，他們理解的「文化大革命」與毛澤東的「文化大革命」之間存在着根本的差異。在他們的理解裏，「只是在少數領域，就是主席講的教育界、文藝界、出版界，少數幾個上層建築領域裏被資產階級專了政，資產階級處於統治地位」，他們心目中的主要革命對象是資產階級知識分子，並不打算真正去造「資本主義道路的當權派」的反，因為他們「沒有覺得整個黨內有兩條道路的鬥爭，存在你死我活的鬥爭，包括對主席的『炮打司令部』也認為這是一種帶戲謔成份的，為了引起注意或敲響警鐘而使用的誇張語言，並不是黨內存在着一個資產階級司令部」。[132] 他們最初的「造反」，主要針對的是「教育制度，學習方法，紀

132 卜大華：《我所知道的紅衛兵》，《之一》，第68–69，72–73頁。北大附中紅旗戰鬥小組發起人之一的彭小蒙在回憶裏，也談到「當時我們只認為，文革是要革教育制度上的毛病。當時我們對中國整個的現狀是滿意的」。轉引自印紅標：《失蹤者的足跡：文化大革命期間的青年思潮》，第8頁。

律規章」上的「舊事物」，因為他們感到了束縛，需要尋求精神的解放，「不做精神的奴隸」（見前文所引駱小海寫的《造反精神萬歲》）。後來反校領導，反工作組也都是因為他們受到了壓制。對文化大革命到底要搞多久，「最後會是什麼樣的結果，完全沒有概念」。在他們看來，反掉了校領導，工作組，成立了新的文化革命委員會，有了「自己管理自己」的權利，文化革命「鬥」的任務就已經完成，需要進入「批」和「改」的階段。而現在，毛澤東和中央文革突然宣佈，「鬥」才開始，還要不斷的「鬥」，而且要「鬥」到中央各部委，地方各黨委，這就是他們所不能接受的了。這都是他們的父輩，他們堅信，「大多數都是跟着毛主席走，是革命的」，哪裏有什麼「黨內資產階級」，更不用說「資產階級司令部」了。這樣到處揪鬥，「為了揪而揪，這算什麼？我們很反感」。卜大華說，「有些人，說這種反感是保爹保媽造成的，這有點太簡單化了」，像他的母親就是一個小學校長，這並沒有妨礙他參與教育領域的造反，反而覺得母親受點衝擊是應當的。但現在是要衝擊父輩以及自身賴以生存的既定體制和秩序(也即以後人們所說的文革前的「十七年體制和秩序」)，奪取各級黨組織的領導權，就非保不可了。[133]

這裏還有一個問題：用怎樣的方式進行文化大革命？卜大華們最不能接受的是，大學造反派打着響應黨中央和毛主席「批判資產階級反動路線」號召的旗幟，到處衝擊各部委，不斷鬧事，「每一次事件的發生，都有很多的過分的地方，都把一些過去沒有提出過的事情公開出來」：「黨內鬥爭和黨外群眾互相結合的這種方式，都是我們所不能接受的」。這些「黨的孩子」自稱「有一種近乎頑固的紀律性」，「希望內外有

<hr>

133　卜大華：《我所知道的紅衛兵》，《之一》，第 69 頁。

別，保守黨的秘密」。[134] 因此，完全不能接受毛澤東和中央文革越過各級黨組織實行「領袖號令與群眾行動直接結合」的運動方式，儘管他們自身也是用這種方式起來的，在他們看來，這是一種非常態，最終還是要回到常態上來，一切按黨組織有領導有秩序地進行。

這樣，卜大華們終於發現，自己在文化革命的對象，目標與方式這些根本問題上，和中央文革(以及背後的毛澤東)發生了原則的分歧，而與黨內中央文革的批評者、反對者(當時站在前台的是幾位老帥，周恩來一定程度上是支持他們的)，甚至文革的對象劉少奇、鄧小平站在了一起。

最後還有一個「依靠什麼人」的要害問題。這些老紅衛兵從一開始就是以文化大革命的「當然左派」、「當然依靠對象和主人」，以及「當然的接班人，掌權人」自居的；毛澤東也確實把他們視為文化革命的急先鋒而支持他們的。在某種程度上，毛澤東正是利用這些紅衛兵小將之手，把文化大革命之火點起來的。但這次批判資產階級反動路線，毛澤東依靠的卻是大學生的造反派紅衛兵(三司)，因為毛澤東已經看透，要依靠這些高幹子弟來衝擊各級黨組織，是根本不可能的；他需要尋找新的點火者，而且他已經找到，這就是以一般幹部和工農子弟為主體，與高層聯繫較少，而又深受資產階級反動路線之苦，有更強的反抗性的大學生中的造反派紅衛兵。卜大華立刻敏感到，這意味着「中學的紅衛兵退居到次要的地位」，同時更意味着「失去了我們說話的權利」。[135] 這是這些老兵絕對不能接受的。於是，他們需要再一次造反，重新發出自己的聲音──只是造反的對象不同，也不是原來的政治主張了。而且

134　卜大華：《我所知道的紅衛兵》，《之一》，第 69，70，42，52 頁。

135　卜大華：《我所知道的紅衛兵》，《之一》，第 69，70 頁。

　　　　　　　　　　爛火不息：文革民間思想研究筆記

這一回，已不同於當年的勢單力薄，而是已經形成了勢力，可以聯合行動了。

於是，就有了12月5日成立的「首都紅衛兵聯合行動委員會」，簡稱「聯動」。發起者是海淀區十幾個中學的老紅衛兵，其中有北京工業大學、清華附中、北航附中、人大附中紅衛兵，北大附中紅旗，八一學校八一革命軍等。表面上看，「聯動」的成員和以城區裏的四中、八中、六中紅衛兵為主的「西糾」不同，但西糾與聯動實際是互相勾連，合為一體的。後來就形成了全市贊成聯動觀點的老紅衛兵都自動成為聯動成員的局面。更有了各種名目出現的組織和宣傳聯動觀點的大字報，雖不被發起者所承認，但實際上構成了一個「聯動思潮」，這或許是更應該注意的。

我們就來看《聯動宣言》。

首先注意的，自然是他們的新的政治主張：「繼資產階級反動路線之後，出現的資產階級反動路線的新形式乃是對當前運動的最大威脅」。就在聯動成立的這天晚上，北京街頭出現的標語：「堅決反對資產階級反動路線新的表現形式」、「堅決擁護中央軍委四位副主席的講話！」還有一幅紅衛兵爬上幾十米高的西直門城樓，用幾十張大字報刷下的標語：「中央文革把我們逼上梁山，我們不得不反！」這些標語是可以視為對宣言的主張的一個展開與説明的：其所要反對的就是中央文革執行的「新的資產階級反動路線」。卜大華在回憶中就直截了當地説：「聯動的政治主張，實際上就是要打倒中央文革！」而且説，「聯動這樣一個彙集了幾十萬的組織，公開打出了反對中央文革的旗號，全國也就只此一家」。[136] 這樣的事後追述，或有誇大之處，從以後聯動還是試圖與中央文革對話來

136　卜大華：《我所知道的紅衛兵》，《之一》，第73，72頁。

看，他們當時從策略上考慮，並沒有準備和中央文革立刻完全決裂，但提出了與當局(中央文革)不同的政治主張，卻是認真的。

那麼，這是怎樣的主張呢？標語中說得很清楚，就是要求按幾個中央軍委副主席的主張來搞運動。這是指陳毅、葉劍英等1966年11月13日、29日在接見軍隊院校師生大會上的講話，其主要精神有二，一是強調「走資本主義道路當權派只是一小撮，只佔百分之一、二、三」，反對到處揪鬥老幹部，反對把打擊面搞得太寬太長，從而否定建國以來各方面取得的成績，否定中國共產黨的領導，否定中國人民解放軍的光榮傳統；二是強調「要講政策，有組織，有紀律」，堅持文化大革命必須由中國共產黨領導。[137] 這其實一直是中國共產黨的正統觀念，只是在文革中受到了衝擊，現在老帥和老紅衛兵都要「撥亂反正」，而且這樣的「撥亂反正」的努力也一直延續下來，到後來從清華大學造反派紅衛兵中分化出來的主張「十七年紅線論」的「四一四思潮」，隨後的鄧小平的「整頓」，以致文革後正式的大規模的「撥亂反正」，是有一條一以貫之的內在線索的。

批判中央文革執行「新的資產階級反動路線」，還因為壓制不同意見，主要是對他們這些老紅衛兵的壓制。對此，「聯動宣言」作出強烈的反應，認為這是「威脅着革命群眾血汗換來的勝利果實，它將使群眾重新回到被專政、被壓迫的地位，它將奪取群眾自己教育自己，自己解放自己的權利。它將使千百萬人頭落地，它將使歷史車輪倒轉」。由此而發出呼喚：

---

137 陳毅、葉劍英在 11 月 13 日、11 月 29 日的講話，均見《「文化大革命」研究資料》，轉引自卜偉華：《「砸砸爛舊世界」：文化大革命的動亂與浩劫》，第 333–337 頁。

　　　　　　　　　　　　　燼火不息：文革民間思想研究筆記

「拉起隊伍來，幹！」「革命果實需要自己去保衛，自己的革命權利必須掌握在自己手裏」。──這裏，既包含有對中央文革推行的新的專制的批判，更有對自己在文革初期造反獲得的權力和權利的維護。

於是又引人注目地重新提出「無產階級革命造反精神萬歲」的口號。這是可以用來概括這些老紅衛兵在文革中的精神與行動歷程的：從「反學校領導」，到「反工作組」，到現在「反中央文革」，就真的像他們當初宣言的那樣，「大反特反，反到底」了。這裏也貫穿了永遠的懷疑精神，以及始終如一地追求獨立思考、自己做主的精神，或許是紅衛兵精神的合理因素。這樣的不斷「造反」與最後仍回歸「正統」，這大概也是反映了這些老紅衛兵的相互矛盾與制約的兩個方面的。

或許人們更感興趣的，是這些老兵對毛澤東的態度。這也是「聯動宣言」第三個引人注目之處，即他們最後的口號：「無產階級專政萬歲！誓死保衛黨中央！誓死保衛毛主席！誓死保衛毛澤東思想！」從表面上看，幾乎是重複了最初的造反宣言；但實際已經有了更為複雜而豐富的內容。這些老兵反對中央文革的路線，就是反對毛澤東的文革：這是所有的人都心知肚明的。但聯動宣言卻竭力要將二者分割開來，這除了策略的考慮，更與對毛澤東的認識有關。這就是秦曉在他的回憶裏所說，「那個時候，老紅衛兵中還沒有直接對着毛主席叫板的。對毛那個時候依靠江青在那裏折騰，把社會搞得那麼亂，整了那麼多人，肯定是不理解。其實心裏很明白，但對毛還有幻想，也是自己騙自己吧」。[138] 恐怕也不完全是自我欺騙，還是有更真實的一面，即這些老紅衛兵從內心認定，毛澤東從根本上還是代表與維護自己的利益的。這就要說到「聯動宣言」

138 秦曉：《走出烏托邦》，《之一》，第 111 頁。

裏的那句口號：「無產階級專政萬歲」，這正是這些老紅衛兵與毛澤東的根本契合之處：我們說過，當初老兵的造反就是以堅持無產階級專政為前提的，他們高喊「只許左派造反，不許右派造反」，就是這個道理；而毛澤東在文革中提出「繼續革命」也是以無產階級專政為條件與前提的，1969年在中共九屆一中全會上，毛澤東更明確指出，文化大革命的目的和任務，就是要「鞏固無產階級專政，落實到每個工廠，農村，機關，學校」。[139] 因此，聯動高喊「無產階級專政萬歲」，正是表明，這些老兵，紅二代，是遠比他們的對立面，那些造反派紅衛兵更懂得毛澤東及毛澤東思想的精髓的。他們與毛澤東的矛盾與衝突，真的是一家人的「窩裏鬥」。在1967年1月，社會上曾流傳過一份《中央、北京黨政軍幹部子弟（女）聯合行動委員會公告》即「中發秘字003」。卜大華在回憶裏，明確表示：「這個東西，雖然是把矛頭指向中央文革，但是，明眼人一看就知道是假的」。[140] 這可能是沒有經過聯動創始人認可的「冒牌」，但作為聯動思潮的一個代表作，它的主張還是反映了相當部分黨政軍幹部及其子弟的真實想法的，特別是提出要忠於「一九六〇年以前的毛澤東思想」。[141] 把毛澤東思想一分為二（以「一九六〇」為界，或許並不準確，一般認為是「一九六二年」開始，毛澤東就提出了最後導致文化大革命的「左」的思想與路線），肯定前期即建國前和建國後到文革前的「十七年」的毛澤東思想與路線，否定後期即文革時期的毛澤東思想與路線，這大概是紅一代和紅二代大多數人對毛澤東的思想與路線

139　毛澤東：《在中共九屆一中全會上的講話》（1969 年 4 月 28 日），《建國以來毛澤東文稿》第 13 冊，第 37 頁。

140　卜大華：《我所知道的紅衛兵》，《之一》，第 78 頁。

141　《中央、北京黨政軍幹部子弟（女）聯合行動委員會通告》，收宋永毅等著《文化大革命和它的異端思潮》，第 107 頁。

燭火不息：文革民間思想研究筆記

的基本態度。在這個意義上，聯動思潮是很有代表性與長遠影響的。

　　具體到我們這裏討論的老紅衛兵的思想發展，他們在文革初期，顯然是毛澤東的文革思想、路線的擁護者與回應者，他們激烈鼓吹「毛澤東思想的靈魂就是造反」就是證明。但隨着運動的發展，他們自身的利益與越來越「左」的毛澤東文革思想、路線發生衝突，引發了新的懷疑與反思，終於用毛澤東提倡的造反精神來對抗代表毛澤東的文革思想與路線的中央文革。從緊跟毛澤東到質疑毛澤東：他們以這樣的心路歷程走完自己文革造反之路，這也是很有代表性的。我們在下文將作討論的造反派紅衛兵中的相當部分也經歷過這樣的由緊跟到懷疑的過程，只是由於在國家體制內的地位與處境的不同，在懷疑以後走向不同的道路。或許這是一個帶有規律性的文革現象：毛澤東以懷疑與造反精神喚醒了一代年輕人；而將懷疑與造反精神貫徹、堅持到底，就必然懷疑到毛澤東及其思想、路線、體制自身，引發新的反思與抗爭。

　　而在1966年12月、1967年1月期間，衝突主要還是發生在聚集在聯動裏的老紅衛兵和中央文革，以及支持中央文革的造反派紅衛兵之間。12月16日，在北京市中學生批判資產階級反動路線大會上，江青提出要對西糾毫不留情地堅決鎮壓，還當場突然點了周恩來與西糾的聯絡員國務院秘書長周榮鑫等人的名，以後又多次揚言要揪出西糾的後台，把矛頭指向了周恩來。不久，西糾負責人孔丹等陸續被投入監獄。12月26日，聯動召開「破私立公」大會，中央文革小組原來答應參加會議後又變卦，這就使許多老兵產生了被徹底拋棄的感覺，憤怒喊出「中央文革某些人不要太狂了！」「反對亂揪革命老前輩！」「反對縱容、支持、鼓勵反革軍(革命軍人)革幹(革命

幹部)子弟！」的口號，並到處散發傳單，張貼標語。中央文革方面則利用造反派紅衛兵四處抓人，將「炮打中央文革」的聯動成員扭送公安部。聯動即連續六次衝擊公安部，抗議其鎮壓群眾，「執行一條形左實右的資產階級反動路線」。卜大華回憶說，在極度憤激的情緒下，還在病中的駱小海起草了一封《致中央文革的公開信》，指名道姓批判江青，尖銳指出：「鎮壓批評，是國民黨的作風，是『左』傾機會主義的作風」，「他們叫作『殘酷鬥爭，無情打擊』」，「中央文革小組今天的作風，同當時『左』傾機會主義的作法，何其相似乃爾！」[142]——我們說過，駱小海寫於1965年10月8日的《造反精神萬歲》是中國的年輕一代對毛澤東的造反召喚的第一個回應；僅一年多以後，1967年1月8日，這些年輕人又對毛澤東所支持的中央文革對他們的鎮壓提出抗爭：這樣的急劇的戲劇性的變化大概是誰(無論是毛澤東，還是紅衛兵)都沒有預料到的。

　　而最後結束這一切的，也是毛澤東。1967年2月23日，毛澤東在接見阿爾巴尼亞領導人時說：「紅衛兵也是不斷分化的，夏季是革命的，冬季變成反革命的」。[143] 這距離毛澤東發表支持清華附中紅衛兵的公開信，不過四個多月。在此之前，1967年1月17日，公安部長謝富治已經宣佈聯動「是反動的，頭頭是反革命」。1月25日，清華附中紅衛兵的創建人之一的卜大華因此被捕入獄。從1966年12月到1967年清明節，共有139人被以「聯動頭目」的罪名逮捕。[144]

142　卜大華：《我所知道的紅衛兵》，《之一》，第77頁。卜偉華：《「砸爛舊世界」：文化大革命的動亂與浩劫》，第347頁。

143　毛澤東接見阿爾巴尼亞領導人卡博‧巴盧庫的談話（1967年2月23日）。轉引自印紅標：《失蹤者的足跡：文化革命時期的青年思潮》，第32頁。

144　卜偉華：《「砸爛舊世界」：文化大革命的動亂與浩劫》，第348頁。

　　　　　　　　　　　　　　　　　爛火不息：文革民間思想研究筆記

結局也同樣具有戲劇性：1967年3月22日，事前一點跡象都沒有，突然將關押在北京第一監獄的聯動分子接到人民大會堂，由周恩來、江青等接見。原來是經過周恩來的彙報與請示，毛澤東又有了新指示：「不要抓嘛，應該把他們放出去。給他們辦公室，給他們車子」。看來有些突然，其實也事出有因：正如康生在會上所說，「浪子回頭金不換。不管怎麼樣，你們還是祖國的寶貝，祖國的財富」。[145] 毛澤東心裏有數：這些老紅衛兵都是自己的、黨的孩子，不聽話，教訓一下就可以了。歸根結底，接班人還是他們。——以後事實的發展也是如此。

但不管怎樣，一切終於結束了。就像作為紅衛兵的創建人之一的卜大華所說，「從把聯動打成反動組織以後，紅衛兵的歷史使命就已經結束了」。[146]

老兵們當然不會甘心於此。他們中有些人就放出話來：「二十年後見高低」，「你們有筆桿子，我們有槍了，看將來是誰的天下？」[147]——這幾乎是在預言中國以後歷史的發展了。

九、1967年1月：開始軍訓，造反派紅衛兵的分化

在取締和鎮壓聯動之後，1月9日，中央文革小組決定，對大中學生實行軍事訓練，由解放軍幹部與戰士組成的軍訓團陸續進駐學校，並要求學生按時到校學習文件，恢復部分文化課程，稱為「復課鬧革命」。這應該是毛澤東的一個重大戰略部署：從1966年12月提出「派軍隊幹部訓練革命師生」，[148] 到

145　卜大華：《我所知道的紅衛兵》，《之一》，第 79–80 頁。

146　卜大華：《我所知道的紅衛兵》，《之一》，第 83 頁。

147　趙振開：《走進暴風雨》，《暴風雨的記憶》，第 218 頁。

148　毛澤東：《關於派軍隊幹部訓練學校師生的談話》（1966 年 12 月），《建

歷史當事人口述中的北京中學生紅衛兵運動　　　　　·261·

1967年1月明確指示「應派軍隊支持左派廣大群眾」，[149] 毛澤東顯然認為包括紅衛兵在內的大中學校師生(在毛澤東看來，他們都屬於知識分子)點燃文化革命之火的歷史任務已經完成，最終還是要由毛澤東真正信任的軍隊、工人、貧下中農和聽命自己的革命幹部來主掌文革的領導權和國家權力。因此，從1966年底和1967年初請出軍隊，訓練學生，到1968年夏派出工人、貧下中農宣傳隊，把學生趕到農村，是一個有計劃的部署，現在僅是一個開始。但有一點，卻是確定的：毛澤東要把中學生紅衛兵趕回學校，將中學生紅衛兵運動納入有秩序的軌道。正如一位研究者所說，最初的紅衛兵運動是「具有自發的性質」的，但在1967年實行軍訓以後，「這種自發的性質不復存在，紅衛兵開始被納入中央文革控制下的文化大革命的『正軌』。無論此後各地、各校的紅衛兵仍然具有自發性質的活動，從這時起，紅衛兵作為一個整體已向御用工具轉化」：這是一個無情的事實。[150]

但這時毛澤東還需要繼續利用造反派，主要是大學生與工人中的造反派去衝擊各級黨委：正是在1967年初毛澤東發出了「開展全面的階級鬥爭」的號召，並發動了所謂「一月革命風暴」的全面奪權。毛澤東在一月指示裏，強調解放軍要「支持左派」就是這個道理。但毛澤東沒有料到的是，軍隊，特別是地方軍隊和他們的家屬，和當地黨組織的當權派有着千絲萬縷的聯繫，加之軍隊本質上的保守性，毛澤東讓他們支持左派，是指造反派，而他們卻很自然地站在保守派，即十七年體制裏

國以來毛澤東文稿》第 12 冊，第 161 頁。

149 毛澤東：《對南京軍區黨委關於是否派軍隊支持造反派的請示報告的批語》（1967 年 1 月 21 日），《建國以來毛澤東文稿》第 12 冊，第 197 頁。

150 米鶴都：《我看「第三代人」》，《之一》，第 395 頁。

　　　　　　　　　　　　　　　燭火不息：文革民間思想研究筆記

的「左派」這一邊，依然按照十七年體制的邏輯，將造反派看作「右派」，甚至「反革命」。這就必然導致軍隊與造反派的不斷衝突。

這種情況同樣發生在中學校園裏。就像當時二中的高三學生、後期中學生紅衛兵的骨幹劉龍江回憶中所説，軍訓部隊強調階級出身，一進校就「對『老兵』很親近。『老兵』裏有不少將、校軍官的孩子，一下就連上了」，可以説他們本能地要支持高幹子弟，「但『老兵』由於不能團結大多數，父母多已倒台，自己也抬不起頭來了，在學校缺乏群眾基礎，所以無法擔當學校的領導，何況還有個『聯動』問題」。在這樣的情況下，軍訓部隊雖然感情上傾向「老兵」，反感造反派，但又不能不依靠造反派，於是，就將造反派加以區分：對家庭出身比較好，願意和軍訓部隊合作的造反派中的溫和派，採取拉攏，以致依靠的態度；而對家庭出身不好，態度激進的造反派則竭力排斥，因而也就引發了反抗。由於對軍訓部隊及軍訓本身的不同態度，造反派紅衛兵也因此分為兩派：[151] 這就是我們這裏討論的「中學生造反派紅衛兵的分化」。

當時，在北京市和各校，被視為溫和派的造反派紅衛兵組織，主要是「毛澤東思想紅衛兵首都兵團」（簡稱「首都兵團」）。首都兵團的負責人、二十五中高三學生李冬民，就在這樣的背景下，被推向中學生紅衛兵運動的前台，成為後期北京中學生紅衛兵運動的主要代表人物。他對自己的造反歷程和思想，有一個詳盡的回憶，或許也有相當的代表性。

李冬民是一位中級幹部的子弟，他説自己在從小在農村長大，對底層人民有「一種天然的感情」，「對中國現實的理解，遠遠超過同齡人」，也「塑造了一個比較務實的性格」，

---

151 劉龍江：《我篤信中庸之道》，《之二》，第 119 頁。

這對他在紅衛兵運動和文革時期的表現「影響都很大」。他在高一就跳兩級考大學，還通讀了毛澤東著作，馬列的東西也讀了不少。李冬民回憶說，那些著作「觸發了我心靈中那種革命的萌動，感覺不對就想要變革」。他大概是屬於那種什麼問題都有自己的主意，而且很有行動力，功課又好，在同學中頗有威信的領袖型的孩子，在學校老師與領導眼裏，是既可用又讓人不放心的學生。據他的好友劉龍江回憶，他和李冬民在毛澤東春節關於教育革命的談話啟發下，在高二下學期就發動過一次罷課。[152] 文革開始後，又因為無意中看到《中華人民共和國憲法》規定公民有言論、出版、結社、集會、遊行自由，就帶着一批學生跟工作組要油印機，以自行印發一篇《呼籲書》，就被工作組打成小「三反(反黨、反社會主義、反毛澤東思想)分子」，並和學校的老紅衛兵發生衝突。李冬民在回憶中說，「清華附中那個造反精神移到市里來，就完全變樣了。清華附中、北大附中的紅衛兵是跟工作組對着幹，城裏的紅衛兵是支持工作組，而且幫着工作組整同學的」。以後這些老紅衛兵又大搞「血統論」，就更引起了反感。在李冬民看來，「這些老紅衛兵接着更錯」，開始破四舊，打人，抄家，「整個市民暴虐思想對市民階層的迫害」，「整個一幫紅色小納粹」。[153] 這樣，李冬民和他周圍的朋友就逐漸形成了既反工作組，又反老紅衛兵的造反派紅衛兵的基本立場。

到1966年9月16日，在北京各大專院校紛紛成立紅衛兵司令部(一司，二司，三司)的啟發下，北京二十五中、二中、五中等中學在「八一八」後成立的紅衛兵，即通常所說的「造反派

152　劉龍江：《我篤信中庸之道》，《之二》，第 97 頁。

153　李冬民：《幾度風雨幾度秋》，《之二》，第 163，164，165，168，171，172 頁。

　　　　　　　　　　　　　　爝火不息：文革民間思想研究筆記

紅衛兵」，就聯合起來，成立了中學「毛澤東思想紅衛兵首都兵團」，簡稱「首都兵團」，公推李冬民為第一司令。劉龍江回憶説，他們「打出的旗號是兩個」：「一反對『對聯』」，與老紅衛兵明確劃清界限；「二搞教育革命」，即不再參與社會造反，以「搞中學的文化革命」為主。同時提出「革命不分先後，不分出身」，這樣，儘管首都兵團的核心小組的成員都是幹部子弟(在當時環境下，不這樣就根本站不住腳)，但卻吸收了非紅五類的學生，成了「處於中間的多數派」，「既有幹部子弟，也有一小部分出身不好的，但是大部分是工農子弟」。首都兵團的第三個特點是：由於當時各中學都是「老兵」掌權，因此，首都兵團一開始就是一個全市性的組織，在各個學校發展組織，並以其特有的組織力，迅速建立了一個遍及北京城郊的組織系統。[154]

李冬民在回憶中談到，「我在紅衛兵運動中算是一個人物，但是個比較溫和的人物，也就是比較講秩序還講政策，現在回想起來，我算是個走中間路線的」。[155] 劉龍江回憶文章題目就是「我篤信中庸之道」。或許正是領袖與骨幹的這種態度，決定了首都兵團的溫和色彩。比如他們反對「血統論」，也不贊成遇羅克的《出身論》，認為後者是在「反對共產黨」，「批判的是共產黨當時不能改變的，並且明確在執行的現實路線」，而自己「並不否認『有成份論』」，是支持現行體制的；他們反感老兵，但並不仇恨，彼此或許還有更多的共同點。[156]

更重要的是，他們對軍訓部隊，對「復課鬧革命」都持支

154　劉龍江：《我篤信中庸之道》，《之二》，第 101，130 頁。

155　李冬民：《幾度風雲幾度秋》，《之二》，第 174 頁。

156　劉龍江：《我篤信中庸之道》，《之二》，第 113，114，120 頁。

持、合作的態度。李冬民在回憶裏特意談到，「經歷了文革初期的動盪以後，中學生的大部分對上層情況並不瞭解，都希望穩定」，因此，「把中學的秩序穩定下來」，是有群眾基礎的。他當時就認為遇羅克是在「1967年初剛剛趨於穩定的時候，又給我們攪和添亂」，因此「對他也沒有好感」；但又認為，「遇羅克不該殺，這太過分了」。雖然是一種「中間派」的立場，但又覺得，「右派，與當時的老兵啊，『聯動』分子啊，我們都還可以説一説，拉一拉啊。但是我們和『左派』（我們當時認為他們是極左派），卻很難溝通」，[157] 他們實際是中間偏右的。

　　這裏説的「極左派」指的是中學生紅衛兵中的激進派，李冬民説他們「人數不多，但是有革命激情，敢於説極端的話，敢破格做極端的事。他們戰鬥力強，能突破一些框框而形成強勢」。[158] 劉龍江則説他們「很多人出身不好，原來受『對聯』壓迫更深，反彈也更厲害」，他們與溫和派紅衛兵「在五個方面——對軍訓，對老紅衛兵，對復課鬧革命，對中學紅代會(的態度)，對文化大革命(的理解與追求)」都存在意見的分歧。[159] 這本屬正常，但軍訓部隊明顯傾向溫和派，就反過來激化了激進派與軍訓部隊的矛盾，並將兩派的矛盾集中到對軍訓部隊的態度上，就像當年對工作組的態度一樣，形成一「保」一「反」的局面。溫和派也就被視為「保守派」，就造成了劉龍江所説的溫和派的尷尬處境：「在學校裏揚眉吐氣。在上層和社會上成了受壓制的」。[160]

157　李冬民：《幾度風雲幾度秋》，《之一》，第 174，196，197 頁。
158　李冬民：《幾度風雲幾度秋》，《之一》，第 196 頁。
159　劉龍江：《我篤信中庸之道》，《之二》，第 130 頁。
160　劉龍江：《我篤信中庸之道》，《之二》，第 130 頁。

兩派都努力爭取中央文革的支持，於是就出現了中央文革兩次接見的不同表態，而造成公開分裂。1967年4月3日，中央文革接見激進派紅衛兵，學生紛紛指責軍訓團支持聯動，不支持革命派，其中一位二十八中高三學生，激進派「八一八紅衛兵」負責人王宇特別揭發北京衛戍區副司令員、軍訓指揮部負責人李鍾奇對聯動分子説：「你們是我們的子弟，將來的班，還得你們接」。[161] 江青很激動，説「這個事情很嚴重，是解放軍的立場問題」。當晚就出現了「炮轟李鍾奇」的標語，據説驚動了毛澤東，發話説以後不許炮轟。這樣又有了4月4日的接見，到會的主要是溫和派的學生，紛紛表示支持軍訓部隊。中央文革又反過來批評激進派學生，提出不許攻擊解放軍。同時要求在中學紅衛兵代表委員會裏增補激進派學生，軍訓部隊應在兩派學生中維持平衡。[162] 兩次不同表態其實是反映了當時高層鬥爭的複雜性，中央文革與軍隊之間的微妙關係。但也因此成為中學生造反派紅衛兵公開分裂的標誌性事件：從此，激進派紅衛兵就被簡稱為「四三派」，溫和派紅衛兵則稱「四四派」。

　　有意思的是，無論是毛澤東、中央文革，還是北京衛戍部隊，都選擇溫和派作中學生紅衛兵的代表。中學紅代會就是以首都兵團紅衛兵為主體，由李冬民為核心組組長，劉龍江也是核心組成員。後來，李冬民又以紅衛兵代表的資格，被選中為北京市革委會常委，劉龍江任革委會委員。李冬民、劉龍江在回憶中對此作了三個方面的分析與解釋。最初是因為「這時候老紅衛兵已經倒了，其他派別還沒有成氣候，中央文革要具體聯繫中學的時候，除了我們找不到別人。」後來出現了激進派紅衛兵，本來其思想與行動的極端性是可以為中央文革所用

161　王宇等：《紅牆邊的反革命》，《之一》，第 228 頁。

162　李冬民：《幾度風雨幾度秋》，《之一》，第 192–193 頁。

的，但他們提出「財產權力再分配」，要「革革過命的人的命」，這就要了畢竟是「幹共產黨這活兒」的中央文革的命，就非要和激進派「劃清界限」了。[163] 其三，也是最重要的是，他們當時需要「首都幾十萬中學生穩定」，這就自然選上了溫和的「四四派」。[164]

李冬民們進入權力機構的表現也讓他們滿意。李冬民回憶說，「江青可能從一開始就覺得我和那些中學生不一樣，小孩子能像大人似的反映情況，說出問題，而且不過激，應該是個『當官的料』」，因此對他多有關照。而「總理和我交談的時候，從不把我當成一個中學生，而拿我當個可以依靠的人。你給他講這個事兒，他就委託你辦這件事」。據說毛澤東曾說青年學生有三個比較好的群眾領袖，其中一個就是李冬民。[165] 李冬民心裏也明白，「紅代會在成立以後，就變成了一個清談館，應該說就起到了一個擺設的作用」。最初也並不甘心如此，曾和大學生紅代會一起議論，要成立一個全國性的紅衛兵組織，「要起到過去的共青團的作用」，但很快就被告知：「共產黨絕對不會批准你成立全國性的機構」。當時哈爾濱造反派搞了一個全國性的榮譽軍人、復員軍人的組織「榮複軍」，立刻作為反革命組織被取締了。李冬民進入革委會以後，很快就發現，在文革建立的所謂新的國家權力機構裏，自己這樣的「革命群眾代表」依然只是一個擺設，而且進入革委會的軍隊代表，革命幹部代表，「這些人一上來以後整體上對年輕人有怨氣，但又不是衝着發動文革的人，不給他們提意見，而是對着年青人來」。他根據自己零距離接觸的觀察，

---

163 李冬民：《幾度風雨幾度秋》，《之一》，第 184，196–197 頁。

164 劉龍江：《我篤信中庸之道》，《之二》，第 124 頁。

165 李冬民：《幾度風雨幾度秋》，《之一》，第 193，182，206 頁。

「看出這老一代很不誠實，而且報復心理很強」，而「中央文革做事太違背常理，太脫離實際了，自己說話也矛盾」。看清這些，也就「基本上不跟風了」。[166] 這樣，最終對文革有了自己看法與想法。這就為下一步的反抗，奠定了思想基礎。我們在下文再作討論。

劉龍江在回顧這段歷史時，總結説：「『四四派』在中學文化革命中的歷史作用，就是在中學裏掌權起到了穩定的作用」。[167] 在某種意義上也可以這麼總結：北京中學生紅衛兵運動的主題詞（主導思潮）由前期的「造反」變成了後期的「穩定」，這同時是一個中學生紅衛兵運動從文革的中心位置逐漸邊緣化的過程。這本身就是意味深長的。

十、中學生中的「新思潮」

當然，在這一時期，懷疑的精神，獨立的思考，反抗的行動，始終存在。這主要體現在四三派或傾向四三派的部分中學生的「新思潮」裏。這一概念，是1967年6月11日發表在《四三戰報》第一期的的《論新思潮——四三派宣言》一文，首先提出的，並且談到了所謂「新思潮」的兩大特點。

首先，這是「對毛主席領導的文化革命」由「樸素的理解與熱望」上升到「自覺的認識」。

應該説這是造反派紅衛兵思想的一個重要發展。我曾經分析説，造反派紅衛兵最初是在響應毛主席的號召，批判「資產階級反動路線」鬥爭中成長起來的，在衝擊了工作組與各級黨組織以後，「造反派中真正有思想追求的一部分人，就產生了

166　李冬民：《幾度風雨幾度秋》，《之一》，第 202，200–201，205，206 頁。
167　劉龍江：《我篤信中庸之道》，《之二》，第 130 頁。

新的焦慮：下一步應該怎麼辦？於是就開始思考：文革的本質是什麼？文革到底要達到什麼目的？也就是說，他們不安於僅僅做毛澤東號召造反的回應者，而是希望有自己的文革理解。而思考文革的目的與本質，其實就是要思考文革所面對的『中國問題』，也就是『中國究竟存在着什麼問題、矛盾與危機』以及『中國向何處去』的問題。而思考此種更深層面的問題，就意味着造反派要把文革的主動權掌握在自己手裏。這樣，他們也就從憑着激情與衝動造反，轉向理性的思考，要做一個自覺的造反者」。[168] 這也是文革深入發展以後必然提出的歷史課題，中學生造反派紅衛兵以其年輕人的敏感，立即抓住，率先提出，再一次發揮了先鋒的作用。

而且，這些清醒的熱血青年，同時意識到，他們追問這些根本問題，並且要有自己的獨立思考，就必然要衝擊到現行體制的根基，「一些不可一世的大人物和天經地義的傳統觀念一個個被否定」，就必然被視為「異端邪說」而遭到廣泛的反對，以致被鎮壓。[169] 事實也是如此。四三派的這位理論家提出的「權力和財產再分配」論（我們在下文會有討論），不但為老兵們所不容，其代表人物譚力夫在回顧這段歷史時仍然表示堅決反對；[170] 溫和派李冬民在回憶裏也是認為「這種理論骨子裏是反共產黨的。這話你今天講，說是反共產黨這種專制，這有道理。但是你那個時候說搞財產、權力再分配，要『革』革過

---

168 錢理群：《毛澤東時代和後毛澤東時代：歷史的另一種書寫》（下冊），第048 頁，台灣聯經出版事業股份有限公司，2012 年。

169 《論新思潮——四三派宣言》，原載北京《四三戰報》第一期（1967 年 6 月11 日），收宋永毅等編著：，《文化大革命和它的異端思潮》，第 251，253頁。

170 譚斌：《往事莫驚猜》，《回憶與反思：紅衛兵風雲人物——口述歷史之一》，第 301 頁。

　　　　　　　熖火不息：文革民間思想研究筆記

命的人的命，就太極端了」；[171] 就連同是「四三派」的王宇在回憶裏也說，「從情緒上說，大家都叫好，好像是替『四三派』在說話。但『四三派』的多數人並不同意這些觀點，認為這個說法有點兒過了」。[172] 這就意味着，直至今日，這些思想言論，還是被視為「異端」，不具有合法性。這本《回憶與反思：紅衛兵時代風雲人物——口述歷史之一，之二》在組稿時，「當年北京中學紅衛兵三大派別之一的『四三派』的許多領軍人物，大多回絕了採訪」，[173] 這大概是一個重要原因。

而我們將其作為一種歷史思潮來研究和討論，就注意到，「新思潮」的概念雖然在1967年6月才由「四三派」提出，但在之前就已經有了「建立自己的文革理解」的自覺努力。影響最大的，是北京農業大學附中高三學生劉握中和張立才以「伊林」和「滌西」的筆名於1966年11月18日發表的《給林彪同志的一封公開信》，以及1967年1月28日首都《中學文革報》創刊號發表的《出身論》及隨後發表的系列文章。這兩篇文章，連同《論新思潮——四三派宣言》，可以看作是中學生中的「新思潮」的三大代表作，也可以說是後期中學生紅衛兵運動的三大思想收穫。和前文談到的前期老紅衛兵的《造反精神萬歲》（1965年10月28日）、三論《革命的造反精神萬歲》（1966年6月24日，7月4日，7月17日），一起構成了北京中學生紅衛兵運動的理論成果，也是我們所研究的文革民間思想的一個重要方面。

滌西和伊林在回憶裏談到，滌西出身於工人家庭，卻「屬於老北京人那個範疇」，奶奶是旗人，父親既玩蟲又玩鴿子。

171　李冬民：《幾度風雨幾度秋》，《回憶與反思：紅衛兵風雲人物——口述歷史之一》，第196–197頁。

172　王宇等：《紅牆邊的反革命》，《之一》，第235頁。

173　《編者的話》，《之一》，第8頁。

伊林出生在逃亡台灣的國民黨軍官的家庭，爺爺卻和國共兩黨的元老都淵源深厚。他們在讀高中時都有濃厚的理論興趣，「經常有些和大家不一樣的想法」。文革開始工作組進校後要在學生中劃左中右，第一個右派就是伊林，「理由就是反動軍官家庭出身，並且老有獨特思想」。工作組撤走以後，滁西就組織了「八一八紅衛兵」，伊林沒有參加，是個「獨行俠」，也沒有外出串聯，「一直在關注着文革的理論動向」。[174]

　　伊林與滁西無疑是中學生參與自下而上的民間新思潮的創造的第一人。他們於1966年11月15日貼出的《給林彪同志的一封公開信》，其可注意處有三：

　　首先是《公開信》提出的「改善無產階級專政，革新社會主義制度」的命題，[175] 他們在信裏明確提出，這是一個連林彪都沒有意識到的，「文化大革命以來未突出的問題」，卻是一個更為根本的問題：「黨和國家組織形式需極大的改變。十七年來，建立的人民民主專政的中華人民共和國已經陳舊，極需創造出一個適合中國歷史特點的，世界上從來沒有的國家機器」。他們更加尖銳地指出，要徹底否定的是「官吏機器」，取而代之的是「公社」式的新的國家機器，其中的關鍵是要有「監督黨和國家各級領導和各級領導人的『大自由』」。——這應該是《公開信》的主要內容。伊林、滁西在回憶中對一些人認為其主旨與主要貢獻是「反林彪」表示不滿，強調「我本質上是擁護文化大革命的，認為文化大革命是在推進大民主，

174　伊林、滁西：《草根政治——一條至死不渝的道路》，《之一》，第243，244，251，252頁，255頁。

175　「改善無產階級專政，革新為社會主義制度」的命題是北京師範大學物理系學生李文博在他寫於1966年10月17日的大字報《公社已經不是原來意義的國家了》裏首先提出的。詳見本書《文革民間首先研究筆記》（一）裏的相關討論。

　　　　　　　　　　　　　爛火不息：文革民間思想研究筆記

在往國家政治的機構深層改革上面推進」，是有道理的。

但伊林、滌西又說：「我們反對個人崇拜」，[176] 因此，對林彪的批評，也是大字報的另一個方面。他們主要的不滿與批評，是林彪關於「毛主席比馬克思、恩格斯、列寧、斯大林高得多」的論斷，「馬克思列寧主義者的書太多，讀不完。他們又離我們太遠。在馬克思主義經典著作中，我們要99%學習毛主席著作」的說法。其中最招來批判的是「如果毛主席的接班人不能像毛主席那樣成為無產階級的革命導師，中國黨還會面臨法西斯黨的危險。無情的辯證法將會請你『靠邊站』」這句話。這應該是對文革達到登峰造極的個人崇拜的最早的清醒批判。喬兼武在為其辯護的大字報《觸及林彪同志的靈魂》（12月7日貼出）就說得更加清楚：「共產黨和社會主義國家的各級領導人，包括黨的最高統帥主席和國家最高元首國家主席，他們是無產階級革命事業的領導人，群眾的先生，同時又是一個普通的戰鬥員，群眾的一分子，群眾的忠誠的小學生。這是一條馬列主義的原則」，認為領袖神聖不可侵犯，不可批評，不可反對的觀點，「到了我們社會主義的今天，就成了一種舊的習慣勢力，和奴隸主義，在這次文化大革命中應是掃蕩之列」。[177] 可見他們批判的並不只是林彪個人，而是指向個人崇拜導致的文革新奴隸主義。

伊林、滌西大字報還有一個不可忽視的方面，即強調「大批真正的理論家，現在和不久的將來的革命運動很需要」，強調「社會調查」，這兩點對文化大革命中年青一代的成長有着重要意義。以後確實出現了一批熱心於理論思考與創造，重視

---

176 伊林、滌西：《草根政治——一條至死不渝的道路》，《之一》，第256，261頁。

177 轉引自印紅標：《失蹤者的足跡——文化大革命時期的青年思潮》，第93頁。

社會調查，對中國國情的瞭解與分析的年青人，這對以後中國的改革開放都有不可低估的影響。

「改善無產階級專政，革新社會主義制度」的主張及在紅衛兵中引發的爭論，可以說是建國以後第一次對國家基本制度的公開討論，自然引起了黨的高層和毛澤東本人的高度重視。1967年2月24日中央文革小組副組長張春橋傳達了毛澤東的指示：「『徹底改善無產階級專政』的口號是反動的，是推翻無產階級專政，建立資產階級專政。正確的說法是部分地改善無產階級專政」。[178] 這可以說是交了毛澤東發動文革的底：既要對現行體制有所衝擊，又要從根本上維護現行體制。伊林和滌西則回憶說，後來他們和李文博都作為「現行反革命」被捕入獄，最後又是毛澤東下令把他們放了出來。[179] 這一抓一放也是意味深長。

在伊林、滌西於12月20日被捕，「新思潮」遭到第一次扼殺不到一個月，1967年1月18日《中學文革報》創刊號就發表了「北京家庭出身問題研究小組」的《出身論》(作者遇羅克)，又一次掀起軒然大波。《中學文革報》的負責人是北京四中高中二年級學生牟志京，他後來回憶說，《中學文革報》是「第一家沒有官方背景的小報」。他是在北京街上的電線桿上看到油印的《出身論》，為之一震：原來在「對聯」問題的爭論中只是感到義憤，現在《出身論》卻從理論上把問題說透了。於是，找到了在六十五中讀書的遇羅克弟弟遇羅文，並聚集了幾位志同道合的中學同學，向學校借貸了一筆款，又在當時的大

---

178 《張春橋傳達毛主席最新指示》(1967 年 2 月 24 日)，載《文化大革命研究資料》(上)，第 322 頁。轉引自印紅標：《失蹤者的足跡：文化大革命期間青年思潮》，第 89 頁。

179 伊林、滌西：《草根政治──一條至死不渝的道路》，《之一》，第 269 頁。

燼火不息：文革民間思想研究筆記

學生紅衛兵「三司」的支持下，找到一個部隊印刷廠，隨便用個「首都中學生革命造反司令部」的名義，就把報紙出來了。沒有想到竟然引起社會巨大反響，影響波及全國，刊載有《出身論》的第一期就印了三萬份，還出版了特刊，總數約六萬份。以後又連續出版了六期，發表了遇羅克的《談「純」》、《反動血統論的新反撲》、《「聯動」的騷亂說明了什麼》等文，和一批聲援文章，如《我們為什麼支持〈出身論〉》(四中《紅旗》戰鬥隊)等。這一系列文章都引起了高層注意，據說中央政治局曾以大號字體翻印過《出身論》。1967年4月13日中央文革戚本禹點名批判《出身論》和《中學文革報》，導致了遇羅克的被捕，最終被槍殺，《中學文革報》也被迫停刊，先後出了六期，總印數達三十多萬，也可見其影響力。遇羅克雖不是中學生，但他是和這些中學生造反派紅衛兵同命運的，他也就成了中學文革新思潮的一個代表。[180]

《出身論》之所以引起如此巨大的社會反響，是因為它明確地提出：在社會主義的中國，「一個新的特權階層形成了，一個新的受歧視的階層也隨之形成了。而這又是先天的，是無法更改的」，這是「反動的種性制度，人與人之間新的壓迫」。[181]同時明確提出，「取消一切特權階層」，「粉碎它賴以存在的基礎」，應該是文化大革命的基本任務與目標。[182]——這是在文革中較早提出「特權階層」的問題，是1957年校園民主

180　牟志京：《似水流年》，《暴風雨的記憶》，第 12–13，16，18，19 頁。

181　北京家庭出身問題研究小組：《出身論》，《編者按》，原載《中學文革報》創刊號 (1967 年 1 月 18 日)，收《文化大革命和它的異端思潮》，第137，121 頁。

182　《出身論之二：談『純』》，載《中學文革報》第二期。收《文化大革命和它的異端思潮》，第 142 頁。

運動中關於特權階層問題思考的一個延續。[183] 特權階層問題的提出，就將伊林、滁西文章中提出的國家體制中的「舊官吏機器」問題更加深入與具體，變成許多人都可以感受到的家庭出身帶來的「新的壓迫」，因而具有更大的社會動員力。而以解決「社會主義國家出現特權階層」問題，作為文革的目標，國家制度改革的基本任務，更是具有更長遠的意義。《出身論》系列文章圍繞「特權階層」問題，提出的一系列思想命題，都具有思想史上的意義，我們將另有專門討論。[184]

刊載《出身論》系列文章的《中學文革報》是1967年4月1日被迫終刊的。[185] 兩個多月以後，1967年6月11日，北京《四三戰報》創刊號就發表了《論新思潮——四三派宣言》。時為北京四中初三學生的趙振開(北島)回憶說，《宣言》的作者是他的好朋友張祥龍，他哥哥張祥平是「新四中公社」的筆桿子。[186] 因此也有人認為是他們兄弟合作的。

《宣言》所提出的引起極大爭議的「財產與權力再分配」論，在某種意義上可以看作是對《出身論》所提出的「特權階層」問題思考的一個深入。有意思的是，其依據卻是1967年4月12日江青在中央軍委擴大會議上傳達的毛澤東的最新指示：毛澤東引述了《戰國策》中《觸讋說趙太后》裏的一段話，並且發揮說：「這篇文章，反映了封建制代替奴隸制初期，地主階

183　按，1966年10月，中國科技大學「紅炮班」的大字報《毛主席的無產階級階級鬥爭學說萬歲》裏，也提出了「十七年中階級關係發生變動，以前地主、資本家是剝削階級，所以是革命對象，現在壓迫和剝削人民的是特權階層，也就是幹部階層，所以走資派成了革命對象」。此大字報現已不存，此據起草者的回憶，轉引自印紅標：《失蹤者的足跡：文化大革命時期的青年思潮》第95頁。

184　見收入本書的《文革民間思想研究筆記》(一)的相關討論。

185　牟志京：《似水流年》，《暴風雨的記憶》，第19頁。

186　趙振開：《走進暴風雨》，《暴風雨的記憶》，第207頁。

級內部財產與權力再分配。這個分配是不斷進行的，所謂『君子之澤，五世而斬』，就是這個意思。我們不是代表剝削階級，而是代表無產階級和勞動人民。但如果我們不注意嚴格要求我們的子女，他們也會變質，可能搞資產階級復辟，無產階級的財產和權力就會被資產階級奪回去」。[187] 毛澤東實際上是在告誡各級幹部，要嚴格要求自己的子女，不然可能因為他們的變質(或因自身腐敗，或因腐敗而激起反抗)而失去手裏的財產和權力。其出發點和歸宿，都是要保住共產黨的權力和財產，這也是毛澤東要發動文化大革命的目的所在：這是再一次交底。

而《宣言》的作者卻從中得到啟發，引出另一種革命性的理論。這樣的對毛澤東的觀點的誤解或有意曲解，本身就很不簡單。

《宣言》指出，「社會主義社會脫胎於資本主義社會，資本主義社會的分配制度，法權殘餘不可能一下子清除」，因此，在社會主義社會制度建立初期，「財產和權力暫時集中到少數人手裏——當權派手裏」，這就形成了社會主義制度雖不可避免，卻是根本性的缺陷，並且會引發出一個危險：少數蛻化變質的當權派會將「手中暫代管的財產權力逐漸不受人民支配而變為私有，為他們及他們的家庭、子女和反革命復辟集團服務」，從而形成新的「特權人物」，他們與「廣大勞動人民構成了今天社會主義社會的主要矛盾」。

由此而提出了文化大革命的兩大任務：一是從將財產和權力化為私有的特權幹部那裏把權力奪回來，也即剝奪他們私人佔有的財產與權力；二是「採取一個又一個的變革行動來促使財(產)和權(力)的公有化」，他們把這叫做「權力和財產的再

---

187 毛澤東：《對江青在軍委擴大會議上的講話稿的批語和修改》(1967年4月)，《建國以來毛澤東文稿》第12冊，第310–311頁。

分配」。而且根據毛澤東「文化大革命要進行多次」的思想，認為這樣的「財產和權力再分配」要不斷進行下去。也就是說，在從社會主義向共產主義過渡的歷史時期，會不斷出現財產和權力私有化的問題，「掌了權的革命造反派務必充分注意」防止自身落入這樣的「財產和權力私有化」的陷阱，這就需要不斷革命，不斷進行財產與權力的再分配。[188]

這顯然是一個多少具有烏托邦色彩的激進革命思想。但它卻是關於社會主義國家出現特權階層問題認識的重要理論突破。主要有二。一是尖銳地揭示了「特權」的實質就是「公共權力和財產的私有化」；二是把對形成特權階層的原因的探討，從思想意識的層面，深入到政治權力和經濟分配的層面，暗含了「權力向資本轉化」的思想萌芽。應該說，這是我們這裏討論的「新思潮」的最重要的理論收穫。

某種意義上，這是一次新的「造反」，但對象和意義都不同於前期中學紅衛兵運動的造反。我們已經討論過，以高幹子弟為主體的老紅衛兵的造反對象是所謂「舊教育制度」與「四舊」(舊思想，舊文化，舊風俗，舊習慣)。從一開始就在毛澤東的指引下，把矛頭指向據說是「統治學校」的「資產階級知識分子」，因此，他們的造反行動就是對學校的領導、老師和出身不好的同學實行「無產階級專政」。所謂「破四舊」也落實為抄家、打人、遣送四類分子的紅色恐怖。直至今日，許多人都把女師大附中學生打死校長卞仲耘視為前期紅衛兵運動的標誌性事件，雖未必全面，但也不是沒有道理的。而現在「四三派宣言」所呼喚的「造反」，卻是直指「將公共權力與財富私有化」的「特權」體制，其超出了體制允許範圍的異

188 《論新思潮——四三派宣言》，原載北京《四三戰報》創刊號（1967 年 6 月 11 日）。收《文化大革命和它的異端思潮》，第 249，250，254 頁。

熇火不息：文革民間思想研究筆記

端性和超前性，再加上自身難以避免的烏托邦色彩，就決定了其不僅不為執政者所容，而且也不被一般人（包括許多紅衞兵）所理解的命運。在當時的歷史條件下，也不可能變為社會實踐運動，只能限制於理論的思考與探索。所以說，實際存在的是「民間文革思想」，而不是「民間文革運動」（當然不排斥個別的民間文革活動）。

十一、還是要發出自己的聲音：紅衞兵運動的餘響

但在歷史的當時，它卻是非法的，而且整個中學生紅衞兵運動也都處於邊緣位置。最後，所有的大學、中學的青年學生都不能被相容，通通被毛澤東趕到農村與工廠。我們這裏討論的「紅衞兵時代風雲人物」也都被趕下歷史舞台。因此，可以說在1968年前後，卜大華、秦曉、伊林等去了農村，李冬民、劉龍江、滌西等當了工人，也就標誌着北京中學生紅衞兵運動的結束。

但紅衞兵時代養就的關心國事，遇事問一個「為什麼，對不對」的舊習不改，而且總要發出自己的聲音。

於是，就有了作為紅衞兵運動的餘響的，最後一次抗爭。

這一回，是造反派紅衞兵中的溫和派與激進派的合作。前文談到，溫和派的領袖李冬民在進入體制以後的零距離觀察，使他對文革體制的弊端，文革的極左行為，「有了一個系統的認識」。李冬民回憶說，「1975年初，我寫了一個幾千字的《論新思潮的出現》的論文提綱，提出文化大革命是『翻來覆去，不三不四』，『實際上失敗』了，中央文革等『純粹的文革派』，已成了『新貴族』，他們已經不再具有革命性，『巴不得他們早日垮台』。」李冬民介紹說，他和他的朋友提出的

「新思潮」，「其實是對極左路線的一種批判，從政治上，經濟上，工業上，科技上等」，「我們實際上闡述的是一種超趕發展經濟，全就業、全保障理想狀態下的新興國家資本主義。比如說科技是第一生產力的觀點，我在這個提綱裏就提到了。包括工農業生產的步驟方針，對赤腳醫生和工農兵大學生的否定態度，包括對樣板戲等。」[189]

在李冬民之前，滌西和伊林又合寫了一篇文章《論無產階級宇宙觀作為觀察國家命運的工具》，依然保持當年他們寫《公開信》時的對國家命運的全局問題的關注與理論興趣，這回他們作了一個大判斷：「中國到時候了，應該從左向右轉了」。他們用真名把文章寄給了《紅旗》雜誌，自然不會發表，卻因此被政工部門所盯上。當時北京工人中已經有了「共產主義小組」這樣的民間組織，對國家政治的極左狀態多有不滿。滌西與他們也有聯繫。到毛澤東去世以後，他們立即敏感到中國又到了一個歷史的轉捩點，自己也必須發言，滌西就又寫了一篇《目前形勢分析和幾點估計——第三條道路宣言》。滌西解釋說，「第一條道路指的是毛澤東左的路線；第二條道路是劉、鄧溫和的路線，但是他們不主張政治體制的改革；所謂第三條道路就是全面的，即主張以經濟建設為中心，又必須以政治體制改革為前提」，「既不能走文化革命的路，也不能走十七年的老路」。這或許有事後總結的成份，但要選擇一條新的獨立發展之路，大概是確實的。滌西還這樣回憶他的思想發展過程：「當年，我們的《公開信》是全國率先提到大民主，提到普通群眾監督黨和國家領導人權力這一敏感問題的。實際上它具有探索民主程序和體制的意義在內。當時，向陽、紅匕首(按，他們都是《公開信》的批判者)不是說我們右嗎，

189　李冬民：《幾度風雨幾度秋》，《之一》，第 207 頁。

　　　　　　　　　　烈火不息：文革民間思想研究筆記

那我就想，再往右的方面探索一下，看看向右的這條路是不是能走得通？我早就看過考茨基、伯恩斯坦、盧森堡那些理論，他們的思路對不對？這時期我也經常翻閱美國歷史，給我震動最大的是它的民主政治手段，在眾多的管理型態中可以說是最優秀的管理型態，是符合人民最大利益的，這個對我的影響很大」，「布朗基主義早就扔到一邊了，反過來研究一下社會民主黨人的理論，是有意義的。如果通過議會鬥爭社會主義能夠和平長入資本主義，那是件很好的事情」。在回憶裏，滌西自稱「屬於理性自由主義者」，並稱伊林是「激進自由主義者」。[190] 這樣的思想變遷，在當年造反派紅衛兵中是有一定的代表性的。

據滌西說，他的《第三條道路宣言》得到了伊林的支持，又介紹給他的小學同學李冬民，他很欣賞，就在他周圍的青年人中廣泛傳閱。這樣就逐漸聚集了一股力量。這些人不但勤於思考，而且具有很大的行動力，並且在文革中已經養成了天不怕、地不怕，說幹就幹的習性。當時已是四人幫垮台以後，華國鋒執政時期，執行的是「兩個凡是」路線。李冬民回憶說，大家「開始議論，共產黨體制沒變啊，該當反革命的繼續當反革命，然後老華接着抓新的反革命」（按，指華國鋒上台後為穩定局勢，下令在全國處決了四十六名政治犯，其中有堅決與四人幫鬥爭的民間反抗者王申酉、李九蓮、鍾海源、史雲峰等），看來，「華國鋒還是要繼續維護毛澤東和四人幫的極左的東西」，如果不衝破新的桎梏，中國難以有一個根本的變化。到了1977年周總理逝世一周年的時候，這群當年的紅衛兵，就覺得非有所行動，反映民意不可了。於是，就於1月8日在新

190　伊林、滌西：《草根政治——一條至死不渝的道路》，《之一》，第278、
　　 279頁。

華門、王府井、東單一帶貼出了三條標語：「要求為天安門事件平反」、「請鄧小平同志出來工作」、「北京市公安局長劉傳新應對天安門流血事件負法律責任」。這一次紅衛兵的最後「絕響」立刻震動了處於高度敏感期的民間社會和高層政壇。儘管華國鋒親自出面，宣佈這是一個「以李冬民為首的反革命集團」，並將李冬民等逮捕入獄，並牽連二三十人，但最終還不得不放棄「兩個凡是」的毛澤東路線，中國終於走上了改革開放的道路，歷史又翻開了新的一頁。[191]

十二、文革反思

從歷史回憶與敘述結束的1977年，到回憶整理出版的2011年，中間經歷了三十四年的時間。人們在傾聽這些「紅衛兵時代風雲人物」的回憶時，或許更感興趣的，是他們歷經滄桑以後，對那段歷史的反思，對文化大革命的認識。這當然有更大的主觀性，彼此認識的差異也更大，但相互對照，就有更大的啟發性。

我們就來看看他們的「反思」。

先看「老兵」。

譚立夫在他的回憶與反思裏，把文革稱為「一個沉重的時代」。他針對他所說的「極左派，老左派，新左派」「重評文革」的主張，堅持「文革不僅像《決議》裏所說，是一個『全局性，長時期的左傾嚴重錯誤』。它是在文革前幾十年一以貫之，越演越烈，逐漸醞釀發育，至文革已經形態完備、為害十年之久的一條極左路線。文革是在錯誤的理論指導下，用錯誤的方法，造成錯誤結果的一場錯誤的實踐，因此，對文革絕不

---

191 李冬民：《幾度風雨幾度秋》，《之一》，第 210，209，212 頁。

能搞那種字面意義上的『一分為二』」。

他由這一基本估計出發，強調自己當年的講話是「對抗文革的綱領」，這是「真正要害」。並據此「站在歷史角度」，把自己的「八二○發言，以及這個發言的擴散，流傳」，定位為「代表了當時群眾對文化革命的抵制和反抗」的「第一個浪頭」。

譚力夫自認他的講話有「三對三錯」。首先是「三對」：「第一，充分肯定革命政權，實行有利於強化新興階級的地位，而防止敵對階級復辟的階級路線、階級政策，是正確的，合情合理的，無可非議的」；「第二，反對作為『繼續革命』理論重要組成部分的『階級關係新變動論』；反對文革依靠『十七年受壓迫最深的苦兄弟』、『徹底砸爛舊的國家機器』，實行財產、權力『再分配』；反對把新政權受益階級，一概貶斥為『舊體制的既得利益集團』，一概打為『保守派』，『保爹保媽派』」；「第三，反對把四十萬工作對隊員都打成『資反路線』的走卒，把各級幹部都打成『走資派』、『民主派』，反對把『老革命』和『小革命』都打成革命對象，不能接受『懷疑一切，打倒一切』，完全否定十七年」。

三個錯誤是：一是「對文革前的階級政策執行情況以及形勢的判斷，和毛主席的錯誤估計有共鳴，認為『右』是主要傾向，主要危險，而不知道那時候在全局上，其實『左』才是主要危險」；二是「有自來紅思想，有唯成份論傾向」；三是「給青年學生中的對立觀點和不同意見的爭論，抹上了階級鬥爭的色彩，認為是『右派翻天』，太偏激」，「我那時年輕氣盛，自以為真理在手，出於公心，表現的那種咄咄逼人的氣勢，給不同觀點的師生造成了壓力，在群眾辯論中立了一個不好的榜樣」。[192]

---

192 譚斌：《往事莫驚猜》，《之一》，第 319，306，304，300–301，302 頁。

可以看出，譚力夫的「文革反思」，雖也有反省，但仍然堅持其當年演說裏的「維護紅二代接班地位的階級路線」，「維護十七年體制」的老兵立場，他依然那樣自我感覺良好，因為他堅持的正是當下中國的主流意識形態。

秦曉在他的回憶裏，專門設一節，談「反思文革」。開頭就有一句總結性的話：「今天回首文革，在當時的政治氛圍下，自認為是一個純真的、充滿理想的時代。但從現在的認識看，那是一個幼稚的、非理性的、瘋狂的時代」。

秦曉把他自己在文革前與文革中的思想、態度，分為「三階段」。「第一階段——『階級鬥爭』，這是1962年中央八屆十中全會上提出的。那正是我們世界觀形成的時期，對階級鬥爭理念印象比較深，也無保留地接受了『階級鬥爭』觀念。第二個階段是文化革命，提出了『走資派』的理論，這個理論是階級鬥爭理論的繼續，即『無產階級專政條件下的繼續革命』的理論。到第二階段，我一開始是有保留的，發展到了一定階段，就產生了懷疑和抵制。因為這樣做實質上是顛覆了我們長期接受的傳統教育，也無法接受父輩是反黨的、是走資本主義道路的。到後來的第三階段，就變成四人幫的『打倒一切，否定一切』了，對這個我是持反對和反抗態度的，也為此蒙受打擊、迫害」。

秦曉認為，「文革的產生有着深刻的思想背景，而且由來已久，根子很深。概括地說，是一個激進主義的異化過程。而不能簡單地歸結為毛澤東和四人幫」。而「紅衛兵運動就是走向異化的一個具有代表性的、很典型的一幕」。秦曉理解與反思的「激進主義」有兩個特點。其一是「崇尚盧梭的『積極自由』即『己所欲，務施於人』；而不是洛克的『消極自由』所主張的『己所不欲，勿施於人』。就是說，你必須跟我走，否

　　　　　　　　爛火不息：文革民間思想研究筆記

則你就違背歷史潮流，你就是異己與敵人。這就把核心價值
(按，指民主，自由，平等等普世價值)給顛覆了。中國的『文
化大革命』、希特勒的『國家社會主義』、柬埔寨波爾布特的
大屠殺等，都是異化的結果」。其二，「激進主義的思想資源
多是源於一種意識形態。意識形態是近代的產物，它在對現實
社會的批判中建立龐大的、無所不包的宏大敘事，試圖解釋歷
史，指導現實，預測未來。這首先偏離了科學的精神，是一種
烏托邦，是對傳統的顛覆，對經驗的拋棄，對各種不同的觀念
不能包容，並將之視為異教徒和敵人。所以它一定導致專制，
一定會走向異化」。[193]

看來，秦曉已經跳出了當年的老兵立場，並進行了理論層
面的深入思考。

陳小魯的反思或許沒有多少理論色彩，但卻是從自己的實
際經驗、體驗和感受出發，比較實在，也很有個人的特色。

他專門談到了「文革遺產」。他指出，「十年動亂，把我
們體制上所有的弊病全部暴露出來了，但沒人總結，所以十年
以後、二十年以後還在走老路。本來從共和國的角度也好，從
共產黨的角度也好，都應該因為通過文化大革命得到新生，但
現在是有所改進，但沒有得到新生，還是保留很多舊體制的東
西，一直到現在還阻礙着發展，而且矛盾越來越大」。因此，
在陳小魯看來，總結文革經驗教訓，是事關共和國和黨的真正
變革與「新生」的大事。他擔心的是，不注意吸取教訓，幾十
年後「還在走老路」，「矛盾越來越大」，就積重難返了。或
許正因為如此，陳小魯的文革反思，都是有現實的針對性與迫
切性的。

他先談自己的「文革觀」：「文革是場窩裏鬥」，依據是

193　秦曉：《走出烏托邦》，《之一》，第 133–134，132，133，134，135–136 頁。

他所提出的「共產黨光譜學說」。他解釋說：「這個光譜的左邊是江青『四人幫』，中間有誰，右邊可能有誰誰，所有這些合起來，才是白光，太陽光——這才是真正的共產黨」。黨內「根本不存在一個『階級』(的代表)要顛覆共產黨政權」，有的只是不同派別：「沒有任何證據說明，劉少奇也好，彭德懷也好，是代表國民黨。他們都是共產黨的一個派別，或者是他個人的，或者是他一批人的想法。反過來，你說江青奪權是為復辟資本主義？說她代表資產階級？肯定是胡說八道。」「毛主席搞文化大革命的動機是什麼？我覺得恐怕還不全是為了鞏固個人的權力，江青可能帶有以權謀私的成份。反過來說，老一輩革命家為了保住他們的權力，就沒有以權謀私的成份？所以我認為文化革命也好，所謂的政治也好，就是黨內鬥爭，就是黨內不同路線的鬥爭。劉少奇有一套想治國富強的方法，毛澤東有一套方法，江青可能有一套方法，趙紫陽有一套方法，鄧(小平)也有一套方法，陳雲有一套方法——每個人都有一套方法，合起來，交織鬥爭，就變成了共產黨的軌跡」。就像恩格斯說的，社會的運動與變革最後是按「無數個力的平行四邊形」的「對角線」發展的。

問題是，如何正確地進行這樣的黨內鬥爭？陳小魯總結說，「我們吸取文化革命的教訓，現在就要建立一種機制，要能不斷地調整政策，另外要容忍對手。過去的政治鬥爭，每個人在反對對手的時候都打出一個『崇高』的旗號，說對手是『反革命』、『修正主義分子』、『資產階級代言人』、『自由化』等等，無非就是拉大旗作虎皮，就是不能達到一個共識，容忍對手。只有我上台，中國才能好；其他人上台，就是災難，就是『復辟』，就是『自由化』。所以鬥爭變成『你死我活』，就是要採取極端手段，動不動就動用軍隊等專政手

燼火不息：文革民間思想研究筆記

段」。陳小魯因此提出要建立制約權力的「寬鬆的機制」：
「所有當權者都一樣，他都不願意跟別人分權，與虎謀皮是做
不到的。那麼只有一個條件，就是社會力量達到一定程度，形
成一種制約，一種限制，使他不得不放棄自己的權力」。

關於文革的教訓，陳小魯還總結了三點，很值得注意。

一、「文化革命沒有合理性，但是它是必然要來的，是共
產黨走到這一步，必然要犯的錯誤，因為它裏面有專制的、從
封建社會下來的傳統。在毛主席，還有我父親他們身上，都帶
有封建的烙印。」在陳小魯看來，這樣的封建烙印主要表現在
「他們對毛主席的那種忠誠」，「有點像對封建帝王那種忠
心」，而盲目忠誠的嚴重後果，就是導致領袖「獨裁」。陳
小魯從國家體制的角度對此有一個分析。他說：「我們名義
上也叫多黨，『一黨領導，多黨合作』，但實質是一黨制，而
且你不能罵我；你罵我，就把你打成反革命。再下面是『寡頭
制』，就是領導集團的幾個頭目參與。最底下，是『獨裁』，
就是基本上一個人說了算」。「可以說，1949年在這個圖表
上，是在一黨和寡頭之間這麼一種狀態。慢慢隨着權力集中，
這個曲線向下走，到文化革命，降到了獨裁這條線，就是老
毛，個人說了算」。而陳小魯擔心的是，毛澤東的「種種東
西，影響了幾代人」，一直影響到現在，「我們『一元化』慣
了，甚麼事都要『和中央保持一致』，說行動上保持一致，還
可以；但思想上保持一致，你就是有意見、有問題不能提呀。
這就不好說了」。

二、「就文革而言，毛主席還是有他自己的追求，就是追
求他的『毛式共產主義』。且不論它的目的的對錯，但他為了
這個目標，不擇手段這點起碼是不對的」。這是抓住要害的：
為了達到自己的目的而不擇手段，這應該是文革影響至今的一

個痼疾，只是當年是為了所謂「革命理想」，今天則是為了赤裸裸的利益。

三、「在我們國家，人們對於人道主義，對於人性、人權，從來沒有足夠的教育和認識。而暴力卻是人類的基因，政府、法律、監獄，其實就是要遏制人類本身的劣根性，所謂暴力傾向、弱肉強食這些『自然法則』。一旦社會秩序崩潰、法律廢止和政府失職以後，暴力就會出現。在我們這個社會，由於長期宣揚階級仇恨，文革中政府和法律又採取縱容的態度，就產生了這樣的後果」。

陳小魯在回憶裏，還談到他在文革期間和今天的尷尬處境，談得坦率、誠懇，或許是更具啟發性的。他這樣說：「紅衛兵這一段對我影響太大了。我們是在傳統教育下長大的。傳統教育有兩個好的方面：一個是中國幾千年傳承的道德傳統；還有一個就是我們共產黨的這一套政策傳統。繼續革命理論，階級鬥爭理論和這兩個傳統是衝突的，矛盾的。在這矛盾中，我取的是傳統這邊。所以我沒有那麼義無反顧地投入到造反中去，也做不出那些太絕情的事情來」，「在多數場合，我是隨波逐流，但是也為有自覺的成份。毛主席的講話很符合我們的口味，因為我們是他培養出來的嘛。當然也存在一些不協調的地方，對這方面我試圖不斷地讓自己的思想去適應毛主席的想法，但我沒有絕對的盲從，還有自己的考慮」，這就陷入了種種矛盾中。

陳小魯更承認自己，文革結束以後，除了文化領域，軍事、政治、經濟都介入過，最後卻「感到跟這個社會整個地不適應。就是說，這些現實和我從小學到的東西，和我理想中的社會理念，和我心目中的那個共產黨，太不一樣了。我是有點理想主義化，我不能接受我認為是不對的東西，除非你說服

我。你説服不了我，那我就接受不了」。「跟這個社會整個地不適應」，恰恰説明了他依然在堅守自己年輕時的理想。[194]

　　造反派紅衛兵中的溫和派代表劉龍江在回憶中也專門談到「反思中學文革」。他在回顧了北京中學生紅衛兵運動過程後，這樣總結説：「在毛主席發動的文化大革命這個舞台上，打着文化大革命的旗號，圍繞着黨的階級路線，出現了中學生三個派別之間的鬥爭，這才是中學文化大革命的實質。還有什麼東西比階級路線對中學文化大革命的影響更大？沒有，就是這條路線，弄出了學生的悲喜劇」。[195]

　　李冬民，作為溫和派(也就是他説的中間派)的領袖人物，在回顧這段歷史時，卻發出了這樣的感慨：「老兵打也打了，鬧也鬧了，在歷史上也留下了『紅色恐怖』和『造反精神萬歲』。『四三派』搞極左，他們獨樹一幟，衝擊一切，現在説成是反對專制的先覺者。歷史往往就是這樣，走極端的人，都能留下痕跡，而看不到的是中間派。但收拾攤子的，卻是這些中間派的多數。這樣，大家才能繼續向前走」。[196]

　　伊林、滌西是中學生紅衛兵運動中的「新思潮」的始作俑者，算是激進派的一個代表。他們在總結這位段歷史時，都只説了一句話。伊林説：「我盡到了一個公民的歷史擔當，餘下的讓歷史去説吧」。滌西則説：「我這一輩子總是在搞自下而上的草根政治」，「對我而言，這是一條至死不渝的道路」。[197]

2015年8月24日–9月19日，寫於泰康之家

194　陳小魯：《己所不欲勿施於人》，《之二》，第 50，22，51–52，85，50，54，84，71，70，82，50，54，53，88 頁。

195　劉龍江：《我篤信中庸之道》，《之二》，第 131 頁。

196　李冬民：《幾度風雨幾度秋》，《之一》，第 197 頁。

197　伊林、滌西：《草根政治——一條至死不渝的道路》，《之一》，第 284，285 頁。

文革初期的「對聯」之爭：「用糙話概括的潛規則」

——讀《暴風雨的記憶：1965–1970 年的北京四中》[1]

　　「北京四中是北京乃至全國最有名的中學之一，(文革時期)曾處在暴風雨的中心。」[2] 據說，文革初期的北京中學生紅衛兵運動有兩個中心，一個是海淀區的清華附中和北大附中，它們是紅衛兵的發源地，另一個城區紅衛兵的中心，則是以四中、八中和六中為主力的，四中的影響更大。[3] 因此，四中的學生對文革的回憶，就特具代表性。

　　閱讀這些不同派別的中學生的回憶時，注意到一個細節：幾乎所有回憶都要提到，一副對聯，一支歌，一個辯論場景。一副對聯是「老子英雄兒好漢，老子反動兒混蛋」，橫批是：「基本如此」，也還有把它改為「絕對如此」、「永遠如此」、「鬼見愁」的。一首歌是《鬼見愁戰歌》，歌詞是：「老子英雄兒好漢，老子反動兒混蛋，要是革命你就站過來，要是不革命就滾他媽的蛋」，「唱到此結束，接着是叫喊：『滾——滾——滾，滾他媽的蛋！』最後的『蛋』字喊得最響亮」，從此，「無論男生女生，張嘴『他媽的』，成了革命激情詞彙」。[4] 這首歌宣傳的正是對聯的思想。正像一位回憶者所說，「現在無從考證是誰，也沒有人站出來爭奪『對聯』的發

1　《暴風雨的記憶：1965–1970 年的北京四中》，北島、曹一凡、維一主編，香港牛津大學出版社，2011 年。本書 2016 年另有增訂版。

2　北島：《序言》，《暴風雨的記憶》，第ix頁。

3　劉輝宣：《昨夜星辰昨夜風——北京四中的紅衛兵往事》，《暴風雨的記憶》，第 47 頁。

4　唐曉峰：《走在大潮邊上》，《暴風雨的記憶》，第 329–330 頁。

明權，但它是老三屆紅衛兵的專利是不會有爭議的」。[5] 這裏説的「老三屆紅衛兵」是指由高幹子弟組成的最早的紅衛兵，在回憶中都稱「老兵」，我們今天則統稱為「紅二代」。對聯與《戰歌》反映的血統論，正是他們的賴以存在的理論基礎。

在運動初期這些老兵是絕對強勢的，自然絕不允許出現任何挑戰；於是，就有了這樣的所謂「辯論」的場景：「上了台你得先自報『出身』。你要是説：『革命同志們，我出身貧農！』『我出身工人！』就會贏得一片掌聲。如果你説：『對不起，革命同志們，我出身資本家——』那就甭想説下去，在『狗崽子』的叫罵聲中被轟下台。還有一種情況，你自報好出身獲得掌聲，要是接着説：『但我不同意你們的觀點』。那麼『叛徒！敗類！』的叫喊聲照樣會把你轟下去」。[6] 一位對聯的反對者也這樣回憶他在辯論會上的遭遇：「我上台還沒有幾分鐘，幾個女生就衝上來，滿嘴髒話，搶奪我的話筒。我雙手攥住，她們使出全身力氣也沒有用。接着她們拽我，用拳頭在我頭上亂捶，也沒有什麼效果。讓人討厭的是，幾個女生轉到我面前，朝我臉上吐唾沫。我的發言就在這樣的有點滑稽的場面中結束」。[7] 記憶中還有這樣的場面：在班級辯論會上，「一位高幹出身的同學發言，講到紅軍二萬五千里長征，從井岡山出發三十萬，到延安只剩下三萬。『我問你們，那剩下的二十七萬到哪裏去了？』他激動得尖聲細氣吼叫着，以此證明『對聯』的正確性。最難忘的還是一位出身『不好』的同學的講話，結尾時他情緒高昂地喊道：『我出身反動，我就是XXX（狗

5　李寶臣：《往事豈堪容易想》，《暴風雨的記憶》，第 58 頁。

6　劉輝宣：《昨夜星辰昨夜風——北京四中的紅衛兵往事》，《暴風雨的記憶》，第 53 頁。

7　牟志京：《似水流年》，《暴風雨的記憶》第 7 頁。

　　　　　　　　　　燭火不息：文革民間思想研究筆記

崽子）。你不承認我是XXX，那你就是XXX』。講到那最後三個字，他滿臉通紅，脖上青筋暴出來」。[8]

這裏所發生的讓後人匪夷所思的野蠻劇、鬧劇、荒誕劇，都源於一個「出身」問題。如一位回憶者所說，「中學各校無不被它攪得天翻地覆，四分五裂。革命的千秋大業，革命的理想憧憬，變成家庭出身的圖騰崇拜。這可以說是自1962年以來『千萬不要忘記階級鬥爭』、『憶苦思甜』以及貫徹階級路線結出的碩果」。[9] 很多非紅五類的學生都談到了這樣的「出身圖騰」對自己的心理壓力。一位作者回憶說，在一次班會上要求每一個學生當眾交代自己的出身並「表態」：「我知道自己的爺爺是富農，也糊裏糊塗站起來講了幾句。我忽然知道富農意味着什麼，心裏嚇了一跳」，從此成了「一塊心病大石頭」，而且「看得出來，周圍不少同學都有心病。臉色氣質漸漸變了樣」。以後即使不再露骨地講血統，但「每次填寫人事表格，上面都有『出身』一欄。填表填到這裏，不同出身的有不同的滋味，出身一直是沉重的政治包袱」。[10] 另一位作者則談到，「雖然『對聯』表面傷害的只是那些『老子反動』的少數同學，但它真正想制約的是中間大多數」，當時就有人提出「一切不是苦力的人大多難免是混蛋」，就是革命專政的對象。按這樣的邏輯，自然「滿視野」的都是「牛鬼蛇神」。後來老兵們殺向社會，到處抓人打人，依據的就是這樣的邏輯。[11] 而一切「不是苦力的人」，自然也就「個個嚇得噤若寒蟬」，如一位

8　牟志京：《似水流年》，《暴風雨的記憶》，第8頁。

9　李寶臣：《往事豈堪容易想》，《暴風雨的記憶》，第235頁。關於「1962年以來」的教育結果。可參看錢理群：《1957–1966：〈中國青年〉十年》。

10　唐曉峰：《走在大潮邊上》，《暴風雨的記憶》，第324，332頁。

11　楊百朋：《我的「紅色記憶」》，《暴風雨的記憶》，第121頁。

作者所説，「何謂恐怖？只有身歷其境才能知道」。[12]

在一個以追求「平等」為理想的社會主義國家，大談「出身」，並以此將人分成不同等級的「成份」，據此人為製造「階級對立」，展開「階級鬥爭」，這似乎不合邏輯，卻是真實發生的現實：先是區分紅五類(工人，農民，革命軍人，革命幹部，革命烈士)與「非紅五類」；在「非紅五類」中，又分「黑五類」(地主，富農，反革命分子，壞分子，右派)及「非黑五類」(知識分子、資本家、職員，市民等)。而且這樣的「成份」是世襲的：「紅五類」的子女，特別是其中的高級幹部的子女，是天生的，永遠的「貴族」；而「非紅五類」的子女，特別「黑五類」的子女，則是天生的，永遠的「賤民」。從表面上看，黨對「成份」是有一個區分政策的，即所謂「有成份論，不唯成份論，重在政治表現」。但如論者所分析：「三句話中。『有成份論』是前提，是有形的、實在的；後兩句則是虛幻的、沒譜的。實質是誘使『黑五類』分子的子女們老實就範」。文革一開始，作為「紅五類」中的高幹子弟的「老兵」就乾脆把「虛幻、沒譜」的遮羞布扔掉，「公開祭起『老子英雄兒好漢，老子反動兒混蛋』的『血統論』的大旗，分明要把『有成份論』鐵定為『唯成份論』，把『黑五類』子女稱為『狗崽子』，讓他們永世不得翻身」。[13]

而當時的四中的學生，「就家庭出身而言，知識分子居大多數，其次是黨政軍中的高級幹部，普通工人和農民則很少。知識分子家庭的學生出身的學生中，大多是直系或隔輩的『黑五類』後裔」，按照出身世襲制，他們也都是「狗崽子」。因此，在四中因家庭出身引發的衝突，主要表現在高幹子弟與知

12　王祖鍔：《為追求平等而鬥爭》，《暴風雨的記憶》，第 189 頁。

13　王祖鍔：《為追求平等而鬥爭》，《暴風雨的記憶》，第 188 頁。

識分子子弟之間。老兵的骨幹、《戰歌》的作曲者説得很坦率:「所謂『黑五類』即『地富反壞右』的子女老實着呢,經過多年的政治運動的歷練,他們早就學得乖乖了」。因此老兵提出「血統論」是「衝着」資產階級、小資產階級知識分子家庭出身的子女的,這是一個「強大的對手」。據説「那時在共產黨幹部中,已經形成了一種強烈的危機感──他們的子女在學習上遠遠不及『資產階級』,尤其是『資產階級知識分子』的子弟們,那麼將來由誰『接班』呢?這在六十年代成為重大的社會問題和政治問題,即『接班人』的問題」,也即未來的政權將落誰之手的問題。[14]

這正是我們所要追問的:在對聯、戰歌、辯論背後隱含的中國政治、社會問題。有人回憶説:「四中幹部子弟中有頭腦的人私下説過:『誰真把對聯看成是黨的階級路線,誰才是真正的混蛋。但現在需要這麼説説』。潛台詞是:過去對『狗崽子』們壓得還不夠(雖然早就受到限制,比如不准上大學),非得叫他們徹底屈服不可」。[15] 其實《戰歌》的作曲者自己就承認:「血統論」「本身就很爛」,「那口號流行不到半年就臭了,連我們自己也知道錯了,甚至從一開始就知道那是錯的」。[16] 可見重要的不是理論是非,而是利益;或者如這位老兵所説,「『老子英雄兒好漢,老子反動兒混蛋』不過是用糙話概括了(中國政治)的潛規則」。

而這「潛規則」卻是最能説明1949年以後的黨所領導的共和國的一個基本特點的:它的統治合法性建立在兩種規則基礎

14　劉輝宣:《昨夜星辰昨夜風──北京四中的紅衛兵往事》,《暴風雨的記憶》,第44頁。

15　唐曉峰:《走在大潮邊上》,《暴風雨的記憶》,第331頁。

16　劉輝宣:《昨夜星辰昨夜風──北京四中的紅衛兵往事》,《暴風雨的記憶》,第44頁。

上，一方面是公開宣佈的顯規則，即「黨領導的國家是代表人民利益，是為人民謀利益的」；但同時還存在一個潛規則：這對國家的治理起實際支配作用的，但只是心照不宣，行而不言，這本身也是一種潛規則，但在文革中卻被急於接班的紅二代魯莽地公之於眾，而且大肆宣揚，這就是「對聯」宣佈的「基本如此」的規則：「老子英雄」打下了江山，就要坐江山，而且要「老子傳兒子，英雄傳好漢」，世世代代傳下去。可以說，整個共和國的統治就是建立在這樣的打江山者的統治特權與世襲制的基礎上的。老兵(紅二代)幾乎出於本能(實際是基本的利益驅動)緊緊抓住這一點，是抓住了要害的。

從表面上看，毛澤東發動文化大革命似乎是要打破這樣的特權制與世襲制，但毛澤東自己在1966年10月運動開始時對老幹部們說得很清楚：「我是不想打倒你們的」，「你們過不了關，我也不好受」，[17] 他的本意不過是要借助群眾的力量衝擊一下官僚特權，目的是建立自己的絕對權威統治，而非根本取消一黨專政的特權體制。因此，他在1967年2月就發出指示：「『徹底改善無產階級專政』的口號是反動的，是推翻無產階級專政，建立資產階級專政。正確地說法是部分地改善無產階級專政」。[18] 對這一點，老兵們應該是心領神會的。其代表人物秦曉就說，儘管毛澤東要打倒劉、鄧，我們的父母都被衝擊，被打倒了，但是「我們還是基本上認同毛主席」，這不僅是因為客觀力量上「不可能去挑戰他」，而且在內心還是對他仍然是自己利益的代表這一點有一種基本信任。[19] 因此，

17　毛澤東：《在中央工作會議上的講話》(1966年10月25日)。

18　《張春橋傳達毛主席最新指示》(1967年2月24日)。轉引自印紅標：《失蹤者的足跡：文化大革命期間的青年思潮》，第89頁，香港中文大學出版社，2009年。

19　秦曉：《四中往事》，《暴風雨的記憶》，第104頁。

　　　　　熾火不息：文革民間思想研究筆記

當老兵(紅二代)在失勢以後，依然發出「意味深長的挑戰」：「二十年後見高低」，「你們有筆桿子，我們有槍桿子，看將來是誰家的天下？」[20]他們是自有底氣的。

或許最能說明問題的，是「文革當局對對聯的態度」，如一位回憶者所說，開始是「縱容」，以後才「轉向批判」，這也是「出於黨內鬥爭的需要」。[21]這又與老兵自身對文革的態度直接相關。那位《戰歌》的作曲者曾將他們主導的紅衛兵運動，概括為兩個「貫穿始終」的「主題」：一是「鼓吹血統論」，二是「死保劉少奇」。儘管作者強調兩者「看似風馬牛不相及」，[22]但其內在聯繫卻是很清楚的：劉少奇不過是血統論所要維護的官僚特權體制的一個象徵與代表。但劉少奇正是毛澤東認定要打倒的文革的對象——如前文所說，毛澤東並不打算否定官僚特權體制本身，只是要通過打倒劉少奇對官僚特權體制有所衝擊，以鞏固自己的絕對統治。老兵的「死保劉少奇」自然就要被毛澤東視為革命的阻力，毛澤東在1966年8月支持紅衛兵(老兵)，到1967年2月宣佈：「紅衛兵也是不斷分化的，夏天是革命的，冬季變成反革命的」，[23]就是這個意思。老兵中「聯動」與「西糾」的骨幹就是因此而被捕，但很快就釋放，並不再追究了。而且在整個過程中根本沒有涉及他們對血統論的鼓吹。

當然，最應該注意的，還是文革當局對對聯反對者、批判者的態度。對聯一出，就遭到了許多人的反對，但直到遇羅克

20　趙振開：《走進暴風雨》，《暴風雨的記憶》，第218頁。

21　李寶臣：《往事豈堪容易想》，《暴風雨的記憶》，第235頁。

22　劉輝宣：《昨夜星辰昨夜風——北京四中紅衛兵往事》，《暴風雨的記憶》，第62–63頁。

23　1967年2月23日毛澤東會見阿爾巴尼亞領導人卡博·巴盧庫的談話。轉引自印紅標：《失蹤者的足跡：文化的大革命時期的青年思潮》，第32頁。

的《出身論》在1967年1月16日出版的學生自辦的《中學文革報》上發表，對聯所宣揚血統論，才真正受到了有力的挑戰，並且在全國範圍產生了巨大影響。《中學文革報》也因此洛陽紙貴，出版六期，總印數達三十多萬。但很快就傳來了中央文革成員關鋒的指示：「大方向錯了，必須懸崖勒馬」。1967年4月13日戚本禹又代表中央文革點名批判《出身論》和《中學生文革報》。同年5月林彪在一次講話裏，大談出身問題，說社會上流傳一些反動觀點。1968年1月5日《出身論》的作者遇羅克被捕，1970年3月5日以「現行反革命」的罪名被槍決。「據內部消息，他的死刑是經過最高層親自指示，並委託重要人物辦的」。[24] 如今歷史與理論的是非已經清楚，遇羅克同時得到了當年的支持者和批判者的高度評價，說他「作為思想者和殉道者，他提出的問題遠比我們深刻得多」，「他是出類拔萃的人，走在時代前面的人」，[25]「遇羅克是英雄是猛士，讓人欽佩震撼的是他的執著與勇氣，而非理論建樹」，但「由於熟諳民主理論的人文學者普遍選擇了沉默與逃避，歷次運動將他們風骨氣節與公共精神幾乎掃蕩殆盡。結果由一位不見經傳的民間讀書青年作了民主訴求的仁者勇士」。[26] 但仍遺留下一個問題：到了是非已經清楚的1968、1970年，《出身論》為什麼還會給遇羅克帶來殺身之禍？回憶者對此還展開了熱烈的討論。其中的許多意見頗值得注意。一位作者一針見血地指出，「它觸動的實際是某些人感情背後的權力和利益。《出身論》對特權勢力造成建國以來從未有過的衝擊。其實，出身只不過是特

24　牟志京：《似水流年》，《暴風雨的記憶》，第 14，19，18，27 頁。

25　劉輝宣：《昨夜星辰昨夜風──北京四中的紅衛兵往事》，《暴風雨的記憶》，第 44 頁。

26　李寶臣：《往事豈堪容易想》，《暴風雨的記憶》，第 239 頁。

　　　　　　　　　　熾火不息：文革民間思想研究筆記

權勢力把持特權的一張牌」。[27] 這確實點到了《出身論》的要害：遇羅克在文章中提出的最重要的論斷就是：在社會主義的中國，「一個新的特權階層形成了，一個新的受歧視的階層也隨之形成了。而這又是先天的，是無法更改的」，這是「反動的種姓制度，人與人之間新的壓迫」。[28] 我們知道，早在1957年的校園民主運動中就提出了中國是否存在「特權階層」的問題，許多人都因此而被打成右派；現在，在文革一開始遇羅克就尖銳地提出了特權階層的問題，並影響了文革時期許多有獨立思考的人的連續思考。如一位遇羅克的支持者所說，他這樣提出問題本身，就是「企圖衝破運動設計的牢籠」——儘管毛澤東早在1965年就提出了「官僚主義者階級」的概念；但在文化大革命一開始，毛澤東就引人注目地不再提及「官僚主義者階級」，而只提「走資本主義道路當權派」。這就意味着，毛澤東是從黨內鬥爭的角度，從執行什麼路線，以「跟誰走」為標準來確定革命對象。這樣，毛澤東也就為文化大革命設計了一個「牢籠」：只准涉及「路線」（「跟誰走」）問題，而不准觸及「體制」、「階層」問題。或者如前文所說，對於特權體制，只能在毛澤東的「無產階級司令部」控制和允許範圍內作局部衝擊，絕不允許從根本上進行質疑。在這基本點上，毛澤東和作為紅二代的老兵以及他們的父輩是心有默契的：對聯所要維護的「政策基礎」就是這樣的「打江山者世世代代坐江山」的特權體制。現在，遇羅克如此鮮明地提出要求解決「特權階層」、「新的種性制度，人與人之間新的壓迫」問題，就

---

27 趙京興：《我的閱讀與思考》，《暴風雨的記憶》，第 288 頁。

28 遇羅克：《出身論》，現收徐曉、丁東、徐友漁主編：《遇羅克遺作與回憶》第 20 頁，中國文聯出版公司，1999 年。

不僅「衝破(了)運動設計的牢籠」，而且「挑戰了對聯的政策基礎」，這是文革掌權者絕不允許的。特別是當《出身論》影響越來越大，遇羅克顯露出「青年理論家偶像的氣象」，而「官方不容許自己之外，有人與它爭奪接班人。戚本禹那句『挑動出身不好的青年向黨進攻』道出了問題的實質。由此也註定了被重處的命運」。而且這也發出一個信號，即使是在號召「造反」的文革時期，誰要對現行體制發出懷疑，「呼籲權利平等，後果必將是災難性的」。[29]

事實也是如此。許多回憶都談到「遇羅克案」之外的「趙京興案」。文革開始時趙京興還是個初三學生，但愛讀書，喜歡思考，宣稱自己的「思想習慣是從懷疑出發，遇事先生疑問」，[30] 這就給他帶來了災難。他被同學戲稱「趙克思」，熟讀馬克思主義的原著，整天捧着《資本論》，不熱心學習毛主席著作，就引來工宣隊的不滿：「為什麼在社會主義卻要讀『資本』論？」他父母都是工人，對同學中的高幹、高知子弟不經意中「透出生活的富裕與優越」十分敏感，「除了下意識的自卑外，也深感困惑」，就從書本裏尋求解答，嚮往更自由、平等的生活。越思考，對現實體制的懷疑就越多。他先後寫下了《哲學批判》和《關於社會主義經濟問題的對話》等長篇理論文章，提出必需實行工業、農業生產的社會化，「發展商品經濟是必由之路」，「要讓商品經濟打破計劃經濟」，強調《共產黨宣言》裏的「每個人的自由發展是一切人自由發展的條件」的思想，等等，並且指出：「文化大革命是社會矛盾的總爆發」，「社會主義走到文化大革命這一步，就像火車頭一樣在左右搖擺，不知道往哪兒去了」：這些都自然被視為

29　以上討論見李寶臣：《往事豈堪容易想》，《暴風雨的回憶》，第 240，235 頁。
30　唐曉峰：《走在大潮邊上》，《暴風雨的回憶》，第 238 頁。

　　　　　　　　　　燭火不息：文革民間思想研究筆記

「異端思想」。特別是在毛澤東發出知識青年上山下鄉指示後，他貼出《我為什麼不去上山下鄉》的大字報，認為把知識青年趕到農村，「必然加重農民負擔，把城市危機轉嫁給農民」。這就更犯了大忌，先是關在學校裏「隔離審查」，在批鬥會上有人揭露他「批判毛澤東的狼子野心」，他則理直氣壯地說：「我發展了毛澤東思想」。1970年2月，他和女友陶洛誦雙雙入獄。[31] 兩個月後，遇羅克就被殺害了。

在這樣嚴峻的形勢下，就出現了在「血統論」與《出身論》之外的所謂「中間路線」。據說在老兵失勢以後興起的，以非紅五類出身的平民子弟為主體的「造反派紅衛兵」，其主流是「既反對『老紅衛兵』的『血統論』，又反對遇羅克的《出身論》」的。[32] 他們自己也說得很清楚：「儘管當初辯論會上，我們曾經公開反對過『對聯』。但是階級教育和贖罪教育的結果，不能不考慮現實安全。血統論必須批判，但完全否定出身作用也行不通。不是我們不想徹底否定，而是心有餘悸，怕落下『階級報復』的罪名。那麼，仿照《宣判反動「對聯」的死刑》的路數，站在路線鬥爭的高度去進行批判，也不是我們的風格」，因為我們已經意識到，「出身問題實質上是政治問題、社會問題，而不是純粹的黨內路線鬥爭的附屬品」。「六十年代到七十年代末，非無產階級出身青年的命運前途，綁在了爹媽的成份和政治問題上。『有成份論，不唯成份論，重在政治表現』，在執行上，越來越向簡單明瞭的『成份』集中，而『表現』變得更像說辭與遙不可及的橄欖枝」，「我們

31　以上討論見趙京興：《我的閱讀與思考》，《暴風雨的回憶》，第285，292，293，297頁。趙振開：《走進暴風雨》，《暴風雨的回憶》，第212，213，214頁。

32　印紅標：《讀書聲、風雨聲》，《暴風雨的回憶》第231頁。

決定在『重在政治表現』上大做文章，弱化而不取消『成份』作用」，在這樣的指導思想下寫出了《論出身》。但論者自己也很清楚：「在非此即彼，非紅即黑主義盛行的年代，是不承認中間路線的。不可否認中間路線從來具有傾向性」，「因此，《論出身》一出，即被扣上對《出身論》「小罵大幫忙的帽子」，但也因此大受歡迎，刊登此文的報紙(《只把春來報》)四萬餘份，不到三個小時就賣光了。接近官方的人士的評論也是「基本上是《出身論》的觀點」。報紙出了五期也就停了。[33]

從表面上看，當老兵(紅二代)死保劉少奇而在1966年下半年隨着對資產階級反動路線的批判而逐漸靠邊，被「收繳了行使『黨衛軍』權力的招牌」；[34]《出身論》的作者遇羅克1968年初被捕、1970年初被處決，這場圍繞「對聯」展開的爭論與鬥爭已經結束。而且隨着「造反派紅衛兵」的興起，紅衛兵運動的中心已經轉向大學，四中雖然也成立了造反派紅衛兵為主體的「新四中公社」，但對社會的影響已經大為減弱。特別是1968年夏，毛澤東斷定「現在是輪到一些小將犯錯誤的時候」，決心結束紅衛兵運動，把大、中學生「統統掃地出門」，無論是「紅五類」還是「非紅五類」、「黑五類」全部趕到農村，似乎「出身」題已經被淡化。但事實並非如此。因為其所提出的問題：「由誰接班、掌權」並沒有解決。就必然以另外的形式被重新提出。

於是就注意到，1967年4月從清華大學造反派紅衛兵組織「井岡山兵團」分化出來的「四一四」派鼓吹的「四一四思潮」。其要點有二。一是強調「我們國家是無產階級專政的

---

33 李寶臣：《往事豈堪容易想》，《暴風雨的回憶》，第 242–243，244 頁。
34 牟志京：《似水流年》，《暴風雨的回憶》，第 12 頁。

燭火不息：文革民間思想研究筆記

國家，從根本上說當權的是無產階級，中華人民共和國十七年來，以毛主席為代表的無產階級革命路線是佔統治地位的」，走資本主義的當權派「在黨內政權機器內未佔統治地位，他們也未形成新的資產階級特權階層」，這就在實際上為被打倒的當權派也即老兵的父輩平反，因此主張全面恢復「十七年體制」的原有秩序：原來掌權的繼續掌權，原來受壓迫的還要繼續受壓迫。於是也順理成章地提出了「由誰坐天下」的問題。四一四派認為，他們的成員大多數出身於「紅五類」，是勞動人民和革命幹部的子女，而且多是黨團員和學生幹部，因此是天然的掌權者；而井岡山兵團的許多造反派出身於「黑五類」，以及代表他們利益的知識分子家庭，因此，絕不能掌權。這就是所謂「造反派只能打天下，不能坐天下」論。[35] 那麼，誰應當「坐天下」呢？這就回到了運動初期老兵們提出的「高幹子弟要掌權」的血統論邏輯上來了。

問題是，這樣的恢復舊秩序的復歸思潮，是有一定的社會基礎的。這就是文革的極左路線越來越引起社會各階層的不滿，許多人(包括普通民眾)都覺得，與其讓以四人幫為代表的「文革新貴」(其中也包括部分掌權的造反派)，這些「滿嘴胡說八道的暴發戶、新特權階層、新官僚上台，使國家繼續朝政治上和經濟上的極左繼續走下去，還不如讓那些對事物還能持常人見解的老官僚重新上台，穩定和發展國民經濟，現階段對人民略為有利」。[36]

這樣，到文革中後期，被打倒的老幹部的複職(當時叫「落

35　東方紅戰團一戰士(周泉纓)：《四一四思潮必勝》，現收宋永毅、孫大進編：《文化大革命和它的異端思潮》，第 392 頁，香港田園書屋，1997 年。

36　王希哲：《關於李一哲思潮》，轉引自印紅標：《失蹤者的足跡：文化大革命時期的青年思潮》，第 387 頁。

實幹部政策」)已經是大勢所趨,也自然成為黨內鬥爭的焦點。從1969年中共第九次全國代表大會,恢復黨組織生活,老幹部開始複職,許多人都被「結合」到革命委員會,開始重新掌權;到1973年黨的第十次代表會議上。周恩來明確宣佈:「要進一步加強黨的一元化領導」,[37] 在文化大革命中由於群眾衝擊而陷於癱瘓的黨的各級組織迅速恢復,更是意味着老幹部的全面掌權。隨着老幹部的官復原職,他們的子女,文革初期的「老兵」的命運又出現了根本的轉機。可以説,每一個老幹部重新掌握了權力以後,首先要做的,就是要利用權力或重新恢復的關係,將自己的子女作出新的安排,或參軍,或讀書,或工作,以對文革中自己對子女的牽連作出某種補償。從人情的角度,這是完全可以理解的;但卻因此對此後的中國政治產生了深遠的影響。

這裏還發生了一個小插曲:老幹部和他們的子女的全面「歸來」,自然引起了文革新貴的高度警惕與不滿。於是,四人幫便指示他們在清華大學的代理人遲群借「批林批孔運動」聯繫實際批判「走後門」,抓住老幹部通過關係安排子女,把矛頭再次指向剛剛復出的老幹部。批「走後門」是有群眾基礎的:當時正颳起一陣「知青回城風」,幹部子女利用父母複得的權力捷足先登,自然引起普通民眾及其子女的不滿,認為是新的「不平等」。在不利的形勢下,代表老幹部利益的周恩來趕緊向毛澤東報告,提出「對『走後門』要進行分析,區別處理,才能收效」。[38] 這回毛澤東毫不猶豫地站在了老幹部一邊。

---

37 周恩來:《中國共產黨第十次全國代表大會上的政治報告》(1973 年 8 月 24 日)。

38 周恩來關於中共中央政治局討論批林批孔運動情況給毛澤東的報告(1974 年 2 月 6 日),轉引自逢先知、金沖及主編:《毛澤東傳》(下冊),第 1685 頁,中央文獻出版社,2003 年。

燼火不息:文革民間思想研究筆記

他在寫給同樣向他求救的葉劍英的回信裏寫道：「此事甚大，從支部到北京牽涉幾百萬人。開後門來的也有好人，從前門來的也有壞人」。[39] 有了毛澤東的保護，幹部子弟，特別是高級幹部的子弟，本文所討論的「老兵」們，就更加理直氣壯地大張旗鼓地回城，回歸原有的憑藉出身而佔據的政治、社會、經濟的優越地位。如一位當年的中學紅代會的負責人所說，「到中學文化大革命後期，整個又回到『唯成份論』上來了。部隊來招兵，要出身好的；工廠來挑人，要成份好的；甚至建設兵團招人也要看檔案、挑出身。出身不好的往往只有插隊一條路可走。到了農村，『唯成份論』更加變本加厲。實際上，支配中學生文化大革命的主線還是那個階級路線」。[40]

到鄧小平時代，其所推行的是經濟上改革開放，政治上堅守「黨獨佔權力，領導一切」的特權體制，而且更加關心「接班人」問題。在八十年代初，就採取了兩個關鍵性的舉措。一是明確以「自己的子弟」為「主要接班人」的幹部路線，如陳雲所說，「由我們的子女掌權，至少不會挖我們的祖墳」。二是從1983–1989年間發動了一個持續六年的「清查三種人」運動。按《中共中央關於清理『三種人』若干問題的補充通知》，所謂「三種人」是指「追隨林彪、江青反革命集團造反起家的人，幫派思想嚴重的人，打砸搶分子」。所謂「清查運動」，一方面處理了一批文化大革命期間群眾中觸犯刑律的「打砸搶分子」，同時又對高幹和高幹子弟中的指揮鎮壓群眾和參與打砸搶的分子一律包庇下來，不追究其刑事責任。另一

39　毛澤東給葉劍英的覆信 (1974 年 2 月 15 日)，轉引自逄先知、金沖及主編：《毛澤東傳》(下冊)，第 1686 頁。

40　劉龍江口述：《我信奉中庸之道》，《回憶與反思——紅衛兵時代風雲人物——口述歷史之二》，第 130–131 頁，中國圖書有限公司，2011 年。

方面，又以「幫派思想嚴重」、「造反起家」這類毫無法律依據的罪名，對文革造反派（包括造反派紅衛兵）的一些骨幹進行鎮壓或控制使用。其中家庭出身不好的更以「階級報復」的罪名嚴加懲處。[41] 這樣，到了八十年代，1966年文革初期「對聯」提出的「老子英雄兒好漢，老子反動兒混蛋」的命題，竟然變成了現實：英雄老子的後代終成正果，以堂堂「好漢」的身份正式提拔為「接班後備軍」；而反動老子的後代，凡參與造反者，無不成了名副其實的「混蛋」而受到無產階級專政鐵拳的嚴懲。歷史演變以老兵們事實上的勝利為結局，可能會使一些人感到意外，但卻是由中國共產黨領導的國家基本體制的「潛規則」所決定，並且從一個特定角度證明，文革是一場沒有革命的革命，支配中國政治的依然是其早已確立的潛規則。我們說過，當年老兵們的底氣十足，不是沒有道理的。

　　這樣，我們討論的這本1965–1970的北京四中回憶錄的作者的命運也有了一個戲劇性的變化。最引人注目的自然是老兵的飛黃騰達。本書的作者，作為當年老兵的核心人物的秦曉，改革開放一開始，就被選中擔任中共元老宋任窮的秘書，後進中信集團任總經理，繼而任招商局集團董事長、招商銀行董事長。四中老兵的另一個核心人物孔丹也是如此。本書好幾篇文章都提到的落難中的劉少奇的兒子劉源源，也先是出任河南某縣委書記，後來就當上了河南省副省長，再入軍界，任武警政委，國防大學政委，最後當上軍委某部副政委。還有一位被經常提及的薄家兄弟，其中薄熙來更成為中國政壇新星，先後出任大連市委書記、遼寧省副省長，商業部副部長，直升政治局委員，最後在重慶市委書記位置上出事。這幾位四中老兵的代

41　參看宋永毅為劉國凱《人民文革論》所寫的序，文收劉國凱：《人民文革論》，第13–16頁，香港博大出版社，2006年。

　　　　　　　　　爐火不息：文革民間思想研究筆記

表性人物，在八十年代初顯身手，九十年代以後就逐漸佔據了中國政治、經濟、軍事領域的高位，直到今天還在中國政壇上發揮着舉足輕重的作用：這都可以看作是一個象徵：當年的老兵最終實現了他們的「紅二代要掌權」的理想。

值得注意的是當年作為老兵的主要對手的知識分子的後代，在改革開放以後，首先乘恢復高考之機，憑着自身較好的基礎與努力，順利考取大學，接受了完整的高等教育，以後又適應中國現代化建設的需要，而成為中國科學、文化、教育、文藝領域裏的骨幹，有的還具有全國性的影響，本書作者著名詩人北島(在校名趙振開)和著名導演陳凱歌即是其中的傑出代表。當然，還有更多的四中學生，也是本書的主要作者，也都在不同領域找到了自己的人生位置。這也反映了改革開放以後的中國逐漸進入一個正常發展的階段，顯示了歷史的進步。

但如果仔細分析書中的回憶文字，仍然可以發現高幹後代與非紅五類出身的後代，特別是知識分子後代當年在爭論中表現出來的分歧，今天依然存在。趙振開(北島)就如此坦言：「北京四中既是『貴族』學校，又是平民學校，這其間有一種內在的分裂。文革把它推向極端，變成鴻溝」；而「『平民』與『貴族』的界限有如歷史的傷疤，至今沒有癒合」。[42]——但這已是需要另作研究的問題；本文的討論可以到此結束了。

42　　趙振開：《走進暴風雨》，《暴風雨的回憶》，第 205，218 頁。

文革初期的「對聯」之爭：「用糙話概括的潛規則」　　　　　　　　　　·307·

紅二代的自述與他述

但也還有一點餘文。

前文說到，當今的中國紅二代再次引起了人們的注目。人們在關注今日的執政者的種種表現時，常常可以或隱或顯的看到當年老兵的身影。這兩者之間確實存在某種深刻的聯繫。因此今天我讀《暴風雨的記憶》就有一個興趣點：紅二代年輕的時候(本書主編之一北島在其《序言》裏說，他們當時的年齡「大約在十三歲到二十歲之間」)[43] 就形成了怎樣的思想、觀念，性格，思維方式，情感方式與行為方式？他們今天在回憶中，又是如何看待當年的自己？還有，他們周圍的同學，特別是非紅五類的同學當時和現在又是怎樣看待他們的？即本書中的「紅二代(老兵)的自述」與周圍人的「他述」。我要做的，僅是充當「文抄公」，而不作評述。

紅二代的自述

四中的校風和育才有些區別，就像陳元總結的那樣：以天下為己任。

(我們理解的)接班人是一個大概念，指的是我們第二代要接國家這個班，和毛主席說的黨的領袖接班人是兩個概念。少先隊員每天唱的歌「我們是共產主義的接班人」，就是泛指共產主義事業的接班人。

在中共八屆十中全會強調階級鬥爭之前，學校基本上還是

43　北島：《序言》，《暴風雨的回憶》，第ix頁。

接班人教育——祖國進入了建設時期，就跟蘇聯小說《水泥》描寫的那樣，要學習建設祖國的本領。接班人的概念就是要建設祖國。中國的工業、技術還很落後，我們父輩是職業革命家，現在國家是我們的，首要任務是搞好建設。即使到了講階級鬥爭的階段，我們的思想依舊。我們那時候有一個明顯的傾向：重視數理化，不重視政治課程。從主觀上講，我們沒有當職業革命家的念頭，那不是時代給我們的使命。

1965年，四中、六中和八中鬧學潮——提出學校搞的是修正主義教育。當時的主流思想，一是階級鬥爭，一是「反修防修」。這兩條給我們的影響很深，而學校的「四清」正是把這兩條結合起來了。當時挑頭鬧事的主要是高三的一些高幹子弟，他們認為學校裏有階級鬥爭。有的老師出身不好，重點栽培出身不好的學生，而革命子弟被排斥，再就是鼓勵走白專道路。他們由此認為，學校應該搞「四清」，搞階級鬥爭。

文革前毛主席對教育路線所作的批判，對我們影響很深。文革開始學生的造反，就是把毛主席對教育路的批評和階級鬥爭的論述結合在一起，作為行動的思想基礎。包括批判校領導。「破四舊」等等。誰也沒有意識到文革是要打倒劉少奇、鄧小平，頂多認為這些領導跟不上形勢。

「八一八」主席接見之後，紅衛兵熱情高漲，北京二中發了一個「破四舊」的通告，中學生紛紛走出校園向社會衝擊。第二天，《紅旗》雜誌刊登了一篇署名林杰的《紅衛兵是天兵天將》的煽動文章，讓紅衛兵更加狂熱了。文化大革命也開始從一場政治革命轉變為社會革命。我們一方面受到很大鼓舞，一方面也對由此造成的混亂感到擔憂。

在我們的控制下，四中的紅衛兵基本沒有走上街頭搞「破四舊」。重要的是建立規則，控制局勢。借鑒當年周總理領導上海工人起義時成立的工人糾察隊，我們也想成立一個紅衛兵糾察隊。

就像西方哲人所說的「沒有秩序的自由比專制更可怕」。「西糾」的出現在社會上立刻得到擁護，也具有某種權威性。很多人都讓我們去解決問題。

我得出結論：「中央文革」在推行新的資產階級反動路線，和劉少奇推行的資產階級反動路線是一回事。我們認為中國是讓「中央文革」搞糟了，毛也有責任，但沒想太深，也未直接質疑毛。那時候老紅衛兵中還沒有直接對着毛主席叫板的。大家對毛主席依靠江青到處折騰，把社會搞亂整人這一套是不理解的。但無論如何，大家對毛還抱有幻想。

——秦曉：《四中往事》(時為四中高三四班學生)

如今我們這些「老紅衛兵」說起往事，大事就是那五六件：1966年五六月，反教育體制反工作組，毛澤東給清華附中紅衛兵的信就是這時寫的，這是我們的躁動期；七月，停課大批判，主要由學校組織跟着報紙批「三家村」和「海瑞罷官」，讓我們很不耐煩；八月上旬，毛主席在天安門接見紅衛兵，造反規模擴大並失控，開始抄家，批鬥中出現打人現象，「糾察隊」為整頓秩序應運而生；九月，似乎折騰夠了，紅衛兵運動突然沉寂下來，卻與社會上的流氓發生衝突。在大約半個月內，北京市紅衛兵掃蕩全城，大打出手，傾瀉我們無情的暴力。北京城裏究竟打死多少齷齪之輩。誰也不知道。紅衛兵的暴力主要是為人

　　　　　燼火不息：文革民間思想研究筆記

所熟知的皮帶，這是唯一的刑具，從未使用其他手段。在這方面，中國的紅衛兵是很缺乏想像力的。

10月，紅衛兵陸續離開北京去「串聯」；11月，由於對打倒劉少奇的極力抵制，被毛主席一腳踢開。

「造反」，「破四舊」，「抄家」和「打流氓」這四件大事，構成紅衛兵運動的高潮。貫穿始終的是「鼓吹血統論」和「死保劉少奇」這兩個看似風馬牛不相及的主題，紅衛兵運動以「衝擊公安部」事件告終。此後一直處在被歷史清算的地位上，這構成了北京紅衛兵歷史的基本脈絡。

紅衛兵在潰敗前完全失控了。他們呼嘯成群，惹是生非，特別是在群眾面前瞎折騰，展示優越感，引起極大的社會反感。他們一邊和中央文革對抗，一邊和普通民眾叫板，喪失了最起碼的紀律性。紅衛兵的行頭也是從那時變味的。當初穿軍裝是為了表示向解放軍學習，可到了後來，帽子要呢子的，軍裝要料子的，鞋子要皮子的，什麼三接頭，將軍帽，成了時裝秀，風氣就這樣敗壞了，更甚的是，紅衛兵和西糾中的很多人不甘心退出歷史舞台，又成立了「聯合行動委員會」（簡稱「聯動」）。理智派還想力挽狂瀾，但已經沒有人再聽他們的了。

我要為中國的紅衛兵說句公道話。紅衛兵有過非常過激的暴力行徑，這是錯的。但是我們看看當今的世界，看看那些群眾性的暴行，相比之下，當年紅衛兵的「暴行」可以說是夠克制、夠文明的。紅衛兵打人有許多因素，毛主席以及江青、陳伯達為首的中央文革縱容甚至慫恿起了很大作用。什麼「造反有理」、「革命是暴動，是暴烈的行動」，什麼「要武」，什麼「紅色恐怖」，都有過「最高指示」。六六年的八、九月武鬥成風時，軍事院校群眾代

表就該不該打人問林彪，林彪還說，「好人打好人誤會，壞人打好人光榮，好人打壞人活該」。雖然「十六條」也有不許打人、不許武鬥的條文，這在最高層本身就是一筆糊塗賬。這麼說不是推卸我們紅衛兵的責任，我們有我們自己的問題。但是看看紅衛兵的武鬥給世界帶來的影響，像日本的「赤軍」、義大利的「紅色旅」、拉美的「光輝道路」，還有柬埔寨的「赤棉」，緬甸根據地的文化革命等，就知道這意義有多麼不同尋常了，紅衛兵的武鬥絕不僅僅十年簡單的暴行，它在上個世紀中期，特別是整個六十年代，在全世界的歷史中扮演了重要的角色，如果離開世界革命的背景，特別是離開世界暴力革命的背景，中國共產黨和中國政府允許紅衛兵的暴力是很難解釋的。

另外對紅衛兵來說，這裏還有一個演出腳本的問題。我們這代人都是看革命電影長大的。和上一代人的革命比起來，我們這代人的「革命」有着很強的模仿性。在我們最熟悉的鏡頭中，當黃世仁、南霸天、胡漢三等反動角色被押出來，群眾不都是擁上前去揮動拳頭麼？這就是群眾運動的儀式。

在四中我可能是打人最凶的一個，但作為四中的學生，我也壞不到哪裏去。……(我曾經目睹過一次暴打，打人的)這幾個紅衛兵都是外校的高幹子弟，心腸之冷，下手之狠，操控人、他人生命於股掌之間。這完全是禽獸行徑。而我也深感羞愧……我和其他在場的人什麼也沒說，什麼也沒做。我甚至出於一絲恐懼，怕他們掉過頭來把我們也暴打一頓。這件事讓我一直很窩火。後來我和某些軍隊高幹子弟之間也發生了激烈衝突，打得天昏地暗。

　　　　　　　　　　　——劉輝宣（時為四中高一五班學生）

　　　　　　　燼火不息：文革民間思想研究筆記

周圍同學眼裏的「老兵」

（1965年考入四中）說實在話，整個學校的氣氛讓人感到壓抑，又很難說清來龍去脈，總覺得有些地方不對勁兒。比如衣着，簡直樸實到可疑的地步：帶汗鹼的破背心，打補丁的半新衣褲，露腳趾頭的軍用球鞋。可盡人皆知，四中是高幹子弟最集中的學校。顯然有什麼東西被刻意掩蓋了，正如處於潛伏期的傳染病，隨時會爆發出來。

文化革命爆發了。——有一天在教室，同學的裝束讓我大吃一驚。他們搖身一變，穿上簇新的綠軍裝，甚至將校呢制服，腳蹬大皮靴，腰禁寬皮帶，戴紅衛兵袖箍，騎高檔自行車，呼嘯成群。讓我想起剛進校時那莫名的壓抑，原來就是優越感，這經過潛伏期的傳染病終於爆發了。

四中成了文化革命的中心之一。除了鋪天蓋地的大字報，各種密謀正在進行，為隨後出現的各種派系留下伏筆。由於出身問題，同學之間出現進一步的分化。一個「貴族」學校，突然卸去樸素優雅的偽裝，露出猙獰面目。

文革爆發後，停課串聯。食堂秩序被打亂。而學校規定，只能退主食的伙食費，每天一毛六。一凡告訴我，有一回去食堂小窗口退飯票，排他前面的是劉源源，為退伙食費跟食堂管理員劉慶豐爭了幾句，遭到斷然拒絕：「不行，開了證明再來」。弄得他面紅耳赤，悻悻而去。

人世滄桑，公子落難，這本是個老掉牙的故事。後聽說他發跡了，但願沒有忘掉當年的落魄感，能多替老百姓着想。

文革草率收場，我們有一種被出賣的感覺。與此同時，在兩派衝突的背後，傳來老兵意味深長的挑戰，什麼「二十

年後見高低」，「你們有筆桿子，我們有槍桿子，看將來
是誰的天下？」

無論在校園或字裏行間，到處投下他們傲慢的身影。這來
自血統的傲慢，僭越歷史的傲慢，年幼無知倒也罷了，關
鍵是他們從未有過什麼反省（除少數例外）。這是一種深長
的傷害，包括他們自己。這傷害四十年依然有效——「平
民」與「貴族」的界限有如歷史的傷疤，至今沒有癒合。

　　　　——趙振開（北島）（時為北京四中六八屆高一五班學生）

戰爭中免不了生死之間的悲壯故事。特別在掌權之後，戰
爭的參加者大都身居高位。這使得他們的子女在光榮和
權力兩個方面都得到相當的滿足，產生了極大的滿足感。
他們大多為父輩的業績感到驕傲，以天生的革命者自居，
自以為血統高貴，思想純潔，堪當國家大任，熱烈地嚮往
輝煌的業績。他們的性格大多傲慢、偏執，直率到咄咄逼
人，有時又極天真。因對社會所知甚少，反而把生活過度
理想化，終日耽於革命的夢想而並不知道革命為何物，反
以追求真理的熱情鼓吹無知。在生活中很難成為與人為善
的朋友，甚至處處樹敵。這些在一九四九年前後出身的少
年，在他們太年輕而又沒有機會進行痛苦比較的時候，事
實上沒有選擇別的思想的可能，他們的行為正是他們僅僅
所能做的。另一方面，在中國這樣一個傳統上個人自由的
定義就是相當狹小的社會裏，他們的榮辱得失都與他們的
家庭有關，這使得他們本身的命運帶有「前緣已定」的宿
命味道，而無法逃脫。在這個意義上我又為他們中間那些
真正志向高遠而終於不得伸展的人感到惋惜。但在當時，
這支朝氣勃勃、盲目自負、深具挑釁性的危險力量，正是

燼火不息：文革民間思想研究筆記

時勢所需要的。他們的使命是破壞。而要完成這個使命，他們尚需三個條件：忠誠，反叛和仇恨。

一九六五年，個人崇拜在中國已經存在，在大、中學校園裏尤其如此。在當時青年學生當中，忠誠於毛主席更表現為對毛澤東青年時代的直接效法。毛澤東少有大志。他青少年時期的活動可以用「讀書」和「行走」來概括。

在四中的校園裏就行走着大批這樣的學子。他們大都剃着平頭，掖下夾着書本，衣着非常樸素。衣服還新的時候就打了補丁，有人甚至冬天也不穿襪子，布鞋被腳趾頂開了一個洞也不去修補。一到黃昏，校園中就佈滿了三三兩兩的人群，或者圍着體育場奔跑，或者在夕陽下大聲辯論，往往爭得面紅耳赤而各不相讓。他們中間有的能整段地背誦馬克思、列寧原著，開口便引經據典，以利雄辯。每逢暴雨，在水天空濛之間總會看到奔跑呼號的身影，或者在天雷震響之際悠然散步。一日三餐，都用鋁製飯盒盛了簡單的食物，邊吃邊談，服色飲食都很難看出等級的差別。

作為思想教育的一部分，我們從小就被告知，愛是有階級性的。階級，是區分愛與恨的最終界限。血族親愛關係也不例外。愛領袖，愛黨，愛自己人。但是，在階級社會中，「自己人」是一個變數，所以昨愛今仇的事常常發生。唯一不變的是對領袖的愛。既然愛是暫時的、局部的、特定的，非普遍的，那麼恨就是長期的、全面的、普遍的。愛是毒藥，愛情是墮落，人性是虛偽。仇恨代表正義崇高和安全感。在一個人口眾多而格外擁擠的國度裏，以仇恨作為火炬而加以傳遞，其結果就不難設想。在孩子們中間也是如此。我親眼看兩個同學因發生爭執而就要動武的當口，其中一個大喊：你這是階級報復！而另一個立

刻泄了勁。這句咒語般靈驗的話出自一位將軍兒子之口，而另一位的父親則是非黨的教授。

「十年磨一劍，霜刃未曾試」。一柄鍛煉了忠誠、反叛和仇恨的劍已在浪漫的理想修院中鑄成，劍身就是青年的血肉之軀，離它飛舞的日子已經不遠了。

陳凱歌：《青春劍》（時為北京四中六八屆初一二班學生）

2015年8月5日－16日

書信裏的知青心路歷程
——讀《民間書信》[1]

　　民間思想研究者丁東先生在本書「跋」裏，這樣論述私人書信的價值：它「只是記錄民間思想和民間活動的一種形式，然而卻是一種最重要的形式，具有其他文獻不可替代的價值」：「就其豐富性而言，私人信件裏提供的許多社會細節和心理細節，是官方文書和官修史書中找不到的；就其真實的程度而言，也是私人寫作的回憶錄所不能比擬的」。而文革書信產生在那個特殊的年代，更具有特殊的價值。文革的「高度專制使人人自危，千千萬萬善良的人們不得不戴起面具，學會二重人格」：在公開的場合和公開發行的報刊上，說大話、套話、假話；在私下說有限的真話，在與信得過的朋友的私人通信中，有時更會情不自禁地說心裏話。丁東因此說「當時書信甚至比日記更真實」。[2] 當然，也有私人通信被侵犯的危險，特別是成為監控、打擊對象以後，就更容易因私人信件而獲罪。為了不留罪證，常常是看完信以後就立刻銷毀，一有風吹草動更是首先處理信件。這樣，在文革其間保留下來的民間書信就特別少，本書的書信的徵集的困難是可想而知的。但也正因為如此，這本《民間書信》就更加彌足珍貴。而尤其難能可貴的是，如編者徐曉自己所說，編選一開始就充分注意到其「廣泛的社會代表性」：「寫信人有學生，有知識分子，有工人，有

1　《民間書信（1966–1977）》，徐曉主編，安徽文藝出版社，2000 年。

2　丁東：《跋》，《民間書信（1966–1977）》，第 446 頁。

軍人，有幹部，有知青」。[3] 丁東說它展示的是「一個五光十色的萬花筒」：「雖然也有若干書信可稱得上是先知先覺的思想閃光，更多的則是記錄了普通人的所思所想，有盲從也有狂熱，有懷疑也有困惑，有愛情也有親情，有苦惱也有哀傷。把這些合在一起，更接近那十年中國普通人的整體心態，從中基本上可以看到中國青年心路歷程的縮影」。[4]

本書出版於2000年。在十五年後，它進入我的研究視野，也是被它所展現的文革時代的普通人的「心路歷程」所吸引：寫大時代裏的普通人的歷史，寫人的心史，本是我近年越來越自覺的追求。另一方面這也是出於學者的責任感：這麼寶貴的歷史資料學術界竟然十數年來少有關注，這是我們的嚴重失職。我現在作為一個退休老人，有足夠的閒工夫，正好靜下心來，作一點初步的討論，也算是對歷史當事人，特別是他們中的一些犧牲者有一個交代。

但真正開始進行，卻感到無從着手，以至遲遲不能動筆。最後勉強想到兩個處理辦法。一是把範圍縮小到文革中的知青下鄉運動，時間就限在1968年以後，對象以知青為主，也包括與知青運動有密切關係的留在城市裏的工人、社會青年和入伍當兵的青年；二是多抄錄書信原文，只作重新編排，簡要的背景介紹，以及必要的點評，採取這樣的敘述策略，也是為了更多地保留原生態的豐富、複雜性，呈現更多的感性的細節，追求帶有個人生命氣息的文字表達。

那麼，我們就按照歷史的順序，一一道來。

3　徐曉：《前言》，《民間書信（1966–1977）》，第 2 頁。

4　丁東：《跋》，《民間書信（1966–1977）》，第 446–447 頁。

　　　　　　　爛火不息：文革民間思想研究筆記

一、1968–1970年

　　1968年3月北京知青朱晨晨在寫給他的朋友孫康等的信裏，描述了這樣一個場景——

> 想起了3月8日北京站悲壯的情景，心潮又會如此洶湧沸騰。永遠忘不了那火車開動時的幾秒鐘，同志們滿面啼淚追隨火車與我作最後的握手。在這短短的幾秒鐘內我曾多少次抑制自己的陣陣鼻酸；緊緊握住同志們的手，挑動的心房已經懸掛咽喉，再也無法控制這滿腔的激動，滾滾熱淚奪眶潮湧——我終於在同志們面前哭了，而且有生以來第一次哭得如此悲切。[5]

　　這恐怕是留在知青那一代人心靈深處的永恆記憶。九個月以後，這年12月北京五十六中的郭路生(筆名食指)也離開北京到山西杏花村插隊，經歷了同樣的離別場面，寫下了《這是四點零八分的北京》這首詩：「這是四點零八分的北京，一片手的海浪翻動；這是四點零八分的北京，一聲雄偉的汽笛長鳴。北京車站高大的建築，突然一陣劇烈的抖動。我雙眼吃驚地望着窗外，不知發生了什麼事情。我的心驟然一陣疼痛，一定是媽媽綴扣子的針線穿透了心胸。這時，我的心變成了一隻風箏，風箏的線繩就在母親的手中。線繩繃得太緊了，就要斷了，我不得不把頭探出車廂的窗櫺。直到這時，直到這時候，我才明白發生了什麼事情」。[6] 詩一寫出，立即在知青中廣泛

5　　朱晨晨致孫康、黃行書(1968年3月)，《民間書信(1966–1977)》，第37頁。

6　　食指(郭路生)：《這是四點零八分的北京》，《食指、黑大春現代抒情詩合集》，第19頁，成都科技大學出版社，1993年。

流傳，不僅成了知青詩歌，以致文革時期詩歌的代表作，更是一個「知青時代」開始的象徵，而且詩中「海浪翻滾，汽笛長鳴」的「雄偉」的時代大場景和母子離別的內心「疼痛」所形成的反差(在朱晨晨的信裏則表現為「悲壯」與「悲切」之情的反差)也正構成了由此為發端的知青心路歷程的張力。

這就自然引發出兩個問題：這一代年輕人為什麼會走上這條知青之路？除了黨和毛澤東的指引，國家權力的強制之外，其內在的動因是什麼？他們在走上知青之路以後，又遭遇了什麼？引發了怎樣的各不相同的反應？這也是本文所要討論的。

1.「任重而道遠」

首先注意到的，是哈爾濱的知青巍巍1968年3月18日寫給他的朋友王中的信——

「目前哈市報名下鄉的不多。——我算是最早報名的一個吧！這是有激烈的思想鬥爭的。我原來所擔心的是什麼呢？怕到那裏，自己的愛好發揮不出來。可是讀到毛主席的指示：『今後的幾十年，對於祖國的前途和人類的命運是多麼重要和寶貴的時間呀。現在二十多歲的青年，再過二三十年，正是四五十歲的人。我們這一代，將親手把我們一窮二白的祖國建設成為偉大的社會主義強國，將親手參加埋葬帝國主義的戰鬥。任重而道遠。有志氣有抱負的青年，一定要為完成我們偉大的歷史使命而奮鬥終身。為完成我們偉大的歷史使命，我們這一代，下定要下決心一輩子艱苦奮鬥』。[7] 主席對我們年青一代賦予了多麼大的希望啊！讀到毛主席這一指示，我就不禁渾身熱血沸騰，熱淚盈眶。我一遍又一遍地讀着，我感到，我以前的想法太渺小了，我太鼠目寸光了，整天為個人利益患得患

7　毛澤東這一段話見毛澤東關於教育問題的《七三批示》。(1965 年 7 月 3 日)

失的人是最可卑的。我終於在鄙視過去的舊我了！這是毛澤東思想對我靈魂深處的小資產階級王國一次認真的開火！我取勝了，我毅然決然地報名，願意到最艱苦的地方去！到祖國最需要的地方去！這對我來説，是一個偉大的勝利！我很愉快，你大概也為我這一次勝利高興吧！讓我們再一次握手。」

毛澤東的這段話，在我們以後的討論裏，會不斷地被知青的書信所引述：這表明它已經銘刻在這一代人的心中。它所論述的此後「二三十年」的「祖國的前途和人類命運」，深深地吸引着對未來充滿嚮往的年輕人，它所賦予的「建設社會主義強國」與「埋葬帝國主義」的「歷史使命」，更喚起了雄心勃勃的青年的神聖責任感，為之而獻身，就成了自然的人生選擇：新一代的天真而純潔的理想主義者，就這樣誕生了。

而這樣的理想煥發出的道德感，也成為對這一代人的精神威壓，寫信人巍巍在讀毛澤東這段話時的激動與自責，就是為此。他是那樣虔誠地譴責自己的「鼠目寸光」的「渺小」：彷彿在這樣的宏偉的歷史目標與使命面前，一切對個人利益的追求即所謂「患得患失」都是「可卑」的。他按照那個時代流行的階級觀念，把自己因為擔心「個人愛好發揮不出來」而對下鄉的猶豫態度歸之於「靈魂深處的小資產階級的王國」的大暴露，從而產生一種負疚，以至原罪感，因而自覺地向其「認真的開火」，並因為最終的「勝利」而興奮不已：一代人自覺的改造、贖罪意識也這樣產生了。

他們就這樣懷着神聖的歷史使命感與刻骨銘心的贖罪感走上了知青之路。於是就有了這樣的豪言壯語——

「我將在鬼見愁的戰旗下，打起背包，哪裏需要哪裏去，哪裏艱苦哪安家，胸懷祖國，放眼世界，到中流擊水，浪遏飛舟。為了偉大的歷史使命，我們下定決心，一輩子艱苦奮鬥！

世界是屬於我們的，中國的前途是屬於我們的。」

「我在數十年後，可以向我們的子孫驕傲地說：我們參加了毛主席親自領導的國際共產主義運動史上第一次無產階級文化大革命！並為這次大革命流下了我的血和汗，作出了一份雖然是很微小的貢獻！這難道不是值得驕傲的嗎？難道不是令人感到幸福的嗎？」[8]

「祖國」，「世界」，「革命」，「國際共產主義運動」，「歷史」，「子孫」，「使命」，「貢獻」：這一代人就是被這些大詞、宏大敘述所籠罩，決定他們的選擇，理想，胸懷，視野，思維，情感，心理，行為與命運。

有意思的是，就在1968年，北京101中學屬於「四三派」(紅衛兵造反派的激進派)的毛澤東主義公社的任公偉主編了一個油印刊物，也命名為《任重而道遠》。在第1－3集中收入了1968年間北京、內蒙古、福建等地「四三派」知青書信21封。其中三封被《民間書信》所收錄。有兩封引起了我們討論的興趣。

第一封寫於1968年3月9日，寫信人與收信人都不詳，只知道信是從福建寄往北京的，談的是文革中的武鬥犧牲者——

「2月23日晚一百多人開會，隆重紀念賀英、潘仲城烈士犧牲半周年，氣氛悲壯。有人痛哭。我們這支隊伍為捍衛毛主席的革命路線已獻出兩個同志，還要準備獻出更多同志的生命。對毛主席忠不忠，唯一就看敢不敢死。有人雖死猶生。有人雖生猶死。——在當今，就是除了保衛毛主席，生命對於我們是毫無用處」。[9]

8　巍巍致王中書(1968年3月18日)，《民間書信(1966–1977)》，第34，35，36頁。

9　北京–福建兩地書(1968年3月9日)，《民間書信(1966–1977)》，第32，33頁。

　　　　　　　　　　　熠火不息：文革民間思想研究筆記

第二封信是一位原來聯動成員，後來加入了造反派紅衛兵的中學生寫給他的新戰友的，寫於1968年6月27–28日，寫信人、收信人姓名與發收地都被隱去，大概是因為這封信充滿了懺悔之意……

「……由於私字作怪，又加上自己思想中潛伏的特權思想，使自己走了彎路，開始犯錯誤，中了血統論的毒！……我對不起毛主席，對不起黨，對自己同志採取了壓制的態度，由於怕累，甚至連大膽革命都不敢了，為自己所謂『革幹』出賣靈魂，站在反動路線上——我再也不能這樣下去了。」「我決心參加公社的行列——我深深懂得我的同志們是怎樣為捍衛毛主席革命路線而戰鬥，我清楚地看到他們在一系列的鬥爭中經過了多少嚴峻的考驗，而更加堅強」。[10]

這都可以看作是這一代中最激進者的誓詞：在黨內兩條路線（所謂「劉少奇、鄧小平資產階級反動路線」和「毛主席革命路線」）鬥爭中，堅定地「捍衛毛主席革命路線」，並自願為之獻出自己的生命，即信中所說「對毛主席忠不忠，唯一就是看敢不敢死」。這裏暴露的對黨的領袖的愚忠，正是文革中達於頂點的個人崇拜教育與宣傳，在這一代心靈上打下的烙印，成了他們成長中最嚴重的精神重負。在以後的討論中，就可以看出，每一個知青為擺脫它都付出了沉重的代價。

第二封信所流露的派性也同樣引人注目。如研究者所說，知青初下鄉時，由於文革中的恩怨，相互之間還存在隔閡，不同階層、派別的知青時常發生矛盾，甚至發生暴力衝突。在山西安邑地區北京幹部子弟與平民子弟之間就爆發過村落間的械鬥，同時發生的還有北京知青與天津知青的群架。如收入《任

10　XXX致XX、XX（1968年6月27日–28日），《民間書信（1966–1977）》，第45，46頁。

重而道遠》的另一篇寫於1968年8月26日的書信裏所説，「不
要以為現在大家關係很好，表面上也不鬧派，但鬥爭還是潛在
的。聯動分子及老兵中的頑固者是我們思想上的勁敵。各種思
潮的鬥爭會在生活鬥爭中顯露出來」。但在另一封信裏卻提供
了別一樣的資訊：「火車上我和一個老紅衞兵XXX談了好一
會兒。她向我提了許多問題(政治的，經濟的，目前的，長遠
的)。從我們的談話中，我深感到我們這一代中各派政治勢力，
幾乎在並行地考慮着一些共同的問題，無非是終極目的不同罷
了。正是『問蒼茫大地，誰主沉浮？』……」。研究者指出，
「在下鄉一年後」，知青「基本認清了自己的處境」，「他們
發現自己已被社會拋棄，處於孤立無緣的境地。當地一些農村
幹部對知青的壓迫和農民對自身利益的捍衞，促使知青各階
層、各城市地區和不同派別的藩籬開始消解。各階層知青在
知青點(集體戶)中形成了經濟核算、生活互助、思想共用的群
體，一個基於共同利益的知青集團最終形成」，由最初的「大
衝突」逐漸走向「大走串」(主要發生在河北、山西、陝西、內
蒙古、東北、雲南、新疆等地區的農村和牧場)、「大融合」，
同時伴隨着的是不同選擇的激烈爭論。[11]

2.「面對生活的事實簡直呆癡了」

而爭論幾乎從知青來到農村一開始就發生了。

我們在前文引述的朱晨晨寫給孫康的信，在講述了北京車
站離別那一刻的難忘記憶以後，接着就談到了對所生活的知青
群體的失望，説自己「面對生活的事實簡直呆癡了」：「真正
沒有想到，在我來到這裏的第一天，那些原以為戰鬥集體中的

11　楊健：《中國知青文學史》，第 165，167–168，165，164，166 頁。中國
工人出版社，2002 出版。

人們，竟然露出一副黃歌琅琅入口，酸詩滔滔不絕的本領。軟綿綿、不健康的放浪小調幾乎每天都從這些人的臭嘴中飄傳。醜惡的資產階級腐蝕劑開始向每個人進犯，要將整個集體污染」。「更使人氣憤的是，二隊有一家結婚請二隊的幾個人去（此地結婚形式有很多封建迷信色彩，知識青年不應介入。我們隊有幾次死人請我們去，就被婉言謝絕）。而他們不但沒有採取適當措施，反而更不顧及人身自尊（最起碼的『知識青年』的稱號），不知羞恥地在眾席上大吃大喝，抽煙配酒，醜態百出」。「這裏沒有一點我們一向所喜歡的**轟轟烈烈**的政治生活與政治鬥爭氣息，反之小市民那種極端庸俗的烏煙瘴氣猖狂氾濫。他們有時候相互吹捧，溜鬚拍馬，有時候突然轉變為相互嫉妒，污蔑，咒罵；然而尤其可憐，激烈的爭吵，罵架達到極點的時候，往往只不過為了一小片飯鍋巴或半口米湯」。「提起來更使人傷心的是欒XX。我曾經問過二隊的關X，欒近來思想狀況，以後想幹什麼？關說：『他很平常，沒看出有什麼不幹的苗頭，他只跟我講，今後要學會木匠手藝，學會唱楚劇和地方戲……』。我聽後大吃一驚，這難道就是我們曾經同志的雄心大業嗎？」朱晨晨因此對同伴的「小市民化」深惡痛絕，感到極度的孤獨與寂寞：「沒有一個知心的朋友，沒有一個志同道合的同志。冒着風雨漫步在大洪山脈只有孤零零的一個人」，他開始感到「厭倦」，「幾乎半個精神世界都處於悲觀失望、昏沉不覺」之中。但他又恐懼於這消沉，於是就從昔日戰友的來信裏，喚起當年「崢嶸歲月的深深回憶」，努力用「在命運的前頭碰得頭破血流，而永不回頭」這句文革中流傳的毛澤東早年的誓言來激勵自己……[12]

12　朱晨晨致孫康、黃行書（1968 年 3 月），《民間書信（1966–1977）》，第 37，38，39 頁。

看來朱晨晨是一位仍然堅持理想主義的激進的造反派紅衛兵，他要完成向作為改造對象的勞動力的知青的轉變，並不容易。他的「面對生活的事實簡直呆癡了」的感受是真實的，而且極具代表性。他的困惑其實有兩個方面。首先自然是他反復強調的，和與自己有不同選擇的知青的格格不入與反感。其實，在此之前，出於對文革無休止的鬥爭的厭倦與抵制，社會上已經出現了大批逍遙派，人們失去了革命熱情，開始關心自己的日常生活、物質利益、個人興趣。現在知青被趕到農村，更有被社會放逐的感覺，於是，當個普通老百姓，過自己的日子，不再關心政治與運動，就成了相當普遍的選擇。但又看不請前途，把握不了自己的命運，絕望，頹廢，得過且過的消極情緒更是在知青中普遍蔓延。朱晨晨信中談到的唱所謂「黃歌」，借機大吃大喝，陷入日常生活的瑣細衝突等等，都是這樣的情緒的反映，在某種程度上是構成了知青生活與思想的主流的。在這樣的環境與氛圍之下，朱晨晨們要堅持革命理想，留戀「轟轟烈烈的政治生活與政治鬥爭氣息」，就顯得不合時宜，而陷入孤立無援的境地。但在他們的心理上卻產生了一種這一代人的危機感。同時收入《民間書信》的另一位北京紅衛兵寫給在廣州的朋友的信裏就表達了這樣的擔憂：「一想到革命先烈，就覺得那些喪志青年是多麼渺小和可笑啊！我看到了不少有了愛人，丟了事業的例子。我真怕中國青年會步蘇聯青年的後塵。那麼我們的江山將在這代變色，那將是多麼令人痛心啊！」[13] 憂國，憂民，憂自己，又憂同代人，就真正陷入困境了。

　　朱晨晨們的困境的另一面，是始終放不下他們自己所說的「『知識青年』的身份」帶來的「自尊」，實際上是所謂「改

13　劉芳致黨育書（1968 年 7 月 7 日），《民間書信（1966–1977）》，第 48 頁。

　　　　　　　　燭火不息：文革民間思想研究筆記

造落後農村」的使命。他們因為警惕「封建迷信」而拒絕參加農村婚喪活動，更視同伴學習農村手藝和民間藝術為「墮落」，這樣也就根本不能融入農民農村的日常生活，而陷入了「上不着天，下不落地」的自我孤獨的尷尬之中。

3. 「青年的分化」

朱晨晨的信，遭到了收信人孫康的嚴厲批評。他在1968年的回信裏，直言不諱地說：「整個來看，這封信裏充滿了消極、悲觀、空虛、悵惘，甚至絕望的感情，是灰色的，是應該批評幫助的」，「它反映了一些剛踏入社會，深入實際的幼稚、脆弱的小資產階級左翼知識分子的共同思想，有一定代表性」。

孫康的批評主要集中在兩個方面。首先針對朱晨晨信中所說「這裏並沒有一點我們所一向喜歡的轟轟烈烈的政治生活和政治鬥爭氣息」，指出這背後有一個如何看待農村生活，在與人民群眾關係中，把自己放在什麼位置的問題：「人民群眾是『勞力者』，要從事繁忙沉重平凡的工作，而我們是『勞心者』，要從事『一向所喜歡的轟轟烈烈的政治生活和政治鬥爭』」，有這樣的想法，實際上就是要「做人民群眾之上的人，做廣大工農兵之外的人」，它會「妨礙我們在農村紮下根去，妨礙我們正確認識貧下中農並主動接受他們的再教育」，而「只能使自己孤獨於廣大人民群眾之外，徘徊於時代的洪流兩旁，在人為製造的悲劇中耗盡自己的才華，廢完充沛的精力，成為小資產階級革命路線的無謂犧牲品」。另一個批評重點，是指出朱晨晨把向農民學習手藝視為「平庸」，拒絕做平凡人、平凡事，是落入了「不切實際的空想主義」，「由於思想方法不正確，就不能正確地認識農村，不能正確地認識貧下

中農，不能正確地對待集體和同志，而且不能發現自己的弱點而嚴以待己，寬以待人。似乎周圍都是一灘污濁臭水，唯獨自己是一朵出污泥而不染超凡脫俗出類拔萃的蓮花」。

特別值得注意的，孫康由此提出了一個更為嚴重、根本的問題：如同五四以後知識分子發生分化一樣，當下也出現了「青年的分化」。這種分化是圍繞「和工農相結合」問題展開的，背後是一個「為什麼人」的問題，人生道路的選擇問題。孫康特意指出，「文化大革命杜絕了升大學進研究院考博士一舉成名的門路，因此很多人都開始集中精力研究政治，也出現了一些野心家。有一些人他們不願意上山下鄉，留戀於安逸舒適的生活，成了沉醉於客廳講政治、逛公園、談革命的時髦風流的貴族革命家，他們實際上反對毛主席提出的知識分子必須和工農相結合的偉大指示，提倡『進研究室』、『啃書本』以便著書立說標新立異，完全和五四後的胡適一樣」。孫康指出，如果拒絕與工農相結合的思想、立場不改變，即使到了農村、工廠，到了實際中，也是「滿眼是陰暗、落後，與自己的幻想相違背，到處是平凡的群眾，平凡的生活，平凡而又繁重、艱苦的工作，於是看不到光明和前途，經受不住長期艱苦生活的考驗，產生了『什麼時候算到頭』的逃兵思想」，再加上小資產階級知識分子聚集在一起，「懶、散、嬌、驕」幾氣同時發作，相互影響，就必然陷入「精神苦悶，思想頹廢，生活放縱」的泥潭，不能自拔。孫康因此向自己的戰友朱晨晨們發出警告：「我們現在只能是小資產階級革命者」，「我們還絕不是一個無產階級戰士」。小資產階級革命性與無產階級革命性是有本質區別的；我們即使自命為「左翼」，「如果不和工農相結合，就會變成右翼，跑到另一個極端去」。[14] 孫康對

14　孫康致朱晨晨、欒永康書（1968 年 7 月），《民間書信（1966–1977）》，

朱晨晨來信中暴露的問題，提出嚴厲批評，也正是出於這樣的擔憂。

可以看出，孫康的批評的基本立場，出發點與歸宿，都是「知識分子與工農相結合」這一時代命題，這正是知青運動和文革的主流意識形態。這提供了一個重要資訊：在知青運動起始階段，影響，甚至支配知青思想的還是文革主流意識形態，知青要從中擺脫出來，形成自己的獨立思想，需要一個過程。孫康提出的知青運動中「青年的分化」則是事實，很值得我們注意和討論：可以說，文革中的知青運動從一開始就帶來了巨大的困惑，並引發了不同的選擇與爭論。

4.「紮根派」與「不相信派」之爭

這首先就是研究者所說的「紮根派」與「不相信派」之爭。

在收入《民間書信》裏寫於1969年的兩封信，就已見端倪。一封寫給我們在下文將要詳盡討論的趙一凡的信裏，就引述毛澤東「從現在起，五十年內外到一百年內外」是「一個翻天覆地的時代」的名言，表示「我已經愛上了農村，這裏真是一個廣闊的天地，大有作為，我下定決心，在農村幹一輩子革命」。[15] 而另一封已經在山西插隊的弟弟寫給還留在北京的哥哥的信裏，則斬釘截鐵地一再叮囑：「農村不是去的地方！一定不能去！」[16] 顯然並不相識的兩位知青對農村與下鄉截然相反的態度，而又都這樣堅決，是很有代表性的。

據研究者介紹，兩種立場與態度的正面交鋒，發生在1970年。爭論的發動者是我們在前文已經談到的激進派紅衛兵任公

52，55–56，54–55，53，54頁。

15　芙平致一凡書(1969年3月2日)，《民間書信(1966–1977)》，第87頁。

16　保英致大哥書(1969年2月17日)，《民間書信(1966–1977)》，第83頁。

偉等，他們當時在吉林突泉鄉插隊，1969年12月，縣裏召開上山下鄉積極分子代表大會，總結插隊一年的經驗。任公偉等發表了題為《身在農村幹革命，志在世界一片紅》的長文，指出：「在目前青年運動中確實存在一股反對與工人和貧下中農相結合，接受再教育的逆流，以及不問政治，不參加階級鬥爭的傾向」。

這裏所針對的，正是在1968年至1969年知識青年中出現的新動向，即開始了自覺讀書活動，出現了最初的思想沙龍。這樣的讀書活動和沙龍在紅衛兵運動的後期，即1967年與1968年初就已見雛形。先是被迫退出文革舞台的老兵們聚集一起從理論上探討「文革」之謎，後是造反派紅衛兵開始進行反思。知青運動興起後，沙龍大部分成員都到了農村，少數人還留在城裏，繼續讀書、討論。到了1968年秋收以後，大批知青返回城市，到1969年秋冬就有更多的知青回城。按研究者的說法，「一些在鄉村無法完成的文化任務，都轉移到城裏來完成」，在完成由紅衛兵到知青的身份轉變，有了「新的社會角色」，並有了農村體驗與經驗，就「從新視角來分析中國社會，並提出一些新的政治觀」。老紅衛兵沙龍的代表人物徐浩淵在陝西插隊並進行農村考察之後，回京後整理形成《陝西農村考察報告》。另一位老知青張木生也在1968年秋，寫出了長達三萬字的《中國農民問題學習——關於中國體制問題的研究》。北京四中的老紅衛兵的代表孔丹、李三友、秦曉鷹等，則結合下鄉經驗，寫出了長篇報告：《時代——使命——準備(討論提綱)》。這些文章都在沙龍中引起強烈反響，而張木生的長文影響更大，因為他不但對知青運動，而且對農村現行體制都提出質疑，並且對中國的發展提出了一系列新的思路，例如強調要

　　　　　　　　燼火不息：文革民間思想研究筆記

「發展生產力」，從改變農村人民公社體制入手，等等。[17] 這可以說是知識青年下鄉運動中最早出現的衝破文革意識形態束縛的「新思想」，也是文革後期民間思想的重要成果，意義自然十分重大，我們已有另文專作討論。這裏要說的是，正因為其產生的爆炸性影響，張木生就自然成為任公偉等主要的批判靶子。

1970年，任公偉等先是在北京沙龍裏與張木生等進行面對面的激烈論爭；接着又在油印刊物《廣闊天地》、《任重而道遠》裏，著文批判「張木生之流提出的新觀點」是中外修正主義的舊貨色，文章指責張木生等在沙龍裏「研究馬列主義經典，苦鑽大部頭，卻對毛主席著作不感興趣。大讀封、資、修小說《麥田裏的守望者》(美國)、《向上爬》(英國)、《怎麼辦》(俄國)、《安娜·卡列尼娜》(俄國)之類，欣賞星期音樂會，唱黃色歌曲、黃色小調」。據說張木生等的主要錯誤，首先是反對知識青年上山下鄉，是所謂「不相信派」，任公偉等與張木生等的論爭，因此被稱為「紮根派」與「不相信派」的衝突。更重要的是，張木生等對現行農村體制質疑，就被看作是站在資產階級立場向黨和社會主義、文化革命、偉大領袖毛主席「展開猖狂的全面的惡毒的進攻」，張木生不再是「一個簡單的知識青年」，「成為資產階級、地富反壞右，被打倒的從彭德懷打破劉少奇一小撮反革命修正主義的代言人，成為無產階級專政的敵人了」。[18] 這樣，這場所謂「紮根派」與「不相信派」的論爭，最後就納入文革的階級鬥爭軌道，並且有着明顯的文革派性鬥爭的痕跡。

但「紮根派」與「不相信派」的分歧與爭論，卻還要延續

17　參看錢理群：《毛澤東時代和後毛澤東時代：歷史的另一種書寫》(下冊)，第140–145頁。台灣聯經出版事業有限公司，2012年。

18　以上引自楊健：《中國知青文學史》，第126，166，167，168，169頁。

下去，它是貫穿文革知青運動的全過程的。我們在下文還會有相關的討論。

5. 關於農村和中國發展道路的論爭

任公偉等的批判文章所說的「張木生之流」，直接點名的，徐浩淵之外，就是趙金生。趙金生原名趙京興，是北京四中的學生，也是北京讀書沙龍的活躍人物。他的驚人之舉是在毛澤東關於知識青年上山下鄉的指示發表不久，就貼出題為《我為什麼不去上山下鄉》的大字報。其原文沒有保存下來，據他自己的回憶，主要是引述毛澤東《在全國宣傳工作會議上的講話》，指出：「按照這篇文章中的說法，接受貧下中農再教育可以有三種形式，一是走馬看花，二是下馬看花，三是安家落戶。即便是安家落戶，也不是你們所說的上山下鄉——純粹是為解決就業問題。而我的志向是從事理論研究，通過走馬看花、下馬看花照樣可以瞭解農村瞭解農民，接受貧下中農再教育」。[19] 他的同學趙振開(北島)回憶，大字報還有這樣的內容：知識青年到農村去，會導致每畝地平均人口增加，必然加重農民負擔，把城市危機轉嫁給農民。[20] 如此大膽妄言，自然被工宣隊視為公開挑戰上山下鄉運動，就將趙京興抓進學校，隔離審查。在此前後，趙京興寫出了兩篇討論基本哲學理論問題和思考中國發展道路的文章：《哲學批判》和《關於社會主義經濟問題的對話》，提出「認識論哲學最終必然演變為人學，即以人的活動(實踐)規律為研究對象的學問」，並提出了

19　趙京生：《我的閱讀與思考》，《暴風雨的記憶：1965–1970 年的北京四中》，第 291 頁。

20　趙振開：《走進暴風雨》，《暴風雨的記憶：1965–1970 年的北京四中》，第 212 頁。

燭火不息：文革民間思想研究筆記

「人的本質就是對必然爭取自由」的命題；關於中國農村的變革，趙京興認為，無產階級在農村的主要任務是對傳統小農經濟進行改造，需要「用商品經濟來打破農業個體的自給自足生產的桎梏」，從而使農業像工業那樣，實現社會化生產。只有如此，人類才能進入到一個沒有階級的理想社會，「整個人類勞動將用強大的工具體系為自己與自然建下巨大的屏障，整個社會將成為一個統一的自由勞動的聯合體。在那裏，『每個人的自由發展是一切人的自由發展的條件』」。這兩篇文章立刻在沙龍中廣泛流傳，引發了熱烈的爭論。他的女友陶洛誦把《哲學批判》借給女師大附中的同學，又被刻成蠟板油印出來，卻闖下大禍：被公安部門當作油印反革命傳單，而於1970年1月，將趙京興與陶洛誦同時逮捕入獄，關押了三年。[21] 這個事件給當時的沙龍以很大的震動，可以說是沙龍自由閱讀與獨立思考所付出的第一個代價。

收入《民間書信》的寫於1969年春的插隊山西的兩位北京知青的通信，是對趙京興的新思想的反應。信的一開頭就明確表示，趙京華的「有的觀點，不符合我們所知道的農村實際情況，不符合我國農村發展的歷史，不符合馬列主義的基本原理，這是很明顯的」。接着就作了一下幾個方面的反駁——

「趙認為我國農村貧困的主要原因在於自給自足的方式——不能因地制宜地使用土地，實行農業分工提高土地利用率。(在他看來，)作為代替這個生產方式的比較理想的生產方式——商品經濟的全部內容，就是實行土地分工，因地制宜」。而在我們看來，「商品經濟一旦發展起來，將不需要什麼『土地分工』，它只會使人們獲得平均的利潤(不算級差地

21 趙京興：《我的閱讀與思考》，《暴風雨的記憶：1966–1970 年的北京四中》，第 296，295，197，298 頁。

租）」實行商品經濟的資本主義社會，「那裏的農業工人還是避免不了遭受準備資本家殘酷剝削和壓迫的命運」。因此，「我國農民貧困落後的最根本的原因」，不是自給自足的小農經濟，「還在於幾千年來封建地主階級、資產階級、帝國主義所造成的農村的落後」。

「趙在信中首先批判了有關改造農村的兩種主張。我覺得這兩種主張（利用大機器改造農業和利用知識青年下鄉、醫療隊下鄉等一系列措施改造農村）都不是最重要的，但也都有其合理的因素。趙對這兩種主張的批判都是十分實用主義的」。「劉少奇的先機械化，後合作化已被歷史證明是反動的，可見片面強調機械化是不對的；但實行農業機械化是大勢所趨，任何企圖阻礙這個運動進行的想法都是反動的」。「醫療隊下鄉等措施，固然不是改變農村落後面貌的根本措施，但是有着其深刻的意義，絕不僅僅是一般的社會考慮。現在所實行的合作醫療、公辦小學下放、貧下中農管理商業、建立農村工業等，都是一個偉大的革命的一部分，是改變農村落後面貌的有效措施，絕不是毫無意義的」。

「趙京興在談到政治革命時說，政治革命的對象是『那些作為這種自給自足經濟的補充的，毫無頭腦、不學無術卻握着領導地位』的『黨閥』、官僚們。他沒有說出那些『黨閥』『官僚』為什麼是自給自足的經濟的補充，我覺得這是因為他的『農業分工』『商品經濟』都只是一種空想，是烏托邦式的政治改良，而又偏偏要掛出政治革命的招牌。而從實際情況看，我國並沒有力圖保留自給自足的細小生產方式而又佔據領導地位的政治力量」。

這封信的最後指出，「趙對農村革命的看法是有他的理論基礎的」，「趙一向把生產方式同生產關係截然分開，認為現

代資本主義國家的生產社會化是不同於自由資本主義時代的嶄新的生產方式，甚至可以叫作社會主義的生產方式」，這正是寫信人所不能接受的。[22]

儘管寫信人是用當時的主流觀點來批評趙京興多少有些異端的主張，但應該說，這還是一次心平氣和的討論，並沒有前面所引批判張木生文章那樣上綱上線。更重要的是，兩位年輕人如此嚴肅認真地來討論農村變革、中國發展道路的重大問題，進行獨立的理論探討，這本身就意味着知青一代已經開始走出狂熱與盲從：這是他們文革心路歷程的一個重要變化。

6. 理想主義者的不同走向和相互糾纏

收入《民間書信》寫於1968年最後一天的這封信的寫信人和收信人「戎」與「潘」，都是師大女附中的學生，全名是戎雪蘭、潘青萍，她們都屬於「四三派」，是激進派的紅衛兵，戎還是一個群眾組織的領袖人物，曾和同學校的老兵的代表人物進行不公開的辯論，探討紅衛兵運動的走向。在1968年春，北京中學開始出現跨校際的研討會時，戎和潘都是其中一個小團體「二流社」的成員，前文提到的35中的孫康、101中學的任公偉也是其成員。以後他們和屬於老兵派的徐浩淵等也有密切交往，共同討論知識分子與工農相結合、未來國家的命運等話題。這些小團體活動是為知青沙龍的形成奠定了基礎的。[23]寫於1968年12月31日的這封信裏，戎向潘傾訴的是，一個當年叱咤風雲的紅衛兵在遭遇精神困境時，對「同志的友誼」的呼喚，對理想的堅守。因此，信的一開頭，就說：「讓我們倆

22　魏光奇致張雷書（1969年春），《民間書信（1966–1977）》，第89，90，91，92，93，94頁。

23　參看楊健：《中國知青文學史》，第126–127頁。

雙手緊緊相握，無論在什麼時候，都絕不背叛，絕不離棄」。接着就滔滔不絕地談「人民」，「信仰」，「責任」，「歷史」——

「我們——紅衛兵，是在人民苦難的大動盪中覺醒的，是在信仰的旗幟——光輝的五一六通知(即1966年5月16日發佈的《中國共產黨中央委員會通知》，一般認為是發動文化大革命的號令)下聚集起來的。如果誰因為個人的遭遇，冷淡了人民，丟掉了信仰，她就會被永遠拋棄；不論她個人是在深重的苦難中，或是處於權力的地位」。

「我們瞭解時代的責任，我們對時代的心臟，時代的脈搏，時代的靈魂，有着高於同一輩人的更敏銳、強烈的內心感受，我深信，我們所激動，所致力於奮鬥的，正是廣大人民的希望和需要，就決定了我們是能夠被歷史錄用的人」。

但是，這一切，現在都遇到了挑戰。「前面的路」究竟怎麼走？「用安慰來平息痛苦，是庸人的作法。我們要用希望來填充思想上的空白，用戰鬥來把自己振作起來，在苦難中，人成熟得更快」。而希望正在自己和「我們」——

「在今後的事業中，我相信，我們永遠是男子漢大丈夫式的朋友，這不是用禁慾主義約束而成的，而是共同的戰鬥，超乎性的精神和偉大的理想。

「馬克思—列寧—毛澤東，路已選下，為了一個神聖的目的，通過不斷的社會革命，達到共產主義，再沒有別的了。

『一切為了別的目的

而犧牲的人們

都是瘋子。』(裴多菲)」。[24]

這裏高談「信仰」、「責任」、「時代」與「歷史」，從

24　戎致潘書(1968年12月31日)，《民間書信：1966–1977》，第67–68頁。

　　　　　　　　熄火不息：文革民間思想研究筆記

表面上看，和我們一開始就引述的1968年初巍巍表決心的信很相似，但卻有更複雜、豐厚的內容。那時候一切都還開始，而現在到了1968年年底，已經經歷了許許多多，如其文字裏所透露，面臨的是精神的「痛苦」和「思想上的空白」和不振作。這是在遭遇挫折與危機時的堅守，也可以說是在產生了懷疑以後的堅守。因此，在有了更多的經歷以後的1984年，即十六年以後，收信人潘再重讀這封信時要說：「如果不瞭解那個充滿創傷的背景，這些話或許會顯得空泛」，其實戎是「用那個時代武斷的語言表達了青年人應有的豪情，以譴責軟弱來鼓舞勇氣」，「當我們經受苦難時，我們反而不會敘說苦難，話語和現實是分裂的，感傷的回憶是在苦難結束以後」。[25]

其實1968年末的戎和潘，以及他們那樣的正在經歷「紅衛兵—知青」角色轉換的年輕人，正處於「精神與物質，理想與現實的極端分裂的狀態」，僅僅靠堅守原來紅衛兵的信念，是不能走出危機的，這就需要尋求新的精神資源，探索新的出路。在潘的記憶裏，這同樣是一段刻骨銘心的精神歷程——

「最終使我們衝破幾十年的教育灌輸給我們的思想模式，得益於兩本灰皮書的點撥：一本是托洛斯基的《被背叛的革命》，不記得戎是從何處借的；讀過後，我們都鄭重其事地相約到頤和園，交談彼此的感想，那是六九年的十月；從石舫遠望長堤，秋天明麗而蕭索，我們心情激動；托氏的書無疑是困惑之中出現的一縷明晰的光。那年的冬天，我又找到了德熱拉斯的《新階段》。至此，有關政治和社會的認識，我們終於擺脫了夢魘版的桎梏和愚昧。

「那時，我們狂熱地搜尋文革前出版的灰皮書和黃皮書；

---

25 潘青萍：《心路歷程——文革中的四封信》，《民間書信（1966–1977）》，第 71 頁。

我的一個初中同學的父親是位著名作家，曾任文藝部門的領導，我在她的家裏發現了數量頗豐的一批黃皮書。記得當時對我有啟蒙意義的書是愛倫堡的《人‧歲月‧生活》，葉甫圖申科和梅熱拉依梯斯的詩集，而當時在我們小圈子裏十分流行的《在路上》和《帶星星的火車票》我卻並不喜歡。我和戎本質上都是個人主義者，在我們自以為看透了社會以後，所關注的只有個人的精神生活。在農村，過着最底層的簡陋而辛勞的日子，回到北京，便成了精神貴族；讀遍了能夠找到手的世界名著，只要有錢，就去『新橋』和『老莫』（按，指北京新橋飯店和莫斯科餐廳，都是當時著名的高級餐館），我和戎輪流做東。我們喜歡泛着奶油香味的菜餚和銀光閃閃的餐具，一本正經地呷着小杯的威士卡，彷彿不如此不足以抵償在鄉下度過的原始而粗糙的生活；那時的生活多少有些模仿性和戲劇性」。[26]

　　這可以説是一代人的永不磨滅的記憶。北京31中的甘鐵生回憶説，他在山西太谷縣窰頭公社楊莊大隊大平小隊插隊。同隊的九個知青每天下了工，吃了飯，已是筋疲力盡，但仍然堅持用墨水瓶製成的油燈讀書，燈焰太小，擠不下三兩個人，就輪班看。第一撥從晚飯後到十一二點，第二撥從十二點看到三四點鐘，再叫醒第三撥看到天明。當外村傳來好書，限定兩三天還，大家就輪班看，通宵達旦。而這樣的讀書也是冒着政治風險的。縣委知青辦就開會批判他們的知青點，用看馬列原著來抵制讀毛主席的書。這樣的山村夜讀與戎雪蘭、潘青萍們的京城讀書，相映成趣，構成了一道從1968、1969年開始，一直延續下來的獨特的知青精神風景。有人回憶説，當時的知青幾乎都有一個筆記本，上面抄滿了摘自書籍和手抄文學的

26　潘青萍：《心路歷程——文革中的四封信》，《民間書信（1966–1977）》，
　　第 72 頁。

　　　　　　　　燭火不息：文革民間思想研究筆記

片斷。從最初的摘警句、找結論，發展到系統的理解，在西方和俄羅斯文化裏發現新世界。可以說，灰皮書、黃皮書幫助這代人擺脫文革主流價值體系的桎梏，重建新的世界觀。用研究者的話來說，「從此他們告別了簡單狹隘的思維方式和鬥爭哲學，回歸到『人』自身」，[27]讀書之外，還有廣泛交友。戎和潘結識了北大附中的闆恒，並通過他與北大物理系的何維凌、王彥相識。1967年底闆、何、王三人成立「共產青年學社」，因宣言裏有反林彪的傾向而被宣佈為反動組織，何維凌為此住了兩年秦城監獄。這是和戎和潘圈子不同的另一類理想主義者；「儘管反革命帽子還沒有摘掉，卻已決心在未來參與政治，改造社會，因此，必須處於社會中心」，而且他們嘗試使自己的日常生活崇高化，完全按共產主義原則生活：作為待分配的大學生，學校發給為數不多的生活費，加之每人從各自家庭得到錢，不分多少，統一按需分配。他們圈子裏的人際關係也是「毫無保留，不分彼此，沒有個人隱私的」。這一切都使得戎和潘既感到新奇，又頗有些疑惑，覺得「本質上不是一路人」，但卻又被其「具有天賦的才華」和為信仰獻身的精神所吸引。1969年冬天還專門住進北大當了四十天的「學生」，請何維凌講課，教授微積分，並「把數學和哲學聯繫起來」。空閒的時間，就去未名湖畔散步。聽何維凌侃尼采的《查拉圖斯特拉如是說》和陀斯妥耶夫斯基的《卡拉馬佐夫兄弟》。[28]以後，他們各自走上自己的道路，仍有書信來往，而且留下了我們這裏要討論的收入《民間書信》的兩封信。

第一封是1969年12月13日闆恒寫給潘、戎的信。潘介紹

27　轉引自楊健；《中國知青文學史》，第 129，130 頁。

28　潘青萍：《心路歷程——文革中的四封信》，《民間書信（1966–1977）》，第 74，76，78 頁。

說，1969年初，閻去了雲南生產建設兵團，半年後，作為雲南幾萬青年的代表，赴京觀禮，並覲見偉大領袖，自然春風得意。而此時的潘、戎如前文所說，思想已有了改變，並不以此為然，就寫了一封揶揄的信，[29] 大概說了「少年得志」、「躊躇滿志」這類的話。閻信是一個回覆，既是辯解，更是表白。

他這樣認識自己這個「正牌幹部子弟」代表：「我們無產者所具有的馬列主義鬥爭哲學、奮鬥精神，對社會的認識、適應能力以及為達到崇高理想而煥發出來的毅力，使我在許多方面高於他人之上」，「比較起來我們是最崇高、最純潔、最有理想、最懂得社會、最溫文爾雅、最有前途和最厲害的。」他還這樣談到自己的中心位置：「我周圍有兩個最忠實於我的好朋友，不僅僅是朋友，一個身強體壯，忠厚老實；另一個精明強幹，聰明，善良，他們倆都把我的成就看成是他們自己的成就，在各方面支持我，我從中得到了極大的鼓勵、支持和溫暖」。

他把「其他人」分為四種：一、「志大才疏，不瞭解社會，僅僅追求他們心目中的自我高尚，坐等待時機的『伏虎』，我看終不足成大事」；二、「正統派，也就是我們過去常說的修養派」；三、「生活派」：這三種人，或難成大事，或應該淘汰，或胸無大志，自然不在眼裏。只有第四種「野獸派」，「尤其是一些大痞子，卻很有點頭腦，很瞭解社會，尤其明白人的心理，這些人有的很可愛，他們的『墮落』往往是由於不願意隨從世俗而堅持自己的觀點、自己的認識而造成的。有一些甚至可以大有作為」。最重要的是，「他們對我這個『正牌幹部子弟』代表很客氣，我的一些話比他們之中

29　潘青萍：《心路歷程──文革中的四封信》，《民間書信（1966–1977）》，第75頁，

『份兒』最大的人的話還受到尊重。我準備幫幫幾個人改邪歸正」，這是可利用的力量。如此重視「痞子」，倒讓人想起同樣把痞子視為「革命先鋒」的毛澤東。

於是就有了「要把我的主張『強加於人』或付諸於世」的志向，並且深知要最終達到這一目的，就「必須努力奮鬥」：「社會就是一個大戰場，我們步入社會就是上了戰場，上戰場就要戰鬥，就要勇往直前，不允許有任何的猶豫或萎縮不前」。

而且他是充滿自信的：「事實上我昨天的話還是廉價的，而今天則有了幾分力量。明天呢？」「我已感到自己真正成長了，有點大丈夫的自豪感。祖國的命運就是我的命運。年輕人無所作為，多愁善感的氣質彷彿是遙遠的過去」。[30]

多年後，潘這樣看待這封信：「信中既有認真的求索，也有天真的自大；就當時而言，閭的思想並非正統，但可以看出他的人生觀的入世傾向」。[31] 這或許是比較客觀的評價。今天我們卻從中看到某些令人不安的東西：那要以自我為中心的強烈的權力慾望，把自己的主張「強加於人或付諸於世」的志向，是理想主義與專制主義的結合；而不惜利用聽命於己的痞子，更是蘊含着「為達到自己的目的而不擇手段」的危險：這正是一個文革培養出來的活生生的「小毛澤東」。

少丁（何維凌）寫給pian（應是潘）的信寫於1970年7月21日，此時何在江西幹校勞動，潘仍是白洋淀的知青。信一開始就大談「友誼」：「我們在世上幾乎失去了一切，殘酷的現實剝奪

30　閭恒致潘、戎書（1969年12月13日），《民間書信（1966–1977）》，第126，127，128頁。

31　潘青萍：《心路歷程——文革中的四封信》，《民間書信（1966–1977）》，第75頁。

了我們的一切，惟有友誼永遠屬於我們」，「惟有我們時代的共產主義者的友誼最珍貴也最純潔」。接着談自己的文革精神歷程：「在這十年中，我也有過好幾次的精神危機，從抽象的理想到具體的理想，從維護現實到向現實宣戰，從奮發科學到立志革命，總之，從必然走向自由，經歷了許多波折，有成功的喜悅也有挫折的苦悶，性格變化很大」，態度坦率而誠懇。多年後潘回憶起來，仍覺得其中「有一種坦誠的真實」。

信的重心卻在對青年動向，現實和未來的分析：「運動後期，我看到更多的青年是頹廢、放蕩，或者是平庸碌碌，或者是投機鑽營，真正敢於立足於理想，堅定信念，百折不撓、積極進取的還是少數」，「過去我們接觸過不少有才華有抱負的青年，可是永遠走下去的少，半途而廢的多，多少人成了我們理想的背逆，或是匆匆過客」，「惟有在令人窒息的平靜之中，決不動搖，以自己默默無聞的思想和行為向社會挑戰的，才是真正的人」。

其實這也是在言志：「在任何時候我都信心十足，都有決勝的信念。我想，之所以百折不撓，其關鍵在於堅信理想，堅信我對它的科學分析，從人的本質出發而堅定其必然實現的信心。此外，以自己的火點燃旁人的火，以心發現心，我有同志、有朋友，在我足跡所到之處，並沒有留下什麼悔恨的痕跡」。最根本的，還是對精神力量的信念與信心：「精神力量對於人來說，是無窮的，沒有精神支柱就沒有確定不移的行動。有人認為這都是幻想之屬，但我完全不這麼看。捷爾任斯基說得好，要有幻想，我們的任務就是要把美好的幻想變為科學的理想，從而化為生動的現實。當你苦悶的時候，應該多想想同志、朋友，應該去冷靜地分析一下自己的信念是否合乎真理，只要是這樣的，那就堅定地走下去，鞠躬盡瘁死而後已。

我們應該為歡樂而生活，為生活而歡樂，要永遠歡樂」。

當然，也談到了自己在十年磨礪中的另一面：「我總結自己的教訓，失敗的主要原因是過分相信別人，以善良的願望去揣測別人的叵測之心，也在於過分理想化地看待鬥爭——但這些都沒什麼，我懂了！」「而今我除了在同志朋友中還保持(同情，熱情)這個特點之外，幾乎變得很冷酷，像一柄劍」。[32]

站在我們面前的就是這樣一位「新人」(在信中他宣佈自己要建立的是「新時代新人的新關係」)：如潘所說，「只有百折不撓的信心和意志才是他的本色」，那樣的堅守理想，富有幻想，那樣一種不可抵禦的精神力量，都會產生巨大的吸引力。但同時，在這樣的新人身上又分明可以感到某些同樣令人不安的東西，或許就是潘所說的「統治慾望和性格中的暴虐傾向」吧。然而也如潘所說，「在熱情的激蕩下，即使是野心也顯得崇高」[33]：這又是一另一種形態的文革養育的「小毛澤東」。

而這位「新人」現在(1970年)還在不無焦灼地等待時機：「我感到，才華就像成熟了的蜜果一般，稍一碰觸就會肆溢縱橫。可是就缺少條件，一點點也沒有！」[34]

這樣的條件要等到六年之後，即文革結束，改革開放，中國處於新的歷史轉折開頭，寫信人何維凌在趙紫陽的智囊團中國農村發展問題研究組那裏找到了用武之地。農村發展問題研究組，來自民間，又得到最高權力的支持。對何維凌這樣的有政治抱負與主張的理想主義者正是如魚得水。他的同事回憶說：「何維凌是農村發展組最重要的開創者之一」，「是一個

32　少丁致pian書(1970年7月21日)，《民間書信(1966–1977)》，第136，137，138，149頁。

33　潘青萍：《心路歷程——文革中的四封信》，《民間書信(1966–1977)》，第80，81頁。

34　同注32，第139頁。

很有責任感的人」，「他對文化革命中出現的種種現象及其根源都有自己的疑問」，「他在這一批人中，常常看得更寬，想得更遠。大家研究農村問題，他經常能夠跳出農村，把農村和更大的系統，比如跟整個國民經濟整個國家乃至世界經濟聯繫起來考慮」，等等。[35] 這當然都是後話，但也說明了中國八十年代以來的改革開放與文革中成長起來的這一代人的密切關係，並且深深打上了他們的精神氣質的烙印。

其實，我們這裏討論的戎、潘與閻、何的關係，他們因為理想主義走到一起，最終卻發現彼此「不是一類人」：這本身是有某種象徵意義的。經歷了最初的狂熱，之後的困惑，到文革後期，許多人都放棄了理想主義；而堅持理想主義的，也有了不同的發展方向。潘和戎說他們成了「個人主義者」，這就意味着他們回到了人自身，以追求個體精神自由為理想，他們依然關心或者脫離不了政治，但又不同程度上疏離政治，並且使自己邊緣化，走向文學與藝術，潘和戎都參加了白洋淀文學藝術群，這當然不是偶然的。而閻與何依然保持了高度的政治熱情，他們的最高理想是做職業革命家，只有從事政治才能體現他們的人生價值。他們，特別是他們中的幹部子弟（閻就自稱為「正牌幹部子弟代表」）鑽研理論，到農村、農場勞動，是為瞭解社會，磨練意志，為條件具備時登上政治舞台做好準備。如研究者所說，他們在文革中「看到權力的至高無上，受到權本位意識的腐蝕影響，文革中一度呼風喚雨的經歷，更激發了他們的權力慾望」，「文革運動的封建專制主義、帝王思想、陰謀政治對他們的價值觀、人生觀產生了深刻的影響」。[36] 和潘、戎選擇邊緣化不同，他們任何時候都必須處於時代的中心。

35　孫方明：《潮聚潮散：記中國農村發展研究小組》，第 146，147 頁，香港大風出版社，2011 年。

36　楊健：《中國知青文學史》，第 134 頁。

燭火不息：文革民間思想研究筆記

這樣兩種不同發展方向的理想主義者之間的分歧是明顯的；但也有相互糾纏的一面：他們畢竟同屬理想主義者，而且在文革的總體格局裏，都屬於文革現實政治的質疑者、批判者，以至反對者，並因此處於受壓制的地位，他們也必須相互支持。何、閻未必不知道他們與潘、戎不是一類人，仍然一再表示對和她們的友誼的珍惜，潘、戎對閻、何雖有諸多懷疑與保留，但仍懷有同情的理解，以至尊重，就是這個道理。

7. 飛翔，又「飄然落下」

這是《民間書信》裏一封特別的信，寫信時間是1969年6月12日，寫信人是北京四中的學生張育海，此時卻是緬甸遊擊隊的戰士，這是他在緬甸叢林裏寫給北京同學的信。

這背後是一段中國紅衛兵－知青在困惑中從他們想像中的世界革命裏尋求出路的悲壯歷史。

1968–1969年間，儘管大部分紅衛兵已經成為知青，但許多人依然心存紅衛兵情結，還念念不忘「紅衛兵運動何處去」的討論。一批激進的紅衛兵就將視線轉向了「世界革命」。

如研究者所説，「他們把『輸出革命』作為紅衛兵運動的恰當出路」。而且還有這樣的具體背景和接連發生的一些事件：「1968年年底，在雲南全面展開『劃線』運動，將造反派群眾打成『反革命』，許多紅衛兵被關進『牛棚』。在昆明師大附中的禁閉室裏，昆明十中、十二中、女中、十一中等校的紅衛兵開始秘密商議：跨過國境線參加緬甸共產黨遊擊隊。1969年5月14日，一支知青隊伍從盈江小平原出發。隊伍像滾雪球，經過幾番聚散，經過瑞麗雙印到達潞西三台山邦滇寨。他們在鄉村舉行『縱橫談』，核心議題是：中國紅衛兵向何處去？在這次會上，還念了《緬甸共產黨黨章》，最後決定參加

緬共。整個德宏地區邊境五縣的走串，最終導致了一批『紅衛兵—知青』越境加入緬共遊擊隊。據有關部門統計，僅1969年6月一個月內，因各種原因參加遊擊隊的紅衛兵—知青達三百人。他們的籍貫包括：雲南的昆明、保山、潞西、施甸，其中昆明知青略佔一半。少數則屬於雲南建設兵團的北京、四川知青」。我們討論的這封信的寫信人張育海就是1968年從北京到雲南插隊，1969年3月參加緬共遊擊隊的。

這些紅衛兵—知青可以說是帶着一種「政治幻想」越境參加世界革命的。1969年夏，一首《獻給第三次世界大戰》（作者臧平分），以佚名在北京老紅衛兵中廣泛流傳，以後又傳到全國，就充分表現了這一代人的世界革命戰爭想像：我們「將克里姆林宮的紅星再次點燃，踏着公社的足跡，穿過巴黎公社的街壘，踏着國際歌的鼓點，馳騁在歐羅巴的每一個城鎮、鄉村、港灣」。在最後攻佔白宮的戰鬥中，戰友為掩護我，用身體擋住了從角落裏射來的子彈：「白宮華麗的台階上，留下你殷虹的血點斑班，你的眼睛微笑着，是那樣安詳坦然」，「看啊！摩天樓頂上，一面赤色的戰旗，在呼啦啦地迎風招展。火一般的紅旗，照亮了你目光燦爛，旗一般紅的熱血，浸潤了你的笑臉」。研究者分析說：「這首詩集中表現了整個紅衛兵群體在1968–1969年間的一種心境：衝動，浮躁，渴望奉獻與自我昇華，期望從運動困境中解脫。它是紅衛兵運動終結時的一種政治夢想，也反映了他們對文革現實環境開始產生一種焦慮和拒絕。儘管整首詩充滿了浪漫主義的美妙憧憬，但從頭至尾滲透着悲涼的情緒」。[37]

在瞭解了以上時代與心理背景後，我們就可以來討論張育海的這封非同尋常的書信了。寫信人說，他是以一個「和死打

37　以上材料和分析引自楊健：《中國知青文學史》，第 116，143–144 頁。

燼火不息：文革民間思想研究筆記

交道」的「當兵的」的身份和老同學談心，「不耐煩説話拐彎」。他説的有三點意思。

首先談的是自己和知青朋友共同面臨的困境：「消沉，痛苦，頹廢，墮落，或發瘋或自殺，有些人幾近土匪，看來是許多學生的通病了。確實，十幾年的教育，學生成了一些胸懷大志，但又沒有生活能力的人；一旦原來習慣的生活道路走不通，落到從來沒有想到的地位，一個物質生活條件、精神生活條件極低，而且遠離親人，遠離(現在回想起來更加)燦爛的城市和家庭，自然要感到前途一片黑暗，不知怎樣熬下去，而被單調的生活、沉重的精神負擔壓得精神分裂！」

而他想強調的，是「千萬不要絕望」，「不要太悲觀了」。希望、出路在哪裏呢？於是，就有了這樣的時事、政治分析(這樣的分析在當時知青中是非常普遍的)：「歷史的經驗證明，像我國現在的政治狀況，必然要從不斷的國內革命變為不斷的對外戰爭。當然我們今天不同於拿破崙那種於法國大革命後，不斷的對外征服和侵略戰爭。我們進行的是階級內容完全不同的解放全人類的革命戰爭」。他因此而認定，1969年召開的中國共產黨第九次全國代表大會「不過是結束文化大革命，開始世界革命的一個政治動員，開始了一個新的歷史階段」。於是他又提到了這一代人念念不忘的毛澤東關於「從現在起，五十年內外到一百年內外」中國與世界將發生翻天覆地的變化的講話，並且説：「我們將要進行的這場空前的席捲世界的鬥爭，不會讓哪一個地方永遠是一潭死水，一切人總是要捲進去，而且持續兩代三代也不一定」。基於這樣的對時代發展方向的估計，就提出自己這一代人，「不是沒有機會投入歷史潮流」，而是有沒有「準備」和「鍛煉」，能否掌握主動權的問題。他提到了記不得是人們評價拿破崙，還是拿破崙自己

的話：「人，不是幸運特別眷顧他，而是在幸運臨頭的時候，他有能力把握住幸運的人」。他要做的，就是這樣的能夠「把握歷史的脈絡，決定世界命運的希望」的人。他深知，「天降大任於斯」，就應該以「在命運的痛擊下，頭破血流但仍不回頭」（這也是文革中流傳一時的青年毛澤東用以激勵自己的話）的毅力去迎接一切。他走上緬甸戰場，就是為順應世界革命的潮流而作的準備和自覺鍛煉。

但張育海更想向北京戰友傾訴的，卻是自己真正上了戰場以後的體驗和認識：「戰爭不是想玩就玩的遊戲，而是殘酷的成千成萬的吃人的慘劇！」「犯不上用感傷的眼光看，而當然也不能像那些學生那麼浪漫地想」。他這樣談到自己親身感受的戰爭的殘酷：「戰爭一開始就要按照自己的規律進行，而個人的價值、個人的意志，除戰爭的指揮外，是微不足道的」，「為了戰爭的整體勝利，你可能就要做局部的支付而犧牲」；「實際上大部分犧牲，並不一定很壯烈」，「死也不一定永遠為人懷念」；「軍人的字典裏是沒有『不』字的，無論多危險，想衝就得衝。不論你如何支持不住，要爬山，要行軍，天塌下來也要走。紀律要求這樣，環境逼得你這樣！否則吃飯的傢伙就要搬家。在軍隊裏，最好不要乞求別人的同情、憐憫和諒解」；「時時和死打交道的人當中，細膩的感情是不多的，一切衝突因沒有緩衝因素而尖銳無情！」結論有二：「要珍惜和平和幸福」，「不要用玫瑰色的眼光看戰爭！」最後的告誡是：「不要冒失」，「不要輕易鋌而走險」。但也不忘補充一句：「當然戰爭生活有其非常迷人的一面」。[38]

可以說，張育海是在對戰爭的認識趨於成熟時犧牲的。犧

38　育海致ＸＸ書（1969 年 6 月 12 日），《民間書信（1966–1977）》，第 100，86，97，98，99，100 頁。

牲時年僅21歲。收信者後來去了緬甸，也犧牲了。這封信卻幾經傳抄而保留了下來。還有一篇某雜誌刊登的描述他犧牲時的情景的文字，也收在《民間書信》裏，摘抄如下——

「遊擊隊已經在這一帶三區徘徊了將近一個月。……熱帶雨林浸泡在由疾病、死亡染黑的陰雨裏，到處是瘴氣、蚊蝱、毒蛇和螞蝗。……大部隊的腳步聲一消逝，伏在草葉上的嗜血的螞蝗就如急雨似的颯颯地跳躍，而扁蛇（眼鏡蛇的一種），常常攔路襲擊步行者。最可怖的還是纏在齊肩高的秋青樹上的綠牙蛇，它閃電般地攻擊穿行的遊擊戰士，往往恰中頭部和肩臂，使人倒地立斃。……

「那天，緬政府軍的火力像一道道燒紅的鐵柵壓了下來的時候，誰也沒有想到要衝鋒……

「他倏地從地上挺立起來……不像是衝鋒，像作一次優雅的跳躍、飛翔……

「他飛翔起來的時候，兩隻臂膀得很開，不知道他是怎樣投彈和射擊的。在那一兩秒鐘之內，正面和左側的敵軍火力居然懵了、啞了、沉寂了，像空出了一個舞台。他一個人獨佔了兩軍對壘的舞台，他打出了整整一梭子彈。他在瘋舞和高歌之後倒下。敵軍清醒起來，三挺機槍一齊向他掃射，密集的槍彈將他衝頂起來，然後像一片軟軟的羽毛飄然落下。」

張育海的犧牲，究竟是被誤導、利用的青春悲劇，還是令人惋惜的為理想的獻身？真的說不清楚。但他那「飛翔，又飄然落下」的歷史瞬間，卻讓人永遠難忘。

二、1971–1977年

　　《民間書信》裏收錄的1971年書信，僅有三封。但1971年卻是知青思想、心靈史的又一個關節點：這一年9月，被1969年的九大通過的黨章宣佈為接班人的林彪出逃，這個事件迫使人們重新思考毛澤東和他所發動的文化大革命，曾經的毛澤東的狂熱追隨者的紅衛兵──知青一代人更有天崩地裂的感覺，又經歷一次最深刻的絕望與反思。於是，就產生了這裏要討論的1972年5月15日一封書信裏提出的新動向，新課題──

8.「我的清理思想的工作仍在進行着」

　　寫信人何志雲是一位插隊黑龍江的上海知青，他後來回憶寫這封信的背景時說：「1972年最大的特點是經歷了1971年──那一年林彪折戟沉沙，全國人民就像是昏天黑地做了一場大夢。夢定之後，遠在黑龍江上山下鄉的我們開始有了點獨立思考的意識，其實不惟是黑龍江知青，比如這裏的兩個朋友（按，指收信人），當時一個在黃山，一個卻在上海。大氣候下年輕人的心大抵是相通的，於是我們就在通信裏交流思想，這種交往的朋友那時至少有一二十個」。[39]

　　獨立思考的第一步是對自己的思想重新進行一番清理──

　　「我的清理思想的工作仍在進行着，這是一個否定自己的過程。記得莎士比亞曾經說過：對自己最大的毀滅也就是最好的保存。」思想清理和自我否定，就是我們下文所要討論的，對紅衛兵時代的信念以至的信仰的基石，進行根本的質疑與反

39　何志雲：1972年5月15日書信《附記》，《民間書信（1966–1977）》，第183頁。

　　　　　　　　燼火不息：文革民間思想研究筆記

思。這樣才能走出「思想上的動盪不安和混亂」，進入新的「摸索階段」。

而這樣的質疑與反思，又必須建立在尋求新的思想與資源的基礎上；何志雲回憶説：那時候，他們一起交流「話題只有一個——讀書」。在這封信裏他就向朋友報告自己「除了《嚴復傳》外，近一個月中，還讀了《列寧回憶錄》、《寧肯少些，但要好些》、《斯大林時代》、《共產黨宣言》、《反杜林論》、，昨日起開讀《西方名著提要》」，「每天早晨一個小時的英語仍然堅持着」。[40] XX在給何志雲的回信裏，也談到「每當我脱離了嘈雜的生活，看看書，晚上一個人靜靜思索的時候，我都會感覺到由於接近真理而享受到的莫大幸福，感謝馬克思！感謝黑格爾！他們永放光芒的偉大思想照耀着讓我思索」。信中還談到，之所以這樣癡迷於讀書，是因為「我的良心還不願意讓自己的一生沉睡在蒙昧與麻木之中」，「只有用科學的眼光來分析，才有可能把握住歷史的必然，才不至於成為左傾幼稚病或者右傾頹廢病的患者」。

這樣的讀書——自省，就進入了一個「內審諸己」的境界。而且有了新的追求：「樂天一點吧。有時我這樣想，人是活生生的，他不應該為着邏輯和理智而活着，誰也為沒有權力壓迫自己，壓迫精神力。自然界創造了我們，就是為了讓我們符合自然地發展」。

在信裏，寫信人浮想聯翩，提出了兩個很有意思的話題：「吉訶德先生萬萬沒有料到，相隔了幾個世紀以後，他的主義竟然在遙遠的中國有着那麼多的信徒」；「讓生活來磨礪我們

40　何志雲致XX書（1972 年 5 月 15 日），《民間書信（1966–1977）》，第 182，183 頁。

吧，已經四年了，再過十年、二十年又如何呢？」[41] 前引何志雲的信裏，也提了一個很有意思的問題：「我不知道日後有一天如果要寫知識青年上山下鄉史，該怎麼動筆？」[42] 這一代人都是帶着極強的歷史感去讀書、思考的。

何志雲和他的朋友的通信，還提供了一個重要資訊：繼1968–1969年間之後，在1971–1972年間，知青中掀起了新一輪的讀書、討論的熱潮。這是在「重新思考，質疑，再出發」的背景下進行的，如研究者注意到的那樣，在總體傾向上，閱讀的重點也發生了變化：從古典哲學(黑格爾、康德、休謨)轉向現代哲學(詹姆斯、薩特)，從古典文學(車、別、杜)轉向現代文學(薩特，貝克特)」。[43] 這在這一代人精神發展史上都是一個至關重要的發展，轉變。

9. 趙振開(北島)：「我——不相信」

研究者告訴我們，知青沙龍在1972年前後進入了鼎盛時期。北京知青的文學圈子，開始發生密切的交叉，形成一個相互交織的網。研究者特別提到，四個北京四中的學生，史康成、徐金波、曹一凡和趙振開在史康成家聚會，形成史康成沙龍。他們與趙一凡沙龍和徐浩淵沙龍中的成員(仲維光、甘鐵生等)發生多邊的接觸和往來，加上一些「二流社」的老朋友，我們前文提到的女師大附中的潘青萍、戎雪蘭，以及史寶嘉等，就成了一個連環模式的圈子。研究者介紹說，「這個沙龍集中了一批思想型的知青，他們的目光從理性主義，開始轉向經驗

41　XX致何志雲書（1972 年 8 月 21 日），《民間書信（1966–1977）》，第197，198，199，197 頁。

42　何志雲致XX書(1972 年 5 月 15 日)，《民間書信(1966–1977)》，第 182 頁。

43　楊健：《中國知青文學史》，第 129 頁。

　　　　　　　　燼火不息：文革民間思想研究筆記

哲學。雖然這一時期的讀書和理論研究還處於摸索階段，但是為沙龍詩歌的創作提供了思想解放的氛圍」，而「這個沙龍最重要的貢獻，是在其中出現了現代詩歌的代表人物北島（趙振開）」。[44]

趙振開當時在北京城建當工人。《民間書信》收入的趙振開最早的書信，是1969年7月8日寫給他妹妹珊珊的信。趙振開的弟弟趙振先後來回憶說：「到了1969年，這一代人要建造理想世界的努力已經成了強弩之末，發配的發配，充軍的充軍，連珊珊也沒有逃脫被逐出北京的命運」。[45]在這樣的時刻，趙振開在信中給他妹妹，其實也是給自己，送去了兩句話。一句是前文已經提到的文革中流傳的青年毛澤東的話：「在命運的前頭碰得頭破血流也決不回頭」，再一句是魯迅的話：「必須敢於正視，這才可謂望敢想，敢說，敢做，敢當。倘使並正視而不敢，此外還能成什麼氣候」。[46]北島在2008年寫過一篇《斷章》，談到當年自己思想的發展有兩個關節點：第一次是1970年春，他和曹一凡、史康成同遊頤和園，史康成立在船頭，挺胸昂首朗誦一首詩：「當蜘蛛網無情地查封了我的爐台，/當灰燼的餘煙歎息着貧困的悲哀，/我依然固執地鋪平失望的灰燼，/用美麗的雪花寫下：相信未來……」。「我為之一動，問作者是誰。郭路生，史康成說。」在趙振開的感覺裏，「郭路生的詩如輕撥琴弦，一下觸動了某根神經」，「為我的生活打開一道意外的窗戶」。打動趙振開的，大概是那正視現實的絕望，又要堅守對未來的希望的複雜情懷吧。第二次是1971年，聽到關於「林副統帥乘飛機逃往蘇聯途中摔死了」的中央文件的傳

44　楊健：《中國知青文學史》，第 220，226 頁。

45　趙振先：《懷念珊珊》，收《民間書信（1966–1977）》，第 413 頁。

46　趙振開致珊珊書（1969 年 7 月 2 日），《民間書信（1966–1977）》，第 104 頁。

達以後，午餐時當着眾工友的面，趙振開突然開口，「滔滔不絕，一發不可收拾。我談到革命與權力的悖論，説到馬克思的『懷疑一切』，説到我們這一代的精神出路……」，「回工棚取鐵鍬的路上，我仍沉浸在自由表達的激動中。再次被文革中反復出現的主題所困擾：中國向何處去？我們以往讀書爭論，有過懷疑有過動搖，但從未有過這種危機感——如臨深淵，無路可退。徹夜未眠，如大夢初醒——中國向何處去？或者更重要的是，我向何處去？」在林彪事件後，縈繞在每一個願意思考的青年腦海裏的，就是這兩個問題。趙振開説：「時代，一個多麼沉重的詞，壓得人喘不過氣來。可我們曾在這時代的巔峰。一種被拋棄的感覺——我們突然成了時代的孤兒。就在那一刻，我聽見來自內心的叫喊：我不相信——」。[47]

在這樣的思想的鋪墊下，就有了我們所要重點討論的1972年2月18日趙振開寫給金波的信。這在《民間書信》裏是一封份量很重的信，信中提出的三個問題，在這一代人文革精神史上都有重要的意義。

趙振開在信的一開始，就談到當年「四·三派的理想主義獻身精神，無視舊習俗的勇氣在我身上也為不必你少」，但接着就坦率承認，「我確實變了，而且我會繼續變的」，並且説：「敢於提出並嘗試解決生活中新問題的人，使社會日臻完善；而那些循規蹈矩的人，不過是使社會得以維持下去」，而自己正是要「提出並嘗試解決生活中的新問題」，「為了這些，再大的代價也為是值得的」。他也正在這裏與收信人發生了分歧，「思想上的痕跡已經很明顯，而且比我幾天前想像的要深得多。這是一個事實，感情是代替不了的。但它並不妨礙

47　北島：《斷章》（2008年10月），收《波動》，第226，227，229，230頁。三聯書店，2015年出版。

　　　　　　　　　　　爝火不息：文革民間思想研究筆記

我們的友誼」，「我只有一個非常簡單的要求：希望你能夠保持我們六九年臨分離時的求知慾。在這次回京時，我明顯地感到，你在這方面遜色了。而到達真理的島嶼必須經過知識的海洋」。[48]——這裏談到的，在時代發生巨大變化的新的歷史關口，同路人的再次分手，是一個林彪事件以後很值得注意的思想文化現象。研究者也指出：「讀書使沙龍發生了又一輪的分化，一些思想僵化，耐不住讀書寂寞的人都成了圈子的外圍，儘管他們憤憤不平，但再也無法進入活動的中心。隨着時代的淘洗和沉澱，沙龍在1972年後，再一次煥發了青春。新知識、新思想的發現，活躍的文化串聯，為沙龍貫注了勃勃生機，為創作提供了精神上的動力」。[49]

因此，趙振開在這封信裏對彼此分歧的分析，由此而提出的新思想，顯示出的思想發展的新趨向，也許是更重要的。

「你在為一種『崇高的理想』而奮鬥，你有着『無限的樂趣』、『無限的愉快和幸福』。我不否認，這種信仰的力量是巨大的，而且你確實是誠心誠意地信仰它。你並不像時時遇到的假道學先生。可是你忽略了一點，沒有細看一下你腳下的這塊信仰的基石是什麼石頭的，它的特性和它的結實程度。這就使你失去了一個不斷進取的人所必需的支點——懷疑精神，造成不可避免的致命傷。接踵而至的『無限的樂趣』，『無限的愉快和幸福』不過是幾百年前每一個苦行僧和清教徒曾經體驗過的感情。我並不是一概否定信仰，人似乎總是需要一種絕對的東西佔據自己的靈魂之上。我相信，有一天我也不免有信仰，不過在站

48　趙振開致金波書（1972年2月18日），《民間書信（1966–1977）》，第161，162–163頁。

49　楊健：《中國知青文學史》，第227頁，

上之前，我要像考古家扣扣敲敲，把它研究個透徹的」。[50]

趙振開和金波的分歧，顯然不在是堅持理想、信仰，還是放棄理想、信仰，信裏說得很清楚，收信人不是高叫理想卻並不準備實行的「假道學」（生活中任何時候都不缺少這樣的「假道學」），而是「誠心誠意」的信仰者。可以說，他們都同是理想主義者，不同點在如何看待和對待自己的理想、信仰，這是一種深層次的分歧。趙振開說他「變了」，是因為他提出了一個新思想、新問題：要「細看你腳下的這塊信仰的基石是什麼石頭的，它的特性和結實程度」，也就是要用「懷疑精神」去重新審視自己的信仰，而且是信仰的基石，從根底上進行反省和反思。這自然是有現實針對性的。正像信的一開頭所說，在1967、1968年間，即文革的初期，作為「四・三派」紅衛兵的戰友，趙振開、金波都是具有「理想主義獻身精神」的，有過「高昂的激情，戰鬥的姿態，激揚的文字」，對此，趙振開是珍惜的，因為它「喚醒起來我身上一些特質並增添了一些好的東西」。但如前引給妹妹的信中所說，他更有魯迅的精神，「敢於正視現實」。因此他早就從紅衛兵向知青、青工身份的轉變，感到了「被拋棄」的迷惘與痛苦。林彪事件之所以給他那麼大的衝擊，就是因為由此看到了理想的虛妄，從而對自己紅衛兵時代曾經的信仰的基石，曾經吸引他的文革主流意識形態，產生了根本的懷疑。他覺得一切要重新開始，回到最初的問題上：中國向何處去，自己向何處去。而且這一回，要自己獨立思考，獨立選擇，走自己的路，而不聽命於任何宣傳和引導。如他自己所說，他並不因此否認理想與信仰，他的虛妄感不會導致虛無主義。但他再也不將自己的選擇絕對化，他

50　趙振開致金波書（1972 年 2 月 18 日），《民間書信（1966–1977）》，第 162 頁。

　　　　　　　　　　　　燭火不息：文革民間思想研究筆記

要將重新喚起的懷疑精神貫徹到底，宣佈對可能有的新信仰，也要「叩叩敲敲」，自己也就不會停留在某個「終點」，而永遠「在路上」。他說自己變了，而且要繼續變下去，其實是一個徹底的覺悟。相形之下，收信人依然堅持紅衞兵時代的「崇高的理想」，固然精神可佳，但因為缺乏反省，「失去了一個不斷進取的人所必需的支點──懷疑精神」，而在實質上導致了前引研究者所說的「思想的僵化」。趙振開的批評就更為尖銳：看似「崇高」的堅守，不過是「幾百年前」的「苦行僧和清教徒」的重演。

　　無論怎樣，趙振開的這封信，提供了一個重要的資訊：林彪事件後，在中國有思想的年輕一代中，出現了一股懷疑主義的思潮。這在《民間書信》裏也有反映。1972年X月17日的一封書信，就這樣寫道：「一切都煙消雲散了──一切不過是宣傳，不過是渲染，靠了這種宣傳而激起人們一時的熱情，這種熱情是絕對不能持久的」，「沒有絕對的東西，沒有永恆的真理，也沒有萬世千秋一成不變的邏輯」。這些曾經吸引、支配紅衞兵的邏輯：「絕對」、「永恆」、「不變」，現在都變得可疑。質疑更直接指向文革及其基本意識形態：「所謂『人民革命』、『人民戰爭』真的是這樣嗎？」「我明白了一條可怕的真理：群眾不過是工具，統治階級的工具」，「但是，在它的外表卻罩上了一道美麗的、金色的光圈──什麼『相信』、『依靠』──虛偽，虛偽，全是虛偽！」一切最終都要走向反面：「如果文化革命算是發動了群眾的話，那麼也必將導致自己的掘墓人」。於是，又有了更根本的追問：「我應該怎樣地活着？人應該努力奮鬥，不應該是為自己的，但也不應該是為全民的」，「人，應該怎樣生；路，應該怎樣行？……」。[51] 另

51　路誼致孫海書（1972年X月17日），《民間書信（1966–1977）》，第212，

一封寫於1972年5月1日的書信，則借傳達周總理的講話，對作為文革母題的「公與私的關係」進行重新思考：「說共產主義社會就是一個『公』字是錯誤的，就是到了共產主義也還是有『私』」，「共產黨的原則是『先公後私』，並不是完全不要個人，因為整體也要由個人組成」，「英雄人物在他獻身的時刻是無私的，但並不是平時生活中沒有一點『私』，英雄的頭腦中也是有矛盾的，有『公』與『私』的鬥爭」，「宣傳英雄人物的死，總是說重於泰山，哪裏有那麼多重於泰山的？」等等。[52] 這一切都表明，林彪事件以後，原來堅如磐石的意識形態統治的基石動搖了，人們開始懷疑，開始思考……。

回到趙振開的信：他提出的第二個方面的分歧與問題，也同樣重要——

「關於農村問題，我的發言權有限。我之所以當時要扯那些，只不過是想告訴你：除了你觀察的東西以外，還有一些別的東西，希望你把這些也考察一下。我當時絕非出於『自信』。可你的信中卻很自信地用『階級分析』的方法，把它們統統分成左中右了事。這不是做算術題，用公式套一套就行了。在這個公式中，正號是『做一點有益工作』的『革命者』，負號是『站在一旁』的『慈善家』，我不希望用公式化的語言來討論問題」。[53]

這裏所說的「公式化」的思維與語言，恐怕是更根本的。這表明，趙振開這樣的青年一代中的思想者，對文革與現實的質疑，已經由意識形態、觀念方面，進入了思維方式與語言方式的層面。如研究者所說，「要跳出文革意識形態的怪圈，只

213 頁。

52　華華致紅軍書（1972 年 5 月 1 日），《民間書信（1966–1977）》，第 172 頁

53　振開致金波書（1972 年 2 月 18 日），《民間書信（1966–1977）》，第 162 頁。

燼火不息：文革民間思想研究筆記

有重新搜尋、發現新語彙和重建敘事結構。如果不能破解文革的一套話語，人們就永遠只能是這一社會現實的奴隸」。[54] 不僅在意識形態的層面，而且在思維與語言的層面進行質疑，反抗，以達到思想觀念、思維、語言的全面的新創造，新自覺，就成為文革後期擺在年輕一代面前的新課題，新使命。

正是在這樣的思想背景——懷疑主義思潮的興起，思維與語言的反叛要求，以及我們在下文會有討論的個人主體意識的覺醒——下，沙龍裏的青年把目光轉向西方現代主義哲學、文學、藝術，就是一個必然的選擇。研究者評論說：「由於文革意識形態已經成為唯一現存的文明，沙龍現代主義詩歌對語言的猥褻和踐踏，反文化，反社會，成為文化再造的一種理性選擇。這種破壞和顛覆，意味着對意識形態話語的拒斥和超越。反文化浪潮的出現，是文革文化專制主義和政治壓迫的必然結果。這種對語言的顛覆行動，為知青集團構建自身的價值體系開闢了道路」。[55]

知青沙龍是通過讀書接觸現代主義哲學與文學的。很多人都回憶到薩特的《厭惡及其他》，卡繆的《局外人》、塞林格的《麥田裏的守望者》、奧斯本的《憤怒的回顧》、克茹亞克的《在路上》等對他們的影響。[56] 白洋淀詩人念念不忘的是，他們當年搜尋外國現代詩歌的艱辛與快樂：據說「文革前譯介的西方現代詩很少，經過文革焚書，西方現代詩就更是物以稀為貴了」，「多多把散見於各種書刊的中外近現代詩人的詩，抄錄在一個大本上，這個大本曾在朋友中間傳閱，給大家很大

---

54 楊健：《中國知青文學史》，第 219 頁。

55 同上，第 219 頁。

56 參看蕭蕭：《書的軌跡：一部精神閱讀史》，《沉淪的聖殿：中國二十世紀 70 年代地下詩歌遺照》，第 13，7–10 頁。新疆青少年出版社，1999 年。

啟發。林莽回憶説當時在白洋淀流傳的譯詩比北京沙龍還多。他在1971年借到了洛爾迦詩集，並看到了戴望舒的《雨巷》。芒克説，他在1972年讀到了洛爾迦、馬雅可夫斯基的詩作。在白洋淀流傳的詩歌還有：聶魯達、阿拉貢、聶利亞以及方平譯的十四行詩。其中洛爾迦、聶魯達對白洋淀詩群產生了重要影響」。[57]

我們已經談到了白洋淀詩人群。據有關研究，中國現代主義詩歌的開端，是在「九一三林彪事件」前的徐浩淵沙龍裏的創作，其代表性詩人有被稱為「形式革命第一人」的伊群、孫康、譚小春等。而真正「颳起現代主義詩歌旋風」，並產生巨大影響的，則是白洋淀詩人群在1972年以後的創作，這顯然和前文所討論的1971年林彪事件發生後的思想文化和人們精神的大震盪這一大的時代背景直接相關。其代表性詩人有：岳重（根子），姜世偉（芒克），栗世征（多多）、張建中（林莽）等。研究者評論説，「岳重首先發現了文革語言的無意義，對語義本身產生了懷疑。他在《三月與末日》（1972年）中故意顛倒語義（如大地，春天），雖然是對社會文化的反動，也包含有對語言本身的怨憤，語言成為文革政治的替罪品。摧毀語言的行動，反而啟動了死亡的語言」。多多《青春》（1973）、《無題》（1974）等詩作的詩句「是出色的直覺和清醒的絕望兩者的混合體，在白洋淀詩群中最具有現代意味」。「芒克對意識形態一直懷着超然的態度。他的詩歌洋溢着自然、不羈的性格」。林莽的《26個音符的回想——獻給逝去的歲月》寫出了他的黑暗感覺，「抱着絕望的心情」寫下他的這首寫於「1974年夏——冬」的詩，原題是《紀念碑》。這些都可以看作是新一代詩人「獨立創造屬於自己的嶄新話語」的努力，「知青群體在擁有了自己的語言家園

57　楊健：《中國知青文學史》，第239–240頁。

之後，便有能力拒絕加入文革社會主流文化中去了」。[58]

　　趙振開不是白洋淀的知青，但那裏有許多老朋友。1973年春，他和史保嘉等來白洋淀，在此之前，甘鐵生、江河（于友澤）等詩友也來過，實際上形成一個現代派詩人群。趙振開這一回見到了以後在《今天》時代的主要夥伴的芒克。據說「芒克這一筆名是趙振開給起的：芒克的外號：猴子，英文是：monkey，中文音為：芒克。北島這一筆名是芒克為趙振開取的，意為北京，孤獨的島」。[59] 以後，北島就成為文革後期現代派詩人群的主要代表，他寫於1973年的《告訴你吧，世界》（後改題為《回答》）也被視為一篇主要代表作——

　　　　卑鄙是卑鄙者的護心鏡，
　　　　高尚是高尚人的墓誌銘。
　　　　在這瘋狂瘋狂的世界裏，
　　　　——這就是聖經。[60]

　　　　冰川紀過去了，
　　　　為什麼到處是冰凌？
　　　　好望角發現了，
　　　　為什麼死海裏千帆並競？

　　　　我來到這個世界上，
　　　　只帶着紙、繩索和身影，

58　楊健：《中國知青文學史》，第 240，242，244，245，241 頁。

59　同上，第 248 頁。

60　此節詩在 1978 年《今天》第 1 期發表時，改為「卑鄙是卑鄙者的通行證，高尚是高尚者的墓誌銘。看吧，在那鍍金的天空中嗎，飄滿了死者彎曲的倒影」。

為了在審判之前，
宣讀那被判決了的聲音：

告訴你吧，世界，
我──不相信！
縱使你腳下有一千名挑戰者，
那就把我算做第一千零一名。

我不相信天是藍的；
我不相信雷的回聲；
我不相信夢是假的；
我不相信死無報應。

如果海洋註定要決堤，
就讓所有的苦水都注入我的心中；
如果陸地註定要上升，
就讓人類重新選擇生存的峰頂。

新的轉機和閃閃的星斗，
正在綴滿沒有遮攔的天空。
那是五千年的象形文字，
那是未來人們凝視的眼睛。[61]

　　這思想，觀念，思維和語言，確實屬於那個時代的覺醒了的反叛者，質疑者，挑戰者。
　　我們還要補充的，進行反叛、質疑與挑戰的，不僅是詩

61　北島：《回答》，收《北島詩歌》，第7頁，南海出版公司，2003年。

　　　　　　　　燭火不息：文革民間思想研究筆記

人，還有藝術家。實際上當時的知青沙龍裏聚集的，不僅是詩歌、文學的愛好者，還有迷戀於戲劇、繪畫、音樂的。當白洋淀詩人群到現代主義文學那裏尋找新的思維、語言的同時，也有許多年輕的藝術家到現代主義藝術(繪畫、戲劇、音樂)尋找資源。早在1968–1971年間，徐浩淵沙龍裏，就形成了對西方現代藝術的濃厚興趣。研究者介紹説：「尤涅斯庫的荒誕派戲劇，薩特的存在主義戲劇，塞尚、德迦等人後期印象派繪畫，以及《自新大陸》、拉赫瑪尼諾夫的《第二鋼琴交響曲》等西方音樂，受到了熱烈的歡迎。為世人所熟知的西方寫實名畫、施特勞斯的圓舞曲，都被視為甜俗，而被他們所厭倦」。1972年，又一批學習繪畫的知青在北京鐵路一中學生魯燕生、魯雙芹家彙集。在1972–1973年間先後舉行了兩次具有現代主義先鋒性質的沙龍畫展，在北京沙龍中產生了廣泛的影響。[62] 在《民間書信》裏，也有兩篇書信專門討論藝術問題。一篇寫於1974年的信，談的是「藝術家的力量」：「有人説我們追求的東西是虛無縹緲的，因為他們不相信想像的力量」，「而藝術家的力量就在於他的思想和靈魂能夠跨越天然或人為的束縛、人們精神世界的天塹，自由地享受到自然賦予人類的那種永恆的種種美的因素，諸如大地的一切花草、馥郁的微風、海洋的無涯、森林的喧嘩、愛情的痛苦、兒童的咿呀聲——並通過自己的特殊的力量(天才)把人們對美的渴望和生活的追求表現得淋漓盡致」。[63] 1975年5月的這封信則大談「人類的異化」、「異化了的藝術」，「純藝術」與「社會意義上的藝術」，以及

62　楊健：《中國知青文學史》，第 131，221 頁。

63　王貽駿致謝亞力書(1974 年 8 月 14 日)，《民間書信(1966–1977)》，第281 頁。

「有沒有共同的人性？」[64] 這裏最值得注意的是「藝術家的力量」命題的提出，這同樣有着深刻的時代背景與歷史內容。研究者指出，「文革是這樣一個時代：思想資源匱乏，政治錯漏百出，資訊極端封閉，在理論的道路上，佈滿了陷阱和歧途，要想通過理論方式找到方向和道路，是異常困難的。對於缺乏理論基礎的一代人，思考常常將他們帶入更深的困惑」。這就是說，文革的文化貧乏、思想僵化與控制都達到了極致，「運用現有的詞彙和邏輯進行理性的思維，是不可能的」，而且極容易落入迷途。這樣，非理性的力量，藝術的感悟，直覺，經驗，想像，反而有可能「窺破理論的掩蓋，發現生活的真相，接觸到真理」。白洋淀詩人岳重在一首詩裏，就這樣寫道：「大腦已經死了，被你累死的。 眼睛將帶領我前進」，要用自己的眼睛，直觀地感受、感覺、把握世界，並大聲疾呼：「我絕不思考！ 絕不思考！」[65] 另一位白洋淀詩人宋海泉也談到，他們如何擺脫文革前後的教育強加於自己的「永恆，完美的理念世界」的束縛，重新確立了「感性的實在性、豐富性」，從而獲得了「注重感性與個人體驗」的新思維，新語言。[66] 可以說，這一代新的藝術家正是用藝術思維和藝術語言，來取代文革理論思維和政治語言，逐步形成自己的獨立地把握世界與表達的方式。

這樣，在文革的中、後期許多知青都通過從政治向文學與藝術的轉向，重新尋找自己，儘管仍然充滿迷惘，但卻在文革這一代人的精神成長中，邁出了決定性的一步。這些文學、藝

64　米爾致向明書（1975 年 5 月 26 日），《民間書信（1966–1977）》，第 328，329，330，331 頁。

65　楊健：《中國知青文學史》，第 136 頁。

66　宋海泉：《白洋淀瑣憶》，《沉淪的聖殿：中國二十世紀 70 年代地下詩歌遺照》，第 261 頁。

　　　　　　　　　　燭火不息：文革民間思想研究筆記

術新人的成就，都已經進入了當代文學史、藝術史的敘述，但其思想史上的價值與意義，卻未能得到足夠的體認，我們這裏也只能提出問題，更深入、充分的討論，還有待以後的研究。

最後，我們還要回到趙振開當年的書信。在《民間書信》裏，收入的第三封信寫於1976年8月，是寫給沙龍裏的老友史寶嘉的。劈頭就說：「珊珊死了，我最愛的妹妹死了」。我們早已從1969年第一封寫給妹妹的信裏感受到他們的兄妹情深。後來珊珊作為幹校知青在1972年分配到湖北一個縣的工廠，卻於1976年因為搶救一位落水的女孩，自己被河水吞噬。趙振開在信中說：「我趕到她失事的地方，把白色的野花灑在河上，輕輕呼喚她的名字，她沒有回答，她正像安葬她的那條河那樣明朗、寧靜，她用死否定了那個恰恰相反的世界……」。[67] 妹妹死了，趙振開還活着，他還必須繼續面對這個「恰恰相反的世界」。他寫詩，同時寫小說，都是要表達他對這個世界的追問。他決定將自己寫於1974年、1976年剛剛改了第二稿的中篇小說《波動》獻給妹妹，1980年自製《波動》油印本時署名就是「艾珊」。這裏，不準備全面論述這部文革中難得的小說，只想討論其中一點：小說有大量的對話，而女主人公蕭凌（一位「有一個典型的知識分子家庭背景」的女青年）不斷地向她的談話對手，主要是男主人公楊訊（「一個典型的幹部子弟」）提出各種疑問，從而使小說籠罩了相當濃重的懷疑主義的氛圍。有研究者因此批評作者對女主人公的「小資情調沒有拉開一個必要的距離，缺少一個獨立的批評和審視」。[68] 或許是這樣吧：趙振開實際上是將那個時代許多年輕人（也包括他自己）的疑問和困惑部分地寫進了蕭凌的對話與獨白裏，這並不妨礙蕭

67　振開致保嘉書(1976年8月18日)，《民間書信(1966–1977)》，第411頁。
68　李陀：《序》，《波動》第40頁。

凌這一文學形象的獨立性與獨特性：蕭凌當然不是作者自己。但下面這些對話卻傳達出某些時代思潮的資訊：「請告訴我，在你的生活中，有什麼是值得相信的呢？」「比如，祖國」。「哼，陳詞濫調」。「不，這不是個用爛了的政治名詞，而是我們共同的苦難，共同的生活方式，共同的文化遺產，共同的嚮往——這一切構成了不可分的命運，咱們對祖國是有責任的……」。「責任？你說的是什麼責任？是作為供品被人宰割之後奉獻上的責任呢，還是什麼？」「需要的話，就是這種責任」。「算了吧，我倒想看看你坐在寬敞的客廳是怎樣談論這個題目的。你有什麼權力說『咱們』？有什麼權力?!謝謝，這個祖國不是我的！我沒有祖國。沒有……」。還有關於夢：「咱們這一代人的夢太久了，總是醒不了，即使醒了，你會發現準有另一場噩夢在等着你」。「為什麼不會有一個比較好的結局呢？」「你呀，總在強迫自己相信什麼，祖國啦，責任啦，希望啦，那些漂亮的棒棒糖總是拽着你往前走，直到撞上一堵高牆為止……」。「你也並沒有看到結局。」「是的，我在等待着結局，不管怎麼樣，我總得看着，這就是我活下來的主要原因。世界上有兩種人，一種人是為世界添一點兒光輝，另一種人是在上面抓幾道傷痕。你大概屬於前者；我嘛，屬於後者……」。還有關於意義：「意義，為什麼非得有意義？沒有意義的東西，不是更長久一些嗎？比如，石頭，它的意義又在哪裏？……到處都是落滿灰塵的道具，甚至連人們都成了道具的一部分……」。[69] 這裏反映的思想的疑惑無疑是真實的，問題是如何看待。今天有研究者認為，這是一種小資產階級的虛無主義的思潮，並且和當代（九十年代以後）的虛無主義思

69　北島：《波動》，第 68–69，73，76 頁。

潮聯繫起來，認為蕭凌是當代虛無主義者的「前輩」。[70] 這裏
或許有一個誤會：從表面上看，對一切(祖國，責任，理想，
希望，意義)都不相信，似乎是一種虛無主義；但如果仔細考
察具體的語境，就不難看清，其所不相信的是：「不是我的」
祖國，「被人宰割之後奉獻上去的責任」，作為「漂亮的棒棒
糖」的理想，希望，是「道具者」的意義，其本質是對被壟斷
與曲解的「祖國，責任，理想，希望，意義」的拒絕和反抗，
其所針對的，是曾長期強制灌輸給這一代人，文革期間又達於
極端的主流意識形態。這和前文引述的北島的《回答》裏所説
「我──不相信」是同一意思，是這一時期的懷疑主義思潮的
表現，和九十年代以後的虛無主義思潮是有着不同背景與意義
的。北島在《波動》的三聯版裏強調自己和這一代是「有使命
感的人」，是「必然與外在命運抗爭，並引導外在命運」的。[71]
因此，他們即使有虛妄感，也不會引向虛無主義，他們的懷
疑、虛妄感是和理想主義相反相成的，只會導致不斷的抗爭。
北島在《回答》裏，最後把自己歸結為一個「挑戰者」，依然
期待着「新的轉機」就表明了這一點。

10. 趙一凡留存的書信

　　北島在回顧自己的文革經歷的《斷章》裏，談到寫完《波
動》考慮如何收藏保存時，首先想到的是趙一凡，「自1971年
相識起，我們成了至交。他是北京地下文化圈的中心人物」。[72]
在這一代人的記憶中，永遠忘不了的是北京朝內前拐棒胡同11
號大雜院後院角落裏的那間小屋，以及它的主人：身患殘疾，

70　　李陀：《序言》，《波動》，第 20–21，18 頁。

71　　北島：《三聯版小序》，《波動》，第 1 頁。

72　　北島：《斷章》，收《波動》，第 235 頁。

卻整天忙着接待各種各樣的訪客，和他們忘情地談論生活，談論書本，談論人生；同時又忙着整理從各處收集來的大字報，小報，傳單，以及當時難得一覓的地下文學作品，還有禁書，細心地分類編號，抄寫翻拍，予以保存，十年如一日。他的至友徐曉多年後回憶說：「我不知道一凡當年收集這些資料時有什麼打算，但像他那樣當時就懂得這些資料的價值並花費大量時間精力收集保存的人，恐怕絕無僅有」。[73] 對於北京知青沙龍的年輕人來說，趙一凡是他們「挖掘靈魂深處的啟蒙者」（徐曉語），新思想資源(地下讀物)的提供者，以及他們的最初的創造物(地下文學作品)的收集、保存者。

更重要的是，他成了人們所說的「中國二十世紀七十年代末至八十年代初湧現出的新人」的堅強後盾。據當事人徐曉介紹，「『新人』這一概念始於俄國革命民主主義作家車爾尼雪夫斯基，他的代表作《怎麼辦》一書的副題是『新人的故事』。這本書在二十世紀六七十年代對於中國知識青年產生過巨大上的影響。但它與另一本對中國知識青年產生過更大影響的《鋼鐵是怎樣煉成的》在理念上相當不同。兩本書描寫的都是革命和革命者，但後者是我們所熟悉的集體主義、共產主義式的革命，這種革命很少為個人的生活和成長留有空間。而前者卻讓我們看到，在革命的大背景下，不僅有愛情與婚姻的位置，而且有個人的自由和權利。作者主張『合理的利己主義』，但並沒有滑向道德相對主義；作者為普通人的自私辯護，但並沒有以此作為真理的棲息地而放棄對理想人格的追求。這正好成為具有懷疑精神的一代青年的思想資源。與同時代人遇羅克這類英雄相比，在二十世紀末的中國。『新人』的

73　徐曉：《無題往事》，收《半生為人》，第 062 頁，中信出版集團股份有限公司，2012 年。

　　　　　　　　　　　　　燼火不息：文革民間思想研究筆記

特徵是以張揚個性的方式而不是以革命的方式表達了對主流話語的反抗；以反傳統的作品和生活方式挑戰了革命的神話。不管是不是自覺自願，他們『站在社會的邊緣，與現實的喧囂、浮躁、萎頓形成反差，這本身已構成了意義，並給社會提供了意義』（《永遠的五月》）」。[74] 而趙一凡自己，一方面，他深受車爾尼雪夫斯基的影響，《怎麼辦》一書就是他推薦給徐曉的；而且他也身體力行「合理的利己主義」：使別人快樂和幸福是為了自己的快樂與幸福，這是他的不遺餘力為他人服務，保護新人的內在動力。另一方面，趙一凡又始終堅信共產主義不動搖，對於黨，他既反叛又歸順。這就將他和他影響下的「新人」區別開來，徐曉坦言，如何理解一凡的「執著」而「單純」的「正統」，「對我始終是件困難甚至痛苦的事」，但卻又始終保持着對他的尊敬與摯愛。[75] 趙一凡這樣的始終如一的固執的理想主義者、信仰者，是一個大轉折的時代不可複製的歷史人物。

在我們所討論的文革民間書信裏，趙一凡也是一個關鍵人物。他有一個輻射到全國各地的書信圈子，在下文我們將要討論的趙一凡因所謂「第四國際反革命案」而被捕，從他那間小屋裏就抄出來往信件889件。[76] 他保存的這些書信，連同他辛苦收集的文革資料，在他去世以後，因為一個偶然原因大部分被毀，徐曉從殘餘物中找出了十多封書信，就成為她主編的這本《民間書信》裏最珍貴的部分。也如徐曉所說，趙一凡「當年的那個圈子真可謂怪傑薈萃的大本營」，[77] 從另一個角度看，

---

74 徐曉：《自序》，《半生為人》，第XXLV頁，XXV頁。

75 徐曉：《無題往事》，《半生為人》，第 076，079 頁。

76 楊健：《中國知青文學史》，第 284，289 頁。

77 徐曉：《無題往事》，《半生為人》，第 068 頁。

也可以說是思想斑駁，意見紛紜，甚至相互牴牾，但也正為我們的討論那個時代知青的精神發展提供了一個豐富的文本。

收入《民間書信》的第一封書信是1967年11月2日，也就是文革初期，趙一凡寫給他的圈子裏的一個叫俊霞的朋友的母親的信，因此也就有了那個時代特有的革命氣息，一開始就交代家庭出身：「我父親叫趙平生，出身貧農，大革命（1925年）入黨，1942年前一直在白區做地下工作，是職業革命者，曾多次被通緝，三次被捕坐牢」，「現在中國文字改革委員會（國家直屬部委之一）工作，是機關第二號『當權派』」。接着介紹自己的歷史：3歲時在逃難中患脊椎結核，臥床六年才癒；13歲隨父轉戰東北舊病復發；15歲病又加重，致下半身癱瘓；八年後，身體好轉，於次年（1959年）在一個出版社擔任編輯，因勞累過度，又把身體搞壞，於1963年回家養病至今。文革開始時，是東城區學生休養團支部書記。俊霞就是他在團支部工作時認識的，很快就發現這位革命烈士的子女「缺乏那種對舊社會的切膚之恨和對新社會深情的愛，所以她對毛主席、對毛澤東思想也就缺乏這種強烈的階級感情」，「我想唯一的辦法是啟發提高她的階級覺悟」。寫信的目的，就是要請俊霞的母親，來給團支部的同志介紹俊霞父親的革命鬥爭事蹟，「這對於我們後來人是一種極大的階級教育，我希望讓俊霞能夠牢記過去的苦難，在思想、生活各方面嚴格要求自己，做一個革命接班人，繼承伯父的遺志」云云。這是典型的那個時代團支部書記的口吻，觀念與行為方式都是正統的。但在信結束後，又特意加上一句：「這封信您最好不要給弟妹們看，因為我在信中過分地議論了俊霞的一些缺點，弟妹們若看了，會有損於俊霞在弟妹心目中的形象，而使得他們不敬重大姐。那就不好了」。[78] 這裏透露出的對批評

78　一凡致伯母書（1967年11月2日），《民間書信（1966–1977）》，第23，

　　　　　　　　　　燜火不息：文革民間思想研究筆記

對象的尊重、善意，處處為他人着想，就顯得革命性不足，有點「小資味」了。但這或許是更能顯示趙一凡的本性的。

第二封信已經寫於1970年了。這是來自一位朋友的批評：「你幫紀壯（按，大概也是年輕朋友）放大主席生活照片，我認為不嚴肅。特別是他當着這麼多人隨便撕毀主席照片，把這種照片和其他作品同視，『我從來不留不理想作品』。真是太氣人。紀壯印製毛主席像，完全是為了出風頭，圖新鮮，炫耀自己，像其它一時流行的東西一樣」，他家裏「唱片大批，中外、黃紅樣樣俱全」，「就是玩」，擺弄毛主席像，「也是他的一種『愛好』，一種『玩』的內容，你為什麼能容忍這種對毛主席的態度?!」最後發出勸告：「不要你什麼人都交往，分門別類，見物不見人，見事不見心的朋友也算一等」，「我們這樣的青年，常常有投入階級搏鬥決心，而沒有實際經驗，階級鬥爭就在身旁，一定要慎重。我也勸你不要幹那些違法的事，免得被人利用。熱愛毛主席，遵守毛主席發出的各項指示，緊跟毛主席的戰略部署，這都是統一的，否則有好的願望，也會出現壞的效果」。[79] 不管怎樣，態度是誠懇的，善意的。大概就是這誠懇與善意感動了趙一凡，把這封信保存了下來。

這是一封趙一凡抄錄並且保存的，沒有署名，收信人也用XX代替，不知具體寫作時間，僅知道是從北京寄到成都的信。信中談到「列車是一所社會學校，我結識了一些為生涯重壓所喘息的人們」。信裏講了三個流浪者的故事。「我的鄰座是一個年輕人，攀談起來，他讀過幾乎我所知道的一切中國、外國小說和詩，他有一個不壞的嗓子」，「談起文化大革命，他是新疆紅二司的，曾被戳一刀，一隻手骨折，後來找了兩個

24，26，27，28頁。

79　付致一凡書（1970年2月22日），《民間書信（1966–1977）》，第130–131頁。

人，報了仇，壓斷了那個人的腿。一派掌權，他只有流浪在外」。「他又給我談起了他的生活，他今年28歲，還是光棍一條」，在年輕時候，和一位醫生的女兒要好，醫生夫婦也賞識他的學識、人品。但當知道了他們的女兒在追求他時，就雙雙來找他，流着淚求他不要愛他們的女兒。他明白他們的意思，他們不能讓女兒的命運和一個前途沒有保障的人聯在一起。最後，他離去了，她結婚了，有了一個小孩。「在一個深夜，他又回到山城，悄悄走近燈火輝煌的窗戶，看見了她，她的丈夫和孩子。多少往事和舊日的深情又浮上心頭，他在窗外獨自徘徊了一夜⋯⋯」。還有一個，也是在火車上結識的。他和「同伴們又唱又叫又笑，引來了一位姑娘的注目。她設法和他坐在一起，在到烏魯木齊的火車上，他們談了三天三夜，沒有合上眼睛」。當時她在北京工作，他在軍墾農場賣苦力。最後姑娘提出要調到烏市來，和他做朋友。「他說他從來沒有遇到過這麼熱情真誠的姑娘，但他拒絕了和她的來往」，因為他深知自己這樣的人不能給他深愛的姑娘帶來幸福。「談到這裏，他在紙上寫了一個名字和工作地址，叫我有機會回北京時一定千萬替他打聽她。今年她也有二十六七歲了，可能結婚了，請我看看她的生活怎樣，並帶去他的問候」。他現在被生活逼得沒有出路，到林區去伐過木，到工地挖過土方，搞過投機倒把。最近剛在甘肅被捆了一繩子，在農民的幫助下離開了。現在準備籌一筆錢，買一張大鋸，去開木板，作為他較長時期的基本職業」。在談話中，還透露出「對於人民的貧困、新階級的壓迫，他有驚人的敏感，他瞭解四川、甘肅、貴州、河北、河南的農村、農民的生活，由於共同的命運，他對他們寄予深刻的同情」。於是，他又講了一個故事：在鄭州車站，一個年輕的樸實忠厚的小伙子見到每一位候車人都連磕響頭，伸出雙手乞

　　　　　　　　　　爛火不息：文革民間思想研究筆記

討。到一個幹部的面前，不僅不給一分錢，竟抬起腳來，狠狠照頭就是一腳。「他一個箭步衝上前，揪住了那個混蛋，講窮人的高貴，講富者的卑賤，連罵帶講，那個幹部被他弄得臉紅一陣白一陣，狼狽不堪，淹沒在人民的憤怒之中」。寫信人因此而發出感慨：「像他這樣一個造反者─流亡者─苦力─投機倒把者，嘗盡了人生的艱辛，受盡了命運的折磨，但還保持着一顆純真美好的心靈！」信的最後說：「在你的面前，不管有多少憂傷，我從未揮過一滴眼淚，但走在勞動者的窮困和辛酸面前，我實在閘不住這感情的聖水……」。[80] 這封信大概也讓趙一凡深受觸動：它揭示了文革人生世界的另一面，是通常的文革敘述中很難見到的。趙一凡敏感到它的價值，就抄錄並保存了下來。

這已經是寫在1972年的書信，是特殊時代一封特別的情書：「當一個男人愛上一個女人，同時眼睜睜地看着而無法幫她擺脫困境，那內心的絞痛是無法形容的」。按寫信人的描述，他所鍾愛的這位收信人「是一個在這政治漩渦不幸沉溺的犧牲品」：「正常的生活樂趣，您得不到之後，您以一種病態的心理，來尋求生活的樂趣，您甚至於偶然以捉弄男性為快，這是一種報復性的快感。您是在愛情的遊戲裏生存的，所以我不能不為您時時感到擔心。無論您對我像對別的男人那樣，虛心假意也罷，欺騙玩弄也罷，我決不會説您壞。對您我只能是永遠的同情，永遠為您心疼不止，永遠願意幫助您擺脫困境。所以時至今，事情雖已發展到這個地步，我實在無法得到您，您對我的態度雖那樣，但我對我所做過的一切，不僅不後悔，反而覺得很歉疚，我恨我給您給得不夠，而且太少」。但他還

80　致XX書（寫信人與時間均不詳）《民間書信（1966–1977）》，第 151，152，153 頁。

書信裏的知青心路歷程

保留了對人性的希望:「生活的殘酷,使很多人喪失了人性,您雖然顯示了冷酷,然而我想您還不至於喪失人性」。他對她最後的請求是:「我想知道您是否曾經愛過我?」「您是否願意對我表示親切些而去掉我的姓,而稱我的名呢?……」。這是一封提供了太多的想像空間的信,如同寫信人一直想追問:「是什麼力量使您離開我?是什麼力量使您變成這樣?您的未來將會是怎樣的呢?——」,[81] 今天的讀者大概也要問:是什麼樣的「政治漩渦」使得人變得如此冷酷,最純潔的愛情也會如此扭曲?那個時代,政治究竟怎樣影響與支配人的感情,包括愛情?當然,也還有寫信人的敘述有沒有他的主觀性,與收信人的真實情況有沒有差異?收信人能接受他信中反復說到的「同情」與「幫助」嗎?他和她,以及同樣在政治、情感、愛情中掙扎的那個時代的男男女女,他們的命運,究竟怎樣?哪些是我們知道,或許能理解,哪些是我們不知道,不理解的呢?

趙一凡保存的1972年的幾封信,就充滿了更多的疑問。一位在礦上做工的朋友來信說:「對於文化大革命,我想根本是不可能清楚的,許多事情感到非然(按,原文如此)。最明顯的現象就是對運動一次比一次淡漠,而打撲克之風又是一天比一天盛行。規模之大,波及之廣,實在是以往所想像不到的。在這種情況下,我應採取什麼樣的態度呢?是在書堆中自得其樂,還是隨其大流任之發展?還是參加到火熱的『與人奮鬥』之中去呢?我在其中能處於怎樣的地位呢?」信中還提出一個問題:「為什麼資產階級可能篡社會主義國家的權,而資本主義卻不能和平演進到社會主義呢?資本主義國家為什麼不怕無產階級宣傳輿論呢?馬列、毛主席著作可以在資本主義國家

---

[81] L.T. Yay致XX書(1972年1月7日),《民間書信(1966–1977)》,第157,158,159,160頁。

　　　　　　　　　　　　燼火不息:文革民間思想研究筆記

任意出售說明什麼？是想說明他們的統治根深蒂固嗎？」這其實就是對文革中盛行的意識形態宣傳的反向思考。[82] 4月一封來自蒙古草原的來信則談到「我在讀『厭惡……』（指薩特的《厭惡及其它》）我覺得比以往都更瞭解其中的寓意，只是有許多東西我表達不出來」，「我比以往更重視『厭惡……』在自己身上的影響，但我仍不覺得自己瞭解薩特的東西」。[83] 5月的來信也談到自己「開始對哲學有興趣了」，希望「以後再見面時最好給我講點兒基礎的哲學道理、邏輯原理等諸如此類的東西」。於是，就提出了「生活的意義到底是什麼」的問題，並發表了自己的疑問：「我不明白，人為什麼需要一個經過一個修飾的堂皇的生活意義呢？生活太簡單了，僅僅就是人的存在，人的生存唄。人的生存本身就是偉大的，不需要再在概念上賦予他偉大」，「撕掉所有自欺欺人的詞彙遊戲，生活的意義就是現在那裏。即使那時，你也未必覺得它不可愛」。最後談到「我越來越不明晰的是自己。你看我對將來無所期待，對現在不理解，對過去不留戀，再說下去我還不得哭出來？可是又不打算死，那與我也不相干。有些東西是不能讓人懂嗎？太不清晰」。[84] 這裏對「經過修飾的堂皇的生活意義」的懷疑，對「撕掉所有自欺欺人的詞彙遊戲」的強烈意願，都顯示了新的覺醒。對自己的「不明晰」狀態的不滿，更是渴求着新的突破。而另一封信又提出了更尖銳的現實政治和根本體制問題：「蘇聯有些高薪階層，存在特權。而我國呢，有沒有這種現象？」「資本主義在我國還應不應該存在？以什麼方式存

82　于首三致一凡書（1972 年 4 月 25 日），《民間書信（1966–1977）》，第 168，179 頁。

83　葉曉致一凡書（1972 年 4 月 29 日），《民間書信（1966–1977）》，第 170 頁。

84　路誼致一凡書（1972 年 5 月 3 日），《民間書信（1966–1977）》，第 175，176 頁。

在？」「我國的民主又是怎樣呢？能否代表廣大人民利益？領導有自知之明還可，而如果遇到一個官僚主義者或者強權主義者，人民便一點辦法也沒有了。沒有一個能夠監督和制止不良現象出現和氾濫的機構存在。以前監委有多大職能？怎樣才能建立一個真正可以防修的權力機構？」[85] 如此多的疑問集中出現在1972年，當然不是偶然的。這正是我們在前文所討論的林彪事件之後，懷疑主義思潮興起的反映和表現，人們正在從文革的意識形態灌輸和控制的束縛中掙脫出來，開始了新的獨立思考。

趙一凡特地保留的1972年的另一封書信，則表示着隨着人們開始獨立思考，掌握自己的命運，就出現了新的充滿自信的「強人」：「我不拾他人牙慧，我高興探索。——我是不會失敗的，因為我是強者，即使失敗，也是失敗的強者。這一點也不自命不凡，一點也不傲」。這樣的強者有極強的獨立自主性：「我高興按自己的方式生活，你對我的態度和存心和我有什麼相干呢？」「你可以按你的思想生活，別人也同樣可以。這就和我高興按自己的方法生活一樣。我喜歡誰可以愛誰，我恨誰可以仇視他」，「我不善於用一般道德觀念來決定一個人。何況我從不想插手涉及到一個人的命運。每個人有每個人的願望，達到這個慾望的每個人將採取不同的手段。但是應該注意的是，還有一個『人』最根本的觀念與水平，不要太輕視它了」。這樣的強者是自信又有自知之明的：「人需要自信，否則也太無份量了，不過是過多的自信導致過多的錯誤」，「我勸你不必過分地相信自己的判斷」，「我對人無噁心，我並不是沒有惡的存在。我能赤裸裸地剖視別人，更能為此剖視自己」。[86] 這樣的「強者」的公開宣言，可以看作是建立個人主

85　首三致一凡書(1972 年 11 月 23 日)，《民間書信(1966–1977)》，第 210 頁。

86　XX致XX書(1972 年 5 月 6 日)，《民間書信(1988–1977)》，第 178，179 頁。

　　　　　　　　　　　　　　　　爛火不息：文革民間思想研究筆記

體性的自覺努力，是對這一代人曾經有過的盲從、把自己的命運交給某個外在權威的奴性的一個歷史的反撥。這是林彪事件以後在相當部分的年輕人中出現的另一個重要思潮：追求個性自由與解放，[87] 它是與前述懷疑主義思潮相互補充的，對知青這一代精神的成長的影響是不可低估的。

1973 年留存的書信有兩封。第一封依然在談論「現在社會上有許多東西在束縛青年人，我一定要掙斷這思想上的枷鎖」，「人世間有許多不平，社會上有許多黑暗面，才使得我們有決心去改造這世界」，並且討論「歷史的理想主義，總不如現實的歷史，如果不這樣，社會就不能前進了」。信的最後還抄錄了自己寫的一首詩：「做個什麼？在我心裏徘徊，它是一個鬼怪……」。[88] 而寫於 1973 年秋的第二封信，就提供了一個重要的時代資訊：「我正處在命運的十字路口，卻沒有權利選擇。個人確是太渺小了，比之強悍的權力，實可謂微不足道。但是，我又堅信，這種強權是暫時的，人類必經一次大的變動(也許不在十年之內，即上升時期)，或大的變革，其最根本的原因是如今的社會在變，在改變一切『不合理』制度意識(當然有些的確不合理)，最後的結果是導致最根本最徹底的變革。終於，這種強權崩潰了，滅亡了，正如資本家教會了工人使用機器卻不能阻止工人拿起武器埋葬資本家，這是歷史的發展趨勢，歷史的必然，不以某些人的意志為轉移」。「中國解放後的社會制度完全是舊社會的一種延續，這種延續只對以前做了一些改革，也許有些是根本性，但是，中國若要真正強

87　在收入《民間書信》的 1974 年 7 月 27 日的一封信裏，就明確提出：「我極為尊重個性，要求個性解放，束縛個性的結果只能造成生產力的停滯」。見王貽俊致謝亞力書，《民間書信 (1966–1977)》，第 275–276 頁。

88　洛夫致一凡書 (1973 年 3 月 31 日)，《民間書信 (1966–1977)》，第 221，222 頁。

大，改革不能解決根本問題，只有一次巨變。但這種巨變是我們不能估計到的，正如前人（馬克思）不能估計到社會主義革命階段歷史的情景一樣，只能預見」。這段話表明，到了1974年，也即文革的最後階段，文革中成長起來的這一代年輕人中最敏感者，開始預見到，一次「最根本最徹底」的歷史巨變，已經臨近，文革中達到極點的「強權」也將「崩潰」，也就是說，文革的歷史已經走到了盡頭。但誰也無法估計將由什麼力量，在什麼歷史契機，以什麼方式，來結束這段歷史，以後的中國又將走向何處；特別是作為「沒有權利選擇」的個人，儘管可以預見巨變的發生，卻無法盡力，這種無力感是寫信人路誼和他的朋友最感沮喪與痛苦的。但他們並不消極，仍然努力對未來中國的歷史走向提出自己的設想。寫信人提出了三個主張，一是「任何一個民族任何國家都要發展本國的工業生產」，二是「具體按什麼路發展，按什麼體系組成，中國要走自己的路」；三是要發揮人的「主觀能動性」，「人是生產力的主要因素，人能改造大自然，能夠創出一個新世界，能夠改造舊世界」。寫信人說他這是「想入非非」，[89] 其實是一種新思路的開拓，並且為以後中國社會的發展所證實。在此前後，許多有思想的年輕人都和路誼一樣，已經意識到中國和自己都走到了歷史的十字路口，並為「中國向何處去，自己向何處去」提出種種設想。收入《民間書信》的插隊山西的北京知青盧叔寧寫於1972年、1973年的兩封信，就提出了要「進行更深刻、廣泛得多的無產階級啟蒙運動」，[90] 以及「消滅特權，提高人民的權力」的改革目標。[91] 我們另有專文討論，[92] 這裏就不多說了。

89　路誼致一凡書（1973 年秋），《民間書信（1966–1977）》，第 247，248 頁。

90　盧叔寧致志栓書（1972 年 11 月 11 日）《民間書信（1966–1977）》，第 202 頁。

91　盧叔寧致丁東書（1973 年 4 月 1 日），《民間書信（1966–1977）》，第 230 頁。

92　參看錢理群：《思想史上的倖存者與失蹤者——讀盧叔寧〈劫灰殘篇〉》。

可以看出，趙一凡圈子裏的書信往來與討論，是逐漸深入的。特別是1972年以來，這種討論就越來越具有反思文革的政治性。這同時也就增加了其危險性。這樣密集的全國範圍的通信本身就會引起當局的注意，是隨時可能出事的。

11. 「第四國際反革命案」的前前後後

收入《民間書信》的1974年12月19日的一封信裏，寫信人突然冒出一句話：「你還經常寫詩嗎？多給我寄點來，但要注意，寫在紙上的東西不亂扔，最好燒掉，這樣才安全。我現在基本上什麼都不寫」。[93] 這樣的不安全感是自有緣由的。研究者告訴我們，正是在1974年的秋天，在「批林批孔」運動進行的同時，姚文元下令對地下文學進行全國範圍的大清查。北京各工廠、企業和街道傳達公安局的通知，凡收藏有手抄本的必須一律上交，逾期藏匿不交的將進行嚴肅處理。各地公安機構還對一些可疑人物進行排隊摸底、審查與詢問。各街道居民委員會和工廠單位進行點滴不漏的排隊檢查，許多民間沙龍因此受到了嚴重打擊。

在這樣的嚴峻的政治形勢下，首先波及的是白洋淀詩人群。根子、江河都被公安局、派出所和工廠保衛科叫去詢問、審查。江河在一連審了十幾天以後，就停止了寫作，把詩稿分散藏在同學家裏，並剃了光頭準備坐牢。他還找到林莽，要他把抄寫的詩歌都找出來燒掉。在江河走後的當晚，林莽也匆匆燒掉了一批自己在白洋淀時期的作品。與此同時，根子的問題牽連到多多，他也找到宋海泉，要走了自己的詩稿並銷毀。在大規模查抄中，徐浩淵的弟弟徐小天被捕，家也被搜查。甘鐵

93　王貽俊致謝亞力書（1974年12月19日），《民間書信（1966–1977）》，第294頁。

生聽到消息，立即燒毀了他的一批作品。一時間，風聲鶴唳，大量民間詩作毀於一旦。[94]

前引1974年12月19日的書信就是在這樣的氣氛下寫出的。而且就在四十天後，1975年1月28日深夜12點，趙一凡和其餘在京的十幾人同時被捕入獄，罪名是組織「第四國際反革命集團」，是由當時的公安部部長簽署的逮捕證，儼然一個國家級的大案、要案。[95] 事後查清楚，這完全是一個捕風捉影、無中生有的冤案，起因有多種說法，其中之一是「一凡的朋友Z和男朋友W，揚言要成立一個叫『第四國際』的組織，Z的好友某中學教師知道後，在單身宿舍中無意說給一個同事聽。這位同事不知是因為階級覺悟高還是由於天性單純，彙報給黨組織，導致公安局立案偵查」。[96] 趙一凡大概是被視為主犯，為了取得罪證，連夜抄家，抄出：來往信件889件；微縮保存的外國經典文學作品照片底片46張，照片底片一盒，文字照片53張；影集一本，照片303張；手稿59份，零散手稿450頁；油印材料487頁，文化革命的各種印刷品7捆（其中一捆已經裝訂成冊），內部文件一捆，內部刊物3捆，中央首長講話2捆，文革小報7捆；還有成本的討論提綱、調查提綱、學習札記、農村問題研究等資料，以及紅衛兵圖章、自製油印刮板、複寫紙等。全部材料裝了兩輛小卡車。[97]

這些材料其實是民間沙龍活躍的閱讀、寫作、調查、討論……活動的真實記錄，這或許是當局製造假案，大肆搜查的真正目的所在：要從根本上扼殺民間的獨立思考與群體活動。

而且，所謂「第四國際反革命集團」的抓捕行動迅速由北

94　楊健：《中國知青文學史》，第 283 頁。

95　同上，第 285 頁。

96　徐曉：《倖存者的不幸》，《半生為人》，第 119 頁。

97　楊健：《中國知青文學史》，第 289 頁。

　　　　　　　　燭火不息：文革民間思想研究筆記

京擴大全國範圍。據和趙一凡同時被捕的徐曉後來説，這個大案，有一種説法，是有三條線索：「一條線索從北京的Z到W到一凡到我；第二條線索從我到太原的郭海、朱長勝、趙普光，到東海艦隊的安曉峰、楊建新、小顧；第三條線索從我到太原的趙鳳岐到張璦到幾百個不相識的無辜者」。[98]

實際牽涉的人更多。趙振開並不知道他們出事，在2月初的一天，騎車來看趙一凡，立刻被四五個居委會老頭老太一把抓住。第二天他所在工地就宣佈將其送到班組監督勞動。趙振開多年後回憶説：「那年我二十六歲，頭一次知道恐懼的滋味：它無所不在，淺則觸及肌膚——不寒而慄；深可進入骨髓——隱隱作痛。那是沒有盡頭的黑暗隧道，只是硬着頭皮往前走，我甚至盼着結局的到來，無論好壞。夜裏輾轉反側，即使入睡，也會被經過的汽車驚醒，傾聽是否停在樓下。車燈反光在天花板旋轉，悄然消失，而我眼睜睜到天亮」。[99] 製造這無所不在的恐懼，大概也是維護已經出現危機的文革專政的需要吧。

而且還要把專政的手段無所不用其極。於是，就有了《民間書信》裏最觸目驚心的這封信：1975年2月13日趙一凡的父親趙平生給他所在單位文字改革委員會黨支部寫信，「書面報告我兒子趙一凡被捕審查和我對他教育不夠的問題」。首先表態：「我是共產黨員，對於犯有反革命性質罪行的兒子，當然要和他劃清界限」，然後表示：「兒子犯罪，我是有責任的」。不知道這是趙一凡的父親主動所為，還是出於組織上的命令，但其實質是一樣的：不僅按照階級鬥爭的既定路線，隨意定人罪名，而且要把階級鬥爭的邏輯貫徹到家庭內部，挑戰人的倫理底線，強迫有血緣關係的親人之間相互傷害。但這也

98　徐曉：《倖存者的不幸》，《半生為人》，第 119 頁。
99　北島：《斷章》，收《波動》，第 236，237，238 頁。

是最能顯示文革發展到極端的「無產階級專政」的本質，並且內含着一種反人性的殘酷性。

不過，人們也從其父親的交代裏多少瞭解了趙一凡的成長過程：從三歲患病「在六年之久的睡石膏床時期，趙一凡不知看了多少識字塊、小人書、連環畫和各種小說。他五六歲就能看加新式標點的四卷本《西遊記》。我還曾把此事加以宣揚傳為美談。實則這六年裏是他第一次大受封資修教育的時期」。以後他上學在勞動課上突然受傷，「下半身全癱瘓了，大小便都失去知覺，從此他又睡石膏床達十年之久。這十年中他又不知看了多少文藝小說。他找到新舊、中外的小說都看，也學會了俄語。他12歲時，還寫了一本《新少年故事》，在大連光華書局出版，我聽了還高興呢。其實，這十年是趙一凡第二次更大規模的受封資修教育的時期」。[100] 去掉交代書必有的上綱上線的「修正主義的教育」這類的帽子，不難看出，趙一凡是在與病魔的抗爭中自學成才的，他的成長的關鍵，正是在兩個十年裏，大量閱讀了「新舊、中外」的書籍，即所謂「封（建）資（本主義）修（正主義）」的作品，實際是接受了人類文明的直接薰陶，這恰好是對前述反人性的主流意識形態的無形抵禦，從而形成了趙一凡人性的善良、寬厚，純粹與天真，這是每一個人和他接觸的人都可以強烈感受到的，也是在文革的人性大破壞的環境下，他能夠吸引這麼多年青人的原因。當然，他主要是通過書本認識世界的，形成了他的書生氣，這大概也是他固執地堅守他認定的理想的原因所在吧。

我們還是回到嚴酷的現實中來。經過近兩年的審查，也無法將所謂「第四國際反革命集團」案定罪，於是，就於1976年

---

100 趙平生致文改會黨支部書（1975 年 2 月 13 日），《民間書信（1966–1977）》，第 303，305，304 頁。

燼火不息：文革民間思想研究筆記

12月23日，以其「對王XX發展孔XX參加反革命組織，知情未舉；與他人交換反動觀點，搜集、擴散反動文章」為由，將趙一凡定為「嚴重政治錯誤，教育釋放」。這就是説，即使證據不足，你也是有錯誤的；抓你，放你，都是對的：這大概也是專政邏輯吧。因此，趙一凡的真正平反，要到1978年12月。[101]但徐曉回憶説，趙一凡和徐曉等北京「要犯」在1976年「教育釋放」了，而受他們牽連的山西的張瑈、趙鳳岐等人仍以「反革命集團主犯」的罪名被判「死緩」，直到1978年，「拖着腳鐐在死刑犯的牢房裏關了近一年的張瑈、趙鳳岐以及還沒有被判刑的郭海、朱長生等人才被釋放」。[102]

而且不幸遠沒有結束。徐曉在她的《倖存者的不幸》裏，講述了三個難友出獄後的命運。

先是山西的郭海，他一出獄就宣佈要和「馬百管」的遺孀結婚。「馬百管」是郭海的同事，郭海一干人被捕後，他不怕株連，仗義執言，還到獄中送東西，因此被整，以致跳晉陽湖自殺。郭海決定和其遺孀結婚，就是要擔當保護孤兒寡母的責任，「不能對不起死去的老馬」。但五年後在孩子長大了許多以後，就傳來了離婚的消息。「可想而知，討債還債，報恩施捨都不足以長久地支持一個家庭，更不足以滋養一份愛情」。徐曉因此感慨説：「如果説，現在的年輕人對於當年我們為了探討真理而坐牢的行為已無法理解的話，而郭海的行為，即使從那個年代走過來的絕大多數人也是無法理解的。他是荒唐的，又是合理的。既令人欽佩又使人惋惜，既令人心痛又使人無奈」。

還有一位F也是「因此案毀掉了自己的初戀，在道德和情感

101　北京市公安局：《趙一凡同志的複查結論》（1978年12月19日），收《民間書信（1966–1977）》，第306頁。

102　徐曉：《倖存者的不幸》，《半生為人》，第118–119頁。

的兩難中被迫作出違背自己的選擇」。他坐牢兩年，女朋友始終以未婚妻的身份照顧他的父母，出獄後依然初心不改。女友的父親當時是某市計委主任，哥哥和嫂嫂都是外交部駐外使館工作人員，也都支持他們的結合，兄嫂甚至作好了政治前途受到影響的準備。但他們的開明態度反而使F感到不安：「我沒有理由讓她在愛人和親人中作出選擇，更沒有理由讓她的家人遭到本可以避免的不幸」。於是毅然決定快刀斬亂麻地和心上人分手。徐曉說：「他作為一個理想主義者分明是為了別人的清白而割捨了自己最看重的愛情。F的做法是救了她還是毀了她？這是一個複雜而微妙的問題。任何邏輯和知識，在這樣的問題面前，幾乎都是無力和貧乏的」。

曉峰是軍隊幹部子弟，也因結識徐曉受牽連，被所在東海艦隊送進軍隊監獄。他的老軍人的父親受到極度的精神壓力患了癌症。兩年後，曉峰以「開除黨籍，保留軍籍」的結論復員回家，見到生命垂危的父親，父親什麼也沒有問，一個月後，就去世了。曉峰「終於為自己沒有對父親說點兒什麼（按，他也實在不知道如何向父親解釋這一切）而懊悔萬分」。悲劇並未到此為止：他出獄之前，為了照顧老人，本也在部隊服役的弟弟主動復員回家進了工廠，卻不幸因為試車事故而死於非命。「曉峰不可能不面對鐵一般的事實：父親和弟弟的死都與他有直接的關係。面對家庭的慘劇，他無法稀釋對親人的濃濃歉意，無法化解對自己深深的自責」。徐曉說：「不是每一個犯下錯誤的人都會產生內疚和歉意；不是所有的內疚和歉意都是由錯誤而產生」。[103] 那麼，誰應該為這一切負責？

當時，這樣的冤案是遍佈全國的，可以說是貫穿文革始終的。這裏就有一封信，寫於1972年，寫給自己的男友，北京

103　徐曉：《倖存者的不幸》，《半生為人》，第 121–123，124–125，125–127 頁。

　　　　　　　爛火不息：文革民間思想研究筆記

六十五中高中生，在內蒙插隊，兩年前因為抵制和不滿林彪、江青等的言論，而被投入牢獄，判了七年徒刑。信件一個月只能寫一封，須經看守的隊長審查，因此寫信人說：「這不是情書，而是一封公開信」：「聽八姨說，她非常惦記你，常扳着手指頭在那裏算，算你什麼時候能出來。兩年過去了，還剩五年，一千八百二十五個日日夜夜⋯⋯」。「看到你的信皮總是寫錯，就有些擔心。不知你現在身體如何？我很惦念。還記得八年前你初次給我的印象，在心裏我稱你為『好鬥的小公雞』：活潑、熱情、無憂無慮。魯莽還有點不自量力⋯⋯。我希望，將來見到的仍然是活潑、熱情、勇敢的你，當然身上的弱點能夠少一些，更成熟一些⋯⋯」。「我覺得你太重感情了。感情本來是美好的東西，但深深沉溺下去就不好了。沉溺者即是懦夫，你說對嗎？幾年以前，我不能想像，沒有愛情我將怎樣生活。正所謂『生命誠可貴，愛情價更高』。生活教育着我，通過不斷學習和同自己內心的我艱苦鬥爭，使我明白了人生的意義不在於此，殉情者是渺小的。『人有悲歡離合，月有陰陽圓缺，此事古難全』。二十世紀的人更該懂得這點辯證法」。「你是瞭解我的。我是一個充滿矛盾的人。有的時候我非常樂觀，有的時候又非常慘澹。用一個草原的比喻再恰當不過了：『像草原上的天氣一樣反復無常』，沒有什麼奇怪，一個人的成長也為像歷史的發展一樣，是螺旋前進的。儘管有無數的曲折與反復，但畢竟是向上的，不管別人是怎樣看待的。我是一個倔強的人，我不願頹喪」。信的最後，引述了這一代人熟悉與喜歡的俄國詩人涅克拉索夫的詩句：「我們不懂，我們又怎麼能懂：人世間決不會在我們這一代告終。我們可以不為個人不幸，而熱淚涔涔，憂心忡忡」。[104]

---

[104] 華華致B書（1972 年 9 月 6 日）。《民間書信（1966–1977）》，第 200，291 頁。

12. 又一個犧牲者

《民間書信》裏有一組書信的寫信人與收信人是三個好朋友：楊健，北京七十二中學生，曾赴東北建設兵團，1971年參軍，1976年復員；沈衛國，北京五中學生，先在山西插隊，1975年入伍，1975年退伍；邢曉南，北京外國語學校學生，先在蘭州建設兵團，1975年轉軍隊幹校參軍。三人在文革中都有參軍的經歷，就構成了一種典型。文革中後期的紅衛兵大體有三個出路：大多數都下鄉當了知青；少數人，像趙振開這樣進了工廠；還有相當部分到了軍隊。現在關於文革青年一代的研究，包括本文的討論，比較集中在前兩者，而兵營青年一代則較少關注，這也與軍隊控制嚴，資訊不通有關。這樣，這三位當兵青年的文革通信，就有了特殊意義。而且最後的結局：刑曉南因在軍中無法解脫精神苦悶，於1976年4月28日自盡，時年22歲，更驚心動魄地揭示了文革軍隊政治生態的一角。

我們自然要追問：這一切究竟是怎樣發生的？

這需要從頭說起。在刑曉南離世二十年後楊健寫了一篇《懷念阿南》的文章，回憶起在文革初期1968–1969年間，他們兩個五號大院裏的孩子，[105] 躲在一位同學家的書房裏，「在地毯上鋪地而臥，閉門讀書達兩周之久。除了偶爾外出採購食物，我們關起房門，不分晝夜地讀書。當時，讀的有果戈里的《欽差大臣》，歌德的《少年維特之煩惱》，還有《怎麼辦》和《西線無戰事》等等，我們選出各自喜愛的段落大家朗

---

105 「大院的孩子」，是一個特殊群體。大院，主要是指北京軍隊與國家機關的大院，它們大都有圍牆和嚴密的警備、保安制度而與城市其他區域相互隔離，成為權力的象徵。大院的孩子都是軍隊與地方領導幹部的子女，文革前由於家庭條件的優厚，受到良好的教育，也自有優越感。文革中他們的父母也即大院的主人受到衝擊，大院的孩子也突然被拋棄到邊緣位置，他們中許多人後來都到了軍隊。

燼火不息：文革民間思想研究筆記

讀」。1969年初秋大多數人都下鄉了，他們暫時留在城裏依舊作徹夜長談。楊健清楚地記得，在八月的一個夜晚，他們到天安門廣場散步，在紀念碑的石階上，「暢談未來。談到了共產主義理想，也談到對毛的崇拜」。[106] 後來楊健和刑曉南都到了建設兵團。1971年楊健參了軍。1971年1月刑曉南寫給楊健的信裏，談到自己在兵團裏評上了五好戰士，並這樣相互鼓勵：「我們應當用很高的標準要求自己，做一個過硬的人。我覺得我們一定要樹立為共產主義獻出自己整個生命的理想。這樣活着，實際上確實是最幸福、最痛快、最高尚的」。[107] 信中還談到了要向學習毛主席著作標兵軍區護士劉小林看齊，在此之前1970年11月16日的日記裏，還對照劉小林進行了再三反省：「我們這個廁所，我早就看到它髒了，打掃不打掃呢？掃，我怕的是什麼呢？臭、髒、麻煩。有時還怕人議論。有這些思想說明了什麼？」如楊健所說，這樣的狠挖「靈魂深處」的自我拷問，「對我們有強烈的魅力。自我鞭笞得愈苦，拷問對人的魅力就愈大」，「鬥私批修使我們如此着魔，我們為此迷悶、自虐和滿足」。[108] 原初純潔的理想主義就這樣被利用，引入歧途。

這樣的理想主義一旦遭遇現實，必然碰壁，而引發更深刻的痛苦。1973年8月31日沈衛國寫給楊健的信，就透露出一個資訊：「在部隊不動腦子最吃得開，沒主見的能逆來順受的就是好兵」。其實在1972年就有一位也是在當兵的朋友寫信給楊健，說在部隊裏，最吃香的就是寫兩類文章：「一類是批判文章，大罵別人使之狗血噴頭，雖然打擊了別人，又抬高了

---

106 楊健：《懷念阿南》(1996年)，收《民間書信(1066–1977)》，第310頁。

107 刑曉南致楊健書(1971年1月19日)，摘自楊健：《懷念阿南》，收《民間書信(1966–1977)》，第310–311頁。

108 楊健：《懷念阿南》，《民間書信(1966–1977)》，第311頁。

自己，還無危險，只要立場正確就好辦。一類是頌詞，拍拍馬屁，也不容易犯錯。而要寫些『建設性的意見』則容易栽跟鬥」。[109] 這樣的政治環境和氣氛，是絕不允許有獨立思考的士兵存在的。沈衛國1973年這封信就談到「愛思考問題」給他們帶來的生存與精神困境的：「咱們這號人多少有些骨氣，不願在別人面前低三下四，大部分虧就吃在這上了」。在這封信裏，沈衛國還大談國事：「堂堂世界人口四分之一，僅七八個樣板戲吹得神乎其神，達到了可笑的地步」，「現在不用說『揭露』，就是頌德的文藝也難免變成毒草，只有『制式』文藝才是最好的」。還順便談到民間關於文革宣傳的順口溜：「朝鮮說說笑笑(指電影)，越南飛機大炮，阿爾巴尼亞站崗放哨(地下工作)，羅馬尼亞摟摟抱抱(指《多瑙河之波》)，中國的新聞簡報」。[110] 如此放肆地妄議國家文藝宣傳政策，顯然是危險的，在軍隊裏尤其不允許。

在1973年的另一封信裏，就談到了「處理人事關係」問題引發的困惑。在楊健看來，這是他們這些大院裏的孩子「走向社會遇到的共同障礙」。沈衛國在信裏，一面談到面對「世人見我恆殊調，見我大言皆冷笑」的孤立必須堅持自己選擇的路：「我們不願為個人升官、發財、名利、地位而忙碌，認為這樣浪費時間，玷污了思想，有什麼不正確呢？」但同時又提醒說，不能「完全隨心所欲」，「有些事還是『違心地』辦」，「否則還是難免復員、轉業，更談不上掌權了」(按，大院的有「大志」的孩子還是不忘「掌權」的)「因此，怎樣做好

---

109 小歡致楊健書(1972 年 4 月 22 日)，《民間書信(1966–1977)》，第 164 頁。

110 衛國致楊健書(1973 年 8 月 31 日)，《民間書信(1966–1977)》，第 242，243 頁。

爛火不息：文革民間思想研究筆記

原則性、靈活性問題？需認真解決」。[111] 而每回靈活的、違心的做些事，又會引發更深的自責。

　　如楊健在以後的反思裏所說，「文革期間軍中極左的環境和惡劣的人際關係，文化封閉，管制生活，農民意識和長官意志都不同程度地殘害了我們青少年時代形成的自由意志和獨立人格。沒有這種經歷的人難以想像這種生活的苦難，它就如同關押在令人窒息的無窗囚室中」。於是，在收入《民間書信》裏的邢曉南在1975年5月8日寫給楊健的信裏，就有了更多的孤獨，無奈，以至恐懼：「我掉在一個深不見底的裂縫裏」，「我以為百分之百的光明正大就好，結果適得其反。我以為任何人都可以推心置腹，都可以作毫無保留的自我批評，但同樣，適得其反」。因此而自責：「太求全面了，太心胸不開闊了，太不實際(總要以純粹的哲理做行動的依據)了」。同時產生的是「可能終究成為庸庸碌碌的人」的隱憂，「我不甘心當社會的食客，但也很難擺脫這種狀況，真是不可解脫的矛盾」。信的最後一句話是：「真孤獨。想和你在一起」。[112] 刑曉南就這樣完全陷入了無休止的矛盾與困惑中。楊健說：「這種長期的鬥爭使阿南心力衰竭。我不能不說出令人痛心的事實：軍中生活使他的思想萎縮了，思維天地也狹窄了」。[113] 進入死胡同又走不出，就離最後的結局不遠了。

　　1975年11月2日，又有這樣一封信：「我發現我儘管小心謹慎，然而卻不會耍滑，尤其是不會表演，不會逢迎和暗箭傷人，所以終究要吃虧」。並且表示：「我想盡快復員」，「我

111　沈衞國致楊健書 (1973 年 6 月)，摘自楊健：《懷念阿南》，《民間書信 (1966–1977) 》，第 312 頁。

112　邢曉南致楊健書 (1975 年 5 月 8 日)，《民間書信 (1966–1977) 》，第 308，309 頁。

113　楊健：《懷念阿南》，《民間書信 (1966–1977) 》，第 313 頁。

這五年一直不敢放心說話，恐怕捅了馬蜂窩，只有見到你，能放心出口氣。這些年夢見你也記不住多少次了，只想能見你一面」，「和你們談話會給我力量，因為我目前只能獨立支持……」。[114]

楊健收到的邢曉南最後一封信寫於1976年3月1日，似乎有了一個積極的選擇和態度：「我們不是要做官，而是要革命。我只要身體能達到一般水平，就開始幹起來，一定要把我所在的單位(一個組？一個排？)搞好，為其他單位打一個頭陣。至於會不會有人欣賞、發現，我是不在意的。戰爭年代，就是要有人捨生忘死帶頭衝鋒，現在也一樣。衝在前面的人或許中彈死了，或許終於衝上去了，但不論怎樣，終為後面的人打開了一條路，吹響了一聲號角……」。[115] 信寄出後不久，刑曉南即被通知退伍。此信距阿南辭世的4月28日，僅隔四十七天。

一個朋友私下對楊健說：「阿南的事，我完全理解。我在軍隊中就幾次想到過死啊！」也有人告訴楊健，大院中一女孩子在昆明軍隊裏受到精神壓迫和日常困擾，深受刺激復員回京兩年後還不許別人提到昆明兩字：許多人心靈深處永遠抹不去的文革軍旅生涯的痛苦記憶，也是這一代人文革精神史上不可迴避的一頁。

但刑曉南的死，並沒有如他自己所期待的那樣，因此而結束一切苦難：他所在的軍政幹校按文革的階級鬥爭邏輯，在上報軍區、下發各支部的《組織結論》裏，給刑曉南加上「背叛革命」的罪名：這樣以革命名義的鞭屍，同樣顯示了文革專政

---

114 邢曉南致楊健書（1975年11月2日），摘自楊健：《懷念阿南》，收《民間書信（1966–1977）》，第313頁。

115 刑曉南致楊健書（1976年3月11日），摘自楊健：《懷念阿南》，收《民間書信（1966–1977）》，第314頁。

的反人性的殘酷性。該《結論》還說，死者讀阮籍、傑克・倫敦等人的書，受封、資、修的毒害，並受楊健個人奮鬥、成名成家思想影響，等等。這又形成了對活人的精神折磨：楊健因此永遠也擺脫不了內疚與自責，儘管明知該負責的不是自己。這是另一種形態的殘酷。楊健在二十年後，寫下了《懷念阿南》，說「他常不期然地出現在我的夢中。我夢醒而泣，常常要淚濕枕畔」。[116] 徐曉讀了楊健的《懷念阿南》，也「潸然淚下」。[117]

13. 面臨選擇

　　前文談到從1968年知青大規模地下鄉開始，就有「紮根派」與「不相信派」的爭論，以後就平息下來；但到1973年以後，「要不要紮根」的問題，再一次提了出來。這在《民間書信》裏也有反映。一封寫於1973年8月的書信，就有這樣的討論：「在西安曾經和你談了一次，對於決心紮根的想法，我很佩服。坦白地說，我下不了這個決心，除非形勢所迫，比如說畢業後又分配到農村。我的事業心很強，又丟不下建立一個小家庭的美好前景。所以幾年來我一直是：留在農村幹可以，一輩子不行。下這個決心不容易，各方面的因素都要考慮到，物質條件、家庭問題、生活、隊裏的關係，最後還有個人的婚姻問題。即便下了決心，隨後還有許多問題：吃苦受得了嗎？不僅精神上還有身體上受得了嗎？要幹到什麼程度？如果乾不出什麼名堂，只是當了個普通的勞動力，怎麼辦？幹了十年以後，于家溝的面貌沒什麼改變，半路退回去嗎？我感到你的決心很大，然而對具體問題缺乏考慮。我們不是什麼先知，但眼光總要放遠一些。你可能會說，憑着堅定的決心就可以解決這些問

116　楊健：《懷念阿南》，《民間書信 (1966–1977)》，第 314，315，316，309 頁。
117　徐曉：《倖存的不幸》，《半生為人》，第 128 頁。

題，但是堅定的決心從哪裏來呢？只有對客觀環境作了切實的分析後，決心才可能堅定。一般的說來，物質的力量較精神的力量要強大得多。無論如何決心不會憑空從天上掉下來」。[118]

「紮根」問題到1973開始，延續到1976年文革結束，再一次成為知青討論的中心話題，自然是因為形勢的變化。研究者告訴我們，起因是1972年12月，福建莆田縣下林村小學教員李慶霖上書毛澤東，反映了兩個問題。一是「孩子上山下鄉後的口糧問題，住房問題，生活中的吃油用菜問題，穿衣問題，疾病問題，住房問題，學習問題以及一切日常生活問題」，「有關部門都不去過問，完全置之不理，都要由我這當家長的自行解決，這怎麼能行呀？」二是「在我們這裏已上山下鄉的知識青年中，一部分人並不好好勞動，並不認真磨練自己，並不虛心接受貧下中農的再教育，卻依仗他們的親友在社會上的政治勢力，拉關係，走後門，都先後被招工、招生、招幹去了，完成了貨真價實的下鄉鍍金的歷史過程。這麼一來，單剩下我這號農村小學教員的子女，在政治舞台上沒有靠山，又完全舉目無親，唯一的資格是在農村滾一身泥巴，幹一輩子革命而已」。[119] 這封上書引起了正準備對文革進行某種調整的毛澤東的注意，於1973年4月25日親自給李慶霖覆信：「寄上300元，聊補無米之炊。全國此類事甚多，容統籌解決」。[120] 在毛澤東指示下，1973年6月召開了文革以來第一次全國知識青年上山下鄉會議，決定全面調整知青上山下鄉政策，主要是放寬回城

---

118 小年致克明書（1973 年 8 月 10 日），《民間書信（1966–1977）》，第 238–239 頁。

119 李慶霖上毛澤東書（1972 年 12 月 20 日），余習廣主編：《位卑未敢忘憂國——文化大革命上書集》，第 173，174 頁。湖南人民出版社，1989 年。

120 毛澤東：《給李慶霖的回信》（1973 年 4 月 25 日），收《位卑未敢忘憂國——文化大革命上書集》，第 177 頁。

的政策。有的地方不再鼓勵知青紮根農村，有的採取輪換的方法，使經過幾年鍛煉的知青能夠回城，以推動新知青下鄉。在招工、招生和徵兵上也強調城鄉一視同仁，甚至向知青傾斜，再加上1974年由於長期經濟虧損，撤銷了全國多處生產建設兵團，許多兵團戰士乘機以病退、困退為由回城，這樣，在知青中就形成了一股返城風。同時再一次引發爭論：「紮根派」認為要同舊的傳統觀念決裂，樹立鐵心務農的思想，立志做一代有社會主義覺悟、有文化的新農民；「再教育派」則認為，毛主席的指示是「接受再教育」，沒有要求下鄉青年一定要在農村紮根。[121]

　　瞭解了這樣的背景，再來讀《民間書信》裏收入的這一時期的許多通信，就很有意思：許多知青面臨着選擇的困惑，大體上還是兩種傾向。一種是選擇離開農村，但作出這樣選擇並不輕鬆。其中一位這樣向朋友傾訴：「你就看過《毀滅》（按，蘇聯法捷耶夫作，魯迅翻譯）嗎？我在今年夏天看了，有些人講，書中的美諦克多像現在的許多知青呀！懷着美麗的幻想參加遊擊隊，最後又用極堂皇的藉口當了逃兵。我反問自己：我像美諦克嗎？不！我雖然也有美麗的幻想，但我在現實的鬥爭中，還是充滿熱情地去追求新生事物的，還是想用行動來改變這裏的。而我想離開這裏，的確不是由於物質生活低下，而是不願意以自己的一生作為一種毫無價值的犧牲而留在這裏，我情願貢獻出自己的一切，但我現在看到，這裏除了要我當一廉價勞動力外，別的都是不需要的。因此，我不願意在這裏，我認為在這裏是屈才，而且是名副其實的屈才」。[122] 在給另一位朋友寫的信裏，又有這樣的自我辯解：「我想離開那裏，是因

121　楊健：《中國知青文學史》，第 254，255，256 頁。

122　小方致老蔫書（1973 年 11 月），《民間書信（1966–1977）》，第 252 頁。

為幹部不行，有得力的幹部，我是決不肯放棄那裏的。對於去內蒙，過去不後悔，現在不後悔，將來即使離不開，那我也不後悔。而我離開那裏，對我，只說明了一點，就是，這是曾經決心紮根的地方。但是，幹部們不給我們創造留下來的條件，破壞了我們留下來的基礎，逼得我們離開了那裏。我能夠正面回答那些卑鄙的人(我指的是現在社會上自作正經，裝模作樣的人)的所有指責：我去內蒙，是逼的，但我是對的；我離開內蒙，也不是錯的」。

在信的結尾引述了魯迅的一句話：「悲劇是把人生有價值的撕毀給人看」，又點了一句：「知青心中，就是在深深體會這種悲劇的狂暴衝擊的」。[123]

另一種選擇是紮根農村，但也充滿矛盾。一位看來是幹部子弟的知青，他說他曾向一位長征老幹部「談了我的決心。我說在中國不瞭解農民就不能會懂得革命。他又給我加上一句，不用馬克思主義、毛澤東思想去理解農民，就不可能去革命」。那麼，他已經意識到，要「把自己的命運和莊稼漢聯繫在一起」，是作革命接班人的關鍵。但他接着又坦然承認，這對他還是「一個痛苦的題目」，「現在來說，還很難下這個決心」。但最後還是表示：「我必須去做」。[124] 在另一封信裏，大概是下了決心，態度就鮮明堅定了許多：「在最基層，不脫離群眾，在創造世界、改造人類的勞動事業中，使自己成為一個真正的勞動人民中的一分子——這是我立腳的基點，是我永遠的方向」，並且這樣表示自己的思想立場：「我們的思想要正統，但是不要僵化。所謂正統，就是和大多數群眾的方向一致。而不僵化，就是要深刻地懂得群眾現在的經濟狀況、政治

123　小方致溫德平書(1974 年 4 月 10 日)，《民間書信(1966–1977)》，第 273 頁。

124　小建致一凡書(1974 年 5 月 7 日)，《民間書信(1966–1977)》，第 268 頁。

狀態，它們之間的內部聯繫和歷史聯繫。所以，要學會生活，這才真和大家建立起利害一致的血肉聯繫、政治聯繫，才可能真正在這塊土地上有厚實的根基」。[125]

另一位紮根派在給朋友的信裏，一面表示決心：「做一個拿起套馬桿能放牧，拿起筆來能寫文章，又懂得牧業改革技術的這樣的新牧民，為改變牧區面貌作出努力，這就是我的志願」。同時又指出：「沒有正確路線指引，不給予一定的物質生活與政治生活的保障，上山下鄉就要受挫折」，「大量知青倒流」是有客觀原因的。他承認，現有的農村「生產和生活方式太不利於人的全面發展」，「有些人不是想躲避牧區生活，而是被迫離去」，是可以理解的。但他又強調，「離去是消極的。從長遠的觀點來看，城鄉的差別要消滅，少數民族和多數民族這差別同樣要消滅。邊疆的落後面貌怎麼能不需要有知識有覺悟的青年呢？」[126]

1974年3月一封來自山東的信揭示了一個頗值得注意的社會動向：「街頭巷尾的大字報滿了——批林批孔的不多，大都是罵幹部走後門的，例如『官大的送上門，官小的找上門，群眾乾着急』之類有些真可謂傳神之筆，《官場現形記》之新版橫排本」。但同時又表示擔憂：「現在來頭不對，整到整個幹部階層，並且，手段惡劣，打擊面過大，把批林整風運動方向搞偏了，因此，這是一個錯誤的潮流」，「我是堅決反對走後門的，但對於整人整幹部子弟我不能容忍」。[127] 這裏提供了兩個重要資訊。

125 小建致一凡書（1974 年），《民間書信（1966–1977）》，第 270，271 頁。

126 楊虹致王志民書（1975 年 1 月 14 日），《民間書信（1966–1977）》，第 301，300 頁。

127 小歡致楊健書（1974 年 3 月 2 日），《民間書信（1966–1977）》，第 264，265 頁。

首先是儘管李慶霖的上書裏已經提出了幹部走後門的問題，但並沒有引起足夠重視；相反卻在知青大批回城的潮流裏，越演越烈。特別是此後的大規模的招工、招生與招兵，更是完全回到運動初期的「唯成份論」的「階級路線」上來，首先要查檔案，挑出身。而在這時，正是1973年黨的第十次代表大會以後，在文革中被衝擊而癱瘓的各級黨組織迅速恢復，大批被打倒的老幹部紛紛官復原職，他們重新掌握了權力以後，首先要做的，就是利用權力或恢復的關係，打着貫徹階級路線的旗號，將子女送進工廠，軍隊和學校，以對文革中自己對子女的牽連作出某種補償。從人情的角度，或許可以理解，但卻產生了嚴重的社會後果。首先是知青的再次分裂。如前文所說，知青最初下鄉時，還帶着原來不同派別的矛盾而不斷發生衝突，但後來卻因共同的遭遇，逐漸淡化彼此的差異，形成了一個知青命運共同體。但現在，圍繞着不同的出路，重又發生分化。幹部子弟通過開後門佔先回城，其中的高幹子弟更有了直線上升的機會。接着，工農平民子弟憑藉着家庭出身好，也紛紛回城。剩下的是知識分子的子女，和家庭出身不好的知青。這樣的重又恢復了的不平等造成了巨大的痛苦。1974年9月一封爸爸寫給明兒的信裏，談到「同時期到延安去插隊的北京同學，現在只剩下你一個人了」，其內心的無力、無助與內疚，是不難想像與理解的。但在已經十分委屈的孩子面前，只能強忍住這一切，反而要作出若無其事的樣子，勉為其難地鼓勵說：「要更好地在農村幹下去」，「你要爭取入黨，這是我們最盼望的，但必須是在經過很好的鍛煉，取得黨和群眾的信任基礎上爭取，才有可能批准，否則，是不利的」。[128] 這樣的

128　爸爸致明兒書（1974 年 9 月 24–25 日），《民間書信（1966–1977）》，第286 頁。

　　　　　　　　　　　　爛火不息：文革民間思想研究筆記

深陷痛苦卻隱而不言的家書，實在令人心酸。

這樣的新的分化與不平等，引起社會的強烈不滿，街頭巷尾的大字報的出現，是可以想見的。而前引書信裏那位幹部子弟感覺到的大有「來頭」的潮流，也是自有根據的。這就涉及到高層的鬥爭。就在1974年2月，江青集團指示他們在清華大學的代理人遲群借批林批孔聯繫實際大批「走後門」，把矛頭指向剛剛復出的老幹部。這顯然是利用了群眾（包括知識分子）的不滿，因而一時顯得頗有群眾基礎。在不利的形勢下，周恩來趕緊向毛澤東報告，提出「對『走後門』要進行分析，區別處理，才能收效」。[129] 這回毛澤東毫不猶豫地站在了老幹部這一邊。他在寫給同樣向他求救的葉劍英的回信裏寫道：「此事甚大，從支部到北京牽涉幾百萬人，開後門來的也有好人，從前門來的也有壞人」。[130] 有了毛澤東的保護，幹部子弟，特別是高幹子弟，就更加理直氣壯地開後門，搞特權，對以後中國政治生態的影響極為深遠。不過，這都是後話。

和我們的討論直接相關的，是知青問題成為黨內高層鬥爭的一個方面，就更加複雜化了。在1973年夏張春橋已經提出「要鍛煉一支反潮流的幹部隊伍」，江青等的目光開始注意到知青群體。1974年以後他們有意識樹立一批知青模範，作為「反潮流」的典型：毛遠新領導的遼寧推出了吳獻忠、張鐵生、柴春澤、劉繼業等，張春橋領導的上海推出了朱克家，形成了所謂「組織化的紮根派」，實際成為知青中的貴族階層，由知青的管理者、欽定「代表」，逐漸獲得更高權力，張鐵

129　周恩來關於中共中央政治局討論批林批孔運動情況給毛澤東的報告（1974年2月6日）。轉引自逄先知、金沖及主編《毛澤東傳》（下），第1685頁，中央文獻出版社，2003年。

130　毛澤東給葉劍英的覆信（1974年2月25日），轉引自逄先知、金沖及主編《毛澤東傳》（下），第1686頁。

生、朱克家後來都當上了全國人大常委委員，朱克家還被選為中共候補中央委員。這些組織化的紮根派都成了江青集團的御用工具，黨內鬥爭的急先鋒。

先是1974年批林批孔運動剛開始，江青就派浩亮到河南郊縣「廣闊天地大有作為」人民公社給知青送去了她的親筆信，鼓勵他們積極投入運動。1976年批鄧運動中，毛遠新在遼寧召開知青「紮根農村幹革命座談會」，把「反擊右傾翻案」與「紮根與拔根」聯繫在一起，並以張鐵生、柴春澤等19名下鄉知青的名義，發表《向「拔根」復辟的罪魁禍首鄧小平猛烈開火》的公開信。在此之前的1976年4月28日，在謝靜宜的授意下，《北京日報》發表了東北兵團知青劉寧和回城知青黃一丁「兩封針鋒相對的通信」。[131] 本來，這是兩個發小之間的私人通信。先是已經回城的黃一丁在1975年11月給劉寧寫信，談到自己的矛盾：「有時覺得，假如我不回來，也並不見得就是革命的；假如我回來了，也不見得不革命。有時又覺得，我這麼一甩手就走了，而且撇下了肩上所有政治責任，總覺得對不起誰」。信中還談到思想的困惑：「有些政治信條，我們總是憑着激情一廂情願地去相信它，而實際上並不明白──我們手中的信條未必能替我們解決實際生活中哪怕很小的一個問題。我們口裏相信的的東西，手裏卻並不如此去做。政治這個東西，往往流於簡單化，形式化，往往落後於千變萬化的社會存在」。最後又自嘲地說：「我已經變了。由『農工XXX』變成了『浪蕩子XXX』；由『馬克思主義者』變成了『資產階級自由主義者』。我現在沒有什麼明確的目標，我想脫離政治，搞技術」。其實，這樣的對曾經信奉的政治信條的懷疑，對政治的厭倦與希望逃離政治搞技術，在文革後期的知青中是

131　以上背景材料見楊健：《中國知青文學史》，第 261，262，263 頁。

　　　　　　　　　　　　　熾火不息：文革民間思想研究筆記

有相當代表性的。但仍然迷戀於階級和階級鬥爭，特別是「對資產階級全面專政」的劉寧卻作出了異乎尋常的激烈反應。他在回信中一方面堅持自己的信念與選擇，呼籲「一切不願意中國變修正主義的青年同志們，在這個紮根問題上，在對待如何培養無產階級革命事業的接班人的問題上，一定要有堅定的政治方向，要把信仰和實踐結合起來」，另一面又對昔日好友宣佈「我們之間出現了一道巨大的裂痕」，並且尖銳提出：「在今後的道路上，我們究竟是同志，還是敵人？」[132] 一有不同意見即視為敵人，這是典型的文革思維；劉寧因此毫不猶豫地將這位發小的信上交所在黨組織，立刻被認為是「階級鬥爭新動向」，層層上報，最後作為反擊「右傾翻案」和「返城風」的典型案例，公開組織批判。本來「紮根」與「返城」是知青之間由於信念、處境的不同而產生的不同選擇，現在就最後納入階級鬥爭、路線鬥爭的軌道，成為一個嚴重的政治問題，甚至革命與反革命的問題。在1974–1976年黨內鬥爭(從批林批孔到批鄧)的具體歷史條件下，「紮根」還是「返城」，竟然成了是忠於，還是反對江青集團的站隊問題。這樣，就必然把那些所謂「非組織的紮根派」推到對立面。此後，在知青內部，不再有出於信念的紮根派，幾乎所有的知青都選擇了返城，知青歷史就這樣結束了。[133]

---

132 《兩封針鋒相對的通信》，原載 1976 年 4 月 26 日《北京日報》，現收《知青書信選編》，第 336，337，339，337，342 頁。中國社會科學出版社，1996 年。

133 當然，知青進城，結束知青歷史還有一個過程。在文革結束後的 1976–1979 年，下鄉運動仍舊沿着舊軌道慣性滑行，在 1979 年前後全國各地都發生了知青集會、遊行、請願和哄鬧政府事件，形成席捲全國性的知青返城風潮。知青進城以後還有就業問題，大概到 1982 年才將待業知青基本安置完畢。參看楊健：《中國知青文學史》，第 303，304 頁。知青進城以後，又有新的分化：1977 年恢復高考以後，大批幹部子弟、知識分子子

14.「同是天涯淪落人」：那個年代的愛情

儘管1973–1976年間整個知青隊伍因為去向的選擇，處於動盪不安之中，但天要下雨，人要吃飯，生活照樣進行。年輕人之間的愛情，更是隨影而行，並且越來越成為許多知青賴以生存的精神支柱。在《民間書信》裏，就保留了這樣一份非常年代的愛情的忠實記錄：1975年7月12日至1976年4月14日的六封情書。這對情侶的男方牟敦白，又名牟小白，北京101中學的學生，在文革前讀初中時就與郭世英(郭沫若之子，時為北京大學哲學系學生)、張郎郎(張仃之子，先後就學於101中學和外院附中)往來。因參加郭世英的X小組入獄，[134] 出獄後又參加張郎郎的「太陽縱隊」。[135] 在文革中又是張郎郎沙龍和魯燕生沙龍的活躍分子，也是一位有影響的沙龍作者，寫有抒情詩《拓荒者

弟都憑着知識的優勢考上大學，並有機會到國外留學，逐漸成為精英階層；而沒有機會上升，繼續留在工廠當工人的知青，他們中大多數都是平民子弟，在九十年代企業重組中，許多人都成了下崗工人，加上還留在農村裏的知青，構成了中國底層最貧困的部分。而成為精英的那一部分知青中，有的仍然努力保持與農村的聯繫，成為新世紀新農村建設的骨幹。當二十年後的本世紀初，新一代青年以志願者的身份重新回到農村時，這些當年的老知青都是其主要推動力量，這當然不是偶然的。不過，這都是本文的敘述「以後的歷史」了。

134 X小組是一個由四位在校大學生和社員青年組成的學習小組，主要成員有郭沫若的兒子郭世英和張東蓀之孫張鶴慈等，還是中學生的牟敦白是其外圍成員。小組成立於 1963 年 2 月 12 日，取名「X」，包含了懷疑、否定與探索之意。小組出版了三期油印的《X》，主要刊登自己寫的詩歌、小説和政治評論。1963 年 5 月即被公安部門抓捕，罪名是：「要求精神開放」、「要求自由」和「追求絕對真理」。參看錢理群：《拒絕遺忘：「1957 年學」研究筆記》，第 401–411 頁。

135 「太陽縱隊」，是由一批革命藝術家和幹部的後代組成的文藝沙龍，主要成員有張郎郎(張仃之子)、董沙貝(董希文之子)等。他們比較早地接觸到現代派文學與繪畫，聚集在一起讀書，寫詩和小説，畫畫，因其反叛性而被公安部門關注，張郎郎在文革開始的 1966 年即被通緝，逮捕。參看張郎郎：《「太陽縱隊」傳説及其他》，收《沉淪的聖殿：中國二十世紀地下詩歌遺照》。

熠火不息：文革民間思想研究筆記

之歌》（1969–1971）、敘事詩《孤雁》（1973–1974），中篇小説《霞與霧》（1972–1974）和《在船上》等短篇小説。他於1968年到黑龍江生產建設兵團，至文革結束後的1978年才回城。[136] 他追求的女友魯小芹是北京女師大附中的高材生，也是黑龍江建設兵團的戰士，他們是在那裏相識相愛的，1975年她調到了天津大港油田，這六封情書就往返於黑龍江—天津大港—北京之間。

牟敦白在一封信裏説：「我們都處在邊緣」，這是最能説明他們倆在文革現實生活中的地位的。從牟敦白在信中提到福建部隊副司令員的夫人是他爸爸的老戰友，副總理谷牧曾關心他的工作安排看，他應該是一個高幹子弟。但其父母在1957年就被打成右派，後來靠萬里等的協助，才「回到人民內部」。從信中看，魯小芹也是一個幹部子女，文革中至少也是靠邊的。[137] 在另一封信裏，牟敦白還自稱「蒙難」的「鷹」。[138]「蒙難」，不僅因為家庭出身的牽連，更因為自己雄鷹般的凌雲壯志不得伸展。從牟敦白的經歷就可以看出，他自有獨立思考與反叛精神，在文革中更是受到壓制；魯小芹的書信裏，也表現出她的才情和獨特個性，同樣鬱鬱不得志。「同是天涯淪落人」，大概就是這樣的相似的家庭背景、處境，構成了他們愛情的基礎。他們的愛情曲折也從一個特定側面反映了文革亂世中的落難者生存環境的艱難和精神痛苦與掙扎。

他們的通信從一開始就蒙上了陰影：魯小芹的父母在朋友的介紹下，準備將她嫁給一位局長的兒子，以改變處境。牟敦白因此受到極大刺激，在信的一開頭就幾乎是怒不可遏地説：「想不到你遇到的這種事竟如此直接，令人髮指，而且是卑鄙

136　楊健：《中國知青文學史》，第 223 頁。

137　小白致小芹書（1975 年 7 月 12 日），第 350，348 頁。

138　小白致小芹書（1975 年 7 月 22 日），《民間書信（1966–1977）》，第 354 頁。

的！我的意見是，卑鄙的婚姻只能有卑鄙的結局。如果局長的兒子是有志青年，尚可湊合，否則堅決杜絕這類事情，局長的兒子不一定當局長啊！至於我，堅定地站在這類庸俗的交易的對岸，我感到替你痛心！」「如果你能堅持己見，表明你的意志是純潔的，否則，就是一個被打垮的人——原諒我不客氣！」牟敦白顯然感到極大屈辱，因此，不僅大談家庭的背景，說明自己現在的被貶斥，只是暫時的，更大講自己「獻身於事業」的「志氣」，「雖然無錢無地位，但幾年來寫了幾十萬字的記述——這可能會成為『財富』，也或者促使我進天堂」。最後表示：「我不機智，也不世故，更不去討人歡心，很多人討厭我，我也不標榜自己高尚，也不能寡廉鮮恥追求你恩賜的愛情。我似乎有一見鍾情之感，只要你不畏艱苦，有信心，或者我們可以終生為伴。或者分道揚鑣」。[139]

在此之後，他們似乎不再談及局長兒子這一尷尬之事，或許已經回絕。但仍在信中互敘衷情。在1975年7月27日的信裏，牟敦白就表明自己的「座右銘為『不鳴則已，一鳴驚人，不飛則已，一飛衝天』」，「或者默默無聞，或者出人頭地。如果實踐證明我生就是個庸人，死也活該！否則，你就應該努力，放長眼光，矚望生活」，並且自稱「在一副蒙古利亞平凡冷淡的勞動者相貌之後隱藏着一顆敏感的、平民化了的、愚鈍的『雄』心」，不幸生不逢時，「操縱權力的人們滋生對立，並且把許多對立面的子女拋到北大荒來，不幸我為其中之一」。最後的署名是：「尊敬您的、陰暗的白」。[140] 1975年8月31日

139　小白致小芹書（1975 年 7 月 12 日），《民間書信（1966–1977）》，第 348，349 頁。

140　小白致小芹書（1975 年 7 月 27 日），《民間書信（1966–1977）》，第 356，354，355，357 頁。

烟火不息：文革民間思想研究筆記

的信裏，魯小芹也大談「我是一個理想主義者，因為我沒有才能做成一種什麼事業，我只是靠一種精神的東西，永遠不能實現的東西在生活」，「你說得對，我們物質上是赤貧的（也許將來能好一些），因而我們只能清高一些，自恃一些，不要輕易抹掉自己身上的光彩，成為真正『悲慘』的沒有靈魂的人」。並且說：「有時候，我看到衣冠楚楚、油頭粉面的『小開』，看到人家的小康生活，心裏油然而生厭惡，我自己是不屑於就範這種人和生活的，所以我覺得和你還談得來，雖然以前素不相識，可也覺得是故友重逢，並不忌諱」。信寫到這裏，突然大發感慨：「現在已經是夜裏了，人們都在享受天倫之樂。冥冥之中，上帝把各種命運降臨給每一個人。寂靜之夜還有一些人在思索，苦讀，書寫，好像咱們這種人就不會享受一樣，命運真是不公」。信的最後說：「我還是勸你要快樂一些。我這個人天性是快樂的，雖然生活給我們投下陰影，我們還是要歡笑度日。你別老用陰鬱的調子給我寫信（當然是我的信也很不樂觀），要達觀一點」，「你說對否，咱們必須自強不息，不泄不餒，不能讓王八蛋瞧不起我們」，「最後以我最敬佩的女英雄之一秋瑾的兩句詩結尾：『一腔熱血勤珍重，灑去猶酬化碧濤』」。[141]

牟敦白接到魯小芹這封吐露真情的信，欣喜若狂，立刻回信說：「懷着十分感激和衝動的心情讀完了你8月31日的來信，甚至我這個厄運纏身的人也感到一股突如其來的幸福。——命運把志同道合的人撮合在一起本十分不易，那我就應該竭盡求生的慾望，追求這個光明」，「一種崇高的、純潔的心情在我心中牢固地盤營札寨，這一切和你相聯繫」，「多少年來，我歷經艱辛苦楚，只有今日，我覺得生活中也有一絲甜蜜」。欣

141 小芹致小白書（1975 年 8 月 31 日），《民間書信（1966–1977）》，第 359，360，361 頁。

喜之餘又「想到人生對我們殘酷的擺弄，就更加感到憤憤不平」，「倘使求得幸福，還需要多麼大的努力和奮鬥啊！」牟敦白接到信時，正在草原旅行，因此，有機會結識草原兒女，他告訴小芹：「在他們身上存在着一種純樸的、自然的性格，是我平常很少接觸的」。但他又談到在這些「姿態挺拔，朝氣勃勃」的少男少女面前，「我感到一種異乎尋常的惆悵，我覺得自己已經有些『衰老』了，還在不斷地流浪……」。這一刻，牟敦白顯然感到自己應該有一個歸宿了。信的署名是：「衷心希望成為你的莫逆之交的小白」。[142] 不久，就收到了小芹的回信，一開頭就說：「我不知道你怎麼看我這個人。我老揣摸你可能根本看不起我，只是由於失意和倒運，真是鬼才知道。我有時不知怎麼搞的，非常抑鬱，心裏亂七八糟」，「老於世故的人對我這種人可是非常不屑於搭理的。我真不想跟你裝模作樣地談正經事，這會兒，實在沒有興趣」。寫到這裏就戛然而止了。兩天後，又重新寫信，「本想把以上胡言亂語刪去，可是我想還是留着吧，人貴在真實，坦率，既不騙別人，也不騙自己」。現在心情已經平靜，在回應牟敦白信中談關於草原兒女的話題時，表示「我很喜歡小孩」，而且突發柔情，這樣寫道：「我想，將來如果有一個屬於我的孩子時，一定讓他按照自己的意願長大，一定要教給他勇敢，正直，有強壯的體魄有豐富的知識，等等。總之，讓他什麼也不感缺乏，讓我年輕時候渴望得到而沒有得到的東西，在他身上都能夠得到」。同時又補上一句：「你別說我厚顏無恥，或者心裏這麼想，如果這樣，我就再也不理你了」。回到現實，又不免有許多感慨：「光陰荏苒，從六六年到現在已經九年了，回想起

142　小白致小芹書（1975 年 9 月 8 日），《民間書信（1966–1977）》，第 362，363，364，367 頁。

來，像一場噩夢一樣。不過，萬事不能後悔——一切事情都有他特定的歷史環境，雖然淪落天涯，可是真正認識社會也是從這裏開始的。不過『事不過九』，凡事該有個了結的時候，我不願再流浪了」。信的結尾的話是：「如果你願意的話，就經常寫信來吧，我很寂寞」。[143]

最後一封信，寫於1976年4月11日，是小芹寫的，開頭的稱呼是：「我親愛的小白」：「送走了你，我一個人回家，覺得無限淒涼。在車站，我是強忍着眼淚，不回頭，硬着心腸走的，我怕我會哭得一塌糊塗。只要你一回來，咱們馬上就登記。我不再拖了，我愛你，愛你愛得發瘋。——誰也能不能拆散我們……」。這大概就是「有情人終成眷屬」吧。而最後的總結是：「想想這幾十年，咱們要算最不幸的一類人了，所有的倒楣事都找到咱們頭上。可以，咱們還有幸運的地方，在苦難的日子裏，還有愛情，有事業，有理想——（這）是我們精神和生活的支柱」。[144]

15. 最後的回眸與反思

知青生活的最後階段裏，有選擇出路的困惑與騷亂，愛情的曲折與甜蜜，更有嚴肅的反思和痛苦的拷問。

在1976年3月的一封信裏，李南，北京技校的學生，在內蒙插隊的知青，對在文革中的經歷、思想發展作了一次總結性的思考。她談到自己從紅衛兵到知青經歷了一個從學校到社會的轉變：「從學校出來之前，認為反抗的是校領導，走出自己的學校，才發現這迫害不限於一個學校。而到了草原才明白這

---

143 小芹致小白書（1975年9月27日），《民間書信（1966–1977）》，第368，370，371頁。

144 小芹致小白書（1976年4月14日），《民間書信（1966–1977）》，第393頁。

是社會的產物。反抗一個學校，一個單位的錯誤是容易讓人堅持到底的，因為這多多少少還能使人存在一絲幻想。在看到反抗的是社會的時候，如果不能站起來，站到這個社會之上，那麼破壞導致的是瘋狂，是死亡」。她舉了一個例子。文革初期，在學校「辯論(鼓吹「打天下者坐天下」的血統論的)『對聯』的會上，我理直氣壯是因為我的對手們除了謾罵之外無法駁倒我，他們人多、勢壯，但我知道自己高於他們，我在那個場合，是實際的勝利者」。但以後到了社會，才發現「在社會空間裏到處瀰漫着對聯的氣息」，「他們用不着大聲斥問：『出身？』也用不着大罵『混蛋！』可是在他們的一切言論行動中，你可以聽到這兩句話的餘音」，事實上整個中國社會就是按照「對聯」的潛規則組織運行的，「要藐視他們就得藐視他們的社會，而這個社會又是你在其中生活的」。要反抗，就是要反抗整個社會，以致生活本身。「與社會的這種暗中爭鬥，遠沒有明顯可見的英雄氣概，卻在其中流着真正的血」，而且會伴隨着「極度的思想混亂，造成精神上的失常」。因為最終會發現，「突如其來的壓迫，逼着你扭轉過去的方向，而又是自認為正確的方向」，經歷「政治的死亡」與「理想的死亡」，「心靈的死亡」，為了不要作「陪葬」，就必須重新質疑，思考，「只有站在這現存社會上一台階的人，他們才是希望」。[145]

因此，告別知青生活，對一般人來說，無非是脫離農村，返回城市；但對李南這樣的一批思考着的青年，更需要從精神上走出「政治上死亡的拘留所」，從無數曾經迷惑過自己的

---

145 李南致XX書（1976 年 3 月 11 日），《民間書信（1966–1977）》，第 387，388 頁。

「官方虛偽的空話」裏掙脫出來。[146] 這是我們前文討論過的1971年林彪事件以後的懷疑主義思潮的延續，但因為發生在知青運動結束期，就帶有某種總結性，而且如李南所說，已經站在「現存社會上一個台階」，就更加全面，徹底，進入了更深的層面。

　　1975年5月李南的一封信，對「反對和防止修正主義」這一文革也是知青下鄉運動的根本指導思想與動力，提出質疑，追問「中國社會主義究竟是怎樣的社會主義？」李南說她受《共產黨宣言》的啟發，對此作出了全新的思考：「我的想法是：如果說社會主義是從資本主義投胎出來的，那麼，沒有發展到資本主義最高階段的時候——大工業充分發展，沒有無產階級解放的物質條件的時候，無產階級就沒有力量戰勝資產階級。在這種時期所產生的國家，只能是資本主義的國家，只不過它最初的形式，不同於老的資本主義國家」。「為什麼當代社會主義陣營的大軍，要以南、蘇為前導，列着方陣進入修正主義的大門？」「如果說社會主義制度在當代可以在一個或幾個國家建立的話，不能鞏固已是歷史證明了的」。「中國的『社會主義』與馬恩的社會主義之間的差距那麼遠，應該怎樣看待？」「目前的中國的『社會主義』，就是在補實質上的資本主義階段在中國的空白，所以，變『修』，作為歷史的發展，則是必然的，否則倒是不可理解的了。在這裏，『修正主義』實際上並不是修正馬恩的思想，而是在修正本身在社會發展中的偏差」。[147] 在1975年的中國這樣提出並思考問題，顯然大逆不道；儘管這樣的思考和討論，還需要更進一步深入下去，但

146　李南致XX書（1976年3月17日），《民間書信（1966–1977）》，第387頁。

147　李南致彬彬書（1975年5月），《民間書信（1966–1977）》，第321，319，320頁。

思路已經打開，而且再也阻擋不住了。

　　1975年6月一封寄給趙一凡的書信，提出了「如何評價文化大革命」的問題。如寫信人所說，由於對「現在的某些東西不理解」和不滿，越來越多的人，對文革本身提出了質疑，而且這樣的質疑又是出於不同的觀念、處境，立場、動機，眾說紛紜，差異極大，並引發各種爭議。寫信人想討論的是一種觀點：「文化大革命前的許多東西都比現在要好，要革命」，不滿文化大革命而希望恢復文革前的狀態，這樣的「回到十七年」的思潮，在文革後期是頗有影響的。寫信人對此提出不同看法，他認為，「主席發動的文化革命以史無前例的規模把我們的陰暗面從上至下，從下至上，全都暴露在人民大眾面前，它使我們一步步認識了社會主義階段的革命的曲折複雜，復辟的可能性和反復辟的艱難性，打破了文化革命前的天真、浪漫，這一點是很重要的，是一個質的飛躍。黨內的鬥爭，我們黨的命運，國家的命運，革命的前途，這些我們過去可曾懂得多少？又可曾為它操過心呢？現在主席把這些都交給了人民，交給了我們，雖然大家多了許多疑問、不解，可這比以前樸素、簡單的意識要寶貴得多，總是平衡的穩定的是危險的」。[148] 這樣的爭論其實是一直延續至今的；重要的是，爭論一經開始，「文革不可質疑與討論」的神話和禁令就被打破了。

　　我們在前文已有討論的北京沙龍的重要成員北師大附中學生潘和戎，在1975年12月31日有一次通信，這是她們收入《民間書信》四封信的最後一封。討論的是：如何看待我們經歷的一切，經過文革塑造的今天的自己，是「基本肯定呢，還是背棄？」這就把對外部(國家基本體制，文化大革命等等)的質疑

148　小建致一凡書（1975年6月1日），《民間書信（1988–1977）》，第335，337頁，

與總結，指向自身。回答是肯定的：「我認為，我自己的有些最原始的思想，雖然幾經生活塵埃的撲掃、堆積，然而始終在頑強的閃爍着。而現在，這種目標的明確，用情的專一，是我自己雖再三用懷疑論來驗證，都絕無否定之餘地了」。這可以說是「初心不變」，懷疑、否定中的肯定吧。於是，就有了這樣的經過文革洗禮的自我（或許可以說是一代人）描述：「我成為一個比較過去成熟，更自信，更明晰、更頑強的人，生活目標是非常明確了。我想，人除了那些愛情的、詩意的、傷感的個人之外，仍然需要一個民族的、時代的、社會的、信念的人，人應當是這兩者的總體，缺少任何一方面，都使自己得不到全面的滿足」，並且有了這樣的「給自己未來臆造的肖像」：「既不陷於狂妄的理想主義，也用不着小市民的泥巴抹到自己的臉上。一個平凡的人，然而是正直的、有用的人。人不用妄想自己是聖人，但也用不着醜化自己，硬認為自己是卑鄙、自私和委瑣的，人不是動物，他有上進的決心，而這種努力，會使自己保存高尚的思想」。[149] 這裏，「愛情的、詩意的、感傷的個人」與「平凡的人」的強調，自然是對文革對個人的抹殺，以及充滿聖人崇拜的英雄主義色彩的理想主義的一個歷史的糾正，但並沒有走向「小市民」的卑微與自私，仍然堅持「民族的、時代的、社會的、信念的人」的理想，以及人的尊嚴與高尚。所要實現的是個人與社會的結合，平凡與高尚的統一：這是揚棄了文革理想主義後建立起來的新理想主義，這正是前文說到的從文革中走出來的「新人」。

但不是所有的人，都這樣「目標明確，用情專一」；更有不少人陷入了痛苦的「我是誰」的追問。一封1976年2月的通信，寫信人反復說一句話：「我決不是一塊『革命磚』被黨

149　戎致潘書(1975年12月31日)，《民間書信(1966–1977)》，第375，376頁。

『東西南北搬』來(搬去)」，這是經歷文革得出的最主要的自我認識，但一旦公開說出來，就引來了許多麻煩，但仍不後悔，堅持「絕不說假話」，這也是最重要的文革教訓。[150]

知道了自己「不是什麼」，但「是什麼」，「要追求什麼」呢？這是更大、更根本的困惑。1976年3月的一封信，就如此提問：「人活着到底是為了什麼呢？」「現在我的回答就是：人活着就是為了活着！活着！活着！……」，「生活到底比幻想難啊！」接着談到「我現在真正地理解了孤獨，當一個人最困難的時候，一切安慰都離開他，一切苦惱都追逐他，這就是最沉重的十字架」，「孤獨——我並不怕它也不愛它。無論怎樣我只希望用『心』說話。可是我所見到的人，都不習慣用『心』說話。所以我不願意去找別人，也不願意別人來找我。對於孤獨，我不能說我在忍受，而只能說『孤獨，默默的孤獨』。就這樣——手指插進頭髮去，過分的睜大兩隻眼睛」。[151] 幾天後再修一書，說自己「全部精神被生活窒息了」，「生活，沒意思極了。其實根本沒有生活，革命！革命！革命……」。[152] 這位寫信人自稱曾是「幻想的兒子」，[153] 一旦從「革命」的「幻想」裏醒來，就陷入幻滅的悲哀了。在另一封信裏，他又這樣寫道：「苦悶，苦悶，無窮無盡的苦悶……這並不是『小資產階級』或其他什麼階級的感情，而是一個孩子般純正的，來自天性的感覺……心靈壓抑着劇烈的浪，淚水在眼圈裏一閃一閃——如果你願意聽，如果你願意信任……一個孩子在火山口

---

150 吳力工致長征書（1976 年 2 月 9 日），《民間書信（1966–1977）》，第378，379 頁。

151 力致向明書（1976 年 3 月 6 日），《民間書信（1966–1977）》，第 384 頁。

152 亞力致向明書（1976 年 3 月 11 日），《民間書信（1966–1977）》，第 386 頁。

153 力致向明書（1976 年 3 月 6 日），《民間書信（1966–1977）》，第 383 頁。

燭火不息：文革民間思想研究筆記

上發出嘶啞的哭聲，小手向天。『媽媽在哪兒？親人在哪兒？我的生命在哪兒？——』。我碎了，完完全全地碎了，隨着那個孩子的哭聲碎了——遙遠的雷聲震盪着：人類要向上！要文明(知識)、要自由！——這才是人類要求的美！」[154] 苦悶與希望的交織：這是可以看作一個新舊交替時代的寓言的。

這又是一個自稱「心甘情願做一個到老還保持赤子之心的人」，「仍舊在冒着文革前傻氣的孩子」的傾訴：「最折磨人的不是艱險、困苦、失望，而是孤獨。它用一種極不讓人可耐的方法折磨你，使你簡直要發瘋。我真想歇一歇，命運向我要求的太多了。可我畢竟還是要向前走，我還夢想做一個生活的強者」，「走自己的路，讓別人去說！」[155]

另一位寫信人似乎要積極得多，他同樣提出「做什麼樣的人，走什麼樣的路」的問題，卻以「魯迅在他題為《彷徨》的小冊子序言中引用的屈原的詩句」相答：「路漫漫其修遠兮，吾將上下而求索」。[156] 這也是一種新的自我定位：曾經的理想、幻想破滅了，又沒有找到新的目標和道路，但仍不願放棄對理想的追求，既然認識到「路漫漫其修遠兮」，就重新開始「上下求索」，做一個新的探路人吧。這或許在新的歷史轉折即將到來的時候，更多的曾經的理想主義者的一種選擇。

李南在1976年3月、10月的兩封信裏，描述了在經歷了「走向地獄」般的體驗以後，所達到的生命境界——

「走向地獄，用最冷酷的眼睛來觀察這個社會，拋棄了那種行屍走肉還不能捨棄的裝飾，我得到的就是最真實的結論：

154　力致向書 (1976 年 6 月 5 日)，《民間書信 (1966–1977) 》，第 398 頁。

155　其照致也夫書 (1976 年 6 月 16 日)，《民間書信 (1966–1977) 》，第 401，499，402，403 頁，

156　峰致光明書(1976 年 3 月 3 日)，《民間書信(1966–1977) 》，第 380，381 頁。

「凡是死亡的事物，都帶上了死亡的色彩，而這色彩，是用什麼顏色也掩蓋不住的。」

「必將走向死亡的社會，帶着它所有的成員向地獄邁進，只要自認屬於這個社會，那麼，不管他給自己戴上什麼樣的桂冠，他也不過是這個社會的陪葬，從甘心陪葬的人中間，是看不到新社會的出現的。」

「我清楚地看到前面的死路，我沒有騙自己，沒有故意地把臉扭開，甚至沒有一點掩飾。我認為既然是死，那麼不如乾脆就站在那地獄的最底層，看看這一切到底是怎麼回事。」

「我不願意死，但我也不怕死。在我看不到活路而選擇最慘澹的路的時候，責備我『糊塗』是可以的，可是責備我軟弱卻是不合適的。覺得生活無意義的很多，但是敢選死路而不是真死的人卻是不多的。很多人雖然這樣走着，他們並不認為這是死，反而認為這是生的！」

「有人責備我，説我不應該失望，而要從現在的社會中找尋可以生存的縫隙，去擴大自己生活的圈子，去圖變革，去爭取。然而在現社會，沒有我生存的條件。」

這是「一次自我否定」，「在絕望的掙扎中，向着自己認為是生路的地方撲過去，駁倒一切人的否定。而最後，卻不得不在現實面前低下頭來。由此得出的結論便是：在這個世界上，是沒有生路的，到處都是沉溺。」

「我的固執，是在於我無法改變我的看法，我認為生活，一切就不應該是這樣子，而應該是別樣的」。

「只有站在這現存社會上一層台階的人，他們才是希望。他們生活在現存的社會中，但是他們知道自己高於這個社會。死亡永遠殺不死生命的芽。未來的社會，是在這樣的人中間產生，發

　　　　　　燼火不息：文革民間思想研究筆記

展的。這是真正的新生事物，被現在和人們扼殺着的」。[157]

　　用「最冷酷的眼睛」，拋掉一切「裝飾」，得到「真實」，看到的只是「死亡」。又在「絕望的掙扎」和「自我否定」中，站在現存社會之上，去尋求「別樣的生活」：這樣的「反抗絕望」的人生選擇和生命境界，是很容易使人聯想起魯迅的《野草》的。

　　而在1976年10月1日的信裏，李南直接談到了魯迅的《孤獨者》。她突然發現，自己面臨着和《孤獨者》主人公魏連殳同樣的問題：活着的理由是什麼？「為那些願意我活下去的人活着麼」？或者「為那些不願意我活着的人活下去」？後者是魏連殳(一定程度上也是魯迅自己)的選擇。現在這位中國七十年代的知青說：「我曾經想為那些不願意我活下去的人活下去」，「我曾幾乎走上了連殳那種結局的路，卻被人拉住了」，「現在，我為那願意我活下去的人掙扎着，找尋着活下去的路。因為他們願意我活下去，我不能讓他們痛心。在這種活着比死更痛苦的時候，我個人的抗爭總還能顯示出我是活人」。

　　最後提出的問題是：「盲目的堅強的反面便必然是瘋狂的毀滅，像我過去那樣生活，已經是明明白白過不下去了」，那麼，「應該怎樣在這種時代過認真的生活？」「怎樣才能像個樣子的活在這個世界上」？[158] 這大概是知青與文革歷史即將結束的時候，當年狂熱投入運動的年青一代，都在思考、追問的問題。在前一封信裏，李南還談到，「『階級鬥爭』這個問題已經與我無關了，但是我難道不能在『生產鬥爭』、『科學實

157　李南致XX書（1976 年 3 月 17 日），《民間書信（1966–1977）》，第 388，
　　389，390，389 頁。

158　李南致老周書（1976 年 10 月 1 日），《民間書信（1966–1977）》，第 421，
　　422 頁。

驗』上去爭取突破嗎？」[159] 這都預示着一個新的開始。我們關於知青心路歷程的討論也可以到此結束了。

《民間書信》裏收入的最後一封信寫於1977年2月10日，收信人是李南，寫信人是周郿英，北京六十五中的學生，此刻還在內蒙草原當知青。信中寫道：「今天一個朋友結婚，我為他感到由衷的高興。而晚上回家，又得知另一個朋友在下午被判處死刑。我的心情是可想而知的。然而又能怎樣？這就是生活罷」。這裏説的朋友被處死刑，背後是一段至今仍被遮蔽的歷史：儘管四人幫已經被捕，宣佈了文革的結束，但新的執政者依然延續文革個人崇拜與階級鬥爭的邏輯，在1976、1977年間，對繼續批評現實政治和最高領導的民間獨立思想者進行了一次大鎮壓，其中有知青李九蓮、鍾海源，大學生王申酉，工人史雲峰等，周郿英的朋友應是這場新的血腥鎮壓的犧牲者。這表明，文革結束，又開始了新的思考、質疑與反抗，在現行體制下又必然遭遇新的壓制，以至鎮壓。寫信人周郿英與收信人李南後來都成為八十年代《今天》為標誌的新的思想、文化、文學運動的骨幹，應該是順理成章的，是他們的文革知青時代思考與行動的繼續。不過，那是另一段歷史了。

2015年11月19日–12月15日

159　李南致XX書（1976年3月17日），《民間書信（1966–1977）》，第391頁。

從清華大學紅衛兵運動看文革時期的群眾政治

——讀蒯大富《潮起潮落》、孫怒濤《良知的拷問：一個清華文革頭頭的心路歷程》、唐少杰《一葉知秋：清華大學 1968 年「百日大武鬥」》[1]

    文革中的紅衛兵運動是中學生紅衛兵運動與大學生紅衛兵運動兩部分組成的，它們在文革中起了不同的作用。大體說來，中學生紅衛兵起的是點火的作用；大學紅衛兵，主要是造反派紅衛兵則是文化大革命的先鋒。在1966年10–12月間，更是起到了主導作用；在1967年一月革命工人造反派登上歷史舞台以後，仍然是一支舉足輕重的力量，直到1968年8月自己也被迫退出了歷史舞台。

    我們選擇清華大學紅衛兵運動作為討論的切入口，是因為如一位歷史當事人所說，「與中央的政治鬥爭直接相連互動無疑是清華大學文革引人注目的原因。但是它還有另一個方面同樣值得關注：這就是在脫離了黨政組織系統足足兩年的『自由放任時期』。清華校園猶如一個政治、文化的『小生（態環）境』，演繹着一個數以萬人計的政治派別的自組織演化過程。這是一個由井岡山（蒯大富派）與四一四派兩派自發組織之間的博弈，從聯合到分裂，從文爭到武鬥的政治歷史。在清華，文革群眾運動的兩重性——被控制性與自發性——都得到淋漓盡

---

1   《潮起潮落》，蒯大富著，收米鶴都主編：《回憶與反思：紅衛兵時代風雲人物——口述歷史之一》，香港中國書局出版有限公司，2011 年。蒯大富的口述後改為《歲月流沙》。《良知的拷問：一個清華文革頭頭的心路歷程》，孫怒濤著，香港中國文化傳播出版社，2013 年。《一葉知秋：清華大學 1968 年「百日大武鬥」》，唐少杰著，香港中文大學出版社，2003 年。

致的體現」。[2] 這樣，我們就可以通過清華文革「這一個」典型，來討論文革時期群眾政治與國家、政黨高層政治之間的關係，並對群眾政治本身的歷史經驗教訓進行總結和反思：這也是本文討論的兩個重點。

一、「清華是毛澤東與劉少奇的一個角鬥場」[3]

(1)毛澤東與劉少奇：兩種文革理念、目標，兩種政治模式的較量

讓我們回到文革初期的歷史現場。

1966年5月16日，中央政治局在劉少奇主持下，通過了毛澤東七次修改的《中國共產黨中央委員會通知》（簡稱《五一六通知》），宣佈了文化大革命的正式開始。毛澤東在《通知》裏，特定加上的一段話，大概是最能反映他發動文化大革命的意圖和矛頭指向的：「混進黨裏、政府裏、軍隊裏和各種文化界的資產階級代表人物，是一批反革命的修正主義分子。一旦時機成熟，他們就會要奪權政權，由無產階級專政變為資產階級專政。這些人物，有些已經被我們識破，有些還沒有被識破，有些正在受到我們信用，被培養為我們的接班人，例如赫魯曉夫那樣的人物，他們現正睡在我們身旁，各級黨委必須充分注意這一點」。這裏顯然埋了一個釘子：究竟誰是「睡在我們身旁」的「赫魯曉夫」？這正是《通知》公佈後，全黨、全國，特別是黨的高級幹部感到困惑不解的。張春橋後來也回憶說：「這一

2　鄭易生：《反思極端思維方式──讀孫怒濤對清華文革群眾運動的回憶的一點想法》，收孫怒濤：《良知的拷問：一個清華文革頭頭的心路歷程》，第256頁。

3　楊繼繩：《從清華大學看文革──讀孫怒濤回憶錄〈良知的拷問〉》，收《良知的拷問：一個清華文革頭頭的心路歷程》，第1頁。

爝火不息：文革民間思想研究筆記

段，我當時就不太理解。只想到彭真，沒完全想到劉少奇」。[4]

胸有成竹的毛澤東，早在文革準備時期，就於1965年11月11日離京南下；現在，文化大革命已經開啟，他依然留在杭州，以後又到他的家鄉韶山的滴水洞住下。就像他在這一時期寫的詩詞裏所説：「正是神州有事時，又來南國踏芳枝」，「憑欄靜聽瀟瀟雨，故國人民有所思」[5]：他讓劉少奇在北京主持中央工作，具體指導文化大革命運動，自己從旁靜觀，正是1957年反右運動「引蛇出洞」的故伎重演。

那麼，劉少奇又是怎樣按照他對文化大革命的理解、理念和設計，領導與部署運動的呢？

於是，研究者注意到，在1966年5月到8月，劉少奇以中央文件的名義，頒發和批轉了近10個文件，批准了各地黨委批判鬥爭數百名從中央到地方的文藝、宣傳、教育系統的幹部。其中有周揚、林默涵、夏衍等文化界主要幹部，高教部部長兼清華大學校長蔣南翔、武漢大學校長李達、南京大學校長匡亞明、上海音樂學院院長賀綠汀等教育界領導，還有各省、市負責文化教育宣傳的書記，如遼寧的周恒、四川的馬識途、上海的楊西光等等。[6] 可以看出，劉少奇是想把文化大革命局限在思想文化教育領域，打擊的對象是思想比較開放，有影響的黨內大知識分子，也即1957年反右運動所説的「黨內右派」，現在就作為「漏網右派」揪出來，有的是當年的「左派」，到了文

4　張春橋1967年5月19日在上海市革命委員會常委擴大會議上的講話，轉引自卜偉華：《「砸爛舊世界」：文化大革命的動亂與浩劫》，第81頁，注釋5，香港中文大學當代中國文化研究中心，2008年。

5　參看逄先知、金仲及：《毛澤東傳（1949–1976）》（下），第1417，1419頁。中央文獻出版社，2003年。

6　宋永毅：《劉少奇對文化大革命的獨特貢獻：你不知道的故事》，宋永毅主編：《文化大革命：歷史真相和集體記憶》（上），第275–276頁，香港田園書屋，2007年。

革，就成了「隱藏很深的右派」。在打擊黨內右派的同時，劉少奇還特意提醒更要注意群眾、青年學生中的右派：「當牛鬼蛇神紛紛出籠開始攻擊我們的時候，不要急於反擊。要告訴左派，要硬着頭皮頂住。領導上要善於掌握火候。等到牛鬼蛇神大部分暴露了，就要及時組織反擊」，「對大學生中的反黨反社會主義分子，一定要把他們揪出來」，高中應屆畢業生「經過市委批准，可以批判鬥爭和戴帽」。[7] 這完全是按照反右運動的做法來部署文化大革命，而且符合各級黨組織的利益和要求，因此，得到堅決的貫徹與執行。四川省委第一書記，人稱「西南王」的李井泉就公開宣佈：「這一次要捉二十萬右派」。[8]

劉少奇顯然是要把文化大革命變成一場新的反右運動，以維護和強化黨的不受限制與監督的絕對領導，集權於黨的官僚體制。因此，強調從中央到地方、基層的黨組織、黨的領導幹部都代表黨，對任何一級黨的官僚提出不滿、質疑、反對，都是反黨，而反黨就是反革命；同時強調「個人服從組織，下級服從上級，全黨服從中央」的黨的鐵的紀律，從而要求所有的黨員和群眾，都要做黨的馴服工具，不允許在黨的掌控之外的獨立思想、獨立組織的存在；而始終堅持的是「無產階級專政」的原則，不僅要無情打擊傳統的「階級敵人」即所謂「地（主）、富（農）、反（革命）、壞（分子）、右（派）」，而且知識分子、資本家也都在掃蕩之列，一切黨組織、黨官僚眼裏的黨內外異己者，也隨時可以以「新生資產階級」、「新右派」，以致「走資本主義道路當權派」的罪名予以嚴懲。這樣一種以

7　劉少奇：《批轉中南局〈關於文化大革命的情況和意見的報告〉》，《批轉中共西北局〈關於無產階級文化大革命的意見的部署〉》（1966 年 6 月 13 日），轉引自高皋、嚴家其：《「文化大革命」十年史》，第 25–26 頁，天津人民出版社，1986 年。

8　馬識途：《滄桑十年》，中共中央黨史出版社，1999 年。

　　　　　　　　　　熵火不息：文革民間思想研究筆記

「組織、領導、紀律、專政」為核心的官僚政治，是劉式文化大革命的根基所在。

在劉少奇按照自己的理念與方式推行他的文化大革命時，冷眼旁觀的毛澤東也不失時機地發出另一種信號：6月1日，中央人民廣播電台按照毛澤東的指示播發了北京大學聶元梓等七人的大字報《宋碩、陸平、彭佩雲在文化大革命中究竟幹些什麼？》，第二天《人民日報》刊登時又發表了評論員文章：《歡呼北大的一張大字報》。聶元梓等的大字報，把矛頭指向所在學校的黨委書記，就打破了「批評領導就是反黨」的政治禁錮，而《人民日報》評論員文章正是對前述官僚政治的核心觀念提出質疑：「你們所說的黨是什麼黨？你們的組織又是什麼組織？你們的紀律是什麼紀律？」「你們的『黨』不是真共產黨，而是假共產黨，是修正主義的『黨』。你們的組織就是反黨集團。你們的紀律就是對無產階級革命派實行殘酷無情的打擊。」而且有了這樣的公開宣示：「對於無產階級革命派來說」，「我們無條件接受的，是以毛主席為首的黨中央的領導。毛澤東思想，是我們各項工作的最高指示」，「凡是反對毛主席，反對毛澤東思想，反對毛主席和黨中央指示的，不論他們打着什麼旗號，不管他們有多高的職位，多老的資格，他們實際上是代表被打倒的剝削階級的利益，全國人民都會起來反對他們，把他們打倒，把他們的黑幫、黑組織、黑紀律徹底摧毀」。[9]

這大概就是毛澤東發動文革的用意所在：要建立一個「無條件地」服從於自己的個人集權統治，以實現自己的烏托邦理

9　聶元梓等：《宋碩、陸平、彭佩雲在文化大革命中究竟幹些什麼？》，《人民日報》評論員：《歡呼北大的一張大字報》，均收聶元梓：《聶元梓回憶錄》，第 119–121，132–134 頁，香港時代國際出版有限公司，2005 年。

想。為此，他就要區分兩個黨(又稱「兩個司令部」)：聽命自己的就是「真共產黨，無產階級的黨」，不服從自己的，或自己控制不了的，就是「假共產黨，修正主義的黨」。這樣，他就在製造個人神話的同時，又要消解黨的神話，號召黨員和群眾「大膽懷疑」，就像當時一位紅衛兵讀了《五一六通知》以後在寫給朋友的信裏所說的那樣，「我們只能相信毛主席，一切人都應懷疑。只要不符合主席指示，什麼人都要攻」。[10] 進而提倡「造反有理」，號召群眾衝擊從基層、地方到中央的各級黨組織，挑戰黨的紀律，打亂既定秩序，創建以無政府主義和民粹主義為內核的群眾政治。為此，又要給予群眾以有限度的言論、結社、出版自由，提倡所謂「大鳴，大放，大字報，大辯論」的「大民主」，以自下而上地揭露黨的陰暗面。可以看出，不同於劉少奇的「官僚政治」，毛澤東的文革理想、理念與路線，是要實行「個人獨裁政治」與「群眾政治」的結合。胡喬木後來說「文革是毛澤東的宗教和陷阱」，人們由此而聯想到馬丁·路德的宗教改革，「直接架起了上帝與信徒之間心靈溝通的橋樑，削弱了教會神職勢力的權威」，毛澤東在文革中就是將「上帝」與「群眾運動發動者」集於一身的。[11] 也可以說，他是要掃蕩中間階層(黨官僚和知識分子精英)，實行頂層的領袖獨裁與底層的群眾專政的直接結合。因此，我們可以說，毛澤東與劉少奇的兩種文革理念與設計，背後是兩種不同的政治模式：個人獨裁與群眾政治結合的模式和官僚政治的模式。當然，我們也不可以誇大這樣的分歧：因為官僚政治的模式是在1957年反右運動以後逐漸成型與完善的，而1957年

10　這封信後來作為八屆十一中全會的文件之三印發。見逄先知、金仲及主編：《毛澤東傳(1949–1976)》(下)，第 1413 頁。

11　唐少杰：《一葉知秋：清華大學 1968 年「百日武鬥」》，第 99 頁。

反右運動正是毛澤東領導的。因此，四一四派的第二把手孫怒濤在總結兩派政治鬥爭的實質時，一針見血地指出，在某種程度上，這是「兩個毛澤東」之爭：堅持「無產階級專政」的文革前的毛澤東，與強調無產階級專政條件下的「繼續革命」的文革初期的毛澤東之爭。[12] 我們這裏說的兩種政治模式，不過是一黨專政的不同形式。在維護一黨專政這一根本點上，毛澤東和劉少奇並無分歧，他們影響下的兩派的主流，對一黨專政（黨的絕對領導）本身也並無懷疑。

把清華大學文革運動置於這樣的背景下，加以考察，就特別有意思：毛澤東和劉少奇都是把清華大學作為自己的試驗地的。

(2)清華文革第一階段：「保蔣與反蔣」(1966年6月1–9日)

孫怒濤在他的回憶錄裏，將清華大學文革分為幾個階段。

第一階段是「保蔣與反蔣階段」(1966年6月1日–1966年6月9日)。[13] 6月2日《人民日報》發表聶元梓等的大字報，就給清華師生帶來極大困惑：北大黨委既然出了問題，那麼，以蔣南翔為首的清華黨委究竟姓「馬（馬列主義）」，還是姓「修」（修正主義）？在蔣南翔的有意識的培養下，清華本來就有一支很強的黨的積極分子隊伍，就紛紛起來「保衛清華黨委」。耐人尋味的是，後來的許多造反派紅衛兵的頭頭最初都屬於「保蔣派」。團派領袖蒯大富貼出的第一張大字報就是《捍衛清華黨委，就是捍衛黨的領導；捍衛清華方向，就是捍衛社會主義》。[14] 蒯大富出身貧農，一直是黨的積極分子，依然按照

12　孫怒濤：《良知的拷問：一個清華文革頭頭的心路歷程》，第423頁。

13　同上，第678頁。

14　蒯大富：《潮起潮落》，《回憶與反思：紅衛兵時代風雲人物——口述歷史之一》，第334頁。

1957年反右運動的思維(也即我們討論的官僚政治的邏輯)來思考文革問題,是很自然的。孫怒濤也是貧農出身,也幾乎本能地保蔣,但他又感到了毛澤東批轉的聶元梓大字報的文革邏輯力量:「清華怎麼可能不會像北大那樣爛掉而獨善其身呢?」因而陷入了「感性上的保蔣與理性上的懷疑蔣」的「糾結」中。[15]

詭異的是,首先起來要打倒蔣南翔的,卻是高幹子弟。據蒯大富回憶,當時清華有一萬一千多學生,處級以上幹部家庭出身的大約一千多人,佔10%,其中就有不少高幹子弟,即所謂「紅二代」。他們在學校很有影響,特別是文革初期,他們的大字報一出來,所有同學都當回事,大家都以為有中央的背景。[16] 事實也確實如此。一位高幹子弟就回憶說,6月初的一天,劉少奇的女兒劉濤、賀龍的兒子賀鵬飛約她參加一個秘密聚會,「就像電影中看到的地下黨開會一樣」。李黎風(李井泉之子)激動地宣佈:「清華大學黨委是修正主義的!蔣南翔是黑幫!我們要重炮猛轟!」接着劉濤代表黨中央表示:「黨中央感謝你們!黨中央要清華的左派組織起來!」[17] 這裏說的「黨中央」顯然是劉少奇主持工作的「黨中央」。第二天批判蔣南翔的大字報就貼滿校園。6月9日,就從高教部傳來令許多保蔣的師生困惑不解的消息:蔣南翔被停職檢查了:蔣南翔顯然不是按毛澤東的方式,被清華大學群眾自下而上的罷官打倒的,而是按照官僚政治的傳統作法,自上而下的由上級組織決定,

---

15　孫怒濤:《良知的拷問:一個清華文革頭頭的心路歷程》,第380頁。

16　蒯大富:《潮起潮落》,《回憶與反思:紅衛兵時代風雲人物——口述歷史之一》,第357–358頁。

17　陳繼芳、馬小莊:《潮起潮落》,第22頁,2011年自印本。轉引自楊繼繩:《從清華大學看文革——讀孫怒濤回憶錄〈良知的拷問〉》,收孫怒濤:《良知的拷問:一個清華文革頭頭的心路歷程》,第2頁。

用行政命令免職，群眾只起一個響應的作用。而劉少奇也由此介入了清華大學的文革運動。

(3) 保工作組與反工作組階段 (1966年6月10日－8月8日)

6月10日，北京新市委按照劉少奇主持工作的黨中央的指示精神，派出500多人的工作組進駐清華校園。工作組的成員大都是原單位大大小小的頭兒，一進校就對在前一段運動中被批鬥的基層幹部有「一種自然的同情」，又「不慣號稱斯文的大學生那種有點野蠻的行為」。有的工作隊員直言不諱：「群眾是一群烏合之眾，像一群羊一樣」，「戴高帽是國民黨作風，農民可以這樣做，你們不可以這樣做。」這些話迅速公佈在大字報上，在校園裏流傳。工作組進校沒幾天就與部分激進學生發生了頂牛，校園開始出現了《我們要建立什麼樣的革命秩序》、《現工作組不可信任》的大字報。[18] 蒯大富是一個有很強的政治參與意識和政治敏感的學生，他在寫出保蔣的大字報以後，就已經感到自己的態度與《人民日報》、《解放軍報》社論的精神不一致，而當時大家都是根據「兩報」(以後又加上《紅旗》雜誌)來琢磨以毛主席為首的黨中央的精神的。於是就逐漸改變了自己的立場。工作組到校以後，他用社論精神對照，就感到工作組的做法，和自己「理解的毛主席放手發動群眾的做法才差得比較遠。他們強調領導，強調秩序」，「我感覺不像毛主席說的那樣要相信群眾，尊重群眾的首創精神」。實際上他已經直覺地感到了，毛澤東的群眾政治的文革新思想與工作組堅持、又受到劉少奇支持的官僚政治的邏輯之間的矛盾。於是6月14日他就和同學私下議論：工作組「不像毛主席派來的」，「工作組是保皇派，還是革命派，我們有懷疑」。6

18　孫怒濤：《良知的拷問：一個清華文革頭頭的心路歷程》，第384頁。

月16日和另外一位同學合作寫了一篇《工作組往哪裏去》的大字報，轟動了全校。可以看出，蒯大富還是掌握分寸的：他並沒有給工作組定性，只是要求群眾有提出懷疑、自主判斷、選擇的權利。但固守官僚政治也即劉式文革邏輯的工作組卻不允許，在他們看來，懷疑就是反黨。6月19日薄一波來看這張大字報，蒯大富正好也在場。薄一波知道他就是作者，便問他：你是什麼派？蒯大富回答說，我認為我是革命左派。薄一波用手比劃着說：這個左派啊，左的太過火了，就跑到這（右）邊了。這當然不是説笑話而已。6月21日，蒯大富又在一個同學的大字報上寫了一段批語：「革命的首要問題是奪權鬥爭。從前權在校黨委手裏，我們和他們鬥，把它奪過來了。現在，權在工作組手裏，那我們每一個革命左派就應該考慮，這個權是否代表我們，則再奪權」。「奪權」問題的明確提出，表明蒯大富對毛澤東的文革新思維的把握（儘管更多的是直覺）已經達到相當的深度，就像蒯大富後來在回憶裏所説，「核心就是革命政權，學校裏是資產階級專政，中央有赫魯曉夫式的修正主義分子，就這個思路。這個思路正好就符合毛澤東發動文革的思路」。[19] 而這樣的説法在此之前的清華校園裏都沒有出現過，在當時（1966年6月）是相當超前的。因此很自然地就被執行劉少奇文革路線的工作組認定為「右派向黨奪權」的一個信號，而且背後很可能有後台，蒯大富就被視為清華文革運動的主要打擊對象。

就在這樣的關鍵時刻，一位學生在清華東校門門口，看到一輛轎車停在公路邊，一位身着中山服、個子高挑的中年女幹

19　蒯大富：《潮起潮落》，收《回憶與反思：紅衛兵時代風雲人物——口述歷史之一》，第 335–336 頁。

　　　　　　　　熠火不息：文革民間思想研究筆記

部，騎上後備箱中搬出來的自行車，從主樓前進入清華校園。[20]
這是王光美受劉少奇的委派，到清華蹲點，擔任工作組顧問。[21]
也許是巧合，王光美選擇了蒯大富所在的工化系蹲點，約定6月
21日下午去蒯大富班開座談會，臨時決定不去，另派了替身，
又不加說明，這就引起了本來就十分敏感的蒯大富的懷疑，第
二天就貼出大字報，質問工作組組長：《葉林同志，這是怎麼
一回事？》這裏或許存在誤會，稍加解釋就可解決。但本來就
在尋找「階級鬥爭新動向」的以王光美為顧問的工作組，卻斷
定這是右派向黨挑戰，決定反擊。就由工作組任命的校革委主
任賀鵬飛出面，要和蒯大富公開辯論：這也是「引蛇出洞」。

　　這就有了在清華文革史上具有關鍵性意義的「六二四大辯
論」。這是工作組代表的黨官僚與群眾政治的未來領袖人物之
間的一場大較量。開始是賀鵬飛、劉濤等紅二代和蒯大富及他
的戰友對辯，很快就敗下陣來。在住地通過專線聽現場辯論的
王光美，聽到蒯大富一上來就唸了好多馬恩列斯和毛主席語
錄，就發出指示：蒯大富太猖狂了，是典型的打着紅旗反紅
旗，要把他的氣焰壓下去。工作組就輪番上陣，企圖壓倒蒯大
富。[22] 卻不想這些平時習慣於坐在機關裏當官做老爺的工作組
領導，一見群眾(特別是自稱「天之驕子」的清華學生)就露了
餡：或者「既沒有講理的信心，也沒有不講理的氣勢」，或者
語言「無味」，「講話不得要領」，很快就在一片噓聲中下了
台。工作組副組長、老紅軍周赤萍中將只得自己閃亮登場。據

20　見樊程的郵件。轉引自孫怒濤：《良知的拷問：一個清華文革頭頭心路歷
　　程》，第 2 頁，注釋 3。

21　見卜偉華：《「砸爛舊世界」：文化大革命的動亂與浩劫》，第 159 頁。劉
　　少奇是 6 月 19 日作出決定的。王光美到清華應是 6 月 20 日或 21 日。

22　蒯大富：《潮起潮落》，《回憶與反思：紅衛兵時代風雲人物——口述歷
　　史之一》，第 337 頁。

一位在場的清華學生回憶，那天周將軍身穿寬大的綢衣綢褲，腳登黑色皮拖鞋，手搖大芭蕉扇，「他這一副養尊處優的老革命姿態，馬上使我聯想到，毛關於『官做大了就要變修』、『以其昏昏，示其昭昭』之類的論斷」。周將軍「是有氣勢的，有一股『我就不講理了，你能怎麼着』的大兵霸勢」，開口便是「我們是代表黨的」，「我們是代表毛澤東思想的」。話音落，大禮堂裏便響起一片哄笑。蒯大富只問了一句：「你怎麼能代表得了毛澤東思想？」台下的學生們齊聲叫喊「問得好」，周將軍無以為答，灰溜溜下了台，逼得工作組組長、國家經委副主任親自出馬。他倒不作論辯，只說了一句：「蒯大富同學向工作組奪權就是向黨奪權」，擺出黨的權勢，就無話可說了，但也因此喪失了人心，民心。[23] 一些原來並不看好蒯大富，以為他「小題大做」的中間派學生也都對蒯大富表示同情和好感，這就為懷疑劉式文革的激進派學生的主張在校園裏逐漸佔據上風，奠定了輿論、思想基礎，甚至作了組織上的準備。

事後王光美向劉少奇作了彙報，劉少奇只說了一句：蒯大富不給我們民主，那我們也不給他民主。[24] 劉少奇這一邏輯頗為奇怪的指示，意思還是明確的：要對不馴服的蒯大富，以及一切類似的右派學生，實行「無產階級專政」：這正是官僚政治的核心與殺手鐧。清華工作組就按照劉少奇的指示，在「堅決打退反革命分子蒯大富的猖狂進攻」的口號下，發動了近40天的「反蒯鬥爭」。蒯大富本人被關了十八天，並在班級、本系、外系、全校輪番批鬥。同時整了700多名師生，打了50多

23　胡鵬池：《清華園的一隻蝴蝶》，收孫怒濤：《良知的拷問：一個清華文革頭頭的心路歷程》，第 272，274 頁。

24　蒯大富；《潮起潮落》，《回憶與反思：紅衛兵時代風雲人物——口述歷史之一》，第 339 頁。

　　　　　　　　熁火不息：文革民間思想研究筆記

名「蒯派分子」，整死了一個人，另有數名受難迫害者自殺未遂，清華園內人人自危，一片白色恐怖：這幾乎是1957年反右運動的重演。蒯大富後來回憶說，他「當時就想，共產黨反右的時候可能就是這樣」，他自己也作好了作為「右派頭子」流放新疆、北大荒的思想準備。[25] 這樣，劉少奇就通過夫人又創造了一個「桃園經驗」，清華文革也就成為劉式文革的樣板，並被推到了文革初期高層政治博弈的前沿。

(4) 毛澤東與劉少奇最後攤牌

歷史再一次發生戲劇性的轉折：1966年7月18日，毛澤東從外地回到了北京。他大概是看準劉少奇主持、領導下的文革，完全背離了自己預定的文革發展方向，又大大激化了工作組和造反的與並不造反的學生之間的矛盾，正是發動群眾進行反擊，直搗劉少奇司令部的時機。因此，他回到北京，立刻聽取各方面彙報，看了北大、清華幾所大學的簡報。張春橋還特意把劉少奇對北大「六一八事件」的批語[26]送給毛澤東看，毛澤東看後說，怪不得到處鎮壓群眾，現在才明白有一個資產階級司令部！[27] 7月19日，毛澤東就作出更嚴峻的判斷：「派工作組是錯誤的。回到北京後。感到很難過。冷冷清清，有些學校大門都關起來了。甚至有些學校鎮壓學生運動。誰去鎮壓學生運動？只有

25　蒯大富：《潮起潮落》，《回憶與反思：紅衛兵時代風雲人物——口述歷史之一》，第 340 頁。

26　「六一八」事件是北大校園發生的部分學生、工人亂批亂鬥幹部和教師的事件，工作組認定是「反革命暴亂」，除了嚴懲參與者外，還強調運動必須「在工作組領導下進行」，「打破舊秩序後要建立新秩序」。劉少奇在其報告的批語中指出，工作組的做法，「是正確，及時的」，各單位發生類似事件，可以參照處理。參看卜偉華：《「砸爛舊世界」：文化大革命的動亂與浩劫》，第 158–159 頁。

27　逄先知、金仲及主編：《毛澤東傳（1949–1976）》（下），第 1422 頁。

北洋軍閥。凡是鎮壓學生運動的人，都沒有好下場！運動犯了方向、路線錯誤。趕快扭轉，把一切框框打個稀巴爛。」[28]

　　接着，毛澤東又作出一個重大部署：派周恩來去清華作實地調查。毛澤東顯然認定，工作組進駐以後的清華文革是劉少奇的軟肋，他正好以此打開缺口。周恩來首先選擇的調查對象，就是蒯大富。這當然是在毛澤東的安排。他回北京後的第三天，蒯大富就被解除了監禁，7月29日又被毛澤東點名參加北京市文化大革命積極分子代表大會，所以蒯大富後來説是「毛澤東救了我」。[29] 現在，周恩來總理又在8月1日一天之內兩次接見，聽他講「對清華大學文化大革命的看法」，長達6個小時。8月1日、2日、3日，周恩來又約王光美、葉林談話，並約清華學生與工作組部分成員談話。研究者推斷，周恩來大約到8月3日調查有了初步結果，是在8月3日晚或4日上午向毛澤東彙報的。8月4日下午一點左右，中央政治局常委和部分非常委就突然接到通知，下午三點到人民大會堂召開政治局常委擴大會議。會上毛澤東聲色俱厲地指責派工作組是「鎮壓學生運動」，「説得輕一些，是方向性問題；實際上是路線問題，是路線錯誤，違反馬克思主義」，「這是鎮壓，是恐怖，這個恐怖來自中央」。還説「我是沒有下去蹲點的，有人越蹲越站在資產階級方面反對無產階級」。矛頭直指劉少奇，而且第一次指明是「路線錯誤」，這在中國共產黨的黨內鬥爭中就是非常嚴重的問題。而「蹲點」云云，更是點出了劉少奇對清華運動的介入，「恐怖來自中央」的依據之一，大概就是劉少奇通過王光美在清華發動的「批蒯」運動。在毛澤東的猛烈攻擊下，

28　蒯大富：《潮起潮落》，《回憶與反思：紅衛兵時代風雲人物——口述歷史之一》，第 341 頁。

29　同上，第 341–342 頁。

　　　　　　　　爛火不息：文革民間思想研究筆記

劉少奇開始還沉得住氣，連連檢討，表示要承擔主要責任。毛澤東還是不依不饒，繼續厲聲指責：「你在北京專政嘛，專得好！」「我看垮得好，不垮台不得了！」劉少奇終於忍不住，當面頂撞起來：「無非是下台，不怕下台，有五條不怕（不怕撤職，不怕降級，不怕開除黨籍，不怕老婆離婚，不怕坐牢殺頭）」。這次毛澤東與劉少奇的公開、正面衝突，標誌着毛、劉之爭的最後攤牌。[30]

於是，就有了這樣的結局：8月5日，毛澤東寫了《我的一張大字報——炮打司令部》，把劉少奇的問題公之於世：「在五十多天裏，從中央到地方的某些領導同志，卻反其道而行之。站在反動的資產階級立場上，實行資產階級專政，將無產階級轟轟烈烈的文化大革命運動打下去，顛倒是非，混淆黑白，圍剿革命派，壓制不同意見，實行白色恐怖，自以為得意，長資產階級的威風，滅無產階級的志氣，又何其毒也！聯想到1962年的右傾和1964年形『左』實右的錯誤傾向，豈不可以發人深省的嗎？」毛澤東這裏講的是「從中央到地方」的普遍問題，當然不限於清華；但「顛倒是非，混淆黑白，圍剿革命派，壓制不同意見，實行白色恐怖」云云，又確實可以視為對清華反蒯運動的一個概括。這說明，清華初期文革既是劉少奇推行其文革路線的樣板，自然就成為毛澤東批判劉式文革路線的一個典型。蒯大富在回憶中說，毛澤東這段話，「和我之前向周恩來的彙報，有很直接的關係，其實就是為中共八屆十一中全會提供材料」，這是不無道理的。蒯大富因此說，不僅「毛澤東救了我」，我也「為毛澤東提供『彈藥』」。[31] 這

30　胡鵬池：《清華園的一隻蝴蝶》，《良知的拷問：一個清華文革頭頭的心路歷程》，第 278–285 頁。

31　蒯大富：《潮起潮落》，《回憶與反思：紅衛兵時代風雲人物——口述歷史之一》，第 345，344 頁。

兩句話合起來，是很能說明蒯大富與毛澤東之間的真實關係的：蒯大富需要毛澤東的保護，而毛澤東要推行他的文革路線也要以蒯大富這樣的造反派作為群眾基礎。在某種程度上，這也可以看作是文革中的群眾政治與毛澤東的獨裁政治的關係的象徵：它們之間確實有相互依存的一面，但佔主導地位的始終是毛澤東。為了和官僚政治鬥爭的需要，他可以給群眾政治以相當的發展空間，這樣的發展也並非沒有意義；但一旦他要回歸官僚政治，向其妥協，也隨時可以扼殺群眾政治：清華文革，以致整個中國文革運動就是這樣一個始放終棄的過程。而1966年7、8月的此刻，還處在彼此需要的「蜜月」期。於是又有許多新的故事。

1966年7月28日，北京市新市委宣佈撤銷工作組。工作組臨走前，扶植了一個由紅二代主持的「清華大學文化革命領導小組籌備委員會」（簡稱「臨時籌委會」），由它來領導清華文革。

7月30日，王光美突然來到清華第九食堂賣飯打菜，為學生服務，作了一次「政治秀」。據說有人因此感動得直呼「劉主席萬歲」，王光美也默然接受：這大概是劉式文革作爭取群眾支持的最後努力吧。

8月4日，周恩來率領一大批正在開八屆十一中全會的中央高級幹部來清華，在全校大會上，公開指出「工作組的方向都錯了」，表明對蒯大富案件，「我是主張解放和平反的」，並承認「上面要負責任」。許多在「反蒯鬥爭」中受到壓抑和迫害的師生，都熱淚盈眶，「有一種『天亮了』、『翻身了』」的感覺。[32]

32　孫怒濤：《良知的拷問：一個清華文革頭頭的心路歷程》，第 401，397-398，401 頁。

(5)「八八」派與「八九」派之爭(8月8日–9月23日)

但工作組的反蒯運動遺留下來的學生之間的對立情緒,卻在繼續發酵,並圍繞「要不要繼續批判工作組的錯誤」問題上,迅速分為兩派。

8月8日,堅持批判工作組錯誤的部分師生串聯起來,成立了「八八串聯會」,以後又組織了「毛澤東思想紅衛兵」,作為「八八派」的核心,領軍人物是唐偉等人。八八派的大多數人並不是反蒯運動的受害者,但他們不滿意於工作組矛頭向下整學生的做法,也受到壓抑,現在有了中央的支持,就公開站出來批判工作組的錯誤了,但他們因為受害不深,態度相對理性。八八派後來就成為「四一四」的主力隊伍。

反對批判工作組的另一部分師生,不甘示弱,第二天也組織了一個「盡快打黑幫串聯會」,後來簡稱「八九串聯會」。八九派的主要頭頭是賀鵬飛、劉濤等高幹子弟,其主要成員也是工作組的依靠對象,反蒯積極分子,他們反對繼續批判工作組的錯誤是其利益所在,而他們力主批黑幫,其實就是要延續工作組的劉式文革路線。工作組撤離前把主導清華運動的權力交給了他們。他們也就以清華的名義,成立了「清華大學紅衛兵」,以與八八派的「毛澤東思想紅衛兵」相對抗。

值得注意的是,反蒯運動的真正受害者所謂「蒯派人物」,連同蒯大富本人,雖然平了反,但依然處境艱難。蒯大富曾經申請加入八八派,卻遭到拒絕。因為在許多八八派的人看來,蒯大富雖然不是反革命,不應該整他,他也絕不是「革命左派」。因此,蒯派這一群人,即使有人加入八八派也沒有話語權。這就逼得蒯派必須另成立「井岡山紅衛兵」,有了後來的「團派」。

這樣,在井岡山紅衛兵成立之前的8月8日–9月23日這一段

的清華文革，就成了「八八」派與「八九」派對峙的階段。在某種意義上，又可以看作是前一段「保工作組和反工作組」的延續，分歧的焦點，就在如何看待與對待工作組所執行的劉式文革路線。而且在相當一段時間內。保工作組，即堅持劉式文革路線、劉式官僚政治的保守派力量佔據上風。[33]

前文提到的四一四第二把手孫怒濤在他的回憶裏，提供了一個非常重要的資訊：他當時屬於八八派，也即堅持批判工作組的造反派立場。作為少數派，他「在班上一直忍受着游離於多數派主流派之外的孤單、鬱悶和痛苦」。這其實是文革中的造反派在成長過程中，必然遇到的精神困境與思想難題：如何尋找精神資源，建立思想信念，以使自己的造反由自發走向自覺？他為此而苦苦思索，最後還是在毛澤東的群眾政治理論裏，得到了啟發。他注意到體現了毛澤東文革新思想的中共中央《關於無產階級文化大革命的決定》（即《十六條》）中的一個論斷：「要保護少數，因為有時真理在少數人手裏」，他頓時覺得「這句話就好像是專門為我而寫，為我撐腰似的」。經過反復思考，他寫出了《少數贊》（發表時改為《革命少數派贊》）。在這張產生了很大影響的大字報裏，他旗幟鮮明地提出：「真理有時掌握在少數人手裏！特別是當真理處於『萌芽』狀態，僅被少數先進分子所掌握時」。這顯然是對造反派的現實處境，所作出的一個理論解釋。其批判鋒芒是指向官僚政治的核心問題的：其要害正是對黨組織的神化，以為黨已經窮盡了真理，並且代表了大多數人的利益，這樣，「少數（絕對、無條件地）服從多數」就成為黨的鐵的紀律，一切提出不同意見的少數人，天然地是錯誤的，是反黨即反真理、反人民的。現在，確認「真理有時掌握在少數人手裏」，就是要確認

33　孫怒濤：《良知的拷問：一個清華文革頭頭的心路歷程》，第 402–403 頁。

群眾即每一個普通人都有探討和掌握真理的權利。應該說，這是一個根本性的覺悟，由此而建立的是一個為追求真理而獻身的信念。孫怒濤據此提出了三條原則：「當他認為自己的少數觀點符合真理時，他必須有大無畏的革命勇氣，敢於堅持少數意見，堅持真理。那時，即使他『光榮地孤立』到最後只剩下他自己一個人，他也能夠逆『潮流』而擁護真理，總不隨波逐流」；「當他發現自己的少數觀點是錯誤時，他同樣必須有大無畏的革命精神，勇於向真理低頭，修正錯誤，而絕不能固執己見，或羞羞答答，不敢認錯，更不能文過飾非」；「他並不甘心自己的觀點永遠是少數，他信賴黨，信賴毛主席，依靠群眾，團結大多數。他相信通過頑強的搏鬥，能發展成多數，大多數，絕大多數，達到讓真理改造世界、統治世界的目的」，「如果他是一個徹底的革命者，他還必須在新的矛盾中，成為符合真理的新的少數」。[34] 這裏所說的「堅持真理」、「修正錯誤」，以及「少數—多數—少數」的辯證轉化，都應該視為文革初期群眾政治的重要思想、理論收穫，而且是具有普遍意義的。

誰都看得很清楚，八八派與八九派在對待工作組問題上的分歧，實質上是對劉少奇及其文革路線的不同評價與態度。8月19日，八八派的唐偉等人，就貼出了《王光美是清華園內第一號大扒手》的大字報，立即轟動全校。接着就出現了一批矛頭直指劉少奇的大字報，其中就有《炮轟司令部，炮打劉少奇》這樣的重型炮彈。還有些大字報涉及李雪峰、薄一波、陳毅等中央領導。這就引起了八九派的「清華大學紅衛兵」的強烈反彈。他們立即打出「只許左派造反，不許右派翻天」的旗號，糾集了清華附中、人大附中等十二所院校的中學、大學紅衛兵，於8月24日在清華颳起一場「紅色恐怖」風暴。他們通過廣

34　孫怒濤：《良知的拷問：一個清華文革頭頭的心路歷程》，第 404–406 頁。

播，高喊「誰敢説毛主席、黨中央半個不字，我們立即打斷他的脊樑，焚屍揚灰。當剮千刀，罪該萬死！」「消滅捉拿反毛主席的混蛋」，「誰敢阻擾我們大軍，誰敢窩匪，我們就消滅誰」，撕毀校園裏批判劉少奇的大字報，強迫大字報作者交出底稿。還喊着「破四舊」的口號，推倒作為清華大學標誌性建築二校門，肆意抄家，抓人，把「黑幫幹部」（即所謂「黨內右派」）和右派教授關到科學館、二教毒打，強迫他們互相對打，自辱：「臭黑幫王八蛋兔崽子狗崽子xxx感謝毛主席給你飯吃」等等，竭盡殘暴、凌辱之能事。[35] 可以説，以紅二代為主體的清華大學紅衛兵製造的「八二四」紅色恐怖，是劉式文革的最後掙扎，迴光返照，將其法西斯專政的本質暴露得淋漓盡致，也因此徹底失去了民意的支持。這些曾在校園裏稱霸一時的「貴族紅衛兵」從此退出了清華文革的歷史舞台。

二、「中央文革的鐵拳頭」[36]

1. 從井岡山紅衛兵到首都三司

八八派與八九派惡鬥基本結束以後，被晾在一邊的蒯大富就走到了清華文革歷史舞台前沿。中央文革小組一直很看重蒯大富深得毛主席青睞這一政治資本，因而對他頻頻關照，或許這背後也有毛澤東的指示。[37] 據蒯大富回憶，早在7月21日，他

35　參看孫怒濤：《良知的拷問》，唐偉：《從清華文革談清華校訓》，羅征啟：《被遺忘了的「紅色恐怖」——記1966年清華大學的文化大革命》，收《良知的拷問：一個清華文革頭頭的心路歷程》，第413–414，300–301頁。

36　這是井岡山紅衛兵的刊物《井岡山》第149期（1968年6月29日）一篇文章提出的口號。轉引自唐少杰：《一葉知秋——清華大學1968年「百日大武鬥」》，第119頁。

37　清華校友蔣南峰在網上回應本文時提到，據當時的地質學院造反派頭頭蔡新平回憶，毛澤東的女兒蕭力曾當面鼓勵蒯大富自己組織隊伍，關照地質

剛剛解除監禁，王力和關鋒就來清華看望，請他講講對工作組的意見。蒯大富是第一次聽說中央文革小組這個機構，因此態度比較謹慎，並未深談，或許這才有了後來7月31日周恩來的特意召見。中間冷了一個多月，到9月17日，中央文革小組領導以張春橋為首，還有王力、關鋒等人，專門接見蒯大富和朱成昭、韓愛晶等地質學院、航空學院等學院的造反派頭頭，並於17日到20日召開「少數派座談會」，事實上為北京造反派紅衛兵的聯合作了思想與組織的準備。朱成昭、韓愛晶都鼓勵蒯大富成立一個組織。在他們的支持下，蒯大富集合了幾十個同患難的「蒯派」戰友，於9月23日成立了「井岡山紅衛兵」，地院、北航來了幾百人，以壯聲勢。[38]

這時，文革形勢又有了新的變化。10月2日，《紅旗》雜誌13期發表了社論，發出了「批判資產階級反動路線」的新號召。社論指出：「有些地方有些單位有極少數人採取新的形式欺騙群眾，對抗十六條，頑固地堅持資產階級反動路線」，「要不要批判資產階級反動路線，是能不能貫徹執行文化大革命的十六條，能不能正確進行廣泛的『鬥批改』的關鍵」。這是毛澤東的又一個重要的戰略部署。這是因為儘管在八屆十一中全會上，已經將劉少奇排除在最高領導層外，劉少奇的問題也在黨內揭開，但從8月到10月，要推行毛澤東的文革路線依然阻力重重，這不僅是因為劉少奇所堅守的官僚政治的傳統勢力在黨內依然強大，一時難以撼動，而且劉少奇的文革路線更是

學院的另一位造反派頭頭朱成昭，要幫助蒯大富。據說朱成昭還提到，周恩來也有過要支持蒯大富的意見。因此，下文提到蒯大富在首都三司大會上帶領宣誓，應該是中央文革和周恩來的意見，背後又顯然有毛澤東的支持。——此說法可供參考。

38　蒯大富：《潮起潮落》，《回憶與反思：紅衛兵時代風雲人物——口述歷史之一》，第341，346，347頁。

代表了各級黨組織的領導幹部的利益，毛澤東號召群眾造反，自然要受到頑強抵制。也就是說，如果不徹底摒棄以官僚政治為基礎和依託的劉少奇文革路線，毛澤東的個人獨裁政治與群眾政治相結合的文革新路線，就不可能順利推行，而且有因遭遇軟抵抗而消解變質的危險。毛澤東顯然看到了這一點，他的應對辦法就是進一步發動群眾，用群眾政治來對抗官僚政治，用大批判開路，這就是毛澤東在10月初要發出「批判資產階級反動路線」的號召的原因所在。孫怒濤在回憶裏，談到他讀到《紅旗》13期的社論，立即敏感到，在這樣的新形勢下，清華主要的紅衛兵組織中，清華大學紅衛兵因其保守立場必然要遭淘汰，而毛澤東思想紅衛兵也「因其思想右傾，軟弱無力，內部分裂，無法再深入批判工作組所執行的(劉少奇)資產階級反動路線」，「只有新成立的井岡山紅衛兵，高舉起批判資產階級反動路線的大旗，才是我校新興的最堅定的革命力量」。[39]他的感覺是對的：毛澤東此時要向劉少奇文革路線發起總攻擊，不僅保守派紅衛兵要成為打擊對象，也不能依靠溫和派紅衛兵，只有受劉少奇的資產階級反動路線壓迫最深，反抗也最堅決的激進派紅衛兵才是他所需要的「革命先鋒」，群眾政治的中堅力量，他的文革路線的依靠對象。在這樣的背景下，蒯大富的政治意義和價值再一次突顯出來，他領導的於此時成立的井岡山紅衛兵可以說是應運而生。

以後的事情的發展，都是順理成章的：10月6日，「首都大專院校紅衛兵革命造反總司令部」(簡稱「首都三司」)在首都工人體育場召開了有北京和地方各大專院校師生十萬人參加的「全國在京革命師生向資產階級反動路線猛烈開火誓師大會」，這也是三司的第一次公開亮相。周恩來、江青等中央領

39　孫怒濤：《良知的拷問：一個清華文革頭頭的心路歷程》，第 422 頁。

　　　　　　　　　　燭火不息：文革民間思想研究筆記

導都出席了大會，作了講話。中共中央政治局常委、中央文革小組組長陳伯達代表中央公開點了劉少奇、鄧小平的名，批劉大戰由此而開始。蒯大富以「首都三司負責人」的身份，帶領與會紅衛兵宣讀「誓詞」。在會上由張春橋的引見，蒯大富第一次見到了江青。從此，蒯大富由清華走上全國文革政治舞台。社會上開始稱他為「蒯司令」，儼然成為全國紅衛兵的領袖，文革群眾政治的重要代表。井岡山紅衛兵也迅速壯大，成為清華文革的主導力量，並逐漸走向全國。[40]

2. 三次重要出擊

蒯大富領導的井岡山紅衛兵既是因毛澤東批判劉少奇文革路線的戰略需要而產生，緊跟以毛澤東為首的文革派，也可以說是順理成章。於是，就有了這樣的自覺的站隊：「要永遠記住：我們清華井岡山要做中央文革的鐵拳頭。我們的命運和中央文革，江青同志緊緊地聯在一起，和無產階級文化大革命的命運聯在一起」。[41] 這也決定了井岡山紅衛兵在相當一段時間都以相當大的精力參與全國文革運動，發揮了「急先鋒」的作用，並且大都有毛澤東和中央文革小組的相關指示，可以說是「奉旨造反」，這是最能顯示文革群眾政治的依附性，以及群眾政治與高層政治的密切關係的。

於是，就有了三次重要出擊。

第一次，是張春橋於1966年12月18日單獨接見，對如何以群眾運動的形式鬥爭劉少奇、鄧小平，向蒯大富作了交代。張

40　蒯大富：《潮起潮落》，《回憶與反思：紅衛兵時代風雲人物——口述歷史之一》，第 347–348 頁。

41　《井岡山》第 149 期（1968 年 6 月 28 日）文章。轉引自唐少杰：《一葉知秋：清華大學 1968 年「百日大武鬥」》，第 119 頁。

春橋説：「從全國來看，資產階級反動路線相當猖狂，現在還是要批判資產階級反動路線。中央那一兩個提出資產階級反動路線的人，至今仍不投降」，「你們革命小將應該聯合起來，發揮徹底革命精神，痛打落水狗，把他們搞臭。不要半途而廢」。[42] 蒯大富在回憶中特意談到，以後王力告訴他，「是毛澤東授意讓張春橋找我的」。他自己也認為，「毛主席可能是想公開，但又不好自己提出來，而從群眾組織的角度提出來，很符合毛主席的想法」。當晚，蒯大富就回到清華開會傳達，討論時也有不同意見，認為劉少奇還是國家主席，中央沒有明確意見，不宜把反對劉少奇的大字報帖到大街去。蒯大富等則堅持説，中央文革小組把如此重大任務交給我們，不應辜負如此信任，必須勇往直前。於是，就在12月25日組織了五千人上街，在天安門集合，又兵分五路，到天安門、王府井、前門、西單等主要街道遊行宣傳。不到一個星期，打倒劉少奇的大字報、大標語就鋪天蓋地，遍佈全城。12月30日，江青親自來到清華，表揚説：「你們幹得對，幹得好！毛主席向你們問好！」[43]

緊接着，1967年1月6日，井岡山紅衛兵就演了一場「騙鬥王光美」的惡作劇，蒯大富説，這是下面一個「捉鬼隊」籌謀的，他並不知情，這是可能的：這正是青年群眾政治的特點，帶有很大的自發性與遊戲性。但1967年4月10日再次批鬥，卻是得到江青、康生點頭的，這是因為這時剛發表戚本禹的《愛國主義還是賣國主義》，雖未直接點名，但批判矛頭顯然已經指向了劉少奇，正需要群眾配合。但井岡山紅衛兵在批鬥時讓王光美穿旗袍、戴乒乓球項鍊，卻依然是將政治鬥爭娛樂化的故

42　唐少杰：《一葉知秋：清華大學 1968 年「百日大武鬥」》，第 118 頁。

43　蒯大富：《潮起潮落》，《回憶與反思：紅衛兵時代風雲人物：口述歷史之一》，第 353–354 頁。

技。據説這樣的惡作劇引起了周恩來的反感，他批評説：「無產階級革命派應該光明磊落，我們不搞彭羅陸楊的手法」即不能搞陰謀詭計。[44] 這或許也是能多少反映周恩來和蒯大富這樣的激進造反派的態度與關係的：他會忠實執行毛澤東支持造反的指示，但他自己內心恐怕對蒯大富們的不守政治規矩的「亂來」是深感頭疼的，他無法像毛澤東那樣欣賞越軌行為，他和激進造反派始終是若即若離的。蒯大富晚年回憶中對張春橋和江青都堅持同情和理解的態度，談到周恩來，則既表示「佩服」，又説他「比較複雜」，這都是不無道理的。[45]

1967年4月，以蒯大富為首的清華井岡山紅衛兵又有了一個大動作：他們在首都大專院校師生代表座談會上，提出要以首都紅代會紅衛兵記者的名義，去外地調查和收集文革情況。在場的王力立即表示同意。沒有材料説明，井岡山紅衛兵的動議背後有沒有中央文革小組的指示；但可以肯定，他們的這一動作，是「正中下懷」，完全符合毛澤東為首的中央文革派此時此刻的政治需要：在「一月奪權」以後，又出現了「二月鎮反」，許多地方軍隊大舉抓捕造反派，僅四川一省就抓了八萬餘人，青海還發生了軍隊直接向群眾開槍，造成169人死亡、178人受傷的「二二三事件」。而鎮壓造反派其實矛頭是指向中央文革小組的，中央文革為此專門在4月2日《人民日報》發表《正確對待革命小將》的社論，發出了「不要壓制造反派紅衛兵」的警告。4月6日，又經林彪提出，中央文革小組討論，由毛澤東批准，發佈《中央軍委十條命令》，明令「不准任意把群眾組織宣佈為反動組織，加以取締」，「不准隨意捕人，更

44　蒯大富：《潮起潮落》，《回憶與反思：紅衛兵時代風雲人物：口述歷史之一》，第 349–352，358–359 頁。

45　同上，第 378–380 頁。

不准大批捕人」。《十條》發佈後，全國各大軍區、省軍區都不同程度遭到造反派的衝擊，軍隊與造反派(及支持他們的中央文革小組)的矛盾普遍激化。[46] 在這樣的情勢下，就需要再度借助最能領會毛澤東意圖的北京激進派紅衛兵的力量，到地方傳達中央文革派的聲音，支持各地造反派。一周內，井岡山兵團總部先後向哈爾濱、長春、瀋陽、南京、杭州、重慶、昆明等地派出記者站或調查組，有關頭目還去上海、福州、廣州、武漢等地活動，多次參加當地形勢討論會、座談會，把毛澤東和中央文革小組領導的指示、講話散佈給地方群眾，並支持與參與當地造反派的革命行動，同時又把外地的文革情況彙報給中央文革，特別是反映軍隊支左、軍隊幹部與群眾關係的情況與問題。這也就引起了各地駐軍的不滿，也一定程度激化了中央文革派與地方軍隊的矛盾。[47]

這樣的矛盾的逐漸激化，就導致了武漢駐軍包圍毛澤東住地，要求揪出王力的「七二〇事件」。在北京召開的歡迎王力等的大會上，蒯大富在天安門城樓上親耳聽到林彪對周圍的人一字一句地說道：「從前，我們要做文章，可惜沒有找到題目。現在他們給我們出了題目，我們正好可以抓住大做文章」。蒯大富還注意到，林彪對大會呼喊的「打倒軍內一小撮」、「打倒陳再道」都舉了手，他理解林彪的意思就是要「抓住七二〇的事情，抓住軍內一小撮反毛主席的事件，大做文章」。他又聽王力說，陳再道是原紅四方面軍的，就更認為林彪是要把軍隊裏「反他的力量打下去，為他當接班人掃清道路」。王力還告訴蒯大富：「毛澤東受武漢『七二〇事件』刺

46　參看卜偉華：《「砸爛舊世界」：文化大革命的動亂與浩劫》，第460，461，463–466頁。

47　唐少杰：《一葉知秋：清華大學1968年「百日大武鬥」》，第53–55頁。

　　　　　　　　　　　　爛火不息：文革民間思想研究筆記

激很大，感到很絕望，好像軍隊已經亂了，對軍隊也缺乏信任感了」，以後又聽說毛澤東有「武裝左派」的指示。這都使蒯大富敏感到毛澤東為首的無產階級司令部似乎有了新的戰略部署，文化大革命要進入一個新的階段。7月30日，在清華召開了由團派主持的「全國造反派頭頭形勢討論會」。蒯大富發言說：「下一年的戰鬥任務就是專門解決各大軍區的軍權問題」，「陳再道的後台就是徐向前，讓我們把徐向前揪出來，批倒批臭」，「要拿起槍桿子」。團派的機關報《井岡山》也接連發表社論，提出「打倒帶槍的劉鄧」、「革命造反派武裝起來」的口號。井岡山紅衛兵還迅速行動起來：乘車衝進徐向前家，企圖綁架；召開批鬥彭德懷、羅瑞卿大會，以造聲勢，等等。團派和四一四派都向外地派出「聯絡站」，直接參與當地反軍活動，遍及全國22個省、市、自治區。蒯大富回憶說，後來是周恩來接見，提醒「不要搞串聯，不能參與軍隊的文化大革命」，他才收了手。[48]

可悲的是，這回蒯大富等激進造反派自以為領悟了毛澤東為首的無產階級司令部的戰略意圖，因而緊緊跟上，連四一四這樣溫和派也不甘落後；卻不料高層政治本不可測，毛澤東更是多變，轉眼間，為了穩定軍心的大局，又將王力，連同戚本禹、關鋒，一起以「反軍亂軍」的罪名，拋了出來，還由周恩來傳出「最高指示」：「去年出去(鼓動造反)是對的，今年就不是時候了，幫了倒忙」。儘管「幫了倒忙」還不算大罪，但正如另一位四一四頭頭唐偉在他的回憶裏所說，卻是「老蒯由盛而衰的

48　蒯大富：《潮起潮落》，《回憶與反思：紅衛兵時代風雲人物——口述歷史之一》，第 377–378 頁。唐少杰：《一葉知秋：清華大學 1968 年「百日大武鬥」》，第 56–62 頁。

轉捩點」，[49] 如果一再「幫倒忙」，是遲早要被拋棄的。

三、從文爭到武鬥：造反派的分化

我們再把目光轉向清華校園內部。事實上，隨着文革的發展，大學生紅衛兵造反派參加社會上的運動的空間越來越小，最後必然把主要注意力集中到學校自身的運動，同樣演出了驚心動魄的一幕。

1. 群眾政治主宰校園：一個難得的歷史空隙

在許多清華人，特別是清華造反派紅衛兵的記憶裏，從劉少奇工作組撤離，到工宣隊進校，也即1966年8月到1968年7月，短短兩年的時間裏，在清華大學歷史上，甚至是中華人民共和國歷史上，都是「最為獨特的時期」。由於停課，校、系各級的行政、教務管理幾乎全部停頓；由於對黨委的否定和衝擊，校、系、班級黨組織全部停止活動，不再發揮領導作用。整個學校工作的運行，運動的推動，「改由群眾自己組織的各式各樣的群眾組織來進行『自我教育和自我管理』」。這樣的以群眾政治取代官僚政治，確實是一個難得的歷史空隙，不僅空前，而且絕後。人們這樣描述學校的新秩序：文革一開始，毛澤東就許諾的「大鳴，大放，大字報，大辯論」的「四大自由」和「巴黎公社式的選舉」兩項群眾政治的基本條件和原則都得到認真實行，「那時候，民眾自由結社，基本上沒有問題。我們跨系跨年級，組織戰鬥組，自行選舉群眾組織負責人。言論自由，也是實實在在的，群眾可以貼大字報，可以召

49　唐偉：《從清華文革談清華校訓》，收《良知的拷問：一個清華文革頭頭的心路歷程》，第310頁。

　　　　　　　熿火不息：文革民間思想研究筆記

集會議，人人可以上台辯論。出版呢，群眾可以編寫和印刷小冊子，群眾組織自己辦報紙，也是可以的。比如當時清華《井岡山報》的發行量可能比許多官方報紙都大得多」。[50]

這樣的有限、短暫的思想、言論、結社、出版自由，對這一代大學生來說，無疑是一次難得的思想解放。如他們自己所說，「文革之前，我們都是在大一統的價值觀念下生活，年輕人的思想被禁錮在設定的框架之中，自由思考被視為一種不能容忍的異端追求」，[51]「在文革之前，經過反右、『三面紅旗』、學『九評』、參加『四清』等政治運動的『洗禮』，在我們腦海中已經深刻地印下了『反黨就是反革命』、『反黨分子人人得誅之』這樣的烙印，什麼是反黨？凡是對黨的方針政策有異議的，對黨不滿有牢騷的，甚至對某個黨組織有不同意見的，與黨的某個基層領導有爭執的，都有可能上綱成對黨的攻擊，都有可能被視為反黨」。現在卻可以「懷疑一切」了，儘管還有一個限制：要「用毛澤東思想」來「懷疑」，但至少可以對黨的各級領導表示「不滿」，對黨的方針政策提出「異議」，那些「設定的框架」、「大一統的價值觀念」等等，也都因此而開始動搖了。[52]如另一個清華人所說的那樣，「我還會像過去那樣對校黨委和工作組那樣積極靠攏，坦誠交心了嗎？顯然不會了」，「兩年多的自由生活，強烈淡化了我的組織意識，解除了紀律對自己的約束」。[53]前文談到文革是毛澤

50　陸小寶：《文革研究的一個新課題》，收孫怒濤：《良知的拷問：一個清華文革頭頭的心路歷程》，第 214 頁。

51　王允芳：《磊落的一生》，收《良知的拷問：一個清華文革頭頭的心路歷程》，第 31 頁。

52　孫怒濤：《良知的拷問：一個清華文革頭頭的心路歷程》，第 697，698 頁。

53　王允方：《求索與啟蒙》，《良知的拷問：一個清華文革頭頭的心路歷程》，第 77 頁。

東式的「宗教改革」，在這一代清華人的感受裏，「這有點像歐洲宗教改革後對聖經的解釋不由牧師壟斷一樣，信仰者已經有了一點解釋它的機會與權利了。這畢竟是一個解放我們心靈的變化」。[54]儘管「聖經」的控制依然存在，但至少有了自己的解釋權，文革中也確實出現了不同於官方解釋的對馬克思主義經典的獨特理解，思想壟斷也就開始打破，這畢竟也是一種解放吧。

許多人還談到了作為群眾政治的另一個核心內容「自己管理自己」的積極意義：它是對群眾社會自治能力的有力有效訓練。群眾政治中所形成的不同派別，儘管出現了我們將在下文詳加討論的弊端，但畢竟「容納了同學們參與政治的熱情要求，反映了各自的不滿與訴求，它煥發出來的蘊藏在人們身上的責任感、創造性、效率與學習能力，遠遠超過了任何人的想像」，[55]甚至有人認為「可以將它們看成是兩黨政治的雛形」。[56]這也是一所大學，政治與社會大學。經歷過文革的這一代大學生，許多人都有較強的政治意識，行動能力，組織、自治能力，文革中兩大派別中的許多骨幹後來都成為改革開放與民主政治的推動力量，是與他們經過了這樣的政治與社會自治的訓練不無關係的。

更值得注意的，是這裏提到的「學習」問題。文革中的群眾中政治，並不只是打打殺殺，或者說，經過了最初的打打殺殺之後，總有一些人，從政治狂熱中冷靜下來，開始面對文革中遇到和提出的種種問題，也包括自身的思想困惑，就有了重

54　鄭易生：《反思極端思維方式》，《良知的拷問：一個清華文革頭頭的心路歷程》，第 258 頁。

55　鄭易生：《反思極端思維方式》，《良知的拷問：一個清華文革頭頭的心路歷程》，第 259 頁。

56　陸小寶：《文革研究的一個新課題》，《良知的拷問：一個清華文革頭頭的心路歷程》，第 227 頁。

燭火不息：文革民間思想研究筆記

新思考與學習的要求。正是在這樣的背景下，一股「自由讀書」的浪潮就在校園裏暗暗湧動，這是這些年人們十分關注的文革後期「民間思想村落」的讀禁書的發端。這不僅是因為讀書、學習是青年學生的本性，清華大學的這些佼佼學子更是如此；而且校園裏放任不管、相對自由的環境，也最適於自由讀書。正規的教授主導的大學停課了，以學生為主的「自修大學」反而有了發展的機會。於是就有了這樣的回憶：一群四一四派的大學生聚集起來，大約二十餘人，也參加運動，作了一些解放幹部的工作，革命之餘，就一起到處找書讀：「與書友們暢所欲言地交換心得，坦誠無慮地發表看法，理性平靜地進行討論」，「如此集中、大量、專注而又自由的閱讀，以及伴隨其中的腦力激蕩，在我的人生經歷中，過去沒有，後來也很少有過。這是一個心靈洗練、精神醒悟的過程，對我思想啟蒙的影響，深刻而又久遠」。回憶中還留下了一份書單和當時的讀書筆記，這就為我們認識特殊年代的那一代大學生讀書生活、精神追求與狀態提供了寶貴的資料。這裏要介紹的是他們最熱衷讀的九本書。梅林的《馬克思傳》——「我懂得了要成為一個革命者，首先需要正直、忠誠，不能偽善、墮落；為了追求真理，必須積極參與社會活動，不能像乳酪裏的蛆蟲一般，逃避現實的鬥爭」。伏尼契的《牛虻》——「他渴望冒險，視死如歸」，「鋼鐵般的堅忍力量，火一般的革命精神，以及近乎病態的拼命主義精神，緊緊攫住讀者的心扉」。車爾尼雪夫斯基的《怎麼辦》——「(主人公)拉赫美特夫近於自虐性的苦行僧式鍛煉，在釘滿了幾百個釘子的床上睡覺」，以及他作為革命者「在感情和性愛關係上的特殊態度」，都引發熱烈的討論，「我們平日的話題，都圍繞着這本奇書」。美國記者安娜·路易士·斯特朗的《斯大林時代》——第一次得知

斯大林時代在「1936–1938年大清洗時期發生的駭人聽聞的事情」，作者又告訴我們：「人類一切進步都要用極大的代價去換取，不僅要有英雄們死於疆場，也要有人受冤屈而死去」，「這種血腥的代價是不是值得？我深感困惑」。托洛斯基《斯大林評傳》——突然接觸到黨的高層領導內，「居然會有如此激烈、如此殘酷而又齷齪的內鬥」，我「手腳冰冷，毛骨悚然」；書中提到「領袖與國家體制的關係問題」，更是「發人深省」。蘇聯學者凱爾任策夫的《巴黎公社史》——第一次對巴黎公社的原則有了歷史的具體瞭解，其中最重要的就是：「工人掌握了政府的職能」；同時開始追問「巴黎公社為什麼失敗？」而對「巴黎公社失敗了，但是公社的精神永存不朽」印象尤其深刻。最後必然將文革與巴黎公社「相互類比」：「難道毛澤東無產階級專政下繼續革命的目標正是要把中國帶到一百年前巴黎公社那樣的政治結構去嗎？我對此感到茫然不解」。威廉·夏伊勒《第三帝國的興亡》——引發的思考是：「納粹為何能夠興起？造成納粹上台的群眾基礎是什麼？」作者特意談到，納粹的成功在於「他們知道如何建立一個群眾運動」，「他們掌握了在群眾中宣傳的藝術」，「他們知道『精神上與肉體上恐怖』的意義」，這都引發了內心的震動。印象最深的最後兩本是狄更斯的《雙城記》和雨果的《九三年》，它們的共同特點是「對革命的同情與對暴力的憎惡相互糾纏在一起」，這是最能打動與啟發這些文革中的大學生的。而兩位作者的基本立場：「在絕對正確的革命之上，有一個絕對正確的人道主義」，也許還不能讓處於文革高潮中的年輕人立刻接受，但懷疑也在悄悄發生。從以上簡單介紹裏，可以看出，文革特殊條件下的校園「自修大學」裏的自由讀書，對這一代大

學生的思想影響是兩個方面的：一方面繼續培育和強化了他們的做馬克思那樣的革命者的志向，和牛虻式、拉赫美特夫式的革命英雄主義情結與精神氣質；另一方面，又極大地打開了他們的視野，使他們從巴黎公社試驗、斯大林時代的蘇聯，以及納粹德國的歷史對照裏，面對文革的中國現實和問題，就有了全新的思考。其中所提出的「革命與人道主義的關係」問題，對他們以後進一步的反思，更是播下了重要的種子。當然，這樣的影響都是潛移默化的，重要的是，懷疑已經產生，思考已經開始。當事人把他們這樣的校園裏的自由讀書、思考與討論，稱之為「自我啟蒙」，是有充分理由的。[57]

所有這一切：在擺脫了基層黨組織的領導與掌控，群眾政治主宰的校園裏，出現的言論、結社、出版自由，思想的解放，參與政治、獨立自治的意識與能力的訓練，以及自我啟蒙，無論如何，都應該看作是一個歷史的進步。正像孫怒濤在他的反思裏所説，「我不認為那點解放有多深遠的意義，那僅僅是禁錮的思想牢籠裏的一絲微光。我不認為兩派互相制約監督有多大的實際作用，那僅僅是沒有法制的用於兩派惡戰的派性手段。我不認為那點民主權利就是我所追求的法治下的民主，甚至是假民主。儘管這樣，我還是認為在文革歷史上這一點微小的積極意義也是應當肯定的。針對當今的中國，是具有現實的借鑒意義的。而歷史的進步，不可能是一蹴而就的，是一小步一小步慢慢積累的」。

我們這裏所面對的正是歷史的複雜性：歷史的進步性與局限性是相互糾纏的；而文革時期的群眾政治的局限性，或許是更帶根本性的。因此，我們在肯定了文革群眾政治的積極意義

57　王允方：《求索與啟蒙》，《良知的拷問：一個清華文革頭頭的心路歷程》，第 89–105 頁。

以後，就要更集中地討論其歷史的局限，以便從中吸取經驗教訓，這也是本文研究的重點所在。

在作更全面的展開之前，先作兩點討論。首先，就像前文已經說到的那樣，文革中的群眾政治是與獨裁政治共存為一體的，它們共同對抗官僚政治，而主導者始終是獨裁政治。也就是說，文革群眾政治本身就是適應毛澤東的獨裁政治的需要，並由其扶植的產物，是一種受控制的，因而具有先天性的依附性政治：成為其存在前提的言論結社自由，既是毛澤東所賜予，也是毛澤東可以隨時收回的。它的造反，就每一個個體而言，固然都有自身內在的原因與邏輯，但作為一個群體，卻基本上屬於「奉旨造反」。其造反的精神資源也基本來源於毛澤東思想和指示。像前文討論的蒯大富的井岡山紅衛兵以充當毛澤東為首的中央文革派的「鐵拳頭」為使命與追求，自覺為貫徹、保衛毛澤東的文革路線而戰，都是由其本性決定的選擇。這都說明文革時期的群眾政治是具有歷史的脆弱性的。

更值得注意的，是文革群眾政治的理論基礎，基本信念與行為方式是無政府主義與民粹主義。文革群眾政治反對官僚政治的合理性、積極意義是在它反對官僚特權，但將其推向反對任何權威，精英，集中，強制，管理以及相應的管理階層的存在的必要的極端，就成了「無政府主義」。而無政府主義的「反權威」其實是要維護自身(群眾)的權威，是很容易導致群眾專政的，這就是無政府主義的內在的專制性。因此，無政府主義又是反法制的，是一種「無法無天」的「大民主」。蒯大富後來在總結文革的歷史教訓時說：「所謂大民主的方式，沒有法制的保障，必然演化到暴民政治，結果要麼就是暴政，要麼就是暴民。這兩個極端，都不能長治久安」。[58] 這是一語道

58　蒯大富：《潮起潮落》，《回憶與反思：紅衛兵時代風雲人物——口述歷

破了無政府主義的實質與危害的。

　　無政府主義之外，還有民粹主義，其集中表現就是所謂「群眾崇拜」。它是與文革中達於頂峰的「個人崇拜」相互補充的，都是文革群眾政治與獨裁政治的產物，構成了文革意識形態的重要潮流。群眾崇拜的公開鼓吹者是林彪。他在文革一開始就提出：「革命的群眾運動，它天然的是合理的」，[59] 這就把毛澤東思想中的群眾政治觀推向極端，「將群眾意志神聖化，普遍化，以群眾的思想和行為為絕對價值」，「將群眾的無拘束、無控制、非理性的『自由』當作一種烏托邦式的理想」，所謂「群眾自己相信自己，自己教育自己」變成了「群眾的自我崇拜」，「人民當家作主」變成無政府主義的隨心所欲。[60] 這樣的群眾拜物教，最終也必然導致群眾暴力與專政。正是這樣的內在暴力性與專制性，就決定了以無政府主義、民粹主義為內核的文革時期的群眾政治，即所謂「大民主」政治，儘管也有特定歷史條件下的積極意義，但卻不能發展為現代公民政治，現代民主政治。這是一個根本性的局限。

2. 群眾掌權以後面臨的考驗

　　群眾政治主宰校園也分幾個階段。從1966年8月到12月，是蒯大富為首的井岡山紅衛兵和八八派的毛澤東思想紅衛兵（又分「八八總部」和「臨時總部」）三大群眾組織並存的階段。1966年12月21日，三大組織經協商，成立了「井岡山兵團」。蒯大富因其在反對工作組時所表現出的執著、堅韌和機敏、口才，

史之一》，第385頁。

59　林彪：《在中央工作會議上的講話》（1966年10月25日）。

60　劉曉：《意識形態與文化大革命》，第289頁，台北洪葉文化有限公司，2000年。

以及毛澤東和中央文革小組對他的支持，而獲得清華造反派的信任，被推選為第一把手。這樣，這位「蒯司令」就成了有着悠久歷史與國內外巨大影響的清華大學的掌權者。這在清華歷史上也同樣空前絕後。人們自然關心：他如何掌權？怎樣治理學校？很快就有了對他的不滿和批評：擔任兵團第三把手的前文提到的唐偉就認為蒯大富「志得意滿，任人唯親，唯我獨左，懷疑一切，自我膨脹」，並想起周恩來曾經的警告：「當你們這些紅衛兵小將受壓的時候，我們不擔心你們會犯錯誤。現在你們開始掌權了，到了你們犯錯誤的時候了」，在蒯大富拒絕接受自己的意見的情況下，就自動辭職，離開了總部，並於1967年1月在兵團下成立了毛澤東思想縱隊、八八縱隊、天安門縱隊等所謂「縱隊派」也即內部反對派。[61] 蒯大富為首的總部及其支持者也立即反擊，認為「唐偉等人反總部是資產階級反動路線新的代言人」，並提出：在清華「對待兵團的態度，就是真革命、假革命和反革命的分水嶺」。蒯大富也發表聲明，認為「托派分子(即托洛斯基派，斯大林的反對派，文革時被視為「修正主義者的鼻祖」)在趁機奪權」。這樣就引發了兵團總部與縱隊派的更加激烈的爭辯，一直延續到1967年4月的最後分裂。[62] 而蒯大富也因為不容不同意見而備受批評，被認為是「造反有力，治校無方」，以後就有了「打天下者不能治天下」之說，下面我們會有詳盡討論。後來毛澤東也批評蒯大富，說他自我「膨脹」，「全身浮腫，害浮腫病」，做事「很蠢」。[63] 這一點，蒯大富是認賬的，他在回憶錄裏就坦然

61　唐偉：《從清華文革談清華校訓》，《良知的拷問：一個清華文革頭頭的心路歷程》，第 306–307 頁。

62　孫怒濤：《良知的拷問：一個清華文革頭頭的心路歷程》，第 439，679 頁。

63　毛澤東等同聶元梓、蒯大富、譚厚蘭、韓愛晶、王大賓談話記錄（1986 年 7 月 28 日）。

承認：「那時，整個清華就在我手下了」，「一下子在這麼大的清華掌權後，我就有點得意忘形了」，「那種自我膨脹，那個時期都難以想像啊」，第一次見到許世友司令員，他就說：「蒯司令，我是你們的士兵啊⋯⋯」，連鄧大姐見面也說：「我是你們的市民⋯⋯」（按，蒯大富當時還是北京市革委會常委）諸如此類的事情很多，「我也就有點飄飄然，以為自己不得了了」，「那膨脹的速度簡直快得不得了」。[64]

　　這裏說的都是實話，實情。但如果把問題都歸結為蒯大富個人修養，經不起考驗，就過於簡單化與表面化了；其內在的更深層次的原因，正是我們要討論的。

　　有研究者指出，文革時期群眾政治裏的群眾組織是有「準政黨取向」和「準政權取向」的。1968年初開始「整黨建黨」，團派的某一戰鬥小組還貼出「清華一切黨權歸團派」的大標語。據說團派還下令清華黨員到團派總部登記。這自然是不懂中國政治的幼稚之舉，但也說明，一部分群眾政治的鐵桿骨幹，是有取而代之的傾向，至少把自己所在組織看作是學校最高政治代表和權力代行機構的。[65] 但文革中興起的群眾政治自身是既無傳統又無政治資源的，造反派群眾所受的教育決定了他們只能從共產黨那裏尋找組織與思想資源，並且仿而效之。這正是文革群眾政治的一個悖論：一方面，它們反對黨的官僚政治，試圖取而代之；但正像研究者所說，它所面對的是一個「強大而且富有大一統控制經驗、控制制度和控制組織的君主專制的官僚政治」，它「過於早熟，過於強大，過於先

64　蒯大富：《潮起潮落》，《回憶與反思：紅衛兵時代風雲人物──口述歷史之一》，第 363 頁。

65　唐少杰：《一葉知秋：清華大學 1968 年「百日大武鬥」》，第 171–174 頁。

進」，因而具有極強的同化力，[66]即使是反對者，甚至試圖取而代之者也難免被同化，而這是文革群眾政治的命運。

蒯大富的問題正在於此：他反對官僚政治，但自己掌權時，無論是思維、觀念、行為方式，依然是官僚政治那一套。前文提到的所謂「對井岡山團部的態度是真革命、假革命、反革命的分水嶺」，其內含的邏輯就是「誰反對以蒯大富為首的井岡山團部，誰就是反革命」，這不過是「反對黨的某位領導，就是反黨」的官僚政治邏輯的翻版。引起反感的，還有蒯大富下令編輯出版《蒯大富大字報選編》，印了50萬冊，同學們都戲稱為《蒯選》，[67]這樣露骨地宣傳個人，顯然是文革時期的獨裁政治的「活學活用」。孫怒濤在回憶中提到，他開始始終想不明白，「為什麼蒯大富一掌了權，就要反唐(偉)、反『八八』(派)」，後來他「知道了斯大林一上台也是把托洛斯基、布哈林等一個個搞掉的。毛澤東一建了國也是把高崗、彭德懷、劉少奇一個個搞掉的」，這樣一想，「蒯大富這樣做就毫不奇怪了」：他只是按照「手握大權以後，就要消除異己，消滅盟友，建立極權專制」的黨的官僚政治的「慣例」行事而已：「同樣的體制，同樣的理論，同樣的路線，會做同樣的事情」。[68]問題正是在於，體制、理論、路線都沒有變，就必然要「做同樣的事」：這是一種被官僚政治同化了的群眾政治。

最能表現這樣的「同化」的，是蒯大富的《三十六條權

66　孫越生：《官僚主義的起源和元模式》，第53，54頁，福建教育出版社，2012年。

67　唐偉：《從清華文革談清華校訓》，《良知的拷問：一個清華文革頭頭的心路歷程》，第306頁。清華老校友梁頌輝先生在網上看了此文以後指出：據他所知，兵團總部編印的《蒯大富大字報選編》鉛印本並未付印。社會上流傳的油印本有好幾個版本。而油印本不可能達到50萬冊。

68　孫怒濤：《良知的拷問：一個清華文革頭頭的心路歷程》，第442頁。

熀火不息：文革民間思想研究筆記

術》。我們還看到一個農民造反派當上縣委書記掌權以後總結出的「權經」，正好一併討論，這是很能看出文革中的群眾政治的特點，及與黨的官僚政治、獨裁政治的關係的。仔細分析，就可以發現這些權經、權術包含了四個方面的內容。一是「權力崇拜」，「唯權力取向」：「真正的革命派，應該滿腦子裏想的是奪權，眼裏看的是奪權，雙手幹的是奪權」，「有人笑我們滿腦子是權權權，是一個念念不忘奪權的『野心家』。在政權問題上，我們就是毫不含糊，當仁不讓！我們寧可做『野心家』，也不願意當糊塗蟲，馬大哈」，「得到政權後就得運用，而且不容得稍稍猶豫，正是『一朝權在手，便把令來行』」，[69]「要敢於用權。你敢於用權，人家才服權。你不敢於用權，人家當然不服權」。[70] 這樣的權力崇拜基於毛澤東的「革命的根本問題是政權問題」的思想，直接源於林彪在文革一開始就提出的「有了政權──就有了一切。沒有政權，就喪失一切」的論斷，[71] 這句話不僅高度概括了共產黨的政治理念與經驗，也成為文革的獨裁政治和群眾政治的出發點，歸宿和基本內容。一切圍繞「權」而展開，「『權』彷彿成為貫穿文革機體的『神經』。有無權力，權力大小等等成為文革政治生活，也是文革群眾組織的永恆主題」。[72] 其二，權力的暴力化：「無產階級對資產階級必須選擇在適當的時間給以毀滅

69　蒯大富：《無產階級大奪權萬歲》（1967 年），收《權術三十六條》（1968年），《邊緣記錄：〈天涯〉，民間語文精品》，第 400–401 頁，南海出版公司，1999 年。孫怒濤認為《權術三十六條》「不一定都是蒯大富自己成文的」，但他確實講過不少與權經相類似的言論，見《良知的拷問：一個清華文革頭頭上的心路歷程》，第 465 頁。

70　某農民造反派出身的縣委書記的權經，轉引自盧躍剛：《大國寡民》，第291 頁，中國電影出版社，1998 年。

71　林彪：1966 年 5 月 18 日在中央政治局擴大會議上的講話。

72　唐少杰：《一葉知秋：清華大學 1968 年「百日大武鬥」》，第 174 頁。

性打擊。能現在消滅的就不要等到將來」，「菩薩心腸在階級鬥爭中站不住腳」，[73]「權在我們手裏，我們要抓就抓，想放就放。我們想什麼時候抓，就什麼時候抓」。[74] 這其實就是林彪所說「政權是鎮壓之權」的意思，[75] 這也是黨的政治(官僚政治和獨裁政治)的核心，在文革中更有廣泛影響。其三，鞏固權力的要素：「政治威信和組織手段是鞏固政權的兩大要素，要加強組織手段，即健全機構，清理壞人」，[76]「要學會製造輿論」。[77] 建立政治威信的關鍵又是集權，即所謂「當幹部要當秦始皇，要高度集權」。[78] 這裏所說「政治權威—組織控制—輿論操縱」三要素，確實是中國共產黨統治經驗的高度概括與總結，是最具特色的中國政黨、國家政治。現在，也滲透到了文革群眾政治中。其四，超越道德底線的權力操作：「在政治上只有頭腦而沒有良心」，[79]「政治鬥爭無誠實可言」，「只要目的是革命的，可以用一切手段」。[80] 只講政治謀略，不講人性、良心，就必然隨意越過道德底線，「為了達到目的而不擇手段」，這正是文革中盛行，禍害無窮的政治倫理。關於政治謀略與權術，蒯大富還有一番高論：「要實現自己的政

73　蒯大富：《權術三十六條》，《邊緣記錄：〈天涯〉民間語文精選》，第400–401頁。
74　蒯大富的一次講話，轉引自孫怒濤：《良知的拷問：一個清華文革頭頭的心路歷程》，第578頁。
75　林彪1966年5月18日在中央政治局擴大會議上的講話。
76　蒯大富：《權術三十六條》，《邊緣記錄：〈天涯〉民間語文精選》，第400–401頁。
77　某農民造反派出身的縣委書記的權經，轉引自盧躍剛：《大國寡民》，第291頁。
78　同上。
79　同注76。
80　蒯大富的私下言論，轉引自孫怒濤：《良知的拷問：一個清華文革頭頭的心路歷程》，第465頁。

治目標，必須進行長時間地積蓄力量。在這段時間內，不要由於自己的不慎重而被人搞垮」，「準備走曲折的路，善於利用間接的手段，達到直接的目的。迂迴是建立在明確的政治目標上」，「要善於利用革命高潮，把革命推向新階段，使長時間的量變產生飛躍。在這種關鍵時刻，切不可糊塗起來，要有氣魄，有膽量，機不可失，時不再來」，「山崩於前而不變色，遭到突然事變、大規模襲擊時，不要驚慌失措，要冷靜下來，迅速調查，分析事物本質，以採取相應措施」。我對此有過這樣一番分析：「這是把毛澤東的權勢權術真正琢磨透了：從『革命高潮』時發動大躍進；到『遭到突然事變』(大饑荒)時的『迅速調查』、『積蓄力量』、『利用間接的手段，達到直接的目的』；最後，又『有氣魄，有膽量』、『機不可失』地發動文化大革命。毛澤東就是這樣一路走過來的。其中的精髓、要義，現在被紅衛兵造反派的領袖領悟到了」。[81] 這些文革中的群眾領袖在掌權以後可以說是把黨的政治(官僚政治與獨裁政治)的觀念、思維、倫理、組織、手段，權勢與權術，全部接受，自覺繼承，他們自己也成了大大小小的「毛澤東」。如此全面、徹底的同化(黨化)，確實到了驚心動魄的地步。

3. 造反派紅衛兵的分化與分裂

這也就必然引發不滿，反思，抗爭，分化，以致分裂。在經歷了井岡山兵團內部的兩大派：兵團總部與下屬縱隊派的將近四個月的激辯以後，到1967年4月14日成立「四一四串聯會」，再到5月29日「清華大學井岡山兵團四一四總部」正式宣

81　錢理群：《文化大革命時代》(上)，《毛澤東時代和後毛澤東時代：另一種歷史書寫》(下)，第 081 頁。台北聯經出版事業股份有限公司，2014年。

告成立，就公開分裂成兩個造反派組織，分別簡稱為「團派」與「四一四派」。兩個總部獨立存在，各行其政，圍繞「該由誰掌權」這一核心問題展開了激烈的鬥爭，由文攻發展到大規模武鬥，「清華文革，從此走上了一條不歸路」。[82]

值得注意的，是清華大學在1967年春出現團派與四一四派的政治分歧與組織分裂，形成造反派中的「激進派」與「溫和派」兩大派別，並非孤立，而是一個全國性現象。當時，就有「全國性的『團派』和『四派』」之說。據說同屬「團派」(即激進派)的有：河南「二七公社」、長沙「湘江風雷」、哈爾濱「炮轟派」、成都「八二六」、重慶「反到底」、武漢「工造總」及「三鋼」等；同屬「四派」(溫和派)的則有：河南「河造總」、長沙「高司」、哈爾濱「山上派」、成都「紅成」、重慶「八一五」等。[83] 這樣的分析，自然是有道理的；但由於對各地的運動沒有具體研究，下面的討論就仍集中在對清華運動的討論，以上說法只能作一個大背景。

對於造反派的分化，四一四的產生，歷史當事人有這樣的解釋和分析：「四一四的出現，是當時大多數人內心希望減緩文革極端態勢的自發而有組織的表現」。[84] 對文革的「極端態勢」的不滿與抵制，應該包括兩個方面。一方面是針對掌權的紅衛兵即以蒯大富為首的團派的「變質」，特別是搞小圈子、壓制不同意見的專制傾向，另一面則是反映了「人心向善，民心思安」的訴求，人們對無止境的批判鬥爭，特別是文革暴力已經厭煩，希望「文革早點結束，社會早點安定，生產生活秩

82　孫洪濤：《良知的拷問：一個清華文革頭頭的心路歷程》，第 453，485，679–680，487 頁。

83　《和周泉纓談話紀要》，收《文化大革命和它的異端思潮》，第 381，384 頁。

84　鄭易生：《反思極端思維方式》，《良知的拷問：一個清華文革頭頭的心路歷程》，第 257 頁。

　　　　　　　　　　　　　燼火不息：文革民間思想研究筆記

序早點恢復」。[85] 因此，當《四一四思潮必勝》的作者在一次談話裏提出「休整，鞏固，妥協」的方針和「解放大多數」的政策，提醒陷於狂熱中的文革造反者：「事情的過程必須是波浪形的，有高潮，有低潮，有峰有谷，不能老向前進」，「突變和衝擊很必要，但不能老突變，老衝擊」，正是符合文革中後期的人心民意的。[86]

四一四也因此吸引了許多中間派的群眾。但當它舉起「反對派」的旗幟，就出現了更為複雜的情況：一些不僅反感激進造反派，連文革本身也持保留態度的保守派，也加入了四一四的隊伍，或者向他們靠攏。這樣的隊伍內部組成的變化，也會不同程度影響四一四派的政治觀點、立場和態度。

而四一四和團派發生分裂的主要原因，還是政治觀念、立場的分歧。這又集中在幹部問題上的不同看法與主張。

幹部問題成為奪權以後兩派鬥爭焦點，絕非偶然。奪權之前，主要是作「破」的工作，任務是造反；奪權之後，就要「立」，要恢復秩序，進行建設工作，其中一個重要方面，就是國家公共管理功能的恢復，這就不能迴避官僚政治的合理性方面。如研究者所說，「對於舊國家機器中執行社會公共職能的部分和因素」，「是任何時期、任何情況下都不能輕言『打碎』的，而只能予以繼承和改造」，「人類永遠不可能釜底抽薪地消滅官僚主義，而只能不斷地克服，抑制和減少官僚主義」。[87] 造反派在清華掌了權，同樣面臨着維持學校行政、教學管理，以恢復正常的教學秩序的問題和任務。解決前一階段被

85 孫怒濤：《良知的拷問：一個清華文革頭頭的心路歷程》，第 694 頁。

86 《和周泉纓談話紀要》，收宋永毅、孫大進編《文化大革命和它的異端思潮》第 382，381，384 頁，香港田園書屋，1997 年。

87 孫越生：《官僚主義的起源和元模式》，第 72，34 頁。

一律打倒、靠邊站的幹部的問題，就成了一個當務之急。

而幹部問題，在清華又顯得特別突出，有一種特殊意義，這是和蔣南翔對清華大學的治理直接相關的。在清華老學生的回憶裏，「經歷過延安整風的蔣南翔深諳黨內鬥爭的真諦，從52年院系調整入主清華，改『教授治校』為『黨管學校』，借助反右等政治運動排除異己，培養嫡系，組建自己的『清華牌』幹部隊伍。經過多年努力，成功地打造了清華的『不漏氣的發動機』」。這支「清華牌」的蔣式幹部隊伍特點有二。其一是「聽話，出活」，是「黨的奮發有為的馴服工具」，這是「最具清華特色」的，其培養出的學生也是如此。[88] 其二，是「雙肩挑」，即兼任業務(教學、科研)和政治工作的骨幹。同時，又精心打造一支「政治輔導員」隊伍。當年老學生分析說，政治輔導員制度的作用有二，一是「利用各種形式、各種機會對同學進行『興無滅資』教育，對學生的思想進行教育、灌輸、監督、控制，清除異己思想，排查異己分子」，二是通過對政治輔導員的培養、考察，「源源不斷輸送到各級領導崗位，成為維護體制的骨幹力量」。[89] 蔣南翔的做法是成功有效的，如研究者所說，「這支幹部隊伍的凝聚程度、管理才能和工作效率之高，甚至觀念意識和話語體系之同在各個大學中也是非常罕見的」。這都直接影響了清華幹部，主要是中、下層幹部在文革中的表現與作用。文革初期，清華幹部沒有發生整體上的分裂和內訌，大都持支持蔣南翔為首的黨委的相對保守的態度，少有起來造反，而且整個幹部群體都成為批鬥對象，

88　孫耘：《我的文革心路歷程》，《良知的拷問：一個清華文革頭頭的心路歷程》，第 125 頁。

89　唐偉：《從清華文革談清華校訓》，《良知的拷問：一個清華文革頭頭的心路歷程》，第 325，326 頁。

至少是處於靠邊站的地位。在工作組撤離以後，中下層幹部就開始活躍起來，特別是學生逐漸分裂為兩大派，幹部紛紛選隊，有的還有深度的介入。據統計，四一四派中幹部和黨員的比例為66.6%，團派為27.3%。也就是說，500多名清華中、下層幹部大多數都選擇了四一四派，四一四總部下還專設有20多名幹部組成的幹部參謀組，他們不僅以自己豐富的政治鬥爭經驗和管理經驗，為革命小將出謀劃策，起到智囊的作用，而且以自己的政治觀點，深刻地影響了四一四派。即使只有少數幹部支持的團派，加入其中的幹部的影響，也不可忽視。研究者談到，毛澤東在文革開始時，在寫信給江青的信裏，曾預言北大、清華的官僚體系儘管「盤根錯節」，但在文化大革命群眾運動衝擊下，也將「頃刻瓦解」。但文革以後發展的現實，卻證明毛澤東對黨內和國家體制內的官僚政治的政治影響與能量顯然估計不足。蔣南翔苦心經營的清華大學幹部隊伍就沒有「頃刻瓦解」，而是在「經過文革的初步『洗禮』後『死而復生』，並加以重新整合」，滲透到群眾組織內部，「他們所發揮的政治功能以及所釋放出的政治能量」，在清華文革運動史上打下了深深印記。[90]我們在前文談到官僚政治對群眾組織中的掌權派(激進造反派)的同化；現在，又看到了官僚政治對在野的群眾組織(溫和造反派)的滲透。一個「同化」，一個「滲透」，是充分顯示了文革中官僚政治與群眾政治關係的複雜性與微妙之處的。

這樣，我們也就不難理解，清華兩大派在幹部問題上的分歧。研究者對此作了一個概括。作為激進造反派的團派認為，清華大學大多數幹部「絕不是無產階級當權派，而是資產階級

90　唐少杰：《一葉知秋：清華大學 1968 年「百日大武鬥」》，第 43–44，148–149 頁。

從清華大學紅衛兵運動看文革時期的群眾政治

當權派」，蔣南翔十七年來，在清華實行的是資產階級專政，而「廣大幹部都在不同程度上充當了這一資產階級專政的工具」，「清華的幹部特別是基層幹部是復辟舊清華的社會基礎」；犯錯誤的幹部，「要和走資派、資產階級反動路線、自己的錯誤劃清界限，站到毛主席革命路線一邊」，要到「群眾中去」，接受批判、監督，交代，揭發，「要在階級鬥爭的蓋子徹底揭開之後，才能解放」；清華大多數幹部都不能進入領導班子，應降職使用或當老百姓，「要敢於提拔年輕有為的小將和地位低的支持造反派的左派幹部到領導崗位」。而作為溫和造反派的四一四派則針鋒相對地提出，清華的廣大幹部「執行的基本上是毛主席的革命路線」；要大膽解放「犯嚴重錯誤，但還不是反黨反社會主義的右派分子」的幹部，「勇敢的保，熱情的幫，大膽的用」；「沒有大批革命幹部進入各級領導班子，紅衛兵小將奪的的權就有可能喪失」，「革命小將要勇於讓權，放權」，讓「一大批黨的好幹部在各級領導中發揮核心作用和骨幹作用」。[91]

不難看出，在幹部問題的不同認識背後，還有着更為深刻的分歧。於是，就有了「如何評價文革前十七年的歷史」的更具有實質性的爭論。在這方面，四一四派有一個系統的理論論述，這就是《四一四思潮必勝》裏提出的「紅線為主」論與「階級關係不變」論：「我們的國家是無產階級專政的國家，從根本上說當權的是無產階級。『中華人民共和國十七年來以毛主席為代表的無產階級革命路線是佔統治地位的』，『鑽到黨和國家崗位上的反黨反社會主義反毛澤東思想的反革命修正主義分子，只是一小撮』，他們在黨內政權機器內未佔統治地位。他們也未形成新的資產階級特權階層」，「也正因

91　唐少杰：《一葉知秋：清華大學1968年「百日大武鬥」》，第202–208頁。

　　　　　　　　燼火不息：文革民間思想研究筆記

為這樣，十七年來我國的階級陣線基本上是穩定的。在文化革命中階級關係雖然有變化，但也不可能來個『大翻個兒』，也決不可能劃分什麼『老保階級』『造反階級』。十七年來掌權的是工農兵還是工農兵，十七年受壓迫的資產階級、地、富、反、壞、右，還是資產階級、地、富、反、壞、右」。[92] 這就打出了一個「全面恢復十七年體制」的旗幟，也就事實上取消和否定了文化大革命。而團派則認為，十七年實行的是資產階級黑線專政，依然是資產階級知識分子統治學校，不僅「老資產階級知識分子，在黨內走資派的支持下，成了資產階級統治清華的『參謀部』」，而且「新生的資產階級知識分子形成了清華新的特權階層，成為資產階級知識分子統治清華的骨幹力量」。因此，必須「徹底砸爛舊清華」，實行「大翻個兒」式的「重建」，[93] 顯然是要維護文革的激進路線。

因此，最根本的分歧，還在文化人革命觀的不同，即對文革有不同的理解與期待。《四一四思潮必勝》特地強調：「無產階級文化大革命是在無產階級專政條件下的大革命」，[94] 其重心顯然在「無產階級專政」這一大前提；這就是四一四派的一個頭頭汲鵬所說的，「兩派堅持的理論都是無產階級專政條件下的繼續革命。四一四在繼續革命中更加強調堅持無產階級專政；老團在無產階級專政條件下更加強調繼續革命」。[95] 其實，毛澤東的這一理論本身就是一個悖論：「無產階級專政」必須仰賴官僚政治體系，而「繼續革命」又要打碎官僚政治體

92　周泉纓：《四一四思潮必勝——給河南造總一戰友的一封信》，收《文化大革命和它的異端思潮》，第 392–393 頁。

93　唐少杰：《一葉知秋：清華大學 1968 年「百日大武鬥」》，第 197，199 頁。

94　周泉纓：《四一四思潮必勝》，《文化大革命和它的異端思潮》，第 392 頁。

95　轉引自唐偉：《從清華文革談清華校訓》，《良知的拷問：一個清華文革頭頭的心路歷程》，第 315 頁。

系。[96] 我們在本文一開始曾討論到毛澤東與劉少奇的不同文革理解、設計與路線：劉少奇的着眼點就在「無產階級專政」，要通過文革強化官僚政治；毛澤東則顯然重在「繼續革命」，要用獨裁政治與群眾政治的結合來取代官僚政治。現在，我們又發現，清華造反派中的激進派與溫和派之爭，不過是毛澤東與劉少奇兩種文革觀念和路線在群眾政治中的延伸和體現。

由此出發，又有了在文化大革命的打擊對象上的分歧。對團派來說，這是明確而不可動搖的，就是要把鬥爭矛頭始終對準「黨內走資本主義道路的當權派」。而四一四派的態度就有些曖昧。在《四一四思潮必勝》一文裏，一方面表示「四一四派和團派在解決黨內『走資派』這個主要矛盾時是統一的」，一方面又婉轉提出不可忽視「次要敵人」，進而強調，「我們的次要敵人，一些資產階級分子，地富反壞右及其代表他們利益的知識分子」，他們在文革中「頑強地活動起來，自覺不自覺地混入了造反派的隊伍（主要是團派）」，「拼命地在造反派內部尋找他們的代言人」「利用團派中的小資產階級革命派革命家的狂熱性去炮打無產階級司令部，去打擊四一四派，排斥一切受蒙蔽的群眾和犯錯誤的革命幹部，篡奪政權，為全面復辟作好準備」，這實際上就是按照十七年搞政治運動的邏輯，把社會上的階級敵人作為主要打擊對象，把不同於己的個人與派別視為階級敵人的「代言人」同樣予以無情打擊，「在對付他們（按，「階級敵人及其代言人」）的時候，我們必須有革命的魄力和鐵的手腕」，[97] 這就更是徹底的專政思維和手段了。

96　參看孫耘：《我的文革心路歷程》，《良知的拷問：一個清華文革頭頭的心路歷程》，第 160 頁。

97　周泉纓：《四一四思潮必勝》，《文化大革命和它的異端思潮》，第 394，398，399 頁。

　　　　　　　　　　燭火不息：文革民間思想研究筆記

這樣，四一四思潮的內在邏輯就自然通向了十七的官僚政治。正是在這裏顯示了我們前文討論的十七年官僚體系裏的幹部對四一四派的深刻影響。原清華黨委宣傳部副部長、四一四重點保護的幹部羅征啟也參與了《四一四思潮必勝》的寫作，[98]恐怕不是偶然的。

最根本的問題還是「誰來掌權」。《四一四思潮必勝》對此也是直言不諱的：「一切的一切為的是掌握政權，鞏固政權」，「在奪權問題上，即由誰來掌權，依靠誰，團結誰，鎮壓誰這個階級問題上，兩派的分歧就急劇地爆發、激化，發展到組織上的分裂」。在《四一四思潮必勝》的作者看來，作為激進造反派的團派，只是「小資產階級民主派」，他們「已經完成了歷史交給它的衝鋒陷陣的任務」，「成為政權的穩定基礎，成為大聯合的核心的只能是四一四派」，理由也很簡單：「大多數的工農兵的基本群眾和勞動人民家庭出身的知識分子，以及大多數的黨團員和幹部，都是『鐵桿』的四一四派」，而團派的隊伍裏，「經常混雜着走資派，特別是沒有改造好的地富反壞右以及代表他們的知識分子」。[99]毛澤東將這樣的掌權論概括為「打天下的不能坐天下，坐天下是四一四」，[100]並非沒有道理。這樣的憑藉出身「天生掌權論」，其實就是老紅衛兵的「高幹子弟要掌權」論的重演，實際也是要恢復十七年的階級路線，維護十七年體系的等級結構與秩序。

從兩派分歧的以上分析中，我們可以看出，四一四派基本

98　孫怒濤：《良知的拷問：一個清華文革頭頭的心路歷程》，第554頁。

99　周泉纓：《四一四思潮必勝》，《文化大革命和它的異端思潮》，第399，395，406，359頁。

100　《毛主席、林副主席七二八召見紅代會代表》（1968年7月28日）》（記錄稿）

上是一個「十七年派」，即主張回歸十七年的官僚政治，以此批判和否定文革中推行的獨裁政治與群眾政治相結合的激進路線，後者恰恰是團派所要竭力維護的。研究者因此概括說：「團派思潮更多的是一種文革『原教旨主義』意義上的群眾性思潮」，四一四思潮則是「以文革前的正統觀念和正統秩序來批評、懷疑並進而有可能否定文革的群眾思潮」。[101] 這裏說「有可能否定文革」是注意了分寸的：儘管四一四思潮的客觀邏輯是指向否定文革的，但就四一四的頭頭、骨幹、群眾的大多數而言，就像四一四二把手孫怒濤在他的回憶裏所說的那樣，他們「抵制批判極左思潮，並沒有認識到左傾路線是左傾思潮的根源，並沒有否定文革，並沒有對毛澤東以及政治體制有過一點非議」，他們是用十七年的官僚政治來批判文革，用孫怒濤的另一個說法，四一四是用「文革前的毛澤東」來批判「文革中的毛澤東」，而團派則要捍衛文革中的毛澤東。[102]

作出這樣的不同選擇的內在驅動力是什麼？這就不能不談到，也是不可迴避的「利益」問題。孫怒濤說得很好：「對絕大多數人而言，他們(兩派群眾)確實都有很高昂的革命熱情，為革命而獻身的精神以及相當純潔的革命動機，同時也有革命外衣包裹下的強烈的政治利益訴求」。[103] 於是，就注意到這樣兩組統計資料。學生幹部黨員在四一四中佔62.6%，在團派中只佔27.4%；教職工中的黨員，亮相到四一四的佔47.1%，支持團派的佔30.5%；這表明文革前在政治上佔據優勢，作為依靠對象的學生幹部黨員和清華幹部隊伍中的多數，都聚合在四一四

---

101 唐少杰：《一葉知秋：清華大學 1968 年「百日大武鬥」》，第 230，234，513 頁。

102 孫怒濤：《良知的拷問：一個清華文革頭頭的心路歷程》，第 692 頁。

103 同上，第 528 頁。

裏。而因文革前受壓不滿清華舊黨委的「反蔣分子」在團派中佔60.3%，四一四佔33%；因受工作組壓制而「反工作組分子」65.6%加入了團派，加入四一四的僅佔29.3%：這表明在文革前與文革初受壓制的學生大都成為團派的骨幹。而文革前與文革初都備受重用的歷次政治運動的積極分子，因死保工作組而被視為「保守派」的「八九分子」，68%都參加四一四，參加團派的僅佔20%。[104] 孫怒濤據此而得出結論：四一四是以文革前因家庭出身和本人政治面貌和表現佔優勢的學生為主體，「基本上代表了文革前歷次政治運動的既得利益者，所以他們都擁戴『紅線主導』論」；而團派則代表了因家庭出身、社會關係和政治表現的問題，而成為「歷次政治運動的受害者和受歧視者」的利益，「所以他們更傾向於『徹底砸爛』論」。政治觀點和訴求的不同背後，確實有各自的政治利益。兩派強烈的掌權慾望，也是基於這樣的政治利益：四一四是「文革前的既得利益者，文革讓他們利益受損。他們拼了命也要阻止團派一派掌權。他們確實有回復(難聽一點的說法就是『復辟』)到文革前美好日子的強烈願望」；而團派則是「文革的既得利益者，他們拼死也要保衛文革給他們帶來的勝利果實」。[105] 這就是魯迅說的：「曾經闊氣的要復古，正在闊氣的要保持現狀」。[106]

當然，這樣的分析只具有相對意義，會有例外，像孫怒濤，他雖出身貧農，但因為在文革前的「學習九評運動」中的「言論不正確」而成為「不可信任者」，備受壓抑，但他更注重獨立思考，對團派的觀念、做法多有不同意見，最後走出團派，還成了

104　見沈如槐(四一四第一把手):《清華文革紀事》。轉引自孫怒濤:《良知的拷問:一個清華文革頭頭的心路歷程》，第518頁。

105　孫怒濤:《良知的拷問:一個清華文革頭頭的心路歷程》，第519，530頁。

106　魯迅:《小雜感》,《魯迅全集》第3卷，第555頁，人民文學出版社，2005年。

四一四的頭頭。具體到個人加入哪個派別，就更有許多複雜的，甚至偶然的因素，是不能簡單地完全歸之於利益的。[107]

而且還應該指出，四一四派就其總體而言，屬於溫和造反派，而其內部，也還有不同的傾向。我們一再引述的《四一四必勝》一文，四一四內部就有不同的意見。據孫怒濤回憶，許多「中間群眾以及總部委員中的教師，幹部，這些都是溫和的老四，他們認為周泉纓的觀點太右了，四一四不能越右越好，越走越右」。孫怒濤自己也認為，《四一四必勝》的基本觀點，如「紅線主導」論及其「部分改善無產階級政權」的觀點，都代表了「四一四群眾」的共識，但又「確實有種右的傾向」是令人擔憂的：「四一四內部激進分子的極端行為會葬送四一四」。[108] 這裏所涉及的四一四派內部溫和與極端之爭，也不可忽視，它提醒我們在分析文革中群眾派別(四一四，也包括團派)思潮時必須注意其內部的複雜性和總體傾向不能囊括的個體差異性。

最後，還要談談清華造反派中的兩派，和中央高層鬥爭的關係。中央文革小組對蒯大富為首的團派的支持，是公開的，團派也從不迴避他們要充當中央文革派的「鐵拳頭」。而四一四有沒有後台，卻始終是一個謎。直到近年四一四的頭頭紛紛寫回憶錄，他們都證實四一四在中央確實沒有後台。但四一四的楊繼繩卻談到「周恩來是同情四一四的，雖然他沒有明確表態，但兩派是明顯地感覺到的」，[109] 孫怒濤則說：「在

---

107 參看孫怒濤：《良知的拷問：一個清華文革頭頭的心路歷程》，第 522，520 頁。

108 孫怒濤：《良知的拷問：一個清華文革頭頭的心路歷程》，第 558，557，559 頁。

109 楊繼繩：《從清華大學看文革》，《良知的拷問：一個清華文革頭頭的心路歷程》，第 9 頁。

熾火不息：文革民間思想研究筆記

我們心目中，周恩來是四一四的精神後台」。他對此有一個解釋：在劉少奇垮台以後，中央仍然存在所謂「舊政府」與「新文革」的矛盾，1967年的所謂「二月逆流」就是一次兩派間的公開衝突。周恩來處於這兩者之間，他一方面按照毛澤東的旨意，支持「新文革」，但在理念、情感以及人事關係上又顯然傾向於「舊政府」（即傳統的官僚政治），有人就把周恩來視為「舊政府」的代表。[110] 在對待群眾組織問題上，他也忠實執行毛澤東的指示，支持激進造反派，在蒯大富的平反上他是起了關鍵性作用的；但他又希望群眾造反走上理性道路，希望恢復正常秩序，因此對團派在批鬥王光美時的「背後搞鬼，不是堂堂正正的政治鬥爭」的「惡作劇」提出尖銳批評。[111] 這也就決定了他在理念與感情上傾向溫和造反派，孫怒濤甚至認為溫和造反派是「他的社會基礎」，這是不無道理的。[112] 一位曾參加中央文革記者站材料組工作的四一四的成員就回憶説，他在負責整理全國各地造反派材料時，就明顯感覺到，總理身邊的人對於溫和派造反派組織「比較關注」。[113] 周恩來與四一四派確實沒有具體聯繫，但他又是領導中樞中唯一沒有批評過四一四的(毛澤東對四一四就公開表示不滿)，在蒯大富單方面成立清華革委會時，他以「沒有實現兩大派聯合」為理由，拒絕出席成立大會，蒯大富説：「總理給我們當頭一棒」，也可以説，在關鍵時刻周恩來維護了四一四派的權利。[114] 這當然都不是偶然的：和團派的「徹底砸爛論」體現了「新文革」派的意志一

110 孫怒濤：《良知的拷問：一個清華文革頭頭的心路歷程》，第 508，607 頁。
111 唐少杰：《一葉知秋：清華大學 1968 年「百日大武鬥」》，第 109–111 頁。
112 孫怒濤：《良知的拷問：一個清華文革頭頭的心路歷程》，第 507 頁。
113 王允方：《求索與啟蒙》，《良知的拷問：一個清華文革頭頭的心路歷程》，第 69 頁。
114 唐少杰：《一葉知秋：清華大學 1968 年「百日大武鬥」》，第 112 頁。

樣，四一四思潮的「紅線主導論」在某種程度上也是反映了周恩來所傾向的「舊政府」派的理念與訴求的。「清華兩派鬥爭實質上是中央兩派鬥爭在基層的典型反映」，「上有所動，下必有亂」，事實就是如此。[115]

4. 文爭到武鬥的歷史教訓

毛澤東有言：「黨外有黨，黨內有派」本屬「正常」，無黨無派就會出現「千奇百怪」的事。在群眾組織中，因為理念與利益訴求的不同，形成不同派別，相互競爭，監督與制約，本應是政治常態。但在中國，在文革中都不允許存在，於是就出現了許多匪夷所思的事，產生了誰也沒有預想到，誰也不願意見到的嚴重後果。孫怒濤在他的回憶裏，提醒我們注意一個重要事實：「團派總部和四一四總部，基本上都是本派中的鷹派佔據着主導地位，鴿派僅起牽制的輔助的作用」，「鷹派的特點是立場堅定、旗幟鮮明、最信奉鬥爭哲學，與對立派毫不妥協，而且政治能量極大。鷹派的政治敏感性極強，極善於捕捉和利用對方的錯誤，並以自己的過激反應為對方的反擊提供口實和機會。由此，兩派的衝突與爭鬥，猶如錢塘江的浪潮，一浪高過一浪，後浪蓋過前浪」。[116] 而易於被最激烈的鷹派操縱裹挾，這正是帶有很大的非理性成份的群眾政治的特點，也是其政治不成熟性的表現。

清華兩派的博弈，一開始就落入了這樣的陷阱，並顯示出暴力化的傾向。最初，圍繞幹部問題的大辯論，還是理性的；後來成立「四一四串聯會」，就遇到一個問題，學校的輿論工具(主要是廣播電台)被團派壟斷，於是，就有了第一個強奪總

---

115 孫怒濤：《良知的拷問：一個清華文革頭頭的心路歷程》，第 607 頁。
116 同上。

　　　　　　　燼火不息：文革民間思想研究筆記

部廣播台的「革命行動」，用孫怒濤以後的反省的說法，「開創了用暴力解決政治問題的先例」。而蒯大富也立即利用手中的權力，宣佈「四一四是非法組織，反革命復辟逆流的一部分」，並下令從此「不准廣播四一四的一切文章」。這樣兩派的不同意見的爭論就變成了你死我活的政治鬥爭。以後雖有了一個「有不同看法希望協商解決」的《四項協議》，但很快就被撕毀，終於導致兩大派的正式分裂。[117] 兩派所着重的已經不再是政見爭辯，而是赤裸裸的權力的爭奪；所採取的手段也不再是「文攻」，重心更在「武衞」，文攻不過是製造輿論。兩派關於幹部問題的論爭變成相互揪鬥支持對方的幹部：12月24日，團派綁架、毆打和秘密關押了四派大力保護並推舉進革委會的幹部呂應中；1月6日、9日、20日團派又查抄了20多名支持或同情四一四派的中層幹部的家，一些被打傷，一些被抓；1月30日(春節)任職四派總部宣傳部的羅征啟在家中被綁架；4月4日團派保衞組的一些人抓走了羅征啟之弟羅征敷，毒打後用棉紗堵嘴，活活悶死；4月14日、15日，團派關押了與羅征啟一起支持四一四的四名幹部；作為報復，四派也抄了支持團派的幹部陶森的家。

　　鬥爭日趨激化，武鬥遂不可避免：1月4日，兩派為爭奪學生12號樓中的原四派一間廣播室，發生了第一次有數百人參加的大規模武鬥；4月23日，團派決定要與四派決戰，主動挑起了震驚中外的「百日大武鬥」，聲稱要「用革命的暴力鎮壓反革命的暴力，痛殲四一四思潮，搗毀清華地下復仇軍」。給出的公開理由有二。一是「沒有武衞就搞不了文攻」，再不搞武鬥，「革命幹部從此就要離開我們，戰士們也灰心喪氣，紛紛

117　孫怒濤：《良知的拷問：一個清華文革頭頭的心路歷程》，第456，469，473頁。

不幹了」，「我們的隊伍就要分裂、垮台了」，顯然想用武鬥來解決自己的統治危機，維護掌權地位。二是「清華的問題不只是清華的問題，非中央過問不能直接解決」，「只要我們挑起武鬥，擴大事態，就迫使中央表態，於我們更加主動」，這就更是一個政治謀略了。[118] 蒯大富後來反省這段歷史時，也承認，他是出於「投機心理」：在3月29日，北大聶元梓派挑起武鬥，就得到了中央明確表態支持，「我們也想學這樣做」，清華打起來，「中央領導會發表嚴厲的講話，就是讓四一四垮台，結束兩派紛爭的狀態」。沒想到中央就是不表態，「我們失算了」，「想回頭都回不來了」。[119] 這時北京市委和衛戍區採取的是毛澤東所肯定的「四不」方針，即「不怕亂、不管、不急、不壓」，這直接導致了清華武鬥發展到不可收拾的地步。後來談及百日武鬥的責任，孫怒濤認為團四兩派都有，但主要責任「在上層，在以毛澤東為首的無產階級司令部」，他們首先倡導「文攻武衛」，以後又放任不管，這才造成武鬥不止的局面。[120] 應該說，這樣的分析是有道理的。

　　清華百日武鬥的殘酷性、悲劇性是出乎人們想像的。僅5月30日那一天，武鬥持續11個小時，團派投入300多人，死亡2人；四派投入300餘人，死亡1人，兩派共有250多人受傷。武鬥中還動用了武器，更有大量自製的土武器，土槍、土炮、土坦克、土迫擊炮、土炸彈、土手榴彈、土炸藥包等等。人們說，作為全國著名的工科大學，清華在百日武鬥中，「不但成為一處武鬥厮殺的戰場，而且成了一所武鬥武器生產的作坊。這不

118　唐少杰：《一葉知秋：清華大學1968年「百日大武鬥」》，第11，13頁。

119　蒯大富：《潮起潮落》，《回憶與反思：紅衛兵時代風雲人物——口述歷史之一》，第364–365頁。

120　孫怒濤：《良知的拷問：一個清華文革頭頭的心路歷程》，第624，627頁。

　　　　　　　　　　　　　　　燭火不息：文革民間思想研究筆記

能不說是清華大學歷史上的一個悲劇」。[121] 更難以接受的，是青年學生的無謂犧牲。孫怒濤的清華文革回憶裏，最沉重的一頁，就是寫到「在百日大武鬥中有好多師生死亡傷殘，他們是最慘重最無辜的受害者，其中尤以孫華棟、朱玉生、楊志軍、楊樹立、錢萍華的冤死更令人無比痛惜！沒有參加武鬥的孫華棟是在夜晚騎車經過一教被抓後活活打死的。朱玉生是深夜在科學館外值班放哨時被閣亭上的暗哨開槍射殺的。楊志軍是在科學館內瞭望時被冷槍射殺的。楊樹立是土坦克從動農館返回焊接館途中被二校門西南角小山包地堡裏射出的冷槍射殺的。錢萍華是從蘇州老家返校時在主樓廣場被9003大樓射過來的冷槍射殺的」。[122] 令人震驚的，不僅是受害者生命的死亡，也包括射殺者良知的喪失。這些清華佼佼學子本應該有一個美好的青春，卻捲入文革群眾政治的絞肉機裏，成了無辜犧牲者。我們將這些受害者一一記下，就是要銘記這一段充滿沉重教訓的歷史。

而且我們要反思：這一切是怎麼發生、為什麼發生的？這也是這些年陸續出版的回憶錄和研究著作着重總結與討論的。它追問到這一代人所受到的教育，他們的理想、信念、倫理、思維、情感、行為方式……等等，其所包含的歷史教訓，有許多是具有普遍意義的。

有研究者將這一代人的精神素質概括為六個方面，即「對理想的憧憬，對精神的倚重，對英雄的崇拜，對道德的敬畏，對集體的皈依，對政治的熱情」。[123] 應該說這一概括是抓住了要害的：「理想」、「精神」、「英雄」、「道德」、「集

121　同注118，第20，255頁。

122　孫怒濤：《良知的拷問：一個清華文革頭頭的心路歷程》第701頁。

123　周倫佐：《「文革」造反派真相》，第272頁，香港田園書屋，2006年。

體」、「政治」，確實是這一代人生命的關鍵字。問題是如何評價和對待。有人因為這一代人最終被利用，並且造成嚴重後果，把他們視為被「騙子」和「瘋子」蒙蔽的「傻子」，從而對這一代人的追求與相應的精神素質，予以全盤否定：這很難說是科學與歷史的態度。於是又有人(主要是歷史的當事人)鑒於當下中國理想、精神、道德、集體觀念以及政治熱情的缺失，主張對他們當年的追求予以基本肯定，「注入正確的內容，就能重燃政治熱情，重建民主意識，重塑理想主義」。[124]這樣的具有現實針對性的說法，有一定的道理，但似乎還是有點簡單化。或許我們應該採取更為複雜的態度：對這一代人的追求與精神素質首先進行嚴峻的審視和反思，認真總結其中慘重的歷史教訓；在經過批判性的科學清理以後，再剝離出其中某些可為今天借鑒的合理內核。我們這裏要做的，就是這樣的初步反省與反思，而且有五個方面。

1. 對理想主義的反思

這一代人的理想主義是有兩個方面的問題的。首先是所謂「革命至上主義」。有人回憶說，這一代人「大多有一股原教旨主義的衝動」，心懷「對『純粹社會主義』的想像」，[125]而且堅定不移地相信，唯有革命(而且主要是暴力革命)才是實現這一聖潔理想的唯一正確的途徑。這樣，他們在將自己的烏托邦理想聖潔化的同時，也把革命神聖化了。於是，就有了「革命至上主義」。研究者說，革命至上就是「把革命的價值看得高過一切，高於物質享受，高於文化、科學、藝術，高於人與

---

124 孫怒濤：《良知的拷問：一個清華文革頭頭的心路歷程》，第 681–683 頁。

125 鄭易生：《反思極端思維方式》，《良知的拷問：一個清華文革頭頭的心路歷程》，第 260 頁。

　　　　　　　　　　　燭火不息：文革民間思想研究筆記

人之間的美好關係，甚至高於生命本身」。[126] 在這樣的基本信念基礎與前提下，就引申出兩個影響深遠而惡劣的理念。

首先是「為革命可以犧牲一切」。我們注意到，文革中許多破壞性行動，例如「破四舊」對文物的摧毀，批判封、資、修對古今中外文化的踐踏，破除「舊規章制度」對生產的破壞，鼓吹「劃清階級界限」對人倫關係的衝擊與扭曲，「鬥私批修」對個人權利、慾望、利益的全面否定和剝奪，以及武鬥中人的生命的無謂犧牲等等，無一不打着「革命」的旗號。套用羅蘭夫人的話，真的是「革命，革命，多少罪惡假汝之名以行！」[127] 這樣的革命高調對涉世不深的年輕人，特別具有欺騙性與蠱惑性，他們懷着「為革命犧牲」的神聖感、悲壯感，衝在「砸爛舊世界」的第一線，武鬥第一線，輕擲青春與生命，付出了令人痛心的代價。

更應該質疑的是「為了革命可以不擇手段」、「政治鬥爭(革命)無誠實可言」。[128] 文革時期的群眾組織中盛行一個潛規則：「大方向對了，一切都對」，只要是有利於革命，「捏造事實，無中生有，造謠撒謊，斷章取義，小事擴大，無線上崗等等，均被視為小節，不會追究」。[129] 這就尖銳地提出了一個「政治利益與政治道德」、「革命與道德」的關係，在政治鬥爭中要不要堅守「政治道德底線」的問題，[130] 更有一個要不要

---

126 徐友漁：《形形色色的造反：紅衛兵精神素質的形成與演變》，第 25 頁，香港中文大學出版社，1999 年。

127 孫怒濤：《良知的拷問：一個清華文革頭頭的心路歷程》，第 144 頁。

128 同上，第 522 頁。

129 王允方：《求索與啟蒙》，《良知的拷問：一個清華文革頭頭的心路歷程》，第 53 頁。

130 孫怒濤：《良知的拷問：一個清華文革頭頭的心路歷程》，第 480，475 頁。路小寶：《文革研究的一個新課題》，《良知的拷問：一個清華文革頭頭的心路歷程》，第 229 頁。

受法律的制約的問題[131]。在更深層面上，則有一個所謂「革命原則與人性良知的衝突」。如論者所說，「對於革命者來說，革命利益高於一切，其他任何一切，包括情感、人性、人道主義，在革命面前是渺小的，微不足道的」，因此才有雨果、狄更斯等作品裏「在絕對正確的革命之上，存在一個絕對正確的人性」這一新倫理的提出。[132] 文革更是把「革命」推向極端，而將「人性、良知」作為「資產階級人道主義」的「反動思想」痛加批判，極度排斥，就出現了不斷「突破做人的底線」的人性悲劇。[133] 在總結文革歷史教訓時，人們都不約而同地提出，要從「拷問良知」開始，要重新建立以維護人的良知、人性為核心的新的「道德價值觀體系」，[134]這是抓住了關鍵的。

文革群眾政治中不擇手段的革命方式就為在中國民間社會本來就頗有傳統的流氓無產者、流民文化打開了大門。有研究者就指出：毛澤東發動的文化大革命，就是「兵家的鬥爭哲學與法家的專制理論與民間流民文化的造反運動相結合」。[135] 還有研究者注意到，「從1967年夏季開始」，「社會底層的武術團體，甚至流氓幫夥，逐漸成為各派拉攏的對象。這些人將自己的語言、習氣逐漸帶入文革社會，特別是這些流民與某些紅衛兵在草莽豪爽、蠻橫自負方面很快接近起來，形成了深刻影響文革的痞子文化氣質」，「顯示出文革與痞子社會深層關聯

131 同注 129，第 96 頁。

132 王允方：《求索與啟蒙》，《良知的拷問：一個清華文革頭頭的心路歷程》，第 104，105 頁。

133 鄭易生：《反思極端思維方式》，《良知的拷問：一個清華文革頭頭的心路歷程》，第 263 頁。

134 孫怒濤：《良知的拷問：一個清華文革頭頭的心路歷程政治》，第 704 頁。

135 汪澍白：《影響毛澤東最深的傳統文化四大家》，《毛澤東的來蹤去脈》，第 314 頁，自印本。

的一面」。[136] 也可以説，文革群眾政治和群眾領袖中的痞子氣，正是民間流民文化傳統與不擇手段的革命文化相結合的產物，應該都是文革的負面，很值得注意。

這一代人的理想主義的另一面，是絕對的英雄主義和道德主義。那個時代盛行的毛澤東青年時代的格言：「天下者，我們的天下，我們不說，誰說？我們不幹，誰幹？」也可以説是一種社會責任感，但研究者説的「救世主情結」也是掩飾不住的：「紅衛兵們把自己的使命和義務急劇地、無限地放大：君臨天下，擔當朝綱，救生育民，皆不在話下」。[137] 問題是，這樣的救世英雄的自我崇拜(作為群體就是「群眾崇拜」)是與對領袖的個人崇拜互為依存的，這就意味着這一代人外在的霸氣是與内在的奴性糾纏為一體的，還是逃不脱魯迅早就説過的「對上(領袖)為奴才，對下(芸芸眾生)為主子」的中國傳統。同樣，和前文所説「道德虛無主義」糾纏為一體的還有「高調道德專政」。文革在一開始就提出了要造就一代「新人」，創造所謂「四新(新思想，新文化，新風俗，新習慣)」世界，並提出了「無限忠於……」、「毫不利己，專門利人」、「一不怕苦，二不怕死」等等道德高標，佔據了道德的高地，而每一個人，特別是年輕一代，都是懷着道德的崇高感、神聖感去投身於革命的。問題是這樣的「高調道德」不僅具有高度的同一性、絕對性，是不容置疑的「聖人道德」，而且有極大強制性，與「立四新」同時進行的「破四舊」本身就是一種暴力行為，更有「狠鬥私字一閃念」的思想改造，還有一系列的懺

---

136 尤西林：《文革境況片斷》，徐友漁主編《1966：我們那一代的回憶》，第11–12頁，中國文聯出版公司，1998年。

137 唐少杰：《一葉知秋：清華大學1968年「百日大武鬥」》，第299頁。

悔、贖罪的準宗教儀式，這確實是一種「道德專政」。[138] 這樣，我們就在這一代人理想中的英雄情結、道德情結裏，都看到了專制的內質，這是不必迴避的。

2. 對集體至上主義、個體與群體的關係的反思

集體至上主義也可以看作是革命至上主義的延伸，因為革命本身就是一個集體性的，而且是有組織(共產黨)領導的政治行為，它所奉行的是集體利益高於一切、黨的利益高於一切的原則，因而要求絕對服從作為集體意志的集中代表的黨的意志，並無條件地放棄、犧牲個人利益。應該說，這樣的集體至上、黨的意志、利益至上的原則，是早已確定的，對在共和國成長的這一代的影響，也是由來已久的。在文革中自然延續下來，但不是我們這裏討論的重點。

我們關注的是，文革時期由於毛澤東對群眾政治的極力推動，我們討論的「集體」就有了一個新的變化：出現了只接受毛澤東與黨中央的領導，不受基層黨組織控制的，具有相對獨立性的像團派、四一四派這樣的群眾組織。在這樣的群眾組織中，個體與集體的關係，就有了一些時代與歷史的新特點。正如一位團派的成員在回憶中所說，「探討文革中的群體行為、群體與個體關係是一個既有趣味又有意義的問題」。[139]

文革中的群眾組織，和之前與之後受黨直接領導的群眾組織，如工會、共青團、婦聯相比，相對鬆散，個人的參加與退出要自由得多。總體來說，加入某個群眾組織，特別是團派、四一四這樣的群眾派別，大都是對其政治傾向、主張的認同。

138　唐少杰：《一葉知秋：清華大學 1968 年「百日大武鬥」》，第 303–304 頁。

139　孫耘：《我的文革心路歷程》，《良知的拷問：一個清華文革頭頭的心路歷程》，第 142 頁。

　　　　燼火不息：文革民間思想研究筆記

但如果深究起來，就有更複雜的內容。一位歷史當事人在回答後人的問題：你們當年參與群眾政治，以致武鬥，動機何在？(在提問者看來，這是「匪夷所思」的)時，這樣說：「當時的我們，在理想主義的光環下確實有一種使命感和英雄情結，而潛藏在內心深處的還有某種危機感和改變自己政治地位的強烈訴求。當然，也不排除青年人追求驚險浪漫刺激的獵奇心理」。[140] 這裏特意提到的「潛藏在內心深處」的「危機感」，也是人們在回憶這段歷史時經常提到的「恐懼感」和「不安全感」。[141] 這是個人完全不能掌握自己命運的極權社會統治下的普遍社會心理，文化大革命的大動亂，統治者(毛澤東)意志的變化莫測，政治形勢的瞬息萬變，個人遭遇的大起大伏，都使全社會從上到下，每一個人都有不安全感，每時每刻都生活在惶惶不安，以致恐懼中。在這樣的社會氛圍和心理下，格外突顯出個體的孤獨與無力，就特別渴望到某個群體中尋找庇護。首先是獲得政治的承認：在文革嚴格的政治等級觀念與體制下，最重要的是人的政治身份，參加群眾組織，就意味着獲得了「革命群眾」的身份，有了參加革命的資格，這就有了基本的安全感。而且加入組織以後，這樣的不安全感、恐懼感依然存在，也還要爭先恐後地表現對組織的忠誠，害怕落後於他人而被淘汰。越是原先的身份(家庭出身，個人歷史，社會關係)有問題，在群眾組織中越是表現激進，就是這個道理。有人因此說：「文革就是以恐懼為前提的群氓運動」，話有些偏激，但也不是沒有根據的。[142]

140　孫耘：《我的文革心路歷程》，《良知的拷問：一個清華文革頭頭的心路歷程》，第 140 頁。

141　孫怒濤：《良知的拷問：一個清華文革頭頭的心路歷程》，第 520，529 頁。

142　陳凱歌：《我們都經歷過的日子》。轉引自唐少杰：《一葉知秋：清華大學 1968 年「百日大武鬥」》，第 263 頁。

在更深層面上，還有利益的趨同：前文談到文革中奉行「有權就有一切，沒權就失去一切」的政治邏輯，自己參加的組織掌了權，個人就成了「響噹噹的無產階級革命派」，也就自然有了一切；掌不了權，或者掌權又失去了權力，個人也失去了一切，甚至有成為「反革命」的危險。這樣，文革中的群眾組織就成了一個以掌權（而不是政治信念）為中心的利益共同體，個人彼此之間是有一種同生死、共患難的命運密切相連的關係的，這是正常年代很難達到的。這樣的文革中的個人對群體的趨同性與歸屬感，或許是今天這個原子化的時代裏的人所難以想像的。文革中極易結成「死黨」，不僅是政治觀念、理想的同一性，更是利益與命運的休戚與共。而且這樣的趨同，在今天還影響着歷史當事人對文革的反思，人們很難擺脫當年的派性，客觀地看待那段歷史。

　　當然，並不是所有的成員都那麼死心塌地地忠誠於自己所屬的群體。心存離心力，或者持被動、消極態度的大有人在，有時（特別是在運動中後期）更可能是大多數。「死黨」（文革中叫「鐵桿XX派」）任何時候都是少數。但不能忽視他們的影響與能耐。這就是前文引述的四一四頭頭孫怒濤所説，在文革群體政治的派別鬥爭中，群體的思潮和行為往往受思想最激進者，特別是偏激的領袖所左右。這就涉及到文革群眾政治的一個基本特點：它主要是一種街頭、廣場政治。對這樣的廣場政治，我有過這樣的描述：當無數的個體，聚集在同一個空間下，發出共同的吶喊，「無數個個人的聲音融入也即消失在一個聲音裏，同時也就將同一的信仰、觀念以被充分簡化，因此而極其明確、強烈的形式（通常是一個簡明的口號或歌詞）注入每一個個體的心靈深處，從而形成一個統一的意志和力量。處於這種群體的意志和力量中，個人就會身不由己地做單獨的個

　　　　　　　　　熠火不息：文革民間思想研究筆記

體所不能、不願或不敢做的事。這是一個個體向群體驅歸又反過來為群體控制的過程」。[143] 如果説前文討論的是個體「向群體趨歸」的問題，那麼，這裏提出的個體「為群體控制」的問題，在考察文革群眾政治時，或許是更為重要的。

其中有三個方面特別值得注意。其一是在街頭、廣場政治中，最有力量，對群眾最具控制力的聲音，是把問題極度簡化，最激烈，非理性，直接訴諸情感，極具煽動力，因而也最簡單、明確的聲音，是堂吉訶德式的奮不顧身、勇往直前的登高一呼；而哈姆萊特式的充分考慮到問題複雜性，因而猶豫不決，言辭糾纏難懂，溫和、理性的聲音，是根本沒有人聽的。其結果就是每一個派別的觀點都被極端化，而失去(或減弱)其合理性，[144] 而行動更最容易走向非理性。其二，群眾之所以聽從這樣的極端言論，做出「單獨個體不能、不願、不敢做的」非理性的行為，原因就在於所謂的｜廣場效應」：身處廣場(街頭)這樣的群體空間裏，每一個個體都淹沒、因而也就隱名在所謂「群眾」的茫茫大海裏，無須對個人的言行負責，這就是所謂「法不責眾」。而言行一旦不受法律的制約，「無法無天」的結果，最後連自己都控制不住，甚至走到主觀願望的反面，產生自己完全不願意看到的嚴重後果。這是群眾政治的悲劇所在。其三，最嚴重的，是研究者所説的，在群體的裹挾下，每一個個體的「人性中惡的一面」都被誘發出來，尤其是群眾領

---

143 錢理群：《1948：天地玄黃》，第 50 頁，三聯書店 2015 年。

144 一個現成的例子是，儘管四一四的頭頭都再三聲明，《四一四思潮必勝》有可認同處，但總的傾向「太右」，是四一四派中的激進派，不能全面代表四一四思潮，但人們(包括今天的研究者)都仍然把它看作四一四思潮代表作，原因即在群眾政治中任何派別都在實際上被自己內部的激進派代表了，這是不以當事人的主觀意志為轉移的。參看孫怒濤：《良知的拷問：一個清華頭頭的心路歷程》，第 558，559，565 頁。

袖更會「利用他在群體組織的權力地位」，發洩其內心的邪惡慾望，「由群體的公僕變成群體的主人」。[145] 這樣的「文革新貴」幾乎是文革群眾政治的必然產物。而對每個參與群眾政治的個體的人性惡的誘發，或許是更值得注意的。我曾經說過，每個人的人性本是善惡並舉的，在正常的社會秩序，健康的政治生態環境下，就會揚善抑惡，但一旦正常社會秩序被打亂，政治生態環境被破壞，就會是揚惡抑善，導致人性的大墮落，大倒退。不幸，文革正是這樣一個人的動物性的嗜殺性惡性發展的時代，這是許多人「不由自主」地投入殘酷的武鬥的人性原因。這樣的「人的動物化」應該是文革群眾政治最嚴重的後果，是文革的最大罪惡。

3. 對鬥爭至上哲學的反思

「與天奮鬥，其樂無窮；與人奮鬥，其樂無窮」，青年毛澤東的人生格言，對這一代人的影響也是不可忽視，同樣後果嚴重：那個時代的「與天奮鬥」，征服自然，越演越烈的結果，是今天大自然對人類的全面報復；那個時代的「與人奮鬥」，開啟人與人之間無休止的惡鬥的先例，至今未歇。這一代人，至少在文革期間，是信奉鬥爭哲學的，它是文革期間兩派內戰的思想根源，也給文革中的群眾政治打上殘酷鬥爭的印記。其特點有三。

其一，文革時期的鬥爭哲學是以階級鬥爭學說為政治基礎的。在毛澤東的「千萬不忘階級鬥爭」的號召下，這一代所受到的教育就是「時刻提高階級警惕，隨時關注階級鬥爭新動向」，對群眾組織最基本的要求，也是「緊繃階級鬥爭這根弦，充當階級鬥爭的尖兵」。這些教育與要求的實質就是研究

145　孫越生：《官僚主義的起源和元模式》，第 31 頁。

者所説的，灌輸「泛敵意識」，把所有的人都看是「敵人」或「潛在的敵人」，「實際生活中即使沒有敵人，也要製造出『敵人』」，即所謂「『假想敵』的泛化」。[146] 於是，所有的不同意見，都會上綱上線為「階級敵人的猖狂進攻」，兩派爭論自然就成了「無產階級與資產階級之間的階級鬥爭的表現」。由此形成的「用最大的敵意看待他人，處理與不同意見者的關係」的思維習慣，行為方式，以及相應的充滿「仇恨」的陰暗心理，影響是深遠的。

其二，這是一種把鬥爭絕對化的哲學，其內涵有二。一是「二元對立」，「非黑即白，非此即彼」，不是朋友同志就是敵人，不是革命就是反革命，「只有對立面，而無同一性」。[147]

二是把一切矛盾與鬥爭都視為不可調和，不是你死就是我活，一個取代一個，一個吃掉一個。文革群眾政治中的兩派，激進派和溫和派，團派與四一四派，就在這樣的思想指導下，勢不兩立，有他無我，最後魚死網破，同歸於盡。

其三，崇尚暴力。在文革中風靡全國的毛澤東的這段話：「革命不是請客吃飯，不是做文章，不是繪畫繡花，不能那樣雅致，那樣從容不迫，文質彬彬，那樣溫良恭儉讓。革命是暴動，是一個階級推翻一個階級的暴烈的行動」[148] 是可以概括文革群眾政治中的革命觀的，因此，從開始的鬥黑幫，破「四舊」，到最後的武鬥，暴力是貫穿文革始終的。研究者由此而判定文革是將「靈魂革命」與「肉體革命」統一為一體

146　唐少杰：《一葉知秋：清華大學 1968 年「百日大武鬥」》，第 301 頁。

147　鄭易生：《反思極端思維方式》，《良知的拷問：一個清華文革頭頭的心路歷程》，第 264 頁。

148　毛澤東：《湖南農民運動考察報告》，《毛澤東選集》（一卷本），第 17 頁，人民出版社，1967 年。

的。[149] 這不僅暴露了文革空前的殘暴性，而且揭示了其「無法無天」，反民主法治的本質。這就是蒯大富說的，「沒有法制約束下的大民主，它肯定要變成暴民政治，或者叫什麼群眾專政」，[150] 這也是文革群眾政治的一個要害。人們總結文革經驗教訓，最後都歸結到民主法治建設，建立「民主基礎上的法制與法制保障下的民主」，這都抓住了關鍵。[151]

四，對絕對思維的反思

　　前文所說鬥爭哲學本身即是絕對思維的產物和表現，這裏討論的「絕對思維」重點又有三個方面。一是論者說的「高舉真理的大旗來壟斷真理」。[152] 考察文革中兩派論爭，就可以發現，每一派都不容置疑地宣佈自己的觀點、主張的「政治正確性」，而且是先驗的正確性，實際上就將自己的或許有一定合理性的觀點誇大化、絕對化、神聖化，以致真理化了。於是就以真理的代表、化身自居，將真理壟斷起來，不僅將不同於己的對方觀點妖魔化，而且借助於政治權力，以「政治不正確」的罪名，將對方置於死地。其二，這樣的自我真理化的背後，是論者所說的「排斥思想、文化、政治、經濟、歷史道路等的多樣性，否認不同的價值觀存在的權利」的絕對思維。其三，這樣的絕對思維又是「單一的思想資源、壟斷的意識形態、政治的宗教化」的產物。恰恰暴露了這一代人「青年時期的(封閉的，批判「封、資、修」的)教育失去了與傳統與世界限制的聯

149　唐少杰：《一葉知秋：清華大學 1968 年「百日大武鬥」》，第 184 頁。

150　蒯大富：《潮起潮落》，《回憶與反思：紅衛兵時代風雲人物——口述歷史之一》，第 388 頁。

151　孫怒濤：《良知的拷問：一個清華文革頭頭的心路歷程》，第 699 頁。

152　孫越生：《官僚主義的起源和元模式》，第 4 頁。

　　　　　　　　　　燼火不息：文革民間思想研究筆記

繫」的基本弱點。於是就有了這樣的對文革經驗教訓的總結：
「要為自己的理想奮鬥，但是警惕『政治正確』的誘惑，不要
極端思維方式」。[153]

五，對「不知妥協」的反思

今天回顧文革期間的兩派鬥爭，確實不能不有許多的感
慨：本來，由於政治觀點，對社會問題看法不同，以及背後利
益訴求的不同，文革中出現兩派，是正常的。其實凡有人群的
地方，就會有不同的派別，任何社會都是如此。具體到我們這
裏討論的清華文革，在團派基本掌握了學校的大權，作為反對
派的四一四派的出現，既是必然，也屬正常。而且從理想的政
治生態看，如果有一個「負責任的、起積極作用」的溫和派的
反對派，對實行激進路線的掌權派起一個監督、制約的作用，
那是能夠促進清華文革的健康發展的。孫怒濤在他的回憶錄裏
設想：「這(將)是一條『議會道路』（即四一四參加革委會與團
派建立『聯合政府』），是一條對兩派都有利的雙贏道路」。但
這在文革時期，甚至在今天的中國，都沒有實現的可能。因為
「大權獨攬」，絕不和其他政治勢力分享權力，是中國的基本
國家體制，即使在文革時期也是堅持不動搖的。在獨攬權力這
一點上，團派和四一四是一致的，分歧僅在由誰來獨攬。而且
如孫怒濤所説，「經過文革前的反修教育，認為妥協、讓步、
忍耐都是機會主義的，都是投降派的所為，只有針鋒相對、寸
步不讓才是最革命的」。而這恰恰是應該總結的歷史教訓：
「團派和四一四都不懂得在政治鬥爭中讓步和妥協是必要的，
不懂得在爭取自己的核心利益的同時，也要從對方的角度設想

153 鄭易生：《反思極端思維方式》，《良知的拷問：一個清華文革頭頭的心路
歷程》，第 263，264，266，267 頁。

並照顧對方關切的利益，不懂得一方全勝一方全敗的結果只能導向下一次更強烈的對抗並且兩敗俱傷，不懂得妥協，就會雙贏。只想着對抗，必然是零和的結局」。[154] 於是，就有了這樣的新認識：「妥協是民主政治的真諦。從某種意義上來說，民主政治就是妥協的政治。因為民主講的是共存，並不是這一派要完全吃掉另一派。要共存，一方面要善於鬥爭，一方面還要善於妥協」。[155] 這是付出了巨大代價才得出的結論，彌足珍貴。[156]

4. 造反派紅衛兵運動歷史的終結

(1)「七二七」工宣隊進駐清華的前因後果

讓我們再回到歷史的現場。從1968年4月23日團派主動挑起武鬥，到7月26日，兩派內戰不止，史稱「清華大學百日武鬥」。到7月27日清晨，在毛澤東的指令下，北京市61個單位3萬多工人組成的「工農兵毛澤東思想宣傳隊」（後稱「工人、解放軍毛澤東思想宣傳隊」），在中共中央警衛部隊(8341部隊)的軍代表帶領下，進駐清華大學制止武鬥，當時兩派參加武鬥的不足千人。由於事先沒有打招呼，團派在不知情的情況下，

154　孫怒濤：《良知的拷問：一個清華文革頭頭的心路歷程》，第 686，690 頁。

155　陸小寶：《文革研究的一個新課題》，《良知的拷問：一個清華文革頭頭的心路歷程》，第 230 頁。

156　直到今天，文革群眾政治的這些歷史教訓仍不失其意義。比如「為了達到目的，可以不擇手段」的邏輯仍然在支配着許多人的行為；在人與人的關係中依然盛行「以最大惡意看待他人」的敵對思維；在網絡空間裏，佔支配地位的依然是非理性的極端觀念和極端思維，非此即彼、非白即黑、不是朋友就是敵人的二元對立；把自己的意見真理化，將不同意見妖魔化的絕對化思維，不是你死就是我活，一個滅掉一個，不容任何妥協的鬥爭哲學，更是滲透到社會生活的各個方面：這些都已經成為中國新的國民性，形成了一個傳統：從文革（還可以追溯到更遠）到今天，綿綿不絕，並且已經造成了今日的中國社會民意分裂，國民之間失去共識的嚴重後果。這是應該引發警惕、深思與討論的。

進行了頑強反抗，血戰12小時，造成工宣隊5人死亡、731人受傷、143人被抓，100多名的團派人員被扣押的嚴重後果。但最後，明白了毛澤東為首的無產階級司令部意圖以後，團派全部撤離清華，工宣隊全面佔領清華校園。「清華大學文革再一次在全國文革發展中成為轉折的關鍵點」，標誌着造反派紅衛兵運動歷史的終結，也就意味着文革群眾政治的終結。[157]

人們很容易就注意到，造反派紅衛兵運動、文革群眾政治的終結者和發動者，都是毛澤東。這是怎麼回事？這又經歷了怎樣的歷史發展過程？這正是我們所要討論的。

前文說過，文化大革命是毛澤東試圖以個人獨裁政治與群眾政治相結合的新政治取代舊官僚政治的一次大實驗。在某種意義可以說「獨裁政治—群眾政治—官僚政治」三者的關係，以及他們之間的博弈，構成了文革的基本內容，並構成了文革發展的基本歷史線索。其中一個重要方面，就是毛澤東個人獨裁政治與群眾政治的關係。我們在前文的討論裏，比較強調文革群眾政治對毛澤東的個人獨裁政治的依附性，這確實是兩者關係的主導方面，而且是有充分的歷史事實作為依據的。但如果把這種依附強調得過分，也會對歷史的複雜性形成遮蔽。從表面上看，在文革中毛澤東得到了全民的擁護，所有的群眾(無論是保守派，還是造反派；造反派中無論是激進派，還是溫和派)都宣稱忠於毛澤東，宣誓緊跟毛澤東，而且在主觀上確實都是真誠的，毛澤東也正是以這樣的全民擁戴作資本，並直接發動群眾來對付黨官僚的。但稍作深入考察，就不難發現一個基本事實：群眾是有利益區分的，特別是他們組織起來(這是毛澤東發動群眾政治最關鍵的一環)，就更加自覺地追求本組織、本派別的利益，而且要按照自己的利益需求，來理解毛澤東，解

---

157 唐少杰：《一葉知秋：清華大學1968年「百日大武鬥」》，第14，26，31頁。

釋和執行他在文革中的「最高指示」。同是擁戴毛澤東，造反派是因為他是「反抗官僚特權的帶頭人」，保守派或溫和造反派則因為他是「十七年官僚政治的代表」，而且他們都可以找到毛澤東的相應語錄來作依據。這就是說，每一派的群眾都是按照自己的需要，用實用主義的態度來對待毛澤東和毛澤東思想的。這在文革中的兩派群眾鬥爭中，是看得很清楚的：每逢毛澤東最新指示傳達下來，認為毛澤東的指示符合自己的利益的那一派，就欣喜若狂，高呼這是「毛主席的最大支持和最大關懷」；另一派發現於己不利，就盡量低調「冷處理」。更有甚者，就像研究者說的那樣，每一派都想把自己對毛澤東文革思想的理解，實際上是本派別對文革的利益訴求說成是唯一正確的，從而把自己這一派打扮成「正統」的毛澤東思想路線的闡釋者、執行者和捍衛者，以此作為掌權的依據，並將對方橫加「反毛澤東，反文革」的罪名。[158] 這就是說，當毛澤東放手發動群眾，大搞群眾政治時，也是冒了風險的：在他利用群眾時，群眾也同樣在利用他，儘管開始時不自覺，隨着運動的深入也會越來越自覺。實際上每一個群眾組織都是以自己的派別利益為中心的，文革中後期不斷提出要「反派性」，批判「多中心論」，收效甚微，原因即在於此。這也就意味着，群眾在擁戴毛澤東的同時，也裹挾了毛澤東；在堅決執行毛澤東的指示時，也會曲解，修正，放大或縮小毛澤東的原意，產生毛澤東沒有預計到，甚至是他不願意看到的後果。毛澤東後來總結文化大革命時，就談到沒有想到會出現「打倒一切」和「全面內戰」的局面，並承認這是文化大革命犯的「兩個錯誤」。[159]

158　唐少杰：《一葉知秋：清華大學 1968 年「百日大武鬥」》，第 101，102，171頁。

159　中共中央印發的《毛主席重要指示》(經毛澤東審閱)(1975 年 10 月至1976 年 1 月)。轉引自逄先知、金仲及：《毛澤東傳》(下)，第 1770 頁。

雖然這或許並非毛澤東的初衷，毛澤東卻難逃其責。所謂「毛澤東個人獨裁政治與群眾政治的結合」並非理論上想像的那樣絕對與完滿，整合得天衣無縫：總體是統一的，但會有偏差，甚至背離；總體是有效的，但也會打折扣，甚至無效；總體是可控的，也會有失控。

更大的風險還在於，毛澤東為了推動群眾政治，提出「造反有理」，後來社會又流行「懷疑一切」思潮。這本來是有條件的，即不能造無產階級司令部的反，不能懷疑毛澤東本人。但這樣的造反、懷疑思想一旦為群眾掌握，就會按自身的邏輯，引向對毛澤東的懷疑，以至對黨的統治合法性的質疑。這樣的群眾政治發展的不可控，就越過了毛澤東的底線，是他所不能容忍的了。但隨着文革的深入，部分造反派的「極左化」，成為「異端」，幾乎是不可避免的。在1968年初，就出現了「省無聯」思潮。其代表作湖南省無產階級革命派大聯合委員會的《我們的綱領》裏對文革的發展形勢作了這樣的分析：「儘管在去年開展了對資產階級反動路線的批判，但是批判局限於對個別人的罪惡的揭發，而很少接觸到反動路線產生的階級根源和為反動路線服務的官僚機構。儘管今年一月風暴揭開了向資產階級司令部奪權的序幕，但是奪權卻被理解為對個別人的罷官，而不是對特權階層的推翻，不是砸爛舊的國家機器，再加上無產階級革命派的幼稚，政權仍落在官僚們手中」。[160] 另一篇代表作《中國向何處去》裏也指出，「三結合」的革命委員會等於把已經「倒台的官僚們又重新扶起來」，「成為軍隊和地方官僚起主導作用的資產階級篡權的政權形式」。於是，就提出絕不能把文化大革命變成「罷官運

---

160 《我們的綱領》(1968年3月)，收《文化大革命和它的異端思潮》，第
　　300，302頁。

動」、「改良主義運動」，「社會需要徹底的社會變動，這就是推翻新的官僚資產階級的統治，徹底砸爛舊的國家機器，實現社會革命，實現權力和財產的再分配」，建立類似巴黎公社的「沒有官僚」、群眾直接管理國家的「群眾專政」。為此，就需要重新建黨和重新建軍。[161] 這裏提出的「徹底砸爛舊國家機器」論，與團派「砸爛」論，似乎有些相似，但卻跨出了決定性的一步，即不再針對具體的黨組織和領導人，而是要作根本的制度層面的追問，從國家體制的改革上去解決產生官僚特權的政治、經濟根源，這就觸及到了現行體制的核心「一黨專政」的問題。而這正是無論是文革前的官僚政治，還是文革中毛澤東的個人獨裁政治都一致劃定的不可逾越的紅線，也是激進造反派(更不用說溫和造反派)絕不敢觸動的底線。因此，其所引起的文革高層領導的反應也是空前強硬的。在接見湖南毛澤東思想學習班時，周恩來一語道破：「他們說要砸爛為資產階級服務的舊的國家機器。這個問題就牽涉到怎樣評價建國十七年的問題」，這大概就是前文說的和「舊政府」有密切關係的周恩來最為關心、也最敏感的。而「新文革」的重要代表康生把問題看得更重：「這個綱領不僅反對當前的文化大革命，而且那整個中國幾十年的革命否定掉了」，「把我們無產階級專政說成是為資產階級特權階層服務的舊的國家機器，要砸爛」，「由此得出的結論：非推翻中華人民共和國和我無產階級不可，非推翻毛主席領導不可」。[162] 可見無論「舊政府」

161 省無聯一中紅造會鋼三一九兵團《奪軍權》一兵（楊曦光）：《中國向何處去》，《文化大革命和它的異端思潮》，第 280，294，277，291，284 頁。

162 《中央首長接見毛澤東思想學習班湖南班全體同志的講話》（1968 年 1 月 24 日），《陳伯達文章講話彙編》，見中國文革研究網。轉引自白承旭：《文革的政治困境與陳伯達與造反的年代》，第 121 頁。台灣交通大學出版社，2015 年。

燼火不息：文革民間思想研究筆記

還是「新文革」這黨內高層的兩大派在文革觀念上有多大矛盾與區別，但面對對黨的合法性的質疑，他們維護黨的絕對統治的利益上還是高度一致的。而毛澤東本人的態度也是鮮明而堅定的：早在此之前，他就發出過指示：「『徹底改善無產階級專政』的口號是反動的，是要推翻無產階級專政，建立資產階級專政。正確的說法是部分地改善無產階級專政」。[163] 現在，省無聯提出要砸爛舊國家機器，就更為毛澤東所不容了。

以毛澤東為首的中央領導層在1968年還要面對的難題，就是毛澤東說的「全面內戰」，從1967年7、8月間到1968年夏季已經持續了一年。本來，這樣的全國性武鬥就是毛澤東為對付有可能失控的軍隊，發出「武裝群眾，文攻武衛」號召的結果。現在，毛澤東又感到了掌握了武器的造反派失控的危險。引起高層震動的，是廣西兩派(偏於保守的「聯指」和激進造反派「四二二」)的武鬥，到1968年春末夏初進入白熱化以後，接連發生「搶槍事件」：先是「聯指」一派搶了14門六〇炮，一萬四千多支槍；「四二二」派又截獲中國抗美援越部分軍用物資，僅柳州就搶了1700萬發子彈。[164] 所謂「搶槍」，對於大多數造反派來說，是因為對方得到軍隊支持，為了自衛而不得已的行為；而更為激進的造反派，按楊小凱在《中國向何處去》裏的說法，就是一種建立「由革命人民自己組織的武裝力量」，實行「武裝的群眾專政」的自覺努力。[165] 這樣的武裝起來、而又失控的造反派群眾組織，正是文革高層最為擔心的，於是斷然採取行動。1968年7月3日，發佈了由毛澤東簽署的

---

163 《張春橋傳達毛主席最新指示》(1967年2月24日)。轉引自印紅標：《失蹤者的足跡：文化大革命期間的青年思潮》，第89頁，香港中文大學出版社，2009年。

164 唐少杰：《一葉知秋：清華大學1968年「百日武鬥」》，第249，250頁。

165 楊曦光：《中國向何處去》，《文化大革命和它的異端思潮》，第284頁。

《中共中央、國務院、中央軍委、中央文革小組關於制止廣西壯族自治區武鬥》的通告(簡稱《七‧三》佈告);7月24日,又發佈制止陝西武鬥的《七‧二四》佈告,都把矛頭指向激進造反派,並且下令人民解放軍駐廣西、陝西部隊進行彈壓。用毛澤東7月28日講話的說法,「誰如果還繼續造反,打解放軍,破壞交通、殺人、放火,就是犯罪。如果有少數人不聽勸阻,堅決不改,就是土匪,就是國民黨,就是要包圍起來,還繼續頑抗,就要實行殲滅」。[166] 這就已經明白無誤地發出了禁止造反,再繼續就要鎮壓的信號。

這時候,還發生了所謂「北航黑會」事件。到了1968年夏全國造反派都面臨嚴重危機,紛紛組團上訪,尋求支持。於是,由廣東造反派出面,7月16、17日在清華、北航開了一個全國形勢座談會,無非是交換情況與意見,會上有人提出各省造反派應該聯合起來,成立一個全國性組織或聯絡站,當場就有不同意見,並未形成任何決議。[167] 但僅是有「組織起來」的意圖,也引起高層的高度警惕。文革的「結社自由」從一開始就設置了一條紅線:絕不允許成立全國性組織,因為那會形成準政黨:這可是中國一黨專政體制之大忌。

在7月24日深夜至25日凌晨,「中央首長」接見廣西兩派赴京代表團的會上,氣氛十分緊張。康生開口便說:「今晚不是討論代表哪個的問題,是討論革命和反革命的問題,是討論執不執行毛主席親自批准的《七‧三佈告》的問題」,周恩來也厲聲指責:「你們把殺人的、放火的、搶援越物質的、中斷交通的,都說是受壓的,還說別人是右傾翻案,這是反革命行

---

166 《毛主席和聶元梓、蒯大富等五大領袖談話中關於制止武鬥問題的指示的精神要點》(1968 年 7 月 28 日)。

167 秦暉:《從文革中的清華與廣西談起》,《領導者》2015 年第 8 期。

　　　　　　　　　　爛火不息:文革民間思想研究筆記

為，對這些人就是要實行專政！」批判的重點是所謂「北航黑會」。吳法憲質問參加會議的四二二頭頭：「你有什麼資格召開全國幾十個省開會，誰給你的權力？誰給你的任務？」陳伯達逼問：「你們造誰的反？你們要假借名義造無產階級的反」。康生更無中生有地斷定：「反共救國團就在你們那裏，還有托派分子和國民黨殘渣餘孽」。康生還特意追問：蒯大富是怎麼講的，可見已經盯上了他。[168] 此刻，在「中央首長」(即所謂以毛主席為首的「無產階級司令部」)眼裏，武裝起來又圖謀組織起來的不受控制的造反派已經成為一只有可能與黨對抗的力量，用林彪的話來說，「我們沒有開九大，他們就開了」，[169] 這就非滅之不可。

一個月之內，連續發佈《七三佈告》、《七二四佈告》，以及「七二五講話」，這樣的密集動作，表明以毛澤東為首的文革最高司令部已經決心要對造反派動手，徹底結束文革群眾政治的歷史。但在操作上卻又用盡心機：先由中央文革小組、國務院、中央軍委出面，連下三步祺，再由毛澤東最後「收官」：不打任何招呼，密令工宣隊3萬人於7月27日突然進駐清華大學。其目的就是「解決清華一個點，影響全國一大片」，用「非常規的手段」以取得「轟動全國的爆炸性效應和震懾各地造反派的強勁威力」。這也算是毛澤東的一個「絕招」，毛式獨裁政治的一次精心表演。[170]

但這樣做的後果卻極其嚴重。先從清華這一面看。在歷史當事人的感覺裏，這是一個歷史的循環：「毛從反對劉少奇派

168 《中央首長接見廣西來京學習的兩派群眾組織部分同志和軍隊部分幹部時的指示》(1968年7月25日)，《陳伯達文章講話彙編》。

169 林彪在毛澤東接見五大領袖時的插話(1968年7月28日)，轉引自秦暉：《從文革的清華與廣西說起,》，《領導者》2015年8期。

170 孫怒濤：《良知的拷問：一個清華文革頭頭的心路歷程》，第629頁。

工作組入手介入清華文革，最後還是採取了劉少奇派工作組的辦法解決清華問題」。[171] 還有一個相似的細節：劉少奇通過夫人王光美擔任工作組顧問操縱清華文革，而毛澤東也派自己身邊人遲群、謝靜宜擔任工宣隊負責人，將清華文革置於自己的直接控制之下。更能說明問題的是，毛澤東最後派工宣隊進駐學校來解決問題，很容易使人聯想到1957年反右運動也是靠「工人說話了」來收場的，這兩者之間似乎「形成了微妙的連接」。[172] 這樣的聯想並非沒有道理，而且具有重要意義。如前文所說，劉少奇的文革路線是把文革視為新一輪的反右運動，工作組也是據此將蒯大富等工作組的反對者當作「新右派」而殘酷打擊的；現在，毛澤東要將造反派趕下歷史舞台，也是將其視為反黨右派而無情鎮壓的，依靠的力量仍是工人階級。這樣，毛澤東就在實際上回到了劉少奇的文革路線。這也就意味着，文革初期毛澤東支持造反派，是要利用群眾政治來整治官僚政治；現在，他又回歸官僚政治的觀念與思維，就徹底放棄了他一手扶植的群眾政治。經過這樣的反復，人們終於看清：「官僚集團是毛澤東的右手，恢復秩序需要他們；造反派是毛澤東的左手，衝擊官僚體制需要他們」，文革不過是毛澤東的「初期用左手打右手，中後期用右手打左手」的政治遊戲，[173]前後不變的是讓所有的人(從官僚到群眾)都臣服於自己，讓個人獨裁政治一統天下。

同樣是把造反派趕下歷史舞台，對處於天子腳下的清華，採取的方式是相對溫和的；而在邊遠地區的廣西就要露骨、殘

171　楊繼繩：《從清華大學看文革》，《良知的拷問：一個清華文革頭頭的心路歷程》，第6頁。

172　白承旭：《文革的政治困境與陳伯達與造反的時代》，第140頁。

173　楊繼繩：《從清華大學看文革》，《良知的拷問：一個清華文革頭頭的心路歷程》，第23頁。

　　　　　　　　　　爝火不息：文革民間思想研究筆記

酷得多。研究者告訴我們,在「七二五」接見不久,與會的四二二的代表便全數扣押入獄,並開始了全省範圍的對造反派的圍剿。統計數字表明:文革中廣西有八萬四千餘人死於非命,其中近五萬人死在《七三佈告》發佈後的鎮壓中;死於兩派武鬥的有3312人,其餘96%都慘死在武鬥結束後的屠殺中。這說明,「絕大多數的文革冤魂」都是死在「造反派被剿滅的過程中或剿滅後造反派不復存在的『新秩序』下」,「死於有領導、有計劃的專政機器對全無反抗能力的弱勢者的大規模的屠殺中」,「一句話,他們不是死於造反派之手,而是死於『維護秩序』與『重建秩序』的軍人和官員主導的政權」統治下,也即官僚政治與獨裁政治的新結合之中。

於是,就有了這樣的對文革造反派歷史的總結:「清華無疑是造反派被利用(後來也被鎮壓了,但非最慘)的典型,廣西則是被鎮壓(先前也曾利用過,只是價值不大)的典型。

兩者合起來倒是構成了中國文革最完整的典型圖景——尤其是造反派由興到亡整個生命歷程的典型圖像」。[174]

(2)最後的接見

先從一個細節説起。7月28日凌晨2時多,毛澤東被周恩來的電話叫醒,周恩來向他報告了工宣隊進駐清華找遭到了團派反抗,發生了流血事件,毛澤東聽後脫口而出:「造反派。真的反了?」[175]這樣的本能的反應是能夠反映毛澤東與造反派的複雜關係與感情的:毛澤東在文革初期發動與支持造反派造反,當然十分自信,造反派不會造自己的反,而是可以利用來造自己的對手黨官僚的反;但隨着運動進入恢復秩序的階段,

174 秦暉:《從文革中的清華與廣西談起》,《領導者》2015 年第 8 期。
175 轉引自孫怒濤:《良知的拷問:一個清華文革頭頭的心路歷程》,第 619 頁。

毛澤東需要再度起用經過造反派的衝擊紛紛表示馴服自己的黨官僚，但已經在造反中獲得利益的造反派，卻依然堅持在毛澤東看來已經「無理」的「造反」，而且越來越難以控制，這時毛澤東就開始擔心，造反派有一天會「真的反了」，反到自己頭上，這是他未雨綢繆將工宣隊派駐清華的真實原因。脫口而出的一聲「真的反了？」是反映了毛澤東對造反派既相信(希望)他們不會反自己，又憂慮他們真的會反叛的複雜心態。

於是，就有了7月28日凌晨的緊急接見：一方是以毛澤東為首的「無產階級司令部」的全體成員，另一方是造反派紅衛兵的五大領袖。這是文革最高領導層與文革群眾領袖最後一次見面。按本文的論述框架，也可以視為文革中的獨裁政治、官僚政治與群眾政治的最後「告別」。

毛澤東首先表現出他的強硬的一面。他乾脆告訴蒯大富：是自己派工宣隊進駐清華的，「你要抓黑手，黑手就是我」，目的就是要通過這些領袖人物向全國造反派發出一個明確無誤的資訊：把造反派趕下歷史舞台，是毛澤東本人作出的戰略部署，順之者存，逆之者亡，不要心存任何幻想。然後厲聲怒斥這些群眾領袖「脫離群眾，脫離工農兵，脫離絕大部分學生，甚至脫離自己領導下的部分群眾」，警告說「不要膨脹起來，全身浮腫，害浮腫病」，「現在是輪到小將們犯從錯誤的時候了」。問題是：小將究竟犯了什麼錯誤？還是參加接見的林彪一語點破：「你們要看到運動的需要，看各個階段我們應該幹什麼」。運動發展到恢復秩序的「階段」，「需要」的是小將自動讓權，回到自己所在班級「復課」(表面上還可以叫「鬧革命」)；但無論是團派，還是四一四，激進造反派，還是溫和造反派都還要繼續造反，熱衷於內戰，這就干擾了「大方向」，犯的是「不識時務」錯(罪)，這是必須強制下台的真正原因。

至於「脫離群眾」、「全身浮腫」云云，都是找出來的理由，即所謂「欲加之罪，何患無辭」。蒯大富們即使有這些毛病，也不至於治罪下台。最後乾脆下令：「鬥批散」，「通通走光，掃地出門」，「你們再搞，就是用工人來干涉，無產階級專政！」真正是殺氣騰騰！這回是「無產階級專政」的鐵拳落到了奉命造反的小將頭上，而且真正是永無翻身之日。這是和黨官僚完全不同的命運：當年他們也是按毛澤東的部署曾經被造反派打倒，但畢竟是同打江山的自家人，最後還是官復原職。這就是「內外有別」，這就是「打江山者坐江山」：等到造反派小將明白這個道理，已經為時晚矣！

在最後的接見時，毛澤東還表現出了另一面。他一再不無真誠地表示：「你們這五大將我們都是保護你們的，包括蒯大富，我們有偏向」；同時又明白地說：「四一四是反對我的」。在造反派兩派之間表現出的如此明顯的親疏之感，是讓同樣忠於毛澤東的四一四派感到委屈與困惑的。[176] 但這恰恰是在更深層面上反映了毛澤東的內在矛盾。正如有的研究者已經注意到的那樣，此時(1968年7月)的毛澤東正「開始默默地，迫不得已地認可了『四一四思潮』，甚至令人驚異地實行的或應用的正是『四一四思潮』的某些觀點與主張」。比如四一四早就主張革命小將要「讓權放權」，這樣才能讓廣大幹部(黨官僚)在各級領導中發揮「核心作用和骨幹作用」；他們早就批判激進造反派(團派)搞的群眾政治「沒有黨的領導」，「打倒一切」。這當然不是偶然的：四一四思潮就其本質而言，是對文革前十七年官僚政治統治下的正統觀念和正統秩序的一種堅守；而1968年7月以後的中國政治發展的趨向，也正是要「回歸十七年舊道」，回歸官僚政治。而且這樣的趨勢是延續到文革

---

176 孫怒濤：《良知的拷問：一個清華文革頭頭的心路歷程》，第 620–623 頁。

結束後的，所以許多人都認為，「四一四思潮」是取得了最後的「歷史性勝利」的。毛澤東實際上也在向這樣的趨向妥協，不得不對他在文革初期堅持的「以獨裁政治與群眾政治相結合的新政治取代舊官僚政治」的路線作出修正，主要是終結、犧牲群眾政治，換取個人獨裁政治與官僚政治的重新結合。[177] 對毛澤東來説，這樣的妥協和修正雖是出於要維護一黨專政體制的根本利益，維護他個人獨裁利益所必須；但也還是有些被動，其內心仍然不願意放棄他的文革理想。蒯大富領導的團派在他的心目中，正是自己的「群眾政治與獨裁政治相結合」理想的一個典範、典型。因此，團派的退出歷史舞台，在某種意義上正意味着毛澤東的文革路線的失敗與破產。現在，又要由他自己來結束蒯大富和團派的政治生命，是多少有些尷尬和無奈的。

於是，在最後的接見裏，就有了這樣的一幕：接見時正在抗擊工宣隊現場的蒯大富遲到了，毛澤東一直在等他。蒯大富一到，「一下就撲到主席懷裏，頭靠着主席的胸口，嚎啕大哭，邊哭邊告狀──毛澤東流着淚，江青也哭了」。還有這樣的「結束時刻」：毛澤東剛離開會場，又立刻回來，説「我走了，又不放心，怕你們反過來整蒯大富，所以又回來了」，他叮嚀在場的中央首長：「不要又反過來整蒯大富啦，不要又整他」。[178] 這大概就是在嚴酷的政治鬥爭中毛澤東的人性、人情這一面的一次流露吧。對此，當然不必誇大，因為蒯大富並沒有因為毛澤東的「保護」而免遭牢獄之災；在結束造反派生命這一「大局」問題上，毛澤東是絕對無情的。但似乎也不可忽

---

177 參看唐少杰：《一葉知秋：清華大學 1968 年「百日大武鬥」》，第 243–244，208，215 頁。

178 以上關於毛澤東與中央領導接見的描述與所引講話，均見《毛澤東等同聶元梓、蒯大富、譚厚蘭、韓愛晶、王大賓談話記錄》(1968 年 7 月 28 日)。

視，論者早就說過，「把專制君主當作活生生的人來描寫，才能對官僚政治有更加生動而深刻的科學理解」。[179]

(3) 歷史的最後一頁：工宣隊統治下的清華

講完文革造反派歷史的終結，文革群眾政治的終結，我們的討論本可以結束；但為了清華文革歷史敘述的完整性，還要對工宣隊統治清華七年(1968年7月27日–1976年10月)的歷史作一個簡述。

如前所述，到1968年7月，毛澤東事實上已經逐漸向官僚政治妥協，但他仍不願將他的文革試驗點清華的領導權直接交給黨官僚，而是派出自己身邊的警衛部隊領導的工宣隊執掌清華大權，實行工人階級的準軍事專政。因此，毛澤東在7月27日將工宣隊派駐清華以後，在8月25日就發表了經他審閱修改過的署名姚文元的文章《工人階級必須領導一切》，宣稱：堅持工人階級領導，首先要保證「毛主席的每一個指示，工人階級的最高戰鬥指揮部的每一個號令，都能迅速地暢通地貫徹執行，必須反對『多中心即無中心論』、山頭主義、宗派主義等種種破壞工人階級領導的資產階級反動傾向」，「我們國家中，不允許存在與毛主席的無產階級司令部相對抗的任何大的或小的『獨立王國』」。這裏說的「獨立王國」顯然是指以清華為代表的激進造反派的不聽話的「蒯式王國」：如果說文革初期毛澤東首先要摧毀的是以北京市委為代表的官僚政治的獨立王國；那麼，到文革中後期，毛澤東不能相容的就是群眾政治的獨立王國了：他是不允許和自己對抗的任何政治力量的存在的。於是，毛澤東又在姚文元署名的文章裏，特意加上了這樣一段：「有些自己宣佈為『無產階級革命派』的知識分子，一

179　孫越生：《官僚主義的起源和元模式》，第 136 頁。

遇到工人階級觸動他那個小小的『獨立王國』的利益的時候，就反對起工人來了，這種葉公好龍式的人物，在中國還是不少的。這種人就是所謂輕視工農、愛擺架子、自以為了不起的人物，其實不過是現代的一批葉公而已」。這裏說的「葉公」顯然包括蒯大富。姚文元的文章就聲色俱厲而不點名地對『蒯氏人物』大加斥責：「那種把工人當成『自己』以外的異己力量的人，如果不是糊塗，他自己就是工人階級的異己分子，工人階級就有理由專他的政」。如研究者所說，這既是對之前的文革各自為「中心」的內戰的一個批判性「總結」，更是工宣隊進駐清華為標誌的「工人階級領導一切」的新階段的一個指導綱領，[180] 這就有了討論的必要。

應該特別注意的是，毛澤東把矛頭指向了自稱「『無產階級革命派』的知識分子」，也即作為造反派(無論激進派，還是溫和派)的青年知識分子，並且宣佈「工人階級有理由專他的政」。這就意味着，文革初期充當革命先鋒、毛澤東為首的中央文革派的「鐵拳頭」的紅衛兵小將，特別是他們中的骨幹，到文革中後期又成了革命對象，無產階級專政的重點打擊目標。這就有了非同小可的嚴重意義。如研究者所說，文革時期，清華大學乃至當時中國大陸知識分子大致可分為三代：「一是1949年前學成的老一代知識分子，他們的年齡大都在50歲以上；二是1949年後1966年前已學成的並擁有固定專業工作的中年一代知識分子，他們的年齡大都在40歲上下；三是1966年文革開始時依然在校學習的青年一代知識分子，他們的年齡大都在20歲左右」。文革一開始，老一代知識分子立即作為「資產階級反動學術權威」成為革命對象；中年一代知識分子如掌握了一定權力也作為「大大小小的黑幫」被揪鬥，一般教

180　唐少杰：《一葉知秋：清華大學1968年「百日大武鬥」》，第279–281頁。

　　　　　　　烈火不息：文革民間思想研究筆記

職員則被視為「反動學術權威的接班人」而備受排斥。現在，連作為學生的青年知識分子也以「大鬧派性，與無產階級司令部對抗，反對工人階級」的罪名被押上革命審判台。「圖窮匕首見」：三代知識分子都被宣佈為「資產階級知識分子」，成了無產階級革命和專政的對象，毛澤東親自發動和領導的「文化大革命」就真正成了一場「革知識分子『命』的革命」。[181]這是最能顯示毛澤東仇視知識分子的陰暗心理的，他早在1958年大躍進時就宣佈「對於資產階級教授的學問，應以狗屁視之，等於烏有，（要）鄙視，藐視，蔑視」。[182]同時，這也充分暴露了所謂「文化大革命」的反文化、反知識、反知識分子的反動性。

在這樣的思想指導下，工宣隊統治清華的八年，就成了一部「不斷革知識分子的命」的歷史：這確實是清華大學校史上最黑暗的一頁。據說工宣隊對清華的統治是基於「兩個估計」，即1949年以後的清華十七年，「毛主席的無產階級教育路線基本上沒有得到貫徹執行，大多數教師和解放後培養的大批學生的世界觀基本上是資產階級的」。[183]據此，工宣隊宣佈，自己的任務與使命，就是「在上層建築其中包括各個文化領域中對資產階級實行全面專政」，「工人階級佔領文化教育陣地，就是佔領廣大知識分子群眾」。[184]這樣的任務與使命，

---

181 唐少杰：《一葉知秋：清華大學 1968 年「百日大武鬥」》，第 274–275，279，273 頁。

182 毛澤東：《成都會議上的講話提綱》（1958 年 3 月 22 日），《建國以來毛澤東文稿》第 7 冊，第 118 頁，中央文獻出版社，1992 年。

183 孫怒濤：《良知的拷問：一個清華文革頭頭的心路歷程》，第 642 頁注釋 1。

184 清華工宣隊：《高舉毛主席無產階級專政條件下繼續革命的偉大紅旗，為實現『無產階級在上層建築其中包括文化教育陣地對資產階級全面專政』而鬥爭》。轉引自唐少杰：《一葉知秋：清華大學 1968 年「百日大武鬥」》，第 282 頁。

到了普通工宣隊基層幹部那裏，就變得十分簡單：「什麼時候知識分子的心情舒暢了，那麼什麼時候就說明我們的工作有了問題」。[185] 這裏被蓄意製造的工人與知識分子之間彼此不相容的矛盾，也是反映了毛澤東的文化大革命的一個根本性的理論與政治問題的，即研究者所說的，將本應該互補的體力勞動與腦力勞動，體力勞動者與腦力勞動者，「異化為兩種截然對立的力量，一方是改造和創造世界的力量，另一方是被改造的力量」，而「這兩種勞動的政治對抗乃是官僚社會的典型特徵」。[186]

工宣隊統治的八年，也是運動不斷，每一個運動都有一個知識分子群體作為重點。首當其衝的是文革派頭頭，工宣隊一進校，就給頭頭辦學習班，追查殺人兇犯，整肅派性。[187] 以後又發動清查「五一六運動」，借此對造反派進行徹底清算。蒯大富就被揪回學校，隔離審查了三年。[188] 孫怒濤也被批鬥，寫了好幾個月的交代材料。許多分在外地的清華學生，無論是團派，還是四一四派，只要參與了文革造反，都受到了不同程度的審查，「有的被整的慘不忍睹，還有自殺的」。[189] 從此，「造反派」就成了一個洗刷不清的歷史罪名，兩派（無論是激進派，還是溫和派）都毫無例外。兩派之爭，沒有一方是勝利者。在討論「清華文革誰是勝者」時，回答只有一個：保爹保媽、永不造反的「八九派」，即紅二代「笑到最後」。「『爹媽』們一旦重掌大權，立即整肅激進造反派，遺棄保守造反派，為

185 一位工宣隊小頭目的講話。轉引自唐少杰：《一葉知秋：清華大學1968年「百日大武鬥」》，第285頁。

186 孫越生：《官僚主義的起源和元模式》，第15，16頁。

187 孫怒濤：《良知的拷問：一個清華文革頭頭的心路歷程》，第617頁。

188 蒯大富：《潮起潮落》，《回憶與反思：紅衛兵時代風雲人物：口述歷史之一》，第374–377頁。

189 孫怒濤：《良知的拷問：一個清華文革頭頭的心路歷程》，第644–655頁。

爝火不息：文革民間思想研究筆記

他們的官二代上位掃清障礙，鋪平道路。不僅『龍生龍子』更要『龍傳龍位』」。「『紅色貴族』萬歲」，這是一個「一針見血」的充滿苦澀的總結。[190]

還有所謂「清理階級隊伍運動」。據說是要把隱藏在群眾中的地主、富農、反革命、美蔣特務、叛徒、漏網右派、國民黨殘渣餘孽，進行徹底掃除。其實矛頭是指向第一、二代知識分子的，利用他們家庭出身、社會關係、本人歷史中的所謂問題，捕風捉影，隨意牽連，無限上綱。許多「問題」都是文革前歷次政治運動中早已查清，有了結論的；現在繼續糾纏不休，就製造了更多的冤假錯案。結果是清查運動中，自殺的人數是清華文革中最多的階段。[191]

1969年，工宣隊組織先後5批共計約2800餘名教職工開赴江西南昌郊外鯉魚洲農場勞動，實際是對知識分子一次新的懲罰和迫害。該地是血吸蟲病的重疫區，由於水下勞動和防洪，教職工患上血吸蟲病者當年確診747人，懷疑待查者111人，次年患者已突破千人，後遺症更是十分嚴重。[192]

1975年10月，根據毛澤東的指示，清華開展的「教育革命」大辯論，批判「右傾翻案風」運動，又一次(也是最後一次)產生了全國性的影響。事情是由清華內部矛盾引發的：工宣隊在整黨運動中陸續解放了以原清華黨委副書記劉冰為代表的一大批幹部。這也是文革中後期的大勢所趨。但這些幹部很快就在一系列辦學和開展運動的重大問題上，和毛澤東派來的工宣隊領導遲群、謝靜宜發生了分歧，遲、謝專橫跋扈的作風，

190 見唐偉：《從清華文革談清華校訓》，《良知的拷問：一個清華文革頭頭的心路歷程》，第 316 頁。孫怒濤：《良知的拷問：一個清華文革頭頭的心路歷程》，第 695 頁。

191 孫怒濤：《良知的拷問：一個清華文革頭頭的心路歷程》，第 617 頁。

192 唐少杰：《一葉知秋：清華大學 1968 年「百日武鬥」》，第 283–284 頁。

更引起反感。於是，由劉冰牽頭，幾位清華領導幹部兩次寫信向毛澤東告狀，並由鄧小平轉遞。毛澤東觀察了一段，斷定「信的動機不純，想打倒遲群和小謝。他們信中的矛頭是對着我的」。毛澤東顯然認為，劉冰等的意見代表了對文化大革命不滿甚至要算賬的一批人的態度，而鄧小平就是他們的後台。於是決定反擊，仍然選擇清華作突破口。按照毛澤東「清華大學可以出辯論，出大字報」的指示，清華立即開展了「教育革命大辯論」，實則是「反擊右傾翻案風」。[193] 而且「上揪代表人物，下掃社會基礎」，把矛頭指向教師，全校被立案審查和重點批判的有60多人，點名批判的有400多人，自然不得人心。[194] 而毛澤東本人，卻是認真的：這是他最後一次直接干預和利用清華文革運動，是他維護自己的文革路線與成績的最後努力，也是他和鄧小平代表的黨官僚的最後搏弈。但他並沒有能做到像往常那樣，「登高一呼，應者如雲」，真正支持者上層只有中央文革派那幾個人，地方也只是仍在堅持文革理想或為維護自己的既得利益的少數造反派，不可能形成群眾性的政治支持力量。大多數被他整肅過的造反派已經徹底失望或有了自己的新思考，不再追隨。更多的普通民眾和知識分子早在內心拋棄了毛澤東的文革激進路線，而把同情轉向了鄧小平代表的「還能按常理辦事」的老官僚。此時，在文革中曾經叱咤風雲的毛澤東事實上已經成了孤家寡人：離文革結束之日，確實不遠了。

2016年7月12日–8月9日

193　參看逄先知、金仲及：《毛澤東傳》（下），第 1753–1754 頁。

194　孫怒濤：《良知的拷問：一個清華文革頭頭的心路歷程》，第 661 頁。

　　　　　　　　燭火不息：文革民間思想研究筆記

輯三

工人造反運動及其他

工人造反運動的興衰沉浮

——讀李遜《革命造反年代：上海文革運動史稿》、李遜《大崩潰：上海工人造反派興亡史》、陳益南《青春無痕：一個造反派工人的十年文革》、劉國凱《基層文革泥濘路》[1]

一、工人造反運動在文革中的地位與工人運動史的簡要回顧

人們談到文革，首先想到的是紅衛兵，從早期的以高幹子弟為主的「老紅衛兵」，到批判「資產階級反動路線」興起的「造反派紅衛兵」；許多人都把紅衛兵作為文化大革命的象徵。這雖有一定的道理，但卻容易形成重大遮蔽。這就是研究者所說的，完全沒有認識到工人造反派在文化大革命中的地位和作用，至少是估計不足；而事實上，「工人造反派是比紅衛兵更重要更典型的代表」。紅衛兵運動的黃金時代只有幾個月，從1966年5月開始自發成立組織，到8月得到毛澤東的公開支持，隨即到全國大串聯，傳播文化大革命的火種，幫助和支持各地的造反派(包括工人造反派)組織起來，打倒執行「資產階反動路線」的各級黨組織。大體上到1966年年底，紅衛兵已經完成了毛澤東賦予的煽風點火的歷史任務。從1967年1月按照毛澤東的部署，開始「全國全面的階級鬥爭」也即全面奪權時起，紅衛兵就逐漸邊緣化，上海「一月革命」已經是由工人造反派主導了。到1968年7、8月毛澤東派遣工人宣傳隊進駐大

1　《革命造反年代：上海文革運動史稿》，李遜著，香港牛津大學出版社，2015年。《大崩潰：上海工人造反派興亡史》，李遜著，時報文化出版企業有限公司，1996年。《青春無痕：一個造反派工人的十年文革》，陳益南著，香港中文大學出版社，2006年。《基層文革泥濘路》，此為《人民文革叢書卷四》，劉國凱著，香港博大出版社，2006年。

中學校，提出「工人階級領導一切」。在此前後，又分別作出
「大專院校學生畢業分配」的決定(6月)，發出「知識青年到
農村去，接受貧下中農再教育」的號召(12月)，這樣也就在事
實上結束了紅衛兵運動。於是，就有了「工人造反派是在紅衛
兵榜樣的鼓舞下產生的，最後卻由工人造反派來結束紅衛兵運
動」的說法。[2] 有研究者因此提出，文化大革命實際有「兩個主
軸」，一個是「以北京為核心的學生紅衛兵」的文革，一個是
以上海「工廠與工人為核心的文革」，這是「兩個不同時間、
空間的主軸」，整個文革的重心是逐漸由前者向後者轉移的。[3]
這是有一定道理的。

我們的討論，還可以再深入一步：人們對文革中工人造反
派地位與作用的忽略，其實是從一個特定角度反映了對毛澤東
本人及中國共產黨的一個誤讀。如研究者所說，「毛澤東從韶
山走出來，與中國農民血肉相連，他打天下率領的也是一支農
民隊伍。但他始終認為自己代表無產階級，並且對中國工人階
級始終寄予極大的期望」。[4] 如果因為毛澤東及中國共產黨與
中國農民的天生的血緣關係，而簡單地將其視為「農民代表」
和「農民黨」，顯然不符合毛澤東本人與共產黨自身的主觀追
求和自我認定，也不符合事實。但毛澤東和中國共產黨卻也始
終為這樣的誤讀，而承受巨大壓力，因而不斷作出強烈反應。
早期中國共產黨甚至強制規定其領導機構必須由工人出身的黨
員佔主導地位，後來成為叛徒的向忠發就是在這樣的思想主導
下，被推為黨的總書記的。早期共產黨人也以推動工人運動為

2   李遜：《序言‧工人造反派：中國文化大革命最重要的標本》，《大崩潰：
     上海工人造反派興亡史》，第 4–5 頁。

3   白承旭：《文革的政治與困境：陳伯達與「造反」的時代》，第 091–092 頁，
     台灣國立交通大學出版社，2013 年。

4   同注 2，第 8 頁。

己任，積極參與和領導了「二七」大罷工，安源工人罷工(劉少奇就是因此嶄露頭角的)等大革命時期的工人運動，形成了中國現代工人運動的第一次高潮。在大革命失敗以後，也是首先由周恩來等共產黨人在上海發動工人起義，由此開始了反抗國民黨一黨專政統治的鬥爭。以後在毛澤東等的引導下，走上了「農村包圍城市」的道路，中國共產黨領導的中國革命重心才轉向了農村，逐漸以農民為革命主體，但始終堅持黨的工人階級政黨的性質及對革命的領導，同時不放棄國民黨統治區的工人運動。特別是在解放戰爭時期，更是有計劃、有領導地在國民黨統治區開闢「第二戰場」，發動大規模的學生與工人「反饑餓，反內戰，反迫害」運動和「反美扶日」運動，1948年5月中共中央在其公佈的「五一勞動節口號」裏就發出號召：「全國工人階級、全國人民團結起來，反對美帝國主義扶植日本侵略勢力的復活」，由此而掀起了中國革命中工人運動的第三次高潮。每一次高潮都是在中國共產黨的推動與領導下進行的。

建國以後，無論是初期的《共同綱領》，還是1954年制定的《憲法》，都明確規定中華人民共和國是由「工人階級領導，工農聯盟為基礎」的。建國後的整個國家的教育、衛生、文化、社會福利政策都傾向於工人與農民，不僅工人、農民通過工農速成中學、夜校、識字班，獲得接受現代教育機會，他們的子女更是享受優先接受教育的權利。工人作為領導階級，不僅有很高的社會地位，在工資福利待遇方面也不低於同時期的幹部和知識分子，並多有特殊照顧，如建設工人新村，改善工人居住條件，等等。一直以維護農民利益為己任的「鄉村建設派」代表梁漱溟在1953年的最高國務會議上，就以工人有工會、農民沒有組織農會的權利為由，當面向毛澤東發難，指責毛澤東和中國共產黨「丟了農民」，「工人在九天之上，農民

在九天之下」，毛澤東因此勃然大怒，[5] 因為它確實觸及了毛澤東的一個矛盾與隱痛：他自認為「農民的兒子」，卻不得不為國家工業化而在一定程度上犧牲農民的利益。[6]

但如果作更進一步的考察，就可以發現，中國工人階級的國家領導階級的地位，並沒有得到真正的落實。這裏有一個事實和一組資料：「文革前歷屆上海市委和市委的常委會中，沒有普通工人代表。上海市總工會的領導被作為工人方面的代表，這些人都是中共地下黨工委系統的領導。自1949年至文革前的1966年，在中共上海市委的書記、常委和委員的席位中只有一個委員的名額是留給工會的；而在上海市政府方面，1950年，33名市長和市人民政府委員中，上海市總工會方面有4個名額，以後越來越少，到1965年，市第五屆人代會更只有上海市總工會主席一人算是工會方面的代表」。當然，如論者所說，工會領導代表工人作為參政成員的做法是世界上許多國家的通例，問題是中國工會領導並不是工人選舉產生，而是由共產黨委任的，在很大程度上脫離了代表工人的本意[7]。於是，就注意到，共產黨執政以後，對於工會與共產黨的關係有過多次爭議。早在建國初的1951年，首屆全國總工會主席李立三就反對黨直接委派工會幹部，主張由工人自己推選，以保證獨立自主地開展工作，結果被冠以「工團主義」的罪名而被撤銷工會領

5　參看毛澤東：《批判梁漱溟的反動思想》（1953 年 9 月 16 日–18 日），《毛澤東選集》第 5 卷，人民出版社，1977 年。

6　參看錢理群：《毛澤東時代和後毛澤東時代：歷史的另一種書寫》（上），第 054–056 頁。台灣聯經出版事業股份有限公司，2012 年。

7　李遜：《工人階級領導一切？——文革中上海工人造反派與工人階級的實際地位》，宋永毅主編《文化大革命：歷史真相和集體記憶》（上），第 258–259 頁，香港田園書屋，2007 年。

熌火不息：文革民間思想研究筆記

導職務。[8] 但對工會領導而言，如果不維護工人的權益，就會完全脫離工人，失去群眾基礎。因此，李立三的繼任賴若愚也依然小心翼翼地提出，在維護黨的領導的前提下，工會應該有一定的獨立性。但這仍不被允許，在1957年反右運動後，又被戴上了「右傾機會主義和宗派主義」的帽子。這又涉及到我所提出的「五七體制」的問題：這是毛澤東在1957年反右運動以後對原有一黨專政體制的強化與發展。其核心是提出黨要「獨攬大權」，把權力集中於各級黨組織和第一書記之手。一方面強調黨對國家事務、社會生活一切方面、一切領域的無所不至的絕對領導與控制；另一面強調一切社會組織(工會，以及婦女、青年的群眾組織)都必須服從黨的絕對領導。工會從此實際成為同級黨組織領導下的一個工作部門，沒有任何自主權，工會幹部人選不僅黨組織決定，而且黨對工會幹部不滿隨時可以撤換。工會的中心工作就是組織勞動競賽，即動員工人多幹活，根本不敢再向黨和政府為職工爭取權益。黨這樣大權獨攬的結果，就「形成了中國體制的『黨政不分』和『沒有獨立的社會組織』兩大痼疾」。[9] 這樣，中國工人階級就在宣稱「工人階級領導」的共和國裏，事實上失去了建立自己的獨立組織，維護和爭取政治權利和經濟利益的自主性：全被中國共產黨「代表」了。作黨的馴服工具，就成了唯一正確、合法的選擇。這就意味着，對中國工人階級在國家事務中的地位與作用的全面、徹底的剝奪。

8　李遜：《工人階級領導一切？——文革中上海工人造反派與工人階級上的實際地位》，《文化大革命：歷史真相和集體記憶》(上)，第533頁。

9　錢理群：《毛澤東時代和後毛澤東時代：歷史的另一種書寫》(上)，第155，158–159頁。參看李遜：《工人階級領導一切？——文革中上海工人造反派與工人階級的實際地位》，《文化大革命：歷史真相與集體記憶》(上)，第533頁。

工人造反運動的興衰沉浮

瞭解了這樣的背景，就不難理解，在文革中，工人造反派擺脫地方黨委和基層黨組織的控制，自己組織起來，爭取自己的權利，維護自己的利益，實在是共和國歷史、中國工人運動史上破天荒的一頁。

　　這也就引發了我們的研究興趣：這一切是怎麼發生的？其實際情況究竟是怎樣的？

二、造反派工人的興起與工人造反派組織的成立

1. 毛澤東的設想與意圖

　　這需要從毛澤東在準備和發動文化大革命時的兩個重要思想說起。

　　1964年12月、1965年1月，毛澤東對工業、工廠問題連續作出兩個批示：「我們的工業究竟有多少在經營管理方面已經資本主義化了，是三分之一，二分之一，或者還更多些」。[10]「官僚主義者階級與工人階級和貧下中農是兩個尖銳對立的階級。這些走資本主義道路的領導人，是已經變成或正在變成吸工人血的資產階級分子」，「這些人是鬥爭對象，革命對象」。[11]

　　這包含了四個相當嚴峻的判斷。首先是對形勢的分析：黨的工業戰線不再是社會主義的，「三分之一，二分之一，或者還要多些」，「已經資本主義化了」，也就是面臨着全面的資本主義復辟。其次，是對工廠領導(黨的書記和廠長)的基本估計：不再是黨的代表和化身，而是「已經變成或正在變成吸

10　毛澤東：《對謝富治在瀋陽冶煉廠蹲點的報告的批語》(1964 年 12 月 5 日)，《建國以來毛澤東文稿》第 11 冊，第 256 頁，中央文獻出版社，1995 年。

11　毛澤東：《對陳正人關於社教蹲點情況報告的批語和批註》(1965 年 1 月 15 日)，《建國以來毛澤東文稿》第 11 冊，第 265–266 頁。

熖火不息：文革民間思想研究筆記

工人血的資產階級分子」。其三，工廠裏領導與工人的關係，不再是領導與服從的關係，變成了「官僚主義者階級」與「工人階級（和貧下中農）」兩個「尖銳對立的階級」。其四，「革命對象」不再是傳統的「黑五類」（地、富、反、壞、右），而是「走資本主義道路的領導人」。這可以說是對既定觀念與秩序的一個全面顛覆，對前文提到的反右運動以後建立和強化的「五七體制」的全面衝擊；同時又醞釀着一種新觀念、新秩序、新體制，這是直接通向文化大革命的。

對此，我們可以作三個方面的討論與評價。

毛澤東對把六十年代的中國的形勢估計為資本主義全面復辟，顯然不符合實際，而且也並非問題所在：那時的中國，資本主義的發展是受到限制，以致非法的，完全談不上危險，這只能是毛澤東強加給政治對手的意識形態的「罪名」。他實際上是從自己的農業社會主義、空想社會主義的理想、理念出發，把按經濟規律進行建設，例如發展商品經濟，實行物質鼓勵等都視為「資本主義復辟」，甚至把尊重農民的勞動權利，實行包產到戶，發展農村自由市場，都當做「自發的資本主義傾向」而嚴加打擊。而他提出的「官僚主義者階級」的概念，如果把它作為「利益集團」來理解，着眼於政治權力的壟斷所造成的社會不平等，它是確實存在的，這也是其在隨後的文革中產生巨大的社會動員力量的原因所在。但如果從生產資料的佔有和分配角度來認識，「官僚主義者階級」恐怕要到二十世紀90年代以後，出現了權力與市場的結合，才真正形成，今天通常稱為「權貴資本階層（階級）」。毛澤東在1964、1965年提出「官僚主義者階級」只能說是一個預警。但他卻據此用群眾式的階級鬥爭即暴力革命的方式來處理黨的幹部與工人的矛盾，「打擊一大片」，對幹部進行全面清洗，就造成嚴重後果。

但毛澤東提出「官僚主義者階級」的概念，仍然具有重要的理論與實踐意義。正如研究者所說，毛澤東並「不是第一個認識到社會主義革命會產生官僚統治的剝削階級的人。在毛之前，有許多人已經看到了這一點，其中就有韋伯、托洛斯基、米洛萬・吉拉斯等人」，毛澤東的特殊之處，在於他是作為「一個共產黨國家的領導人」提出他所創建和領導的共產黨統治下出現了「官僚主義者階級」，「這種事情過去不曾有過，將來也不太可能再出現」。[12]

我曾經說過，毛澤東是中國最大的烏托邦主義者和獨裁者，將二者集於一身。[13] 毛澤東在掌握政權以後，不像大多數統治者那樣，趨向保守，以維護既定秩序為己任，而是繼續堅持烏托邦理想，不惜打亂自己建構起來的體制，文革即是這樣的嘗試。這正是文革所提出的問題：「追求社會平等、公正的社會主義國家，為什麼會出現新的特權，不平等，以致形成官僚主義者階級？如何防止和克服？」今天可以看得更清楚，這個問題始終和社會主義革命和建設的歷史進程糾纏在一起，是一個無法擺脫的「夢魘」。毛澤東在五十年前即已主動提出，這不能不說是一個遠見卓識。但毛澤東也只能提出問題，卻無法解決。原因就在於他自身兼任烏托邦主義者與獨裁主義者的內在矛盾：既是體制的創建者，就必然是體制所產生的官僚主義者階級利益的最大代表，最終要以維護極權體制(其集中體現就是他的個人獨裁)的統治為己任；在烏托邦理想驅動下的打亂秩序，只能是局部、有限的，一旦發生不可控制的危險，他就

12　莫里斯・邁斯納：《毛澤東的中國及其後：中華人民共和國史》，第 284 頁，香港中文大學出版社，2005 年。

13　參看錢理群：《毛澤東時代和後毛澤東時代：歷史的另一種書寫》(上)，第 22 頁。

　　　　　　　　　　　爝火不息：文革民間思想研究筆記

必然要退縮到強化極權統治這一基本點上。這就是我們在下文要詳加討論的毛澤東在文革中忽而激進忽而保守，在造反派與官僚集團之間反復搖擺的根本原因。

回到1964、1965年的歷史現場，我們還需要強調，毛澤東關於資本主義復辟與官僚主義者階級形成的重大判斷的現實影響與作用。首先產生的是思想解放的效應，因為它破除了反右運動以後形成的，也是構成「五七體制」的兩大基本觀念。一是全國工廠(還有農村，思想、文化、教育等領域)出現資本主義復辟，說明這些部門黨的領導出了問題，這就徹底打破了「黨的領導是統一的，並且永遠正確」的迷信，進而解除了「對黨的任何部門的路線、方針、政策提出任何懷疑，都是反黨」的戒律。其二，各級黨組織都出現了官僚主義者階級，這也就打破了「黨的各級組織都代表黨，批評和反對黨的各級領導，就是反黨」的迷信與禁令。禁令一開，懷疑、批評、反對黨的各級組織和單位領導人，就成了普通人(工人，農民，學校師生，機關幹部)的政治權利，並且是最高領袖毛澤東鼓勵與召喚的。這在共和國歷史上確實是破天荒的，其動員力量自然不可低估。這也是是我們下文要討論的工人造反派的出現的最重要的政治條件和時代背景。

在提出了「文革問題」以後，毛澤東還提出了他的「如何解決問題」的設想。

於是注意到一個細節：1966年5月16日公佈《中國共產黨中央委員會通知》，標誌着文革的正式開始；6月1日，毛澤東決定中央人民廣播電台播發北京大學聶元梓等大字報，矛頭直指彭真為首的中共北京市委，算是揭開了文革的序幕。毛澤東給康生、陳伯達專門打電話說：這張大字報是「二十世紀60年

代北京公社宣言，比巴黎公社意義更大」。[14] 這自然不是一個普通的評價，而是表達了毛澤東對他自己發動的文化大革命所作的制度性的設計：要用巴黎公社的原則改造國家機器，建立「北京公社」的全新體制。所謂「巴黎公社的原則」，是馬克思在《法蘭西內戰》裏，對1871年普法戰爭時，法國市民的自治機構「巴黎公社經驗」所作的概括，其中包括解散常備軍和常設官僚制；引進公民選舉和罷免制；官員實行與工人相當的低工資制等三項原則。以此作為文化大革命的指導原則，並結合中國自身的實踐經驗，在8月8日通過的《中國共產黨中央委員會關於無產階級文化大革命的決定》(即《十六條》)裏，就有了如下明確的規定與表述：「文化革命小組、文化革命委員會的成員和文化革命代表大會的代表的產生，要像巴黎公社那樣，必須實行全面的選舉制」，它「不應當是臨時性的組織，而應當是長期的常設的群眾組織。它不但適用於學校、機關，也基本上適用於工礦企業、街道、農村」。這實際是設想將群眾選舉產生、並隨時接受群眾監督的文化革命小組、文化革命委員會等組織形式變成國家「常設機構」，以實現國家機器的根本改造。就像1966年8月《紅旗》11期專門發表的《巴黎公社的全面選舉制》裏所說，「被選出來擔任公職的人員，必須是為人民服務的勤務員，而不是壓迫人民的資產階級式的官僚政客」。按林彪11月3日在天安門群眾大會的演講的說法，實行巴黎公社原則，就是「充分實現人民民主權利」。而這樣的制度設計背後的核心理念與指導思想則是《十六條》中第4條規定的「讓群眾在運動中自己教育自己」的原則：「無產階級文化大革命，只能是群眾自己解放自己，不能採用任何包辦代替的

---

14 轉引自卜偉華：《「砸爛舊世界」：文化大革命的動亂與浩劫》，第130頁，香港中文大學當代中國文化研究中心，2008年。

　　　　　　　　　　　　烈火不息：文革民間思想研究筆記

辦法」，「要信任群眾，尊重群眾的首創精神」。還有第6條
的規定：「對於持有不同意見的少數人，也不准採取任何壓服
的辦法。要保護少數，因為有時真理在少數人手裏。即使少數
人的意見是錯誤的，也允許他們申辯，允許他們保留自己的意
見」。如研究者所説，這就引人注目地提出了「群眾政治」的
全新命題，「『群眾運動』被置於比『黨』更高的位置」，要
以「群眾把自己打造成新的政治主體」來解決現有社會主義體
制下出現特權，出現官僚主義者階級的問題。[15] 這樣，毛澤東
也就有意識地將文革前五七體制下被黨嚴密控制的群眾解放出
來，讓他們中的代表，主要是前期的學生紅衛兵、造反派和中
後期的工人造反派，登上中國當代政治舞台，充當文革的先鋒
和主力。由此而引發了群眾政治與政黨政治、國家政治、軍隊
政治，以及群眾政治內部極其複雜的關係和極其激烈的衝突，
以此構成了文革政治與歷史極其豐富的內容。我們將在下文
一一展開。

但我們首先要説的，卻是儘管在文革醞釀與發動時期，毛
澤東就已經有了上述文革設計，在這樣的設計裏，工人階級必
然要擔當關鍵性的角色；但文革初期，在要不要和如何開展工
廠文革運動的問題上，黨內一開始就有不同意見的爭論，毛澤
東自己也多有猶豫。這主要是因為再怎麼發動革命，也不能影
響生產建設，必須讓工人堅守生產崗位。就像周恩來所説，
「我們既要革命，還要生產，否則吃什麼，用什麼？」所以，
文革一開始的1966年6月，當時還在中央負責的劉少奇、鄧小平
就聯名向毛澤東報告，以「鋼、鋼材、煤的產量下降，基建任
務原計劃上半年完成百分之四十到四十五，現在只能完成百分
之三十五六」為由，提出文化大革命的部署，「重點放在文化

15　白承旭：《文革的政治困境與陳伯達與造反的時代》，第 049 頁。

教育部門、黨政機關」，「工業交通、基建、商業、醫院等基層單位，仍按原定的『四清』部署，結合文化大革命進行」，毛澤東表示同意。9月7日《人民日報》根據周恩來的意圖，由陶鑄主持起草了《抓革命，促生產》的社論，這也是毛澤東的號召。以後中共中央還連續發表通知和批示，強調不許外出串聯，學生和紅衛兵也不要到工廠串聯，工礦企業不成立紅衛兵、赤衛隊等組織。研究者認為，「1966年9、10月間，毛澤東和中共中央在廠礦農村搞不搞、如何搞文化大革命這個問題上還是猶豫不定的」。但到了11月中央召開的工交座談會上，中央文革小組和國務院及各地工交部門的領導之間，就展開了激烈的爭論。後者反復強調：「十七年來，工交戰線基本上是執行毛主席革命路線的」；「工業化大生產具有連續性和社會協作性，不能停產鬧革命」；「工廠裏無論如何要由黨委領導」；「工人搞文化大革命不要建立聯合組織」等等，其基本思路是要維持「十七年來」的既定秩序。而中央文革小組則針鋒相對提出：「經濟基礎不好，影響上層建築。工廠文化大革命，從這個意義講，比學校重要。現在的工廠也是沒有資產階級的資產階級式的工廠」，「(堅持黨委)統一領導就是鎮壓革命」。[16] 中央文革小組顯然是領會並傳達毛澤東的意圖的，而工交部門各級黨的領導的反對反倒促使毛澤東下了決心。據王力回憶，毛澤東在內部講話裏，就這樣表示：「任何阻擋這場文化大革命發展到工人農民中去，一切抵制工人農民搞文化大革命的言論都應該駁斥，都是錯誤的。工人農民參加文化大革命是不可阻擋的歷史潮流，一切企圖阻擋的人都要被歷史潮流沖掉」。[17]

16　卜偉華：《「砸爛舊世界」：文化大革命的動亂和浩劫》，第 302，299，300–302，308，323，321，325，326 頁。

17　王力：《王力反思錄》，第 696，697 頁，香港北星出版社，2006 年。

　　　　　　　　　　燭火不息：文革民間思想研究筆記

2. 工人為什麼造反？

在毛澤東謀劃發展群眾政治，解決「社會主義國家出現特權，官僚主義者階級」的「文革問題」，而黨內圍繞「要不要在工廠進行文化大革命，允不允許工人造反」而爭論不休時，底層的普通工人，儘管並不瞭解上層發生的這一切，卻已經起來造反了。

1966年6月12日，聶元梓大字報廣播後不久，上海國棉十七廠醫務室旁的大字報欄上，貼出了一張大字報，是由保衛科幹事王洪文起草並領頭簽名的。當時廠黨委規定「貼大字報要經過組織審閱」，這張大字報卻未經審閱，完全是群眾的自發行為。而且矛頭直指主管全廠工作的黨委副書記張鶴鳴，標題是《剝開畫皮看真相》，批評黨委抓階級鬥爭劃圈圈，定調子，有兩個人應定為反革命，黨委不表態，就有包庇之嫌。其實，這不過是在文革運動的批判對象上和黨委有不同意見。但按照「批評基層黨組織就是反黨」的「五七體制」的邏輯，黨委如臨大敵，連國棉十七廠的上級棉紡公司的黨委書記也立即趕到，指示説：「1957年反右鬥爭的形勢又來了，反到黨委頭上來了，不能稀裏糊塗」。立即組織全廠職工對王洪文進行圍攻，寫了上百張大字報，給他戴上「反黨野心家、陰謀家」的帽子，不但停止其工作，還派人盯梢。如此興師動眾，其實還有工廠內部人事關係的原因：原來這位張鶴鳴副書記和另一位副廠長張元啟素有矛盾，而張元啟分管人事、教育和保衛，和作為保衛幹事的王洪文關係很好，張元啟自然就被看作王洪文的後台，圍攻王洪文也就有了幹部之間的內鬥的因素。政治與人事關係的糾纏，是很能反映文革中的「階級鬥爭」的中國特色的。[18]

18　李遜：《革命造反年代：上海文革運動史稿》，第 204–207 頁。

在遠離上海的湖南長沙大型國營勝利攝影社的攝影師學徒工陳益南，1966年只有十六歲，他因為父親是一位地下黨的老黨員，運動一開始就作為「革命接班人」，被吸收為積極分子。他參加「造反」，完全是出於年輕人的「打抱不平」。他最初因為好奇心，經常在下班後到街上看熱鬧。他後來回憶說，首先吸引他的，是北京來的紅衛兵的大膽言論：「只有黨中央、毛主席才能代表黨」，「只有毛澤東思想才是判斷是否革命的標準」，「不管你是什麼人，不管你是哪一級黨委，我們只看你的言行是不是符合毛澤東思想，是不是符合黨中央、毛主席的指示號召，就能決定是該相信你，還是該打倒你！」在他的感覺裏，紅衛兵提出的這些新觀念、新標準，徹底轟毀從小就灌輸給他的「每一個黨的領導幹部都是神聖不可侵犯的『神』」的地位，「心中只裝着毛澤東這個『真神』，而不再參拜其他眾神，甚至還會視他們為應該打倒的『走資派』了」。他以這樣的新觀念、新標準、新眼光，去觀察湖南文化大革命，特別是省委和第一書記張平化的種種表現，就產生了許多懷疑。張平化本來就是湖南省委第一把手，文革前調到中央，1966年8月底由回到湖南主持工作。一來就帶着中央的精神，到湖南大學向前一時期被長沙市委打成「右派」的紅衛兵「請罪」，並宣佈支持他們「造反」。這位年輕工人從傳單裏得知這一消息「感動萬分，更備覺驚奇」：「乖乖，連省委第一書記這麼大的幹部都能認錯作自我批評！」沒想到，一個月之後，張平化又翻過臉來，發動一場在下層群眾中「抓右派，抓黑鬼」的運動，得意洋洋地宣稱：「前段是引蛇出洞。現在蛇已出洞，是打蛇的時候了！」對湖南大學紅衛兵表示過同情與支持的工人、幹部以致農民都被各單位揪出來，進行殘酷鬥爭。陳益南所在公司的機修廠一位名叫楊金河的復員軍人，因

　　　　　　　　　　燭火不息：文革民間思想研究筆記

為帶頭上街支持湖南大學紅衛兵，也被打成了「右派」。這位身邊的年輕人的無辜蒙難，對一直相信黨、緊跟黨的陳益南思想的衝擊，是帶有根本性的；後來他回憶說，這成了他「捲入造反浪潮」最直接的「具體導因」。在隨後的「批判資產階級反動路線」(張平化在群眾中「抓右派，抓黑鬼」自然被視為一個典型)運動中，長沙市工人，特別是前段被打成右派的工人，紛紛起來造反，並成立了「東方紅總部」、「湘江風雷挺進縱隊」等工人造反派組織，吸引了眾多年輕人，他們「早就盼望也像紅衛兵那樣，佩帶一個紅袖章到社會上去『抖一抖』，現在機會出現了」。[19]

　　幾乎在陳益南參加長沙工人造反派組織的同時，1966年9月初，廣州有線電廠的三十幾個員工也聚集起來，成立了「工革聯(廣州工人革命造反聯合委員會)廣州有線電廠分部」，舉起了「造反」的旗號。組織者劉國凱後來成了文革研究者，在他所寫的回憶錄《基層文革泥濘路》裏，對他們這個造反派群體的構成，有一個分析，將其分為四類。「第一類是不但反對(廠長)黃天來，而且對現實亦有朦朧的不滿情緒者」，他們經常談到黃天來「兩面三刀，打擊報復，順我者昌、逆我者亡，要把工廠變成他一言堂的獨立王國，是有線電廠的座山雕」，是含有某種體制外的批判意識的。這些人中的某些人在文革中思想也是逐漸發展，由不自覺走向自覺、半自覺。劉國凱本人就是一個代表。「第二類是只對黃天來個人不滿者」，有的甚至是因為沒有得到重用，是以盡力進入體制為追求的。「第三類是出於青年人的正義衝動」，「他們並未受過黃天來的直接壓制迫害，對黃天來個人並無特別的憎惡，對現行社會制度更談

19　陳益南：《青春無痕：一個造反派工人的十年文革》，第 2–3，21–22，24–26，32–33，34，31，39 頁。

不上不滿。他們起來造反，與其說是反黃天來，不如說是看不慣黃天來黨羽耀武揚威的態度，過於囂張的保皇言行」。「第四類是出於某些特定的人事原因加入造反派組織」，或隨着所愛之人加入，或因為自己的班長有造反傾向，也隨之參加，等等，因此只是「組織的掛名或半掛名成員」。構成造反派的骨幹的主要是前三類人。也有個別人的「造反」，是一種投機，借此達到個人的某種目的。[20]

　　工人起來造反的原因自然是十分複雜的。根據以上三個個案的描述，我們大體可以作三個方面的討論。

　　其一，工人的造反是「事出有因」的，而且是與每個人在自己所在工作單位的處境，直接相關的。王洪文和劉國凱的造反都是因為和本單位的第一把手發生衝突，這是有相當代表性的。這背後不僅有我們一再說及的，文革初還佔主導地位的「反對基層黨的領導就是反黨」的觀念，更是和相應的體制有關。這就是所謂「單位體制」。在中國社會結構裏，每一個人都屬於特定的單位，單位既是一個完善的保障體系，工人進了工廠，衣食住行、婚喪嫁娶、養兒育女、生老病死，都有了基本保證；工人也因此對於工廠，特別是工廠的各級(從班組，車間，到廠部)領導存在一種依附關係，單位也就具有了極強的對人的控制功能。特別是在反右以後建立與強化的「五七體制」裏，強調第一把手代表黨實行全面專政，並在職工中劃分左、中、右，這就逐漸形成了單位內部的等級體制：「這是一個金字塔型的結構。最上層是支部書記，第二層是支部委員，第三層是黨員，第四層是群眾中的左派，第五層是中間派，第六層是右派。處於所有層次的人都要絕對服從黨支部書記，而每一層之間，下層對上層也有服從關係，至少不能輕易得罪，

20　劉國凱：《基層文革泥濘路》，第 109，110–111，113，114，117 頁。

而上層對下層則有監督的權力和責任」。[21] 問題是，如何在群眾中劃分左、中、右？最主要的，當然是政治標準。這也就是研究者所說的「政治身份」，包括本人成份、家庭出身、社會關係、政治面目和政治表現五個方面。在工廠裏，本人成份和家庭出身是工人、革命幹部、革命軍人的，政治面目是黨員、團員的，政治表現好的(勞模、標兵、先進人物、學習毛主席著作積極分子、歷次運動積極分子等)，都是天然的左派，當然的依靠對象；而本人成份或家庭出身是黑五類(地、富、反、壞、右)的，社會關係複雜(特別是有港台、海外關係)的，政治表現不好的，都是右派或中右分子，屬於監控和打擊對象；這五個方面都處於中間狀態的，則歸於中間派。[22] 在這五大政治身份裏，本人成份、家庭出身、社會關係都是先天派定的，可以說是「硬標準」。而政治面目，特別是政治表現，是可以主觀認定的，具有極大的伸縮性，是所謂「軟標準」。這完全決定於個人與單位領導，特別是第一把手的關係。在這樣的私人關係的範圍裏，中國傳統的人事、人情關係，包括親戚、朋友、同學、戰友、同鄉等等關係，就起了決定作用。在這個意義上，可以說包括工廠在內的中國基層單位，實際上是一個小人情社會，第一把手(書記或廠長)實行的是準家長式的家族管理。劉國凱等造反派說他們的廠長黃天來是大搞「一言堂的獨立王國」的「座山雕」，反映的就是這樣的狀況。在這樣的獨立王國裏，只要和領導關係好，被第一把手看中，即使家庭出身、社會關係有問題，也可以在「重在政治表現」的名目下得到重用；如果得罪了廠領導，即使家庭出身、本人身份都過硬，即

---

21 錢理群：《反右運動前後》(下)，《毛澤東時代和後毛澤東時代：歷史的另一種書寫？》(上)，第 162–165 頁，

22 李遜：《革命造反年代：上海文革運動史稿》，第 7–11 頁。

使是黨員，也會受到排斥和打擊。王洪文就是一例。如果廠領導成員之間有矛盾，情況就更加複雜。和不同領導關係的親疏，都會決定每一個人的命運。可以說，在這樣的第一把手專政，按照政治身份和與領導關係的親疏，建立起來的單位等級結構裏，是孕育着大量的矛盾、不滿，以致怨憤的，是一個隨時可以點燃的火藥桶。

但在文革前，這樣的嚴密的政治、經濟、思想的控制體系是很難打破的。人們只能規規矩矩地待在單位裏，老老實實聽單位領導的話：聽話，就有基本的生活保證；稍微表現出不滿，就會處處穿「小鞋」，受排擠，甚至被打成右派，或送去勞動教養。而這樣的「萬馬齊喑」的局面，正是要發動文革，創建獨立自主的群眾政治的毛澤東急於打破的。他下令公開廣播聶元梓等的大字報，並在同時發表的《人民日報》評論員文章裏，點明「我們無條件地接受的，是以毛主席為首的黨中央的領導。危害革命的錯誤的領導，不應當無條件接受，而應當堅決抵制」，並通過紅衛兵串聯把這樣的旨在發動群眾造反的文革新觀念、新思想傳遍全國。應該說，毛澤東的這一系列舉措是收到了他所期待的效果的：王洪文顯然就是在聶元梓等人的大字報裏得到啟示和力量的；其中一個細節是很能說明問題的：王洪文特意組織七個人簽名，理由是：「聶元梓大字報是七個人，我們也來個七人」。[23] 而陳益南的造反，更是直接從南下串聯的北京紅衛兵那裏吸取了文革新思想的結果。在這個意義上，也可以說工人的造反從一開始就是對毛澤東號召的響應；或者說，這是工人內在的造反要求（即所謂「事出有因」）與毛澤東的主動誘導的相互結合。耐人尋味的，是首先起來造反的，以後成為造反派主要領袖的，並不是單位等級結

23　李遜：《革命造反年代：上海文革運動史稿》，第 204 頁。

　　　　　　　　　　　熠火不息：文革民間思想研究筆記

構裏最底層最受壓抑的右派，而是與領導有種種矛盾的左派和中間派，王洪文是黨員，陳益南出身在地下黨員的家庭裏，這都不是偶然的：當時中國社會總體結構裏，政治身份仍然是決定人的地位的決定因素，在文革中的造反派裏，也不例外。但總體而言，造反派的成員，就正如劉國凱分析的那樣，其主體都是在單位等級結構裏受到不同程度的壓制，對單位領導心存不滿的，他們最初追求的，也不過是發洩不滿，表達不同意見的權利和言論自由。而保守派的主要骨幹，即所謂「鐵桿保皇派」，則都是單位體制中受領導重用的既得利益者，這也是可以理解的。但其具體成員卻比較複雜，有許多本人成份、家庭出身、社會關係有問題的人，也都竭力擠進保守派隊伍，以求獲得安全和保護。這就是保守派在運動初期始終佔據壓倒優勢，而造反派顯得相當孤立的原因。

其二，從另一個角度看，造反派又是被「逼上梁山」的。本來，工人的最初造反無非是要求對領導提出質疑、批評，發表不同意見的權利和自由。這也是毛澤東發動文化大革命的用意所在：他正是要給包括工人在內的普通群眾賦權，以打破單位等級體制對群眾的控制。但這恰恰觸犯了各級黨組織、各基層單位領導的根本利益，是他們無法理解和接受的：他們依然按照「自己就是黨，反對自己就是反對黨」的邏輯，把給自己提意見的工人、幹部視為右派；王洪文大字報貼出後，上級黨委立刻斷言「1957年反右鬥爭的形勢又來了」，就是這個道理。實際上，當時幾乎所有的各級黨委都把文革看作是「第二次反右運動」，或者說竭力將毛澤東發動的文革納入到反右運動的軌道。前述湖南省委第一書記張平化採取「引蛇出洞」的策略，在群眾中「抓右派，抓黑鬼」，就是反右運動的故伎重演。而他這樣做，又是自有依據的，這就是劉少奇在運動初期

對文化大革命的部署:「當牛鬼蛇神紛紛出籠開始攻擊我們的時候,不要急於反擊。要告訴左派,要硬着頭皮頂住,領導上要善於掌握火候。等到牛鬼蛇神大部分暴露了,就要及時組織反擊」。[24] 這就涉及到了黨的高層鬥爭,毛澤東與劉少奇對文革的不同理解、意圖與部署,而黨內各級黨委、基層領導基本上是站在劉少奇這一邊的。在這個意義上,文革初期上層的毛澤東和底層造反派都是少數,他們必須相互支持。

處於底層,並不瞭解上層鬥爭的造反工人,卻因為造反,把自己逼到了絕路:他們如果不把造反堅持下去,就只有束手就擒,成為無產階級專政的對象,永世不得翻身,還會殃及子孫後代。不妨設想,如果王洪文等貼出大字報,廠領導認真聽取他們的意見,矛盾並不難解決;現在,黨委把王洪文橫加「反黨野心家、陰謀家」的罪名,實行專政,就把他們之間的矛盾推向「不是你死,就是我活」的極端,王洪文等也就只有一反到底了,說是「逼上梁山」就是這個意思。其實,這正是毛澤東的意圖所在:他就是要把各級黨委、基層領導推向文革第一線,接受考驗;一旦鎮壓了群眾,就自然成為對立面而被打倒:這才是真正的「引蛇出洞」。

其三,因此,工人造反,還有第三個層面:是毛澤東「有意誤導」的結果。而且這在毛澤東是早有預謀的:如前文所說,在1964、1965年間毛澤東即已將工人與基層黨領導的矛盾定性為工人階級和官僚主義者階級的矛盾;在文革一開始,就已經為各級黨的領導準備下了「走資本主義道路的當權派」的政治帽子。這樣,他也就將我們前文所討論的基層單位領導與

24　劉少奇:《批轉中南局〈關於文化大革命的情況和意見的報告〉》(1966年
　　6月)。轉引自高皋、嚴家其:《「文化大革命」十年史》,第25–26頁,天
　　津人民出版社,1986年。

　　　　　　　　　　　　　　　　燭火不息:文革民間思想研究筆記

群眾的複雜關係，簡單地納入到階級鬥爭的軌道，將矛盾高度政治化、意識形態化，並充分激化，最後引向大規模的群眾性的搏殺。毛澤東在反右運動結束後，就提出過「設置對立面」的主張，意思是說，雖然「對立面是要客觀存在的東西才能設置起來」，但只要有了「客觀存在」，就可以人為的激化，將潛伏的矛盾誘發出來，變成生死搏鬥。[25] 文革中的工人造反，以致整個文革運動，都是「設置對立面，製造階級鬥爭」這一毛式戰略與策略的全面運用。

這樣，我們在「工人造反」這一點上，所看到的，就是內在因素（「事出有因」）與外在因素（「逼上梁山」和「有意誤導」）相互作用的結果，這是充分顯示了這一文革現象的複雜性的，很難作簡單的評價。但其追求發表不同意見的言論自由和群眾監督權利的本意，卻是應該充分肯定，而且是意義重大的。

3. 建立工人造反派獨立組織：第一次追求憲法規定的結社自由

工人造反，第一個要求，就是成立跨單位、跨行業的全市性的獨立組織。這對造反工人來說，是必須的保證。不然，單獨的個人造反，就會立即在覆蓋一切、極其嚴密的單位體制的汪洋大海中遭受滅頂之災：處於絕對孤立狀態的工人造反派只有依靠組織的力量，相互支持與聲援，才能獲得自己的獨立存在的權利。但這卻是對共和國「黨領導一切」的基本體制的嚴重挑戰：黨是絕對不允許不受自己掌控的獨立組織的存在的。我們在前文的討論裏提到連黨領導下工會，也不允許有任何獨立性，就是這個道理。因此，當造反工人自發地組織起來，承不承認其組織的合法性，就觸發了黨最敏感的神經，成了中國

---

25 毛澤東：《在中共八大二次會議上的講話》（1958 年 9 月），《建國以來毛澤東文稿》第 7 冊，第 196 頁。

共產黨執政以後所遇到的最大難題，甚至成為黨內上層鬥爭的一個焦點。

1966年11月6日，17家工廠約30多位最早起來造反的上海工人，在南下串聯的中央美術學院的學生包炮(原名包常甲)召集下，舉行上海工人革命造反總司令部(簡稱「工總司」)籌備會議。這是一次完全自發的行動；召集人包炮後來回憶說，他將上海工人組織起來，完全是自己一個人的想法。他的理論根據就是毛澤東1939年寫的《青年運動的方向》裏所發出的號召：「沒有工農這個主力軍，單靠知識青年和學生青年這支軍隊，要達到反帝反封建的勝利，是做不到的。所以全國知識青年和學生青年一定要和廣大的工農群眾結合在一起，和他們變成一體，才能形成一支強有力的軍隊」。[26] 其實，文化大革命發展到1966年底，青年學生(紅衛兵)已經充分發揮了毛澤東所說的「先鋒」與「橋樑」的作用，毛澤東在10月28日又提出了「光是學生不行，工礦企業也要搞文化大革命」的問題。儘管這位中央美術學院的學生自己並不自覺，但他所做的，正是文化革命發展到這一階段，毛澤東最希望完成的工作：將工人組織起來，登上文革的舞台，並在這一過程中，實現新時代裏知識青年與工農的結合。在組織工作中，遇到的最大問題，就是工人自發組織的合法性問題，這也是11月6日的籌備會上，與會的工人最為擔心的。據現在保留下來的一份記錄，包炮的發言裏，對這一問題作了這樣的回答：我們成立工人的造反組織，「這個組織是(符合)憲法的」。這樣，就在中華人民共和國的憲法裏，找到了工人自發組織的合法性依據：這樣舉起憲法的旗

26　毛澤東：《青年運動的方向》(1939年5月4日)，《毛澤東選集》(一卷本)，第530頁。人民出版社，1964年。

　　　　　　　　熠火不息：文革民間思想研究筆記

幟，來維護自身應有的結社自由和權利，這在共和國歷史上是第一次。[27]

1966年11月9日，《上海工人革命造反總司令部宣言》（草案）公佈，宣稱「我們要奪權，就是要把人民的權力從黨內走資本主義道路當權派手裏奪回來，牢牢掌握在無產階級手中！」就引起軒然大波。上海市委立即請示黨中央，常務書記陶鑄明確答覆：不得成立跨行業跨系統的工人組織，並強調這是中央意見。上海市委遂決定對工總司的成立採取「不參加、不承認、不支持」的方針，拒絕出席當天下午召開的工總司成立大會。這樣的態度自然給參加大會的二萬名左右的造反工人和他們的頭頭，以巨大的心理壓力。正如研究者所說，雖然工人造反派依據憲法規定的結社自由和權利成立了自己的組織，但他們對憲法賦予的權利是不自信的，「十七年從來沒有真正行使過自己的權利的底層工人，一旦與共產黨的官員對抗，心底極不踏實」。因此，為降低風險，他們成立組織後的第一個行動，就是希望上海市委承認他們的組織，承認他們行動的合法性。既挑戰黨對政治權利的壟斷，又要求黨的權力機關來「賜予自己革命的名分」；既已經從憲法找到了成立組織的合法性依據，但又希望用黨的文件來確保「自己行動的合法性」。這固然反映了一個客觀事實：在中華人民共和國，憲法不過一紙空文，「中共中央文件比憲法更權威和更具實際效力」，但也反映了造反工人憲法意識的不足，以及自身獨立自主性的不足：無論在思想上還是實際上，他們都脫離不了黨的領導與控制。[28]

27　以上1966年11月5日工總司籌備會議情況的敘述，見李遜：《革命造反年代：上海文革史稿》，第267，270，263，272頁。

28　李遜：《革命造反年代：上海文革運動史稿》，第299–300頁。

而且此時聚集在文化廣場的二萬造反工人已無妥協和後退的可能：既然上海市委拒絕承認，他們就只能鋌而走險到北京去尋求支持與承認，而且不能只是派代表，而必須全體出動，這不僅是要顯示群體的力量，更要在群體行動裏尋求保護和安全感，這本身就包含着無力與無奈。這就有了當時震驚全國，以後載入文革歷史的「安亭事件」。在上海郊區嘉定縣內的一個小站——安亭車站聚集了數千名造反工人，攔截火車，由此引發的滬寧全線停車34小時多。這在共和國歷史上是從未有過的。中共中央立即召開常委擴大會議，決定委派張春橋以中央文革小組代表的身份去安亭解決事態。張春橋後來回憶説：「（常務書記）陶鑄給的方針，就是把工人趕回上海，對他們的組織，不支持，不承認」。接着，中央文革小組組長陳伯達也給在安亭的造反派發來電報，強調工人的本職是「堅持生產崗位，把生產搞好」，這是「大局」，是「最最重要的大道理」，並指責説：「你們這次的行動，不但影響本單位的生產，而且大大影響全國的交通。這是一個非常大的事件。希望你們現在立即改正，立即回到上海，有問題就地解決」。這對一直指望得到中央文革小組支持的工人造反派，自然是一個極大打擊。他們很清楚，所謂回到上海「就地解決」意味着什麼，只能抗命到底。如王洪文自己所説，「到了那一步，什麼老婆兒子、身家性命，全都顧不上了。只想到一點：工總司如果不被承認，那麼多工人都成了反革命，那我真的罪該萬死啦！」因此，帶着中央指令的張春橋與工人的談判一開始就陷入僵局，以後在與工人長達七個小時的對話裏，聽了工人的控訴，張春橋的態度開始轉變，工人也同意返回上海。但仍有將近二千名的工人聚集在文化廣場，不願回廠，害怕一回去就被打成反革命，希望有一個更明確的紙面的保證。於是又有了文

　　　　　　　　　　　燭火不息：文革民間思想研究筆記

化廣場的談判與會見。這時，張春橋經過24小時的緊張思考，態度有個根本的變化。他當時究竟怎麼想的，已無從知道。[29] 研究者則根據對張春橋其人和他和毛澤東關係的研究推斷說：「張春橋完全瞭解毛澤東希望將文革推進到工廠的迫切心理。他在簽字前，肯定想到毛澤東之前多次說過光是學生不行工廠也要開展文革之類的話。毛澤東這些話，陶鑄沒有聽懂或不願聽懂，張春橋完全聽懂了。這應該是張春橋敢於冒險的底氣，他走出這試探的一步，正是實現毛澤東在工廠開展文革的打算」，這分析是有道理的。於是，就有了最後的結果：張春橋「代表中央文革小組」簽字同意工人提出的五點要求，其中最主要的是：「承認上海工人革命造反總司令部是革命的合法的組織」，「承認十一月九日大會(即工總司成立大會)以及被迫上北京控訴是革命行動」：經過艱苦的鬥爭與談判，工人終於達到了自己的目的。這是第一次工人組織與黨組織之間的獨立談判，而且最後按照工人的意願達成協議，這自然是對黨控制一切的既定體制的一個巨大衝擊。

在黨內，特別是黨的高層立即引起強烈反響。上海市委書記陳丕顯打電話給陳伯達提出質問：「身為文革小組副組長的張春橋，有沒有權力，不同華東局上海市委商量，就同工人組織簽字，達成協議，反對華東局和上海市委？張春橋違背國家法律以及黨中央的指示和政策，擅自簽約，他眼裏還有沒有國家法律以及黨中央的指示和精神？」陶鑄在回答上海市長曹荻秋的同樣質問時，則堅持「不搞全市性組織」的原則，顯然對張春橋的簽字有保留。陳丕顯的質問重點在張春橋違背了黨的

29　據戚本禹回憶，張春橋從安亭回到上海曾和他通過電話，還給江青打了電話。「江青在電話裏叫他不要有顧慮，怎麼有利於工人，怎麼有利於工人造反派的成長，你就怎麼做」。《戚本禹回憶錄》(下)，第535–536頁。中國文革歷史出版社，2016年。

組織紀律，陶鑄的意見則涉及更根本的分歧，即絕不允許「體制外不受共產黨控制的在職職工組織」的獨立存在，擔心產生「示範效應」，而危及黨的統治基礎。這樣的意見和態度顯然代表了整個黨的官僚集團的利益與要求；如研究者所說，張春橋也因此「與上海市委乃至整個幹部階層徹底決裂」。[30]

但張春橋卻得到了毛澤東的全力支持。於是，就有了頗富戲劇性的這一幕：1966年11月14日下午，毛澤東召開常委擴大會，參加者有陶鑄和中央文革小組成員。會議一開始，毛澤東就拿出《中華人民共和國憲法》，唸了一段關於公民結社權利和集會自由的條文，說：「工人有沒有結社自由？憲法你們看不看？」人們記得，這是毛澤東第二次拿《中華人民共和國憲法》說事。1964年的一次中央政治局會議上，毛澤東曾舉着《憲法》抗議劉少奇、鄧小平開會不通知他，剝奪了他的言論自由。這一次是支持上海工人成立自己的造反組織，矛頭也是指向反對工總司的陶鑄、上海市委的；這同時也是對張春橋的支持，針對張春橋違背黨中央的指示、違反黨的紀律的指責，毛澤東表示：「總是先有事實，後有政策。張春橋是對的，根據事實改變了過去的政策。過去的政策脫離群眾」。[31] 毛澤東支持張春橋是自有深意的，徐景賢有一個解釋，說這是因為「張春橋做出了毛澤東想做而沒有來得及做的事：在最大範圍內把群眾發動起來，更廣泛地動員群眾投入文化大革命，才能保證這場運動的勝利」。[32] 而在1966年底，毛澤東更急切需要

30　以上關於安亭事件的描述與引文，均見李遜：《革命造反年代：上海文革運動史稿》，第 304–309，311，313–314，317，325–326，345，333，358 頁。

31　王力：《王力反思錄》，第 655 頁。

32　徐景賢：《文革名人徐景賢回憶錄》，轉引自李遜：《革命造反年代：上海文革運動史》，第 344 頁。

動員工人群眾參加文革，他在12月26日過生日那天，就對與會的中央文革小組成員説：「中國現代史上革命運動是從學生開始，發展到與工人農民、革命知識分子相結合，才有結果。這是客觀規律。五四運動是這樣，文化大革命也是這樣」。[33]毛澤東當然知道承認工人自發組織的合法性，會對共和國成立十七年來建立起來的黨控制一切的既定秩序和體制形成巨大衝擊；但此時的毛澤東，為了實現他的發展群眾政治，建立巴黎公社式的國家的烏托邦理想，正需要通過這樣的衝擊，徹底解放備受十七年體制(也就是我們説的「五七體制」，其中「單位體制」是一個重要方面)壓抑的工人，引發他們奮起造反。這樣，也就和一意維護十七年體制的黨的官僚集團，發生了根本衝突。前文説到，在安亭事件後，張春橋和整個幹部階層決裂，而張春橋的後台就是毛澤東。這樣，隨着造反派工人登上政治舞台(安亭事件無疑是一個標誌)，在整個中國政治格局裏，就形成了「毛澤東(及他所信任與支持的張春橋、江青等中央文革派)」──「造反派(以工人造反派為核心)」──「黨的官僚集團(各級黨委、單位領導及支持他們的高層領導)」三大力量，以後又加入了「軍隊」，他們之間的博弈，分分合合，演繹了文革這幕歷史大劇。

毛澤東冒了一定風險支持工人造反派組織，還因為他自信有力量控制這批多有野性的民間力量。也就是説，造反工人組織的獨立存在，是有前提的，即必須接受以毛澤東為首的「無產階級司令部」的領導，他們可以擺脱地方黨委、單位領導的控制，但又必須為毛澤東所控制。我們在前文曾經談到，湖南長沙的那位造反派工人陳益南所接受的文革新思想，就是必

---

33 毛澤東 1966 年 12 月 26 日生日宴會上的講話，轉引自逄先知、金沖及主編：《毛澤東傳》(下)，第 1462 頁，中央文獻出版社，2003 年。

須破除「眾神(各級黨委，單位領導)都擁有絕對威嚴，不容冒犯」的舊觀念，「心中只裝着毛澤東這個『真神』」。這其實是說破了毛澤東的真實意圖的：他號召工人造各級黨委、基層領導專政的反，目的正是要建立和強化自己一個人對全黨、全體國民的專政，即個人獨裁。因此，在毛澤東的思想與政治邏輯裏，只有個人的統治意志與需要，根本就沒有現代民主、憲法的觀念。他多次說過，民主不是目的，只是手段；憲法對於他，更是一個可以利用的工具。因此，在文革前夕，他打着維護憲法的旗號，向劉少奇發難；在文革中為打倒劉少奇，又肆無忌憚地踐踏憲法和法律，以致劉少奇在臨死前也只能手持憲法來維護自己「中華人民共和國主席」的尊嚴。這一次毛澤東以憲法規定的結社權利為由，支持工人建立造反派組織，也不過是說辭而已。他實際是通過支持來實現控制。事實也是如此：以王洪文為代表的工總司造反派，嘗到了最高領袖及其戰友支持的甜頭以後，感激涕零不說，從此自覺緊跟毛澤東和張春橋，處處請示，言聽計從，並以此作為保護與發展自己隊伍的法寶。這樣，上海工人造反派與毛澤東、張春橋之間就形成了一種依附關係，工總司逐漸成了毛澤東與張春橋及他們所代表的黨的某個派別(可稱為「文革派」)的工具，完全背離了代表與維護工人利益與權利，爭取言論、結社自由的造反初衷。這樣的蛻變包含的歷史教訓是深刻的。

4. 爭取「承認」的生死鬥爭

這樣，就出現了畸形的文革民主模式：一方面，群眾可以不受各級黨委與本單位領導的限制，自由結社，集會，遊行，辦報(工總司成立後就辦了《工人造反報》)，寫大字報；另一方面，這一切自由必須以組織(主要是全市全省範圍的大組織及

　　　　　　　　燼火不息：文革民間思想研究筆記

其下層組織)得到毛澤東為首的無產階級司令部(即前文所説的中央「文革派」)的承認為前提。這就意味着,這是一種賜予民主,並不是真正意義上的憲政民主。

於是,就有了爭取承認的生死鬥爭。

上海造反派組織起來的同時,保守派也成立了自己的組織,這就是1966年12月6日由三個組織合併而成的「捍衛毛澤東思想工人赤衛隊上海總部」(簡稱「赤衛隊」)。這個組織以工人中的共產黨員、共青團員、先進生產者為骨幹力量,其《成立宣言》稱:「不論過去和將來,誰敢動我們社會主義江山一根毫毛,我們就叫它粉身碎骨,死無葬身之地」,同時表示「要一手抓生產,堅持生產崗位」,這都比較符合大多數幹部對文革的看法,因此,保守派組織既是自發的,具有自主性,也是各級黨委和基層領導所默許與支持、並竭力引導的。這樣,其成立本身就介入了黨內鬥爭:上海市委很快表示承認,赤衛隊則喊出「抗議張春橋出賣上海工人階級利益」的口號。但這也就埋下了禍根。就在赤衛隊人數發展到在基層工廠壓倒造反派佔絕對多數時,毛澤東對陳伯達説:「認為工礦企業開展文化大革命要基層黨組織領導,要依靠老工人,這個觀點是錯誤的」,並明確要求各級幹部支持造反派,還點名上海市委必須轉向。在毛澤東與中央文革派的壓力下,上海市委第一書記陳丕顯首先改變態度。當赤衛隊同市委談判,要求像對待工總司那樣,用公開的正式文字承認赤衛隊是「合法的群眾性革命組織」,卻遭到拒絕。市委明確表示,只支持和承認造反派,並警告保守派工人,他們如果不轉變立場,市委不再會支持他們。為保衛市委而組織起來的赤衛隊,現在竟然被市委所拋棄,他們就不得不考慮如何保衛自己。於是,就有了三萬多名赤衛隊員包圍華東局和上海市委書記處辦公樓所在的康平

路大院，同時又有二萬多工總司的造反派工人趕來進行反包圍，發生了上海第一場大規模的兩派衝突事件，史稱「康平事件」。隨後赤衛隊發動北上告狀，在臨近上海的昆山，又發生兩派對峙，是為「昆山事件」。但這兩大事件卻與造反派的「安亭事件」有完全不同的結局。在赤衛隊與上海市委談判過程中，在憤急之下曾經有人提出要用「三停(停工，停水，停電)來施加壓力；在康平事件和昆山事件中幾萬赤衛隊員離開生產崗位，也造成了事實上的三停。張春橋就以此為由，用工總司強力解散了赤衛隊組織，並下令抓捕。據後來公佈的統計，赤衛隊總部負責人被判4年徒刑，3名常委被打成壞分子，市、區兩級赤衛隊的主要骨幹243人被公安機關拘捕。[34]

這樣的結局出人意料，也引發深思。毛澤東與中央文革剛剛宣佈，造反派工人享有憲法規定的結社與言論自由；無論如何，赤衛隊也是文革中自發的工人群眾組織，他們理所當然地應該享有同樣的權利。他們提出的所謂「三停」，其實就是總罷工，這也是工人手中的天然權利。但就因為他們對文革的理解，主張和做法，不符合毛澤東與中央文革派對文革的觀念、設計與部署，就被認為是對文革大方向的干擾，而被取締和鎮壓。這恰恰暴露了毛澤東對憲法規定的公民權利的實用主義態度，以及所謂「文革大民主」的「順我者昌，逆我者亡」的本質。可悲的是，工人造反派自己才獲得憲法規定的結社、言論自由，又翻過來不允許與自己觀點不同的組織存在，極不光彩地充當了文革專政的打手。這樣由「追求民主」到「實行專政」的思維與行為的轉變，對剛剛成立的工總司，無疑是一個

34　關於赤衛隊及康平事件、昆山事件的以上描述與引文均見李遜：《革命造反年代：上海文革運動史稿》，第 394，395–396，503，505，504，510，516，518–520，526–527，541，544，550，553，552 頁。

　　　　　　　　　　　爛火不息：文革民間思想研究筆記

危險的開始。更可悲的則是保守派組織自身。如研究者所說，他們「從一開始就陷入無法逾越的混亂：他們所捍衛的正是(毛澤東認定的)文革的對象，他們所反對的也是(毛澤東認定的)文革的動力，但是他們並不意識到自己是在反對(毛澤東的)文革，反而以文革積極參加和擁護者的姿態出現」，[35] 他們在自己組織的命名上加上「毛澤東思想」一語，顯然是要表明「赤衛隊」一顆赤心捍衛的是毛澤東思想，但他們恰恰誤讀了毛澤東，而被毛澤東拋棄。他們更大的誤讀，還在所要捍衛的黨的官僚(各級黨委和基層領導)，他們把當官的全看作是黨的化身和自己利益的代表和保護者，因而捨命死保。卻不料官僚們真正關心的是自己的權勢，為了保住官位，是不惜犧牲這些支持者的。上海市委對赤衛隊先利用後拋棄，是其本性使然，保守派看不透這一點，就只能上當受騙了。而這樣的欺騙性也並非個人品質問題，是黨本身已經成為利益集團，一切都受利益支配所致，只是仍然要打着「代表工人階級利益，人民利益」的旗號，在文革中就更是喊得震天響。老實的工人自然是難以識破的。

不被承認的，保守派之外，也還有那些工人造反派中不馴服者。陳益南參加的湖南長沙的「湘江風雷」就是其中的一個。

「湘江風雷」的全名是「毛澤東主義紅衛兵湘江風雷挺進縱隊」，雖說有「紅衛兵」幾個字，但並不是學生組織，是一個以工人為主體，更有社會各屆人士(包括教師、學生、街道居民、下鄉回鄉知識青年等)參加的混合體群眾組織，擁有上百萬的成員。最初，它和「長沙高等學校紅衛兵司令部」即「高司」同為長沙兩大造反派組織。1967年1月毛澤東發出「應派軍

35　李遜：《革命造反年代：上海文革運動史稿》，第 415 頁。引文中括弧裏的文字為引者所加。

隊支持左派廣大群眾」的指示，[36] 這就在文革大格局裏，加入了軍隊的因素，而且把判斷群眾組織中誰是「左派」，並支持誰的權力，交給了地方軍隊。據說湖南省軍區司令龍金書經過周密的偵查，發現「高司」全是純粹的大學生，赤誠單純，是「真正的左派」，以後又加上了也是由純粹工人組成的「長沙市工人造反派聯合委員會」（簡稱「工聯」）。但「湘江風雷」則被指責為「人員複雜」，「幾個頭頭的來歷、家庭出身可疑」，更曾以搜查省委黑材料為名，衝擊省軍區，因此定性為「反動組織」，並上報廣州軍區和黨中央。中央文革小組很快下達批示，要求對湘江風雷的「反動頭目」採取專政措施，並摧垮其組織。這就是所謂「二·四批示」。

但湘江風雷和長沙造反派並未屈服。就在湘江風雷被鎮壓半個月後，在長沙繁華的五一大街上，出現了一輛由人力腳踏三輪車裝飾成的宣傳車，車前一塊大木板貼着大紅紙，寫着幾個濃黑的大字：「湘江中學紅衛兵等着抓戰鬥隊宣傳車」，「等着抓」三個字寫得特別大。安裝在車箱板頂上的大喇叭發出的聲音，震撼了寬闊的五一大街：「湘江風雷絕不是反動組織！」「革命無罪，造反有理！」「誰鎮壓革命造反派，決沒有好下場！」陳益南當時正在現場，他回憶說：「圍觀的人們，起初也都被這輛宣傳車的口號震驚了。一時，人海竟出現了不可思議的寂靜。很快人群中發出了掌聲。開始是零零落落，隨即便化成了暴風雨雷鳴般的掌聲，接踵而來的又是驚天動地的歡呼聲」。很快一群戴着紅袖章的警察揮舞着手槍衝了過來；旁觀的人群，其中有許多是陳益南這樣的造反派工人、幹部、學生也立即自動組成一堵厚厚的人牆，保護宣傳車繼

36　毛澤東：《對南京軍區黨委關於是否派軍隊支持造反派的請示報告的批語》（1967 年 1 月 21 日），《建國以來毛澤東文稿》第 12 冊，第 197 頁。

續廣播;對立面調來七、八輛宣傳車步步逼近;一群年輕人「刷」地一下橫躺在馬路上,組成一道誰也不敢逾越的路障。也在其中的陳益南如此寫到他的內心感受:「用骨肉之軀阻住了對方隆隆車輪的進攻,以不畏死的決心保衛了我們造反派的聲音。當時,我覺得自己很有點兒『英雄』的味兒,也感到了悲壯的衝動」。

由此開始了持續幾個月的為湘江風雷爭取組織合法權的鬥爭,這回已經不再乞求恩賜,全靠自己去鬥爭。長沙所有的造反派都參與其間,站在第一線的就是工人造反派中的年輕人。6月4日這天,鄭重舉行了「湖南『湘江風雷』恢復戰鬥誓師大會」。此時壓在頭上的中央文革的「批示」還沒有撤銷,省軍區宣佈大會「非法」,對立面則橫加「反革命復辟」、「對抗黨中央」的罪名,「我們不管這些,偏偏要開,還要開出氣勢來!」會後舉行全市大遊行,陳益南和他的夥伴,高舉｜湘江風雷總司令部」的大旗,威風凜凜地走在最前面。在他的感覺裏,這真是「革命人民的盛大節日!」[37]

不屈不撓的鬥爭的結果,是1967年8月10日,中央對湖南問題重新作出決定,正式承認湘江風雷是「群眾人數較多的革命組織」,宣佈撤銷「二‧四批示」,並表示「中央是有責任的」。這一次普通民眾(工人,學生,市民)維護自身權益的自發、自覺、自主的反抗行動,以群眾獲得勝利告終,是應該載入文革史冊的。群眾表現出的「等着抓」的向國家和軍隊權力冒死挑戰的大無畏的犧牲精神和英雄氣概,是可歌可泣的。我們說過,文革民主就總體而言,是一種賜予民主;現在我們又看到,同時存在着這樣的局部的群眾性的爭取民主權利的鬥爭

37　陳益南:《青春無痕:一個工人造反派的十年文革》,第 96,129–130,116–117,118,120,147,149 頁。

（儘管其目的也是在爭取黨的承認），兩者相反相成，是最能反映文革的複雜性與豐富性的。這次民間行動的參與者陳益南，後來回憶這段歷史，一再表示「難以忘懷」，他說：「人總是會有一些精神追求的，不論什麼時代」：他是有充分理由這麼說的。[38]

5. 工人要求經濟平等，慘遭鎮壓

我們這裏要討論的，是工人組織起來以後，他們提出了什麼要求？

研究者發現，「從文革全面發動初期的1966年8月開始，一些組織所提出的要求，在政治批判的口號下，正越來越向經濟要求靠攏」。

集體所有制的大集體工廠和民辦小集體里弄生產組職工，向市總工會要求自己所在單位有權組建工會，目的是在要求享有工會會員享有的社會保障和社會福利。他們要造的反，是「只有全民所有制工廠的工人才能加入工會」、「非工會會員只能享受工會會員社會保障、福利費用的一半待遇」的不合理的規定。

一些大集體所有制民辦單位的職工要求轉為公辦的全民所有制，如要求將民辦小學轉為公辦，目的也在要求享受全民所有制企業的社會保障和福利。

全民所有制的體制內的職工則要求經濟分配平等。如認為過去評定的工資級別不合理，要求補發工資；要求補發或增發各種勞動福利費用或勞動保護物品；要求瓜分年度生產基金和工會基金；要求發放各種文革基金，等等。

38　本段材料引自陳益南《青春無痕：一個造反派工人的十年文革》，第 113，
　　115 頁。

　　　　　　　燼火不息：文革民間思想研究筆記

許多特殊群體也紛紛提出各自要求。如三年經濟困難時期許多工廠開工不足,就動員家屬在農村或能夠回原籍安家的職工退回農村,現在這批回鄉職工就要求遷回戶口;歷來上海都派出大量人員支援全國各地工業和文化建設,現在這些支內職工也要求返回上海;要求回上海的還有大量支疆下鄉青年。

小商小販等個體戶雖然有上海戶口,但沒有穩定收入,沒有任何社會福利保障,還被視作「資本主義苗子」嚴格限制,因此有「稅務局、工商科、市場管理所」是壓在頭上的「三座大山」之說;他們造反也是首先要求放鬆限制,「貨源要大民主,不要國家過問」,「只交營業稅,不交所得稅」等等。

最引人注目的,是臨時工、合同工、外包工的造反。六十年代初,劉少奇曾提出勞動用工制度改革的建議,擴大臨時工、合同工和外包工等用工形式。1964年經濟好轉以後,上海許多工廠陸續招收了大量臨時工、合同工,將一些生產工序外發給閒散勞動力加工,既擴大了就業面,又增加用工的靈活性,這本是符合經濟規律的舉措,但卻在另一方面,在工人中製造了正式工和臨時工的差異,尤其是正式工都有一城市戶口,臨時工、合同工大都來自農村,這就引發了城鄉差異的身份不平等,再加上臨時工、合同工和外包工的社會保障與福利沒有任何保證,就更顯示了經濟的不平等。這都成為文革中臨時工、合同工、外包工起來造反的充分理由,成為劉少奇「走資本主義道路」的主要罪證,並獲得了廣泛的社會同情。[39]

應該說,首先關注並提出有關切身利益的經濟要求,這正是一切自發的工人運動、群眾運動的特點,而且任何社會變革只有真正進入民生的層面,才能為普通民眾所接受,並成為他

39　李遜:《革命造反年代:上海文革運動史稿》,第 617–619,645,647,648–649,625–626,630–633,621–622 頁。

們自己的事業。在這個意義上，文革在經過了最初的社會動員與組織以後，出現這樣的所謂「經濟主義風潮」，是正常、符合規律的。而且，如果仔細考察就可以發現，在前述經濟要求的背後，都有着體制方面的問題。這就是研究者所說的，中國共產黨執政後，「消滅了以財產為基礎的不平等，但又建立了另兩個不平等的等級身份體制」。一個就是前文在討論單位體制裏的等級結構裏，涉及的「政治身份」導致的政治不平等，這是文革中群眾起來造反的直接推動力。而所謂「經濟主義風潮」提出的則是「體制身份」導致的經濟不平等。

首先是城鄉戶口嚴格隔絕導致的城鄉居民身份及相應的政治、經濟待遇的不平等，解決戶口問題成為文革造反的重大訴求，就是這個道理。其次，是所有制的差異導致的身份不平等，這裏有全民所有制與集體所有制、個體所有制的差異，以及體制內與體制外的差異。本來所有制的差異，在任何社會都存在；中國體制的問題，是差異的凝固化，以及相應的政治、經濟待遇的不平等。文革中工人迫切要求改變所有制關係，其實就是要求解決所有制差異帶來的不平等問題。而臨時工、合同工、外包工的問題之所以為社會所矚目，就是因為他們體制外的身份，他們只是廉價勞動力，而無就業保障，也無法享受體制內的一切福利。導致體制身份不平等的，還有幹部編制與工人編制的差異，工總司的造反派在進入權力機構以後，遇到的最大身份障礙就是如何將工人編制轉為幹部編制。[40]

以上討論，表明工人的造反，以及他們提出的訴求，都直指文革前十七年體制的等級身份制，即「政治身份」與「體制身份」，以及由此造成的政治、經濟不平等。應該說，這都抓住了要害。如前文所說，本來毛澤東發動文革，是要解決「追

---

40 以上討論參看李遜：《革命造反年代：上海文革運動史稿》，第3–6頁。

燭火不息：文革民間思想研究筆記

求社會平等的社會主義國家，為什麼會出現新的社會不平等，又如何防止」的問題；應該說，造反工人的這些訴求，就是對這一文革問題的一個實質上的呼應，是可以說明文革的群眾基礎的。但毛澤東從一開始就把自己對文革問題的思考和解決辦法的設計，納入到階級鬥爭的軌道，提出了所謂「官僚主義者階級和工人階級」的對立，試圖將文革變成一個階級推翻一個階級的革命，把主要精力放在解決權力問題。以後文革發展的種種事態表明，造反工人親身感受並提出的這一帶有根本性的等級身份製造成的政治、經濟不平等，並沒有進入毛澤東的視野，自然也不會成為毛澤東的文革所要解決的問題。相反，卻被毛澤東看作是對他的文革戰略部署的干擾，當作是「經濟主義的妖風」而予以鎮壓。這就不僅使文革失去群眾基礎，變成與老百姓的切身利益無關的上層權力鬥爭；更是暴露了毛澤東在文革中所要發動的「群眾政治」的本質，就像研究者所說，「文革中的群眾運動，始終是只能對黨中央及毛澤東決策的定向回應，很難充實和發展自己的主體意識，一旦對(毛澤東制定的)文革目標有所逾越，便會遭到禁止」，[41] 完全是「運動群眾」，而絕非具有自主性的「群眾運動」，也不是真正意義上的「群眾政治」，不過是利用群眾的力量，或以群眾的名義來達到自己的政治目的。

因此，當造反的工人、農民和市民提出自己的經濟訴求時，整個黨和政府都毫無思想準備。特別是作為文革對象的官僚集團(各級黨委、基層領導)更是處於不知所措的狀態。從市委到各基層的幹部都被提出種種要求的群眾所包圍，不簽字就不給吃飯，不讓睡覺，不准上廁所，夜以繼日批鬥。一時間，

41　李遜：《革命造反年代：上海文革運動史稿》，第 660 頁，引文括弧裏的文字係引者所加。

工人們整天忙着找幹部簽字，無心上班，各級幹部為了躲避強迫簽字和批鬥，也無人指揮生產，整個上海工礦企業、運輸部門一片混亂。像港務局裝卸工多為臨時工，他們一造反，上海港幾乎癱瘓。為了擺脫困境，幹部都盡量滿足工人們的要求，並補發了大量現金。僅1967年1月，全市補發、增加的職工工資、獎金、津貼、福利費等等，就耗資3500萬至4000萬，相當於月工資總額的四分之一，甚至更多。拿到簽字工人立刻趕到銀行取款，全市銀行從1月1日至7日，共支出3800萬元，現鈔幾乎被擠兌一空。拿到各種補發款項的人們趕去商店購買久已渴望的商品，又造成供應的緊張。社會上還颳起搶房風，更增添了混亂。更重要的是，生產大滑坡，金融失控和商品市場短缺，這三大問題如不及時控制、解決，就很有可能導致全面經濟危機。[42]

工人的經濟造反，不僅讓整個官僚體系陷入混亂，而且發動文革的毛澤東和中央文革小組也感到被動。本來，工人提出經濟平等的要求，是符合毛澤東的理念與理想的。因此，臨時工、合同工起來造反，並成立第一個全國性的造反組織「全國紅色勞動者造反總團」（簡稱「全紅總」）時，是得到中央文革小組批准的。在接見全紅總代表時，江青的第一句話就是「毛主席是支持你們的！」談到合同工制度時，她又明確表示：「這完全是資本主義的一套，保留一點數量的僱傭工來減少資本的支付」，「簡直是包身工」，「封建主義也不能比這個制度殘酷！」[43] 但全國性造反派組織的成立，立刻遭到了決策層許多人的反對，據說反對者中就有周恩來和文革小組的王力，

42　李遜：《革命造反年代：上海文革運動史稿》，第 651，649，654，655，657 頁。

43　卜偉華：《「砸爛舊世界」：文化大革命的動亂與浩劫》，第 71 頁。

他們認為，此門一開，「後患無窮」。[44] 毛澤東也意識到，全國性的造反組織發展起來，就難以控制，很可能形成政治上的反對黨，就會直接威脅到共產黨的一黨專政，這就越過了毛澤東的底線，是他絕對不允許的。於是就翻轉臉來，取締了全紅總，並逮捕了他們的領導人，而且從此不允許成立全國性組織。這又再一次說明文革的結社自由是以保證黨的絕對控制權為前提的，一切對黨的領導權的挑戰，那怕僅是一種可能性，也都要無情鎮壓。

工人經濟訴求造成的困境，其實是毛澤東式的群眾造反必然的結果。本來，社會主義制度下的經濟不平等，是應該通過制度的改革和建設逐步解決的，其所產生的經濟問題的處理，更需要制定一系列的政策有序進行。但如前所說，毛澤東等文革發動者從一開始就沒有把這些制度改革列入計劃，只能聽任群眾的自發行動，自然就造成了嚴重後果。在毛澤東看來，這是對他的文革大方向的干擾，乾脆把責任推給自己的政敵，說這是「各地走資本主義當權派蓄意颳起的經濟主義黑風」，自然非煞住不可。上總司的造反派這回又充當了急先鋒，他們率先發出《緊急通令》，聲稱這是「把重大的政治鬥爭引向單純的經濟鬥爭，這是資產階級反動路線的新的表現形式」。上總司的主體是有穩定工作和收入的全民所有制的體制內的工人，他們「在爭取自己政治權益的同時，卻對處於社會邊緣的臨時工等漠不關心，認為他們是『為私造反』」，這不僅是可悲的隔膜，更表現出工人造反派組織本身的狹隘性：他們並沒有明確的階級意識與覺悟。[45]

---

44 李遜：《革命造反年代：上海文革運動史稿》，第 620 頁。

45 李遜：《革命造反年代：上海文革運動史稿》，第 658，661 頁。

三、造反派奪權

1. 毛澤東的戰略決策

　　1966年12月26日，毛澤東73歲生日破例請客吃飯，請的是中央文革小組的成員，沒有請林彪、周恩來，這自然意味深長。在宴會上，毛澤東對文化大革命作出了新的部署，提出要發動「全國全面內戰」，但後來以《人民日報》、《解放軍報》、《紅旗》雜誌元旦社論的方式，向全黨、全國公開發表時，改成了一個較為緩和的說法：「1967年是全國全面開展階級鬥爭的一年」，「將是無產階級聯合其他革命群眾，向黨內一小撮走資本主義道路的當權派和社會上的牛鬼蛇神，展開總攻擊的一年」。[46] 顯然，毛澤東正醞釀着一個大動作，但究竟做什麼，如何選擇突破口，卻秘而不宣。但仍然透露了一些資訊，比如強調「一定要搞工礦企業和農村的文化大革命，不然文化大革命就半途而廢」，[47] 高度評價上海文革運動：「上海的革命學生起來了，革命的工人起來了，革命的機關幹部起來了，上海的文化大革命就有希望了」[48] 等。毛澤東顯然已經把目光由北京為中心的大中院校的紅衛兵，轉向以上海為中心的工人造反運動，並親自安排張春橋和姚文元到上海指導運動。

　　上海造反派也不辜負毛澤東的期望，在1967年初作了兩個大動作，並立刻在毛澤東的指引下，直接影響了全國文化大革命的發展方向。

46　閻長貴、王廣宇：《問史求信錄》，第 112–120 頁。紅旗出版社，2009年。《人民日報》、《解放軍報》、《紅旗》雜誌社論：《把無產階級「文化大革命」進行到底》，《人民日報》1967 年 1 月 1 日，第 1 版。

47　見王力：《王力反思錄》，第 696 頁。

48　張春橋 1967 年 1 月 9 日對上海各高校紅革會負責人的講話。轉引自李遜：《革命造反年代：上海文革運動史稿》，第 565 頁。

首先是1967年1月4日，文匯報社內的造反派組織宣佈「接管了《文匯報》」；接着，1月6日，《解放日報》的「造反聯合指揮部」又宣佈「奪權」，在《告讀者書》裏宣稱「這個陣地，我們是佔定了！這個權，我們是奪定了！」所謂「接管」或「奪權」就意味着造反派組織將取代原來報社的黨組織和行政部門，直接負責運動的領導及報紙的新聞業務。這自然是對黨嚴密控制媒體與輿論的體制的一個大突破。人們因此心裏沒底，張春橋也持謹慎態度，不敢輕易表態。就在這關鍵時刻，毛澤東發言了。1月8日，毛澤東對中央文革小組說：「這個（奪權的）方向是好的」，「這是一個大革命，是一個階級推翻一個階級的大革命。上海革命力量聯合起來了，同時起來掌握了權力，掌握了領導權，全國就很有希望。它的影響不但會影響到整個華東，而且會影響到全國各省市。原來的領導不和群眾站在一起的話，他們就離開。沒有他們，我就不相信，死了張屠夫，就吃混毛豬」。毛澤東特別讚賞《文匯報》1月5日刊登的《急告上海全市人民書》，說是「又一張馬列主義大字報」，是「少有的好文章」，要求《人民日報》轉載，並按毛澤東的意思發表《編者按》，讚揚「革命的《文匯報》和《解放日報》出現了，這是無產階級革命路線反對資產階級反動路線的勝利產物，這是我國無產階級文化大革命發展史上的一件大事。這是一個大革命。這件大事必將對整個華東，對於全國各省市的無產階級文化大革命運動的發展，起着巨大的推動作用」。[49]

　　1967年初，上海面臨的最大問題，其實是前文討論的生產、金融、商業市場的全面混亂。面對這樣的嚴峻形勢，1月8

49　李遜：《革命造反年代：上海文化大革命運動史稿》，第 590，593，607–609，609 頁。

日，全市造反派組織與上海各局負責人舉行聯席會議，商討應對措施：此時上海黨政部門已處於半癱瘓狀態，只能由造反派出來解決危機。會後以群眾組織的名義公佈《緊急通告》，一方面號召「革命造反派的工人、機關幹部、學生，必須堅決貫徹執行毛主席提出的『抓革命，促生產』的指示，積極參加文化大革命，同時又要堅守生產崗位」，並提出處理工資開支、調整，房產、生產經費、社會治安等迫切問題的具體政策、措施的七條意見，並「責令市委、公安局照此執行」。這實際上已經在執行黨政機關的職責，如研究者所說，「這是市委的權力和權威已經轉移的標誌」。此後又成立了以工人造反派為主體的「抓革命，促生產火線指揮部」，《人民日報》著文專門介紹說：「這個嶄新的組織，同原來的人委會那一套經濟領導機構有根本的區別。它以政治統帥經濟，而不是一個單純的業務部門。它也沒有什麼局、處、科、室等臃腫龐大的機構，全部工作人員還沒有原市人委一些局一個處的人數多。他們不是整天坐在辦公室裏看公文、聽彙報、打電話，而是經常深入到群眾中去，哪裏有問題就到那裏去解決，和群眾一起商量着辦」：這顯然是一種新型的權力機構的雛形，張春橋將它稱為「經濟蘇維埃」。這自然都在毛澤東的密切關注之中。毛澤東對「抓革命，促生產火線指揮部」沒有立即表態(原因我們在下文再作討論)，卻出人意料地對《緊急通告》作出強烈反應，1月10日看到《通告》即指示《人民日報》轉載，並委託陳伯達以中共中央、國務院、中央軍委和中央文革四個最高權力機構的名義，給工總司等上海造反派組織發出賀電，給《緊急通告》以極高評價：「你們實行了無產階級革命組織的大聯合，成為團結一切革命力量的核心，把無產階級專政的命運，把無產階級文化大革命的命運，把社會主義經濟的命運，緊緊掌握

在自己的手裏。你們這一系列的革命行動，為全國工人階級和勞動人民，為一切革命群眾，樹立了光輝的榜樣」。這個舉動更是非同小可。正如張春橋所說，「以中央四個組織的名義給革命群眾組織，而不是給上海市委，這是從來未有的」，以後也沒有過。而將中央文革小組與中共中央、國務院、中央軍委並列為中央四大領導機構，中央文革小組也從此成為事實上的「政治指導中心」。[50] 這都傳遞出重要的政治資訊。

毛澤東連續兩次公開支持，自然使上海工人造反派士氣大振，其對立面上海保守派工人組織赤衛隊頃刻土崩瓦解。但毛澤東將他們的奪權行動定性為「一個階級推翻一個階級的革命」，並提出要革命派聯合起來，「把無產階級專政的命運，把無產階級文化大革命的命運，把社會主義經濟的命運，緊緊掌握在自己手裏」，這其中的深意，卻未必立刻被理解。正如研究者所說，「『奪權』口號曾經出現在工總司成立宣言中，但當時只是一句政治口號。人們理解的奪權，是改組北京市委式的奪權，是群眾批判幹部，中央撤換和委派幹部式的奪權。可以稱之為『改組式奪權』」，「所有的『打倒』口號，內涵其實還是『批判』，而不是『罷免』。是在承認權力的前提之下對權力的批判。實際上還是承認上海市委的權威」。[51] 這才有前文所討論的「既要造反，又要求『打倒』的對象承認自己」的看似矛盾的現象。許多當年造反派後來回顧這段歷史時也說：「在我們固有觀念裏，省、市委這一級領導人任免權一直在黨中央，不能由下面擅自『奪權』任命的」，[52]「我們理解

---

50 李遜：《革命造反年代：上海文革運動史稿》，第 666，668–669，679–680，685–687，688，691–692 頁。

51 同上，第 615 頁。

52 徐景賢：《文革名人徐景賢回憶錄》，轉引自李遜：《革命造反年代：上海文革運動史稿》，第 722 頁。

的奪權，就是罷不好的幹部的官，就是撤走資派，換上執行毛主席革命路線的幹部。並不是我們自己上去」。[53] 連張春橋最初的思路也是「幹部工作，群眾監督」：造反派不要做具體操作性的管理工作，還是讓幹部們去解決矛盾，這是幹部本來的責任，群眾的任務是大批判。[54] 但1967年1月《文匯報》、《解放日報》的奪權，卻突破了這一「改組式」的奪權方式，而是讓當權派靠邊，由造反派接替和行使權力，如研究者所説，「這是置換式的奪權」。[55] 儘管當事人未必自覺，卻被毛澤東敏鋭地抓住了：在1月16日政治局會議上，毛澤東明確表示：「上海奪權辦法比北京市委改組的辦法好，群眾提名要誰當書記，這也比自下而上任命好」。[56] 在他看來，既然官僚階層反對文革，就讓他們離開，由支持文革的群眾接替他們的權力，這就是「死了張屠夫，不吃混毛豬」的意思。

但是，應該説，在開始時，黨的決策層也是有不同意見的。張春橋「幹部工作，群眾監督」的主張，其實是許多人的共識。陳伯達、周恩來都提出「一般不用接管的辦法，採取派群眾代表監督的方式」。陳伯達甚至認為，這樣的「接管風」，是「資產階級反動路線的新形式」，走資派正好放棄他們管理職責，躲在幕後，看造反派的笑話。毛澤東則針鋒相對地反駁説：「上海造反派組織奪上海市委的權，怎麼能説是資產階級反動路線的新形式呢？就是要奪權，就是要奪他們的黨權。他們欺騙、蒙蔽、壓制幹部黨員，使黨團員成為他們的工

53　李遜 2009 年 2 月 13 日對原工總司常委戴立清的訪談，轉引自李遜：《革命造反年代：上海文革運動史稿》，第 722–723 頁。

54　同上，第 716 頁

55　同上，第 615 頁。

56　張春橋 1971 年 1 月在上海第四次黨代會報告中轉述毛澤東的指示。轉引自李遜：《革命造反年代：上海文革運動史稿》，第 739 頁。

熾火不息：文革民間思想研究筆記

具。他們要保他們的烏紗帽，他們是做官當老爺。他們拿手的是用紀律壓人，誰不聽他們就是反黨，就是違背紀律。這個紀律成為約束幹部、黨員的緊箍咒」，「就是要奪黨權，當然不是全部奪，還有黨中央在，是部分的奪。掌握在走資派手裏的部分政權也要奪，因為他不是無產階級專政，而是資產階級專政」。[57]

毛澤東這裏提出的「部分的奪黨權和政權」，也就是稍後（1967年2月）提出的「部分地改善無產階級專政」的思想，[58] 是建立在他的烏托邦理想基礎上的。在某種意義上可以説，他支持上海造反派奪權，是借此做文章，來實現他的烏托邦理想。毛澤東一向對科層官僚制深惡痛絕，並一直在思考與探索取代官僚制的新的體制。在六十年代所寫的《讀〈政治經濟學教科書〉社會主義部分（第三版）的筆記》裏，毛澤東就曾明確提出「勞動者管理國家、管理軍隊、管理各種企業、管理文化教育的權利」，認為「這是社會主義制度下勞動者最大的權利」，強調「人民必須有權利管理上層建築。我們不能夠把人民的權利問題瞭解為國家只由一部分人管理」。[59] 毛澤東的這篇讀蘇聯《政治經濟學教科書》筆記，文革期間，在民間流傳頗廣，人們也是據此來理解毛澤東在文革初期提出的關於實行巴黎公社的原則的思想，認為都是體現了毛澤東創造「群眾參與式民主」的思想的。在毛澤東看來，上海造反派接管上海市委，

57　李遜：《革命造反年代：上海文革運動史稿》，第716–719頁。毛澤東講話見《王力反思錄》，第803–804頁。

58　《張春橋傳達毛主席最新指示》（1967年2月24日），轉引自印紅標：《失蹤者的足跡：文化大革命期間的青年思潮》，第89頁，香港中文大學出版社，2009年。

59　見毛澤東：《讀〈政治經濟學教科書〉社會主義部分（第三版）的筆記》，自印本。

不只是監督，而且直接承擔「抓革命，促生產」的政府職能，就是行使「勞動者管理國家，管理各種企業的權利」，在他看來，這是「社會主義制度下勞動者的最大權利」。其實質就是他在讚揚上海造反派《緊急通告》時所說，「把無產階級專政的命運，把文化大革命的命運，把社會主義經濟的命運，掌握在(群眾)自己手裏」。這樣，就在創造毛澤東自己可控制的巴黎公社式的「群眾政治」，以取代「官僚政治」上，邁出了決定性的一步。這大概就是毛澤東在1967年一開始就作出的部署：「全國全面開展階級鬥爭」，進行「總攻擊」的落實。

2. 從上海人民公社到革命委員會

1967年1月下旬，上海造反派在籌備奪權，醞釀建立新的權力機構時，毛澤東作出指示：不能將群眾組織或機關造反派組織作為上海臨時權力機構，新建立的權力機構名稱就叫「上海公社」。王力在回憶中特地強調：建立上海公社，「這不是上海同中央文革決定的，是毛主席決定的。要張春橋和姚文元參加權力機構」。[60] 根據毛澤東的指示，《紅旗》雜誌在1月30日又發表社論《論無產階級革命派的奪權鬥爭》，傳達毛澤東對新權力機構的設想：「毛主席把北京大學的第一張馬列主義大字報稱為二十世紀六十年代的北京人民公社宣言。這時，毛主席就英明地天才地預見到我們的國家機構，將出現嶄新的形式」。社論起草人王力對此有過一個解釋：「三方面協商建立臨時的權力機構，散着不行，這是臨時的政府，是過渡，過渡以後就成立了巴黎公社式的北京人民公社，上海人民公社，我們主張建立人民公社，毛主席58年就想建立的城市人民公社」。[61]

60　王力：《王力反思錄》，第889頁。

61　王力談《紅旗》第三期社論精神(1967年1月31日)，轉引自李遜：《革

　　　　　　　　　　　　爛火不息：文革民間思想研究筆記

據說張春橋將毛澤東的指示與意圖傳達給上海造反派，自然得到一致回應，大家都同意將原定的「新上海公社」改為「上海人民公社」，以「實現毛主席的多年理想」。[62] 而且在由徐景賢負責起草的《上海人民公社宣言》的初稿裏，為了更好體現毛澤東建立「巴黎公社式」的新型權力機構的理想，就將巴黎公社原則「徹底砸爛舊的國家機器」、「公社委員會由群眾直接推選」、「公社委員是人民公僕，工資收入不得超過普通工人」等都寫進了宣言。有意思的是，在張春橋、姚文元審稿修改時，不但把原來的題目《從「十月革命」到「一月革命」——上海人民公社宣言》改為《一月革命萬歲——上海人民公社宣言》，而且將有關巴黎公社原則的這些內容大都刪去，以後正式公佈的《上海人民公社宣言》裏，只剩下「它的領導成員，在上海自下而上的全面大奪權取得勝利後，由革命群眾按照巴黎公社原則選舉產生」這一條。[63] 更加出人意料的，是1967年2月5日上海一百萬人聚會宣告上海人民公社成立，發出了「一切權力歸上海人民公社臨時委員會」的通令，燒毀了「上海市人民委員會」的牌子，以「上海人民公社」的新牌子取而代之以後，毛澤東卻沉默了，而且等了一個星期，也不見新華社發佈電訊，《人民日報》刊登報導。

原來是毛澤東改變主意了。其實毛澤東這樣出人意料地突然改變主意，已經不是第一次了。前文談到，毛澤東是堅決主張讓造反派接管黨政權力，以群眾政治取代官僚政治的，1月8日，他還說過「我就不相信，死了張屠夫，就吃混毛豬」這樣

命造反年代：上海文革運動史稿》，第781頁。

62　李遜：《革命造反年代：上海文革運動史稿》，第782頁。

63　徐景賢：《十年一夢——前上海市委書記徐景賢文革回憶錄》，第70–72頁，香港時代國際出版有限公司，2005年。

的話；但到1月22日，就傳達了毛澤東奪權新思想、新精神：
「江渭清、譚啟龍、江華、張平化(按：時為江蘇、山東、浙
江、湖南的省委第一書記，都是當時造反派要打倒、奪權的對
象)，是否可以一批二保？」「要一點舊的人，黎元洪也好」。
如研究者所分析：「這表明，毛澤東考慮要使用原來的幹部。
他打算留用張屠夫們了」。[64] 到2月2日，《人民日報》關於黑
龍江奪權勝利的社論裏，又提出了建立「三結合的臨時權力機
構」的新思路：「黑龍江無產階級革命派奪權鬥爭的經驗再一
次表明，革命群眾的負責人、人民解放軍當地的負責人和黨政
機關的革命領導幹部，組成三結合的臨時權力機構，對奪權鬥
爭的勝利，起了關鍵性的作用」。這裏最引人注目的，自然是
對黨的幹部的新分析、新政策：「採取反對一切、排斥一切、
打倒一切的方針，是完全錯誤的。應當看到，有些領導幹部，
是站在毛主席的革命路線一邊，堅決同一小撮黨內走資本主義
道路的當權派進行鬥爭的。對於這樣的幹部，我們就一定要充
分地信任他們，與他們並肩戰鬥。對於那些動搖不定的，或者
犯過路線錯誤的領導幹部，只要他們願意改正，回到黨的正確
路線上來，我們也應該團結他們，一道戰鬥」。在此之前，毛
澤東就在1月31日發表的《紅旗》社論《論無產階級革命派的奪
權鬥爭》裏，親自加上一段話：「只要不是反黨反社會主義分
子而又堅持不改或屢教不改的，就要允許他們改過，鼓勵將功
贖罪」。

　　我們在本文一開始就談到，文革的政治格局裏，存在着
「毛澤東(以及中央文革派)」──「造反派」──「領導幹部
即黨的官僚集團(以及他們影響下的保守派)」──「軍隊」四
種政治力量，彼此之間進行着複雜的博弈。而毛澤東則高踞

64　李遜：《革命造反年代：上海文革運動史稿》，第732頁。

於其他三派及忠於自己的中央文革派之上，縱橫捭闔，操縱一切。在文革前期和中期，他主要是依靠造反派與軍隊的支持，打擊黨官僚，從他們手裏奪權；但在如何建立新的權力機構時，他其實是舉棋不定的：從他的烏托邦理想出發，他顯然希望用自己可控制的群眾政治來取代他個人深惡痛絕的官僚政治；但真要具體實行時，卻遇到了兩個問題。首先是他的群眾政治的理想，本身就具有濃重的烏托邦主義和民粹主義的色彩，是不具有任何實際操作性的，要用沒有經過現代政治與專業訓練的群眾組織來取代官僚機構，實行全面的國家管理，幾乎是不可能的。前文談到毛澤東雖然十分讚賞上海造反派「把社會主義經濟的命運掌握在自己手裏」的革命精神，但對他們具體主持的「抓革命，促生產總指揮部」卻沒有立即表態，就是因為他還要看一看，在這方面他又是謹慎的。更重要的是，我們在前文已經指出的毛澤東的兩重性：他固然是一個烏托邦主義者，但他更是一黨專政體制的最堅定的維護者，要維護黨的絕對領導，就需要黨的官僚。這正是毛澤東與黨的官僚集團的關係的複雜所在：既要打擊，又離不開；在文革中毛澤東的翻雲覆雨，打倒與解放，都取決於他的意志與需要。而改變主意提出「三結合」，就意味着由打倒向解放的轉折。看來，張春橋是領悟了毛澤東的這一新意圖的，因此，在討論上海人民公社宣言時，就特地強調：「宣言要始終突出無產階級革命派聯合起來，實行革命的三結合，自下而上地向黨內一小撮走資派奪權的思想，這是最新最活的毛澤東思想」。[65] 他和姚文元在修改《上海人民公社宣言》時，竭力淡化原稿中有關巴黎公社的內容，就是這個道理。

65　上海市革命大批判寫作組 1969 年編《上海一月革命大事記》。轉引自李遜：《革命造反的年代：上海文革運動史稿》，第 796 頁。

但張、姚仍然趕不上毛澤東思路的變化，沒有料到在成立上海人民公社問題上毛澤東還會改變主意。這又是由毛澤東關於巴黎公社式權力機構的設想，遭到了黨內高層的質疑和抵制引發的。在周恩來主持的中共中央政治局碰頭會上，葉劍英首先發難：「上海奪權，改名為上海公社，這樣大的問題，涉及到國家體制，不經政治局討論，就擅自改變名稱，又是想幹什麼？」他質問陳伯達：「什麼是巴黎公社原則？革命，能沒有黨的領導嗎？能不要軍隊嗎？」[66] 周恩來後來(1967年10月)談到巴黎公社原則時，也說：「現在一下子就搞巴黎公社方式選舉，勢必發展無政府主義。巴黎公社有好的一面，由上而下發動群眾，直接選舉；也有不好的一面，權力不集中了，武裝沒有抓緊」，「巴黎公社民主有餘，集中不夠，又沒有掌握好武裝，結果失敗了。裏面有無政府主義黨人。所以第一次工人運動沒有成功，這就是空想社會主義者」。[67] 在1967年2月討論上海人民公社時，周恩來大概也是這個觀點；也就是說，葉劍英的意見在黨的決策層是有代表性的。而且他們所談到的，都是關鍵。依然有兩個問題。首先是巴黎公社原則只是一個烏托邦主義(用周恩來的說法就是「空想社會主義」)的設想。其原則固然不錯，但若要實行，需要有一系列制度性的建設和具體政策措施，更要有一個過程。但毛澤東和他影響下的造反派提出成立上海人民公社，其實對於應該如何實施，比如怎麼直接選舉，怎樣監督，這些大問題都沒有仔細考慮過，就憑着一種理想、信念，一時衝動，貿然宣佈成立公社。現在，真的要變成

---

66 轉引自王年一：《1949–1989年的中國：大動亂的年代》，第208頁，河南人民出版社，1996年。

67 《周恩來等回答群眾組織關於大聯合問題》(1967年9月24日)；《周恩來接見糧食財務鐵道會議代表時的講話摘要》(1967年10月29日)。轉引自白承旭：《文革的政治與困境：陳伯達與造反的時代》，第113頁。

燭火不息：文革民間思想研究筆記

現實了，這就會遇到許多不能迴避的實際問題。首先就是葉劍英提出的「改變國家體制」帶來的一系列問題。毛澤東在2月12日召見張春橋、姚文元時，一開頭就說：改名公社「就發生了改變政體的問題，就是國家的體制問題，國號問題，中華人民共和國的國號問題，是不是要成立中華人民公社呢？那麼中華人民共和國的主席是不是要改成中華人民公社的主任？還是叫社長？」還有個別的國家「承認」的問題，「很多麻煩事」。最核心的問題，還是葉劍英提出的「黨的領導」問題，周恩來講的「權力不集中」、「無政府主義」的問題。毛澤東一語點破：「如果都叫公社，那麼黨怎麼辦呢？黨放在哪裏呢？」「總得要有一個黨嘛，要有個核心嘛」，「你不管叫什麼，叫共產黨也好，叫社會民主黨也好，叫社會民主工黨也好，叫國民黨也好，叫一貫道也好，總得有個黨，一貫道也是個黨嘛。公社總要有個黨，公社能不能代替黨呢？」[68]

　　這才是要害所在：我們説過，毛澤東的烏托邦理想的核心，是要用群眾政治取代官僚政治；但卻不能迴避「黨放在哪裏」的問題。無論毛澤東和黨的意識形態如何高談「人民至上」、「群眾路線」，但誰的心裏都很清楚：真正「至上」的是黨，黨的權力和利益永遠高於群眾的權力和利益。在這一點上，毛澤東和黨官僚集團是有着共同利益，並取得高度共識的。所謂「群眾路線」是建立在所謂「民主集中制」基礎上的，「民主」只是手段，「集中」才是目的。黨必須領導一切，而且這樣的無所不至的絕對領導權，是不能接受監督與限制的：這是毛澤東的底線，只要出現了突破黨的絕對領導的底

68　張春橋、姚文元1967年2月24日在《高舉毛澤東思想偉大旗幟，進一步
　　開展三結合奪權鬥爭誓師大會》上的講話。轉引自李遜：《革命造反年代：
　　上海文革運動史稿》，第804頁。

線的危險，毛澤東是絕對要止步退回的。毛澤東要取消上海人民公社的命名只是現象，其實質是要收回他在號召群眾造反時曾經部分給予的巴黎公社式的群眾政治權利。我們在前文已經談到的，在毛澤東號召群眾起來造走資派的反時，造反派和普通民眾確實獲得了批評、反對各級黨委、基層領導的言論自由和結社自由，一月革命奪權後，還有過自下而上選擇幹部、監督幹部的權利；但如研究者所說，這「不是他們的天然的權利，只是毛主席恩賜的臨時權利，他們的造反對象只能是被毛澤東圈定」，而且也「止於造反權」。「三結合」的革命委員會的成立，表明毛澤東已經基本上放棄了用「群眾政治」(即群眾參與、主導的民主政治)取代「官僚政治」(即黨官僚主導的集權政治)的努力，意味着群眾造反時代的結束，而從此進入「秩序重建」的時期。有人因此認為「文革正在結束」，也可以說進入了「文革後期」，「整個1967年到1968年，都是試圖將1966年釋放出來的能量，重新塞回專政秩序和常規軌道的瓶內」。[69]

在新命名的上海市革命委員會擔任副主任的徐景賢，在他晚年回憶裏，談到1967年2月24日，上海又在文化廣場召開了萬人大會，距離宣佈「上海人民公社」成立的2月5日的萬人大會，只有19天。這一次是傳達毛澤東的「還是叫革命委員會好」的最新指示，宣讀和通過「上海市革命委員會」的《關於當前上海形勢和任務的決議》。「會後，一輛彩車駛到外灘，掛上了『上海市革命委員會』的牌子，把『上海人民公社』的牌子又送回了博物館」。[70]這一細節顯然具有象徵性。

但歷史並未結束，毛澤東也還沒有就此完全放棄他的烏托

69　李遜：《革命造反年代：上海文革運動史稿》，第 811–812 頁。

70　徐景賢：《十年一夢——前上海市委書記徐景賢文革回憶錄》，第 86 頁。

邦理想，還有一系列的新思想、重大舉措。文革中「毛澤東—軍隊—黨官僚—造反派」之間的博弈，還將繼續。不過，他們之間的次序、地位、影響顯然變化了。

3. 革命委員會成立後造反派的境遇

所謂「三結合」的革命委員會，是由「革命群眾負責人」、「人民解放軍當地負責人和黨政機關革命領導幹部」組成的。從表面上看，群眾組織代表排在第一位；但實際並不佔主導地位。就以第一屆上海革命委員會七名領導人的排名而言，第一、二位的張春橋、姚文元是毛澤東指派的；以下依次是老幹部代表王少庸、馬天水，機關造反派代表徐景賢、王承龍，工人造反派代表王洪文排在最後。事實上，整個革委會工作，都是張春橋説了算，根本説不上群眾監督。就連市革委會委員的選任，也不是選舉產生，而是內部協商；而所謂「內部協商」，就是第一把手決定。在革命委員會成立及以後權力運作中，所謂「群眾直接選舉和罷免權」的巴黎公社原則一天也沒有實行過，最後還是恢復幹部自上而下的任命制。這就意味着，革命委員會實行的還是「五七體制」中的「第一把手專政」。

這樣，誰當第一把手就是關鍵。在上海，張春橋依靠的是造反派，王洪文為首的工總司日子就比較好過，還掌握了相當的權力。而其他省市，因為沒有張春橋、姚文元這樣的中央選派的幹部，老幹部即使得到解放，參加了革委會，開始階段仍然小心翼翼，不可能立刻執掌大權，就基本上由軍隊代表擔任第一把手。這樣，奪權以後相當一段時間，中國政治權力結構裏，軍隊都佔據了舉足輕重的地位，革委會第一把手專政就成了「軍隊專政」。這是和毛澤東原先的軍隊支持左派，由聽命

於自己的造反派掌權的設想大相徑庭。軍隊權力的過度膨脹，就註定了毛澤東與軍隊之間，還會有一場大搏鬥。這是後話。這裏要討論的是，在新成立的革命委員會裏，軍隊幹部的態度，就決定了其他各派政治勢力在權力結構裏所處的地位與作用。毛澤東要派軍隊介入文化大革命的本意，是要他們支持左派（造反派），但軍隊，特別是地方軍隊卻與所在地的黨政機關有着千絲萬縷的聯繫，因此，他們幾乎是本能地傾向於地方黨的領導幹部以及被各級領導器重的群眾（即十七年體制裏的左派和文革中的保守派），對造走資派反的造反派則天生地不信任，即使因為毛澤東的態度而不得不表示支持，也仍然格格不入。在這樣的軍隊幹部主持下，即使進入了革委會的造反派代表，始終不被重用，處於邊緣化的地位。軍隊也有支持造反派的，大都是野戰部隊。他們沒有地方軍隊和地方幹部之間的利益關係，純從「毛主席支持我支持」的態度出發而支持造反派。在許多地方都出現了野戰軍隊與地方軍隊各支持一派的複雜局面。

在作了這樣的總體性的考察以後，我們還需要更具體地來討論造反派在新的革命委員會中的處境。這又可以有兩個方面的討論。

首先，必須看到，普通工人，民眾，進入政府權力機構，這在自稱工人階級領導的共和國歷史上，還是第一次。在文革前的十七年裏，對憲法規定的「工人階級是國家領導階級」有一個傳統解釋：共產黨對國家的領導就代表了工人階級的領導，因此普通工人雖然背着「領導階級」的名分，實際上是沒有議政和參政權的。而現在，工人階級的領導地位，就不僅體現在工人階級政黨共產黨在政治、思想上的全面領導，而且工人的群眾組織的領導人和骨幹分子也作為工人代表進入權力機構。特別是在上海，這樣的工人代表的比例還相當大。徐景賢

在1970年對美國記者斯諾的談話裏透露，在上海市革命委員會150名委員中，軍隊代表佔16%，幹部代表佔14%，群眾代表佔70%。群眾代表105名中，工人代表43名，農民21名，紅衛兵8名，知識分子16名，一般機關幹部3名。[71]上海1971年恢復成立的第四屆黨委會領導機構中，7名市委書記，工人佔2名；10名市委常委中，工人佔4名。工人造反派的領袖人物王洪文、王秀珍、金祖敏等進入了上海權力中心，擔任了市委、市革委會書記、主任或各委、辦的負責人。[72]在基層單位領導班子中，造反派工人代表比例更高。據上海工交系統調查，廠革委會一般佔80%左右，黨委(總支，支部)也佔50%左右。[73]上海之外的其他各省市，工人代表比例自然沒有這麼高，但不同程度地進入權力機構，卻是一個普遍的事實。我們在前文裏多次提及的湖南長沙國營照相館的學徒工陳益南，他的文革回憶錄有一章標題就是「當革命委員會副主任只有十八歲」，他當時已經是公司裏湘江風雷組織的頭頭，也就被選入公司革委會的領導班子。陳益南說，他雖然參加造反，從來沒有想到要「當官」，但現在這麼年輕就代表工人進入權力機關，還是很高興。他想起了毛主席說過：「三國時，周瑜，也是年輕人，十八歲就做了水軍都督」，又想起毛澤東「自信人生三百年，會當擊水三千里」的詩句，頓時以為，「自己也正是『風華正茂』之

71 徐景賢1970年11月24日與斯諾夫婦的談話。轉引自李遜：《革命造反年代：上海文革運動史稿》，第1071頁。

72 李遜：《工人階級領導一切？——文革中上海工人造反派與工人階級的實際地位》，《文化大革命：歷史真相和集體記憶》(上)，第529頁。

73 上海工代會1972年3月《在黨的一元化建設下，加強幹部隊伍和工代會建設(討論稿)》。轉引自李遜：《革命造反年代：上海文革運動史稿》，第1086頁。

時，可以幹一番大事了，可以『指點江山』了」。[74] 陳益南進入革委會以後想「幹一番大事」的想法應該有一定代表性，儘管以後的事態發展證明，這些造反派的代表還是過於樂觀，但如研究者所說，無數陳益南這樣的普通工人參與的文化大革命中的工人造反派運動，還是「1949年後，工人作為『領導階級』參政的最輝煌時期。大批普通工人成為政治或經濟執行機構甚至決策機構的中心人物。無論成功還是失敗，都在中國工人運動史上留下了引人深思的一頁」。[75]

這些以工人身份進入權力機構的造反派，都稱為「新幹部」。他們的最大特點，就是研究者所說的，其「對自己的身份認同更多的是工人幹部，而不是黨的幹部」，「一些工人造反派甚至希望能用毛澤東的『工人階級必須領導一切』的『最高指示』，建立工人造反派的權威，分割黨在文革前十七年所形成的唯一的權威」。自然這是毛澤東絕對不允許，也被以後的事實證明，不過是部分工人造反派的一個幻想。但另一方面，黨也確實「從來沒有像在文革這樣委曲求全於群眾組織，在群眾組織的衝擊干擾下顯得那樣軟弱無力。這種現象直到中共『九大』後仍未消除。雖然那時已經再三強調恢復黨的權威。尤其在上海，工人造反派始終是一支強有力的社會力量，影響着整個上海的局勢」。[76] 這樣，「造反派」在文革期間，尤其在其佔有優勢的地區(例如上海)，就成了一個重要的「政治身份」。

在十七年的社會等級結構裏，黨在群眾上劃分左、中、

74　陳益南：《青春無痕：一個造反派工人的十年文革》，第 329 頁。

75　李遜：《革命造反年代：上海文革運動史稿》，第 1431 頁。

76　李遜：《工人階級領導一切？——文革中上海工人造反派與工人階級的實際地位》，《文化大革命：歷史真相與集體記憶》(上)，第 528 頁。

右，其中一個重要依據的是「政治表現」，而考察的標準除了政治運動中的態度之外，就是與基層黨領導關係的親疏。文革打破了這樣的政治表現標準，而另外提出一個「是否造反」（特別是造基層單位領導的反）的標準，這就在一定程度上瓦解了原有的等級結構，在群眾中重新劃分左、中、右。許多造反派在十七年體制裏，都被認為是有這樣、那樣問題的人，因此備受歧視和壓抑，這也是促使他們起來造反的原因；現在卻突然成了左派，有的還因此進入了革委會，這是一個翻天地覆的變化。其對基層黨組織形成的衝擊，影響是深遠的：儘管以後這些基層領導後來都官復原職，但十七年，特別是反右運動灌輸的「反對基層領導就是反黨」的觀念，再也無人相信，籠罩在基層黨領導頭上的神聖光圈從此消失。如研究者所説，工人造反派的存在，幹部權威的下降，使得文革期間，「工人在工作場所的自由度以及與管理他們的幹部的關係是1949年以後最鬆弛的。這種鬆弛直到文革結束以後，再沒能回復到文革前的程度」。應該説文革期間工人的主人翁感是最強的，社會地位也是最高的。工人成為最令人嚮往的職業，大中學畢業生、復員軍人、下鄉知青，最青睞的就是全民所有制的國營工廠。連姑娘選擇對象，工人身份也是一個最有利的條件。工人的子女在知青回城、參軍、上大學等社會競爭最激烈、最熱選的領域，都具有特殊優勢。這種狀況甚至影響了社會價值和審美取向：「師傅」成為一種尊稱，工人工作服成為僅次於軍裝的流行服飾。[77]

但工人造反派也仍然存在着政治身份與體制身份上的先天不足，直接影響他們在革委會權力機構中的地位和作用。首先是他們在現行體制裏屬於工人編制，而不是幹部編制。這不僅

77　李遜：《工人階級領導一切？——文革中上海工人造反派與工人階級的實際地位》，《文化大革命：歷史真相與集體記憶》，第 538，537 頁。

造成了靠邊站的幹部照樣拿幹部相對高的工資、進入革委會的工人繼續拿工人的低工資(比如已經當上革委會副主任的陳益南就依舊拿每月二十元的學徒工工資)[78] 這樣的新的不平等。而且當革命委員會進入日常權力運作，又沒有進行任何制度性改革，就只有回復文革前的人民政府的原有建制，只作了名稱上的改動，如將原來的「部」、「局」改稱為「組」、「辦公室」，其他一切照舊。這樣，革委會的工作就必然被具有幹部身份的機關幹部所掌控。科層人員的重新掌權，固然使上海經濟、生產和生活管理逐步恢復正常運轉，卻使得以工人身份進入革委會的造反派代表逐漸被架空，而引發不滿。王洪文就說：「奪權以後，怎麼職權都到機關幹部手裏去了？」[79]

更為致命的，是儘管造反派的頭面人物如王洪文都是黨員，但仍有許多骨幹都沒有黨員的政治身份。據1970年的統計，上海造反派負責人，即工總司常委和委員共400人，其中文革前的老黨員只有78人，不到五分之一，「九大」以後新發展的黨員只有21人。[80] 造反派入黨如此困難，顯然與黨組織恢復正常工作以後，被造反派打倒、重新上台的基層領導幹部從中作梗有關。被造反派衝擊而靠邊站的保守派，作為他們中的骨幹力量的黨團員，也恢復了發言權；他們本來就看不慣造反派的言行作風，還念念不忘造反派家庭出身、社會關係和個人歷史的種種問題，現在，他們就可以理直氣壯地反對造反派入黨。如前文所說，文革中造反派的造反，對十七年的等級結構形成了一種衝擊；現在，就可以看到，隨着革委會成立，文革

78 陳益南：《青春無痕：一個造反派工人的十年文革》，第 330 頁。

79 徐景賢：《十年一夢——前上海市委書記徐景賢文革回憶錄》，第 93 頁。

80 工總司：《各區、局、公司聯絡站新幹部情況統計表》(1970 年 7 月)。轉引自李遜：《革命造反年代：上海文革運動史稿》，第 1311–1312 頁。

進入重建秩序的新階段，被打亂了的各級地方、基層黨組織，政府權力機構逐漸恢復原有的地位，十七年的等級結構也逐漸回復：被信任與重用的，依然是原來的左派，積極分子(文革中他們大都是保守派)，造反派又逐漸成了被壓抑、打擊的對象，還有新的罪名在等着他們。這樣的地位再翻轉，是意味深長的。

造反派還面臨被釜底抽薪的威脅。上海市革命委員會成立後公佈的第一個決議裏，就提出了「整頓群眾組織」的要求：「我們建議按產業，按系統，按單位，按地區，實行條條與塊塊相結合的方式，建設無產階級的隊伍」。[81] 這是毛澤東的意思：3月1日毛澤東又親自批發了貴陽棉紡廠的「歸口聯合」的經驗。造反派立刻感到了威脅，把毛澤東肯定的貴陽經驗稱為「倒旗聯合」，據說正在住院的王洪文甚至垂頭喪氣地對周圍人說：「這個經驗對我們，對工總司不利，壓力很大，看來我們要解散了，只好散夥了，你們要有準備」。[82] 王洪文和造反派的擔心和憂慮是由充分理由的：在「整頓」、「聯合」旗幟下解散群眾組織，正是毛澤東在取消「公社」命名，放棄巴黎公社原則以後，又一個戰略性的退卻。本來，群眾性獨立組織的存在，是毛澤東所要推動的群眾政治的基本條件，在文革發動時期，毛澤東為了鼓勵群眾造走資派的反，曾給予群眾以有限的言論、出版、結社自由，支持成立造反派組織，這是發展群眾政治的一個關鍵環節。但他又面臨一個矛盾：「黨領導一切」的極權體制是絕對不允許不受、或不完全受黨控制，獨立或相對獨立的群眾組織存在的。這其實就是我們一再說及的毛

81　上海市革命委員會 1967 年 2 月 23 日決議草案《當前上海文化大革命的形勢和任務》。轉引自李遜：《革命造反年代：上海文革運動史稿》，第 996 頁。

82　陳阿大 1977 年 9 月 5 日的回憶。轉引自李遜：《革命造反年代：上海文革運動史稿》，第 1000 頁。

澤東的理想主義和維護一黨專政的階級利益的矛盾。他可以為了自己個人的理想，不惜暫時鬆動極權統治，但最終還是要強化極權統治，以維護自己代表的黨的長遠、根本的階級利益。因此，「成也蕭何，敗也蕭何」，毛澤東在文革中就先後扮演了群眾組織的促建者與埋葬者的角色。造反派當然不願束手待斃，特別是上海的工總司，他們在張春橋的支持(張春橋早已與黨的官僚集團鬧翻，只能以工人造反派為自己的依靠)下，竭力保持最初的組織名稱，也試圖「用工人造反派組織來改造工會」，以保持相對獨立(據說這是毛澤東為工人造反派指明的出路)，但最後改造還是不免失敗，獨立(那怕是「相對獨立」)絕不允許，工會仍然回歸文革前一切聽命於各級黨委的官辦老路，而工人也回歸本單位，接受基層黨組織的絕對領導。這就是研究者所說的，「公民的結社權兜了一個圈子，在大聯合的口號下重歸名存實亡」。[83] 問題是這樣「兜圈子」並沒有受到多大抵制，原因也很簡單：當初的結社權就是毛澤東所賜予(當然也有工人自身的爭取，但也是以毛澤東的號召與支持為前提)，現在毛澤東宣佈要收回，也就順理成章。這表明，儘管毛澤東一再宣稱要讓工人群眾「掌握自己的命運」，工人自身也似乎有「主人翁」的感覺，但也只停留在「宣稱」與「感覺」的層面，並沒有真正成為現實：這正是文革的問題所在。就我們這裏討論的革委會裏的造反派的境遇這一問題而言，工人造反派組織的解散或名存實亡，就使得他們在權力機構的代表，失去了群眾基礎和階級基礎，他們已經不可能成為自己階級利益的代表，革委會裏的位置，變成個人的一種身份與官職，這是後來進入體制的工人造反派最終成為「文革新貴」的一個重要的政治背景與影響因素。

83　李遜：《革命造反年代：上海文革運動史稿》，第 1025，1049 頁。

實際上，一旦進入未經改造的體制，這些工人造反派自身的造反理念與立場，就面臨着新的挑戰與考驗。如研究者所說，「造反派所以成為造反派，從本質上說，就是反權威，自由言論，不盲從當局的輿論導向，用自己的頭腦思考問題」。這些工人造反派也是因為「用自己的頭腦思考問題」，對十七年的既定秩序提出質疑，反抗各級黨委的權威，爭取言論與出版自由，而獲得自己存在的理由的。現在，他們自己進入權力機構，成為了新的權威。那麼，就有了一個問題：作為掌權者允不允許不同於己的政治力量，對自己的權威地位提出挑戰呢？1967年7、8月，上海柴油機廠的群眾組織「革命造反聯合司令部」（簡稱「聯司」），和「上海市革命造反派支持上財聯司革命行動聯絡站」（簡稱「支聯站」）對剛成立半年的上海市革委會發起挑戰，他們認為「上海掌權不徹底，用老幹部比較多，不是造反派掌權」，因此接過當年造反派炮轟上海市委提出的「上海必須大亂」的口號，重新提出「上海必須第二次大亂」。這當然是已經掌權的工總司不能接受的，他們認為，現在需要的是維護革命新秩序，不能再亂。這樣的立場與態度的分歧，本屬正常，問題是如何看待和處理。正是在這裏暴露了革命委員會的根本弱點：他們雖然自稱「新生革命政權」，但在觀念與體制上沒有進行任何變革，沒有任何變化，依然堅持階級鬥爭和無產階級專政的邏輯，根本不容對立派的存在，把一切挑戰自己權威地位的反對者，都視為階級敵人。王洪文在分析形勢時就說：「敵人已經達到猖狂的地步」，在動員專政機關之外，還發動十一萬群眾武力包圍與進攻，實行群眾專政。這就是著名的「8.4砸聯司事件」。[84] 在這一事件中，工總

<hr />

84　參看李遜：《革命造反年代：上海文革運動史稿》，第 911–912，884，881，896 頁。本書還透露：「砸聯司」事件發生時，毛澤東就在上海。8

司的工人造反派充當了急先鋒。這意味着工人造反派角色的根本轉換：由造反者變成既定秩序的維護者；由言論、結社自由的追求者變成壓制者；由被當權派鎮壓的受害者變成鎮壓異己的加害者。可以說，他們是用黨官僚當初對待自己的思維、觀念和專政手段對待和自己有不同意見的工人兄弟。這也是另一種形式的，兜了一個圈子回到原來的起點。

4. 毛澤東的又一決策：「武裝工人」

1967年7月20日，武漢以陳再道為首的省軍區支持保守派組織圍剿造反派，並包圍前來支持造反派中央文革小組的王力，沒想到也將時在武漢的毛澤東圍困在其中，毛澤東不得不乘飛機離開武漢到上海：是為震驚全國的「武漢事件」。

據說在這一事件中，毛澤東的匆忙逃離，使他有一種「受制於人」的感覺，他顯然感到了軍隊有可能失控而產生的威脅。於是，毛澤東又一次把目光轉向工人。他在7月18日晚和周恩來等談話裏曾提出要把「工人學生武裝起來」；7月22日，江青在接見河南造反派赴京代表時，就把毛澤東的這一意圖公佈於眾。她說：「我記得好像就是河南一個革命組織提出這樣的口號，叫做『文攻武衛』。這個口號是對的。」8月4日毛澤東又在給江青的信裏，更明確提出要「武裝左派」，實行「群眾專政」。[85] 張春橋立刻讀懂，就於7月31日寫信給毛澤東，要求上海成立文攻武衛組織：「這支由工人造反派組成的隊伍，在目前可以制止武鬥，更重要的是可能從中找出一條改造民

月4日當天深夜，毛澤東坐了裝甲保險轎車，由張春橋陪同，到外灘巡視。後來毛澤東還當面向王洪文表示肯定：「你們打了一個勝仗，穩定了上海形式（形勢）」，第 906，908 頁。

85 毛澤東接見周恩來的講話與給江青的信，均轉引自王力：《王力反思錄》（下），第 1012–1013 頁。

　　　　　　　　　燼火不息：文革民間思想研究筆記

兵的辦法」，「上海原有的民兵，偏保的不少」，「如果目前
提出整頓民兵，條件不成熟，麻煩也不少。不如成立工人武裝
組織，從小到大，從徒手到發槍，主動建立起一支以造反派為
基礎的人民武裝」。張春橋顯然吃透了毛澤東的心思：「改造
民兵」是毛澤東早就提出過的主張。另一位深知毛澤東的是王
力，他後來回憶說：「毛主席那時已經明確地有建立第二武裝
的思想，把工人、學生武裝起來。本來人民解放軍是人民的武
裝，現在好像不大夠了，要很好改造，要搞第二武裝，直接把
所謂革命工人、革命學生武裝起來」。[86]

　　毛澤東在1967年7月作出「武裝工人」的決策，是有雙重考
慮的。

　　首先是文革發展的現實需要。武漢事件使毛澤東不得不面
對一個事實：他原先指望支持左派(造反派)的軍隊，主要是軍
區與武裝部，現在已經站在了保守派及其背後的地方黨官僚這
一邊，鎮壓造反派，並把矛頭指向中央文革小組，成為文革反
對派。這就意味着「毛澤東—黨官僚—軍隊—造反派」四大力
量的博弈中，軍隊(主要是地方軍隊)已經和黨官僚結成聯盟，
直接對文革構成威脅。毛澤東也只有再一次借助造反派的力
量，進行反擊，以保衛文化大革命的成果，保證文化大革命繼
續進行。這關係着文化大革命的成敗，自然非同小可。

　　這同時還表明，毛澤東並沒有放棄他的建立巴黎公社式的
國家的理想。巴黎公社原則之一就是「武裝的人民群眾代替了
常備軍和警察」。1958年大躍進時就掀起過「全民皆兵」的熱
潮，毛澤東號召大辦「民兵師」，說：「民兵師的組織很好，
應當推廣。這是軍事組織，又是勞動組織，又是教育組織，又

86　以上引述轉引自李遜：《革命造反年代：上海文革運動史稿》，第 1501–
　　1503 頁。

是體育組織」。[87] 在文革一開始，毛澤東也在著名的「五七指示」裏，提出工人、農民、學生都要「學軍」。[88] 但在文革中後期，毛澤東提出「改造民兵」，「武裝工人」，不僅是因為張春橋說到的文革中的民兵大都屬於保守派，需要奪回領導權，還因為他意在建立「第二武裝」，讓武裝的工人造反派在文革中發揮更大作用。1971年3月18日《人民日報》、《解放軍報》、《紅旗》雜誌社論《無產階級專政萬歲——紀念巴黎公社一百周年》就明確提出：「巴黎公社廢除了資產階級反動政府的軍隊，用武裝的人民來代替它，把槍桿子掌握在工人階級手裏」。不可否認，這裏確實隱含着毛澤東對軍隊的某種不放心。儘管此時毛澤東警惕的主要是地方軍隊，而非林彪領導的野戰部隊，在武漢事件中，毛、林還是合作的，林彪也想借此打擊軍隊裏的非嫡系力量；但毛澤東對軍隊有可能不受自己控制的疑慮，還是為以後的毛、林對決埋下了伏筆。在這個意義上，毛澤東在1967年作出「武裝工人」的決策，應是未雨綢繆，大有深意。

最能領會毛澤東的意圖，並認真執行的，還是張春橋領導下的上海。在請示毛澤東之後，上海迅速成立「文攻武衛指揮部」，將其定位為「革命的群眾武裝」，定性為「上海無產階級革命派武裝自衛組織」，宣佈「它是組織左派、武裝左派，也是保衛廣大革命群眾的一支隊伍；它是生產隊，宣傳隊，也是戰鬥隊」，「成立文攻武衛指揮部，有利於維護和鞏固上海無產階級革命的新秩序，有利於加強無產階級專政，有利於保

87　毛澤東：《巡視大江南北後對新華社記者的談話》（1958年9月），《建國以來毛澤東文稿》第7冊，第430頁。

88　毛澤東：《對總後勤部〈關於進一步搞好部隊農副業生產的報告〉的批示》（1966年5月7日），《建國以來毛澤東文稿》，第12冊，第53–54頁。

證無產階級文化大革命順利進行」。[89]

此後，市革委常委會又專門作出決定，要以文攻武衛「改造基層的民兵組織」，「凡已建立文攻武衛隊伍的單位，文攻武衛組織就代替原民兵的一切活動和工作」。以後，為了適應全國人民武裝力量名稱的統一，市革委會又討論決定將「文攻武衛」改稱為「上海民兵」。看起來這似乎只是名稱的變來變去，但在文革中建立的「文攻武衛─民兵」與文革前的「民兵」其實是有領導關係和指揮權的根本差異的。文革前的民兵工作，是警備區通過各區縣的武裝部領導，軍隊是民兵工作領導的主體。而文革中建立的上海文攻武衛（民兵）指揮部是市革委領導下的一個部門，一切聽命於市革委分管書記王洪文，而各縣區的指揮部又都聽命於市指揮部，只有軍事訓練、軍民聯防等業務工作歸上海警備區管。如研究者説，儘管名義上是雙重領導，「對民兵的控制權，實際從軍隊轉入上海地方政府」。而且這都是有意為之，這就是王洪文一再強調的「改造民兵」。有意思的是，王洪文的依據也是巴黎公社的經驗。他按照毛澤東的要求，認真讀了列寧的《國家與革命》，還讀了列寧的《軍隊和革命》，列寧的論述：巴黎公社最重要的經驗是「廢除常備軍而用武裝的人民來代替」，因為「常備軍到處都成了反動勢力的工具」，引起了他的強烈共鳴：軍隊和黨的官僚對文革的抵制，讓他一直存在着危機感。張春橋也曾提出過「假如軍隊把槍口都調過來那怎麼辦」這樣的問題。武裝造反派工人，建立一支自己可以掌控的，能夠抗衡軍隊的地方武裝力量，以抗擊隨時可能發生的反文革勢力的進攻：這大概是張春橋、王洪文內心的真正想法。這未嘗不是毛澤東的想法。

89　《上海市革命委員會關於成立文攻武衛指揮部的打算》。轉引自李遜：《革命造反年代：上海文革運動史稿》，第 1504–1505 頁。

這正是上海不遺餘力地發展工人武裝的原因。到1976年，上海市民兵指揮部共轄有9個師，602個團，1287個營，1.87萬個連，約300萬人。不僅有步兵，而且還有摩托、高炮、水上及防化、通訊、工程等專業兵種；擁有各種槍械20.6萬件，火炮1900餘門，火箭筒2600枚，各種車輛500餘輛，以及耗資一百多萬元建設起來的「上海民兵101艦」。還私設生產武器的工廠和車間，以「自己武裝自己」。[90]

　　而且張春橋和王洪文還要讓文攻武衛（民兵）組織承擔軍隊、警察的部分職能，賦予其準國家專政工具的性質與功能：這也符合「以工人武裝取代軍隊與警察」的巴黎公社理想和原則。用王洪文的說法，就是「參加社會階級鬥爭」。而這樣的參與又是極其全面，具有很大的隨意性：從對醫院、車站、碼頭、旅社、飯店的查封、突擊檢查，對宗教廟宇的接管，對沒有明顯觸犯刑律的「流氓阿飛」、「盲流」的抓捕、遣送，到制止武鬥，不斷颳起大規模的「紅色颶風」，而且因為沒有軍人、警察身份，就不受任何法律限制，肆無忌憚地任意抓人、關人，實行所謂「群眾專政」。[91] 據統計，上海文攻武衛指揮部及後來改名的民兵指揮部歷年共抓人10萬以上，而當時上海總人口一千萬都不到，抓捕率高達1%。[92] 這樣，這些工人武裝也就淪落為專政工具，並因對普通民眾生活的非法干擾而站到了社會和群眾的對立面：這也是一種異化吧。

　　但它卻反映了毛澤東的「武裝工人」決策在現實生活裏的

90　本段論述見李遜：《革命造反年代：上海文革運動史稿》，第 1509，1513，1509–1510，1543，1545，1542，1544 頁。

91　同上，第 1514，1517–1519，1525 頁。

92　中共上海市委揭批四人幫運動辦公室編：《關於四人幫反革命集團重要骨幹馬天水、徐景賢、王秀珍等惡罪行之四》中的「關押人數」的統計（1981年 2 月），轉引自李遜：《革命造反年代：上海文革運動史稿》，第 1154 頁。

　　　　　　　　　　爛火不息：文革民間思想研究筆記

實際作用。在上海之外的各省市，所謂「文攻武衛」，幾乎無一例外地導致了造反派和保守派組織之間，造反派組織之間，無休止的殘酷武鬥。按那位湖南18歲的造反工人陳益南的說法，「1967年夏天，武鬥開始成了文化大革命的重場戲，武鬥形式也逐步升級，拳打腳踢的武鬥演變成了梭鏢棍棒的衝突，再升級為真刀真槍的戰鬥」，最後發展為「坦克大炮齊上陣的現代化戰爭」。據說湖南真正動刀動槍只在1967年6月到10月那幾個月，山西、廣西等省斷斷續續打了一、二年，四川甚至到1969年7月還發生重慶萬縣地區死傷六十多人的武鬥。而陳益南自己，則加入了湖南造反派準專業的武鬥組織「青年近衛軍」，充當了敢死隊員。他的回憶錄裏，就有「參加神秘的『青年近衛軍』」、「親歷真槍真彈的武鬥」、「坦克大炮都用上了的『文革』」、「捲入造反派的流血『內戰』」四個專章重溫那段歷史。他說自己當時「是有股蠢勁，但那蠢勁真的不是為了個人，而真是為了一種理想，一種已被扭曲了的烏托邦」，他們是高喊着林彪的語錄：「今天下定決心，槍一響，老子就死在戰場上，完蛋就完蛋」，衝在武鬥第一線的。但最後「付出了年輕人的寶貴生命，卻不知道獲得了什麼」，「一腔熱血，胡亂灑了」。[93] 這真是一代人的悲劇。

四、「工人階級領導一切」

1. 毛澤東的又一個烏托邦想像

毛澤東是一個永遠的夢想家，又是一個不斷提出新的革命目標的戰略家。到1968年7月，當許多人都對文革感到厭倦，仍

---

93 陳益南：《青春無痕：一個造反派工人的十年文革》，第 159，214，172，183，226，197 頁。

在參加革命的造反派多陷入內鬥而騎虎難下時，毛澤東一個新的決策又把文革推向新的階段。

這是1968年7月27日，毛澤東一聲令下，北京61個單位3萬多工人組成的「工農兵毛澤東思想宣傳隊」（後改稱「工人、解放軍毛澤東思想宣傳隊」，簡稱「工宣隊」）進駐清華大學，制止已經進行了百日的兩派（「團派」和「四一四派」）武鬥。這是一次突然襲擊，事先沒有通知在學校掌權的團派，因此，遭到了頑強抵抗。血戰12小時後，工宣隊有5人死亡，731人受傷，143人被抓；工宣隊則扣留了100多名團派人員。這就是又一次震動全國的「七二七事件」。8月5日，毛澤東又將巴基斯坦朋友贈給他的芒果轉送進駐清華大學的工宣隊，以示慰問。8月25日，毛澤東批發了中共中央、國務院、中央軍委、中央文革小組關於派出工人宣傳隊進駐全國各大中城市的大、中、小學的通知，明確表示：「中央認為，整頓教育，時機已到」。[94]

這表明，到1968年7月，青年學生、紅衛兵造反派已經成為毛澤東需要排除的障礙。1966年8月，毛澤東為了打擊黨官僚體系，放出「小鬼」（開始是中學生中的老紅衛兵，後來又出現大學生中的造反派紅衛兵），讓他們大鬧中華。到1967年初，毛澤東認為，紅衛兵打開文革局面的歷史任務已經完成，就提出「復課鬧革命」，派軍隊進駐中學，進行「軍訓」，試圖收回「小鬼」。但不但中學紅衛兵野性已成，還留在社會繼續造反；而且大學生紅衛兵造反派借批判「資產階級反動路線」之機，反而有了大發展，毛澤東為了搞亂各省市各級黨委，也支持他們到全國各地串聯。但到了工人造反派興起，並主宰了文革的局勢，毛澤東就認為造反派紅衛兵也完成了自己的歷史使

---

94 見唐少杰：《一葉知秋──清華大學1968年「百日大武鬥」》，第26，31，278頁，香港中文大學出版社，2003年。

　　　　　　　　　　燭火不息：文革民間思想研究筆記

命，應該回到學校搞「鬥，批，改」。但大學生造反派紅衛兵卻陷入社會與校園的武鬥，屢禁不止，就使毛澤東感到了局勢失控的危險。毛澤東決定，必須採取非常措施，將這些自己當初放出去、如今卻收不回來的「小鬼」，統統趕出學校和城市，讓其分散在如汪洋大海的農村，自生自滅。這就是7月28日凌晨，毛澤東緊急召集北京高校紅衛兵領袖提出「鬥批散」的意思：「統統走人，掃地出門」，「你們再搞，就是用工人來干涉，(實行)無產階級專政！」[95] 毛澤東放出的殺手鐧，就是工人。於是，就注意到，幾乎在文革的每一關鍵時刻，毛澤東都要打出「工人牌」：1967年1月，毛澤東號召、支持工人「奪權」，給黨官僚以決定性打擊；1967年8月，毛澤東為對付不聽命於己，有可能成為文革反對派的地方軍隊，提出「武裝工人」；到1968年7月，為驅逐已經失去效用、卻不肯退出文革政治舞台的青年學生造反派，就派出了「工人宣傳隊」。毛澤東自己對他的這一系列舉措，有一個解釋：「無產階級文化大革命的整個過程，僅僅是在工人階級這個唯一的階級領導下進行的。我們黨是無產階級的先鋒隊」，「工人階級是領導階級，要充分發揮工人階級在文化大革命和一切工作在的領導作用」。[96] 這或許正是他發動、組織、領導文化大革命的一個指導思想吧。

這背後依然有毛澤東的烏托邦理想。這集中體現在毛澤東對姚文元的《工人階級必須領導一切》一文所作的批語和修改中提出一系列思想和舉措：「凡是知識分子成堆的地方，

---

95 毛澤東等同聶元梓、蒯大富、譚厚蘭、韓愛晶、王大賓談話記錄（1968年7月28日）。轉引自逄先知、金仲及主編：《毛澤東傳》（下），第1522–1524頁，中央文獻出版社，2003年。

96 毛澤東：《對姚文元〈工人階級領導一切〉一文的批語和修改》（1968年8月），《建國以來毛澤東文稿》第12冊，第528，520頁。

不論是學校，還是別的單位，都應有工人、解放軍開進去，打破知識分子獨霸的一統天下，佔領那些大大小小的『獨立王國』」，「工人宣傳隊要有步驟、有計劃地到大、中、小學去，到上層建築各個領域去」，「這是中國工人階級當前一項偉大的歷史使命」；「工人宣傳隊要在學校中長期留下去」，「永遠領導學校」，「在農村，則應由工人階級最可靠的同盟者——貧下中農管理學校」；要「走從工農兵中培養技術人員及其他知識分子的革命道路，從有實踐經驗的工人、農民、解放軍戰士中選拔學生」，「實行徹底的教育革命」，重建「無產階級知識分子隊伍」；還要把「受到深刻的階級鬥爭鍛煉」的「優秀的工人幹部，充實到國家機關的各個方面以及各級革委會裏去，不但管理學校而已」。[97]

這裏提出工人階級必須佔領上層建築，正是前文曾經談到的，毛澤東在六十年代寫的讀蘇聯《政治經濟學》筆記裏，提出的「人民必須有權利管理上層建築。我們不能夠把人民的權利問題瞭解為國家只由一部分人管理」的思想的一個延續和具體化，這應該是毛澤東關於人民民主權利思想的一個重要組成部分。但1968年文革期間提出的「工人階級必須領導一切」思想又有新的特點。一是強調工人階級的領導權的問題，而且具體落實到工人宣傳隊對學校等上層建築部門的長期領導地位，也就是説，在黨的領導之外，又提出了一個工宣隊的領導，但對如何處理二者關係，又語焉不詳，這就為具體實踐造成了許多問題。其二，毛澤東講工人階級長期領導學校，其實就是要在「知識分子王國」裏摻沙子，用工人出身的幹部充實

97　毛澤東：《對姚文元〈工人階級必須領導一切〉一文的批語和修改》（1968年8月），《建國以來毛澤東文稿》第 12 冊，第 531，530，560，531 頁。
毛澤東：《對〈關於知識分子再教育的問題〉一文的修改和批語》（1968 年9 月 10 日），《建國以來毛澤東文稿》第 12 冊，第 560 頁。

領導班子。這就把「工人身份」放在突出的位置，這與本文一開始就說到的早期中共選任工人出身的領導以示自己的工人階級政黨的性質，幾乎是同一思路。這裏的理論與實踐問題當然更多。其三，更為重要的，毛澤東如此突出工人階級的領導問題，是以知識分子作為明確的對立面的。他在一次接見外國代表團時，曾經談到，「批判資產階級反動路線是知識分子和廣大青年學生搞起來的，但一月風暴奪權，徹底革命就要靠時代的主人——廣大的工農兵作主人去完成。知識分子從來是轉變、覺察問題快，但受到本能的限制，缺乏徹底革命性，往往帶有投機性」。[98] 對知識分子的不信任已經溢於言表。在毛澤東看來，知識分子可以利用，而絕不可依靠。這背後有毛澤東根深蒂固的「高貴者愚蠢，卑賤者聰明」的反智主義的情結和思想，他實際上是把知識分子看作公開或潛在的敵人的。他所謂「凡是知識分子成堆的地方」，「都應有工人、解放軍開進去，打破知識分子獨霸的一統天下，佔領那些大大小小的『獨立王國』」，就是要把知識分子作為改造、打擊和革命的對象，姚文元的文章說得更加露骨：「上層建築的一切反動思想都要實行專政」。[99] 所謂工人階級佔領上層建築，就是不僅要從知識分子那裏奪回領導權，而且要對知識分子實行「全面專政」。這確實標誌着毛澤東文革打擊重心的轉移：從黨的官僚轉向知識分子，而他要借助的，都是工人的力量。

2. 頂點，也是盛極而衰的起點

不管怎樣，毛澤東把工人階級的作用提到前所未有的高

---

98 毛澤東和某外國軍事代表團的談話 (1975 年 5 月)。轉引自逄先知、金仲及主編：《毛澤東傳》(下)，第 1489–1490 頁。

99 姚文元：《工人階級必須領導一切》，載 1968 年 8 月 26 日《人民日報》。

度，也就極大地提高的工人造反派的地位。用研究者的話來說，就是「整個工人階層為之振奮。作為工人階級參與文革的榜樣的上海工人造反派，更將此看作是毛澤東對他們的莫大信任和支持」。在毛澤東指示下達第二天，上海市革委會就召開會議，決定由工總司負責，從各工廠抽調十萬名「表現好，老造反」的產業工人，進駐上海26所大學，513所中學和1249所小學。以後這些工宣隊員都紛紛被結合進學校或系一級的領導班子，其餘基本擔任系以下部門負責人。市革委會成立的工宣隊辦公室，其涉及的部門，除了工交系統，財貿系統之外，還包括教育、衛生、文化、科技系統。可以說，通過工宣隊，工人造反派把自己的領導權力和影響力擴大到了國家與社會，經濟基礎與上層建築的各個領域，真正做到「工人階級領導一切」。[100] 這樣，工人造反派就發展到了鼎盛時期。

但頂點也是走向下坡路的開始。這主要表現在以下三個方面。

（1）毛澤東賦予工宣隊以「佔領上層建築」的使命，既要整治大學生造反派，又要管制知識分子，這就使工人造反派處境尷尬，並面臨變質的危機。工宣隊最早進駐的上海師範學院和復旦大學，一進校就查抄所謂「炮打張春橋的黑材料」。學校大門被封鎖，主要路口設立關卡，由工宣隊分組對學生宿舍一個一個地進行查抄，上鑿天花板，下撬地板，學生的箱子、鋪蓋和私人用品全部被翻查，私人信件也不漏過。抄完學生宿舍又到教師宿舍滿門抄家。這樣的「紅色恐怖」比之文革初期工作組進駐，推行「資產階級反動路線」造成的人人自危的局面，是要嚴重得多的。當年反對工作組的工人造反派，現在成了新的恐怖製造者，這是標誌着他們在文革中的角色變換的。

100　李遜：《革命造反年代：上海文革運動史稿》，第 1171，1172，1173，1176，1174 頁。

　　　　　　　　　　　　燼火不息：文革民間思想研究筆記

進一步考察工宣隊進駐上層建築領域的作為，就可以發現，他們主要是主持開展了三大運動，即1968年的「清理階級隊伍」，1970年的「一打三反」(打擊反革命分子，反對貪污盜竊，反對投機倒把，反對鋪張浪費)運動，以及1970年開始持續多年的「清查『五一六』分子運動」。所謂「清理階級隊伍」，就是把運動的重點重新轉向文革前十七年歷次運動的打擊對象，即所謂「地、富、反、壞、右」及所謂「國民黨殘渣餘孽」的「歷史反革命」，這不僅是對文革一開始就宣佈的「運動的重點是整走資本主義道路的當權派」的革命目標的轉移，而且也是對文化大革命的重新定性。毛澤東在1968年寫的《關於無產階級文化大革命實質的一段話》裏就作了這樣的新概括：文化大革命是「中國共產黨及其領導下的廣大人民群眾和國民黨反動派長期鬥爭的繼續，是無產階級和資產階級階級鬥爭的繼續」。[101] 這就將文化大革命重新納入了十七年傳統階級鬥爭的軌道。而「一打三反」和「清查『五一六』」更是以文革中的「現行反革命」為打擊對象，矛頭直指文革積極分子造反派：抓住他們家庭出身、社會關係的問題，以及現實表現中的問題(例如參與了武鬥)，就橫加「現行反革命」的罪名，隨意批鬥，因而製造了無數假案、冤案。其中許多都是工宣隊參與的。例如復旦大學根據私人通訊上綱上線打成的「胡守均小集團案」，上海師範學院將紅衛兵造反派兩次「炮打張春橋」作為一打三反運動重點，逼死兩人，逼瘋一人。這都表明，文革發展到1968年以後的中後期，無論革命性質，目標，還是革命對象，都逐漸回到了運動初期劉少奇、鄧小平制定的所謂「資產階級反動路線」上來。毛澤東為首的文革派與劉少

101　毛澤東：《關於無產階級文化大革命實質的一段話》(1968 年 4 月)，《建國以來毛澤東文稿》第 12 冊，第 485 頁。

奇、鄧小平代表的黨的官僚集團的博弈，表面上看，黨官僚處於被動地位，劉少奇還含冤而死；但實際上，毛澤東是在節節退讓的，逐漸放棄了他預定的目標。這裏的原因是複雜的，需要作更深入的討論。在我看來，主要有三。一是前文一再強調的，毛澤東與黨官僚是有根本利益的一致的，在有可能危及他們共同維護的一黨專政體制的關鍵時刻，毛澤東總是放棄他的烏托邦理想，而向黨官僚靠攏。其次也是因為毛澤東的烏托邦理想本身不符合社會發展的規律，不具有可實踐性，只能成為一種空想。不可忽視的是，黨官僚在中國共產黨和共和國的國家體制內，都有雄厚的群眾基礎，官僚政治已經成為傳統，成為難以動搖的習慣勢力，即使代表人物垮了，其根基仍在。而且是有一整套嚴密而行之有效的制度、組織作為保證的。毛澤東發動文革，只注意大哄大鬧，對群眾的動員，而從不作根本的制度性的改革和細緻的建設性的基礎工作，最後只有向黨的習慣勢力妥協。就我們這裏討論的工人造反派的選擇，可以看出，他們也是習慣於緊跟毛澤東：當年響應毛澤東號召起來造反，現在又按照毛澤東的部署衝在鎮壓群眾的第一線，而完全沒有自己的獨立自主性：這大概就是工人造反派的悲劇所在吧。

（2）毛澤東要求工宣隊「全面佔領上層建築」，這就不僅是政治思想的佔領，也包括業務上的領導與管理，這就與工宣隊員文化水平普遍不高的實際狀況發生了矛盾。據統計，「進駐大專院校和文化科技單位的工宣隊員，受過中學教育的佔三分之二或五分之三，小學佔三分之一或五分之二；進駐中小學或地區街道的工宣隊員受教育程度更低，小學程度佔一半以上，有的工宣隊佔到三分之二以上，甚至還有半文盲」，有意思的是，「工宣隊頭頭一般都是由小學或中學文化程度的工人擔任。極個別的具有大學文化程度的工宣隊員大多只是普通隊

員」，顯然是認為文化程度越低政治上越可靠。開始時文化程度很低的工宣隊確實以這樣的政治優勢和優越感，在上層建築部門領導運動，但以後工作要深入到業務領域，就不能適應，失去了發言權。再加上隨着各部門黨組織恢復正常，強調單位黨的領導，工宣隊政治領導的優勢也大大削弱。許多工宣隊突然發現自己無事可做而陷入尷尬。一份工作簡報這樣概括中小學工宣隊的實際作用：「學生打架時，工宣隊員成了派出所的民警；教師之間發生糾紛，工宣隊員成了調解員；學校開門辦學時，工宣隊成了聯絡員；學校造房子搞基建，工宣隊成了材料採購員」。許多樸素實在的工人，在這些瑣細的行政、後勤工作裏找到自己的位置，但和毛澤東賦予他們的「佔領上層建築」的政治身份和使命，卻差了十萬八千里。而且當初為響應毛澤東號召，按上海產業工人十分之一的比例派出「十萬大軍」，顯然不能持續，到1974年就下降到一萬人，以後又逐年遞減，並且逐漸抽回生產和行政骨幹，用老、弱、病、殘，即將退休的工人湊數。[102] 儘管工宣隊全部撤出要到革結束後，但到文革最後幾年，工宣隊已經名存實亡：「工人階級佔領上層建築，領導一切」不過是毛澤東個人的一場烏托邦夢想，而且幾乎是他在文革中做的最後一個夢。但對被佔領的知識分子，甚至對佔領者工人，卻都是一場噩夢。

(3)或許我們更應該注意的，是造反派工人自身的弱點，隨着權勢的增長(工宣隊領導一切就是這種權勢達到頂峰的一個標誌)而徹底暴露，這才是真正致命的。前面說到工宣隊普遍受教育的程度不高，就說明了中國工人階級自身的不成熟。如研究者所說，「工人造反派是具有破壞力和爆發力的社會力量。他

---

102 李遜：《革命造反年代：上海文革運動史稿》，第 1185，1187，1185–1186，1184 頁。

們在衝決羅網時可以叱咤風雲，但他們卻沒有(獨立的思考和)創造和建設的能力」，他們只知道緊跟毛澤東和中央文革派，跟着他們，在文革中「批判『管、卡、壓』反對大工業的科學管理，批判『利潤掛帥』反對基本的經濟規律，批判『物質刺激』反對個人物質利益原則，批判『洋奴哲學』反對開放國門，這些口號實際上反映了小生產者的平均主義要求和反現代化的封閉意識」，而「這種反現代化的思想特徵」是在毛澤東的「農業社會主義理想中孵化出來的」。毛澤東烏托邦的群眾政治的設想對工人造反派始終有吸引力，並化為他們的實踐，不是沒有緣由的。[103]

在工人造反派掌握了權力以後，他們並沒有進行根本的觀念與制度的改變，在封閉狀態下，又沒有新的思想資源，他們對現代科學、民主、法治思想始終是隔膜的，就只能繼承中國「農民造反」的傳統，形成自己的統治邏輯。主要有二。一是所謂「打天下者坐天下」。在毛澤東和張春橋的支持下，上海工人造反派在擊潰保守派一統天下後，「造反派」就成了新的政治身份，並且成為他們獲取權力的政治資本。在革委會成立，建立各級權力機構時，都以是否造反派為能否進入領導班子的主要標準和條件，工總司就是據此而掌握上海的黨政大權的，其內部也是以「造反先後」進行權力分配的。問題是，人們都視「打天下者坐天下」為理所當然，道理也很簡單：這也是共產黨獲取權力和維護統治合法性的依據。文革中的工人造反派繼承的就是共產黨的這一衣缽，但又必須以不違背共產黨「坐天下」的利益為大前提，如有違背，共產黨又是可以隨時收回權力的。

---

103 李遜：《大崩潰：上海工人造反派興亡史》，第 10–11 頁。

　　　　　　　　　爛火不息：文革民間思想研究筆記

工人造反派第二個統治邏輯是「成者為王，敗者為寇」，這也是農民造反的傳統。工人造反派開始時是團結的，但一旦成為一種勢力，有了權力，就內鬥不止，以致發展成你死我活的內戰，用暴力爭奪權位：成者為王，就成了造反派的正統，自然擁有一切；敗者為寇，就成為異端而失去一切。這樣，造反派就陷入了無休止的利益之爭，造反派也就成了一個利益集團。他們在這方面也同樣是模仿共產黨的：在某種意義上，文革就是黨內兩派毛澤東為首的文革派與劉少奇、鄧小平代表的黨官僚，他們之間爭奪共產黨的正統地位的生死搏鬥。

　　但工人造反派，畢竟生長於城市，他們在繼承農民造反的傳統之外，也還有一個中國城市裏的幫會傳統的影響。特別是上海，作為舊中國最大的城市，幫會勢力更是根深蒂固，集封建性與買辦性於一身，充滿流氓氣息，不僅在上海政治、經濟、社會各方面都佔據強勢，對市民的思想、生活更有移默化的影響。在新政權下，幫會勢力受到打擊，但其影響仍在，或許還有潛入底層社會的趨勢。從小生活在這樣的環境裏的工人造反派在自己也成為一種勢力以後，駕輕就熟地走上幫會之道，是自然的。研究者認為，以王洪文為頭頭的工總司，很快就形成了一個幫派體系，並顯示出和「流氓無產者的幫派」極其相似的一些特徵。如「找後台，拜老頭子」，「不講真理，講實力」，「稱兄道弟，江湖義氣」，「派中有派，幫中有幫」等等。還有這樣的生動描述：「這些人開口小兄弟，閉口小兄弟，私下講，公開也講，毫不顧忌。『有數有數』成了小兄弟之間包攬一切打通一切關節的通行證。什麼黨紀國法，什麼組織原則，什麼內部機密，一聲『有數』，全部作廢。市委常委會上將要通過的決議，他們先在小兄弟中間討論。小兄弟犯罪進了監獄，一張紙條就可以神氣活現地從前門走出來。小

兄弟間鬧了矛盾，就罰誰掏錢請一桌酒，酒足飯飽，天大的事都一筆勾銷」。[104] 這樣的幫派化，就徹底褪去了工人造反派原有的一些理想主義色彩，露出一股與現代政治格格不入的腐朽氣息。當工總司成為謀求幫派利益的小集團，也就失去了工人利益的代表的資格，徹底喪失了自己的群眾基礎，不再受到廣大工人的支持，這也可以說是「自掘墳墓」吧。

這樣的文革利益集團，他們的頭頭，一旦進入權力機構，就走向腐敗，幾乎是必然的：「現在該輪到我撈一把了」。從表面上看，他們還拿着工人的低工資，但權力自然帶來無法計數的無形收入，這本來就是中國官場的潛規則，現在這幫小兄弟利用起來就更加肆無忌憚，可以說是有什麼就要什麼，要什麼就有什麼。群眾這樣形容主管輕工業局的馬振龍：「吃的是食品廠，穿的是皮鞋廠，戴的是手錶廠，看的是電子廠，玩的是照相機廠，家中擺設都是勝利木材廠」。王洪文的小兄弟陳阿大索性公開講：「貨幣對我們這些人已不起作用」。這些造反派工人可以說「一進權力場就腐敗」，難怪研究者要說「他們腐敗的速度之快，數量之大，程度之嚴重」是空前的。[105] 這本身就是對毛澤東發動的文化大革命的嘲諷：原本打着「反官僚主義者階級」的旗幟，結果舊官僚未除，又形成了新的權貴階層(人稱「文革新貴」)。文革最後只是一個「罷官運動」，成了官場權力再分配，而根本沒有觸動官僚體制，進行任何制度改革。而權力高度集中、不受制約與監督的舊官僚體制就是一個大染缸，任何人陷入其中，都會被污染，沉溺愈久，愈不能自拔：這大概也是工人造反派掌權以後的宿命與悲劇。

104　李遜：《大崩潰：上海工人造反派興亡史》，第 404–405 頁。
105　同上，第 447，450，453 頁。

五、工人造反派的衰亡

1. 工人造反派成為清查對象

更為嚴重的是，當工宣隊還在學校、科研部門領導清理階級隊伍、一打三反運動和清查「五一六」運動，充當鎮壓造反派紅衛兵和知識分子的打手，他們自己所在工廠、公司也把他們列為清查對象：文革中期的這三大運動本來就是對文革積極分子的大整肅，掌權的工人造反派自然難逃此劫。1970年，工總司對其下屬部分局、公司、聯絡站的負責人中被清查對象作了一個調查，發現主要有三類人：「混進來的壞人」(本人因作風或政治問題在文革前的運動中受過處分的)，「社會關係複雜」的，「掌權後犯嚴重錯誤」(主要是批鬥單位領導和保守派，參與武鬥，和生活作風和貪污腐敗問題)的：第一、二類人是文革前各單位管制的對象，他們在文革中起來造反，一直是單位原來當權的領導和保守派耿耿於懷的；而所謂「掌權後犯的錯誤」，更是因為觸犯當權派和保守派的利益而被抓到了把柄。這顯然是官復原職的黨官僚和作為他們的群眾基礎的文革前運動積極分子聯合起來，借三大運動之名，對文革中起來造反的工人的一次似乎名正言順的報復，其實也是文革創造的「一派打倒一派」的鬥爭模式的一個翻版：文革初造反派打倒走資派和保守派，現在就輪到走資派和保守派反過來清查造反派了。而關鍵還是爭奪權力。因此，清理階級隊伍、一打三反和清查「五一六」最後就落實為清查領導班子裏的「新幹部」，把他們從權力機構趕回原來的工人崗位。於是，就有了這樣的統計數字：到1972年，上海紡織、化工等九個工業局44.5%的新幹部被撤離；財貿各局撤換者也達36.3%；各區各基層被撤下的更高達43.5%。換上的大都是文革前的掌權者和他們

依靠的老骨幹：這又是兜一個圈子，各自回到原來的位置。[106]

　　這樣的大換班，是全國範圍的。湖南青年造反派陳益南的造反史裏也就有了這樣的章節：「『清理階級隊伍』運動的恥辱與尷尬」，「『一打三反』運動使我嘗到了挨整的滋味」；「差點被抓成了『五一六』分子」。所謂「恥辱」是指自己在清理階級隊伍運動中憑着出身好而參與整家庭出身不好的人；「尷尬」是因為發現運動的領導權逐漸轉移到政治身份佔優(家庭出身優勢和本人是黨團員的政治面目優勢)的保守派手裏，而自己儘管出身過硬尚不至遭到打擊，但因為不是黨團員而邊緣化。但到了「一打三反」運動，就成了清查對象，關進了「學習班」，被審的理由是參加了武鬥和「思想反動」(因為公開宣揚「只有實現了工人民主選舉的巴黎公社，才是真正的社會主義」)。到清查「五一六」就戴上了一頂「造了無產階級的反」的帽子。陳益南對這樣的翻過來被整，倒也想得通：「既是搞階級鬥爭，你批了別人，現在別人也來鬥你，這雖有點痛苦，但卻屬正常，是『禮尚往來』嘛」，但他最想不通，也感到難過的是：「這下令搞『一打三反』運動的，卻竟是那號召我們造反的同一個中央啊！」而讓他最受刺激，永遠不忘的是一個細節：他被關在「學習班」裏，原來老老實實接受批判的黨支部書記，現在當了廠革委主任，兼任了「學習班」組長，就以領導和長者的口氣對他說了這樣一番話：「你不要不高興，你想想你們那陣批鬥我時，你又是什麼態度！我送你一句老實話：你還年輕，還不懂什麼是中國的政治運動！你真是太幼稚，太不自量力了，不讓你嘗一嘗政治運動的厲害，你長不大！搞政治，你還差得遠！以後慢慢學習吧。我是過來人，不

106　李遜：《革命造反年代：上海文革運動史稿》，第 1314–1315 頁。

　　　　　　　　熵火不息：文革民間思想研究筆記

是拿空話來壓你。」[107] 應該說，這位長期浸泡在官僚體制裏的廠黨支部書記是深知中國官僚政治的「厲害」的，如果不進行根本的制度改造，單憑群眾的衝擊，是絕對動搖不了其根深蒂固的統治的：這也是文革的一個教訓吧。

2. 選王洪文作接班人：毛澤東的最後努力

真正給毛澤東和他發動的文革以致命打擊的，是毛澤東與林彪主持的軍隊之間的博弈，最後的結果是寫進黨章的法定接班人林彪叛逃。毛澤東因此患了一場大病。在與軍隊、黨官僚的博弈中已弄得精疲力盡的毛澤東，自知自己的日子不多，他必須迅速選定接班人：這將是繼劉少奇和林彪之後的第三個接班人。那麼，毛澤東將如何做出選擇呢？他面對仍然是文革中的四種力量：選擇軍人自然已不可能；選擇黨官僚，又是他所不願；他本可選文革中一直依靠的以張春橋與江青為代表的中央文革派，但他們在黨內早已成了孤家寡人，難以通過，毛澤東也希望自己在黨內兩大派中處於居高地位，以保持某種平衡狀態，也就不打算把權完全交給文革派；於是，毛澤東決定再出奇兵：在他始終寄以希望的工人造反派中選擇接班人。他們是造反派，自然忠於並願意捍衛文革，這是毛澤東視為最重要的政治遺產；他們更具有工人的階級身份，由勞動人民執掌黨和國家權力，正是毛澤東的政治理想。有人說，毛澤東是多變而又頑強的，極現實而又不可捉摸、高深莫測的。[108] 本來，以上海工總司為代表的工人造反派在文革中最後蛻變成追逐幫派利益的小集團，這個事實已經暴露了毛澤東的群眾政治理想

107　陳益南：《青春無痕：一個工人造反派的十年文革》，第353，385，399–400，407，409，385，399–340頁。

108　同上，第420頁。

的虛幻性，以及其將造反派工人理想化的民粹主義本質，宣告了其失敗；但毛澤東卻不願正視，依然頑強地做着他的烏托邦夢。他恰恰選擇工總司的「老大」王洪文做接班人，唯一拿得出來說服黨的高層領導和全黨，某種程度上更是說服自己的理由，就是他對張春橋說的，「王洪文做過工人，當過兵，當過農民。他的條件比你、我兩個優越。我們要瞭解工、農、兵，還要搞調查研究，他自己做過工，當過兵了，已經具備這種條件了」。[109] 這完全是從理念、理想出發的一廂情願。毛澤東其實心裏也沒有底，早期中國共產黨把工人出身的向忠發選為黨主席，最後大權旁落的歷史教訓，毛澤東是不會忘記的，他要求王洪文看《後漢書》裏的《劉盆子傳》，提醒他不要重踏僥倖當上皇帝，因不思上進，最後不免失敗的劉盆子的覆轍，是煞費苦心的。[110] 而王洪文很快就顯出了他追求享受，無所作為的本相。毛澤東在失望之餘，很快就拋棄了造反派工人王洪文，選擇了黨官僚鄧小平，這或許表現了毛澤東「極現實」的一面，卻又象徵、預示了文革的最後結局。

3. 批林批孔：工人造反派的最後掙扎

1974年初，毛澤東又突然發動了一場「批林批孔運動」，人們都認為，其矛頭是指向當代「周公」周恩來的，文革派一直將他視為黨官僚的總代表，毛澤東借此表明他是不會放棄自己的文革目標與理想的。此時毛澤東儘管還是採取進攻的姿態，但其實在與黨官僚的博弈裏，他已經處於守勢，現在他要做的，無非是保衛文革成果，不至於被全盤否定，「批林批孔」的主題就是「反對復辟倒退」。中央文革派正好借此打

---

109 徐景賢：《十年一夢：前上海市委書記徐景賢文革回憶錄》，第 287 頁。
110 同上，第 294–296 頁。

　　　　　　　　　　　　　　燭火不息：文革民間思想研究筆記

擊他們的死對頭黨官僚。而到了底層社會，如陳益南在他的回憶裏所說，「受壓數年的造反派也利用這次高層『反復舊、反倒退』的機會」，向在「一打三反」等運動中壓制自己的地方官僚和保守派進行「一次大反擊，從而又一次達到為自己『平反』翻身的機會」。湖南原先已經被打垮，並處於分裂狀態的造反派迅速聯合起來，形成了「各派團結，一致造反」的局面。就在這「以批林批孔運動的形式的文革第二次造反高潮」中，陳益南本人也恢復了公司革委會副主任的職務，重新進入運動的領導班子，還順利地入了黨。[111]

上海的工人造反派因為有和張春橋、王洪文的特殊關係，就更加自覺地借批林批孔運動「重振軍威」。1月，批林批孔的中央文件剛剛下達，上海市總工會就根據張春橋的指示，於2月2日召開「上海工人深入批林批孔大會」，會上明確提出要發揮工人階級在運動中的「主力軍作用」，提出了「反對兩個否定(否定文革，否定文革中的新生事物)」的口號，工會因此成為批林批孔運動的實際領導者，許多黨委領導幹部都成了被批判的對象，或靠邊站了。相反，在此之前早已靠邊站的老造反派，特別是那些被趕下台的造反派，立刻振奮起來，他們感到「又有點一月革命風暴的味道了」，甚至說「現在造反派又像文革初期那樣，可來勁啦」。於是，就提出了「再奪權」的口號，聲稱要「解決領導權得而復失的問題」。而所要恢復的領導權，卻變成一個簡單的權力問題，有的造反者就直截了當地說：「造反派就是要入黨，就是要當官」。這樣，所謂「第二次造反」，就由第一次為「反抗黨官僚壓迫」而造反，蛻變成「為個人權力和利益」而造反了。「批林批孔之火，就不只是

111　陳益南：《青春無痕：一個造反派工人的十年文革》，第 421–422，433，436–437 頁。

燒向那些否定文革的幹部們，而且燒向文革後建立起來的新秩序」，自然為造反派中已經掌權的文革新貴所不容。而且這樣的「重新大亂天下」的潮流迅速在全國蔓延，張春橋、王洪文等中央文革派只得下文件趕緊剎車，理由是「不要把我們自己搞亂了」。這自然讓那些再次跟着造反的普通工人感到尷尬和不滿，領導運動的市總工會的骨幹更是牢騷滿腹：「總工會放火衝在前頭，被當槍炮使用，顯得威風一時。這真是政治上的幼稚可笑。一到『急剎車』、『急轉彎』，就自找苦吃了。所以以後不久『批鄧反擊右傾翻案風』開始時，我們是很有想法的，並不想再衝在前面。下面工會也缺少積極性」。[112]

此時的造反派工人還沒有意識到，他們在批林批孔運動中所謂「又一次盛大的節日」、「第二次風光」[113]，其實是一次最後的掙扎，而且給自己帶來災難性後果。就造反派工人個體（如陳益南）來說，參加批林批孔只是個人受到壓抑後本能的反抗，但從當時運動全局來看，他們卻自覺、不自覺地充當了被毛澤東稱為「四人幫」的文革新貴打擊周恩來、鄧小平為代表的老官僚的急先鋒，從而將自己的命運與四人幫緊緊聯結在一起，這樣的聯結當然也有內在的原因；如前文所分析，像工總司的頭頭本身就是文革新貴的成員，他們與四人幫早已結成「一榮俱榮，一損俱損」的關係，王洪文就是他們的代表。

捲入運動的那些老造反派工人還陶醉在「又一次革命，造反」的興奮中時，他們更沒有意識到，大多數工人，老百姓早已厭倦了革命和造反：研究者就注意到，即使在批林批孔運動高潮時，大字報的作者大多是老造反派，「大多數職工完全沒

---

112 李遜：《革命造反年代：上海文革運動史稿》，第 1318，1320，1324，1326，1327，1329，1334–1335，1337 頁。

113 陳益南：《青春無痕：一個造反派工人的十年文革》，第 421 頁。

　　　　　　　　燭火不息：文革民間思想研究筆記

有文革初期的參與熱情，只作看客。就連那些文革中被分配進廠的中學生，他們中有許多都是當年的紅衛兵，寫大字報是好手，但在這場運動中，大多數置身度外作壁上觀」，他們對無休止的「革命」早已厭倦，對不斷發難的造反派也產生反感。[114] 這應該是這些「造反到底」的激進造反派的悲劇：他們忽略了民心正在發生的變動。他們高喊繼續革命的口號，卻不知民眾早已不願動盪而渴望穩定；他們仍然熱衷政治，卻不懂得民眾對生產建設、經濟發展、改善生活的渴求：這樣，他們實際上已經脫離了大多數老百姓，走上了自我孤獨的的道路，再不能登高一呼，引領潮流了。但他們還追隨毛澤東繼續堅守烏托邦理想，沉浸在運動初期的英雄夢裏。這就不僅是可悲，更有幾分可笑了。但從堅守理想的角度看，似乎也有可敬之處。

　　他們更沒有意識到民心的變化導致的政治形勢正在發生微妙而重大的變化。我們已經說過，毛澤東發動文革是有群眾基礎的，特別是通過1966年下半年對劉、鄧鎮壓群眾的「資產階級反動路線」的批判，更是大獲民心。造反派就是在這樣的背景下興起，並迅速佔據優勢。但從1967年初奪權中「上海公社」的夭折，到1967年的全國大亂，再到1968年的夏季大武鬥，紅衛兵被趕到農村，以及隨後清理階級隊伍等三大運動回歸鎮壓群眾(包括造反派)的路線，文革逐漸失去民心。到文革後期，民心的天秤，就從文革的發動者毛澤東和中央文革派向文革的打倒對象劉少奇、鄧小平，以及實際傾向於他們的周恩來代表的黨官僚傾斜。正像一位文革後期出現的民間思想者所說，人們普遍感到，「與其讓一批滿嘴胡說八道的暴發戶、新特權階層、新官僚上台，使國家繼續朝政治上和經濟上的極左走去，還不如讓那些對『事物還能持常人見解』的老官僚重

114　李遜：《革命造反年代：上海文革運動史稿》，第 1324 頁。

新上台，穩定和發展國民經濟，現階段對人民略為有利」。[115]
1975年7月鄧小平重新上台，主持中央日常工作以後，大抓「整頓」和「把生產搞上去」，很快取得成效，並大獲黨心與民心。1976年初，毛澤東要求鄧小平主持制定一個肯定文革的政治局決議，對毛澤東來説，這是一個最低要求，鄧小平斷然拒絕。這就將毛澤東與黨官僚的博弈，推到一個短兵相接的地步。毛澤東遂發動了「反擊右傾翻案風」的批鄧運動，[116] 但其時已經是強弩之末，難挽敗局。在這樣的關鍵時刻，以上海總工會為代表的工人造反派再一次站在毛澤東這一邊，自身的覆滅命運也無可避免了。

4. 青年工人的異類思考，別樣選擇

但也還有別的思考與選擇。

還是從我們一再提到的湖南青年造反派陳益南説起。他在回憶錄裏談到自己在1969年被撤銷了革委會副主任職務，回廠當工人，不再在社會上打打殺殺，但「腦子裏卻留下了很多的問題，需要自個兒解答」，於是，「對知識的渴求，成了新主題」。他開始研讀馬列主義的原著，他説自己「大大開了眼界，開始粗淺但真正的認識到了社會的政治、民主、自由等道理」，並「對當時國家的政權行政，開始產生了一些從制度角度而不僅僅是從政策評價的疑問和看法。而之前，對這方面的問題，卻是從來沒有思考過的」。這裏所説的「思考」和「疑問」，而且思考的是「民主」、「自由」、「制度」問題，這

---

115 王希哲：《關於李一哲思潮》，轉引自印紅標：《失蹤者的足跡：文化大革命時期的青年思潮》，第 387 頁，香港中文大學出版社，2009 年。

116 參看徐景賢：《毛澤東發動「批鄧」始末》，《十年一夢——前上海市委書記徐景賢文革回憶錄》，第 732–388 頁。

燭火不息：文革民間思想研究筆記

都是關鍵：這位只憑本能的正義感和熱情多少有些盲目的投入文革的造反派工人，在遇到挫折以後通過讀書，開始獨立思考，這就走出了邁向成熟的第一步。但在一打三反運動中卻成了他的罪名：如前文提到的他關於「只有實現工人民主選舉的巴黎公社，才是真正的社會主義」這樣的「反動言論」外，他還和工人夥伴討論「為什麼我們工人的工資會少於我們創造經濟效益」，他的回答是：「國家用剩餘價值的方式，剝削了工人」。用馬克思主義的觀點來批判現實，重新認識自己（工人）在這個所謂的社會主義國家裏的真實地位，這樣的覺醒是帶根本性的。儘管只是一個開始，而且還處在半朦朧的狀態，但已經説明，真正有追求的造反派遲早要走出盲從，自己來面對文革提出的問題，重新思考一切。這正是文革後期越來越多的人的一個共識。

陳益南也因此十分關注文革中的異端思潮，他期待從那裏吸取新的思想資源。他回憶説，對他啟發最大的，是他的中學同學楊曦光在1967年下半年和1968年初陸續貼出的《中國向何處去》、《關於組織與建立毛澤東主義小組的想法》等大字報，以及1974年從廣州傳來的「李一哲」的大字報《關於社會主義民主與法制（序言）——獻給毛主席與四屆人大》。[117] 後者出現在文革後期，正是當時分散在全國地的「民間思想村落」的產物。對此，我們還有專門的討論。這裏要説是，這樣的民間思想者的聚集，主要有兩部分：一部分是仍然留在農村的知青；另一部分是1971年以後，農村知青陸續回城，許多人都進了工廠，加上沒有下鄉分配到工廠的中學生（包括中專生）和大學生，這些新工人許多都是紅衛兵，進了工廠仍不忘關心國家

---

117 陳益南：《青春無痕：一個造反派工人的十年文革》，第 380–381，399–340，301，439–440 頁。

大事，就很自然地聚集起來，思考文革問題，討論「中國向何處去」。這些青年工人的另類思考、別樣選擇就構成了文革工人運動史的一個新的篇章。人們很少注意到這一頁，卻是萬萬忽略不得的。

作家韓少功在為陳益南的回憶錄寫的序言裏，有這樣一個概括：這些「新思潮」其實是根植在文革這塊中國土地上的：「他們既有『叛逆型』狀態，從文革中獲得了負面的經驗資源；又有『繼承型』狀態，從文革中吸取了正面的思想資源——在他們的各種文本中，紅衛兵或造反派的身份背景隱約可見。馬克思列寧主義的理論遺傳明顯可見」。[118] 陳益南特意提到的李一哲的大字報，主要執筆者王希哲原是廣州紅衛兵造反派的領袖，當時是一個鍋爐工。他們的大字報最引人注目處有二。一是「民主」：明確要求把文革中提出的民主要求寫進憲法，主要是「人民對國家和社會的管理權」；「對黨和國家的各級領導幹部的革命監督權利」；「當某些幹部(特別是中央機關的高級幹部)失去了廣大人民群眾信任的時候，人民可以隨時撤換他們的權利」；「言論、出版、遊行、集會、結社的自由」，「要允許反對意見和反對派的公開自由」。這四大人民權利和自由，其實就是文革一開始就提出的巴黎公社三原則的體現，也是毛澤東的群眾政治的主要內容。但毛澤東在「上海公社」問題上退卻以後，就不再提及；現在，這些青年工人重新高舉人民民主的旗幟，這樣的對文革追求的堅持，意義自然重大。而他們進一步提出「入憲」的要求，就更標誌着認識與實踐上的一個飛躍：我們在前文中談到，文革初期工人造反派成立自己的組織時，曾以維護「憲法規定的言論、結社自由」

---

118 韓少功：《文革為何結束？——代序》，陳益南：《青春無痕：一個造反派工人的十年文革》，第viii頁。

　　　　　　　　　　爛火不息：文革民間思想研究筆記

為理由，但那是一種不自覺的自我保護，之後也就不再提及；現在，卻成為自覺的政治訴求，開啟了一個新的「制憲、維憲運動」，意義真的非同小可，是對文革追求人民民主的一個關鍵性的深化與昇華。

其二是「法制」。陳益南說，這對他們這些「年青的造反派骨幹分子，有着某種啟蒙式的影響，它第一次使我們對文革以來的事情，產生了一些新的認識」，在此之前，他們「對社會民主和自由，多少還有點認識和體感，但對『法制』及其意義，則真幾乎是一無所識」。[119] 李一哲大字報提出的「法制觀」主要有二，一是強調法制「制約當權者的功能」，反對賦予當權者以超出權力的功能；二是反對「無法無天」的群眾專政。[120] 這是抓住了文革的兩大要害：本來當權者不受限制的權力是官僚政治的根本問題，文革卻不予觸動，反而強化了「黨大於法」和毛澤東個人「無法無天」的極權體制；另一面毛澤東在文革中推行所謂「群眾政治」，雖然包含有前述賦權於民的合理因素，但由於他把群眾和群眾造反理想化，實際就是將群眾的無法無天當作烏托邦的理想，而他的目的也在鼓勵暴力，實行群眾專政和他的個人獨裁的結合。這都將文革引向一場反人性、反人道的全民大殺戮；這正是文革的最大罪惡之所在。同時這也是文革中的造反派（包括工人造反派）的最大問題：本來，他們反抗黨官僚的壓迫，是有相當的合理性的，但他們拋開法律，用暴力來解決與當權派的矛盾，就走到了反面；而他們對群眾，對異己者（無論是保守派，還是造反派內的不同派別）都一律採取暴力，更是將自己置於越來越孤立的境

---

119 陳益南：《青春無痕：一個造反派工人的十年文革》，第 440 頁。

120 以上李一哲的觀點均見其大字報：《關於社會主義民主和法制》，收宋永毅、孫大進編：《文化大革命和它的異端思潮》，第 489–490 頁。

地。這都是文革的基本教訓，現在作了理性的總結，自然振聾發聵，而且確實具有啟蒙意義：它是直接通向八十年代的。

在李一哲的大字報悄悄在民間流傳時，一位身處雲南邊遠小縣的工廠工會幹部陳爾晉寫出了一部12萬字的著作，原叫《特權論》，最後定稿時改為《論無產階級民主革命》。這部終於出現的理論著作可注意點很多，我們已有專文討論。這裏要說的，是與我們的討論有關的一個方面，即作者明確提出了「工人在中國現行體制下的地位與命運」的問題。其實，文革一開始，部分工人奮起造反時，就要面對這個問題。但當時工人只有個人的感性的體驗，甚至只是感到受壓抑以後的本能反抗，不僅目標局限於基層黨的領導，造反也只是為了改善個人的境遇。現在經歷了文革中的種種曲折，就需要有更加理性的，對整個階級的命運的總體思考，由自發的個人的反抗，發展為整個階級的自覺反抗。其實，前文提到的陳益南用馬克思主義的剩餘價值原理來思考自己「被剝削」的地位就已經有了這樣的趨向。而更有理論興趣、素養的陳爾晉的思考，就真正進入了理論層面。他作了這樣的概括：在高度集權的中國社會主義體制下，工人陷入了「一身兼具主體、商品和無條件的服從物」的矛盾中。[121] 這其實是更反映了中國式社會主義體制的基本矛盾的：一方面自稱「社會主義」，自然在政治與意識形態上都宣揚工人作為國家領導經濟的「主體」性；另一方面，在經濟上，工人並沒有任何自主權，只是出賣勞動力的「商品」；在黨掌控一切的實際政治、經濟、社會結構裏，工人都處於無權的地位，只是黨的「無條件的服從物」。從表面上看，這樣的徒有虛名而無實權的狀況，在文革中有所改變：

121　陳爾晉：《論無產階級民主革命》，《四五論壇》發表稿影本。

不僅在政治上工人被提高到「領導一切」的前所未有的地位，而且工人（主要是造反派工人）代表都進入了各級權力機構，工人宣傳隊也都進駐上層建築的各領域，以致一個時期工人自己也都很有「主人翁」的感覺。但正如前文所討論的，到運動後期，掌權的工人紛紛被趕出權力機構，工宣隊也名存實亡：工人最終無法、也沒有擺脫出賣勞動力的商品和無條件服從黨的工具的命運：在中國式的社會主義體制下，實際擁有領導一切的主體性的，只是、也只能是黨，所謂工人階級領導一切的主體性，只是一種宣傳與欺騙：這也應該是對文革歷史教訓的一個總結吧。

這樣一個「在社會主義中國，工人階級的名義地位與實際地位的巨大反差」問題，實際是與本文一開始就提出的「為什麼社會主義國家會出現特權，出現社會不平等，應該如何解決」的所謂「文革問題」密切相關的。這個問題的思考，是貫穿文革始終的。到文革後期，作為民間思想者的青年工人，也作出了新的理論探索和概括。1974年2月在南京的街頭出現了一張題為《南京製藥廠鍋爐房工人批林批孔小組戰鬥宣言》的大字報，作者徐水良原本是大學裏的造反派領袖，畢業後分配到南京製藥廠當工人。他認為，中國的問題就在於「生產管理上和政治管理上的特權制」，要警惕少數的特權階層把全民所有制變成國家資本主義。[122] 在另一張大字報裏，許水良又提出了在文革中出現了「新的特權階級」的問題：文革事實上是「以新的特權官僚代替了多少還保留着革命傳統的老幹部」，「這樣

---

122 徐水良：《南京製藥廠鍋爐房工人批林批孔小組戰鬥宣言》（1974 年 2 月），轉引自印紅標：《失蹤者的足跡：文化大革命期間的青年思潮》，第 414 頁。

做，是越換越壞，換得快也就修得快」。[123] 這都點到了要害。

5. 結局與後話

1976年9月9日下午四時，中央人民廣播電台向全國、全世界宣佈：毛澤東去世了。

陳益南回憶說，聽完廣播，「所有的人，都意識到，一個時代結束了」。他們這些在文革中一直緊跟毛澤東的造反派骨幹，私下悄悄議論：「毛澤東之後的時代會是什麼局面呢？」他們擔憂：「發動文革，號召造反的毛澤東，走了，這樣一來，我們造反派會不會也一道隨之殉葬呢？」[124]

在焦急的猜疑、期待中，終於有了結果：1976年10月6日，被毛澤東指定為接班人的華國鋒和黨內元老葉劍英聯手，將「四人幫」(江青，張春橋，姚文元，王洪文)全部抓捕。

消息傳出，舉國歡騰：這是文革後期人心向背的必然反應。人們同時又都把目光轉向被看作是「四人幫」根據地的上海：那裏的掌權者和造反派將作何回應？老造反派、時任上海市革委會副主任、市委書記王秀珍當即表示：「上海是一月革命的發源地，我們跟無產階級文化大革命有血肉相連，中央出了修正主義，我們要對着幹，就是死了，也要教育後代，讓全國知道」。也有人說：「要拉出民兵來，打一個禮拜不行，打三天、五天也好，讓全世界都知道，就像巴黎公社那樣」，「憲法上有明文規定，中央出修正主義，地方就可以造反，罷工，組織工人上街遊行」。但這段歷史的研究者卻注意到，主張起義最堅決的是原寫作組的機關幹部中的造反派，「總工會則顯得口號堅決而行動滯後，當被告知是毛主席要瓦解『四

---

123 徐水良：《關於理論問題的問答》，1975 年 8 月。轉引自印紅標：《失蹤者的足跡：文化大革命時期的青年思潮》，第 417 頁。

124 陳益南：《青春無痕：一個造反派工人的十年文革》，第 461，464 頁。

　　　　　　　　　　爛火不息：文革民間思想研究筆記

人幫』，總工會就接受了這個解釋，不再對抗。而本應該是事件中心的民兵指揮部，更是猶豫，深感責任重大，不敢輕舉妄動，以『拖』的策略，始終按兵不動」，「起義」云云，最後胎死腹中。[125]

遠離上海的陳益南和他的造反派戰友，也在第一時間作出「中央發生了『右派政變』」的判斷，但他們已不可能進行任何有組織的反抗，只能束手待斃。陳益南後來回憶說，「在社會底層中，最難受的就數我們這些造反派大、小頭目了。因為，我們不僅在這場與官僚當權者新的較量中，突然敗北，而且是再無翻身之日的永遠失敗了」；他們更感到了「最大的悲哀，因為我們這批人，這次成了失敗的少數人」，以往造反派「總還是多少代表底層群眾的利益與情緒，每次挨整，總會得到群眾或多或少的同情與支持」，這一次，「我們所代表的，僅僅剩下我們自己」。[126] 在「慶祝粉碎『四人幫』偉大勝利」的萬眾歡呼聲中，這些曾經叱吒風雲的造反派陷入了孤立與尷尬之中。

最後的嚴厲懲罰還在等待着他們：1976年11月，上海開始「揭發、批判、清查四人幫在上海餘黨」，到1980年底，列為清查對象的達5385人，定為「敵我矛盾」判刑的52人，工總司的主要頭目與骨幹幾乎無一例外地逮捕入獄，中下層工人造反派的頭目和積極分子，也都受到不同程度的懲罰。[127] 這樣的結局，不僅使人想起，在文革一開始，劉少奇和各級黨委就認定，這是一次新的反右運動，「要引蛇出洞，槍打出頭鳥」，

125　李遜：《革命造反年代：上海文革運動史稿》，第 1569，1566，1571，1596–1597 頁。

126　陳益南：《青春無痕：一個造反派工人的十年文革》，第 468，478 頁。

127　李遜：《革命造反年代：上海文革運動史稿》，第 1594 頁。

打擊右派，有的則要等後期處理。這表明，文革雖然是毛澤東所發動，最後卻還是納入劉少奇為代表黨官僚所預設的軌道與目標，成了鎮壓群眾反抗力量的新一輪的反右運動。

這樣的結局是全國性的。湖南造反派工人陳益南也於1977年初被宣佈隔離審查，「領略了20個月的監牢生涯」，最後結論是：「屬於嚴重政治錯誤，取消黨員資格，撤銷一切職務，回生產勞動單位」。陳益南說，「事已至此」，自然無話可說。「風風雨雨之後，能終點回到起點，平平安安做一個工人，不是『反革命』，已屬萬幸」。[128]

工人造反運動結束了，文化大革命也結束了。

從表面上看，這確實是「終點回到起點」，兜了一個圈子。但實際上是回不去了，因為人變了。經過了文革，中國社會各階層，從底層的民眾，到中層的知識分子、幹部，再到上層的黨的領導階層，所有的人的思想都變了，這樣的人心大變，就深刻地影響了文革後的中國社會發展的歷程，或者說，文革後中國的一切變化背後，都可以看到文革的影子：人們從文革中吸取不同的經驗教訓，就有了不同的思想，產生不同的行動，有了不同的結果。這些不同思想、行動、結果的相互交織，影響，相互博弈，就構成了一部「文革後史」。

於是，就有了「後話」。這裏只能概括地說說。

有研究者指出，「文化大革命這是一場毛澤東、造反派、官僚之間三角遊戲(按，在本文的論述裏，還加上了「軍隊」這一方力量)。這場遊戲(按，或者稱作「博弈」)的結局是，勝利者是官僚集團，失敗者是毛澤東，承受失敗後果的是造反派」。[129]這分析是有一定道理的。

---

128 陳益南：《青春無痕：一個造反派工人的十年文革》，第 481，482，483 頁。

129 楊繼繩：《從清華大學看文革》，收孫怒濤：《良知的拷問：一個清華文

爐火不息：文革民間思想研究筆記

我們更關注的是，勝利者官僚集團因此掌握了文革的闡釋權，處置權，以及文革後中國發展道路的主導權。

　　首先是闡釋權。這就是在鄧小平的主持下，通過的《關於建國以來黨的若干歷史問題的決議》，這樣給文革定性：「『文化大革命』是一場由領導者錯誤發動，被反革命集團利用，給黨、國家和各族人民帶來嚴重災難的內亂」。這裏對文革的總體否定，指其為一場「帶來嚴重災難的內亂」，並點明毛澤東的領導錯誤，這都是符合事實，符合民意的。但也存在着問題。首先是把「四人幫」代表的中央文革派定性為「反革命集團」並不符合事實：它實際是黨內的「極左派」，他們與黨官僚之間的分歧、博弈，是黨內的派別之爭，而絕不是「革命」與「反革命」之爭。而且他們基本上執行的是毛澤東的路線，他們的錯誤可以批判，卻不能由他們來承擔文革錯誤的全部(或主要)責任，從而為毛澤東開脫。另一面，對毛澤東的文革錯誤，也缺少更複雜的分析，有些簡單化，絕對化，是不利於對文革歷史經驗和教訓的科學、深入的總結的。一紙《決議》本來就無法把錯綜複雜的文革講清楚，出現前述錯誤、不足，也是正常的。問題是執政者要利用自己手中的權力，以自己的認識來「敲定」歷史評價，終結歷史研究和討論，壟斷話語權與歷史闡釋權。鄧小平斷然宣佈，《決議》一出，「歷史上重大問題的議論到此基本結束」，並下令：「今後，作為一個共產黨員來說，要在這個統一的口徑來講話。思想不通，組織服從」[130] 實際上是用黨的決議來「統一」全黨、全國、知識界對文革的認識，從此，對文革的思考、討論和研究，就成了

　　頭頭的心路歷程》，第 23 頁，香港中國文化傳播出版社，2013 年。

130　鄧小平：《在黨的十一屆六中全會閉幕式上的講話》(1981 年 6 月 29 日)，《鄧小平文選》第 2 卷，第 383 頁。人民出版社，1993 年。

一個禁區，延續至今。鄧小平重新執掌權力以後，首先把他的兩個政敵所謂江青集團和林彪集團送上法庭，並且宣傳說這是中國走向法治的開始。實際上這完全是一場政治審判，一切受中央政治局，甚至是鄧小平個人掌控、決定，法院只是一個工具。其所開啟的是一個「黨大於法」的先例，儘管出於對文革的積怨，審判當時受到了國人的支持，但卻留下了很大的後遺症。

鄧小平當然不會放過文革中的造反派。在他的指揮下，1983–1989年間發動了一個持續六年的「清查三種人」的運動。所謂「三種人」是指「追隨林彪、江青反革命集團造反起家的人，幫派思想嚴重的人，打砸搶分子」。所謂「清查運動」，一方面處理了一批文革期間群眾中觸犯刑律的「打砸搶分子」，同時又對高幹和高幹子弟中的指揮鎮壓群眾和參與打砸搶的分子一律包庇下來，不追究其刑事責任。另一方面，又以「幫派思想嚴重」、「造反起家」這類毫無法律依據的罪名，對文革造反派的一些骨幹進行鎮壓和控制使用。這實際上是文革「清查五一六」與「清理階級隊伍」以致「反右運動」的繼續，[131] 顯然是為自己在文革中受到的衝擊進行報復。由此而將造反派污名化(儘管造反派本身確實存在問題)影響着人們對文革的認識，後果也同樣嚴重。

更大的難題，還在如何評價和處理毛澤東。經過文革的教訓，從普通民眾到重新掌權的執政者，都已經破除了對毛澤東的迷信，並且有着共識：再不糾正毛澤東在文革中所執行的極左路線，中國將毫無出路。但真要「批毛」，執政黨卻多有顧慮：毛澤東實際上是他們根本利益的最大代表，全盤否認毛澤

131　宋永毅：《序》，收劉國凱《人民文革論》，第13–16頁，香港博大出版社，2006年。

　　　　　　　　　燼火不息：文革民間思想研究筆記

東會從根本上否定黨的統治的合法性。於是，就有了必須把毛澤東的文革錯誤同毛澤東思想「完全區別開來」這樣的不合邏輯的説法，[132] 並有了對毛澤東思想「既放棄又堅守」的選擇。問題是：放棄什麼，又堅守什麼，這又完全取決於當權者的執政利益。

先説「放棄」。有兩個方面。

首先是對毛澤東思想的三個基本點的放棄，這構成了鄧小平的改革開放的三大突破口。一是放棄「以階級鬥爭為中心」，選擇「以經濟建設為中心」；二是放棄毛澤東的農業社會主義、空想社會主義的烏托邦理想，代之以工業化、現代化的目標，實行市場經濟，按經濟規律發展生產，也可以説是由主觀的為所欲為回歸常識；三是變閉關自守為開放，不僅是融入世界政治經濟大格局，也包括解放思想，廣泛吸收人類文明成果。這三大放棄和變革，標誌着中國終於走出毛澤東帶領下曾經誤入，文革中已經走到極處的死胡同，獲得了新生，從而贏得了黨心，民心。連曾對「毛澤東以後的中國」充滿疑慮的那位當年的青年造反派陳益南，在二十年後寫的回憶錄裏，也充分肯定了鄧小平的改革開放，「不僅國家由此興旺強盛，人民生活大大提高，而且，我們也由此擺脱了人生之厄運」。[133]這都是不可否認的事實。

但也還有另外一面。鄧小平毫不猶豫地放棄的，還有毛澤東思想中最具革命性的方面：他的社會主義國家出現了(或有可能出現)官僚主義者階級的論斷。鄧小平斬釘截鐵地説：我們「不認為黨內有一個資產階級，也不認為在社會主義制度下，在確已消滅了剝削階級和剝削條件之後還會產生一個資產階級

---

132 《關於建國以來黨的若干歷史問題的決議》。

133 陳益南：《青春無痕：一個造反派工人的十年文革》，第 484 頁。

或其他剝削階級」。[134] 這就根本取消了本文一再討論的「社會主義國家為什麼會出現特權階級，出現兩極分化？如何防止？」這一文革問題。這不僅是一個理論上的大倒退，而且在實踐上產生嚴重後果，這是鄧小平的改革開放實際只限於經濟領域，政治體制改革始終滯後的根本原因。這其實是反映鄧小平代表的黨的官僚集團對「文革教訓」的一個最基本的總結：他們深知，維護黨的特權是自己根本利益所在，在這一點上，是不能讓步的，這也就是鄧小平在反對毛澤東的「特權階級論」上特別堅決的原因。

於是，鄧小平也就放棄，至少是淡化了「平等與社會正義」兩大社會主義原則。正如一位研究者所說，在鄧小平時代，「社會主義的目標和價值觀念被隸屬於使中國『繁榮富強』的民族主義目標」，所追求的是「現代經濟發展和強大的國家機器」這兩大目標。[135] 民族主義的目標本身並無問題，也起到了調動國人積極性的作用；但鄧小平的發展經濟的民族目標是服務於強化黨領導的國家機器，鞏固黨的執政地位的自身利益的。而一個共產黨領導的國家放棄或淡化社會主義目標，就更是一個原則性的大倒退。

鄧小平提出的口號是「讓少數人先富起來」。[136] 他最初的動機可能是要打破毛澤東時代的絕對平均主義，鼓勵競爭和個人致富，也不無積極意義。但他同時又提出要讓自己子女這一代即所謂「紅二代」接班，必須給他們以政治、經濟上的某些

134　鄧小平：《堅持四項基本原則》(1979 年 3 月 30 日)，《鄧小平文選》第 2 卷，第 168–169 頁。

135　莫里斯・邁斯納：《毛澤東的中國及其後：中華人民共和國史》，第 457 頁，香港中文大學出版社，2005 年。

136　鄧小平：《解放思想，實事求是，團結一致向前看》(1978 年 12 月 13 日)《鄧小平文選》第 2 冊，第 152 頁。

　　　　　　　燼火不息：文革民間思想研究筆記

「照顧」即特權。這可以說是文革中被打倒的黨官僚的一個共同利益和心願。作為個人，要給文革中受自己牽連的子女予以補償，這也是人之常情；但作為一個階級的一致要求，並利用手中的權力付諸實行，就具有嚴重的意義。事實也是如此，在鄧小平時代，「先富起來」的，並不是，或者主要不是，鄧小平最初說的「一部分工人，農民」，而大多是黨的各級幹部，特別是高級幹部的子女；而且大多不是勞動致富，而是仰賴掌握權力的父輩給予政治和經濟特權。到了後鄧小平時代，隨着中國市場經濟的快速發展，權力也迅速轉化為資本，到二十世紀90年代就真的形成了權貴資本階層。而且已經不限於紅二代，甚至其主體變成了正在掌握大權的黨官僚，還包括掌握軍權的「軍閥」，以及他們的子孫，即所謂「官二代」、「軍二代」。如果說，毛澤東時代一直採取群眾運動方式限制當權派的特權，文革更是進行了猛烈的衝擊，加上計劃經濟下權力轉化資本的機會並不多，因此，毛澤東和民間思想者在文革前和文革中提出「官僚主義者階級」與「特權資本」，其實都只是一種預警；那麼，到了鄧小平時代，特別是後鄧小平時代，就真正形成，變成了現實。這正是鄧小平放棄、淡化了「平等，社會正義」的社會主義目標，放棄了毛澤東關於「社會主義制度下的特權階級」的理論，又在市場經濟條件下，縱容權力向資本的轉化的必然結果。這真是歷史的最大嘲諷和懲罰。

鄧小平放棄的，還有毛澤東的關於「勞動者的權利」的思想和努力。這大概也是黨的官僚集團對文革教訓的另一個重要總結：脫離了黨的控制的群眾，即使是黨的階級基礎工人和農民，也是危險的，不能賦予他們任何獨立自由和權利。因此，鄧小平上台不久，就宣佈廢除1974年憲法規定的「四大自由」（大鳴，大放，大字報，大辯論），而許多人都認為，這原本是

文革群眾民主的一個重要收穫。同時宣佈廢除的還有1954年憲法規定的「工人罷工的自由」，這就走得更遠了：在鄧小平看來，凡有礙於維護黨掌控一切的既定秩序的自由與權利都應嚴禁。1981年2月，根據鄧小平的指示，中共中央和國務院又發佈《關於處理非法刊物、非法組織和有關問題的指示》，所謂「非法」就是不受黨的操控。這樣，鄧小平代表的黨官僚，就徹底收回了文革期間群眾曾經有過的言論、出版、結社自由，儘管這樣的自由極其有限，在某種程度上是毛澤東所賜，在文革中後期毛澤東也逐步收回。70年代末、80年代初的民間刊物、組織實際上是在力圖恢復這樣的自由和權利，現在也被鄧小平無情扼殺。但此時的民眾，特別是有過文革造反經歷的工人、青年學生也總結了文革的經驗教訓，不再乞求恩賜，一切全靠自己爭取。經過八十年代的啟蒙運動的薰陶，就更加自覺，於是就有了1989年天安門民主運動，它是由群眾自己的組織學生自治會、工人自治會和知識分子自治會領導的，提出的主要訴求也是言論、出版、結社、集會、遊行示威自由和權利。這和文革中的群眾民主訴求是一脈相通的，但更是完全擺脫了黨的控制，具有了獨立自主性，這是共和國歷史上第一次真正獨立的、有組織的民主運動。這更是黨官僚絕對不能容忍的，危急之中，鄧小平直接動用軍隊鎮壓群眾。毛澤東在文革中也只是在邊遠地區（如廣西）動用了部分軍隊，1989年在首都市中心，調動大量正規部隊大開殺戒，這在共和國歷史、黨的歷史和軍隊歷史上都是第一次。

從此，中國社會各階層，工人，農民，青年學生，知識分子，市民都失去了獨立地表達自己的意見，建立獨立組織，維護自己的權利的自由與權利。就在這樣的背景下，九十年代進行國營企業改革，實際是企業內部的重新組合，但卻是和文革

　　　　　　　熠火不息：文革民間思想研究筆記

初期的重組完全反向：黨的幹部和管理層的權力極度擴張，肆意侵吞國有資產，導致許多國營企業實際上的私有化，他們中許多人後來都成了權貴資本階層的成員；而工人者則處於聽任宰割的地位，迅速被大規模下崗，他們在毛澤東時代(包括文革時期)和改革開放初期享有的種種政治經濟待遇，福利保險一夜之間喪失殆盡。據統計，到2004年，下崗人數達3000萬之多。[137] 而對其中1000名的調查則表明，工人下崗前後個人平均收入下降61.15%。[138] 經過這一次全面剝奪，工人在中國社會結構裏，就成了一個沒有任何政治、經濟地位與權利的弱勢群體，並且是代際繼承，他們的子女即使上崗，也很難向上流動，與同時期成長起來的「官二代」、「富二代」形成鮮明對比。憲法關於「工人階級是社會主義中國的領導階級」的規定，不僅是一紙空文，成了一種嘲諷，而且也很少被執政者提及。這樣的「最後結局」，恐怕是所有善良的人們都意想不到的，許多老工人要懷念毛澤東時代和文革，絕非偶然。

這樣，鄧小平時代和後鄧小平時代的黨的官僚，就把毛澤東的烏托邦主義完全拋棄：不僅其反動、荒謬的方面得到有力糾正，從而使中國走上正常的發展道路，並出現了經濟的飛躍；而且也將其合理的方面，全部否定和放棄，這是導致中國出現權貴資本階層與下崗工人、失地農民等弱勢群體的兩極分化的一個重要因素。

而毛澤東的專制、獨裁，則被黨官僚所自覺繼承與發展。這集中體現在毛澤東始終堅守的「黨領導、掌控一切」的原

137　參看陸學藝主編：《當代中國社會流動》，第96頁，北京科學文獻出版社，2004年。

138　轉引自孫立平：《斷裂：二十世紀90年代以來的中國社會》，第67頁，中國社會科學文獻出版社，2003年。

則，這也是鄧小平提出「四項基本原則」的核心內容。我們的以上討論表明，毛澤東可以為他的烏托邦理想，在文革中局部鬆動黨(主要是地方和基層黨組織)的控制，給工人、學生一定的獨立與自由，但一旦發現可能威脅黨的統治基礎，就一再向黨官僚妥協，強化黨的掌控，守住了他的底線。現在，吸取了文革的教訓，毛澤東以後黨的執政者無一不牢牢抓住「黨的不受限制與監督的絕對權力」不放，並形成了三個「絕不允許」：絕不允許不受黨操縱的獨立組織存在，絕不允許有不受黨控制的言論、出版自由，絕不允許軍隊脫離黨的絕對領導，以根本保證黨的唯一性：唯一的具有實際意義的組織，輿論的唯一控制者，軍隊的唯一掌控者，從而保證共產黨永遠不變的執政地位與權利：正是在這一點上，毛澤東和黨官僚之間有着根本的共同利益，並達到基本共識。因此，他們之間儘管不斷發生矛盾衝突，甚至出現文革這樣的大較量，但最終還是「一家人」，誰也不會真正離開誰，拋棄誰。

談到毛澤東在「文革後」的命運，還可以補充一點。毛澤東自己對「文革後」是留下了兩句話的。首先他最關心的自然是後人對文革的評價。在1976年2月向全黨公開傳達的《毛主席重要指示》裏，特意談到黨內「一些同志，主要是老同志」「對文化大革命兩種態度：一是不滿意，二是算賬，算文化大革命的賬」，這幾乎是對他身後發生的事情的預感與預告。他同時宣告自己對文化大革命的「總的看法」：「基本正確，有所不足」，「三七開，七分成績，三分錯誤」，具體的失誤則有二，一是「打倒一切」，二是「全面內戰」。他承認，這並非定論，「看法不見得一致」，一切就只有留待歷史的檢驗了。毛澤東還留下一句話：「一百年後還要不要革命？一千年後還要不要革命？總還是要革命的。總是一部分受壓，小

官、學生、工、農、兵，不喜歡大人物壓他們，所以他們要革命呢。一萬年以後矛盾就看不見了？怎麼看不見呢，是看得見的」。[139] 百年、千年、萬年之說，自然是有意誇大其辭，但他預言，中國還會出現「小官、學生、工、農、兵」受「大人物」壓制，並奮起反抗的「革命」，而他自己則是受壓迫者永遠的支持者。這大概他最希望獲得的歷史定位，也會引起許多今天的「小人物」的共鳴。而他所期待的「革命」依然是「毛式革命」，即文化大革命這樣的「革命」，這又會引發更多的人的不安與警惕。這兩個方面至少是今天人們對毛澤東評價產生巨大分歧的重要原因。看來毛澤東是一個很難被遺忘，也很難說清楚的歷史人物。

最後，還需要對文革中四大力量之一，也是本文重點研討的造反派，在「文革後」的命運，略作一點討論。除了前文已經談到的造反派的主要頭目與骨幹，在「清查三種人」的運動中，遭到黨官僚的嚴重報復，從而被逐出了文革後的歷史舞台外，老工人造反派的大多數成員因為文化程度比較低，或許也出於對文革的失望，不再參與政治活動，只有少數像陳益南、劉國凱這樣相對年輕，始終有自己追求的工人造反派，還在關心與思考對文革的歷史評價與經驗教訓的總結，並且留下了自己的回憶錄和研究文章，成為文革研究的先行者。劉國凱在七十年代初就秘密寫出了國內第一部文革史研究專著《文化革命簡析》，以後他又提出了「人民文革論」，在文革研究中頗有影響。更值得注意的是，最近幾年，針對一直影響、控制着輿論的對造反派的污名化傾向，一些老造反派領袖和骨幹紛紛著書發文，自己來撰寫和研究文革歷史，發表各自不同的文革

---

139 毛澤東：《毛主席重要指示》（1975 年 10 月–1976 年 1 月），《建國以來毛澤東文稿》第 13 冊，第 488 頁。

觀，這或許具有某種搶救歷史的意義，是親歷者這一代留下的最後的聲音。

不可忽視的，還有這樣一個群體：他們不同程度地參與了文革造反，有着「紅衛兵—知青——參軍——工人」的特殊經歷，他們既有豐富的底層社會經驗，比較瞭解中國國情，又喜歡讀書學習，有的還有濃厚的理論興趣，善於獨立思考，許多人都有較強的行動能力，可以說是文革培養出來的一代人。在文革結束後，他們基本有兩個走向：許多人都抓住恢復高考的時機，接受了現代高等教育，進入了體制，或成為思想、文化、學術、教育界的新生力量，科學家，學者，教師，作家，藝術家，記者，編輯，或成為政府機關、國有、私營企業的骨幹和領導，由於他們的特殊經歷，以及他們對文革的反思，這兩類人大都是八十年代以來，中國體制內的改革的中堅力量。而另一部分人，則仍然留在體制外，堅持自下而上的民間改革，或成為民間反抗運動的領袖和骨幹，或作為不同政見者活躍在海內外。隨着中國社會的發展，他們之間也為必然發生分化，無論在對毛澤東、文革的認識和評價，還是對中國現實的態度與立場，以及對中國未來的發展走向的判斷，都存在分歧，可以說，當今中國的左派，右派，毛派或其他派別中，都活躍着這代人的身影。從文革中的造反經歷，去研究這代人，或許是一個很有意思的角度，那將是另一個研究課題。本文寫到這裏，應該打住了。

2016年5月16日–6月20日

燼火不息：文革民間思想研究筆記

在華外國人對文革的參與、觀察與反思
——讀李敦白:《我在毛澤東身邊的一萬個日子》[1]

一、問題的提出

　　1966年9月7日,文化大革命方興未艾之時,陽早等四位美國專家給國務院局寫了一張大字報,表示堅決反對政府給予外國專家政治、生活上的特殊待遇,要求「成為堅強的革命者,成為堅定的反修戰士。為了把反對美帝國主義的鬥爭進行到底決心鍛煉和考驗自己。我們的後代必須成為可靠的革命接班人,而決不容許成為修正主義分子。為此,我們要求:1.以階級弟兄看待我們,而不是以資產階級專家看待我們。2.允許並鼓勵我們參加體力勞動。3.幫助我們進行思想改造。4.允許並鼓勵我們緊密地結合工農。5.允許並鼓勵我們參加三大革命運動。6.我們的孩子和中國的孩子受到同樣待遇和嚴格要求。7.生活待遇和同級工作人員一樣。8.取消特殊化。」這張大字報引起毛澤東的關注,在9月8日即寫下批語:「我同意這張大字報。外國革命專家及其孩子,要同中國人完(全)一樣,不許兩樣,請你們(按,此《批語》轉發給了林彪、周恩來、陳毅、陶鑄、陳伯達五人)討論一下。凡自願的(按,此四字下寫有着重號),一律同樣做。如何請酌定。」[2]

　　一張大字報,一個批語,提供了兩個重要資訊:其一是文

1　《我在毛澤東身邊的一萬個日子》,李敦白、雅瑪達·伯納著,台北智庫文化出版有限公司,1994年。

2　毛澤東:《對四位美國專家的一張大字報的批語》(1966年9月8日),並注釋(2),《建國以來毛澤東文稿》(第12冊),第126–127頁,中央文獻出版社,1998年。

革的世界影響。在文革中，在中國與世界都出現了所謂「毛澤東主義者」。這樣的世界毛澤東主義者大體有兩種形態。一類是「走中國革命道路」的「毛派」。研究者指出的，即有：印尼共產黨在1965年被鎮壓以後，於1966年發表聲明，宣佈要以「依靠農民，建立農村根據地，以農村包圍城市和『槍桿子出政權』」為印尼革命的三大旗幟；在毛澤東批准下，在中國接受訓練已有17年之久的大批緬甸共產黨人和少數民族分子在文革中回國開展武裝鬥爭，建立根據地；菲律賓也在1969年建立新人民軍，發起武裝鬥爭；1969和1970年間，在親華的印共(馬列)領導下，印度那夏里特地區出現了農村暴力革命；1967年拉丁美洲也建立了兩個毛式遊擊隊：哥倫比亞人民解放軍和玻利維亞毛派遊擊隊，他們都宣佈要走中國的「人民戰爭」路線；還有被稱為「小毛澤東」和「安第斯山的紅太陽」的秘魯「光輝道路派」領袖古茲曼，從中國回國後，就按毛澤東的做法，大反秘共最高領導的「修正主義」，在校園裏搞了一場「小型文化革命」，等等，[3] 這都可以說是毛澤東主義者中的行動派。另一種形態的毛澤東主義者是偏於意識形態的認同，就像這裏討論的在華外國專家，他們本來都是本國的共產黨人或左派，至少是中國革命的同情者、同路人，在標誌着共產主義運動分裂的60年代中蘇大論戰中基本上站在中國共產黨這一邊，他們在毛澤東的直接影響下，自覺地願意按毛澤東思想來重新改造和塑造自己，成為他們在大字報裏所說的「堅強的革命者，堅定的反修戰士」，並直接投身於文化大革命中：應該說，這是具有更大自覺性與主動性的毛澤東主義者。

其二，毛澤東對這些外國毛澤東主義者持明確支持態度，

3　參看程映紅：《向世界輸出革命——文革在亞美拉的影響初探》，收宋永毅主編：《文化大革命：歷史真相和集體記憶》(上)，香港田園書屋，2007年。

　　　　　　　　　　　燭火不息：文革民間思想研究筆記

強調要對他們和中國革命者一樣看待、一視同仁：他實際上是把這些「外國造反派」和「中國造反派」同樣看作「革命接班人」。這也就表明，毛澤東是把他正在發動的文化大革命認定為世界革命的有機組成，甚至是新的開端的，他要輸出中國革命模式，這本身就是文化大革命的任務。在文革中，紅衛兵提出：「全世界進入了以毛澤東思想為偉大旗幟的新時代」，「現代的中國，是世界矛盾的焦點，是世界革命風暴的中心，是世界上起決定作用的國家」，[4] 應該說大體上是領悟與表達了毛澤東的意圖的。在李敦白這本書裏，就曾回憶到，1963年8月毛澤東在接見非洲遊擊隊的領導人時，有一位年輕遊擊隊員問毛澤東：「在中國天安門廣場上空的那顆紅星，會不會消失？」，毛澤東的回答是：「我能不能向你保證中國絕對不會背叛革命呢？現在我無法給你這樣的承諾。不過我們現在還正在努力設法讓中國免於貪污、官僚主義及修正主義」。[5] 文化大革命大概就是毛澤東終於設法找到的方式，就主觀意圖而言，其所要達到的目的，首先是防止中國走上蘇聯的道路，變成修正主義；然後以「紅星高照」的中國為中心，推動世界革命走向高潮，由此而結束帝國主義、修正主義和各國反對派即所謂「帝修反」在全世界的統治。為達到這樣的戰略目的，就需要在中國與世界各國都建立起忠誠的革命隊伍，培養可靠的接班人。這就是毛澤東在文革一開始，就支持在華專家造反，把他們吸納到中國文化大革命運動中來的深意：他是把這些外國左派看作是未來世界革命的火種的。

以上兩個方面：毛澤東發動中國文革以推動世界革命的意

---

4 反復辟學會：《反復辟學會創立宣言（草案）》（1967 年 8 月 5 日），宋永毅等主編：《文化大革命和它的異端思潮》，第 425 頁，香港田園書屋，1997 年。

5 李敦白：《我在毛澤東身邊的一萬個日子》，第 338 頁。

圖，以及文革的世界影響，都揭示了中國文化大革命的國際背景，如論者所說，「文革是一個世界歷史性事件」。[6]這是文革研究的不可忽略的重大課題。由於我對此毫無研究，無法進行全面論述與展開，就只能從「在華外國專家對文革的參與、觀察與反思」這一較小、也較為具體的角度，作一個初探。而我所依據的材料，也只是手頭的這本美國專家李敦白的回憶錄《我在毛澤東身邊的一萬個日子》，其局限是明顯的，也是首先要說明的。

李敦白在他的回憶裏，這樣談到幾位美國專家的大字報和毛澤東的批語所產生的影響：「這張大字報後來複印並轉送到全國各地張貼。不久，北京的外國人成立了一個屬於他們的造反團體。這個團體到今年夏天(按，指1967年)已經有七十名會員。他們每週聚會一次，成員傾向支持最激烈、最民主的派系」。外國人之間也分裂為不同派系，一些保守派就強烈主張外國人應該遠離中國的政治紛爭，「沒有權利告訴中國人應該怎麼做，沒有權利批評他們的領袖，涉入他們的政治」。[7]

李敦白自己顯然屬於外國人中的激進派，而且是其中的「核心人物」，毛澤東也稱讚他是「共產主義國際鬥士」。[8]李敦白之所以成為在北京的外國專家中舉足輕重的代表性人物，當然不是偶然的。這位出生於查爾斯頓城一個律師家庭的猶太血統的美國人，早在1940年讀大學時就加入了美國共產黨，並參加過左翼勞工運動，結識了一群「有思想，有組織，非常執著的人」，他們一起「分享共同理想」，從此，就

6　程映紅：《向世界輸出革命──文革在亞非拉的影響初探》，《文化大革命：歷史真相和集體記憶》(上)，第 58 頁。

7　李敦白：《我在毛澤東身邊的一萬個日子》，第 478 頁。

8　同上，第 254，425 頁。

　　　　　　　　爛火不息：文革民間思想研究筆記

立下了願意為一個「全新的社會」而努力的人生目標，終生不渝。[9] 1942年他應招入伍，被安排學習中文，學成後擔任駐華美軍軍法辦公室中文專員。在二次大戰結束後，因為不願意離開中國，就在聯合國善後救濟總署擔任觀察員，開始接觸中國共產黨人。出於對中國革命的認同與嚮往，在周恩來的建議和幫助下，他於1946年10月來到延安，並被安排擔任新華社的英文廣播組的顧問。他有機會接觸毛澤東等中共高層領導，對中國革命有了更深的瞭解，並經過毛澤東、劉少奇、周恩來、任弼時、朱德等中共中委會五位書記的同意，加入了中國共產黨，繼另一位著名的美國革命者馬海德之後，成為第二個美國籍的中國共產黨黨員。[10]

但在中國革命節節勝利，李敦白也躍躍欲試，準備大顯身手時，他卻於1949年1月21日被捕，到1955年4月4日被宣佈無罪釋放，他在自己的黨的監獄裏，受了六年多的折磨。人們告訴他，他的被捕，來自蘇聯的命令：斯大林以「間諜罪」在莫斯科逮捕了曾寫有《斯大林時代》一書的美國記者安娜·路易士·斯特朗，牽連到與之相識的李敦白。他也就成了斯大林專制的受害者，第一次飽受極權體制下的專政之苦。[11]

李敦白出獄之後，又成為「中國共產黨一位優秀黨員」，被安排在中央廣播事業局，享受外國專家的待遇，並被特許參加一些領導幹部的會議，參與編輯會議和高層政策的宣達，以及閱讀中央委員會的機密文件：他又成為黨的自己人和依靠對象，「比在延安時更有權力了」。他自己也努力融入新社會，「比紅更紅」，也就獲得了更大的信任。1960年他被借調

9　李敦白：《我在毛澤東身邊的一萬個日子》，第 21–22 頁。

10　同上，第三章《新四軍》，第四章《在毛澤東的洞穴》。

11　同上，第七章《黑暗歲月》，第八章《學著活下去》。

參加將《毛澤東選集》第4卷譯成英文的翻譯小組工作。[12] 在以後中蘇分歧逐漸公開化、國際共產主義運動發生分裂的背景下，經「權力最高處」授權，李敦白被指定扮演「一個敢於冒險、獨立的黨工」，任務是「盡可能去擴大中國共產黨在外國團體中的影響力，然後由這些外國團體去影響全世界對中、蘇共這場霸權角力的判斷，並進而爭取到各地革命分子的認同及效忠」。具體地說，李敦白要完成的任務，是當蘇聯撤出中國，要爭取更多的外國專家留在中國；而留在中國，就「必須維護、培養、拉攏他們(對中共)的忠誠」。因此，李敦白說他「開始了一場維持外國專家對中共效忠的戰爭」。為此，他在家裏組織讀書會，建立頗具規模的翻譯網絡，利用友誼飯店專為外國專家所設的餐廳聚會的機會，宣傳自己所知道的黨的上層領導的最新精神，同時又將在京外國人圈子的動態向上級報告。就是在這樣的黨的指示與支持下，李敦白成了前文說到的「在北京的外國人的核心人物」。[13]

應該說，早在文革開始前，李敦白就從當時日趨激進化的氣氛中，敏感到「新的革命正在醞釀中」，他主動實行自我革命化，搬出個人辦公室，在公告欄上貼出自我批判的小字報，徵求群眾意見，定期參加體力勞動，還把個人收集的漂亮古董捐獻給國家[14]：本文一開始提到文革初期幾個美國專家要求放棄外國專家特權，李敦白早在文革前夕，就已經身體力行了。

因此，文革一開始，當李敦白知道號召群眾造反是毛澤東的意圖，就立刻主動要求在批鬥廣播事業局的頭號走資派，也

12　參看李敦白：《我在毛澤東身邊的一萬個日子》，第九章《美麗新世界》，第十章《比紅更紅》，第十三章《大饑荒》。

13　同上，第 325，326，333，254 頁。

14　同上，第 369–371 頁。

　　　　　　　　　　　　　爛火不息：文革民間思想研究筆記

是自己的上司、保護人和朋友的梅益大會上發言，以劃清界限，就是很自然的。以後，他又公開貼出《李敦白必須革除他的資產階級特權氣息》的大標語，大字報，一下子成為廣播事業局的文革「英雄」，到處貼滿大字報回應，盛讚「李敦白為其他老幹部建立了好榜樣」。1966年10月1日國慶大典，李敦白和其他五位外國專家一起應邀上了天安門城樓，受到毛澤東的接見，毛澤東還在他的「紅寶書」上簽名。李敦白頓時成為廣播事業局「身價不凡，雙方(按，指造反派和保守派)都想巴結籠絡的大人物」。他自己則毫不猶疑地加入了造反派，成為第一個外國造反派。在保守派圍攻造反派學生時，他挺身而出，「表態支持少數爭取真民主的學生」。他的演說錄音在全國各地播放後，李敦白作為外國人「擁護造反派的名聲傳遍全中國」。李敦白回憶説，「走到街上到處有人認識我，如果我答應幫一個人的毛語錄簽名，就可能使整條街交通陷於癱瘓」。李敦白與中央文革、周恩來的關係也日趨密切，他成了可以直接通天的人物，多次向上反映廣播事業局文革的情況，並在中央文革的默許下，於1966年最後一天，由包括李敦白在內的造反派奪了廣播事業局的領導權。奪權後造反派內部發生分裂，李敦白又深度介入，也因此介入了中央文革的內部鬥爭。最後，在王力的支持下，李敦白被中央文革小組任命為廣播事業局三人領導小組的成員：這是第一次由外國人來擔任中央宣傳部門的領導。李敦白更成為文革中炙手可熱的人物，他應邀到各重要部門演講，北大、清華之外，還有外貿、外交、公安、冶金等學院，航太及火箭研究院，高等軍事科技學院等等，他到處宣講自以為的「毛澤東的文革思想」，其實是在「自掘墳墓」。[15]

---

15 李敦白：《我在毛澤東身邊的一萬個日子》，第 386，387–388，414，419–420，428–429，437，448–449，468，475–477 頁。

最後的結局終於到來：1968年2月21日晚，李敦白被捕，在入獄命令文件上，有「無產階級司令部十六位成員的簽名，其中包括毛澤東、周恩來、江青的簽名」。這是李敦白距1949年1月21日第一次被捕之後十九年，第二次進了自己的黨的監獄，依然是「間諜、特務罪」，關了九年八個月，於1977年11月7日釋放時，也還是宣佈「無罪」。[16] 但這回卻沒有説明這第二次冤案的緣由。文革中這樣的糊塗賬太多，也無從追究了。

但我們卻要討論：這一切是怎麼發生的？李敦白這樣的外國專家，怎麼會成為中國文革的造反派?他們參與的內在動因何在？在參與過程中，他們有怎樣的觀察、感受？有怎樣的命運，為什麼會有那樣的結局？他們由此而作出了怎樣的反思？這都是本文需要關照的問題。

二、歷史的溯源

要弄清楚這些問題，先要溯源：討論李敦白這樣的外國革命者和中國革命的關係與演變。根據李敦白自己的回憶，大體上可以説，從他接觸中國革命到文革前，經歷了「嚮往—衝突—馴服」三個階段。

李敦白每當談到自己主動留在中國，參加中國革命，成為其中的一員的緣由時，總要談到「木仙之死」，這是他終生難忘、刻骨銘心的記憶。這還是他擔任駐華美軍軍法辦公室中文專員時發生的事：一位美國空軍士官在醉駕中壓死了中國黃包車伕李祿山的獨生女李木仙，李敦白負責賠償事宜。他在探訪李祿山家時，看到了因刺激太深，已經癡呆的木仙的母親，幾

16　李敦白：《我在毛澤東身邊的一萬個日子》，第 496，502，553 頁。

個月後就去世了。李敦白因此建議給予最高賠償。但助理理賠官卻建議賠償26美元，而剛剛處理的美軍卡車撞死一個商人的小馬，卻賠償了150美元。理賠官的理由是「受害者是一個不會賺錢的小女孩」，「收入愈低，該付的賠償也愈少」。正當李敦白為美國人按照金錢的邏輯藐視中國窮人生命價值感到極度不安，更讓他想不到的是，承受着失女喪妻的巨大不幸的李祿山，不但默然接受了這不公，還主動向關照過此事的地方官員，以致李敦白自己送錢，「討好那些即使是正在迫害他的人」。李敦白從這裏看到了中國底層百姓深陷於經濟與精神上的雙重極度貧困，而且猛然意識到，「在他的心裏，我也成為他生命中眾多的沉重壓迫之一」，由此產生的是一種責任感，「要去幫助、去改變那些如李祿山及他的女兒木仙一般生活在困苦中的人的悲慘命運」。這是一種超越了國界、民族的對「人」，特別是「底層人民」的關懷與責任，顯然與作為美國共產黨員的李敦白的「解放全人類」的國際主義信仰與情懷有關。

那麼，在中國，究竟什麼力量可以使被侮辱、被壓迫的窮人得以解放呢？李敦白「真誠地相信」：跟着中國共產黨走，「這是唯一的一條路」。[17] 這是他在華這幾年對中國社會和政局冷眼觀察所得出的結論。他已經看透，國民黨統治下，「不講法律——只講權力」；「真正能夠激起中國人民幻想的是共產黨」，「在解放區內，我找不到任何貪污腐敗的證據。在我的觀察下的第一次救濟物資的分配，稱得上是公平、民主的」。[18]

當他到了延安，立即感到了那裏的一切是「乾淨純潔」的：「我是在一個遠離赤裸裸的貪污及腐化——我在過去已經

17　李敦白：《我在毛澤東身邊的一萬個日子》，第 5–7 頁。

18　同上，第 15，16，57 頁。

看得太多的新天堂」，「延安不僅是一個人民試圖過道德生活的地方，它是鍛造新中國，從而開創新世界的熔爐」[19]：延安給李敦白的第一印象，是「道德純淨」，這大概很能滿足他的烏托邦世界想像。他終於有了機會和中國共產黨的領袖，特別是毛澤東近距離接觸，在佩服毛澤東「對中國所構架的遠景及他的哲學智慧」的同時，更感受着毛澤東的「獨特的魅力」，「和毛澤東在一起，我覺得自己似乎就坐在歷史的旁邊」，「我想像自己可以扮演一個在中美政府間居中聯絡的歷史性角色。這個想法令我一陣激動」。[20] 應該說，毛澤東的這種具有東方色彩的魅力與影響，是李敦白這樣的外國人傾心於中國革命的重要原因與起決定性作用的因素。而最讓李敦白折服的，是他在共產黨領導下的根據地土地上，發現了「新農民」：「這個世界上最古老，人口最多的國家，正要從一個閒散地主賴以剝削饑餓農民的極權政府，轉變成一個農民擁有土地的國家」，「這些新農民將是一個繁榮的經濟及民主的政治系統的最大基石」。李敦白由此看到希望：共產黨領導下的中國，不會「盲目冒進的重踏西方覆轍，造成一個兩極分化的社會」，中國共產黨所要構建的是一個全新的「社會主義社會」，構成其「基石」的，是「互助合作」，而非「私利及貪婪」。可以說，李敦白把他建立經濟繁榮、政治民主、社會平等的新世界的理想，完全寄託在中國共產黨領導的中國革命身上了。他深信，投身於中國革命，「自己所作所為，不但可避免更多類似『李木仙』的事件再發生，也可以喚起世界各地的人起來反抗壓迫，並為美國邁向真正的民主鋪路」。[21] 李敦白進入延安不

19　李敦白：《我在毛澤東身邊的一萬個日子》，第 75 頁。

20　同上，第 77，80，81 頁。

21　同上，第 85，86 頁。

　　　　　　　　　　熾火不息：文革民間思想研究筆記

久，就申請並被批准為中國共產黨黨員，對於他來說，這是一個理所當然的選擇和歸宿。

但真正進入中國革命內部，過上中國共產黨領導與統治下的日常生活，李敦白就逐漸發現，自己似乎並不能完全適應他所嚮往的這個中國革命的新世界，甚至屢屢發生衝突。這是他完全沒有思想準備的。

他受到第一次衝擊，是在參加延安附近的土地改革的鬥爭大會，當他看到憤怒的農民不停地高呼「報仇！報仇！報仇！」「尖叫着一些我聽不懂的話」，不斷毆打地主，將他擊倒在地時，突然「覺得噁心想吐」，立刻陷入深刻的矛盾中：「我知道革命的理論，除非農民們站起來親手打倒地主，否則他們永遠不能將長期甚至是幾輩子的壓迫及恐懼丟棄」，但卻無法改變自己內心深處對「這樣的暴力」的「痛恨」；他不斷「告訴自己，厭惡這樣的事是我的小資產階級背景作祟」，不斷說服自己：「只有付出這樣的代價，才能為世界帶來和平，才能為世界所有被踐踏的人帶來善意」，但卻又不能完全擺脫內心的懷疑。理想的「新世界」與「暴力」的關係：這是他「不能逃避」的問題，可以說讓他為之困惑了一生。[22]

以後發生的幾件事都使得李敦白陷入尷尬之中。第一件事涉及他的私生活：他出於一時的衝動，和一位自己並不愛的女人發生了「一夜風流」，這位本來就主動的女子要求和他結婚，他認為沒有感情就拒絕了；結果告到上級領導，最後組織作出決定，要求李敦白接受這場婚姻，李敦白堅持這是個人的私事，拒絕服從。這樣，李敦白就有了兩重罪名：既「與異性關係不潔且自私」，「人格就存有基本缺陷」，又犯了無組

22　李敦白：《我在毛澤東身邊的一萬個日子》，第 107–108 頁。

織、無紀律的錯誤。最後雖然沒有給予正式處分，李敦白卻感到了巨大壓力與不解。[23]

接着發生的事情，就更讓李敦白難以理解：他一番好意給一位剛生產的女同事送去她急需的牛奶，卻遭到了組織的批評，理由是：「我們(黨)並不鼓勵個人私下去協助需要幫助的人。我們強調大家都支持集體，而讓黨來處理需要協助的案件，將比任何個人處理得好」。李敦白覺得他的感情受到了傷害而憤怒不已，但也無可奈何。

不久，他又再一次「與黨起了衝突」：在一次和周恩來的會面時，周恩來提起新華社翻譯的一篇重要文章，問到「是誰翻譯的？」李敦白回答說，是自己完成初步翻譯，再由其他人順過、檢查過。周恩來回答說：「恭喜你」。消息傳出後，李敦白又遭到了批評，理由是：「我們並不贊成個人爭取功勞；所有的榮耀都應歸於團隊，歸於黨」。李敦白的反應是：「我再度感覺到被冤枉。黨似乎在鼓舞大家對個人成就產生一種妒忌、仇視的心態」。

接着李敦白又犯了「違反革命紀律」的錯誤：在撤離延安的途中，組織規定所有的播音人員必須住在離村子約二裏遠的傳送站與家人隔離。這是新婚的李敦白難以接受的，他拒絕遵守這項要求，每天下班後就回到妻子的住所。這自然又遭來組織和群眾的不滿。李敦白終於發現，自己和黨組織，以及周圍的中國革命者、共產黨人之間的「嫌隙比以往愈深愈明顯」，「我被黨視成陌生人的情況也愈來愈明顯」。[24]

李敦白想起了在被批准為中共黨員以後，一位知識分子出身的老黨員對他說的話：「我們把一切所有都貢獻給革命，包

23　李敦白：《我在毛澤東身邊的一萬個日子》，第 111–113 頁。

24　同上，第 111–113，115–116，116–117，144–145，132–133，144 頁。

　　　　　　　　　　　燭火不息：文革民間思想研究筆記

括我們自己在內。我們必須改變我們自己，拋棄我們的主觀、自私、粗俗的想法，以及任何會阻礙我們對這項目標貢獻的每件事。我們將個人的問題及野心都拋在一旁，使自己成為革命的一部分」。當時，他認為這是一種「極其幸福的無我境界」，是自己的「革命理想」，「因為共產黨已經滿足了我的每樣需求」，實現黨的目標之外，「我沒有任何慾望」。[25] 而回到現實，李敦白就很難接受這「把一切獻給革命和黨」的要求了。他又想起初到延安的第一天和劉少奇之間的對話。他對劉少奇《如何成為一個好的共產黨員》一書有些疑問：「你強調，當革命的利益與個人利益相衝突時，個人必須準備放棄，或是忘記個人的利益，以革命的利益為優先考慮；然而依據我先前的理念，個人的利益與革命的利益應是一體的」。劉少奇的回答是：「革命家的個人利益和革命的利益基本上是一致的，但是基本並不等於是絕對。有時候由於革命的需要，個人可能必須放棄他的家庭、他的工作、他的學業、他的健康，甚至是他的生命」，「在中國，這樣的掙扎是更加的殘酷及複雜」，「想要腳踏兩條船，或是堅持要先追求個人利益，而同時又想要滿意地結合個人與革命目標的人」必須「冒了在兩種利益衝突下被撕成碎片的危險」。[26] 前文談到，李敦白首先遇到的是新世界的理想與革命暴力之間的關係與矛盾；他現在遇到的是黨與個人的關係與矛盾：這都是讓他困惑終生的。因此，當毛澤東發動思想改造運動，這是每一個參加中國革命的知識分子必須過的一個關口，李敦白也不例外，他卻一開始就陷入困境：一方面，他相信，更是期待，通過思想改造可以「將人性提示到更高點」；但他又深知，思想改造就是一場

25　李敦白：《我在毛澤東身邊的一萬個日子》，第 101–102 頁。

26　同上，第 101，117–118 頁。

「意識形態的手術」，是要「徹底壓制個人意志及慾望」，讓「黨內同志能夠真正與黨的政策站在同一路線上——不僅是表面，而是完完整整實質的」，這又是他「無法接受」的。[27]

在撤離延安的途中，李敦白更時時生活在極度緊張之中：「我提心吊膽的亂想什麼時候會被轟炸，並不時緊張兮兮的聽着是否有任何風吹草動的飛機引擎聲，並悲傷的想着自己是不是會立刻成為祭品」。但他很快就發現，自己是「唯一害怕的人」，「經過這些轟炸、窰洞塌陷、倉皇撤退，聽過嬰兒的哭聲、病人的哀號，我沒有看到任何一個成年男女露出驚恐的表情。沒有一個」。這樣，李敦白在他的中國革命同志中，就顯得特別的「異類」，不僅是行動上的，更是思想上的：「我可以做許多犧牲，但是我可不想被五百磅的炸彈炸得粉身碎骨。我仍想要盡力為最大多數人謀最大利益，但我卻無法忍受，為了達成這個目的，他們要求個人犧牲生命。我很愛我個人的生命，也看重如何自保。我在意追求幸福，不僅只是全體的，更是個人的」。李敦白終於意識到，「自己無法真正成為他們之中的一員，無法真正分享他們的奮鬥，也無法在他們構築新社會時，與他們朝共同理想邁進。直到我願意為他們而死之前，我無法真正活着成為他們的一群。我覺得無力，並有深深的挫折感」。[28]

李敦白最後被關進了自己的黨的牢獄，「一個人獨自在完全的黑暗中」。他首先感到的是一種「被懷疑與拒絕的痛苦」，「難以承受」的孤獨、絕望的感覺。「身為一個在南卡羅萊納長大的猶太人，我從未覺得自己完全被接納」：美國社會事實上是不接納自己的，「我在美國一無所有」，是回不去

27　李敦白：《我在毛澤東身邊的一萬個日子》，第 146–147，144 頁。

28　同上，第 131–133 頁。

　　　　　　　　　　燭火不息：文革民間思想研究筆記

的；現在，「(中國)共產黨(又)很殘酷的將我排除在黨外」。因此，獄中的第一個念頭，就是「我要再將他們『愛』回來，我要讓他們無法拒絕我，我必須比他們更像是共產黨」。正是這樣的刻骨銘心的害怕孤獨的恐懼感和渴望被接納的尋求歸宿感，使李敦白從一開始就落入了必須接受改造，以使自己「更像是共產黨」的陷阱：如果說這是一場心理戰，李敦白已經未戰先降了。[29]

但他又必須正視自己與中國共產黨領導的中國革命之間的矛盾。他很明白，自己所面對的是絕對的權力：「他們已經把自身建立成絕對的權威。而他們的態度是：如果我們認為你有罪，那你就有罪。否認就是攻擊他們，而且就是態度惡劣」。「整個中國革命似乎在突然間變成一個龐然巨大，完全反個人的歷史機器，拒絕及鄙視所有人性的愛和信任」。[30] 原先所有的懷疑、不適、不滿，現在就提升為對中國革命的新認識。對中國革命的「反個人」、「拒絕人性」的特質的體認，就使得李敦白豁然醒悟到，前文所討論的他早已感覺到的「新世界理想與革命暴力的矛盾」、「個人與黨的矛盾」，實際上是反映了人道主義與個人主義的西方文化和暴力至上、黨至上的中國革命文化之間的衝突。李敦白無論怎樣努力接受後者，卻無法擺脫已經滲透到他的靈魂裏的西方文化對他的支配性力量，他最終不能完全融入中國革命被其接納，根本的原因就在這裏。

但李敦白又不能擺脫中國革命、中國共產黨對他的誘惑：「我依然熱切的相信革命」，「我愛這個黨，也愛它的目標以及他要改變世界的奮鬥」。[31] 根據我們在前文的討論，中國

29　李敦白：《我在毛澤東身邊的一萬個日子》，第 176，193，189–190，194 頁。

30　同上，第 167，163 頁。

31　同上，第 163 頁。

革命對李敦白的吸引力，主要在三個方面：一是其道德的純潔性，二是為木仙這樣的底層民眾的翻身解放而鬥爭的革命目標，三是其所提供的改變世界，建設絕對民主、平等的新社會、新世界的理想遠景。李敦白之被吸引，是出於他作為一個西方共產主義者的基本信仰和內在生命的需要，對於他，也是刻骨銘心，絕不會放棄的。

這樣的對中國革命的既嚮往又拒斥，就構成了李敦白及他所代表的西方革命者、左派知識分子的內在矛盾，形成了他們與中國共產黨、中國革命、新中國分分合合的複雜關係。

而李敦白前述「必須被中國革命接納」的現實要求與選擇，又要他必須在矛盾中尋找出路，也就是要找到一種可以讓自己接受的說法，以擱置疑惑，達到對中國革命的基本認同。根據李敦白以後的反思，他在出獄前後，是找到了這樣的說服自己的理由的，這就是「壓迫是達到自由之路的必要之惡」[32]，「要創造一個十全十美的民主，就一定要利用『鎮壓』來對付『一小撮的階級敵人』」。李敦白說，正是「『十全十美的民主』這樣動人的承諾，便誘使原本善良的人們加入了鎮壓的行列。像這樣一個故事，就可以說是有關一個『愛得不夠聰明，但卻很深的男人的故事』」。[33] 正是這樣的「必要之惡」論至少緩解了李敦白心目中的人道主義與革命暴力的矛盾。而個人主義與黨至上的矛盾，則是按道德主義的原則來緩解，即認定「私慾」是「罪惡的根源」，「對個人的自我關懷」是「一種自私的行為」，必須「丟棄」，把「小我」融入「大愛」之中，就獲得了道德的崇高感：「我沉浸在一種高貴、美好的情緒中，而這種快樂的感覺讓我從頭到腳輕飄飄的」，

32　李敦白：《我在毛澤東身邊的一萬個日子》，第 571 頁。

33　同上，第11 頁。

「我找到了我追尋的平靜」。[34] 這樣，李敦白於1949–1955年間，在黨的監獄裏，關了六年之後，最後作出的選擇是：「把自己完整的、全部的、毫不隱藏的交給黨，讓自己的內部的抗議聲沉靜下來」。[35] 這就意味着，李敦白蒙冤入獄，並沒有因此離開中國共產黨，最終卻被黨所馴服：這是充分反映了歷史的複雜性的。李敦白與中國革命的關係，還有很長的一段路要走。

　　李敦白出獄後留在中國，繼續參加中國革命，一個重要原因，是此時新中國剛剛成立，全世界的革命者和左派都對之寄以希望。李敦白更是如此，儘管「心理的牢依然存在」，「依然追求歸宿感」，卻促使他更進一步聽從黨，以「證明自己是個忠誠的共產黨員」。[36] 他投身於新中國的建設，正是要親自參與和見證把自己的理想變成現實的實踐。

　　他也確實有了新的收穫。解放初期的社會安定：「街上看不到特別的警力，也沒有我以前在昆明及上海的餐廳裏總會看到的『勿談國家機密』的標語。街上也見不到小偷、娼妓、乞丐、餓莩，沒有衣衫襤褸的人，也沒有人因為找不到工作而挨餓」。「黨也試着用民主的方式來解決一般日常事務」，這都使他感覺到自己「就生活在這一片勞動階級過去被視為塵土，但如今已為主人的土地上。我更可以想見那個早夭的木仙的父親——拉黃包車的李祿山，現在終於能夠溫飽，能坐在這樣的討論會中，抽着他的水煙斗，慢條斯理的在這裏或那裏加一點意見」。[37]

34　李敦白：《我在毛澤東身邊的一萬個日子》，第 201，196，195 頁。

35　同上，第 196 頁。

36　同上，第 214，227 頁。

37　同上，第 223，228，230 頁。

更讓李敦白驚喜不已的，是毛澤東和新中國，不斷有新的想像，新的創造。1956年毛澤東提出「正確處理人民內部矛盾」的全新命題，提出「百家爭鳴、百花齊放」的新方針，宣佈「在屬於人民的中國並沒有所謂的意識形態的罪，也沒有思想的罪」，這就使李敦白感到中國「進入了一個民主社會主義的新階段」。1958年毛澤東發動大躍進，李敦白立即斷定毛澤東要走一條「比那個又重、又笨的蘇聯灰熊更刺激、更有創意的現代化」道路。「一天就可以抵得上二十年！巴黎公社在1871年喊出的口號從現在開始就是我們的！」[38]李敦白對毛澤東也有了新的體認：他「那積極、不安定、不停追求的心智，不容我們喘息」，「他以一個遠比我們所能夢想到的，更美麗、更戲劇化、更令人振奮的遠景抓住我們」，[39]更讓李敦白着迷。

　　但中國事態的發展卻往往出乎李敦白的理解力與想像力之外：鼓勵「百家爭鳴百花齊放」翻轉為「反右運動」，「我的心突然間如墜冰窟。剎那間，我恍然大悟。這根本不是一場民主的辯論。這只是又一次的階級鬥爭」，「我的心裏忍不住起了一絲疑慮」：「黨在人民間製造這樣的對立情況還能維持多久？而毛澤東承諾的真正民主什麼時候會實現？」而且為了表示對黨的忠誠，還要參加批鬥右派的大會，跟着別人大聲指責，「參與迫害」，這更使李敦白感到尷尬與痛苦。[40]李敦白萬萬沒有想到，大躍進竟帶來了大饑荒，而且沒有人敢追問「破記錄收成為什麼也能造成饑荒？」[41]這同樣讓李敦白困惑不解。他因此陷入了精神困境：「疑慮和忠誠攪在一起：教條、自

38　李敦白：《我在毛澤東身邊的一萬個日子》，第 254–255，278–279 頁。

39　同上，第 275 頁。

40　同上，第 266，272 頁。

41　同上，第 298 頁。

　　　　　　　　　　燼火不息：文革民間思想研究筆記

尊、直覺、疑懼、確定、利他、自利，和自我犧牲都一起在我內心鬥來鬥去。在這些思緒下我像塊冰被凍住，無法動彈」。[42]

而且還有一個更大、更根本的無情現實，讓李敦白這樣的仍舊堅持革命理想的革命者焦慮萬分。這就是中國共產黨執政以後的變化。不僅「一個以農村為基礎的革命組織已經轉變成一個以城市為基礎的政權」，[43] 而且「那個曾經有效率的帶領我們平安穿過太行山的共產黨，已經變成了一個極端繁複和笨重的官僚組織」，「黨已經官僚腐化」，「這個令人窒息、愚蠢、內鬥不已的官僚組織，不僅曲解毛澤東的政策，同時使我們努力使這片土地變得民主、教育普及及富裕的目標無法實現」。而李敦白所在的廣播事業局，以及他一度參加的毛澤東選集翻譯小組，更是黨的「御用」工具，前者是一個「一成不變、官僚、互相誹謗的世界」，以「令人心智麻木的廣播內容」愚弄世界，欺騙國人，後者則是一個「還要封閉的世界」。李敦白終於發現：自己「曾經是個設法改變世界的人，以感動人心、激勵靈魂為職志，是一個行動派、組織者、改革家、教育家。而我現在在這裏是什麼？一個搖筆桿的小官僚！」[44]

李敦白十分清楚，他要面對的不僅是個人的墮落，更是黨的變質，從根本上動搖着自己與中國革命、中國共產黨的關係的基石：不僅他早已厭惡又不得不掩飾迴避的黨至上、暴力(階級鬥爭)至上的兩大弊端有了更加惡性的發展，現在連讓他嚮往迷戀的中國革命的三大優勢：道德的純淨，謀求底層人民解放的目標，絕對民主、平等社會的遠景，隨着黨和國家的官僚化必然導致的黨的官員的腐敗，特權，不斷出現的決策錯誤，由

42　李敦白：《我在毛澤東身邊的一萬個日子》，第 272–273 頁。

43　同上，第 224 頁。

44　同上，第 301，311，309，324 頁。

此造成的民眾的窮困化，基本民主權利的剝奪，也逐漸喪失殆盡。李敦白越來越意識到，中國革命與中國共產黨必須有一次新的歷史性的變革才能根本解決自身的危機，他和中國革命與中國共產黨的關係或許也因此獲得轉機。

他依然把希望寄託在毛澤東身上。而且他在翻譯和研讀毛澤東著作中，似乎發現了另外一個毛澤東：他倡導「獨立思考」，「強調質疑每件事」，「倡言人要堅持為自己認為是對的東西奮戰，不要順從錯誤的領導，要自己去測試，不要盲從」。李敦白強烈地感到「內心深處那個長久以來一直被壓抑的特異思想」，一下子被重新喚醒，「我終於徹悟，要做一個真正的毛澤東的學生，必須要有批判的想法，以及為維護真理，雖千萬人吾往矣的勇氣」。[45]

李敦白就是在這樣的思想、精神狀態下，遭遇了毛澤東發動的中國文化大革命。

三、文革夢幻、困惑與反思

我們終於可以來討論李敦白這位在華外國專家的核心、代表人物，對文革的觀察，感受，體驗和他的困惑，反思。

李敦白是在1966年5月，再度造訪延安，在延安一間小旅社裏，聽到北京電台廣播的北京大學聶元梓等七人的大字報和《人民日報》評論員的文章的。「這些廣播文字就像電擊！」「自從共產黨在中國誕生後，先被追困到延安，再對抗日本，再戰勝國民黨，所憑藉的，能夠讓黨員生死相從的，便是要求絕對的服從。也正是『對黨服從』這種理念，使我克服了對轟炸的畏懼，讓我在黑獄生涯中仍能維持活下去的希望，更因為

45　李敦白：《我在毛澤東身邊的一萬個日子》，第317，318頁。

　　　　　　　　燃火不息：文革民間思想研究筆記

是『絕對服從』領導我們度過思想改造及各項運動，讓我們在饑荒不斷的壞年歲無怨無悔，我們才能走到今天」；「如今，一篇在《人民日報》上的報導——我確定必是毛澤東親自授意——竟告訴我們完全將這些推翻」，「『反抗你認為錯誤的命令』那份報導說，『造反』！」「剎那之間，我覺得我終於再度是原來的我。黨以前緊緊拘束我，現在黨要讓我自由；我可以掙脫以往無限困擾我的束縛，用我自己的判斷，以及做我認為是對的事」。[46] 李敦白對毛澤東發動的文革造反的第一反應，是耐人尋味的。這背後有一段我們在前文已有討論的李敦白與中國革命、中國共產黨關係的歷史。正像他自己在後來的反思裏所說，「自從來到中國以後，我便一直在與『服從』這個問題較勁。當初在延安讀到劉少奇的這本書時，我便對這種像奉祀神明一般的，絕對不可質疑的服從觀念深惡痛絕」，「在一九五〇年代，我強迫自己毫不思考的『服從』，把一切問題和懷疑推開」，「但到一九六〇年代，我逐漸擺脫了坐監的陰影，而有了一百八十度的大轉彎。我認定毛澤東的理想是懷疑、再懷疑，是要激勵黨員不停質問『為什麼』。而在文化大革命中，我正是要幫助所有的人，從這種對黨的絕對服從的枷鎖中解放出來」，[47] 而首先要解放的就是他自己，李敦白對文革造反的第一反應裏的解放感就是這樣產生的。而抓住「對黨的絕對服從」這個問題也是抓住了中國革命與建設，甚至整個中國問題的關鍵。因為正像李敦白這裏所說的那樣，「絕對服從黨的領導」在建國以後的主流意識形態裏，一直被視為中國革命的基本經驗和立國之根本。但在實踐中又確實成為一個精神枷鎖，它背後隱含着一系列黨和國家發展的根本性的問題：

46　李敦白：《我在毛澤東身邊的一萬個日子》，第 376–378 頁。
47　同上，第 474–475 頁。

不僅是我們前文所討論的黨至上文化與個人主義文化的衝突，而且還事關黨和國家的民主，人民的權利，一黨專政的基本體制等等長期困惑着關心黨和國家前途的人們的問題。在李敦白看來，毛澤東發動文革，正是要着手根本解決這些問題，推動中國走向真正的民主、自由、平等之路。——以後的歷史發展卻證明，這恰恰是他文革迷夢的開始。

問題是，有這樣的迷夢的，在文革開始時，並不只李敦白一個人。李敦白就回憶説，在他周圍的許多人都「非常興奮」，有個翻譯高興地説，「（文革）它和以前的運動完全不同。人們對任何一個他們想批評的人，都可以盡情寫下批評，他們也可以爭辯政治體系及理論；每個人都參與，每個人都在學習」。李敦白説他從造反派那裏看到一個據説是「從中央獲取」的毛澤東寫的內部文件，其中有這樣一段話：「從蘇聯、東歐，到中國，每個社會主義國家都有一部憲法，保障人民有言論、新聞、集會及其他種種自由。但是沒有一個國家確實執行憲法，難道你們不覺得現在正是徹底執行的時候？」[48] 這段話當時及以後都未見任何正式文件，應該看作是文革中的民間傳言，它至少是反映了一些造反派的一種期待與想像：文革將全面實現憲法規定的人民民主權利。李敦白還把毛澤東的《炮打司令部》的大字報看作「如同美國獨立革命的宣言：選自己的領導，組自己的組織，寫自己的大字報，印自己的報紙，這個運動，我想，是終結黨專政的一帖良方」。這將根本改變中國的社會秩序：文革前，「共產黨控制一切」：工廠生產什麼產品，公社種植什麼作物，幼稚園應該教唱什麼歌曲，都由「黨委決定」，「黨還告訴我們該想些什麼」；「一夕之間，這些指引全都不見了」，「不再有人告訴我們該做什麼，如何

48　李敦白；《我在毛澤東身邊的一萬個日子》，第 386，394–395 頁。

　　　　　　　　　爛火不息：文革民間思想研究筆記

思考，該喜歡誰，該相信什麼。我們都得自己思考，決定這樣做好不好，對不對」，要自己「掙扎着找出自己的路」，「黨應該是人民的僕人，而不是他們的主人。而現在，人民就是主人！」[49] 李敦白由此而認定：「這就是我所追求的戰鬥——為人權而爭的戰鬥——使人人有權不受老闆上司專斷的迫害。這樣的戰爭，也是過去在美國南方從事人權運動及組織勞工運動時，曾讓我自己為身為其中一員而驕傲不已的戰爭」。在李敦白看來，文革「要建立起一個新的社會——我在加入黨之初就一直盼想的社會」，將「要有類似議會的民主，讓每個人在選擇領導時都有發言的權利。他們要有完整的言論、集會及結社的自由，他們也要求全面而完整的人權」。[50] 這樣一個爭取「全面而完整」的民主權利與人權的「文革」，顯然投射了李敦白的社會民主主義和人道主義的社會理想與文化理想。但這也是文革的發動者毛澤東和中國共產黨的預定目標嗎？它距離文革的實際究竟有多遠？

前文談到，文革前夕，李敦白已經為中國共產黨的官僚化、特權化及其帶來的腐敗和新的不平等而憂心如焚；現在，文革開始了，李敦白認定，是到了根本解決體制弊端，「終結官僚制度」[51] 的時候了。而他自己，在文革中對體制問題也有了更深入的思考與批判。於是，就有了這樣的公開演講：「劉少奇已經建立了他反動的修正主義派系一黨專政。這是馬克思主義嗎？不！馬克思和恩格斯他們的看法是和這截然不同的。他們說過工人階級奪權後的首要工作是實行民主」。「劉少奇的王國要求的就是奴性和不加思考的絕對服從。因此，便產

49　李敦白：《我在毛澤東身邊的一萬個日子》，第 398–399，393 頁。

50　同上，第 413–414 頁。

51　同上，第 451 頁。

生奴性的、無批判、無思考的幹部。然而只要有奴役，便必然有奴役者。你只要看看黨目前由上到下的整個階級結構，便知道那完全是一種環環相扣的奴役和被奴役關係」，「只要有奴役，就有被奴役。奴隸之所以存在是因為有奴役者。同樣的，奴役者也只有他下面有奴隸才會存在。當你把黨的階級從上往下看去，你會發現一串又一串的被奴役關係，包括那些有奴隸在他們之下的被奴役者。從下往上看時，你亦會看到一串又一串的奴役被奴役關係，包括那些本身也是被奴役者的奴役者。而整個階級頂端的那個人，便是站在千萬人之上最大的一個奴役者，他是所有被奴役者至高無上的主人」。[52] 這裏，所提出的黨的「整個階級結構」的問題，將其概括為「環環相扣的奴役和被奴役關係」，在這個「金字塔」式的等級制的階級結構裏，每個人對上是被奴役者，對下又是奴役者，最後，所有的人都服從處於金字塔頂端的「至高無上的主人」；這都是對中國體制問題認識的深化，而且擊中要害。因此，每一次演講，「聽眾的掌聲(都)震耳欲聾」，李敦白也自以為是「運用個人所有的知識和能力，散佈毛主席的無產階級革命的火種」。[53] 但旁觀者卻不免發出疑問：這是毛澤東的文革思想嗎？

但處於革命高潮中的李敦白，以及他的造反派同志，甚至他的聽眾，卻不會想到這一點。就像李敦白說的那樣，「在這樣如癡如醉，好似被催眠的日子裏」，「我們全都陷入改革和心神振奮的夢幻之境裏去了」。[54]「文革夢幻」，這正是我們要討論的問題的關鍵。

高潮過去，進入文革的常態，面對現實，李敦白就陷入了

52　李敦白：《我在毛澤東身邊的一萬個日子》，第 476，524 頁。

53　同上，第 477 頁。

54　同上，第 430 頁。

爛火不息：文革民間思想研究筆記

無止境的困惑之中。概括起來，有六個方面。

首先是文革暴力。其實，李敦白在參加造反，獲得解放感的同時，就直覺到「這樣的解放卻有着令人害怕的一面」。他很快就遭遇到了造反中的群眾暴力：當看到老紅衛兵在「破四舊」時的任意鞭打、殺戮，面對本單位的年輕造反派隨意羞辱被揪出來的老幹部，就像當年參加土改批鬥大會一樣，他再一次噁心「想吐」：他看到「在這場造反革命的表面下，正進行着一場沒有人有準備的醜惡暴力」，不禁要問：「這難道就是真正的革命行動？」[55]

在參與奪權以後，李敦白又面對無政府主義的混亂：「我們對如何經營廣播和電視一竅不通。我們承諾的民主很快瓦解成跡近無政府主義狀態」，「人人都在享受他們所擁有的新自由和獨立自主，一切變得一團糟」，「每次會議都演變成內訌。人人都有意見，人人都有理由」，結果任何事情都做不成功。[56]

李敦白還發現，造反派在掌權以後，很快就「利用權勢，無所不用其極的對付他們的反對者」，對於他們來說，「民主遠不如維繫自身的權力重要」。李敦白苦口婆心地勸告：「你們不明白民主的真義並不是我們可以說話，別人也可以表達？多數人執政，但是我們也要尊重少數人的權利」，沒有人理會這些話。他們聽得進的是江青的指示：「革命分子取得權力後，他們接着的工作便是鞏固權力。如果他們無法鞏固權力，他們就不能保住江山」。面對「造反派已經變得既官僚又高高在上」，「被壓迫者就在他們取得權力的瞬間搖身一變而為壓迫者」的現實，李敦白不禁要問：「我們以為人民服務的理由取得這個權力，但我們都在做什麼呢？」「如果我們對待意見

55　李敦白：《我在毛澤東身邊的一萬個日子》，第 398，406–409 頁。

56　同上，第 452–453 頁。

不合的人比走資派對待人的方式還惡劣的話，那麼我們當初又有什麼理由奪權呢？」[57]

李敦白意識到，「中央廣播事業局的情況便是整個中國的縮影。派系林立，敵對雙方瓶子、石塊及棍棒互相攻擊，甚至動用真刀真槍」。[58] 文革終於發展成全國性的大分裂，大內戰，陷入了無休止的權力鬥爭。

而最讓李敦白不能接受，又不得不面對的事實是：在權力爭奪戰中，「各個不同的派系紛紛向高層尋求助力」，「那些位在高層的人也在我們之中尋找同路人」，「我們利用他們，他們也在利用我們」，從根本上說，正是「高層領導把下層的我們當成棋子巧妙擺佈，是他們權力鬥爭的武器而已」。[59]

當李敦白最後看清楚，文革並不是他期望、想像的那樣，是一場實現全面而完整的人民民主、人權，徹底結束官僚體制的革命，而是「沒有革命的革命」，不過是以新的奴役代替舊的奴役，以新的暴力代替舊的暴力的權力再分配。由此引發的，是更加刻骨銘心的反省：為什麼「我們幾乎沒有一個人看出來？」「因為我們全在這場絢麗的權力競逐劇中迷失了。對我們期盼殷切民主與自由的未來，民主自由的光芒耀眼奪目，使我們盲目，看不見周遭的事實」。[60] 而當他醒悟以後，試圖告誡、說服他的造反派朋友從權力鬥爭的陷阱中自拔出來，回到爭取民主、人權的初衷上來，卻遭到了冷漠，以致拒絕。最後他發現，「我已經從一個多數團體中最受歡迎的人，變成只有自己的少數」。[61]

57　李敦白：《我在毛澤東身邊的一萬個日子》，第 459，456–457，458，470，466 頁。

58　同上，第 463 頁。

59　同上，第 457，460 頁，

60　同上，第 460 頁。

61　李敦白：《我在毛澤東身邊的一萬個日子》，第 467 頁。

最讓他意想不到的，孤立還來自他的外國人身份。李敦白坦言：「我從來沒有想過我最大的問題在於我是外國人」。這是他百思不解的：「我不是黨的一分子嗎？毛主席不是曾經說我是國際共產黨鬥士嗎？何況文化大革命不就是用世界主義之名起家的嗎？對帝國主義國家的仇恨固然是文化大革命的重點，但是外國人在中國的改革運動中受到熱烈歡迎，這也是第一次」。[62] 這裏，李敦白又犯了一個「只知其一，不知其二」的錯誤。如前文所說，毛澤東支持外國革命者參加文革是有一個前提的，即這些外國造反派也要像中國造反派一樣，絕對服從於毛澤東的戰略部署與需要。現在，李敦白卻要堅持自己的理想、信念，擁有自己的獨立的文革觀，並且希望以此來影響他直接參與的廣播事業局，以致更大範圍的文革運動，到處宣講；儘管他自認為是在宣傳毛澤東的革命思想，但事實上卻形成了對毛澤東文革的干擾，這是毛澤東為首的「無產階級司令部」絕對不能容忍的。李敦白更沒有看清，毛澤東和中國共產黨及他們領導的文革儘管「用世界主義(按，即國際主義)之名起家」，但在骨子裏卻更是民族主義的，「對帝國主義國家的仇恨」，對所謂「帝修反亡我之心不死」的警惕，都是滲入骨髓的。就以對李敦白的態度而言，儘管在文革前就處處表示對他的信任和重用，但文革中揭露出來的材料卻表明，在內部是把他列為「廣播事業局三個最危險的人物之一」的。[63] 這應該也是李敦白在文革中的實際處境：表面被捧上天，內部則始終處於「有關部門」(即國家安全系統)「時刻關注」中：身處黨的要害部門的外國人，是無法讓黨放心的，既利用又監控是既定政策。1967年8月，李敦白被宣佈「調出廣播事業局，擔任

62　同上，第 477 頁。
63　同上，第 452 頁。

特別任務」，在等待中從電視裏聽到毛澤東號召要發動一個運動，將「叛徒，特務和死硬的走資派一網打盡」，立刻有不祥的預感。[64] 到1968年2月21日，他就真的第二次以「特務，間諜」的罪名被捕了。

　　但這一次，李敦白並沒有第一次那樣，努力改變自己去適應和滿足黨的要求，而是堅持獨立思考，重新認識文革，毛澤東，以及自己與毛澤東、中國革命的關係。他發現自己有兩大「誤讀」。首先是：「毛澤東文化大革命的重點，並不是我所想的是要摧毀獨裁的一黨專政、摧毀對群眾的思想控制、對黨的教義的盲目服從和對人民權利的限制。相反的，他是要進一步強化這些東西，毛澤東的文化大革命有兩個主要口號。一個是『民主至上』，這是他用來激勵群眾以對抗其他領導人的手段；另一個口號是『完全無產階級專政(按，即『無產階級全面專政』)』。前者是手段，後者是目的」。其次是：「我所說的一切其實根本不是毛澤東思想。毛的確說過造反有理，但是那必須符合一個條件，即必須能符合他的目的」。[65] 他提倡「不斷質疑」，也有一個前提：必須服從他的意志，質疑他的政敵，他需要人們懷疑的對象；而絕不允許質疑他自己，以及他不希望人們懷疑的對象。現在，李敦白終於明白：「我提出的其實是我自己的理想，而不是毛澤東的」。[66] 應該說，從對毛澤東的誤讀、附會中解脫出來，恢復自己的思想、理想本來的獨立性，這是李敦白這樣的曾經的「毛澤東主義者」的思想覺醒的一個關鍵。這裏，還有一個細節：在監獄審訊中，審判者把作為罪證的李敦白在前述高校演講稿複本拿給他看，追問

64　李敦白：《我在毛澤東身邊的一萬個日子》，第 486，488–489 頁。

65　同上，第 523，477 頁。

66　同上，第 477 頁。

　　　　　　　　　　燭火不息：文革民間思想研究筆記

他所説的「所有被奴役者至高無上的主人」矛頭指向誰？他本想按當時的想法，回答是在「批判劉少奇」，但這時，他卻突然明白：自己批判的正是「毛澤東本人」。[67]這是很能説明問題的：李敦白這樣的毛澤東主義者，最初確實是從毛澤東那裏學得懷疑、造反精神的，但他將其堅持、貫徹到底，就必然突破毛澤東所預設的限制，最後懷疑到毛澤東本人及其思想，成為毛澤東的反叛者。這大概就是李敦白他那一代人最為熟悉的「革命辯證法」吧。

這樣，李敦白也就最後走出了將自己的文革期待、想像當做毛澤東的文革意圖與現實的「文革夢幻」。

關於文革夢幻，還要多説幾句。在某種意義上可以説，這樣的文革夢幻，不僅存在於李敦白這樣的在華外國革命者身上；許多在中國境外的外國左派、左翼學者，他們在對文革的理解、研究上也都有不同程度的夢幻色彩：他們也是從批判自身社會出發，形成了自己的文革期待與想像，以此來看待中國文革，而且就把它誤讀為中國的文革現實。如將老紅衛兵的「造反精神」抽象化，有意忽略、迴避其所實行的群眾暴力；將文革中的「靈魂深處爆發革命」理想化，有意忽略、迴避其強制改造的思想專政；將文革中對「經濟主義」的批判，誤讀為對「資本主義消費社會」的批判；斷定文革是「以民主社會主義來對抗獨裁社會」，實現了真正的「民族自治」與「地方自治」，等等。這是一種很有意思的文革論述現象，我另有具體討論，這裏不再展開。[68]

67　李敦白：《我在毛澤東身邊的一萬個日子》，第 523–524 頁。

68　參看錢理群：《毛澤東時代和後毛澤東時代：歷史的另一種書寫》（下），第 68–73 頁，台灣聯經出版事業股份有限公司，2012 年。

四、最後的告別

1977年11月9日，李敦白走出了監禁他九年八個月又一天的牢門，「沒事了」。[69]

但他很快就發現，「我回到的北京已不再是我離開時的北京」：「最大的不同是人際關係的改變」，不再有真正的友情，親情，一切都是利益，「走後門——利用特殊的人際關係——是辦好事的唯一方法」；整個社會盛行的是「向錢看」，「貪污腐敗已經深入黨的骨髓」，「我發現我以前認識的黨已經死了」，「它所有的尊嚴光榮都已經消失，再沒有人願意相信它，包括利用它攫取權力及物質享受的人」。[70]

他同時發現，中國人的思想變了，「即使是原本在金字塔最底層的廣大群眾也正在探索，想找出一個能夠取代他們失去的理想的替代品」。他在西單民主牆的民間運動裏，看到了這樣的努力。[71]

他仍在持續在獄中即已開始的自我反省。首先是重新審視「自己對共產主義的信仰」，「發現最大的問題並不在如何實現共產主義世界的方法，而是在共產主義本身的教義」。這裏有兩個根本性的失誤：一是認定要構建一個「十全十美」的烏托邦世界作為追求的理想目標，並且要將其變成現實，「一開始就已經埋藏了毀滅的種子」；二是認定要用暴力的手段達到目的，相信「必須要有嚴密的『人民專政』才能為達到未來的完美民主打下根基」，相信「壓迫是達到自由之路的必要之

69　李敦白：《我在毛澤東身邊的一萬個日子》，第 553 頁。

70　同上，第 561–563 頁。

71　同上，第 564，571 頁。

　　　　　　　　　　　燼火不息：文革民間思想研究筆記

惡」[72]。正是這樣的理想、理念上的失誤，使自己雖然始終（包括在文革中）反對暴力，但卻「支持那些主張暴力的團體（按，指中國共產黨和文革中的群眾組織），這卻是一個很大的錯誤」。其次是檢討自己與中國共產黨、中國革命的關係：「我幫助那些為新中國、為全人類福祉而努力的人是對的，我把中國的進展讓外界知道也是對的。然而，我把黨當作真理的具體象徵，對黨付出毫無批判、不可質疑的忠貞，卻是大錯特錯的。只有獨立思考並批評分析的人，才能為人類的自由與幸福做最大的貢獻」。[73] 有了這樣的醒悟，李敦白明白：是告別的時候了。

但當年他迷戀的中國夢仍在吸引着他，他還心存幻想。而打破夢幻的「最後且最重的一擊終於來臨——鄧小平封閉民主牆，並且逮捕幾個主要的大字報作者。我對黨的忠誠，被我在監獄中開始產生的疑慮，以及現今我在周遭所看到、所聽到、所感覺到的事實徹底的從根瓦解」，「我再也不願意盲目根據黨本身的定義來解釋黨的行動，也不願意去美化任何事」，「我現在有意願也有能力看清事情的本質。就如同世界其餘各地的政客一樣，中國領導人玩的也是一種令人齒冷的遊戲——利用民主牌來鼓勵人民攻擊他們的政敵，而當他們的敵人被覆滅了，他們就再也不需要民主公意，並且毫不留情的鎮壓他們原先鼓勵及保護的人民運動」。李敦白由此得出的結論是：「這一代的政治領導人就像上一代的一樣，對運用欺騙和鎮壓來達到目的是一點也不會猶豫的。而廣大的民眾，不但沒有成為黨的主人甚至還被黨當作奴隸」。這就意味着，李敦白曾經期待文革能根本改變的「環環相扣的奴役與被奴役」的黨的

72　李敦白：《我在毛澤東身邊的一萬個日子》，第 570–571　，第Ⅱ頁。

73　同上，第 542 頁。

「階級結構」更加強化，這是覺醒的李敦白絕不能相容的。

「鄧小平在1980年1月16日所發表的演說，可說是對這個民主夢最後致命的一擊。他乾脆揭開言論自由的假像，直接宣佈任何報紙都不准報導任何不符黨政策的言論，他威脅那些仍然持續支持自由政治言論及張貼大字報的人，他並警告人民要注意那些假借黨內腐敗以攻擊領導階層的反社會主義分子」。李敦白說：「當我讀到鄧小平的那次演講後，我知道另一波新的壓迫已經成形，貪污腐化也受到保護。而我，無能為力」，「離開的時候已經到了」。[74]

1980年3月17日，李敦白和夫人踏上一班飛往美國的飛機，標誌着李敦白這位外國理想主義者，革命者與中國革命、中國共產黨一段歷史的結束。

他對於自己在中國的苦難歲月「無怨無悔」。也依然承認，「過去三十年在中國，我仍看到不少成就。我看到中國百年以來首次團結，不再有內戰為禍；我看到短得可悲的生命延長了兩倍以上；我看到生病的小孩治癒，空飯碗再盈滿；我也看到了原始形式的司法公義，不論它在今日是如何被指責為形同具文，總好過以往殘害中國人民的殘忍武力統治」。

李敦白依然堅持對毛澤東的複雜評價：一方面認定「他是個聰明、才華過人的暴君，是造成上百萬，甚至上千萬人受苦受難及死亡的罪魁禍首」；另一面又認為，「毛澤東就某部分而言，像極了希臘的悲劇英雄」：「他一直在規勸、警告黨員要對抗隨着權力而來的腐化」，「但是他自己最後則變成這些腐敗想法的犧牲者，從而也犧牲了中國人民。他認為中國──甚至就某種程度而言，整個世界──都是他手中的實驗，常人間的家庭、宗教等關係，沒有一樣對他是重要的，唯有驅使人

74　李敦白：《我在毛澤東身邊的一萬個日子》，第 572，574 頁。

們不停的行動以達成他偉大的設計，才是他唯一關心的」。

李敦白堅持對中國的獨立批評態度，宣佈「我不忽視中國缺乏真正民主自由的事實」。同時又「依然深信中國總有一天會有真正的政治民主自由，中國人民遲早會為他們自己爭取到這些權利。他們自會在最佳時機，根據自己的意向，用自己的方法來進行。大部分中國人不認為達成這個目標僅能依靠有自由思想的知識分子，或是依賴再一次的大變動，再一次進入無政府狀態。我相信中國將會逐漸演進出一種政治民主形式。而這種形式除了學習西方外，也會參酌中國文化精華，並會避開一些阻礙我們的民主體系的錯誤」。[75]

2016年10月23日–10月30日

75　李敦白：《我在毛澤東身邊的一萬個日子》，第 575，580，579–580，581–582 頁。

監獄裏的文革反對派
——讀楊曦光《牛鬼蛇神錄：文革囚禁中的精靈》[1]

　　被視為「造反派思想家」的湖南長沙一中的學生楊曦光，在1968年1月貼出《中國向何處去》的大字報，引起了文革高層領導的注意。康生斷定：「這不是中學生、大學生寫的」，「他們背後有反革命的黑手」，「這個綱領不僅反對當前的文化大革命，而且把整個中國幾十年的革命否定了」，《中國向何處去》就是他們的「反革命的理論的根據」。[2] 楊曦光因此於1968年4月在短暫逃亡之後被捕，送進了長沙郊區的左家塘看守所；1969年年底，被判處十年徒刑；1970年元旦以後，就被送往離長沙二三白里的岳陽建新勞改農場；1970年「一打三反(打擊反革命，反貪污，反浪費，反刑事犯罪)運動」中在長沙模範監獄呆了八個月，又回到建新農場；直到1978年4月刑滿出獄，前後十年。用楊曦光自己的話說，他「從中國社會上的上層進入中國社會最底層」，在這個「中國的古拉格群島」上，他遇到了「形形色色的精靈」，「他們中有地下反對黨的領袖，有從事當局所不容許的自由經濟活動的企業家，有扒手、強盜，有各式各樣的不同政見者，被迫害的教徒和作家，以及國民黨時代的高官貴人」。在八十年代楊曦光把他在獄中所見所聞，寫下了《牛鬼蛇神錄：文革囚禁中的精靈》一書，1990年公開發表後，即引起廣泛注目：楊曦光認為，讀者通過他的

1　《牛鬼蛇神錄：文革囚禁中的精靈》，楊曦光著，牛津大學出版社，1994 年。
2　《中央首長接見毛澤東思想學習班湖南班全體同志的講話》（1968 年 1 月 24 日），收《陳伯達文章講話彙編》。

眼睛，「將接觸到當時中國政治犯一些獨特而深刻的方面」。[3]

我們感興趣的，是楊曦光是以「不僅反對文化大革命，而且否定整個中國革命」的罪名入獄的，他其實本無這樣的自覺；但他在監獄裏，卻接觸了真正反文革、否定或質疑中國革命的反對派和反革命派，從而引發了他關於「什麼是中國政治辭典中的『革命』與『反革命』？在中國的司法實踐和在朝在野的政治意識形態中『革命』與『反革命』究竟意味着什麼」這樣的「並不一定有答案」的問題的思考。[4] 而更有意思的是，這些集中在監獄裏的文革以致中國革命的懷疑者、批判者、反對者，有着完全不同的社會階級、階層、家庭背景，出於完全不同的思想、觀念，有着不同的動機、目的和追求，構成了一個可以說是五光十色的政治光譜，這是可以顯示文革時期的中國底層政治、反對派政治的複雜性和豐富性的：這是觀察、考量、分析文革的一個獨特角度。

讓我們一一道來——

一、囚禁中的精靈

這是一群文革前即有的「反動」資本家、律師、宗教徒、知識分子，還有「反動」農民。

這位被叫做「盧瞎子」的資本家，戴一副深度近視眼鏡，穿一件醬色高領毛料服，卻罩着一件粗布中山服，顯得不倫不類。1950年他18歲從高中畢業就開始做各種小生意，最後擔任了上海私營味精工廠在兩湖地區的行銷商，才發了財，在長沙商業繁華地區建了一座三層洋樓，算是過上了好日子。但好景

3　楊曦光：《牛鬼蛇神錄：文革囚禁中的精靈》，第15，7頁。

4　同上，第viii頁。

　　　　　　　燼火不息：文革民間思想研究筆記

不常，到1954年公私合營運動，就要求他獻出營業大樓，他堅決拒絕，一口咬定：「共產黨的政策是自願互利，我就是不自願，也不要你的利！」他買了幾台制鞋機器，就在自己的營業大樓裏生產鞋子。共產黨動員他僱用的工人和他鬥爭，指責他剝削工人，他乾脆不僱用工人，由家人和親戚自己生產。共產黨又通過工商聯出面干涉，不允許解僱工人。他以50年代能找到的所有共產黨的法律文件為依據，為自己的解僱權辯護，並上告法院。法院警告他不要抗拒社會主義改造。他根本不聽這一套政治宣傳，只重複一句話：「政府司法機關以法律為準繩，以事實為依據，這不是你們共產黨總理在政府工作報告裏說的嗎？」法院拒絕他，他就專門到上級機關告狀。他發現穿呢料衣服會被看作是資產階級而被拒之門外，就再加上件幹部制服，果然大大增加了接近高幹的機會。他一打聽到市長、市委書記要去某個公共場合，就趕去遞申述書。這就得罪了官方，在1958年反右運動後期被劃為「反社會主義改造分子」。1964年，共產黨進行城市私房改造，沒收了他的大樓。盧瞎子到北京告狀，被公安局押送長沙，以「不服從管制的壞分子」的罪名，在看守所關了一年。文革開始，他即被抄家，家裏的金條被紅衛兵抄走，他自己也被趕到大街上，他又去告狀，最後被押送進了左家塘看守所，成了楊曦光的「難友」。

在看守所裏，他仍然初心不變，不斷質疑共產黨的「反資本主義剝削」和「社會主義」。他這樣談到公私合營後的工廠管理：「共產黨在工廠裏一年四季是運動，年初是開門紅運動，年中是月月紅運動，年底是大戰四季度紅到底運動。所有的運動都是要工人多做事少拿錢。這可是比資本家厲害得多的剝削。但只要是共產黨搞的，就叫作為社會主義作貢獻。如果私人資本家這麼做，早就被打成不法資本家了」。「他們剝削

工人是好的，叫做作貢獻，是無產階級革命事業。要是私人僱了工人，即使給的工資高得多，也是資產階級的、反動的。三桿槍逼着我，我也不會承認共產黨這種邏輯是真理。同樣的生意，你做叫投機倒把，不法奸商，他做就叫社會主義，天經地義！」盧瞎子舉外貿與糧食買賣做例子，「你看政府做外貿低價進，高價出，買空賣空，一轉手賺一倍甚至幾百倍，既合法又合理，還是社會主義。但任何私人做同樣的事，哪怕賺得再少，也叫投機倒把，資本主義！」這都句句擊中要害。盧瞎子因此對自己的言行始終充滿信心，「他相信自己沒犯法，不時背誦1954年憲法中關於保護公民財產的條款。他是9號中最心安理得地等着被釋放的人」。楊曦光因此說，「在盧瞎子看來，他自己對自己的財產的權利是如此自然、合法而合理，而共產黨的理想和整個意識形態卻與如此自然合理的事不相容」，「好多年後，我還會想起盧瞎子那握有公理和正義的自信心，我變得越來越喜歡他這份自信。雖然我後來再沒見過他，也不知道他將來的命運」。[5]

這位監獄裏的「演說家」龍才早，是一個瘋子，卻是建國前的律師。每當別人稱他「龍律師」，他一講起法來，言語、舉止就不再像個瘋子。在一次私下談話裏，他對楊曦光說：「小楊，你相不相信，中國自1949年後沒有商法、民法幾十年了。沒有商法、民法，行事就沒有方寸，沒有規矩。國民黨雖打不贏共產黨，民國二十年就有了民法、商法、公司法，如今是無法無天，無法無天呢」。「小楊，你曉得陪審制度吧，英國普通法、大陸羅馬法都有陪審制度」，「什麼是陪審制度？兩個人打架，扯間的人與打架雙方都無關才有公正。陪審團就是與告狀的與被告的無關的，判決由陪審團作，陪審團

5　　楊曦光：《牛鬼蛇神錄：文革囚禁中的精靈》，第29–33頁。

成員有時是從街上臨時請來的與案子無關的人」。但講着講着就不正常了，朝上翻白眼，手指天空，大聲用嘶啞的喉嚨吼：「『虎』是獸中之王，『毛』是人中之王。你要有公理，就要打得贏『毛』。」停一停，他又叫道：「人抬人，無價之寶。人比人，氣死人。人踩人，踩死人。毛澤東，今天人人抬你，明天人人踩起你來，你才會記得韓信的話：『載舟之水也覆舟』」。聽者連忙叫停，他根本不理，橫他們一眼，又大聲像唱戲一樣吟詠道：「孟子曰『恆產有恒心』。你共產黨偏不准私人有恆產。看你這螃蟹如此橫行，能到幾時！」第二天，龍律師又來了，這回小心多了，用蚊子叫的小聲音對着楊曦光的耳朵說：「小楊呀，彭德懷是個好人呀，你不要相信毛澤東罵彭德懷的話呀。毛澤東是自知理虧才罵彭德懷，還逼着全中國人民一起罵彭德懷呀！你知道吧，要是依了彭德懷的，1959年就不會餓死那麼多人了」。那時候沒有人敢講這樣大逆不道的話，楊曦光連忙對他說：「你是個大好人。你是個有良心的大好人！」龍律師像個大孩子受了表揚一樣，一副不好意思的樣子。楊曦光則說：「我們特別喜歡這種瘋瘋癲癲的人。一是因為這是一個不講理的社會，『瘋子』講的反而都是真話。二是我們看了這麼多迫害，我們不喜歡，不，是怕嚴肅的人，我們喜歡龍律師這樣的瘋瘋癲癲不嚴肅的人」。[6]

監獄裏還有一位被視為「聖人君子」的「李牧師」，本名李安祥，雖不是牧師，卻是一個虔誠的天主教徒。他三十歲年紀，信了二十年教。他原來是長沙汽車電器廠的車工，只因為貼了一張反對文革的大字報，就被抓進了監獄。他自己解釋說：「是上帝派白馬將軍下凡讓我貼一張大字報，告訴眾人，文化革命像秦始皇的焚書坑儒一樣，將來會在歷史上遺臭萬

6　《牛鬼蛇神錄：文革囚禁中的精靈》，第 229，230，231 頁。

年。」有人質疑說:「上帝怎麼對中國的儒學會這麼好感呢?秦始皇的焚書坑儒與上帝怎會連在一起呢?」他回答說:「我父親告訴我,最早來中國傳播上帝福音的西方人,都學習儒學。有的對孔夫子的學問非常佩服。孔夫子歷來是包容並蓄,『仁者愛人』,跟上帝的仁愛是一脈相通的」。他進了監獄,仍早晚作禱告,每週要仔仔細細地抹一次地板,以維持獄室的清潔。別人勸他別對自己太苛刻,他總是說:「上帝要我來吃盡人間苦,拯救我的靈魂」。一天大清早,李安祥作完祈禱,對大家說:「昨晚上帝又派白馬將軍下凡,告訴我,上帝要遣我去世上最艱苦的地方,真正嘗遍人間艱苦,以救眾生」。幾天後他果然被判十年勞改徒刑。[7]

如果說「李牧師」是站在天主教、儒學的立場,質疑文革的「焚書坑儒」,監獄裏的另一位「演說家」楊桃年,就從佛教、道教所講的秩序和規矩,批判文革失去了「法度」。他天天演講,中心就是一句話:「共產黨亂了法度,天下要大亂了」。他說:「周總理是最知道法度的,他的好政策都被下面的壞幹部變成壞政策了」,「共產黨內部自相殘殺,對人民不敬,不愛,天天搞階級鬥爭,不要幾年,他就會自己搞垮自己的。到那時,『英雄自有用武之地』」。有人問他:「你看毛澤東死後,什麼事會出現?」他回答說:「毛澤東死了後,中國會是佛家、道家的法度之天下。我掐指一算,毛澤東死後會有一個過渡的政治人物,這個過渡的政治人物之後,會有一個姓趙的人掌管中國政治」。[8]

監獄裏還有一位「怪人」賓蘭庭,「他臉上是那種典型的世故中國人有意裝出的麻木表情。看去似乎呆癡,實際上卻使

7　《牛鬼蛇神錄:文革囚禁中的精靈》,第 93,95,96 頁。

8　《牛鬼蛇神錄:文革囚禁中的精靈》,第 223,224 頁。

　　　　　　　　　燭火不息:文革民間思想研究筆記

人感到臉後有臉，後面的臉一定是一種複雜、警覺和提防的表情」。他對歷史極有研究，看了很多明清兩代的野史和正史。他也喜歡講春秋戰國的歷史。他在號子裏背着手來回走動，背誦着韓信臨死時留下的警句：「狡兔死走狗烹，敵國滅謀臣亡」，並且說：「漢朝開國功臣是不懂急流勇退而遭殺身之禍的例子」。當時正是林彪權勢最盛的時候，賓蘭庭卻出此危言，足見其深謀遠見，卻是最易引火焚身的。楊曦光因此猜測，「他一定是因為被指控為『借古諷今』，攻擊『朝政』之類的罪名而坐牢的」。他到了監獄裏，也依然關心朝政，自覺扮演一個「政治鬥爭的觀眾」、「客觀的評論員」。在私下議論裏，他認為中國政治的根本問題，是對鄉村地方宗族、鄉紳統治結構的根本破壞。他反復強調：「中國歷史上這種宗族祠堂和紳士結構往往把政府的權力隔開，使地方相對於政府，有一定獨立性」，沒有明說的意思是：「共產黨把地方紳士和祠堂勢力完全消滅，把地方完全置於政府的政治控制之下，使人民完全沒有獨立的地位」，種種政治弊病正由此產生。但他又認為，這似乎是難以避免的歷史趨勢，「毛主席是了不起，他就把國民黨的社會基礎完全消滅了，從上到下完全換人」，而老百姓總會適應這樣的現實，大家都「寧為太平犬，不為戰亂人」，「只要一個國家不打仗，有幾十年總會發展起來的」。這樣，他就更要做歷史的旁觀者了。他對現實政治的觀察與分析依然敏銳而有前瞻性。比如在大批劉少奇的時候，他就斷言：「沒有三五年，劉少奇這條線上的人怕是(多得)揀也揀不清，加上還有文革新出現的反對勢力」。在報上大吹特捧林彪時，他又大講「康熙喜歡四王子，四王子很懂韜晦之計，人也很聰明，但就是心地尖刻，所以康熙對他不放心」的故事。據說文革後他從監獄出來，政府也要給他落實政策，但他已無心

再做事：早已把一切看透了。[9]

也有想不開而致瘋的，這也是一位奇人：人稱「黃眼鏡」的獄中作家。他父輩、祖輩都是清末民初的名門望族，自己對寫作有狂熱的嗜好，自命為「曹雪芹那樣的在世窮困潦倒，身後才成大名的人」。他自己說，1959年出版過一本寫工廠生活的小說，1965年他的一部描寫良家婦女墮為娼妓的小說，已經納入了出版社計劃，文革發生了，書不但不能出，他自己也成了「小鄧拓」和「文藝黑線人物」。「人家說我，作品就是命，命就是水，這話一點不假，聽到出版計劃被取消的消息，真像聽到晴天霹靂。我沒日沒夜思考這突發的政治事件，得了精神分裂症」。在獄中清醒時仍舊沒日沒夜地寫小說，電影劇本，而且極受犯人歡迎，他的一本小說往往有兩三個版本的抄本，在三大隊犯人中流傳。他在《參考消息》上看到有關報導後，就揚言中國到了「赫魯曉夫時代」，自己也要寫我們的《日夫科夫醫生》和《古拉格群島》。但他一旦精神病發作，就如山洪暴發，勢不可擋。1971年10月監獄傳達了關於林彪事件的文件，清早出工時，他一路狂奔，見到犯人就大叫：「你看林彪起來殺毛澤東了，我們要造反起來回應呀。此時不回應，還等到何時呀！趕快起來配合林彪，殺死毛澤東呀！」他還對幹部大罵不止：「你們這些毛澤東的爪牙，不要執迷不悟，不要再為毛澤東賣命了。你們看，林彪都起來造反了。你們快快醒悟，不要再為毛澤東蒙蔽了！」他立刻被捆在旗桿上，罵了一上午，到中飯前就安靜下來，恢復了正常。幹部們自己也被林彪事件弄得丈二和尚摸不着頭腦，就對黃眼鏡的這一次發作沒有作任何處分。

9　《牛鬼蛇神錄：文革囚禁中的精靈》，第147，149，150，151，152，153，154，155頁。

最引人注目的，還是監獄裏的「反動農民」。沈子英就是一個典型。1954年時他還是一個普通農民，政府統購統銷把他的大部分糧食強制以低價「購」走。他全家處於饑餓的邊緣，就去糧庫偷糧食，被發覺，判了四年徒刑。在獄中他繼續發洩自己的不滿，就以發表「反動言論」的罪名，先後六次加刑，在勞改隊關押了二十來年。他的「反動思想」也越加成熟，對共產黨與農民的關係，就有了更為系統的批判：「1954年就統購統銷，說是政府沒有足夠糧食發展工業。其實是你共產黨1953年搞三反五反，把糧食商人都打成奸商，共了產了。一統購統銷，糧食倒真的少了，農民也餓肚子了」，「劉少奇1962年搞三自一包（自由經營，自負盈虧，自留地，包產到戶），農民皆大歡喜。獨有你毛澤東不高興，又要批判三自一包，又要打倒劉少奇，你是個千夫所指的秦始皇，你作惡多端，不得好死」，「共產黨進了城就不記得農民了。進了城又怎麼樣？你們城裏人沒有我們鄉裏人，一天都活不下去。試想想，如果沒有我們種的糧食，你們能活一天嗎？你們一天不吃飯能過嗎？我們鄉裏人沒有你們城裏人卻照樣活！」他對自己因此受到的迫害，更是義憤填膺：「你們共產黨要把我磨死在牢裏就講明呀！不要這樣零刀子碎剮呀！——講真話就要殺頭呀。你曉得怕人講真話你就少幹點缺德事呀，你共產黨就是又要做壞事又不准人講你，天下哪有這道理！」楊曦光聽了這位普通農民的叨叨，心裏很是痛快：「其實很多中國人大概都有沈子英這樣的想法，這才是真正的中國人呢！那些天天喊萬歲，天天指鹿為馬的人怕是早就丟了中國人的魂了」。[10]

於是，又有了農民中的「反革命組織」和「反革命集團」，大都與1959年的大饑荒有關，在1959–1962年間發展起

10　《牛鬼蛇神錄：文革囚禁中的幽靈》，第 235，236，238，136 頁。

來，又多在文革初期被破獲。一位岳陽鄉下的小學教員，他的家鄉1959年大躍進時，縣委強迫農民在冬天修水庫時，脫光上衣挑土，連婦女也在內，以迫使人們拼命勞動以保持身體溫暖，違抗者一律毒打，十數人被活活打死。老百姓都稱之為「血山水庫」。這位小學教師和幾位朋友在一起議論，文革一開始就以反革命糾合集團首犯的罪名，判處15年徒刑。有一位礦山工人周裕德，也是因為和朋友定期聚會，批評共產黨的政策，而被打成「反革命小集團」。還有些農民也是因為對現實不滿，偷聽台灣廣播，受其宣傳影響，自發組織「反共救國軍」。因為對「三年苦日子」不滿而進行地下反政府活動的另一股勢力叫做「一貫道」。楊曦光在勞改隊裏，就遇到其中的一個成員對他大談朱元璋的軍師劉伯溫的《燒餅歌》：「《燒餅歌》裏有一句：『二八鬍子二八秋』，你知道是什麼意思嗎？鬍子和毛是一回事，鬍子是指姓毛的人。毛澤東三個字共是二十八劃，所以二八胡人是指毛澤東。二八秋意思是毛澤東執政二十八年就會垮台！你看劉伯溫六百多年前就給毛澤東算了命，毛澤東過不了1976年！」據說文革開始時，鄉下的很多老人都說，那時的動亂很像清末民初時的政治狀況。很多老人因而預見，共產黨朝代可能要完了，像元朝一樣壽命不會很長。這樣的迷信之言固然不足訓，但至少也是表達了一種民意。[11]

　　這些農民的自發反抗大都發生在文革前，也有在文革中發生的。其中有幾個案子都是由1967年8–10月的湖南道縣大屠殺事件引發的。所謂「道縣大屠殺」，是在當地駐軍與武裝部指揮下，組織「貧下中農法庭」，把農村「四類分子(地主、富農、反革命、壞分子)」及其子女，統統槍殺、活埋，涉及1590

11　《牛鬼蛇神錄：文革囚禁中的精靈》，第 288，289，283–284，285–286，289–290 頁。

　　　　　　　　　　　烈火不息：文革民間思想研究筆記

個生產隊，直接殺害的有4193人，逼迫自殺326人。[12] 關在勞改隊裏的「雷大炮」的父親是國民黨的官員，早在1950年就被鎮壓。他的哥哥在道縣事件中，曾把出身不好的青年組織起來，互相通風報信，四處逃亡。沒想到事件結束後當局竟以「反革命組織罪」將其判處死刑立即執行。沉默寡言的雷大炮大受刺激，突然開口批評共產黨任意屠殺百姓，也被判15年徒刑。還有一位「何呆子」，是家族中唯一逃過這一大劫的倖存者，卻因此發瘋，也被送進看守所。人們經常看見他在獄中手持根木棍上下舞動，口中念念有詞：「大道，蒼天，不殺，不負。神天有眼，道行，道歸⋯⋯」。[13]

可以看出，所有這些「文革囚禁中的精靈」，都是建國後中國共產黨的歷次政治運動把他們推到了共和國反對派的位置：對資本家的經濟剝奪，產生了「盧瞎子」；對知識分子的出版、言論自由的剝奪，催生了「黃眼鏡」；把勞動者逼上生活的絕境，也把農民(沈子英，雷大炮)、工人(周裕德)逼上梁山，等等。他們以不同的文化資源(或中國傳統的儒、道、佛，或西方宗教、現代民主、權利、法治觀念)對共和國文化與歷史，進行了尖銳的批判。他們絕不是罪不可赦的「犯人」，恰恰是有獨立思想與人格的大寫的人，稱之為民族「精靈」是當之無愧的。但他們的可貴思想卻常常以看似瘋狂、偏激的語言與言說方式表現出來，他們中的有些人也確實患有精神病症。黃眼鏡就專門和楊曦光議論過：「1964年以來，中國因政治原因引起精神分裂症的案例，一定和1959年大躍進後的水腫病

12　章成：《在階級鬥爭名義下：湖南道縣農村大屠殺》，收宋永毅主編：《文革大屠殺》，第117，151–152，122頁，香港開放雜誌社，2002年。

13　《牛鬼蛇神錄：文革囚禁中的精靈》，第180，181頁。

例一樣普遍」。[14] 而最具嘲諷意義的是，在文革這個瘋狂的年代，正常人按主流意識形態說的大話、套話裏，充滿了昏聵、荒唐之言，倒反是被視為精神病患者的瘋言瘋語裏，保留着些許真話與清醒之言。

二、文革監獄裏的政治光譜

監獄裏更有一批有更自覺的政治意識，主動投入文革遭到鎮壓，因而成為文革反對派的。他們因不同的政治觀點與立場，形成一個政治光譜。

處於最右翼的，是被稱為「保守派思想家」的聯動分子程德明。和聯動老紅衛兵一樣，他是長沙一中最早起來造工作組的反的，但後來接受了聯動的觀點，就成為文革反對派了。他們最重要的政治口號是：「擁護1957年以前的毛澤東思想」。他們骨子裏都是「擁蘇派」，是「斯大林主義者」。因此，在他們看來，毛澤東1957年搞大鳴大放，是追隨赫魯曉夫反對斯大林，結果引發了右派進攻，文革正是右派進攻的一個延續。他們對毛澤東的批判的另一個重點，是毛澤東在1958年、1959年以後推行的極左的經濟路線：「他根本不懂經濟學」，「他甚至反對計件工資制和物質刺激，我不相信他的政治鼓勵真能提高生產率」。在程德明看來，正是毛澤東的極左錯誤「造成了中國經濟的大崩潰。他不肯認錯，這是他發動文化大革命整肅批評他1959年政策的人的原因」。這些聯動分子對毛澤東的文革的不滿，還有一個重要方面，是毛澤東對造反派的支持。在他們眼裏，「造反派是一群對於共產黨不滿的地主資本家的『狗崽子』，是右派，反革命」。他們的最大憂慮是：「文化

---

14 《牛鬼蛇神錄：文革囚禁中的精靈》，第 204 頁。

革命繼續下去，會有二十年政治後遺症。經濟文化的發展會受到不可挽救的影響。我們父輩流血犧牲打下的江山，不能就這樣讓江青、蒯大富這些傢伙斷送掉。這個國家是我們的國家，這個天下是我們的天下，我們不能看着她被這些奸臣亂賊斷送掉」。從根本上說，他們是黨國的忠臣，理所當然的依靠對象和繼承人；因為反對文革而被捕，也只是一時之誤會。因此，程德明很快就從監獄放出去，而與他同校的「造反派思想家」楊曦光在他出監後兩個月，就被判刑，這都不是偶然的。[15]

另一位保守派成員毛火兵，是長沙有名的大礦山機械廠的學徒工，共青團員，他的階級成份是紅而純粹的，父兄都是產業工人，父親還是勞動模範。大工廠福利待遇好，社會政治地位也高。毛火兵成為保守派，沒有程德明那樣明確的思想指導，而純出於「樸素的階級感情」。他參加保守派的武鬥組織「紅色怒火」，是他母親親自送去的。母親對他說：「沒有共產黨就不會有我們的今天。現在這些右派要造無產階級專政的反，要推翻共產黨，我們絕不能讓他們得逞。你安心去打仗，我們在全力支持你」。因此，毛火兵是滿懷「誓死保衛紅色政權」的革命激情衝在武鬥第一線的，最後成了「殺人兇手」而入獄。但他一點也不氣餒，他堅信：「公檢法是我們一派的，他們會盡量保護我們的」。「毛火兵明白秩序遲早會恢復，這個天下還是共產黨的天下，他們這些忠於共產黨的保守派（即使犯了法）最後會被保護，至少是被原諒的」。[16]

造反派也有自己的武鬥組織，其中一個因帶頭衝擊軍隊、搶軍隊槍支而出名的組織叫「長沙青年」，這是由農場勞教人員組成的。它的指揮官李良出身於舊時代名門望族，60年代初

15　《牛鬼蛇神錄：文革囚禁中的精靈》，第84，86，80–81，87，92頁。
16　同上，第57–58，62頁。

是位大學生，大躍進以後出於對現實的不滿，幾次試圖越境逃往香港被抓勞教三年。而大多數勞教人員都來自底層，楊曦光在獄中遇見的三毛伢子就是一個扒手。他在勞教所曾因生病不能出工，被幹部毒打，他當時就大喊大叫：「總有一天，你會掉到我的手裏的，我會十倍地要你還這債」。他就是懷着這樣的仇恨和復仇心理參加造反的。三毛伢子後來果然在一次兩派鬥爭中抓住了迫害他的幹部，把其一只眼睛活生生地挖掉了。在楊曦光看來，這是充分暴露了文革造反「黑暗和無理性的一面」的。楊曦光在獄中還有一位「扒手朋友」羅鋼，他「因為家庭出身不好，沒有考上中學，充滿了對社會不公的憤恨，下決心要把這個社會偷垮」。文革開始後，他也參加了造反派組織，在一次武鬥中，被保守派擊中負了傷，成了英雄。他對楊曦光坦誠地說，他「每天早晨醒來，都有一種無窮盡的被人追捕的感覺，有一絲負罪和深深的不安定感」。[17] 也可以説，許多底層受壓制的群體，都是懷着對社會的不滿，以及自身生命的不安定、不安全感而本能地走上造反之路的，未必有明確的造反意識。

　　但自覺的反抗者還是有的，被當局看作是省無聯的核心組織「高校風雷」幕後「搖鵝毛扇」的人的陳光第老師，就是一個「對任何事都有自己看法」的獨立知識分子。他對毛澤東文革中推行的文化、教育思想和政策，如「批判智育第一，專家路線，白專道路，要求知識分子參加勞動，向工農學習」，都提出了自己的質疑，自稱他的「思想傾向是造反的」，並且鼓勵學生造反：「你們應該造當局的反，來爭取推行更理性的政策」。他在獄中對楊曦光説：「要改變這個非理性的政權，我們一是需要理論，二是需要組織」。但同時他對文革國內政治

17　《牛鬼蛇神錄：文革囚禁中的精靈》，第 51，49–50，23–24，16，24 頁。

形勢的發展，又有自己的獨立分析。他對學生說：「現在並不是造反的最好時機。最後當權派總會在這次文革中把你們鎮壓下去。你們應該積蓄力量，準備在下次文化革命時進行成功的造反，把這些不合理的政策改變」。他在私下曾經預言「毛澤東一死，江青等激進派會與共產黨內的保守派官僚發生衝突。如果激進派成功，中國可能有機會徹底改變共產黨制度，甚至爆發革命。如果共產黨內的保守派佔上風，中國又會回到蘇聯體制，長時間沒有發生根本變化的可能」。他大概是把希望寄託在江青這些激進派身上。因此，江青一倒，文革結束，他自己也消失了，沒有人(包括和他感情最好的親妹妹)知道他的下落。[18]

楊曦光本人是代表了更為激進的造反派的。他在《牛鬼蛇神錄：文革囚禁中的精靈》裏，這樣概括他在寫《中國向何處去》時的基本思想和觀點：他在文革串聯時接觸到了批判特權階層的「新思潮」，瞭解到社會基層的一些真實情況，就發覺毛澤東的「無產階級專政條件下的繼續革命」和「兩條路線鬥爭」的理論已經不能解釋中國的問題，「決心從馬克思主義原著中找答案，通過系統的調查瞭解中國社會的真實情況，弄清促成文革中城市市民與共產黨幹部發生衝突的根本原因」。他最後的答案是：「中國已經形成了新的特權階層，他們『壓迫剝削』(純馬克思主義語言)人民。中國的政體需要一次新的暴力革命推翻特權階級，重建以官員民選為基礎的民主政體」。楊曦光還說到，他進了監獄後，思想有了變化。一是由於他自身出身於高幹家庭，周圍朋友中沒有一個參加造反派的，因此他自稱「屬於那種對保守派觀點極為瞭解，並與他們有很多私人關係的造反派」。在監獄裏，他和程德明這樣的「保守派思想家」就成了好朋友。他也更加理解了保守派堅持的「『復

18　《牛鬼蛇神錄：文革囚禁中的精靈》，第 96，101–103，104–105 頁。

舊』和秩序的價值」，但他更明白「這秩序的殘酷與黑暗的一面，懂得這『理性』的野蠻的一面」。於是，「在珍愛復舊的價值的同時，卻更加仇恨這殘酷的『秩序』」，這就陷入了「保守」與「造反」的深刻矛盾中。另一方面，在獄中經過和各種文革反對派的廣泛接觸和進一步的獨立思考，他意識到「毛澤東利用造反派的準政黨組織反對共產黨官僚這齣戲已經結束，我已經丟掉了對毛澤東的任何幻想」，並「在1970年代初，徹底放棄了對馬克思列寧主義的信仰，而成為一個竭力反對革命民主主義，支持現代民主政體的人」，他說「自己不再會是一個充滿優越感的幹部子弟，我會永遠與那些被迫害的國民黨人、地下反對黨以及剛被關進監獄的造反派領袖認同，與一切受政治迫害的人認同。我也相信，中國政治最後穩定下來的一天必定是這最後一批受迫害的人(造反派)被解放的一天。我深深地對徹底否定文革的思潮反感，相信文革中造反派的政治迫害運動終會在歷史上恢復名譽」。[19]

楊曦光說到的「地下反對黨」，是獄中文革反對派中走得最遠的人。這其實是楊曦光寫他獄中見聞最為着力之處：「多如牛毛的地下政黨在文革中曾經非常活躍，但為什麼他們不可能利用那種大好機會取得一些進展？」「秘密結社組黨的反對派運動，在中國能不能成功？它們在文革中起了什麼作用？」應該說，文革中的「秘密政治結社的社會背景、動機、意識形態和活動方式」，是文革研究的一個不可或缺的重要方面，[20]但至今還幾乎是一個空白，因此，楊曦光回憶中的有關記錄，就顯得特別珍貴。

19　《牛鬼蛇神錄：文革囚禁中的精靈》，第 4–5，101，67，101，182，306頁。

20　同上，第ix頁。

這位地下反對黨的領袖張九龍，在獄中是一位下圍棋的高手。楊曦光也是由此來觀察他的：「他算雙方棋局的氣不但十分精確，而且很具長遠目光，往往能看到十步以外的局勢。他喜歡研究一定棋局下的『棋譜』，表現出一種敢於冒大風險、敢於贏大利的氣質」。楊曦光說：「從圍棋棋局上，我開始相信他這種人搞政治一定有他的『全局』在胸，一定有他的精細計算」，他「眼中的自信混合着冷酷，嘴角充滿着堅定與專注。他從不悔棋，也很少憂疑，他的自信與成熟看似與他不到三十歲的年齡不相稱」。張九龍的父親、叔叔、伯伯1949年前都是搞機械的；戰後，伯伯在長沙開了湖南第一家汽車修理車間，父親也建立了一所機械加工作坊。1956年公私合營運動中，張九龍伯伯成了資本家，父親成了小業主。本來憑藉自己的聰慧，不到16歲就考上了西安航空學院的張九龍，因為家庭出身不好在反右運動以後，被強制轉校，他一氣之下，自動退學回到長沙，和一些被打成右派開除學籍的大學生，一起私下承接國營工廠的機械加工活，半合法、半非法地賺錢。同時也經常在一起議論政治，並達到某種共識。張九龍自己介紹說，他的右派朋友「在反右運動前希望通過議會道路使中國走向民主。反右運動給他們的教訓是，中國實現民主，議會道路行不通」，於是，「都在想走格瓦拉道路」，也就是走武裝反抗之路。文革提供了一個機會，他們都「參加了造反派。武鬥最激烈時，他們控制了一些槍支彈藥」。當局重新控制局勢後，在造反派中發動清理階級隊伍的運動，抓住了他們的一些把柄，儘管並沒有掌握任何他們建立地下政黨的過硬證據，但仍然將他們一網打盡，並迅速判了死刑。張九龍曾給楊曦光講過俄國小說的一個名叫「青鳥」的主人公故事，據說他是一位「地下職業政治家」，這也正是張九龍的自覺追求，「共產黨最怕最

恨這種腳踏實地搞組織的人」，因此必除之而後快。可惜張九龍和他的戰友沒有留下多少有關他們的思想的材料。楊曦光記下的僅是張九龍對於政治形勢的兩段分析。一是他談到「台灣問題在將來的中國政治中有着極重要的作用。台灣國民黨政府的存在實際上相當於中國保留了兩黨政治。這意味着中國的政治演變將與蘇聯很不一樣」。在楊曦光的印象裏，張九龍是一位「親美的政治家」，他顯然希望中國走向英美式的兩黨政治的道路。張九龍還談到他寫過的一篇最後落到公安局的文章，這大概是他的唯一罪證。文章認為「人民反對當局的革命情緒像性衝動漲落一樣有一定週期，民主國家讓這種衝動不斷地發洩，所以很少能形成革命的形勢。而共產黨國家沒有讓革命情緒發洩的通道，這種情緒就會積累起來，形成革命形勢。毛澤東發動文化革命後，1959年以來人民中積累起來的革命情緒有機會發洩出來，而動亂又會使人民嚮往秩序，因而反而有助於共產黨鞏固政權」。[21] 這顯然是一位既有強烈的革命訴求，又對政治形勢有清醒認識的政治家。

「劉鳳祥和勞動黨的故事」是楊曦光獄中紀實的一個「將分散的章節連成一體」的貫穿性敘述。[22] 楊曦光介紹說，劉鳳祥是國民黨時代受的高等教育，在1949年共產黨南下接管大片國民黨區的政權，急需大量吸取知識分子時，加入共產黨的。1950年二十來歲就當上了湖南瀏陽縣縣長，當地建設報的總編輯。1957年在湖南日報任主編時被打成右派。[23]

21　《牛鬼蛇神錄：文革囚禁中的精靈》，第 35，36–37，38，44，45，41–42，42，39，38，43 頁。

22　同上，第ix頁。

23　據當年和劉鳳翔同為右派，在文革中一起關押在勞改隊裏的「難友」朱正（著名學者）在《憶鳳翔》一文中回憶，劉鳳翔「本是岳陽毛田的農民，家裏世代務農，大約家境還過得去，就讓他這個長子念了一些書。岳陽

　　　　　　　　燼火不息：文革民間思想研究筆記

在以後的長期思考裏，劉鳳祥逐漸形成了對中國問題的獨特見解。在一次次的深夜密談裏，他用沉着的男低音向楊曦光傾訴了他對現代中國歷史與現狀的政見。在他看來，「中國現代史上的很多悲劇起源於1957年的反右運動」。而他對1957年反右運動又有兩個方面的獨到觀察。一是強調「只有從國際共產主義運動這個大背景才能理解1957年中國發生的事情」。他指出，「1956年蘇聯的非斯大林運動揭露了社會主義政治制度的黑暗面，因此，由赫魯曉夫發起了一個社會主義民主運動」，「作為國際共運一分子的中國共產黨也在中國搞起了社會主義民主化的運動，這就是1957年的大鳴大放大字報和反對官僚主義、宗派主義和教條主義的運動」，他認為，毛澤東發動這一運動，「起始意圖確是真誠的，並不像他自己後來說的那樣，『放長線釣大魚』」。但劉鳳祥又指出，毛澤東「在發起這個大鳴大放運動時錯誤地估計了1949年後的形勢和人心」。「第一個五年計劃的成功，使國內出現了安全和繁榮的景象，到處是共產黨萬歲的聲音」，毛澤東因此認為全國人民和知識分子都「真心擁護共產黨和這種新制度，根本忘記了自己的威望和權力是建立在一個血腥鎮壓的暴力基礎上」。因此，當他真正放開言路，讓知識分子批評共產黨和參與政策制定過程的討論，知識分子就「對共產黨用政治運動治國的方式，對肅反等運動中侵犯人權，對共產黨用官僚制度管理學校」等等弊端都表示了強烈不滿。毛澤東這才發現「知識分子

一解放，他就考進了湖北建設學院，參加了革命。結業後分派瀏陽，很快（按，應是 1952 年）就入了黨，提拔為縣委委員、縣委辦公室主任」，「1955 年冬，中共湘潭地委把鳳翔從瀏陽調出，派他到地委機關報建設報社去擔任（肅反運動）五人小組組長「，以後又調任《湖南年農民報》編委，1957 年被打成極右分子，開除公職，勞動教養」。朱正先生這裏敘述的劉風翔的經歷與楊曦光的介紹有出入，但或許更接近事實，請讀者注意。

根本不是真正擁護他，而且根本就看不起他」。「這時毛澤東來了一個180度的轉彎，進行鎮壓」，這就直接導致了1957年的反右運動。[24]

在劉鳳祥看來，1957年反右運動最嚴重的後果，就是「人們再也不敢講不同意見，這就造成了大躍進中的局面，對一些極其荒唐的事，大家都指鹿為馬。像《皇帝的新裝》中一樣，明明看見皇帝光着屁股，眾人卻連聲稱讚皇帝的華麗新裝」。「1959年毛澤東的大躍進造成的經濟危機已經表面化」，彭德懷上書毛澤東，就是「希望毛澤東能認識大躍進的錯誤，結果反被毛澤東打成反黨集團，這就使大躍進造成的經濟危機愈演愈烈，終於造成1960年和1961年的大崩潰」。這就更進一步激化黨的高層的矛盾：「曾經積極支持過毛澤東的劉少奇、周恩來、鄧小平都倒向贊同彭德懷的觀念」，「毛澤東則對劉少奇等的倒戈懷恨在心」，從八屆十一中全會提出「以階級鬥爭為綱」到發動社教運動都是企圖削弱和打擊劉少奇、鄧小平在黨內的權力，「文化革命正是這一努力的繼續」。[25]

於是，劉鳳祥就有了他對文革的獨特理解與解釋。在他看來，「毛澤東在文革中很巧妙地利用了『右派』，右傾機會主義分子，『走資派』及平民之間的矛盾」，「形成了在朝的右派與在野的右派之間的激烈衝突。前者打着毛澤東反對右派的招牌迫害在野的右派，而後者打着造走資派的反的招牌反對在朝的右派。毛澤東在文革中重新將政治權力從黨內保守派手中奪來就是利用了這個在朝右派與在野右派的『歷史誤會』」。[26]

24　《牛鬼蛇神錄：文革囚禁中的精靈》，第 113–114 頁。

25　同上，第 114–115 頁。

26　同上，第 116–117 頁。

　　　　　　　　　　燼火不息：文革民間思想研究筆記

楊曦光回憶說，「在周圍充滿着無知的政治狂熱和被迫害者的麻木和心智脊薄的1969年」，聽到劉鳳祥這一番聞所未聞的系統、全面的「歷史課」，確有一種振聾發聵之感，彷彿「在黑暗裏看到了光明」，同時又感到一種「精神的享受」。他因此而懂得了劉鳳翔的右派朋友在呼他的綽號「斷手」（劉鳳祥在工廠勞動時曾被機器切斷了一隻手）時故意發成「舵手」的音的原因與用意。[27]

可以說，劉鳳祥和他的右派朋友在文革前對中國政治的問題已經有了自己的獨立見解，文革則給他們提供了一個把思想轉化為政治實踐的機會。但他們並沒有立即介入，並在「應該支持造反派還是保守派」問題上發生了爭論：從經濟文化政策方面而言，他們喜歡周恩來，但從對當權派迫害右派的態度而言，他們喜歡造反派。最後大多數右派還是站在造反派這一邊鬧翻案和反對黨的官僚。直到1967年7、8月份軍隊全面介入文革，並起到日趨重要的作用以後，劉鳳祥和他的朋友對文革形勢作了一個重要判斷：劉少奇徹底垮了以後，「毛澤東的主要危險就是林彪了」。劉鳳祥對楊曦光說：「正是估計到林彪、毛澤東發生衝突的可能性，我判斷文革可能導致重大政治變動，我們才決定捲入文化革命，支持造反派」。這背後也有一個明確的指導思想：「如果一種政治思想沒有通過群眾性政派（政治派別），影響一大片人的利益，則不會形成政治實力」。由此而達到一個共識：要參加造反派組織，並「通過發展與造反派領導人的關係，把他們的右派政治觀點和主張轉變成公開的群眾政派活動」。[28]

27　《牛鬼蛇神錄：文革囚禁中的精靈》，第115頁。

28　同上，第117–118，222，223頁。

就這樣，劉鳳祥和他的右派朋友就在1967年10月參加了他們認為和自己的政治傾向最接近的湖南「省無聯」。最初的活動集中在為1957年右派翻案，劉鳳祥曾專門到北京，試圖串聯全國右派組織起來翻案，並收集了大量1957年迫害右派的黨內文件，到處散發，還把彭德懷的「萬言書」以「反面教材」的名義貼在大街上，並在他們控制的造反派小報上有目的為具有典型意義的右派翻案，以此作為批判毛澤東的突破口。同時，劉鳳祥還多次和省無聯的頭頭交談，宣傳他的政治觀點，試圖把群眾造反引向反對毛澤東的路線。但他們的活動也引起了省無聯一些造反派頭頭的警惕。省無聯的核心組織「湘江風雷」的頭頭張家政就秘密成立了一個小組，專門負責破獲這個右派分子的「反革命組織」，以表明自己是與「反革命造反派」不同的「革命造反派」。[29]

這樣，也就自然提出了要不要成立「獨立的反對黨(或準黨派組織)」的問題，這就突破了毛澤東為文革群眾造反及所謂「文革大民主」設置的絕不允許逾越底線。應該說，在成立反對黨的正當性與必要性這一點上，劉鳳祥和他的朋友之間是有高度共識，並都不缺乏政治勇氣；問題是「有沒有可能性」。劉鳳祥對此有過深思熟慮，他認為「在目前中國的條件下要搞地下政黨活動而不被破獲，幾乎是不可能的」。楊曦光經過多方探問，得出的結論是：「大約老劉一直主張積極的政治活動，但不主張有有形的政治組織」，而和劉鳳祥最後一起處極刑的雷特超(在1957年打成右派之前是省公安廳的一個中級幹部)等大概還是成立了一個「勞動黨」，最後也是以「反革命組織罪」將他們處決的。而將劉鳳祥牽連在內，也是必然的：

29　《牛鬼蛇神錄：文革囚禁中的精靈》，第112，222頁。

　　　　　　　　　　燼火不息：文革民間思想研究筆記

「他的政治潛能太大」，「他的人格，他的智力，他的政治洞察力，他的品德都是對共產黨政權的極大威脅」。而劉鳳祥本人對最後的結局也是早有思想準備，坦然處之的。他在與楊曦光最後相處的日子裏，曾輕聲說過一句話：「革命死了，革命萬歲」。楊曦光說，「劉鳳祥心目中文化革命中的造反運動與官方的文化革命」是根本不同的，「他要把這個造反引向反對毛澤東的路線，而且他對這個『革命』仍寄予深切的期望」，因為在他看來，「毛澤東在把我們帶向死亡」。[30]

其實，這樣的持不同政見的反對黨在文革前即有，文革中更是大量存在，甚至是相當活躍的。[31] 在楊曦光的《牛鬼蛇神錄：文革囚禁中的精靈》裏除了「勞動黨」之外，還寫到了栗異邦等的「民主黨」，學孟參加的「大同黨」等。[32] 但中國的現行體制是不允許政治反對黨的合法存在的，凡有發現，必以「反革命組織」的罪名無情鎮壓之。現在，楊曦光將這些中國民間民主運動的先驅者與犧牲者，從被強迫遮蔽與遺忘的歷史

---

30 《牛鬼蛇神錄：文革囚禁中的精靈》，第 119，223，224，120，121 頁。

31 對此，在一些回憶錄中還保留一些材料。例如鐵流《在死牢裏和殉難者對話——獻給 21 世紀的中國的知識人》和竇宇鳴《「中國馬列主義者聯盟」奇冤》（分別載自印刊物《往事微痕》第 5 期、15 期）裏都談到 1962 年四川省公安廳築路勞動支隊和永川新勝勞教農場裏，有一個「中國馬克思列寧主義者聯盟」的「反革命集團」。「首犯」周居正原是中共地下黨員，曾從中美合作社越獄逃脫。1957 年被打成右派以後，在勞教農場裏仍然在思考「中國發展道路」問題。在筆記本裏寫下了《堅持民主新民主主義論》（一說《民主社會主義論》），並和同為右派的一些朋友一起討論，認為中國不應該走蘇聯的路，而應該走「南斯拉夫道路」，「和平民主建設新中國」。具體要求有；解散人民公社，把土地還給農民；實行工人自治，由工人自己管理工廠；軍隊國家化；實行民主統一制，反對民主集中的獨裁制；建立民主政治，保障人民權利；法律面前人人平等；計劃經濟指導下，開放市場經濟等。這一「反革命案」涉及 69 人，其中 2 人被槍決，3 人死緩，6 人判無期徒刑，其餘或判徒刑，或管制。

32 《牛鬼蛇神錄：文革囚禁中的精靈》，第 66–67，70–71，68–69 頁。

深淵裏，重新挖掘出來，恢復(哪怕是部分恢復)其歷史真實面目，是極具啟發和示範意義的。對文革中的「秘密結社組黨的反對派運動」應該是文革民間思想史、政治史研究不可或缺的重要方面，現在才只是開始。

2016年9月14日–20日